AF742073

Le régime juridique des relations gazières

Russie et Union européenne

Logiques Juridiques

Fondée par Gérard Marcou

Dirigée par Jean-Paul Céré

Le droit n'est pas seulement un savoir, il est d'abord un ensemble de rapports et pratiques que l'on rencontre dans presque toutes les formes de sociétés. C'est pourquoi il a toujours donné lieu à la fois à une littérature de juristes professionnels, produisant le savoir juridique, et à une littérature sur le droit, produite par des philosophes, des sociologues ou des économistes notamment.

Parce que le domaine du droit s'étend sans cesse et rend de plus en plus souvent nécessaire le recours au savoir juridique spécialisé, même dans des matières où il n'avait jadis qu'une importance secondaire, les ouvrages juridiques à caractère professionnel ou pédagogique dominent l'édition, et ils tendent à réduire la recherche en droit à sa seule dimension positive. À l'inverse de cette tendance, la collection « Logiques juridiques » des éditions L'Harmattan est ouverte à toutes les approches du droit. Tout en publiant aussi des ouvrages à vocation professionnelle ou pédagogique, elle se fixe avant tout pour but de contribuer à la publication et à la diffusion des recherches en droit, ainsi qu'au dialogue scientifique sur le droit. Comme son nom l'indique, elle se veut plurielle.

Dernières parutions

Soror BAHBOUHI, *Le conflit d'intérêts du banquier*, 2018.

Tenile MASCOLO GIL, *Les droits de l'homme dans le Mercosur,* 2018.

Mohammed BERRAOU, *La responsabilité des acteurs de la gestion publique devant la Cour des comptes. Le modèle marocain*, 2017.

Eric GILARDEAU, *Cicéron, père de la codification du droit civil*, 2017.

Daphne AKOUMIANAKI, *Les rapports entre l'ordre juridique constitutionnel et les ordres juridiques européens. Analyse à partir du droit constitutionnel grec*, 2016.

Boris BARRAUD, *La Recherche juridique. Sciences et pensées du droit*, 2016.

Bolleri PYM, *Le statut juridique des établissements de microfinance (EMF) en zone CEMAC, L'encadrement de la*

Aleksandr Volkov

Le régime juridique des relations gazières

Russie et Union européenne

L'Harmattan

© L'Harmattan, 2018
5-7, rue de l'Ecole-Polytechnique, 75005 Paris

www.editions-harmattan.fr

ISBN : 978-2-343-14034-6
EAN : 9782343140346

À ma famille

Remerciements

Je remercie respectueusement le Professeur Hadi SLIM qui été toujours très attentif et disponible malgré son agenda très chargée, qui m'a dirigé scrupuleusement et avec une grande patience.

Je remercie également le Professeur Tatiana ALEXEEVA, sans son appui et la motivation cet œuvre ne aurait jamais été réalisé.

Je remercie pareillement le Professeur Pierangelo CATALANO, le Professeur Laurent REVERSO et le Professeur Jean ROSSETTO de leur aide dans l'organisation, l'attention à l'avancement de mes travaux et leur conseils précieux.

Je remercie les membres du jury, Madame Anne-Marie Luciani, Monsieur Pascal Lehuede, Monsieur François Leveque, pour ce grand honneur qu'ils me font en acceptant de juger la qualité de ma thèse.

Je remercie ma famille, mes amis de leur soutien démesuré.

Sommaire

Deuxieme partie
Perspectives d'evolution de la reglementation juridique des relations gazieres entre la Russie, l'UE et ses pays membres

Liste des abréviations

aff. – affaire
al. – alinéa
art. – article
chap. – chapitre
chron. – chronique
coll. – collection
contra – au contraire
dir. – direction
éd. – édition
etc. – et coetera, et tous les autres
ibid. – ibidem, au même endroit
infra – en dessous
op. cit. – opere citato, dans l'ouvrage cité
p. – page
préc. – précité
rec. - recueil
s. – suivants
supra – au-dessus
t. – tome
th. – thèse
trad. – traduction

Liste des sigles

ACER – Agence de coopération des régulateurs de l'énergie
ACP – Autorité de contrôle prudentiel
AFREC – Commission Africaine de l'Energie
AGCS – Accord sur les mesures concernant les investissements et liées au commerce
AGNU - Assemblée générale des Nations Unies
AIE – Agence internationale de l'énergie
ALENA – Accord de libre - échange nord – américain de 1994
AMGI – Convention portant création de l'Agence multilatérale de garantie des investissements de 1985
ANC – Autorité national de la concurrence
ANR – Autorité national de régulation
APC – Accord de partenariat et de coopération entre la Russie et l'UE de 1994
APP – Accord sur le partage de la production
ATR – Accès de Tiers au Réseau
ATRn – Accès des tiers au réseau négocié
ATRr – Accès des tiers au réseau régulé
BERD – Banque Mondiale et la Banque européenne pour la reconstruction et le développement
CDI – Commission du droit international
CE – Communauté européenne
CECA – Traité instituant la Communauté européenne du charbon et de l'acier de 1951
CEDEAO – Communauté Économique du développement des États de l'Afrique de l'Ouest
CEE – Communauté économique européenne
CEE – Traité instituant la Communauté économique européenne de 1957
CEEA – Communauté économique eurasiatique
CEI – Communauté des Etats Indépendants
CFIUS – Committee on Foreign Investment in the United States,
CIJ – Cour internationale de Justice
CIRDI – Convention de Washington pour le règlement des différends relatifs aux investissements entre Etats et ressortissants d'autres Etats de 1965
CJUE – Cour de justice de l'Union européenne

CNOOC – China National Offshore Oil Company
CNPC – China National Petroleum Corporation
CRE – Commission de régulation de l’énergie
DG – Direction générale
EEEC – Espace économique européen commun
ELD – Entreprises locales de distribution
ENTSOG – Réseaux européens de gestionnaires de réseau pour le gaz
ERGEG – Groupe des régulateurs européens dans le domaine de l'électricité et du gaz
Euratom – Traité instituant la Communauté européenne de l'énergie atomique de 1957
Eurogas – European Union of the Natural Gas Industry
FECE – Fédération européenne des commerçants de l’énergie
FEIS – Fonds européen pour les investissements stratégiques
FERC – Federal Energy Regulation Commission
FMI – Fonds monétaire international
FPEG – Forum des pays exportateurs de gaz
G8 – Group de 8
GATS – General Agreement on Trade in Services of 1995
GATT – General Agreement on Tarifs and Trade of 1948
GGP – Guidelines for Good Practices
GMT – Grand marché transatlantique
GNL – Gaz naturel liquéfié
GRD – Gestionnaire de distribution
GrDF – Gaz réseau Distribution France
GRT – Gestionnaire de réseau de transport
IDE – Politique d'investissement direct à l'étranger
IEF – Forum international de l’énergie
IPE – International Petroleum Exchange
ISO – Gestionnaire de réseau indépendant
ITO – Gestionnaire de réseau de transport indépendant
LCIA – Cour internationale d'arbitrage de Londres
MIEG – Mission d’intérêt Economique Général
MPoI – Minimum Platform on Investment
NBP – National Balancing Point
OCDE – Organisation de coopération et de développement économiques
OCS – Organisation de coopération de Shanghai
OLADE – Organisation latino - américaine de l'énergie
ONU – Organisation des Nations unies
ONUDI – Organisation des Nations Unies pour le développement industriel
OPEG – Forum des pays exportateurs de gaz
OPEP – Organisation des pays exportateurs de pétrole

OSP – Obligations de service public
OTAN – Organisation du traité de l'Atlantique nord
PEG – Point d'échange de gaz
PESC - Politique étrangère et de sécurité commune
PEV - Politique européenne de voisinage
PCA - Cour Permanente d'Arbitrage
PIC – Projets d'intérêt commun
RPC – République populaire de Chine
RSFSR – République socialiste fédérative soviétique de Russie
SA – Société anonyme
SAF - Service fédéral antimonopole
SE – Société européenne
SIEG – Services d'intérêt économique général
SIG – Services d'intérêt général
SINOPEC – China Petrochemica Corporation
SNEIG – Services non économiques d'intérêt général
SRA – Système régional d'approvisionnement en gaz
SUA – Système unique d'approvisionnement en gaz de la Fédération de Russie
TAFTA – Transatlantic Free Trade Agreement
TBI – Traité bilatéral d'investissement
TCE – Traité sur la Charte de l'énergie de 1994
TIGF – Total Infrastructures Gaz France
TPIUE – Tribunal européen de première instance
TTIP – Transatlantic Trade and Investment Partnership
UEE – Union économique eurasiatique
URSS – Union des républiques socialistes soviétiques
WEC – World Energy Council

Introduction

I. L'avènement et la définition du gaz

Vers trois mille ans avant Jésus-Christ, au Moyen-Orient, et plus précisément en Assyrie, des prêtres sumériens avaient déjà repéré des « feux éternels » et spontanés. Des présages divins, assuraient-ils, sans pouvoir expliquer leurs apparitions. Plus tard, dans la Grèce antique, les poches de gaz qui s'enflammaient spontanément étaient là aussi considérées comme un signe venu des dieux. Au pays de Périclès, mais aussi en Perse ou en Inde, on érigeait des temples autour des ces sources ardentes qui s'enflammaient spontanément et brutalement avant de disparaître tout aussi mystérieusement[1]. Ainsi, associé à une force divine, le gaz fut d'abord instrument de culte.

Contrairement à d'autres énergies, comme l'eau ou le vent, le gaz ne fut pas maîtrisé rapidement[2]. Il semble en fait que ce sont les Chinois qui, vers 900 av. J.-C., ont découvert ses vertus particulières, et notamment calorifères, qu'ils canalisaient via des tubes de bambou. Ils apprirent à s'en servir pour faire bouillir la marmite de riz, chauffer les chaudières salines et s'éclairer[3]. C'est seulement au XVIII siècle que des chimistes ont commencé à s'intéresser à l'étude des produits volatiles combustibles dégagés par des réactions chimiques et que le savant belge Jan Baptista Van Hellmont vers (1609[4]) leur donna le nom flamand de « ghoast » (qui signifie l'esprit) et qui, par déformation, devenait, en français « gaz »[5]. Selon J. Perelman, un célèbre physicien russe, Van Hellmont avait écrit : « Cette vapeur je l'ai appelée gaz parce cela ressemble au χάος des Grecs anciens »[6].

Aujourd'hui on sait que le gaz naturel est un mélange d'hydrocarbures légers (méthane, éthane, propane, butane, pentane, hexane, heptane)[7],

[1] Ougartchinska (Roumiana), *Guerre du gaz,* Rocher, 2008, p. 15.

[2] Williot (Jean-Pierre), *L'industrie du gaz aux XIXe et XXe siècle,* in Actes de Symposium international UNESCO, *Energie et Société. Quelle légitimité pour les systèmes énergétiques du XXIe siècle ?* , Publisud, 1995, p. 177.

[3] Ougartchinska (Roumiana), *Guerre du gaz,* Rocher, 2008, p. 15.

[4] Agence internationale de l'énergie, *Gaz naturel : perspectives jusqu'à l'an 2000,* OCDE/AIE, 1983, p. 11.

[5] Sablière (Pierre), *Droit de l'énergie,* Dalloz, 2013, p. 1359.

[6] Перельман (Яков), *Занимательная физика*, т. 2, Наука, 1979, с. 63.

[7] Rojey (Alexandre), Durand (Bernard), Jaffret (Claude), Jullian (Sophie), Valais (Michel), *Le gaz*

composé à plus de 90 % de méthane. Outre le méthane et les hydrocarbures supérieurs, le gaz contient des proportions, qui peuvent être importantes, d'azote, de gaz carbonique et d'hélium (cas de gisement de Groningue) qui sont combustibles, et réduisent son pouvoir calorifique (énergétique). Il contient parfois aussi de l'hydrogène sulfuré dont la présence exige des traitements et un matériel beaucoup plus sophistiqués pour la mise en production, mais qui, après extraction, constitue une source de soufre (cas du gisement français de Lacq)[8]. En tenant compte de la composition des éléments du gaz naturel, on distingue les deux types de gaz qui sont commercialisés : le gaz H (haut pouvoir calorifique) et le gaz B (bas pouvoir calorifique) dit aussi type L en Belgique. Historiquement le standard B correspond au gaz naturel extrait du gisement de Groningue aux Pays-Bas qui a alimenté une grande partie de l'Europe occidentale dans les années 1960-1970. Actuellement, ce standard est en déclin et ce gaz est consommé par une minorité de consommateurs là ou il est encore commercialisé (Pays-Bas, Allemagne, Belgique, France)[9].

II. La particularité du gaz

Les qualités spécifiques du gaz apparaissent au niveau de sa production (A), son transport (B) et son utilisation (C).

A. La particularité du gaz au niveau de la production

Le gaz naturel est une marchandise spécifique qui n'est pas comme les autres. C'est une ressource naturelle[10] et épuisable. Il faut prendre conscience de la fragilité des ressources naturelles vitales pour l'homme et des risques que leur diminution et, dans certains cas, lorsqu'elles ne sont pas renouvelables, leur disparition « font peser sur un ordre mondial stable et pacifique »[11]. Ainsi, la pénurie de gaz, à l'horizon de décennies, devient un enjeu géopolitique majeur et planétaire[12]. Par conséquent, dans ce domaine, les règles du droit international public jouent un rôle dominant.

Le gaz naturel est une richesse nationale. Le secteur énergétique est considéré par les Etats comme un secteur sensible : leur développement

naturel : production, traitement, transport, Technip, 1994, p. 85.

[8] Giraud (André), Boy de la Tour (Xavier), *Géopolitique du pétrole et du gaz*, Technip, 1987, p. 328.

[9] Grand (Emmanuel), Veyrenc (Thomas), *L'Europe de l'électricité et du gaz. Acteurs, marchés, régulations*, préface de Jean-Marie Chevalier, Economica, 2011, p. 47.

[10] La ressource naturelle – c'est un matériel dans son état primaire (dans le milieu naturel), n'ayant une valeur économique qu'après son extraction (Вылегжанин (Александр Николаевич) (отв. ред.), *Международно-правовые основы недропользования*, Норма, 2007, с. 24.).

[11] Doumbé-Billé (Stéphane) (dir.), *Défis énergétiques et droit international*, Larcier, 2011, p. 18.

[12] *Ibid.*, p. 29.

économique, mais aussi social, en dépend largement[13], ce qui exige une régulation spécifique.

Pourtant, le gaz naturel est longtemps resté un produit de second plan, parent pauvre du pétrole. C'était encore en grande partie son sort à la veille de la Deuxième Guerre mondiale, dans le seul pays qui en fit déjà une consommation substantielle, les Etats-Unis (65 milliards de mètres cubes en1938, sur un total mondial de 70 milliards)[14].

Aujourd'hui on peut distinguer différentes méthodes d'extraction du gaz, conventionnelles et non conventionnelles, s'appuyant sur de nouvelles techniques[15].

Dans la quasi-totalité des cas (production conventionnelle), le gaz naturel est extrait du sous-sol[16] à partir d'une « poche » de gaz concentré: le gaz est en pratique emprisonné dans une roche-réservoir perméable placée sous une autre couche de roche qui, elle, est imperméable. L'extraction vise alors à « percer » cette couche imperméable pour faire ressortir à la surface le gaz naturel. Souvent le gaz dont le constituant est le méthane contient une certaine proportion de constituants « lourds » (propane, butane, pentane, etc.)[17]. Lorsqu'il se présente ainsi, on dit qu'on a affaire à du gaz humide et on le soumet généralement à une opération de séparation ou de dégasolinage, destinée à en extraire ses fractions liquides. Il peut arriver que le gaz n'en contienne pas ; il est alors qualifié de gaz sec[18]. Quelquefois le gaz est associé[19] à du liquide (en pratique du pétrole) : gaz naturel et pétrole sont mélangés au sein du réservoir et les deux produits doivent être séparés[20] pour être valorisés[21].

---

[13] *Ibid.*, p. 53.

[14] Guglielmo (Raymond), *La gaz naturel dans le monde*, 2 éd., PUF, 1972, p. 5.

[15] A la fin des années 1970 tous les gisements situés à une profondeur de 200 mètres étaient considérés comme non conventionnels. Aujourd'hui, il est couramment envisagé d'exploiter des gisements cinq à dix fois plus profonds, c'est-à-dire, par 2000 mètres de profondeur d'eau. La barrière entre le conventionnel et non conventionnel a donc nettement reculé au cours des temps (Bret-Rouzaut (Nadine), Favenec (Jean-Pierre), *Recherche et production du pétrole et du gaz : réserves, coûts, contrats*, 2 éd., Technip, 2011, p. 104.).

[16] Par sous-sols on entend, d'un côté, un espace dans lequel se trouvent des ressources naturelles et, de l'autre, les ressources naturelles elles-mêmes (Вылегжанин (Александр Николаевич) (отв. ред.), *Международно-правовые основы недропользования*, Норма, 2007, с. 28.).

[17] Pourtant, contrairement au pétrole, c'est un produit qui n'a pas besoin de traitement important avant l'utilisation. Tout ceci permet au gaz naturel de prétendre à un véritable âge d'or pour vingt ans minimum jusqu'à la découverte de nouvelles alternatives.

[18] Giraud (André), Boy de la Tour (Xavier), *Géopolitique du pétrole et du gaz*, Technip, 1987, p. 327.

[19] Le gaz associé représente un peu moins de 30 % (dont 20 % pour le gaz associé dissous et 10 % pour le gaz associé de couverture) des réserves mondiales. Le gaz non associé, avec un chiffre de 70 %, domine très largement les réserves (*Ibid.*, p. 332.).

[20] On distingue le gaz associé « de couverture » (ou gaz de gas cap) qui surmonte la phase huile dans le réservoir et le gaz associé « dissous » dans l'huile dans les conditions thermodynamiques du réservoir (*Ibid.*).

[21] Si ce gaz n'est pas collecté, il peut aussi être réinjecté après traitement et recompression dans le

La production non conventionnelle vise à extraire du gaz naturel plus « dispersé » au sein de la roche souterraine. Il est alors nécessaire d'intervenir pour faciliter la remontée du gaz naturel en fracturant la roche dans laquelle le gaz est emprisonné. On distingue quatre techniques principales selon le type de gisement.

La première, c'est celle du gaz de schiste : le gaz naturel est emprisonné dans des roches sédimentaires à une profondeur de 2 à 3 km, et il ne peut être extrait qu'en ayant recours à la fracturation de ces roches par de très grandes quantités d'eau sous pression en association avec plusieurs produits chimiques[22]. Aux Etats-Unis, les mesures de protection de l'environnement n'ont pas toujours été prises, à l'évidence, et son exploitation s'apparente à la ruée vers l'or. En opposition au gaz naturel conventionnel, dont la production est assurée par la pression du gisement, la production du gaz de schiste est plus émettrice de gaz à effet de serre, requiert beaucoup d'énergie et d'eau pour la fracturation hydraulique et la production[23], ce qui présente des risques écologiques[24]. En 2008, la production de gaz non conventionnel couvrait 18 % de la consommation de gaz naturel de l'Amérique du Nord, réduisant très significativement les besoins d'importations de la région. A l'inverse, en 2011, les productions européennes de gaz non conventionnels étaient quasi-nulles[25]. Les pays européens ont diversement avancé sur la voie de l'exploitation du gaz de schiste (Pologne et Allemagne notamment). En France cette activité est critiquée pour l'impact écologique négatif que pourrait occasionner la fracturation des roches avec de l'eau sous pression. Ces critiques ont conduit, de manière singulière en Europe, à annuler l'ensemble des permis d'explorations. Le 13 juillet 2011, la loi française 2011-835 visant à interdire l'exploration et l'exploitation des mines d'hydrocarbures liquides ou gazeux par fracturation hydraulique et à abroger les permis exclusifs de recherches comportant des projets ayant recours à cette technique a été adoptée. Depuis le discours de François Hollande à la conférence environnementale du 14 septembre 2012, la France est le premier pays à avoir clairement refusé l'exploitation des gaz et huiles de schistes[26].

---

gisement afin d'en maintenir la pression, ou peut être envoyé à la torche où il est brulé. (Giraud (André), Boy de la Tour (Xavier), *Géopolitique du pétrole et du gaz*, Technip, 1987, p. 327.).

[22] Des additifs chimiques, très variables dans leur nombre, représentent entre 0,5 et 1 % du fluide (Bodin (Muriel), Ropers (Jean), *Gaz de schiste : vraie ou fausse opportunité ?* Le muscadier, 2014, p. 15.).

[23] Chevalier (Jean-Marie), Cruciani (Michel), Geoffron (Patrice), *Transition énergétique : les vrais choix*, Odile Jacob, 2013, p. 24.

[24] Bodin (Muriel), Ropers (Jean), *Gaz de schiste : vraie ou fausse opportunité ?* Le muscadier, 2014, p. 63.

[25] Grand (Emmanuel), Veyrenc (Thomas), *L'Europe de l'électricité et du gaz. Acteurs, marchés, régulations*, préface de Jean-Marie Chevalier, Economica, 2011, p. 61.

[26] Porcher (Thomas), *Le mirage du gaz de schiste*, Max Milo, 2013, p. 5.

Le deuxième type de gaz non conventionnel est le gaz de charbon (coalbed methane[27]) : le gaz naturel est emprisonné dans le minerai de charbon.

Le troisième est représenté par le gaz de sables colmatés (tight sand gas) : le gaz naturel est dispersé au sein d'une roche-réservoir peu perméable[28].

Enfin, le gaz non-conventionnel est aussi représenté par les hydrates de méthane, un mélange d'eau et de méthane qui, sous certaines conditions de pression et de température, se cristallise en un solide. On trouve ces hydrates dans la partie supérieure des couches sédimentaires des régions arctiques (très basse température et faible pression), notamment dans le pergélisol, cette couche du sol gelée en permanence. On trouve aussi ces conditions de température et de pression adéquates dans les sédiments superficiels des eaux océaniques profondes (forte pression et basse température)[29]. Le volume de gaz existant sous cette forme est inconnu, les estimations varient de plusieurs ordres de grandeur selon les études. Aucune technologie rentable ne permet actuellement d'exploiter ces ressources, mais le Japon a commencé des travaux d'extraction de ce type de gaz[30].

Le gaz naturel peut être produit non seulement par son extraction, mais également par fermentation anaérobie dans des réacteurs, qui sont qualifiés de « méthaniseurs » ou de « digesteurs », en présence de bactéries méthanogènes[31]. La production de biogaz a fortement augmenté en Europe, atteignant, en 2009, 8,3 Mtep. En France, la production de biogaz a été de 0,53 Mtep, provenant de déchets organiques[32].

---

[27] A peu près 3 % de gaz naturel est extrait par cette méthode.

[28] Grand (Emmanuel), Veyrenc (Thomas), *L'Europe de l'électricité et du gaz. Acteurs, marches, régulations*, préface de Jean-Marie Chevalier, Economica, 2011, p. 61.

[29] Vially (Roland), *Les hydrates de méthane constituent-ils une ressource exploitable ?* http://(dir).pourlascience.fr/ewb_pages/a/article-les-hydrates-de-methane-constituent-ils-une-ressource-exploitable-25971.php (13.04.2015).

[30] Мардушенко (Ольга), *Япония вышла на нетрадиционный путь*, 2013 // http://(dir).kommersant.ru/doc/2144629 (12.04.2016).

[31] Ici, il faut remarquer que le gaz naturel, en général, est formé par la dégradation de la matière organique accumulée au cours des millions d'années écoulées. Deux mécanismes principaux sont responsables de cette dégradation : 1) le « gaz bactérien » ou biochimique a été formé par l'action des bactéries sur les débris organiques qui s'accumulent dans les sédiments. Un tel gaz est produit à des profondeurs qui, généralement, n'excèdent pas quelques centaines de mètres et comprend du méthane relativement pur. Le méthane bactérien représente environ 20 % des réserves actuellement connues ; 2) le « gaz thermique » est formé par la dégradation de la matière organique, appelée « kérogène », accumulée dans les sédiments fins, en particulier les argiles. Cette dégradation se produit sous l'effet combiné de la température et de la pression. Les hydrocarbures gazeux sont produits, soit directement à partir du kérogène par craquage thermique primaire, soit à partir de l'huile formée dans les étapes précédentes par craquage thermique secondaire (Rojey (Alexandre) (dir.), *Le gaz naturel : de la production aux marchés*, préface de Georges Bouchard, Technip, 2013, pp. 4-5.).

[32] *Ibid.*, p. 54.

B. La particularité du gaz au niveau du transport et du stockage

L'originalité du gaz naturel s'affirme plus encore au stade de la liaison entre le lieu de production (l'usine de traitement) et le marché[33]. Le transport de gaz sec, débarrassé des composés corrosifs, se fait en général par gazoducs. Parfois, lorsque l'installation d'un gazoduc est impossible ou coûteuse, on procède à l'utilisation de Gaz Naturel Liquéfié (GNL).

La technologie du GNL est apparue dans les années 60, à l'origine sous impulsion française. Elle consiste à refroidir le gaz en dessous de -160 C. A ces températures, le gaz naturel passe de l'état gazeux habituel à l'état liquide. Le volume de liquide obtenu est environ 600 fois inférieur au volume du gaz équivalent. Ainsi, un grand navire à GNL peut transporter en un seul voyage la consommation annuelle en gaz naturel d'une ville de 200000 habitants. La chaîne de GNL se décompose en trois étapes. D'abord, la liquéfaction : dans un port, près du lieu de production, le gaz naturel est refroidi pour passer à l'état liquide de GNL (60 % du coût de la chaîne). Ensuite, le transport maritime (20 % du coût de la chaîne) et enfin, la regazéification : dans un port, à proximité des lieux de consommation, le GNL est réchauffé pour repasser à l'état gazeux et être injecté dans les réseaux de gaz naturel du/des pays consommateur(s) (20 % du coût de la chaîne).

Le transport par gazoducs est plus économique pour les courtes et moyennes distances, alors que le transport par GNL est retenu pour les longues distances (plus de 4000 km). En effet, la chaîne de GNL est pénalisée par les autoconsommations énergétiques, principalement celles qui sont requises par la liquéfaction, qui peuvent représenter en moyenne 15 % du gaz originel, alors que les besoins énergétiques de compression pour le transport par gazoduc se situent généralement autour de 1,5 à 2 % du gaz transporté pour une distance de 1000 km[34].

Les infrastructures de production et de transport sont coûteuses et ont une longue durée de vie (40-50 ans)[35]. Les investissements initiaux pour construire les infrastructures gazières sont de l'ordre de 10 milliards d'euros pour une installation de production de gaz naturel et de liquéfaction en GNL ; de l'ordre de 1 à 4 milliards d'euros, selon la distance, pour un gazoduc vers l'Europe ; et environ 500 millions à 1 milliard d'euros pour un terminal de regazéification. Les investissements forment ainsi une part

[33] L'ensemble des installations gazières qui, depuis le puits d'extraction jusqu'au conduit apportant le gaz au consommateur final, forme le système gazier.

[34] Giraud (André), Boy de la Tour (Xavier), *Géopolitique du pétrole et du gaz*, Technip, 1987, p. 363.

[35] Le transport du gaz naturel coûte donc en définitive plus cher que celui du pétrole.

significative du coût du gaz payé par le client final, d'où le besoin de les amortir sur la durée la plus longue possible[36].

Les considérations politiques (à cause des frontières à franchir : cas de l'Ukraine ou de la Biélorussie, par exemple) et commerciales peuvent également jouer dans le choix de la technologie de transport : l'emploi de gazoducs suppose une relation ferme de long terme entre producteurs et consommateurs, alors que le GNL offre des possibilités de diversification.

Il faut mentionner que le gaz naturel se stocke, ce qui présente une grande différence en comparaison avec l'électricité. Le stockage a une fonction importante consistant à équilibrer les variations saisonnières de la demande et à utiliser au mieux le réseau de transport[37]. Le stockage peut également jouer un rôle considérable en cas d'interruption des approvisionnements[38]. La France, par exemple, dispose d'un potentiel élevé de stockage lui permettant de faire face à la défaillance d'un fournisseur étranger pendant près d'un an[39].

C. La particularité du gaz au niveau de l'utilisation du gaz naturel

Aujourd'hui le gaz naturel peut être utilisé pour la production de l'électricité (le gaz est brûlé dans les centrales électriques, 32 %)[40] ou pour les besoins domestiques des consommateurs finaux (chaudières, brûleur de plaque de cuisson, 26 %) ou pour les besoins des consommateurs industriels (les grands fours de l'industrie, 10 %)[41], pour le chauffage des bureaux de commerce (10 %). Le gaz peut servir la base de l'industrie chimique fondée sur la transformation du méthane en ammoniac. Le gaz naturel s'oriente également vers les technologies nouvelles comme la production de méthanol qui pourrait en faire un combustible automobile (12 %)[42]. Il existe

---

[36] Grand (Emmanuel), Veyrenc (Thomas), *L'Europe de l'électricité et du gaz. Acteurs, marchés, régulations*, préface de Jean-Marie Chevalier, Economica, 2011, p. 64.

[37] Leroy (Jean-Marc) (dir.), *Les stockages souterrains de Gaz de France: depuis 50 ans au coeur du développement du gaz naturel*, préface de Jean-Marc Cirelli, IMP-Blanchard, 2006, p. 9.

[38] Agence internationale de l'énergie, *Gaz naturel : perspectives jusqu'à l'an 2000*, OCDE/AIE, 1983, p. 21.

[39] Chevalier (Jean-Marie), Percebois (Jacques), *Gaz et électricité : un défi pour l'Europe et pour la France*, La Documentation française, 2008, p. 56.

[40] Depuis une dizaine d'années, le secteur électrique est devenu le moteur principal de l'augmentation de l'utilisation du gaz naturel. Les centrales électriques fonctionnant au gaz nécessitent des investissements et des coûts opératoires s. En outre, elles ont des rendements qui peuvent être supérieurs à 50 %, ce qui diminue considérablement la consommation énergétique et donc les émissions globales dans l'atmosphère. Mais la hausse des prix du gaz n'est pas sans impact sur la demande ; le choix de certains opérateurs s'effectue au profit de nouvelles centrales au charbon (Sablière (Pierre), *Droit de l'énergie*, Dalloz, 2013, p. 1391.).

[41] Le gaz est ainsi présent dans les verreries, l'agro-alimentaire, la céramique, la métallurgie.

[42] Williot (Jean-Pierre), *L'industrie du gaz aux XIXe et XXe siècle*, in Actes de Symposium international UNESCO, *Energie et Société. Quelle légitimité pour les systèmes énergétiques du*

aujourd'hui des flottes importantes de véhicules fonctionnant au gaz naturel. En France, il s'agit surtout de flottes de véhicules publics urbains comme les bus ou les camions-bennes. L'utilisation du gaz naturel est particulièrement intéressante, car elle ne nécessite pas de transformation majeure du moteur et les moteurs au gaz naturel offrent un bon rendement énergétique[43].

En fait, dans ce but, d'autres sources peuvent être utilisées (le pétrole, le charbon, l'électricité, etc.). Le gaz naturel devance ses concurrents en raison de son impact sur l'environnement : il est considéré comme l'énergie la moins polluante par 21 % des sondés, alors que le pétrole compte 2 % d'avis favorables, le charbon 7 % et le nucléaire 10 %[44]. C'est pourquoi il est souvent qualifié de « pont » [45] entre les carbones et les ressources renouvelables. Les pluies acides et la destruction de la couche d'ozone lui sont imputées de façon minoritaire. Dans les pays ou la pollution pose un grave problème, tels que les pays du l'Europe de l'Est, le gaz naturel apparaît pour l'avenir comme la seule énergie de substitution[46]. De plus, aujourd'hui, même les centrales nucléaires (également défendues au nom des atouts environnementaux (émission quasiment nulle de gaz à effet de serre) sont contestées en raison des risques environnementaux liés à cette énergie (les accidents de Tchernobyl et de Fukushima justifient sans peine cette grille de lecture)[47].

III. L'apparition de l'industrie gazière

Tous ces avantages du gaz se sont manifestés dans des périodes différentes et ont conduit à l'apparition de l'industrie gazière. Pourtant, une véritable industrie, fondée sur un processus technique de production et de distribution, apparut mais seulement au début du XIXe siècle.

On distingue deux périodes : celle allant de la fin du XVIIIe siècle jusqu'à la Seconde Guerre mondiale, l'ère du « gaz de ville », énergie des grandes

---

XXIe siècle ? , Publisud, 1995, p. 191 ; Grand (Emmanuel), Veyrenc (Thomas), *L'Europe de l'électricité et du gaz. Acteurs, marchés, régulations*, préface de Jean-Marie Chevalier, Economica, 2011, p. 54.

[43] Sablière (Pierre), *Droit de l'énergie,* Dalloz, 2013, p. 1391.

[44] Comme tous les combustibles fossiles, après combustion, il rejette du gaz carbonique mais seulement 55 kg de CO_2 par GJ de chaleur produite contre 75 pour le pétrole brut, et environ 100 pour le charbon[44]. Deux fois plus écologique que le charbon et, en même temps, pas beaucoup cher (Reyne (Maurice), *Les énergies : comparaisons techniques et socio-économiques*, Lavoisier, 2009, p. 51.).

[45] Pierce (Richard), *Natural Gas: a Long Bridge to a Promissing Destination, Utah Environmental Law Review,* vol. 32, n° 2, 2012, p. 245.

[46] Williot (Jean-Pierre), *L'industrie du gaz aux XIXe et XXe siècle,* in Actes de Symposium international UNESCO, *Energie et Société. Quelle légitimité pour les systèmes énergétiques du XXIe siècle ?* , Publisud, 1995, p. 191.

[47] Bouvier (Yves) (dir.), *Les défis énergétiques du XXIe siècle : transition, concurrence et efficacité au prisme des sciences humaines*, P.I.E. Peter Lang, 2012, p. 107.

métropoles et industries, et celle commençant dès les années 1960 jusqu'à nos jours.

Le point de départ de l'industrie gazière se rapporte aux premiers essais de W. Murdich dans sa maison de Cornouailles en 1792[48], de l'illumination réalisée à la manufacture Londonienne de Watt et Boulton en 1798 et des expériences de Philippe Lebon, consignées dans des brevets déposés en 1799 et 1801 sur les nouveaux moyens d'employer les combustibles et portant sur la distillation du bois[49]. Au début on a utilisé le gaz de ville (ou gaz de houille) qui, à la différence du gaz naturel, est fabriqué à partir de charbon ou de produits pétroliers ; alors que le second est extrait directement du sous-sol (seul ce type gaz est naturel et n'est pas manufacturé).

La diffusion du gaz manufacturé comme moyen d'éclairage dura pendant toute la première moitié du XIXe siècle [50] . Quelques habitants en bénéficièrent précocement à Londres en 1812, aux Etats-Unis à Baltimore en 1816, à Birmingham en 1817, à Bruxelles en 1819, à Berlin en 1826, à Dresde en 1828 et à Rotterdam en 1827[51].

Cet éclairage s'étendit peu à peu à Paris (à partir 1817) puis dans les grandes villes de province (à Bordeaux et à Lille en 1825, à Rouen et au Havre en 1834, à Marseille et à Amiens en 1835). Le gaz était produit dans les usines locales à partir de la houille produite sur place ou transportée par canaux puis par chemins de fer : il existait 800 usines de ce type en 1914. Ce gaz de houille était distribué par des réseaux sous voirie, essentiellement dans les zones urbaines denses[52].

En même temps, la fin du XIXe siècle fut marquée par un contexte de concurrence énergétique accrue. La lampe à huile, puis à pétrole, écarta le gaz du marché privé des habitants modestes et des ruraux. L'électricité commença à prendre le relais dans les rues et aussi dans les espaces luxueux qu'avait conquis le gaz un demi-siècle auparavant[53].

Déjà à partir des années 1920 les progrès technologiques permettaient d'envisager la construction de gazoducs de longues distances et de dissocier ainsi le lieu de production du lieu de consommation. Cette évolution a alors rendu possible l'exploitation de gisements de gaz naturel. Ces nouvelles possibilités ont été initialement mises en oeuvre aux Etats-Unis, avant d'être appliquées en Europe de l'Ouest dans les années 1960, avec la découverte de

---

[48] Williot (Jean-Pierre), *Naissance d'un service public : le gaz à Paris*, Edition Rive Droite, 1999, p. 13.

[49] Sablière (Pierre), *Droit de l'énergie,* Dalloz, 2013, p. 1359.

[50] Williot (Jean-Pierre), *L'industrie du gaz aux XIXe et XXe siècle,* in Actes de Symposium international UNESCO, *Energie et Société. Quelle légitimité pour les systèmes énergétiques du XXIe siècle ?* , Publisud, 1995, p. 179.

[51] *Ibid.*, p. 180.

[52] Sablière (Pierre), *Droit de l'énergie,* Dalloz, 2013, p. 1359.

[53] Williot (Jean-Pierre), *L'industrie du gaz aux XIXe et XXe siècle,* in Actes de Symposium international UNESCO « *Energie et Société. Quelle légitimité pour les systèmes énergétiques du XXIe siècle ?* », Publisud, 1995, p. 182.

gisements gaziers majeurs économiquement exploitables (aux Pays-Bas, dès 1959 à Groningue; en France, la découverte, dans les bassins d'Aquitaine, du gisement de gaz naturel de Saint-Marcet en 1939, puis surtout, de celui de Lacq en 1951 puis celui de Meillon en 1966; en Italie, dans la vallée du Pô; en Allemagne, en Bavière et en Basse-Saxe; au Royaume-Uni en mer du Nord). L'industrie de gaz naturel connut alors, jusqu'au premier choc pétrolier, un véritable «boom» [54]. Avec des taux de croissance des consommations de l'ordre de 20 % par an. Entre 1973 et 1985, la forte diminution du volume du commerce mondial de pétrole a été partiellement compensée par l'expansion encore plus forte du marché du gaz naturel[55].

IV. La demande en gaz

Le développement de l'industrie a provoqué une hausse dans la demande en gaz naturel. La part de cette ressource dans les consommations des ressources énergétiques des pays ouest-européens est passée ainsi de 3 à 4 % en 1960 à 13% en 1975. La demande a crû de 1,9 % par an sur 1997-2007, principalement portée par la forte croissance des approvisionnements destinés aux centrales électriques (5,9 %/an). En parallèle, les demandes de l'industrie (1,4 % /an) et des services (1, 3 % /an) ont progressé modérément, alors que les besoins des particuliers ont diminué (-0,6 /an) [56]. Nul doute que la chute de 4 % de la consommation du gaz en 2009, due à la crise économique, sera vite oubliée[57].

Actuellement, le gaz naturel est la deuxième source d'énergie en Europe, derrière le pétrole, représentant 24 % de la consommation de l'énergie primaire [58]. D'un point de vue géographique, la demande de gaz est concentrée sur cinq pays combinant plus des deux tiers de la consommation de l'UE : Le Royaume-Uni, L'Allemagne, l'Italie, La France et l'Espagne[59].

---

[54] Pour une analyse détaillée de l'histoire de l'industrie gazière, voir Paquier (Serge), Williot (Jean-Pierre) (dir.), *L'industrie du gaz en Europe aux XIX et XX siècle : L'innovation entre marchés privés et collectivités publiques*, P.I.E.-Peter Lang, 2005.

[55] Criqui (Patrick), Kouznetzoff (Nina), *Energie 1995 : après les chocs*, préface de P. Desprairies, Economica, 1987, p. 98.

[56] Grand (Emmanuel), Veyrenc (Thomas), *L'Europe de l'électricité et du gaz. Acteurs, marchés, régulations*, préface de Jean-Marie Chevalier, Economica, 2011, p. 54.

[57] Mathis (Paul), Les énergies *: comprendre les enjeux*, Quae, 2011, p. 57.

[58] Grand (Emmanuel), Veyrenc (Thomas), *L'Europe de l'électricité et du gaz. Acteurs, marchés, régulations*, préface de Jean-Marie Chevalier, Economica, 2011, p. 52.

[59] *Ibid.*, p. 54.

Bilan gazier des principaux pays européens[60]

Pays	La part de gaz en %
Allemagne	21 %
Belgique	23 %
Danemark	20 %
Espagne	22 %
Finlande	12 %
France	15 %
Hongrie	40 %
Italie	38 %
Pays-Bas	36 %
Pologne	13 %
Portugal	19 %
République Tchèque	17 %
Royaume-Uni	36 %
Suède	2 %
UE 27	34 %

V. Les éléments déterminants de la demande à long terme de gaz naturel

Tout d'abord, il faut noter que l'énergie se trouve à la base de la société contemporaine. Sans elle il n'y aurait ni production, ni consommation – qui sont les fondements du système capitaliste. Le terme énergie vient du grec

---

[60] Ce tableau est fait à partir du tableau « Diversité des bilans gaziers des principaux pays européens et niveaux respectifs de dépendance énergétique » // Chevalier (Jean-Marie), Cruciani (Michel), Geoffron (Patrice), *Transition énergétique : les vrais choix*, Odile Jacob, 2013, p. 32.

« energeia », qui signifie force en action. Déjà la définition explique l'importance de ce secteur pour l'humanité »[61]. Ainsi, l'énergie est la base de l'économie et l'évolution du PIB provoque au moins la même hausse de demande pour gaz. De plus le gaz naturel est, en ce début de XXIème siècle, l'énergie primaire à la mode, celle dont le taux de croissance annuel est durablement le plus élevé au niveau mondial[62]. Les Etats ne peuvent pas ignorer les demandes de l'industrie dans ce domaine et les Etats eux-mêmes ne doivent pas être inactifs.

Le deuxième élément déterminant de la hausse de la demande en gaz est le prix compétitif de cette ressource, notamment vis-à-vis des autres énergies. La hausse des prix du pétrole de 1974 a rendu possible le développement des échanges mondiaux de gaz.

Le troisième élément est la politique environnementale mise en place pour lutter contre le changement climatique et qui peut influer significativement sur la consommation de gaz naturel et sa compétitivité (en tant qu'énergie fossile émettrice de CO_2)[63].

Le quatrième élément résulte du fait que la production de pétrole brut étant appelée à décliner, les réserves de gaz apparaissent encore comme une ressource de long terme qui ne présente donc pas les mêmes signes alarmants que le pétrole brut.

Enfin, le transport de gaz devenant plus facile, la demande mondiale de gaz va au moins doubler d'ici 2050, avec un fort accroissement de la demande chinoise qui devrait quadrupler et celle de l'Inde qui devait doubler[64].

Il n'est pas surprenant que, malgré la politique de la décarbonisation[65] de l'UE, la demande des pays occidentaux jusqu'à 2030 devrait, selon l'Agence Internationale de l'Energie, British Petroleum, s'accroître aussi, mais dans de moindres proportions de 1,7 % - et 2,2 % par an[66,67]. Les différentes études prospectives menées au sein de l'Union européenne conduisent à la même conclusion [68]. Comme déjà indiqué, la demande est occasionnée par l'existence de l'offre de gaz décrite ci-après.

---

61 Grammatico (Laetitia), *Les moyens juridiques du développement énergétique dans le respect de l'environnement en droit français*, t.1, Presses Universitaires d'Aix-Marseille, 2003, p. 19.

62 Chevalier (Jean-Marie), *Les grandes batailles de l'énergie*, Gallimard, 2004, p. 251.

63 Grand (Emmanuel), Veyrenc (Thomas), *L'Europe de l'électricité et du gaz. Acteurs, marchés, régulations*, préface de Jean-Marie Chevalier, Economica, 2011, p. 57.

64 Estival (Jean-Pierre), *Le marché mondial des ressources. La guerre fait rage*, L'Harmattan, 2009, p. 89.

65 La décarbonisation est l'ensemble des mesures et techniques qui visent à réduire la teneur en carbone, plus spécifiquement en CO_2, des énergies, voire d'une économie entière.

66 *L'industrie gazière à l'horizon 2020* // http://(dir).ifpenergiesnouvelles.fr (12.04.2014).

67 *British Petroleum Energy Outlook 2030* // http://(dir).bp.com/content/dam/bp/pdf/energy-economics/energy-outlook-2015/bp-energy-outlook-booklet_2013.pdf (13.12.2015).

68 Thibault (Dominique), *Le géant gazier russe Gazprom : un empire étatique tentaculaire* // http://(dir).ambitions-sud.net/n45/n45fr-gaz.htm (04.04.2014).

VI. Les réserves et l'offre de gaz naturel

A. Les réserves de gaz naturel dans le monde

Si on divise le volume des ressources mondiales récupérables de pétrole et de gaz par la consommation annuelle, on obtient respectivement des ratios de 47 ans pour le pétrole et de 67 ans pour le gaz naturel (2004). Ces ratios, trop souvent cités et trop rapidement expliqués, sont extrêmement trompeurs. En 1973, au moment du premier choc pétrolier, on donnait 30 ans pour le pétrole et 44 ans pour le gaz naturel. En fait entre 1971 et aujourd'hui, il y a eu de nouvelles découvertes, des progrès technologiques importants qui ont permis d'augmenter le taux de récupération des gisements et de mener des travaux d'exploration dans des zones plus difficiles, par exemple l'offshore profond. De nouvelles réserves insoupçonnées viennent d'être découvertes autour du Pôle nord, réserves qui pourraient représenter près d'un tiers des réserves mondiales (soit 47260 milliards de mètres cubes). Par ailleurs, il est clair que les compagnies gazières n'ont pas intérêt, pour des raisons financières, à découvrir plus de réserves que ne l'exige l'horizon de quelques dizaines d'années. Ainsi, le concept des réserves est un concept élastique qui dépend non seulement de la géologie, mais aussi de la technologie, des prix et de la stratégie d'annonce des entreprises et des gouvernements[69].

Les réserves de gaz sont donc très abondantes et probablement sous-évaluées[70]. Dans le passé, les grandes compagnies pétrolières accordaient une forte priorité aux découvertes pétrolières par rapport aux découvertes gazières – sauf cas de gros gisements bien localisés. En effet, le développement d'un gisement de gaz pose plus de problèmes que celui d'un champ pétrolier. Il faut construire un lien fixe entre le gisement de gaz et l'utilisateur final et comme le transport est cher, il faut assurer la pérennité de demande. Ainsi, dans le passé, des découvertes gazières ont probablement été passées sous silence. Si le gaz était associé à des découvertes pétrolières, il était soit brûlé sur place, soit réinjecté dans le gisement, de façon à améliorer le taux de récupération du pétrole[71].

L'économie mondiale du gaz naturel a été quelque peu bouleversée ces dernières années par le développement inattendu du gaz de schiste aux Etats-Unis. En 2007, la production locale était en déclin, contraignant les Etats-Unis à envisager l'importation massive de gaz naturel liquéfié. L'apparition massive du gaz de schiste, qui compte maintenant pour 40 % de la production américaine, a complètement modifié la donne : les Etats-Unis ont

[69] Chevalier (Jean-Marie), *Les grandes batailles de l'énergie*, Gallimard, 2004, pp. 255 - 256.
[70] *Ibid.*, p. 251.
[71] *Ibid.*, p. 256.

même repris la place de premier producteur mondial, devant la Russie, ouvrant la voie à des possibles exportations[72].

Avant l'arrivée du gaz de schiste aux Etats-Unis et ailleurs, le ratio mondial réserves/production était estimé à soixante ans, avec une forte concentration des réserves en Russie (25 %), en Iran (16 %) et au Qatar (15 %)[73]. Aujourd'hui, l'AIE estime qu'en tenant compte du gaz conventionnel et du gaz de schiste, ce ratio avoisinerait les deux cent cinquante ans, soit plus encore que le charbon. Les perspectives ouvertes par le gaz de schiste donnent toutefois lieu à de vives polémiques. Mais, là encore, il convient de rester extrêmement prudent sur ce point, les réserves de ce dernier type de gaz étant encore très mal connues. Par exemple, en Pologne, les sondages ont mis en évidence des réserves réelles finalement 2 à 3 fois inférieures aux espoirs initiaux[74].

B. L'offre de gaz au sein de l'UE

Les pays de l'UE peuvent être classés en trois groupes du point de vue du degré de leur autosuffisance en gaz : les pays sans gaz naturel comme Malte et la Suède dont la consommation de gaz est nulle ou très faible ; les pays producteurs : le Danemark, les Pays-Bas, le Royaume-Uni et la Roumanie, dont la production couvre plus que 70 % de leur consommation, et les pays consommateurs ayant développé une consommation sur une base essentiellement importée. Dans cette dernière catégorie figurent les 20 autres pays de l'UE, tous caractérisés par une consommation significative de gaz naturel (plus de 10 % de leur consommation d'énergie primaire) associée à une production ne couvrant pas leurs besoins[75]. L'Italie et l'Allemagne ne couvrent que 10 % de leurs besoins à partir de leur production nationale. Le seul gisement français, à Lacq, est aujourd'hui épuisé. Pourtant, la France n'a jamais manqué de gaz, grâce à un bon équilibre des approvisionnements réparti entre la Russie, l'Algérie, la Norvège et les Pays-Bas.

75 % de la production européenne de gaz provient du Royaume-Uni et des Pays-Bas. Le Royaume-Uni, premier pays producteur de gaz de l'Union européenne, est confronté au déclin de sa production depuis 2000. En 2005, la production britannique a diminué d'environ 8 %. Le Royaume-Uni est devenu importateur net de gaz en 2004[76]. Les Pays-Bas fournissent encore aujourd'hui près de 15 % du gaz consommé par l'UE, mais leur contribution se réduit progressivement. Les niveaux de production de gaz ont

[72] Chevalier (Jean-Marie), Cruciani (Michel), Geoffron (Patrice), *Transition énergétique : les vrais choix*, Odile Jacob, 2013, p. 24.
[73] Les réserves de gaz sont moins concentrées que celles du pétrole.
[74] Sapy (Georges), *La transition énergétique*, L'Harmattan, 2013, p. 91.
[75] Grand (Emmanuel), Veyrenc (Thomas), *L'Europe de l'électricité et du gaz. Acteurs, marchés, régulations*, préface de Jean-Marie Chevalier, Economica, 2011, p. 64.
[76] Commission de régulation de l'énergie, *Le Rapport d'activité en juin 2006* // http://(dir).cre.fr/imgAdmin/1152782274652.pdf (04.04.2015).

généralement chuté entre 2000 et 2010 de 24,9 %[77]. En 2020, l'Europe ne produira qu'un tiers de ses besoins et dès 2030, elle pourrait devenir dépendante à 80 % des importations[78].

C. L'offre de gaz étranger

Le commerce international du gaz ne s'est réellement développé qu'à partir de 1960 : le premier transport intercontinental de gaz date de 1964[79]. La hausse des prix du pétrole en 1974 a rendu possible le développement des échanges mondiaux de gaz. Le commerce de gaz naturel a commencé avec l'URSS, la Norvège [80] et l'Algérie [81] et a eu pour conséquence le développement de l'approvisionnement des pays extra-européens: de 8 % en 1975 à 27 % en 1989. Aujourd'hui, la production de gaz de l'Union européenne ne représente plus que 40 % de l'offre, contre 46 % en 2004[82]. Les importations devraient encore croître de 0,5 à 2 % par an. Ces chiffres ont forcé le chef de l'Agence internationale de l'Energie (AIE), F. Birol, à dire: « Notre avenir énergétique n'a jamais été aussi incertain »[83].

Plus de 80 % des importations viennent principalement de la Russie (31,8 %), de la Norvège (28,2 %), de l'Algérie (14,4 %) et du Qatar (passant de moins de 1 % à 2003 à 8,6 % à 2010)[84]. Le reste du gaz vient du Nigéria, de la Libye, de Trinité-et-Tobago, d'Egypte et de Turquie.

Ainsi, la Russie est l'exportateur le plus important. Elle dispose de réserves gazières considérables, estimées à 23,9 % des réserves prouvées[85] de la planète[86]. En particulier, la part des réserves mondiales de la Société

[77] Eurostat, *Production et importations d'énergie* // http://epp.eurostat.ec.europa.eu/statistics_explained/index.php/Energy_production_and_imports/fr (12.04.2015).
[78] *Réserves, production et consommation* // http://(dir).ifpenergiesnouvelles.fr (12.04.2015).
[79] Giraud (André), Boy de la Tour (Xavier), *Géopolitique du pétrole et du gaz*, Technip, 1987, p. 349.
[80] La production du gaz en Norvège faiblit et, selon l'avis des experts, peut diminuer de 10 fois plus vers 2020 (Никитин (Артем), *Газ нерусский*, 2014 // http://(dir).kommersant.ru/doc/2437580 (12.04.2015).
[81] Criqui (Patrick), Kouznetzoff (Nina), *Energie 1995 : après les chocs*, préface de P. Desprairies, Economica, 1987, p. 98.
[82] Commission de régulation de l'énergie, *Le Rapport d'activité en juin 2006* // http://(dir).cre.fr/imgAdmin/1152782274652.pdf (04.04.2015).
[83] Maestroni (Myriam), *Comprendre le nouveau monde de l'Energie : économie d'énergie et efficacité énergétique : le monde de l'énergie 2.0,* Maxima, 2013, p. 25.
[84] Percebois (Jacques), Mandil (Claude), *Energie 2050* // http://(dir).strategie.gouv.fr/system/files/rapport-energies_0.pdf (12.04.2015).
[85] Une distinction est faite entre ressources « prouvées », que l'on pense connaître, et ressources « ultimes », qui seraient éventuellement possibles mais qui ne sont pas encore découvertes, ou ayant un coût de production beaucoup plus élevé (Cuisinier (Daniel), *Deux révolutions indispensables*, L'Harmattan, 2005, p. 29.).
[86] *La Russie : un fournisseur de gaz naturel incontournable* // http://(dir).gasinfocus.com (12.04.2015).

actionnaire publique « Gazprom » est évaluée à 18 %. La compagnie assure 74 % de la production nationale, 14 % de la production mondiale, soit près de 490 milliards de m^3, et contrôle le plus grand système de transport au monde [87]. Actuellement, l'organigramme de cette entreprise est particulièrement complexe puisqu'il comprend 97 sociétés contrôlées à plus que 95 %, 45 organisations dans lesquelles il dispose d'une participation majoritaire [88] et 88 sociétés dans lesquelles il détient une participation minoritaire[89].

Ainsi une dépendance accrue en gaz à l'égard de la Russie semble inévitable[90]. Surtout il faut tenir compte du fait que, à cause des coûts de transport qui constituent jusqu'à 30 % du prix du gaz, les marchés du gaz restent des marchés « régionaux » [91]. L'acheminement par gazoducs représente l'essentiel de l'offre de gaz naturel dans l'Union européenne (86 % en 2009), et Gazprom, en collaboration avec des partenaires européens, vient de terminer la construction du gazoduc North Stream et fait du lobbying en faveur du projet South Stream. Ce qui souligne aussi l'impossibilité de la concurrence au niveau de l'offre, c'est le choix non alternatif de la Russie comme un fournisseur de gaz. Pourtant, cette domination est tempérée par la croissance rapide des importations par GNL au cours de la dernière décennie (+ 10 % par an sur 2001-2009)[92]. En même temps, les ressources issues des matières premières minérales sont devenues la principale source de revenus de l'État de la Russie et aussi la seule pour la modernisation de l'industrie russe et de la sphère sociale. La vente de ces matériaux bruts à l'UE représente des revenus de plus de 40 % du budget fédéral [93]. Dans une perspective proche, les positions économiques et géopolitiques de la Russie dans le monde seront toujours définies au plus haut point par la quantité, la qualité et le coût des matières premières minérales des gisements[94].

---

[87] *Production du gaz par Gazprom* // http://(dir).gazprom.ru/about/production/ (22.06.2016).

[88] 51 % dans les sociétés russes Northgas et à Itera, importants producteurs russes.

[89] *Subsidiaires de Gazprom* // http://(dir).gazprom.ru/about/subsidiaries/list-items/ (22.05.2015).

[90] Rapport du groupe de travail présidé par Christian Stoffaes, *La sécurité gazière de l'Europe : de la dépendance à l'interdépendance*, La documentation française, 2010, p. 73.

[91] Lemaire (Christophe), Energie et concurrence *: Recherches sur les mutations juridiques induites par la libéralisation des secteurs de l'électricité et du gaz*, t. II, Presses Universitaire d'Aix-Marseille-Puam Faculté de Droit et de Science Politique, 2003, p. 20.

[92] Grand (Emmanuel), Veyrenc (Thomas), *L'Europe de l'électricité et du gaz. Acteurs, marchés, régulations*, préface de Jean-Marie Chevalier, Economica, 2011, p. 64.

[93] *Le dialogue énergétique entre l'UE et la Russie* // http://(dir).euractiv.com/fr/energie/dialogue-energetique-ue-russie/article-151073 (01.05.2016).

[94] *L'exposé d'État sur l'état et l'utilisation des ressources minérales en matières premières de la Fédération de Russie en 2009*, 2010, p. 5 //
http://(dir).mnr.gov.ru/regulatory/detail.php?ID=128810 (20.06.2016).

VII. La participation directe des entreprises européennes dans la production du gaz russe et la création du marché du gaz dans l'espace UE – Russie

Le manque de ressources propres, la croissance du prix du gaz et l'augmentation de la consommation ont conduit l'UE à réformer le secteur gazier et à donner libre cours à la participation directe des entreprises européennes à la production du gaz russe.

Les entreprises européennes achètent généralement du gaz de Gazpom, livré par ce dernier à l'UE. En tenant compte du fait qu'actuellement la Russie dispose des plus grandes réserves de gaz naturel et qu'elle est un pays voisin de l'UE (facteur important diminuant le prix du transport), les compagnies européennes voudraient produire elles-mêmes du gaz en Russie. Elles le font déjà en coopération avec Gazprom : ainsi, Total SA (Total) produit du gaz du gisement Kharyaga et participe à l'élaboration du gisement Schtokman. Mais cette activité demeure faible, ce qui représente une perte d'opportunité, eu égard à la hausse de la demande en gaz et aux possibilités financières et technologiques européennes. Les règles juridiques applicables (en l'absence de consensus politique) freinent le développement de ces relations en matière gazière. Le transport de gaz naturel en Russie est contrôlé par une entreprise (Gazprom) qui, en même temps, produit le gaz. Les règles applicables prévoient un monopole pour l'exportation du gaz en faveur du géant gazier russe. Ainsi, en l'absence d'un droit de la concurrence effective, les intérêts des producteurs étrangers ne peuvent pas être garantis. Par ailleurs, le droit des investissements et le climat des investissements ne sont pas assez favorables aux étrangers en Russie : ces derniers n'ont pas du tout accès à certains types de gisements.

La deuxième voie de résolution des problèmes énergétiques, choisie par l'UE, est la réforme de l'industrie gazière. Celle-ci repose sur l'ouverture et l'intégration progressives des marchés énergétiques européens afin de former un marché unique[95], une plus grande efficacité à travers la baisse attendue des coûts, corollaire de l'introduction de la concurrence et, plus récemment, le renforcement de la sécurité d'approvisionnement pour les consommateurs. Il s'agit notamment de parvenir à davantage d'efficacité et de rendre l'industrie gazière plus performante. Le niveau des prix au client final ne suffit pas seul pour appréhender la réussite ou l'échec des réformes mises en œuvre. De nombreux indicateurs peuvent témoigner du degré de réussite plus ou moins élevé de ces trois objectifs : niveau des interconnexions, amélioration des gains de productivité, diminution du coût

---

[95] L'industrie gazière européenne a un chiffre d'affaire global de 200 milliards d'euros, représentant 2 % du PIB de l'UE (Grand (Emmanuel), Veyrenc (Thomas), *L'Europe de l'électricité et du gaz. Acteurs, marchés, régulations*, préface de Jean-Marie Chevalier, Economica, 2011, p. 46.).

des facteurs et meilleur traitement de la clientèle, renforcement de l'efficacité énergétique et diversification géographique des approvisionnements pour le troisième[96].

Pourtant, cette réforme ne permettra pas de résoudre tous les problèmes dans l'industrie, surtout les problèmes liés à la sécurité d'approvisionnement en gaz des pays tiers, plus précisément de la Russie. De plus, la nouvelle réglementation européenne ne garantit pas le transport du gaz russe en Europe. Ce système ne suscite pas l'intérêt des entreprises européennes en vue de développer l'infrastructure et l'industrie gazières en général.

Dans ces conditions, le droit international ne semble d'aucun secours. Les mécanismes existants, soit n'ont pas de cadre juridique précis à cause de l'utilisation de normes abstraites, soit ne sont pas assez équilibrés, accordant trop d'avantages aux Etats possédant des ressources gazières ou aux investisseurs étrangers. Des chercheurs parlent de plus en plus souvent de la nécessité d'adopter un accord spécial sur les questions énergétiques entre la Russie, l'UE et ses pays membres.

Ce problème c'est-à-dire l'« incertitude » des règles régissant les relations gazières entre la Russie et l'UE est l'objet de la présente recherche.

VIII. La délimitation du domaine de la recherche

La production, le transport et la commercialisation du gaz posent, sur le plan juridique, de multiples problèmes, tant en droit interne qu'en droit international.

Sur le plan international, les questions relèvent du droit international public et du droit international privé. Il en est ainsi parce que le gaz est une richesse nationale sur laquelle s'exerce la souveraineté des Etats où elle se trouve. Ce principe a été confirmé par l'Assemblée nationale dans les résolutions n° 1803 du 14 décembre, n° 1962 et n° 3201 du ler mai 1974 et n° 3281 du 12 décembre 1974. D'autres principes du droit international de l'énergie, tels que ceux de la sécurité énergétique, de la stabilité, de la prévisibilité des marchés de l'énergie, de l'efficacité énergétique, etc., sont en train de se mettre en place.

L'activité des organisations internationales à vocation universelle fait aussi partie du domaine de la recherche. Il convient à cet égard de mettre l'accent sur le rôle de l'OMC, de l'Organisation des pays exportateurs du gaz et de l'Agence internationale de l'énergie. Des actes internationaux universels, tels que la Convention internationale sur le droit de la mer de 1982, les Conventions conclues en 1958 sur la mer territoriale et la zone contiguë, sur la haute mer, sur le plateau continental sont aussi applicables. Cependant, en réalité, on s'oriente actuellement davantage vers des actes

---

[96] Chevalier (Jean-Marie), Rapin (David), *Les réformes des industries électrique et gazière en Europe*, préface de François Lamoureux, Institut de l'entreprise, 2004, p. 7.

régionaux, par exemple, le Traité sur la Charte de l'énergie de 1994 qui est un document unique représentant les intérêts des différentes parties dans tous les secteurs énergétiques. L'expérience des organisations européennes comme la Communauté de l'énergie, la Communauté des Etats indépendants et la Communauté économique eurasiatique met à la disposition des Etats membres un matériel normatif précieux. L'expérience, non européenne, de la Commission Africaine de l'Energie, de l'Organisation latino-américaine de l'énergie, de l'Accord de libre-échange nord-américain ainsi que des organisations et forums non-gouvernementaux, tels que le Conseil mondial de l'énergie, l'Eurogas, le Forum international sur l'énergie, le Forum de Madrid, etc. mérite également être étudiée. On ne peut pas non plus négliger les traités bilatéraux entre la Russie, l'UE et certains de ses pays membres, et, principalement, l'Accord de partenariat et de coopération entre la Russie et l'UE de 1994.

Le droit international des investissements joue un rôle important pour l'attraction des entreprises étrangères dans le secteur de la production du gaz en Russie et, permet, en outre, d'attirer des compagnies russes vers le marché de l'UE. La commercialisation du gaz, à son tour, est susceptible de mettre en cause les traités internationaux du droit privé relatifs au commerce, par exemple, la Convention des Nations unies sur la vente internationale de marchandises du 11 avril 1980.

Sur le plan interne, les questions précises que suscite la recherche sont diverses et variées. Elles touchent au droit public économique, au droit constitutionnel et au droit des affaires qui constituent le cadre juridique général des relations gazières. A cet égard, la législation russe relative aux formes d'accès à la production du gaz, à son transport (accès au système gazier, organisation du secteur, établissement des tarifs) et à l'export, ne peut être éludée. Il en est de même de l'encadrement juridique européen du transport du gaz, de sa commercialisation (marché de gré à gré et marché organisé de gaz naturel), de sa distribution et de sa fourniture du client final.

Les garanties d'accès des entreprises aux marchés sont établies par le droit de la concurrence et par le droit des investissements. Les droits des consommateurs sont protégés par le droit de la consommation nationale et de l'UE[97].

IX. L'objectif et la structure de la recherche

Le but de cette recherche consiste à mettre en lumière le régime juridique des relations existantes en matière d'approvisionnement en gaz naturel conventionnel entre la Russie, l'UE et ses pays membres et à proposer une nouvelle approche de ces relations.

---

[97] Cette recherche ne concerne pas les questions relatives aux impôts et taxes douanières, ni celles portant sur les exigences écologiques et le transit dans des pays tiers.

Elle est construite autour de deux grandes parties.

La première partie est consacrée au contexte juridique des relations gazières existantes entre la Russie, l'UE et ses pays membres. Seront ainsi abordé dans le Titre I de cette partie les règles juridiques interétatiques, ensuite, dans le Titre II un éclairage sera apporté sur la réforme récente des marchés européens du gaz et sur l'organisation du secteur gazier en Russie.

Dans la deuxième partie, il s'agira d'expliquer les perspectives d'évolution de la réglementation juridique des relations gazières entre la Russie, l'UE et ses pays membres. Le premier titre abordera les questions d'évolution de la réglementation juridique relevant du droit international public : les perspectives de conclusion du nouvel Accord entre la Russie, l'UE et les pays de l'UE et son contenu. Dans le second titre, l'adaptabilité de l'encadrement juridique local de la production, du transport, de la commercialisation et de la fourniture du gaz naturel aux nouvelles règles internationales sera analysée.

Première partie
Contexte juridique des relations gazières existantes entre la Russie, l'UE et les pays membres de l'UE

Introduction à la première partie

I. L'histoire de la coopération dans le secteur gazier entre l'URSS et les pays de l'UE

Au début des années 1950, des industriels allemands avaient proposé de travailler plus activement en direction des marchés de l'Est. Les crises pétrolières des années 1970 étaient à la base de cette démarche. De plus, au cours de cette époque, l'Union Soviétique avait découvert des réserves importantes de gaz naturel en Sibérie. En 1960 Soyouzgazexport (association de commerce de l'URSS, spécialisée sur le commerce externe) et plusieurs compagnies allemandes avaient signé des contrats portant sur la fourniture de tubes en contrepartie du gaz. Mais, le 11 avril 1963, un terme fut mis à l'exécution de ces contrats pour des raisons relatives à la sécurité nationale de l'Allemagne. Au cours de l'automne 1969, un nouveau gouvernement fut formé en Allemagne sans le parti des démocrates chrétiens et une nouvelle ère politique en direction de l'Est avait commencé.

Le premier contrat important, appelé le « contrat du siècle »[98], (en fait il y avait plusieurs contrats) fut signé en février 1970 entre l'Union Soviétique et un consortium de compagnies et de banques de l'Allemagne de l'Ouest. Selon ce contrat, l'Union Soviétique, en échange du gaz fourni à Rouhrgas A.G. (Rouhrgas), avait reçu des tubes de grand diamètre nécessaires pour le transport de gaz (1,2 million de tonnes de tuyaux contre 3 milliards de m^3 de gaz naturel[99]). Le coût du projet était de 15 billions de dollars financés par plusieurs banques : Crédit Lyonnais et Deutsche Bank[100]. Grâce à ce projet, on avait pu construire plusieurs gazoducs, le plus important étant celui de Orenburg - la frontière de l'Ouest (Souyouz, passant par l'Ukraine, la Pologne, la Hongrie, et allant ensuite vers la Bulgarie et la Tchécoslovaquie en direction de l'Allemagne). En même temps en Autriche, le gazoduc Baumgarten-Oberkappel avait été construit par la société WAG (West Austria Gasleitung), filiale de l'OMV (51 %), de Gaz de France (44 %) et de RUHRgas (5 %). Il transportait les quantités achetées par les trois pays

[98] Smits (Robert-Jan), *The Siberian Gas Pipeline Dispute : U.S. Policy and European Interests, Mémoire,* Institut Universitaire de Hautes Etudes Internationales, 1985, p. 5.

[99] Ougartchinska (Roumiana), Guerre du gaz, Rocher, 2008, p. 15.

[100] Smits (Robert-Jan), *The Siberian Gas Pipeline Dispute : U.S. Policy and European Interests,* Mémoire, Institut Universitaire de Hautes Etudes Internationales, 1985, p. 6.

associés. Le coût du projet était d'environ 7,5 milliards de francs[101]. Des contrats portant sur l'approvisionnement en gaz avaient également été signés en 1972 et en 1974 par des compagnies gazières francaises, italiennes, autrichiennes avec Souyouzgazexport. Le 1er octobre 1973 à 13 h 15 minutes, le gaz soviétique a pris pour la première fois le chemin de l'Europe occidentale[102].

En 1978, compte-tenu de la construction du gazoduc Urengoi-Pomary-Uzhgorod et Yamburg – frontière de l'Ouest (tous passant par l'Ukraine) qui avaient relié la Sibérie de l'Ouest à l'Europe, des nouvelles négociations avaient été engagées entre l'Union Soviétique et les clients européens de l'Ouest sur la fourniture de quantités additionnelles de gaz[103].

Les négociations s'étaient déroulées dans un contexte politique extrêmement tendu : l'invasion soviétique de l'Afghanistan, la proclamation de la loi martiale en Pologne après des grèves très dures. Aux Etats-Unis l'élection de Ronald Reagan en 1980 avait eu pour effet de durcir la position américaine vis-à-vis du « bloc communiste ». L'acheminement de quantités importantes de gaz russe en Europe, considéré par les gouvernements européens comme l'affaire du siècle, était jugé à Washington comme une menace pour l'Europe et une manœuvre communiste, dans la mesure où l'Union soviétique se serait trouvée dans une position lui permettant de couper du jour au lendemain les approvisionnements en gaz naturel. L'administration Reagan avait interdit aux entreprises américaines (General Electric, GE) de vendre des équipements destinés à la construction des gazoducs en projet pour lesquels certains matériels sous licence américaine étaient indispensables[104]. Ces mesures donnèrent lieu à une vive querelle entre Washington et les différents pays européens concernés[105].

La délégation russe avait mené des négociations séparées avec les représentants de la France, de la Belgique, de la Suède et de l'Allemagne, bénéficiant pour sa part d'une position monopolistique. Le seul pays avec lequel la délégation russe avait un dialogue à égalité était les Pays-Bas, pays possédant des ressources gazières propres, raison pour laquelle aucun résultat ne fut atteint avec ce pays[106]. Le 23 novembre 1981, la compagnie gazière Soyouzgazexport avait signé un accord avec Rouhrgas pour 25 ans. Le 22 janvier 1982, un contrat identique fut conclu avec Gaz de France pour

---

101 Beltran (Alain), Williot (Jean-Pierre), *Les routes du gaz ; histoire du transport de gaz naturel*, préface de Gunther Oettinger, Cherche midi, 2012, p. 116.

102 Paniouchkine (Valery), Zygar (Mikhail), *Gazprom l'arme de la Russie,* Actes Sud, 2008, p. 10.

103 Smits (Robert-Jan), *The Siberian Gas Pipeline Dispute : U.S. Policy and European Interests*, Mémoire, Institut Universitaire de Hautes Etudes Internationales, 1985, p. 14.

104 Sur des sanctions des Etats-Unis voir : L. Lankarani, *L'affaire du gazoduc euro-sibérien*, EDIN, 1987.

105 Chevalier (Jean-Marie), *Les grandes batailles de l'énergie*, Gallimard, 2004, p. 276.

106 Smits (Robert-Jan), *The Siberian Gas Pipeline Dispute : U.S. Policy and European Interests*, Mémoire, Institut Universitaire de Hautes Etudes Internationales, 1985, p. 16.

25 ans[107]. Finalement, les gazoducs ont été construits. Ils ont contourné la Pologne, source possible de dissension avec l'Union soviétique, mais sont passés par la Tchécoslovaquie et l'Ukraine, présageant de futures dissensions[108].

II. Caractéristiques des relations existantes entre la Russie et l'UE

Depuis la chute de l'URSS et l'ouverture des marchés, la situation a considérablement changé. Dans les accords actuels entre la Russie et l'UE en matière de gaz on peut distinguer deux groupes de relations. Le premier concerne les opérations d'achat-vente de gaz. Il comprend les relations contractuelles entre Gazprom et les entreprises des pays de l'UE comme autrefois. Le deuxième groupe traite des relations relatives aux activités directes de ces entreprises sur les marchés : i) la participation de Gazprom au marché du transport, de la distribution, de la commercialisation en gros et de la fourniture des pays de l'UE et ii) la participation des entreprises européennes à la production du gaz en Russie.

A. Caractéristiques des relations contractuelles entre Gazprom et les entreprises des pays de l'UE

Ce type dominant de relations est basé sur les contrats à long terme. Gazprom a pris la place de Soyouzgazexport. Pendant les 40 ans de l'utilisation de ce type de contrats, il n'y a pas eu d'interruption dans l'approvisionnement, même au cours des conflits politiques entre les sociétés communistes et capitalistes. Il n'y a eu que deux interruptions récentes à cause des conflits entre la Russie et l'Ukraine - l'Etat de transit. Mais il faut souligner qu'il ne s'agissait pas de conflits entre les compagnies gazières russes et européennes.

Aujourd'hui le principal gazoduc alimentant l'Europe est celui de Yamal-Europe (dont la construction a débuté en 1994 et s'est achevée en 2006). D'une longueur totale d'environ 2 000 km, il relie les gisements gaziers de la péninsule russe de Yamal à l'Europe de l'Ouest en traversant successivement la Biélorussie et la Pologne en direction de l'Allemagne.

Le 8 septembre 2005, Gazprom, BASF SE (BASF) et E.ON SE (E.ON) ont signé un accord pour la construction d'un autre gazoduc avant que ENGIE SA (ENGIE) [109] ne les rejoigne. Ces quatre groupes, via le consortium North European Gas Pipeline Company (Gazprom 51 %, BASF 15,5 %, E.ON 15,5 %, ENGIE 9 %), sont propriétaires et opérateurs du

[107] *Ibid.*, p. 17.

[108] Chevalier (Jean-Marie), *Les grandes batailles de l'énergie*, Gallimard, 2004, p. 276.

[109] Jusqu'au 24 avril 2015 la compagnie s'appelait GDF Suez.

gazoduc qui relie Vyborg en Russie à Greifswald en Allemagne. Il passe par la mer baltique pour assurer des approvisionnements en gaz à destination de l'Allemagne, de la Belgique, de la Grande-Bretagne et de la France. D'une capacité initiale de 27,5 Gm^3 (ultérieurement 55 Gm^3) et d'une longueur de 1 224 km, le gazoduc est entré en service en 2011. Il présente divers avantages pour Gazprom. Cette nouvelle voie d'exportation évite le transit par l'Ukraine et la Biélorussie, ce qui diminue le facteur risque-pays et les coûts de transit du gaz à destination du marché européen. Le gaz transporté provient de l'exploitation de nouveaux champs de production situés dans la région de Yamal-Nenetsk.

Gazprom effectue aussi des exportations vers la Turquie par le Blue Stream, traversant la mer Noire. Ce gazoduc est possédé par ENI SA (ENI) et Gazprom sur une base égalitaire et pourra être à l'avenir prolongé jusqu'à l'Italie.

Il existe enfin plusieurs autres projets tels que le South Stream (par la mer noire de la Russie vers la Bulgarie), le Turkish Stream (si le premier n'était pas réalisé) et le Yamal-Europa 2 (de la Russie vers la Slovaquie par la Pologne).

Si les contrats à long terme constituent le mode habituel d'organisation des livraisons de gaz en Europe, Gazprom a commencé en septembre 2015 à vendre du gaz pour l'export aux enchères sur la plateforme-électronique de la Bourse des marchands et des produits de base de Saint-Pétersbourg. Les participants (39 enregistrés) ont la possibilité d'acheter le gaz pour l'export via le gazoduc Nord Stream. Les spécialistes expliquent cette initiative de Gazprom par le sous-emploi des capacités du gazoduc, bien que, le prix proposé est plus élevé que celui prévu dans les contrats à long terme[110,111]. Les représentants de Gazprom l'expliquent non pas par la volonté d'accroître les volumes de gaz vendus, mais par la maximalisation du prix[112]. Il n'est alors pas surprenant que, lors des premières enchères, aucun contrat n'ait été conclu. Pourtant, ce moyen d'approvisionnement en gaz des pays européens peut se révéler pratique, surtout en direction du Sud, ce qui permettrait d'éviter les risques de transit du gaz vendu par Gazprom par l'Ukraine[113]. Actuellement, on ne sait pas comment finira cette expérience, elle permet toutefois de constater que la politique d'export du gaz de Gazprom s'assouplit.

---

[110] Ainsi, jusqu'à maintenant, il n'y a pas de véritable concurrence par rapport aux contrats à long terme.

[111] Барсуков (Юрий), *Торги оказались неуместны* // http://(dir).kommersant.ru/doc/2805218 (11.11.2016).

[112] *Ibid.*

[113] *Ibid.*

B. Caractéristiques des relations relatives aux activités directes des entreprises concernées sur les marchés russe et européen

Le deuxième groupe de relations concerne celles relatives aux activités directes sur les marchés. Il s'agit de la participation de Gazprom au marché du transport, de la distribution, de la commercialisation, de la fourniture dans les pays de l'UE, et de la participation des entreprises européennes à la production et au transport du gaz en Russie. Ce sont de nouvelles relations, qui sont devenues possibles grâce à l'ouverture des marchés de l'UE et de la Russie.

L'intérêt des compagnies de l'UE d'avoir accès à la production du gaz en Russie ne nécessite pas d'explications particulières, et, aujourd'hui, des compagnies françaises et allemandes, par exemple, y ont déjà accès. Pourtant, la motivation de Gazprom doit être clarifiée. Pour comprendre cette dernière, il faut analyser la structure du prix du gaz pour les consommateurs finaux européens (à partir de l'exemple des consommateurs français).

Chaîne des coûts du gaz importé de la Russie au consommateur final résiduel[114]

	Prix approximatif	La part de prix final pour le consommateu r résiduel	Remarques
Coût de la production	20\$/1000 м^3 ou 2 €/MWh	3 %	
Coût du transport en Russie	22\$/1000 м^3 ou 2,2 €/MWh	3 %	
Coût du transport en Ukraine	20\$/1000 м^3 ou 2 €/MWh (changé)	3 %	
Rente gazière récupérée par « Gazprom »	168\$/1000 м^3 ou 16,8 €/MWh	34 %	Prix FOB à la frontière avec la Slovaquie 230\$/1000 м^3 ou 23 €/MWh
Coût du transit au	20\$/1000 м^3 ou 2 €/MWh	3 %	Prix CIF à Obergailbach

[114] Calculs à partir de sources différentes : Chevalier (Jean-Marie), Percebois (Jacques), *Gaz et électricité : un défi pour l'Europe et pour la France*, La documentation française, pp. 67,72. // http://(dir).connaissancedesenergies.org/fiche-pedagogique/structuration-des-prix-du-gaz-france (12.02.2015).

Kosice/Obergai lbach[115].			250$/1000 м^3 ou 25 €/MWh
Coût du transport national et de stockage en France	56,7$/1000 м^3 56€/MWh	10 %	Pour les consommateurs industriels le pourcentage de prix définitif est 8 %
Coût de la distribution	113,4$/1000 м^3 113€/MWh	18 %	Pour les consommateurs industriels le pourcentage de prix définitif est 2 %
Coût de la fourniture (y compris modulation)	56,7$/1000 м^3 56€/MWh	10 %	Pour les consommateurs industriels le pourcentage de prix définitif 2 %
Taxes	100,8$/1000 м^3 1000€/MWh	16 %	Pour les consommateurs industriels le pourcentage de prix définitif 16 %
Le prix final pour le consommateur résiduel	580$/1000 м^3 - 58 €/MWh	100 %	Pour les consommateurs industriels le prix est de 470$/1000 м^3 47€/MWh

On comprend dès lors le désir de Gazprom de récupérer toute la rente gazière en intervenant davantage sur le marché européen en tant que fournisseur des clients finaux, où le prix pour les consommateurs est deux fois plus élevé que le prix des contrats à long terme.

La réglementation de ces relations est effectuée à deux niveaux qui seront décrits dans la première partie du travail. Le premier est celui des accords entre les gouvernements des divers Etats (titre I). Le second - (titre II) est représenté

[115] Le gaz peut ést importé par Gazprom à la frontière de la République Tchèque – l'Allemagne (point Waidhaus), de l'Autriche avec la Slovaquie (point Baumharten) dans le cas des exports vers l'Italie (Konoplyanik (Andrey), Russian Gas *to Europe : from Long-term Contracts, on-Border Trade and Destination Clauses to... ?* , Journal of Energy and Natural Ressources Law, vol. 23, n° 3, 2005, p. 290.).

par les législations nationales des pays de l'UE et les accords entre les entreprises adoptées en vertu de ces législations.

Titre I. Contexte juridique interétatique

Les relations gazières entre la Russie, l'UE et des pays de l'UE ont un caractère international. Ainsi, l'encadrement de ces relations est effectué au niveau du droit international public par les Etats (l'UE) qui fixent collectivement les règles relatives au commerce, au transport, à l'accès aux ressources naturelles notamment le gaz (chapitre I) et aux investissements (chapitre II).

Chapitre I
Rôle limité du droit international de l'énergie dans le domaine du gaz : les textes et les organisations internationales

Actuellement, il n'y a pas de texte unique spécial consacré à l'encadrement des relations gazières entre la Russie, l'Union européenne et ses pays membres. Cependant, outre les principes généraux et spéciaux du droit international et le droit « mou »[116] (Section I), il existe de nombreux textes couvrant divers aspects de ces relations (Section II), des accords bilatéraux (Section III) et des organisations internationales (Section IV) dont le domaine ou l'activité est de nature à les intéresser.

Section I. Les principes du droit international

Parmi les normes de base applicables aux relations internationales en matière d'énergie, il faut distinguer les principes généraux du droit international et les principes spéciaux du droit international de l'énergie. Si les premiers ont déjà trouvé leur place dans la pratique de la réglementation entre les Etats membres, les derniers sont au stade de la formulation.

§1 Des principes généraux du droit international

Les principes tels que celui de l'égalité souveraine, du respect des obligations internationales, de la coopération, du non-recours à la force, de la non-ingérence dans les affaires internes d'un Etat, etc. restent des repères essentiels pour la réglementation du secteur gazier.

Ces derniers, fixant des valeurs politiques et juridiques de base, ont le statut de principes fondamentaux[117]. Ils sont, en même temps, des règles à caractère universel, en ce sens qu'ils se sont formés, se développent et s'appliquent sur la base d'un accord de volonté, exprimé tacitement ou expressément, par tous les Etats du monde. En conséquence, ils ne peuvent

---

[116] Le droit mou : il s'agit des règles de comportement, contenues dans les déclarations, résolutions recommandations et autres actes des organisations internationales, ayant un caractère juridiquement non contraignant (Вылегжанин (Александр Николаевич) (отв. редактор), *Международное право*, 2009, с. 98.).

[117] Толстых (Владислав Леонидович), *Курс международного права*, 2009, с. 126.

être modifiés ou abrogés que selon la même procédure. Une autre caractéristique de ces principes généraux, faisant partie du *jus cogens*[118], consiste dans leurs valeurs juridiques impératives. Ce sont des règles auxquelles les Etats ne peuvent déroger par leurs actes unilatéraux, bilatéraux ou multilatéraux.

Elles sont fixées principalement dans la Charte des Nations Unies[119], la Déclaration relative aux principes du droit international touchant les relations amicales et la coopération entre les Etats conformément à la Charte des Nations Unies de 1970[120] et à la Déclaration sur les principes régissant les relations entre les États participants signés le 1er août 1975 à Helsinki (Finlande)[121].

Le contenu des principes généraux du droit international a évolué. Leur signification a été adaptée aux nouvelles données, mais leur sens profond n'a pas changé[122]. Parmi les plus importants dans ce domaine il y a le principe de l'égalité souveraine des Etats, le principe du respect des obligations internationales et le principe de solidarité.

A. L'égalité souveraine des Etats

La souveraineté est considérée comme un attribut fondamental de l'Etat, crucial pour son existence en tant que moyen d'organisation politique de la société. Apparu par voie coutumière, dans la pratique des Etats dès le XVIIe siècle, à l'occasion de la formation des Etats européens centralisés, le principe de la souveraineté a trouvé sa première consécration conventionnelle dans la Charte des Nations unies sous la formule de « l'égalité souveraine » (§ 1 art. 2 et art. 78) et a été confirmé ensuite dans de nombreux traités bi et multilatéraux, dans des déclarations officielles et dans la pratique des Etats, en devenant une règle générale obligatoire du droit international.

La souveraineté est un attribut politique et juridique de l'Etat, énonçant la suprématie de l'Etat dans les affaires internes et son indépendance dans les relations internationales[123]. Une des conséquences de ce principe est le droit

---

[118] Shaw (Malcolm N.), *International law*, 6 ed., Cambridge University Press, 2008, p. 127.

[119] La Charte des Nations Unies du 26 juin 1945 // http://(dir).un.org/fr/documents/charter/pdf/charter.pdf (02.02.2017).

[120] La Déclaration relative aux principes du droit international touchant les relations amicales et la coopération entre les Etats conformément à la Charte des Nations Unies du 24 octobre 1970 // http://(dir).un.org/french/documents/view_doc.asp?symbol=A/RES/2625(XXV)&Lang=F (12.01.2017).

[121] La Déclaration sur les principes régissant les relations entre les États participants du août 1975 // https://(dir).osce.org/fr/mc/39502?download=true (12.01.2017).

[122] Accioly (Hildebrando), Silva (Geraldo Eulalio), Casella (Paulo Borba), *Manual de dereito international publico,* 16 éd., Saraiva, 2008, p. 150.

[123] Вылегжанин (Александр Николаевич) (отв. редактор), *Международное право*, 2009, с. 108.

inaliénable de chaque Etat et du peuple d'utiliser et d'exploiter librement ses richesses et ses ressources naturelles.

Ce sont les résolutions de l'Assemblée générale (AG) des Nations unies qui ont, implicitement, proclamé un tel principe. Elles sont intervenues à l'époque de la décolonisation et de l'affirmation par les Etats du Sud de leur indépendance tant juridique qu'économique. Les résolutions de l'Assemblée générale des Nations unies ont déclaré à maintes reprises la souveraineté permanente des Etats sur leurs ressources naturelles, l'expression ressources naturelles incluant évidemment les ressources énergétiques. Nous pouvons citer ici celles qui sont les plus importantes et les plus connues en raison des réactions quelles ont suscitées. Il s'agit des résolutions 1803 du 14 décembre 1962[124], 3201 du 1 mai 1974[125] et 3281 du 12 décembre 1974[126]. Ces trois résolutions prévoient successivement le droit souverain des Etats sur leurs ressources naturelles.

Selon ce principe, l'Etat a le droit de réglementer et de fixer les mesures d'organisation des activités économiques et financières sur son territoire. C'est donc avant tout, un pouvoir reconnu à l'Etat de choisir son système économique. L'Etat est à même de prendre des mesures législatives ou administratives pour protéger l'intérêt général.

Sur le plan des investisseurs et des investissements, ce principe permet, d'une part d'asseoir un contrôle strict sur l'admission des investissements étrangers[127] et, d'autre part, de justifier les mesures d'expropriation ou de nationalisation éventuelles.

Cette idée a trouvé la traduction dans des Résolutions de l'Assemblée Générale des Nations Unies. Lors de la sixième session ordinaire, en 1952, il a été reconnu par la Résolution 152 intitulée « Développement économique et social intégré » que les pays en développement ont le « droit de déterminer librement l'usage de leurs ressources naturelles » et la nécessité de les « utiliser pour rester dans une meilleure position pour assurer la réalisation de leurs plans de développement économique, en accord avec leurs intérêts nationaux ».

Quelques années plus tard, cette idée de souveraineté a été réaffirmée par la Résolution 1803 du 14 décembre 1962 intitulée « Souveraineté

[124] Résolution 1803 (XVII) de l'Assemblée générale « Souveraineté permanente sur les ressources naturelles » du 14 décembre 1962 // http://(dir).ohchr.org/FR/ProfessionalInterest/Pages/NaturalResources.aspx 12.01.2017).

[125] Résolution 3201 (s-vi) de l'Assemblée générale «Déclaration concernant l'instauration d'un nouvel ordre économique international» du 1 mai 1974 // http://legal.un.org/avl/pdf/ha/ga_3201/ga_3201_ph_f.pdf (12.01.2017).

[126] Résolution 3281 de l'Assemblée générale «Charte des droits et devoirs économiques des Etats» du 12 décembre 1974 // http://(dir).un.org/french/documents/view_doc.asp?symbol=A/RES/3281(XXIX)&Lang=F (12.01.2017).

[127] Carreau (Dominique), Juillard (Patrick), *Droit international économique*, 5 éd., Dalloz, 2007, pp. 407 - 408.

permanente sur les ressources naturelles ». Celle-ci a posé le principe selon lequel, une fois que l'Etat est souverain, une autorisation est nécessaire pour l'entrée de capitaux étrangers destinés à un investissement déterminé sur son territoire. Elle a également précisé que lorsqu'une autorisation d'investissement aura été accordée, l'importation et l'exportation des capitaux et le traitement appliqué à ces capitaux seront régis, dans l'ordre, aux termes de cette autorisation, par le droit national et en dernier lieu par le droit international.

Pourtant ce principe connaît des limites. La première restriction est l'interdiction des mesures d'expropriation et de nationalisation injustifiées. La sentence arbitrale Aminoil c/ Koweit du 24 mars 1982 précise à ce sujet que « sans aucun doute les limitations contractuelles du droit de l'Etat de nationaliser sont juridiquement possibles, mais cela impliquerait un engagement particulièrement grave qui devrait être expressément stipulé et qui devrait se conformer aux règles régissant la conclusion des contrats avec un Etat ; et, en règle générale, elles ne devraient concerner qu'une période relativement limitée » (§ 95)[128].

La deuxième limite est l'interdiction du traitement discriminatoire en matière de contrôle des ressources énergétiques[129]. Les traités bilatéraux, ou multilatéraux, relatifs à l'investissement prévoient des exceptions au principe de traitement national. Dans la pratique, elles sont possibles, mais chaque partie contractante s'efforce de les limiter au maximum. Dans tous les cas, la discrimination ne doit pas être faite à cause de la nationalité.

Outre les Etats, les titulaires de la souveraineté sur les ressources naturelles peuvent être les peuples eux-mêmes. Les textes antérieurs à la décolonisation comportaient souvent une référence au « droit des peuples » sur les ressources naturelles. Les titulaires désignés étaient donc autant les « peuples » et les « nations » que les « Etats ». Mais une fois le processus de décolonisation achevé ou largement entamé, cet accent mis sur « le droit des peuples » s'est estompé et les Etats sont devenus les premiers détenteurs de la souveraineté permanente sur les ressources naturelles[130].

Dans certains pays, les peuples autochtones peuvent, par conséquent, avoir le droit de posséder les terres qu'ils occupent, ainsi que les ressources énergétiques qui s'y trouvent. Ils ont également le droit de s'opposer à tout projet d'exploitation desdites ressources. Leur consentement libre, éclairé et préalable, doit être recherché avant la réalisation de tout projet mettant en

---

[128] La sentence Aminoil contre le Koweit du 24 mars 1982 // Annuaire français de droit international, 1992, n° 28, pp. 454 - 470 // http://(dir).persee.fr/web/revues/home/prescript/article/afdi_0066-3085_1982_num_28_1_2499 (12.07.2016).

[129] Voir Doumbé-Billé (Stéphane) (dir.), *Défis énergétiques et droit international,* Larcier, 2011, p. 96.

[130] Daillier (Patick), Pradelle (Geouffre de la), Gherari (Habib) (dir.), *Droit de l'économie internationale*, Pedone, 2004, p. 652.

œuvre les ressources du territoire. Les législations nationales des Etats concernés se conforment peu à peu à ces principes. Pour ne citer qu'un exemple, en Colombie, la jurisprudence de la Cour constitutionnelle reconnaît la protection de la propriété sur les terres traditionnelles et garantit aux communautés les conditions de paix et de survie[131]. Pourtant, en Russie les peuples autochtones n'ont aucun privilège sur l'utilisation des ressources naturelles, surtout en cas de gisements importants.

B. Le principe du respect des obligations internationales (*pacta sunt servanda*)

La réglementation effective des relations entre Etats n'est pas possible sans respecter les obligations internationales de bonne foi. Il s'agit d'un des principes fondamentaux du droit international proclamé dans le préambule de la Charte de la Ligue des Nations en 1919 puis confirmé dans l'article 2 de la Charte de l'ONU. Pourtant, selon le projet d'articles sur la responsabilité de l'État pour fait internationalement illicite préparé par la Commission du droit international en 2001[132], l'illicéité du fait d'un Etat est exclue en cas de détresse, de force majeure, de contre-mesures, de légitime défense, du consentement de l'autre Etat et de l'état de nécessité.

C. Le principe de solidarité (dans la coopération)

Il y a une solidarité du fait de la vie commune et de la nécessité de vivre ensemble. Ce principe a été exprimé dans la Déclaration sur le nouvel ordre économique international, points 3 et 4, aux alinéas b et c de la Charte des droits et devoirs économiques des Etats et dans son préambule, aux points 17 et 31[133]. Les formes de coopération sont innombrables : Ils vont de la coopération gouvernementale et non-gouvernementale au niveau universel ou régional par le biais d'organisations ayant une compétence générale ou spéciale, jusqu'à la coopération basée sur des instruments juridiquement contraignants ou sur le droit mou.

§2 Les principes spéciaux du droit international de l'énergie

Le droit international de l'énergie est un rameau récent du droit international. Le plan d'action de l'énergie de 2005 du G8, les déclarations

---

[131] Doumbé-Billé (Stéphane) (dir.), *Défis énergétiques et droit international,* Larcier, 2011, p. 343.

[132] Le Projet d'articles sur la responsabilité de l'Etat pour fait internationalement illicite préparé par la Commission du droit international en 2001 // l'Annuaire de la Commission du droit international, 2001, vol. II (2) //
http://legal.un.org/ilc/texts/instruments/francais/commentaires/9_6_2001_francais.pdf (16.07.2016).

[133] Colliard (Calude-Albert), *Vers de nouveaux principes de droit international ?* in Colloque de la Société Française pour le Droit International de 1975, *La crise de l'énergie et le droit international,* Pedone, 1976, p. 288.

du G8, notamment le plan d'action sur la sécurité énergétique mondiale[134] (Saint-Pétersbourg 2006), peuvent être considérés comme étant les orientations de départ permettant d'établir les principes du droit international de l'énergie. Parmi eux figurent celui de « la reconnaissance de l'indivisibilité de la sécurité énergétique internationale durable, de l'interdépendance de tous les participants aux échanges internationaux de l'énergie, de la responsabilité mutuelle des consommateurs d'énergie et des pays fournisseurs et de transit pour la sécurité énergétique mondiale, de l'accès non discriminatoire aux marchés internationaux de l'énergie, de l'ouverture et de la concurrence accrue, de la transparence de tous les segments du marché de l'énergie, de la non-discrimination et de la protection et de la promotion des investissements, etc.[135,136] »[137].

Ces principes sont nombreux, leur contenu n'est pas encore précis, mais il s'agit au moins d'orientations que les législateurs sont invités à suivre.

Section II. Des organisations et des textes universels

L'énergie (y compris le gaz naturel notamment) est devenue une préoccupation majeure pour les Etats. La nécessité de la coopération internationale pour régler les questions les plus importantes y relatives constitue une « exigence de la vie internationale ». De plus en plus, d'organisations internationales, tels que l'OMC, le Forum des Pays Exportateurs de Gaz et l'Agence internationale de l'Energie, s'intéressent au sujet. De plus en plus de textes internationaux à vocation universelle y sont également consacrés.

---

[134] Le plan d'action sur la sécurité énergétique mondiale du 17 juillet 2006 // http://(dir).jacqueschirac-asso.fr/archives-elysee.fr/elysee/elysee.fr/francais/actualites/deplacements_a_l_etranger/2006/juillet/fiches/g8_saint-petersbourg/declaration_finale_du_g8_de_saint_petersbourg.56182.html (12.02.2016).

[135] Par exemple, la promotion de l'échange mutuel de l'énergie, de la non discrimination dans l'accès aux technologies de l'énergie et de la participation à des transferts de technologie, du bon approvisionnement en énergie vers les marchés internationaux, de la fiabilité technologique de tous les éléments de l'infrastructure énergétique, de la sécurité physique des infrastructures énergétiques, des promotions des projets d'infrastructures ayant une importance mondiale et régionale pour la sécurité énergétique, l'obligation de consultation et de coordination des politiques énergétiques et des mesures connexes, la création et l'amélioration des mécanismes d'alerte rapide, l'amélioration de l'efficacité de la production d'énergie, la transformation, le transport et l'utilisation par des initiatives nationales et internationales, de la promotion de la coopération scientifique et technologique dans le domaine de l'énergie.

[136] Quelquefois, parmi les principes spéciaux, des chercheurs, citent celui de la stabilité. Par exemple, dans l'article 14 de la Déclaration des droits et devoirs économiques des Etats on trouve cette exigence de stabilité : « des prix stables, équitables, rémunérateurs pour les produits primaires ». (Colliard (Calude-Albert), *Vers de nouveaux principes de droit international ?* in Colloque de la Société Française pour le Droit International de 1975, *La crise de l'énergie et le droit international*, Pedone, 1976, p. 290.)

[137] Castel (Viviane du), *Le gaz, enjeu géoéconomique du XXI siècle*, l'Harmattan, 2010, p. 117.

§1 L'Organisation mondiale du commerce

L'UE, en 1995, et la Fédération de Russie, en 2012, sont devenues membres à part entière de l'Organisation mondiale du Commerce (OMC). Cependant, actuellement, il reste un problème qui n'est pas tout à fait résolu. Il s'agit de savoir dans quelle mesure l'Accord Général sur les Tarifs Douaniers et le Commerce (GATT : General Agreement on Tarifs and Trade)[138]et l'Accord général sur le commerce des services (GATS : General Agreement on Trade in Services)[139] sont applicables au commerce, à la production et au transport des ressources énergétiques[140] et au gaz naturel en particulier.

D'une part, la définition juridique de marchandise prévaut sur celle de ressource naturelle[141]. D'autres part, le transport et la distribution peuvent être qualifiés de services et, partant, être régis par le GATS. De plus, dans le texte du GATT il existe un article V sur le transit qui inclut le transport par les gazoducs. Pourtant, certains Etats n'étendent pas cet article à ce type de transport et contestent son utilisation extensive[142]. A cela il convient d'ajouter que ces services peuvent, selon l'article 1:3(b) du GATS, être qualifiés de services publics et être exclus du champ d'application de l'acte[143].

Cette imprécision s'explique par l'élaboration particulière de ces actes. Dans les années 40, lors de la négociation de l'Accord Général sur les Tarifs Douaniers et le Commerce, la plupart des gisements de pétrole et de gaz se trouvaient sous le contrôle des compagnies américaines, britanniques, hollandaises et françaises. Pour éviter des négociations complexes en ce qui concerne les ressources énergétiques, celles-ci ne furent tout simplement pas inscrites dans l'objet de l'accord[144]. De même, s'agissant des pays producteurs, quand on a créé l'Organisation des pays exportateurs de pétrole (OPEP) en 1960, aucun de ses membres (le Venezuela, l'Iraq, l'Iran, le Koweït, l'Arabie Saoudite) n'était membre de l'Accord Général sur les Tarifs Douaniers et le Commerce[145]. La nécessité de l'organisation de négociations

---

[138] L'Accord général sur les tarifs douaniers et le commerce de 1947 // http://(dir).wto.org/french/docs_f/legal_f/gatt47.pdf (12.09.2016).

[139] L'Accord général sur le commerce des services de 1994 // http://(dir).wto.org/french/docs_f/legal_f/legal_f.htm#services (23.01.2017).

[140] Laffont (Pascal), *An Energy Charter Protocol on Transit,* International Energy Law & Tax Review, 239, 2003, p. 240.

[141] Doumbé-Billé (Stéphane) (dir.), *Défis énergétiques et droit international,* Larcier, 2011, p. 49.

[142] Гудков (Иван Владимирович), Лахно (Петр Гордеевич), *Правовое регулирование международных энергетических отношений: состояние и перспективы развития* // http://(dir).justicemaker.ru/view-article.php?id=16&art=2433 (23.09.2016).

[143] Roessler (Frieder), *GATT and Access to Supplies,* World Trade Law, 1975, p. 33.

[144] Shih (Wen-Chen), *Energy Security, GATT/WTO and Regional Agreements*, National Resources Journal, vol. 49, 2009, p. 439.

[145] Desta (Melaku Geboye), OPEC and the WTO: Petroleum as a Fuel *for Cooperation International Relations* (2004) // http://(dir).mees.com/postedarticles/oped/a47n 10d0 1.htm

au sein de l'OMC en ce qui concerne le gaz et le pétrole a été examinée plusieurs fois[146], mais plusieurs pays n'y sont pas favorables. C'est pourquoi jusqu'à maintenant le GATT ne contient pas de chapitre relatif aux matières premières et aux produits de base[147].

Pourtant, selon Pascal Lamy, ancien directeur Général de l'OMC, « les règles de l'OMC sont des créatures vivantes tout à fait capables de s'adapter aux réalités changeantes », ce qui devrait permettre à l'OMC, initialement absente dans le domaine de l'énergie, de « contribuer à une localisation plus efficace des ressources en énergie et, d'une manière générale, à un meilleur environnement commercial dans le secteur de l'énergie »[148]. De même, le Commissaire de l'UE Peter Mandelson a proclamé, lors du sommet du G8 en 2006, l'importance des négociations sur l'énergie dans le cadre de l'OMC[149]. Ainsi, la question reste ouverte et on peut s'attendre bientôt à de nouveaux développements.

§2 L'Organisation des pays exportateurs de gaz

La Charte des droits et des devoirs économiques des Etats, adoptée dans la résolution 3281 (XXIX) de l'Assemblée générale de l'ONU (12 décembre 1974)[150] énonce que : « Tous les Etats ont le droit de se grouper en organisations de producteurs de produits de base en vue de développer leur économie nationale et d'assurer un financement stable à leur développement et, dans la poursuite de leurs objectifs d'aider à promouvoir la croissance soutenue de l'économie mondiale et, en particulier, d'accélérer le développement des pays en voie de développement. Réciproquement, tous les Etats ont le devoir de respecter ce droit en s'abstenant d'appliquer les mesures économiques et politiques qui le limiteraient » (art. 5).

L'article 10 de la Charte semble encourager la création d'organisations comme l'OPEP, puisqu'il parle du droit et du devoir qu'ont tous « les Etats

(22.02.2014). — Voir aussi: Desta (Melaku Geboye), *OPEC, the WTO, Regionalism and Unilateralism*, Journal of World Trade, vol. 37, 2003, p. 43.

[146] Champion (Marc), Reppert-Bismark (Juliane), *Politics & Economics : EU Trade Chief Poses WTO Rules in Energy Sector*, Wall Street Journal, le 23 juin 2006, Note 4.

[147] Bollecker-Stern (Brigitte), *L'OPEP et la crise de l'énergie*, in Colloque de la Société Française pour le Droit International de 1975, *La crise de l'énergie et le droit international*, Pedone, 1976, p. 77.

[148] Cité par Doumbé-Billé (Stéphane) (dir.), *Défis énergétiques et droit international*, Larcier, 2011, p. 130. (P. Lamy, *Le cycle de Doha profitera au commerce de l'énergie*, discours fait à Rome le 15 novembre 2007 lors du 20 Congrès mondial de l'énergie // http://(dir).wto.org/french/news_f/sppl_f/sppl80_f.htm) (12.02.2016).

[149] Sakmar (Susan L.), *Bringing Energy Trade into the WTO: the Historical Context, Current Status, and Potential Implications for the Middle East Region*, International & Comparative Law Review, vol. 18:1, 2008, p. 95.

[150] Une telle résolution n'est pas directement de droit positif, elle joue néanmoins un rôle considérable dans l'élaboration du droit international, d'autant plus qu'elle a été adoptée à une écrasante majorité (120 voix pour, 6 contre et 10 abstentions).

individuellement et collectivement d'éliminer toutes les formes d'agression, d'occupation et de domination étrangères et leurs conséquences économiques et sociales, ce qui est un préalable au développement ». Or il est difficilement contestable que l'action des sociétés gazières étrangères dans les pays en voie de développement peut être ressentie comme une forme de domination étrangère, ayant de graves conséquences économiques et sociales, pour les pays qu'elles exploitaient[151].

En 2001, à Téhéran, fut créé la réplique de l'OPEP - le Forum des pays exportateurs de gaz (FPEG). Il regroupait 15 pays producteurs de gaz : l'Algérie, le Brunei, l'Egypte, l'Indonésie, l'Iran, la Lybie, la Malaisie, le Nigeria, l'Oman, le Qatar, la Russie, Trinidad et Tobago, les Emirats Arabes Unis, le Venezuela, et la Norvège, en tant qu'observateur, contrôlant plus que 70 % des réserves de gaz

L'objet du Forum était d'analyser et de discuter les questions techniques, tant en amont qu'en aval, du transport et du marketing du gaz, ainsi que les nouveaux débouchés pour le gaz naturel, tels la conversion du gaz en liquide.

Puisque son statut ne paraissait pas suffisant pour influencer le marché gazier, le Forum des pays exportateurs de gaz, lors de sa session de décembre 2008 à Moscou, s'est transformé en une organisation formelle avec des statuts et un secrétariat permanent ayant son siège à Doha capitale du Qatar. Cette nouvelle étape devrait inciter les pays consommateurs à conclure des partenariats stratégiques avec les principaux pays producteurs[152].

Officiellement il ne s'agit pas d'un cartel du gaz fixant des volumes de production ou un prix plancher[153], même si l'Iran a plaidé pour la création d'un cartel sous la forme « OPEP »[154]. L'annonce en novembre 2008 de la volonté de la Russie, de l'Iran et du Qatar de former une troïka du gaz destinée, selon le chef de la diplomatie russe, à stabiliser le marché et à déboucher sur un niveau de prix acceptable aussi bien pour les consommateurs que pour les producteurs, montre que le sujet est toujours à l'ordre du jour.

Cette association, dont la comparaison avec l'OPEP est intellectuellement naturelle, peut menacer l'indépendance énergétique de l'UE. Les membres de l'OPEP décident collectivement, de manière trimestrielle, des quotas de

---

[151] Bollecker-Stern (Brigitte), *L'OPEP et la crise de l'énergie*, in Colloque de la Société Française pour le Droit International de 1975, *La crise de l'énergie et le droit international*, Pedone, 1976, p. 79.

[152] Rapport du groupe de travail présidé par Christian Stoffaes, *La sécurité gazière de l'Europe : de la dépendance à l'interdépendance*, La documentation française, 2010, p. 39.

[153] Boussena (Sadek), Pauwels (Jean-Pierre), Locatelli (Catherine), Swaertenbroekx (Carine), *Le défi pétrolier : questions actuelles du pétrole et du gaz*, Vuilbert, 2006, p. 89.

[154] Estival (Jean-Pierre), *Le marché mondial des ressources. La guerre fait rage*, L'Harmattan, 2009, p. 89.

production qui sont fonction de l'environnement économique mondial. Il faut rappeler que le droit international ne contient aucune règle interdisant les « cartels d'Etats ». Les pratiques commerciales restrictives que le droit international a tendance à interdire ne concernent que les sociétés, que celles-ci soient des entreprises commerciales internationales ou non. De plus, cette association n'est même pas « une organisation internationale pour la défense des intérêts privés des Etats[155].

Pourtant, il est trop tôt de parler de cartel. Le marché du gaz n'est pas et ne sera jamais directement comparable à celui du pétrole. Le marché européen basé sur des contrats à long terme réduit drastiquement la capacité des acteurs à modifier des flux d'exportations à grande échelle. Gazprom, par exemple, ne peut, en effet, pas modifier sa production en fonction de données externes provenant du marché international[156]. De plus, le prix du gaz étant défini de manière contractuelle, la seule donnée extérieure valable à sa définition réside dès lors dans le prix d'échange international du pétrole[157]. L'augmentation de la valeur du baril maintenait indirectement la situation. Maintenant, la baisse du prix du pétrole entraînera peut-être un changement dans le mécanisme de la fixation du prix du gaz.

Le deuxième argument contre la cartellisation possible se situe au niveau géographique. Les échanges pétroliers sont mondiaux et homogènes. Le niveau des échanges du baril de brut varie peu d'une place financière à une autre. Si une différence significative de prix apparaissait entre New-York et la Mer du Nord, la structure du marché mondial la pallierait très vite. Les Etats-Unis, l'UE ou l'Asie possèdent chacun un processus de développement gazier qui lui est propre évoluant de manière quasi autonome. Les gazoducs étant pour l'heure des points de passage obligés, c'est l'histoire, plus que le marché, qui détermine les relations gazières entre consommateurs et producteurs. Tant que le GNL, permettant l'échange sur des longues distances, n'occupera pas une part importante dans la consommation, le cloisonnement des marchés subsistera sur une base géographique.

Le dernier obstacle relatif à l'instauration d'un cartel réside dans l'hétérogénéité des pays producteurs. L'OPEG nécessiterait l'intégration de différents points de vue en un axe commun. Les objectifs de ces pays étant parfois diamétralement opposés, la recherche d'un terrain d'entente mutuel serait plus que problématique. Prenons l'exemple des deux membres influents de cette organisation que sont l'Iran et la Russie. Le premier n'est pas pour l'heure un pays exportateur, malgré ses énormes réserves. L'entrée

[155] Bollecker-Stern (Brigitte), *L'OPEP et la crise de l'énergie,* in Colloque de la Société Française pour le Droit International de 1975, *La crise de l'énergie et le droit international*, Pedone, 1976, p. 77.

[156] Dasseleer (Pol-Henry), *Gazprom : l'idéalisme européen à l'épreuve du réalisme russe*, L'Harmattan, 2009, p. 101.

[157] Chevalier (Jean-Marie), Percebois (Jacques), *Gaz et électricité : un défi pour l'Europe et pour la France*, La Documentation française, 2008, p. 60.

de l'Iran sur le marché du gaz mondial provoquerait plusieurs incertitudes en Russie. Le positionnement géographique de ce pays est capable de remettre en cause l'approche géoéconomique russe prônant le *statu quo* en Asie centrale. Imaginons un instant un projet en mer Caspienne reliant les champs d'extraction iraniens au gazoduc Nabucco. Le territoire russe serait évité, causant une diversification et l'affaiblissement du positionnement russe par rapport aux importations européennes[158].

Comme disent les experts, jusqu'à ce jour cette organisation est complètement vide, sans aucune importance[159]. C'est la raison pour laquelle sa transformation en organisation n'a pas servi à grand-chose. Actuellement, l'existence de ce type d'organisation peut être considérée seulement comme un instrument politique, un forum de discussion sur la coordination des projets de construction des gazoducs, d'infrastructures pour le gaz liquéfié, ce qui est très important pour la Russie.

Pourtant, des craintes subsistent[160], surtout en raison de l'action de l'Organisation des pays exportateurs de pétrole (OPEP) qui est devenue une véritable « arme » reflétant l'influence des rapports entre les Etats. Ce n'est pas par hasard si on discute aussi de la possibilité d'incorporer l'OPEG au sein de l'OPEP[161]. En plus de l'effet de contrepoids, il y a là l'idée de créer un OTAN (Organisation du traité de l'Atlantique nord) énergétique. Le lobbyiste principal de ce projet est la Pologne qui, après des négociations avec la Russie et l'Allemagne, n'a pas obtenu un accès au Nord Stream. La plupart des pays de l'UE n'approuvent pas encore cette idée et disent qu'il serait préférable de négocier avec la Russie[162]. En outre, on ne pourra parler d'OTAN énergétique qu'à la condition que les Etats-Unis deviennent

---

[158] Dasseleer (Pol-Henry), *Gazprom : l'idéalisme européen à l'épreuve du réalisme russe*, L'Harmattan, 2009, p. 102.

[159] Зыгарь (Михаил), Гриб (Наталия), *Сильный картель //* http://(dir).kommersant.ru/doc.html?docId=750962&IssueId=36229 (10.04.16).

[160] Lors de pareils forums, Gazprom a déjà déployé sa nouvelle stratégie d'alliances avec d'autres entreprises relevant des pays producteurs de gaz pour développer des gisements dans ces pays, destinés à des marchés européens éloignés de la Russie. C'est un des objectifs de l'accord-cadre signé en août 2006 entre Gazprom et Sonatrach qui prévoit le développement, en commun ou de façon indépendante, des gisements en Algérie, ce qu'autorise la nouvelle législation algérienne de 2004. Le but serait de servir les engagements des contrats que Gazprom pourrait passer avec des grands acheteurs sur le marché espagnol, le plus éloigné de la Russie. Résultat : un protocole d'accord a également été signé en octobre 2006 avec la société pétrolière espagnole Repsol qui envisage de la même manière des développements en commun hors Espagne. Le commissaire de l'UE, en charge de l'énergie, Andris Pibalgs, a reconnu que le contexte de ces contrats inquiète l'UE (Гривач (Алексей), Дубнов (Аркадий), *Картель глобальной стабильности //* http://(dir).mezhdunarodnik.ru/digest/4369.html?print_version=tr (10.04.2016).

[161] Ehraman (Monika), Competition is a Sin : *an Evaluation of the Formation and Effects of a Natural Gas OPEC*, Energy Law Journal, vol. 27:175, 2006, p. 191.

[162] Зыгарь (Михаил), Гриб (Наталия), *Сильный картель //* http://(dir).kommersant.ru/doc.html?docId=750962&IssueId=36229 (10.04.2016).

exportateur important de gaz naturel, ce qui devrait être probable dans un futur proche grâce à l'exploitation du gaz de schiste.

§3 L'Agence internationale de l'énergie

Par réaction à la création de l'OPEP, le 15 novembre 1974, 16 pays[163] membres de l'Organisation de coopération et de développement économiques (OCDE) ont créé l'Agence internationale de l'énergie (AIE). Elle avait pour mission, dans un premier temps, de coordonner les mesures à prendre en temps de crise affectant les approvisionnements pétroliers. Ces pays[164] se sont donc engagés à disposer de réserves stratégiques de pétrole représentant 90 jours d'importation nette de brut et/ou de produit finis (essence, gazoil…)[165].

Au fur et à mesure que les marchés de l'énergie ont évolué, l'AIE a, elle aussi, changé. Son mandat s'est élargi pour prendre en considération les trois axes d'une élaboration équilibrée des politiques énergétiques : la sécurité énergétique, le développement économique et la prise en compte de l'environnement. Ses tâches principales sont: l'établissement et la mise en œuvre d'un programme de coopération à long terme en matière de développement des ressources et d'économie de l'énergie ; l'examen des programmes nationaux relatifs à la conservation de l'énergie ainsi que le développement de nouvelles sources; l'amélioration du système d'information sur les marchés du pétrole et du gaz naturel; la mise en œuvre d'un centre de données statistiques pour l'énergie et l'établissement d'un mécanisme de restriction de la demande et de répartition des ressources de pétrole en cas de difficultés d'approvisionnement. A cet effet, l'AIE mène un vaste programme de recherche dans le domaine de l'énergie, de collecte et d'établissement de données, de publications et de diffusion auprès du public des analyses les plus récentes des politiques énergétiques et de recommandations sur les bonnes pratiques[166].

La Commission européenne prend part aux travaux de l'Agence comme observateur. Les positions des États de l'UE, d'une part et l'action de l'UE au sein de l'AIE, d'autre part, relèvent, dans certains domaines, comme celui de la politique commerciale, de ses compétences propres. Cependant, actuellement, la Russie ne fait plus partie, ni de l'OCDE, ni de l'AIE. Cette dernière est donc plutôt une organisation de coordination des intérêts des Etats-producteurs.

---

[163] Aujourd'hui 28 membres.

[164] Au début, la France n'a pas participé au travail de l'agence (Daintith (Terence), Hancher (Leigh), *Energy Strategy in Europe : The Legal Framework*, Walter de Gruyter, 1986, p. 26.).

[165] Doumbé-Billé (Stéphane) (dir.), *Défis énergétiques et droit international*, Larcier, 2011, p. 30.

[166] Sablière (Pierre), *Droit de l'énergie*, Dalloz, 2013, p. 36.

§4 Autres conventions et des organisations internationales à vocation universelle

Sans que l'énergie ne soit mentionnée dans leurs champs d'activité, de nombreuses institutions internationales, en vertu de leurs compétences implicites, interviennent dans ce domaine. Il en est ainsi des institutions de Bretton Woods, le Fonds monétaire international (FMI) et la Banque mondiale, qui mènent des actions pour le financement de l'énergie, pour la conservation et l'utilisation rationnelle des énergies. Il en est de même de l'Organisation des Nations Unies pour le développement industriel (ONUDI).

Des actes internationaux à vocation universelle, tels que la Convention internationale sur le droit de la mer, signée à Montego Bay le 10 décembre 1982, les Conventions conclues en 1958 sur la mer territoriale et la zone contiguë, sur la haute mer, sur le plateau continental, le traité sur l'Antarctique signé le 1er décembre 1959 à Washington, etc., ont pour objet de délimiter et de définir les droits des États à exploiter les ressources naturelles du plateau continental et aussi d'introduire des règles sur la construction des gazoducs.

La Convention internationale sur le droit de la mer de 1982 offre désormais un cadre général aux accords sur la construction des gazoducs. Il en résulte que chaque Etat est souverain sur l'étendue de la mer territoriale qui va jusqu'à 12 milles marins à partir de la ligne de base, sur le plateau continental et la zone économique exclusive qui s'étendent, à partir des mêmes bases, jusqu'à 200 milles marins. La haute mer est ouverte à tous les Etats. L'installation de nouveaux pipelines sous-marins doit tenir compte de ceux déjà existants et ne pas créer un obstacle à leur entretien, cette installation pouvant être réalisée aussi bien par la simple pose sur le sol marin que par l'ensouillage dans le sous-sol marin. La convention ne fait aucune mention de la pose des pipelines sous-marins dans la zone économique exclusive, mais elle attribue à chaque Etat côtier la compétence pour la mise en place et l'utilisation d'installations et d'ouvrages, ce qui inclut la mise en place de câbles. C'est dans le cadre de cette convention que sont conclus des accords intergouvernementaux pour la pose et l'exploitation de chaque ouvrage.

La Convention de 1982 fait une très nette distinction entre les installations, les ouvrages et câbles et les pipelines (art. 79-80). Dans toutes les zones maritimes, des dispositions séparées régissent les « installations et ouvrages » et les « pipelines », ce qui montre que ces deux catégories doivent être distinguées[167]. Les rédacteurs de la Convention de 1958 avaient,

---

[167] Roelandt (Marc), *La condition juridique des pipelines dans le droit de la mer*, PUF, 1990, p. 83.

pour leur part, considéré le pipeline comme un ensemble opérationnel et non pas comme une simple canalisation[168].

C'est sur cette base, notamment, que le projet Nordstream a été réalisé. C'est un projet de gazoduc d'environ 1200 km offshore, reliant Vyborg en Russie à Greifswald en Allemagne. Ce projet fait débat en Europe depuis 2005 car il contourne les pays d'Europe centrale et leur rappelle les cauchemars des ententes russo-allemandes. L'accord germano-russe du 8 septembre 2005 doit permettre d'acheminer du gaz naturel russe provenant du gisement Youjno-Russki en Allemagne[169]. En réalité, il n'est pas nouveau. Le lien fut tissé dès le début des années 1990 par une joint-venture soviéto-britannique Sovgazco qui envisageait comme marché de consommation le Royaume-Uni. L'idée fut finalement abandonnée en raison du manque de confiance en Gazprom et des coûts élevés du projet[170].

Ainsi, actuellement, au niveau universel, il n'y a pas d'instrument ou d'organisation effective portant sur l'énergie. Le domaine de l'OMC ne couvre pas le commerce des ressources primaires. Le Forum des pays exportateurs de gaz se présente plutôt comme un forum de discussion sur les stratégies du développement de l'industrie gazière et de l'AIE, donc, en réalité, comme un forum de consommateurs.

Section III. Des organisations et des textes régionaux

En l'absence d'instruments internationaux ou d'organisations internationales à vocation universelle, les instruments et les organisations régionaux acquièrent un rôle capital. Parmi les instruments régionaux européens, on peut citer le Traité sur la Charte de l'énergie de 1994. Parmi les organisations internationales figurent l'Union européenne (l'encadrement de ses relations gazières sera envisagé dans le deuxième chapitre du deuxième titre), la Communauté de l'énergie, la Communauté des Etats indépendants et la Communauté économique eurasiatique. Cependant, il faut aussi tenir compte des instruments de coopération dans d'autres régions du monde : l'Accord de libre-échange nord-américain, la Communauté Économique du développement des États de l'Afrique de l'Ouest, l'Organisation latino-américaine de l'énergie, la Commission Africaine de l'Energie.

§1 Organisations et instruments européens

Parmi les textes européens, le plus important est le Traité sur la Charte de l'énergie. De plus, l'UE entreprend des tentatives de coopération dans le

---

[168] *Ibid.*

[169] Rapport du groupe de travail présidé par Christian Stoffaes, *La sécurité gazière de l'Europe : de la dépendance à l'interdépendance*, La documentation française, 2010, p. 72.

[170] Nies (Susanne), *Gaz et pétrole ; perspectives pour les infrastructures*, IFRI, 2008, p. 89.

cadre de la Communauté de l'énergie et la Russie, de son côté, développe la coopération avec des pays voisins dans le cadre de la Communauté des Etats indépendants et de la Communauté économique eurasiatique.

A. Le Traité sur la Charte de l'énergie 1994

Le Traité sur la Charte de l'énergie est un acte fondamental en matière d'énergie. C'est pourquoi il mérite une analyse plus détaillée, comprenant l'histoire de son adoption et son contenu.

1. L'histoire et le but de l'adoption du Traité sur la Charte de l'énergie

Déjà, en 1977, au Ve congrès du parti polonais des travailleurs, le secrétaire général a proposé de convoquer une conférence européenne sur l'énergie. Cette initiative n'a reçu de réponse que 13 ans plus tard, mais dans un format différent[171]. En juin 1990, au Conseil européen de Dublin, le premier ministre des Pays-Bas avait suggéré d'instaurer une coopération dans le secteur de l'énergie avec les pays d'Europe de l'Est et de l'ancienne Union soviétique, dans la perspective de stimuler leur redressement économique et d'améliorer la sécurité d'approvisionnement de la Communauté, d'une part, et pour permettre l'harmonisation juridique des régimes d'investissement dans le secteur de l'énergie des pays de l'ex-bloc soviétique, et en particulier de la Russie[172], d'autre part. La démarche s'inscrivait donc dans la perspective d'un partenariat économique entre l'Ouest et l'Est de l'Europe[173]. Elle paraissait judicieuse. Les pays de l'Ouest sont des importateurs, pour la plupart d'entre eux, de matières premières, et, notamment, de sources d'énergie – parmi lesquelles, au premier chef, les hydrocarbures. Or il se trouve que la Russie – puisque c'est d'elle qu'il s'agit – est un importateur de capitaux et, notamment, d'investissements directs, alors qu'elle dispose d'abondantes ressources en matière énergétique et, notamment, d'importants gisements d'hydrocarbures. Pourquoi, dans ces conditions, ne pas encourager les grandes sociétés pétrolières des pays occidentaux à investir dans les champs d'hydrocarbures russes ? On voit donc se dessiner une architecture conventionnelle qui consiste, pour satisfaire les pays de l'Est européen, en une politique de libre admission qui faciliterait le financement de leur secteur énergétique[174]. En même temps, il ne faut pas ignorer le fait que l'adoption d'une telle Convention était

[171] Конопляник (Андрей Александрович), *Россия и Энергетическая хартия*, РГУ нефти и газа им. И.М.Губкина, 2010, с. 20.
[172] Charte européenne de l'énergie // http://europa.eu/scadplus/leg/fr/lvb/l27028.htm (10.04.16).
[173] Le terme l'Europe dès le début était compris en tant que l'Europe transatlantique, comme il est prévu dans des actes de l'Organisation pour la sécurité et la coopération en Europe.
[174] Carreau (Dominique), Juillard (Patrick), *Droit international économique*, 5 éd., Dalloz, 2007, p. 447.

susceptible de devenir un facteur important de concurrence entre l'Europe et les Etats-Unis [175].

Invitée par le Conseil à étudier la meilleure possibilité de mettre en œuvre cette coopération, la Commission a proposé en 1991 l'idée d'une Charte européenne de l'énergie, dotée de deux organes : une Conférence de la Charte, composée de représentants des parties contractantes, et un Secrétariat général établi à Bruxelles. Les négociations sur cette Charte ont été lancées à Bruxelles en juillet 1991 pour s'achever par la signature d'un document de clôture à la Haye le 17 décembre 1991.

C'est sur la base de la Charte européenne de l'énergie que les 51 signataires de cette charte se sont engagés à poursuivre les négociations qui ont abouti, en décembre 1994, à l'adoption du premier texte spécialisé en matière d'énergie du Traité sur la Charte de l'énergie (TCE)[176]. Il est même considéré comme la Constitution potentielle du secteur énergétique[177]. Le traité sur la Charte de l'énergie et le protocole sur l'efficacité énergétique et les aspects environnementaux connexes ont été signés le 17 décembre 1994 à Lisbonne par l'ensemble des signataires de la Charte de 1991, exceptés les États-Unis et le Canada[178]. Les deux actes sont entrés en vigueur le 16 avril 1998. Aujourd'hui 52 Etats d'Europe et d'Asie[179] ont signé le Traité sur la Charte de l'énergie. Pourtant, quatre États ont signé l'accord sans ratifier l'acte (l'Australie, la Biélorussie, la Norvège, la Russie). L'UE et tous ses États membres sont signataires du traité et du protocole.

Le Traité, à l'article 45, prévoit le mécanisme de l'application temporaire. Cette possibilité est généralement utilisée en cas d'urgence, ou en cas de difficultés de ratification au niveau de l'Etat concerné[180]. La Russie, jusqu'en octobre 2009, a appliqué provisoirement le TCE[181]. La

---

[175] Конопляник (Андрей Александрович), *Россия и Энергетическая хартия*, РГУ нефти и газа им. И.М.Губкина , 2010, с. 21.

[176] Carreau (Dominique), Juillard (Patrick), *Droit international économique*, 5 éd., Dalloz, 2007, p. 447.

[177] Agostino (Justin), Jones (Oliver), *Energy Charter Treaty: a step towards Consistency in International Investment Arbitration ?* , Journal of Energy and National Ressources Law, vol. 25, n° 3, 2007, p. 239.

[178] Konoplyanik (Andrey), *The Energy Charter Treaty: A Russian Perspective, The Energy Charter Treaty. An East - West Gateway for Investment and Trade*, Editor Thomas Walde, Kluwer Law International, 1996, p. 166.

[179] Ainsi, cet accord, malgré son origine, a cessé d'être régional et est devenu universel.

[180] Niebruegge (Alex M.), *Provision Application of the Energy Charter Treaty : The Yukos Arbitration and the Future Place of Provisional Application in International Law*, Chicago Journal of International Law, 355, 2007 - 2008, p. 358.).

[181] La question de l'application provisoire du TCE a été très débattue puisqu'elle était au cœur d'un différend qui opposait la société Yukos à la Fédération de Russie. La Fédération de Russie, bien que signataire du TCE, ne l'a pas ratifié, pourtant la Cour a reconnu la force juridique du Traité (à voir Poulain (Bruno), *Traité sur la Charte de l'énergie. Premières applications par les tribunaux arbitraux*, *Les Cahiers de l'Arbitrage*, vol. III, Juillet, 2006, p. 136., Geslin (Albane), *La mise en application provisoire des traités*, Pédone, 2005, p. 36).

sortie de la Russie du Traité est argumentée par son inefficacité. En particulier, au cours de la crise russo-ukrainienne en janvier 2009, il n'y a pas eu une appréciation adéquate des violations par l'Ukraine des dispositions sur le transit du Traité du côté de l'UE et des États membres. En outre, la direction du Secrétariat de la Charte de l'énergie n'a pas agi, ni au début, ni au cours de ce conflit gazier. Cependant il y avait, probablement, d'autres raisons à la sortie de la Fédération de Russie, par exemple, les affaires qui concernent les actifs de la société anonyme de type ouvert « Yukos » qui ont fait l'objet d'arbitrages internationaux.

Le traité reconnaît explicitement les droits souverains des Etats sur leurs ressources énergétiques et le droit pour ces derniers de décider des secteurs géographiques qui sont destinés à être mis à disposition pour l'exploration et l'exploitation, tout en proposant un système d'investissement ouvert dans le secteur de l'énergie. Les dispositions les plus importantes du traité concernent la protection des investissements, le règlement des différends (examinés dans le deuxième titre du travail), le commerce des matières et produits énergétiques, le transit, la protection de l'environnement et l'augmentation de l'efficacité (les deux derniers ne font pas partie de la recherche).

2. Les règles relatives au commerce de l'énergie

Le Traité sur la Charte de l'énergie prévoit que le commerce des matières et produits énergétiques entre les parties contractantes est régi par les règles du GATT. Cela signifie que les pays signataires de la Charte sont obligés d'appliquer les règles du GATT au commerce des matières et des produits énergétiques (équipement énergétique inclu), même s'ils ne font pas partie de ce traité. Ainsi, ces règles s'appliquent pleinement au commerce des produits et matériaux énergétiques, bien qu'elles ne soient pas spécifiquement conçues pour traiter des questions liées à l'énergie, ce que l'on a vu dans la partie précédente. Pourtant, certaines pratiques commerciales restrictives des compagnies énergétiques ne sont pas couvertes par les règles de GATT, par exemple, celles relatives aux entreprises commerciales étatiques[182].

Le traité de la Charte invite les parties cocontractantes à œuvrer au développement d'un marché concurrentiel de l'énergie. Les parties s'obligent à lutter contre les distorsions de concurrence dans les activités économiques du secteur de l'énergie. Le respect des obligations par chaque partie contractante repose sur le « principe de confiance mutuelle » (qui n'est toutefois pas qualifié comme tel par le traité). Le § 5 de l'article 6 du traité de la Charte institue à cet effet une procédure de règlement bilatéral des différends en cas de distorsion de la concurrence. Lorsqu'une partie

---

[182]Selivanova (Yulia), *Règles de l'OMC et politiques énergétiques durables* // http://(dir).ictsd.org/africodev/edition/synthese/06-12-15/lignedefond2.htm (10.04.16).

contractante estime qu'un comportement anticoncurrentiel est pratiqué dans la zone d'une autre partie contractante, elle peut le notifier à l'autre partie contractante et demander que les autorités de celle-ci, compétentes en matière de concurrence, entament l'action coercitive appropriée. Néanmoins, la mise en œuvre de cette procédure relève uniquement et unilatéralement de la compétence de l'Etat membre de la partie contractante où un tel comportement est observé[183].

Le traité ne crée pas de nouveaux droits ou de nouvelles obligations fiscales. La fiscalité directe continue d'être régie par la législation nationale de chaque pays ou par les conventions bilatérales applicables.

3. Les règles relatives au transit de l'énergie

Le traité sur la Charte, qui comporte à la fois un volet « commerce » et un volet « investissement » a plus spécifiquement pour objectif de faciliter le transit[184] des produits exportés par la Communauté des Etats indépendants (le Turkménistan, l'Ouzbékistan, le Kazakhstan, les pays de la zone caspienne qui détiennent eux-mêmes de très importantes ressources) - en particulier par la Russie - vers l'Europe occidentale et les États d'Europe centrale et orientale. Gazprom a, à maintes reprises, refusé d'autoriser le transit du gaz en provenance d'autres pays, proposant en revanche, soit d'acheter elle-même le gaz, soit de le transporter jusqu'aux marchés d'exportations de son choix. Ainsi, le contrôle des gazoducs par la Russie est en quelque sorte l'arme économique russe dans les négociations avec les pays consommateurs et producteurs.

En même temps, il existe un intérêt pour la Russie à garantir le transport de son gaz sur le territoire des pays transitaires. Le fait est que le point de livraison du gaz russe est à la frontière du bloc soviétique à Kosice/Obergailbach. Mais en 1991 l'URSS s'est effondrée, de nouveaux Etats sont apparus qui ne sont pas contrôlés par la Russie et, de plus, à cause de la création de l'UE, le point de livraison est devenu le milieu de l'UE. Donc, dans ces conditions, il est difficile pour Gazprom de garantir le transport du gaz dans les pays transitaires comme la Biélorussie, l'Ukraine et aussi l'UE, compte tenu de la réforme du système de transport.

---

[183] Isidoro (Cécile), *L'ouverture du marché de l'électricité à la concurrence communautaire*, préface Pierre Delvolvé, L.G.D.J., 2006, p. 556.

[184] Des traités existant avant l'entrée en vigueur du Traité sur la Charte de l'énergie européenne non pas reflété la spécificité du transport dans les réseaux. La Convention de Barcelone et le Statut sur la liberté du transit ainsi que la Convention de New-York sur le commerce transitoire des Etats intracontinental de 1965 arrangent le transit par les voies ferroviaires et maritimes. La dernière admet l'application au transport par les réseaux seulement dans le cas où des Etats donnent leur consentement. Ces actes ne concernent qu'un nombre restreint d'Etats (Гудков (Иван Владимирович), Лахно (Петр Гордеевич), *Правовое регулирование международных энергетических отношений: состояние и перспективы развития* // http://(dir).justicemaker.ru/view-article.php?id=16&art=2433 (23.09.2016).

Actuellement, chaque entreprise de l'UE peut avoir accès aux gazoducs, même si la plupart des capacités sont déjà réservées par Gazprom en raison des contrats à long terme. Selon la Commission, Gazprom doit se défaire de ses droits sur ces gazoducs et les obtenir à nouveau selon des procédures concurrentielles. Mais dans ce cas, des risques pour l'approvisionnement en gaz émergent. De plus, cette question revêt aujourd'hui une grande actualité dans la perspective de la construction du gazoduc Southstream. La Commission a insisté pour que les règles du troisième paquet énergétique (surtout de la directive 2009/73/CE du Parlement européen et du Conseil du 13 juillet 2009 concernant des règles communes pour le marché intérieur du gaz naturel et abrogeant la directive 2003/55/CE) soient applicables. Pourtant, des accords ont été signés avant l'entrée en vigueur de la nouvelle législation européenne sur gaz en 2008. Le gazoduc est transfrontalier (il ne se trouve pas seulement sur le territoire de l'UE) et les règles des directives de 2009 sur l'accès des tiers ne sont pas, au sens strict, applicables, au moins pour la partie du gazoduc qui se trouve en dehors et au point d'entrée de l'UE.

Le Traité comporte un certain nombre de stipulations qui ne sont pas très précises[185], visant à favoriser le transit des matières et produits énergétiques. Le texte prévoit que chaque partie prend les mesures nécessaires pour faciliter le transit des matières et produits énergétiques en conformité avec le principe de libre transit. Pourtant, la coopération instituée par le traité de la Charte ne prévoit aucun accès obligatoire aux réseaux au profit des tiers. Ainsi, chaque Etat est libre de ne pas donner accès au système de transport ou de s'opposer aux investissements des tiers, mais une fois qu'ils ont reçu l'accord des Etats tiers ils doivent garantir l'accès aux réseaux sans discrimination[186].

Le principe de rationalité prévoit le transport sans frais, tarifs ou taxes excessifs, mais avec des restrictions. Selon le principe de la non-discrimination, le transit doit être effectué sans distinction quant à l'origine, à la destination ou à la propriété des matières et produits énergétiques, ni discrimination, quant à la détermination des prix, faites sur la base de telles distinctions. Chaque partie s'engage à ce que ces dispositions relatives au transport des matières premières et produits énergétiques et l'utilisation des équipements de transport d'énergie traitent les matières et produits énergétiques en transit d'une manière non moins favorable que les matières et produits originaires de sa propre zone. Ainsi, les tarifs pour le transport national et international doivent être les mêmes. Selon le professeur A. Konoplyannik, cette conclusion est pour le moins contestable. En Autriche la

---

[185] Liesen (Rainer), *Transit Under The 1994 Energy Charter Treaty*, Journal of energy and Natural Ressources Law, vol. 17, n°1, 1999, p. 73.

[186] Жукова (Инна Сергеевна), *О международном энергетическом праве как отрасли международного права*, Вестник ОГУ, n° 2 (108), февраль, 2010, с. 52.

différence entre les tarifs de transport national et international varie de 1,9 fois, en Belgique de 2,8, en Pologne de 2,4, en Russie de 1,6. Ils ne sont équivalents qu'en Allemagne[187,188]. D'autres dispositions obligent les pays par lesquels transitent les matières et produits énergétiques à ne pas s'opposer à la création de nouvelles capacités de transit.

Le traité prévoit toutefois qu'une partie contractante où transitent des matières et produits énergétiques, n'est pas tenue de permettre la construction ou la modification d'équipements de transport de l'énergie, ni de permettre d'autres « transits » ou des transits supplémentaires utilisant les équipements de transport d'énergie existants, si elle peut prouver aux autres parties contractantes que la sécurité ou l'efficacité de ses systèmes énergétiques, y compris sa sécurité d'approvisionnement, seraient ainsi mises en péril (art. 7).

Une procédure spéciale de règlement en cas de différend relatif au transit est prévue. Le secrétaire général nomme un conciliateur ayant une certaine expérience dans les questions faisant l'objet du différend. Pendant le temps que prend la conciliation, il est interdit d'interrompre ou de réduire le flux de matières et de produits énergétiques. En cas d'insuccès de la procédure de conciliation, le secrétaire général décide des modalités devant être respectées pour le transit à partir de la date qu'il détermine jusqu'au règlement du différend. Les parties contractantes s'engagent à observer et à garantir que les entités soumises à leur contrôle, ou relevant de leur autorité, observent toute décision provisoire prise en ce qui concerne les tarifs douaniers et les conditions et modalités au cours des 12 mois suivant la décision du conciliateur ou jusqu'au règlement du différend. Pourtant, ce mécanisme ne peut être utilisé qu'après l'épuisement des mesures prévues dans l'accord entre les parties. C'est une des raisons pour lesquelles il n'a jamais été utilisé. De plus, le principe de l'autorité de la chose jugée ne permet pas de saisir une autre juridiction, entre les mêmes parties à propos du même objet.

Des problèmes de transit sont apparus sur la scène politique durant le conflit relatif au gaz entre la Russie et l'Ukraine en janvier 2006[189]. La suspension des livraisons à destination de l'Ukraine a entraîné des problèmes d'approvisionnement dans certains pays de l'UE. Lors de la crise en Biélorussie l'approvisionnement de l'Europe en gaz a été à nouveau affecté[190]. Ce conflit s'est renouvelé à plusieurs reprises, même en 2014.

---

[187] Des tarifs sur le transit du gaz dans certains pays participants du TCE, Sécrétariat de la Charte de l'énergie, janvier, 2006 // (dir).encharter.org (12.12.2015).

[188] Dans le projet de protocole au TCE sur le transport une règle correspondante a été fixée. De plus, il est prévu qu'un accord international pourraient comporter des règles différentes.

[189] Pour plus de détails voir : Konoplyanik (Andrey), *Russian - Ukrainian Gas Dispute : Prices, Pricing and ECT*, Russian / CIS Energy and Mining Law Journal, vol. IV, 2006.

[190] Бутрин (Дмитрий), *Россия и Европейский Союз подсчитывают ущерб от конфликта с Белоруссией* // http://(dir).theworldpress.com/presse/pressemonde/presserussie/kommer.htm (10.04.15).

Ainsi, en réalité, actuellement, le TCE n'est pas capable de garantir la liberté de transit, même en Ukraine, qui a signé et ratifié ce document.

Les règles du TCE sur le transport sont apparemment insuffisantes pour garantir la liberté du transit. Afin de compléter le traité de la Charte, des négociations ont débuté en automne 1998 afin d'aboutir à un Protocol multilatéral sur le transit. Ce document devrait avoir pour objectif de garantir un transit sûr, efficace, ininterrompu et libre d'obstacles ; de promouvoir l'utilisation plus efficace des infrastructures de transit et de faciliter la construction ou la modification d'infrastructures de transit. Ce protocole renforce les dispositions du TCE sur le transit. Surtout, le projet de Protocole de transit prévoit le libre accès de tous les producteurs de pétrole et de gaz au réseau de pipelines de tout pays ayant adhéré à la Charte à l'exclusion des tiers.

La finalisation des négociations sur le protocole de transit était prévue pour la fin 2002[191]. Toutefois, en dépit de progrès notables sur certains points majeurs, comme la définition de la capacité disponible, la mise en place d'un mécanisme de conciliation, ou encore le mode d'évaluation des tarifs de transit, des points de blocage demeurent. Un des principaux points porte sur la demande russo-norvégienne visant à exclure les pipelines et les câbles sous-marins du champ d'application du protocole, ce qui le viderait en grande partie de sa substance[192]. Sans ratification par la Russie, qui ne veut pas devenir un pays transitaire [193], ce protocole perd son sens et, actuellement, il n'est toujours pas en vigueur. En outre, un certain nombre de dispositions du protocole risquent d'entrer en contradiction avec la réglementation communautaire concernant le transit du gaz et de l'électricité. Ainsi, une clause d'organisation de l'intégration économique régionale pourrait-elle se révéler nécessaire afin de protéger l'acquis communautaire[194].

B. La Communauté de l'énergie

Comme on le verra postérieurement, l'UE est une organisation au sein de laquelle la Commission a réussi à créer un cadre juridique pour un véritable marché du gaz européen. Pourtant, pour la sécurisation des approvisionnements énergétiques, l'Union cherche de nouvelles formes de coopération à l'échelle régionale.

---

[191] Waern (Karl Petter), *Transit Provisions of the Energy Charter Treaty and the Energy Charter Protocol on Transit*, Journal of Energy and Natural ressources Law, vol. 20, n° 2, 2002, p. 188.

[192] Séminaire relatif aux grands enjeux de société « Energie et société », groupe n° 13 : « Une politique européenne de l'énergie ? », animé par Michel Guilbaud, ENA, 2001, p. 20.

[193] Marcinkeviciute (Emilijia), *Energy Charter Treaty Transit Protocol: European Gas Market Liberalization and its effect on the European - Russian Gas Trade*, Texas Journal of Oil, Gas and Energy Law, p. 123.

[194] Isidoro (Cécile), *L'ouverture du marché de l'électricité à la concurrence communautaire*, préface Pierre Delvolvé, L.G.D.J., 2006, pp. 557 - 558.

Le 25 octobre 2005, l'UE (la Communauté européenne)[195] et huit partenaires du sud-est de l'Europe, l'Albanie, la Bosnie-Herzégovine, la Croatie (devenue membre de l'EU), l'ancienne République yougoslave de Macédoine, le Monténégro, la Serbie, ainsi que la Mission d'administration intérimaire des Nations unies au Kosovo, ont signé le Traité pour la Communauté de l'énergie[196] dont l'objet consiste à mettre en place un cadre juridique pour un marché intégré de l'énergie. Ce marché est régional. La Moldavie en est devenue membre à part entière le 1er mai 2010 et l'Ukraine l'a rejoint le 1er février 2011. L'Arménie, la Géorgie, la Norvège et la Turquie ont un statut d'observateur. Le traité de la Communauté de l'énergie avec l'Europe du Sud-Est est entré en vigueur le 1er juillet 2006. Il est conclu pour une période de 10 ans. Son application peut être prolongée, soit à l'égard de l'ensemble des parties sur décision prise à l'unanimité du conseil ministériel, soit à l'égard des parties qui ont voté la prolongation (à condition que leur nombre atteigne les deux tiers du nombre des membres de la Communauté de l'énergie).

Les principaux objectifs de ce traité sont de créer un cadre juridique et commercial favorable aux investissements afin de permettre un approvisionnement en énergie stable et permanent, de créer un espace du régime d'encadrement unique pour les échanges d'énergie de réseau, de renforcer la sécurité, d'assurer l'approvisionnement de cette zone et de développer les relations avec les pays voisins, etc.

Le traité de la Communauté de l'énergie avec l'Europe du Sud-Est a donc pour effet de transformer les marchés nationaux en marchés régionaux et d'étendre le marché intérieur de l'énergie de l'UE[197] à l'ensemble de la péninsule balkanique, ce qui signifie que l'acquis communautaire en matière d'énergie, d'environnement et de concurrence s'y trouvera appliqué. De plus, l'ouverture du marché, la garantie des investissements et un contrôle réglementaire ferme des secteurs de l'énergie y seront prévus[198].

Le Traité de la Communauté de l'énergie prévoit également un mécanisme de règlement des différends en cas de non-respect, par l'une des parties, d'une obligation découlant du Traité ou de manquement à la mise en oeuvre d'une décision la concernant dans le délai imparti. Les dispositions relatives au règlement des différends prévoient en outre le droit, pour des

---

[195] Décision du Conseil 2006/500/CE du 29 mai 2006 relative à la conclusion par la Communauté européenne du traité instituant la Communauté de l'énergie // Journal officiel, L 198, 20.7.2006, pp. 15 – 17.

[196] Le Traité pour la Communauté de l'énergie de 2005 // http://(dir).energy-community.org/portal/page/portal/ENC_HOME/ENERGY_COMMUNITY/Legal/About_the_Treaty (23.09.2016).

[197] Andoura (Sami), Hancher (Leigh), Woude (Marc van der), *Vers une Communauté européenne de l'énergie : un projet politique*, Notre Europe, 2010, p. 33.

[198] *Coopération énergétique internationale* //
http://(dir).europedia.moussis.eu/books/Book_2/6/19/01/02/?lang=fr&all=1&s=1&e=10 (12.10.2016).

organismes privés, de soumettre des plaintes au secrétariat. Ceci apporte une contribution importante à l'application du droit communautaire de l'énergie[199].

A terme, le traité instituant la Commission de l'énergie devrait, d'une part, garantir aux pays et territoires des Balkans un accès stable à un approvisionnement élevé en gaz et en électricité. D'autre part, sa tâche sera de renforcer la sécurité d'approvisionnement de l'Union européenne en reliant la Grèce aux marchés de l'énergie de la partie continentale de l'Union, en offrant un accès aux réserves gazières de la mer caspienne, de l'Afrique du Nord et du Moyen-Orient. La Banque Mondiale et la Banque européenne pour la reconstruction et le développement (BERD) ont prévu d'associer leur action à la mise en oeuvre du traité. Elles ont ainsi annoncé qu'elles lieraient l'octroi de crédits et de prêts au respect des dispositions qui y sont contenues. En ce qui concerne la sécurité d'approvisionnement à plus long terme, la Communauté de l'énergie a récemment proposé au secrétariat de l'organisation d'établir une organisation flexible et légère chargée de traiter des questions d'infrastructure : l'Anneau gazier de la Communauté de l'énergie[200].

La Commission européenne joue le rôle de coordonnateur de ces activités. Le Conseil ministériel, composé d'un représentant par partie au traité, arrête les orientations politiques générales, prend des mesures visant la réalisation des objectifs du traité et adopte des actes de procédure comme l'attribution de missions, compétences ou obligations. Le Conseil soumet chaque année un rapport au Parlement européen et aux parlements des parties contractantes. Un groupe permanent à haut niveau a notamment pour tâche de préparer les travaux du conseil ministériel. Il est composé d'un représentant par partie au traité. Le Conseil de régulation a en particulier pour rôle de conseiller les autres institutions et de faire des recommandations en cas de différends transfrontaliers. Il est composé, par partie au traité, d'un représentant du régulateur de l'énergie, la Communauté européenne étant représentée par la Commission européenne assistée par un régulateur de chaque État membre participant, et un représentant du Groupe des régulateurs européens dans le domaine de l'électricité et du gaz (ERGEG).

En outre, la Communauté de l'énergie est conseillée par deux forums composés de représentants de toutes les parties intéressées. Le secrétariat permanent, basé à Vienne, fournit, entre autres, un appui administratif aux autres institutions de la Communauté de l'énergie, vérifie que les parties remplissent correctement leurs obligations[201].

---

199 Andoura (Sami), Hancher (Leigh), Woude (Marc van der), *Vers une Communauté européenne de l'énergie : un projet politique*, Notre Europe, 2010, p. 60.

200 *Ibid.*, p. 61.

201 *Coopération énergétique internationale* //
http://(dir).europedia.moussis.eu/books/Book_2/6/19/01/02/?lang=fr&all=1&s=1&e=10 (21.07.2016).

La Communauté de l'énergie adopte des décisions (contraignantes) et des recommandations (non contraignantes). Ces mesures sont prises, selon les cas, soit sur proposition de la Commission européenne (application de l'acquis communautaire), soit sur proposition d'une partie au traité (autres activités), et sont adoptées soit à la majorité simple (application de l'acquis communautaire), soit à la majorité des deux tiers (mécanisme de fonctionnement des marchés), soit à l'unanimité (marché intérieur de l'énergie). En cas de manquement grave et persistant d'une partie à ses obligations, le conseil ministériel peut, sur décision prise à l'unanimité, suspendre certains droits conférés à cette partie par le traité.

Mais tant les objectifs de la Communauté énergétique que les moyens déployés demeurent peu efficaces : partage d'informations sur le statut des projets d'investissement en cours et prévus dans les réseaux et les services de stockage et mise en place d'un forum pour discuter des options et des priorités d'investissement concernant les dispositifs d'interconnexion. Le Traité pour la Communauté de l'énergie avec l'Europe du Sud-Est est novateur dans son approche institutionnelle et remplit les principaux objectifs qui lui ont été assignés, comme par exemple l'extension des normes du marché intérieur à des pays associés. Cependant, lorsqu'il s'agit de traiter de questions relatives aux relations extérieures, ses objectifs ainsi que les instruments mis à sa disposition sont modestes. Il est peu probable que ce mécanisme s'avère très énergique lorsqu'il s'agit de faire face à des fournisseurs plus importants ou éviter que les membres ne s'exposent à des tactiques telles que celles qui consistent à « diviser pour mieux régner »[202]. Pourtant, des résultats positifs ont été enregistrés lors du conflit gazier qui a opposé l'Ukraine à la Russie en janvier 2009 lorsque les initiatives régionales ont permis une meilleure gestion de la situation dans la région Sud/Sud-Est, sévèrement frappée par la crise[203].

C. La Communauté des Etats indépendants, la Communauté économique eurasiatique

La Russie essaie aussi d'intégrer dans un marché unique certains pays qui lui sont géographiquement proches. En tant que bases institutionnelles, la Communauté des Etats indépendants et la Communauté économique eurasiatique sont utilisées.

1. La Communauté des Etats indépendants

Après la chute de l'URSS, plusieurs systèmes énergétiques indépendants sont apparus, sur lesquels la Russie a perdu le contrôle. Mais tous les Etats

---

[202] Andoura (Sami), Hancher (Leigh), Woude (Marc van der), *Vers une Communauté européenne de l'énergie : un projet politique,* Notre Europe, 2010, p. 86.
[203] *Ibid.*, p. 33.

qui ont obtenu leur indépendance ont conservé le système général d'approvisionnement en gaz qui existait du temps de l'URSS.

Pour donner un nouveau cadre juridique à leurs relations, des Etats de l'ex-URSS ont signé le 8 décembre 1991 le Traité constitutif de la Communauté des Etats Indépendants et le 22 janvier 1993 la Charte de la Communauté des Etats indépendants (CEI). Une des tâches assignées à cette organisation est la création d'un espace économique commun.

Le 27 mars 1997, certains des pays de la CEI ont conclu l'accord « [s]ur la coopération dans le domaine de l'exploration, de l'étude géologique et de la production des ressources en minéraux primaires »[204] ainsi que « La charte minière »[205]. Ces instruments ont été signés par l'Arménie, la Biélorussie, la Géorgie, le Kazakhstan, le Kirghizstan, la Moldavie, la Russie, le Tadjikistan et l'Ukraine. Ils prévoient la coopération des pays membres, l'assistance mutuelle et la coordination des activités de ces pays dans les directions suivantes : l'harmonisation et le rapprochement des textes législatifs; l'affinement d'une base législative pour le développement des relations concurrentielles de l'exploration, de la production, du transport, du traitement, etc. des ressources naturelles[206].

Les parties ont reconnu le principe de la souveraineté sur les ressources naturelles et pris l'obligation de garantir l'accès aux sous-sols sur la base de la législation nationale. Pour l'application de cet accord un Conseil intergouvernemental a été créé dans le domaine de l'exploration, de l'exploitation et de la sauvegarde des sous-sols. Il est également prévu de préparer un projet de Code type sur les sous-sols et l'usage des sous-sols à destination des Etats-membres[207].

De plus, le 31 mai 2001, un accord « [s]ur la coopération frontalière dans le domaine de l'exploration, de l'exploitation et de la sauvegarde des sous-sols » a été adopté. Selon cet accord, dans le cas de gisements transfrontaliers, les Etats doivent opérer cette coopération conjointement.

Ces accords sont complétés par des traités bilatéraux. La Biélorussie et la Russie ont signé le 14 mars 2000, l'accord « [s]ur la coopération entre le Ministères des Ressources naturelles de la Russie et le Ministère des Ressources naturelles et de la Protection de l'environnement de Biélorussie ». Cet accord oblige les parties à coopérer dans les domaines de

---

[204] Соглашение СНГ о сорудничестве в области изучения, разведки и использования минерально-сырьевых ресурсов от 27 марта 1997 // http://lawrussia.ru/texts/legal_213/doc213a164x944.htm (23.09.2016).

[205] Горная Хартия Содружества Независимых Государств от 27 марта 1997 // http://base.garant.ru/1148096/ (12.09.2016).

[206] Егоров (Петр Васильевич), Мухортова (Евгения Владимировна), *Горное право : учебное пособие*, 2004, с. 129.

[207] Толстых (Наталия Иосифовна), *Роль международных договоров Российской Федерации при регулировании отношений недропользования*, Горное законодательство : сборник статей, 2005, с. 164.

l'exploration, de l'étude géologique, etc. Des accords analogues ont été conclus avec l'Arménie (16 juin 1994) et le Kazakhstan (20 mai 1994).

Le 10 octobre 2008 le Conseil des chefs d'Etats de la Communauté des Etats indépendants a adopté une décision sur la coopération dans un domaine clé entre les Etats membres de la CEI[208]. Cette décision prévoit la création d'un groupe de travail pour l'élaboration de propositions de coopération dans le domaine de la politique énergétique coordonnée des Etats de la CEI. Elle pose, semble-t-il, la première pierre de la construction de la coopération élargie et institutionnalisée dans le domaine de l'énergie.

Malgré l'existence de ces instruments et les essais de réglementation juridique, la CEI reste une organisation inefficace. Cela n'est pas surprenant dans la mesure où l'organisation elle-même a été créée, non dans le but de développer l'intégration de l'organisation de la coopération, mais pour désintégrer l'URSS.

2. La Communauté économique eurasiatique (CEEA)

La CEI n'est pas une organisation unique dans l'espace post-soviétique et elle cohabite avec plusieurs autres organisations sous-régionales comme l'Union Russo-Bielorusse, la Communauté économique eurasiatique (CEEA), l'Organisation de coopération de Shanghai (OCS), etc. Actuellement, on constate que les efforts des Etats ex-soviétiques, et notamment de la Russie, se concentrent sur le fonctionnement de la Communauté économique eurasiatique créée en 2000 par la Biélorussie, le Kazakhstan, le Kirghizistan, la Russie, le Tadjikistan et l'Ouzbékistan (adhésion suspendue le 13 novembre 2008).

L'idée à l'origine de la création de cette organisation consiste à reprendre le processus d'intégration économique au sein de la CEI pour organiser le marché commun, établir des tarifs douaniers communs et un système uniforme de réglementation de ces tarifs, mettre en place des règles communes pour le commerce des biens et des services, etc., en un mot, créer une organisation rappelant l'UE.

Ainsi, l'une de ses tâches est la création d'un marché commun de l'énergie. Le 18 février 2003, le Conseil interétatique de la CEEA a adopté « Les bases de la politique énergétique des Etats-membres de la CEEA »[209]. Le but proclamé est de garantir la sécurité énergétique des Etats-membres, par la création d'un marché énergétique commun, par la coopération dans l'avenir et par le développement du réseau gazier.

---

[208] Решение о сотрудничестве в ключевых областях от 10 октября 2008 // http://(dir).cis.minsk.by (23.09.2016).

[209] « Основы энергетической политики государств-членов Евразийского экономического сообщества » утвреждены Решением Межгоссовета ЕврАзЭС от 28 февраля 2003 n° 103 // http://(dir).evrazes.com/docs/view/64 (12.07.2016).

Selon cet instrument, la création d'un marché commun du gaz suppose la mise en place de mesures permettant l'augmentation de l'efficacité des travaux géologiques, la coopération dans le secteur de la production du gaz, la prise de mesures communes de modernisation, la reconstruction du système d'approvisionnement en gaz, etc. La décision de la formation d'un marché commun de la CEEA[210], adoptée le 12 décembre 2008, a repris les mêmes principes et ajouté les séquences relatives à la création et au fonctionnement du marché du gaz commun, la coopération dans le domaine de la fixation des prix du gaz et des tarifs du transport, etc.

L'organe de la CEEA responsable de l'accomplissement de la politique énergétique et de la coordination des activités des régulateurs nationaux est le Conseil sur la politique énergétique auprès du Comité de l'intégration de la CEEA.

En 2010, lors du sommet de la Communauté économique eurasiatique, la décision de créer l'Union économique eurasiatique (UEE) sur la base de l'Union douanière de la Communauté économique eurasiatique a été prise. Un accord sur l'Union économique eurasiatique[211] a été signé le 29 mai 2014 à Astana par la Russie, le Kazakhstan et la Biélorussie. L'Arménie et le Kirghizstan ont aussi adhéré à cette organisation en 2015. Cet acte fixe un nouveau degré d'intégration. Il prévoit l'achèvement de la conception du marché commun du gaz et du pétrole aux alentours du 1er janvier 2016, sa réalisation vers 2018 et sa mise en place vers 2024. Le marché commun apparaîtra au plus tard le 1er juillet 2019. L'accès libre au système du transport sera garanti début 2025.

En conclusion, on peut dire qu'il est trop tôt pour parler d'un marché régional du gaz dans l'espace de l'ex-URSS. Malgré l'adoption de la stratégie et du plan d'établissement du marché commun du gaz, il manque la démonstration de la volonté politique des pays intéressés.

§2 L'expérience d'autres organisations

Il existe d'autres initiatives de coopération régionale en matière d'énergie. Cette coopération s'effectue au sein des organisations régionales de coopération économique et des organisations spécialisées en matière d'énergie. Pour l'élaboration du futur Accord entre la Russie et l'UE, il est important d'analyser cette expérience.

---

[210] Решение Межгосударственного Совета Евразийского экономического сообщества от 12 декабря 2008 n° 402 « О Концепции формирования общего энергетического рынка государств-членов ЕврАзЭС » // http://(dir).eeseaec.org/contact-us/spravocnik-energetika-stran-mira-1/spravocnik-energeticeskie-kompanii-evrazes/zakonodatelstvo (12.07.2016).

[211] Договор о Евразийском экономическом союзе от 29 мая 2014 // http://(dir).economy.gov.ru/wps/wcm/connect/economylib4/mer/about/structure/depSNG/agreement-eurasian-economic-union (23.09.2016).

A. Organisations régionales de coopération économique

L'exemple le plus important de coopération régionale découle de l'Accord de libre-échange nord-américain[212] signé en 1992 par les Etats Unis, le Canada et le Mexique (ALENA), dont le chapitre 6[213] est consacré en entier à la question de l'énergie. Les Parties y reconnaissent qu'il est souhaitable de renforcer le rôle important du commerce des produits énergétiques et des produits pétrochimiques de base dans la zone de libre-échange, par une libéralisation soutenue et graduelle. Pourtant, les parties à l'accord ont prévu des mesures sur l'interdiction de restreindre l'export et l'import des produits énergétiques (art. 603-607).

La Communauté Économique du développement des États de l'Afrique de l'Ouest (CEDEAO)[214] est une organisation intergouvernementale ouest-africaine créée le 28 mai 1975. Elle a aussi entrepris des actions en matière d'énergie. L'article 25 du Traité prévoit des mesures de coordination et d'harmonisation. Ces mesures sont développées dans le Protocole A/P14/1/03 sur l'énergie de la Communauté économique des Etats de l'Afrique de l'Ouest adopté le 17 janvier 2003[215]. Y figurent des règles sur la liberté du commerce des produits énergétiques, la concurrence, le transit, les investissements, la souveraineté sur les ressources énergétiques, les aspects environnementaux, le règlement des différends. Ce texte rappelle, dans une large mesure, le TCE.

---

[212] L'Accord de libre-échange nord-américain du 1992 // https://(dir).nafta-sec-alena.org/Default.aspx?tabid=141&language=fr-CA (12.02.2016).

[213] Le Mexique a émis des réserves à l'égard du Chapitre 6 de l'ALENA. Le Mexique s'est réservé les activités stratégiques suivantes, y compris l'investissement et les services les concernant : a) prospection et exploitation du pétrole brut et du gaz naturel ; raffinage ou transformation du pétrole brut et du gaz naturel ; production de gaz artificiel, de produits pétrochimiques de base et de leurs charges d'alimentation ; et pipelines ; b) commerce extérieur ; transport, entreposage et distribution, jusqu'à la première vente, inclusivement, du gaz naturel. En même temps, lorsque les utilisateurs finals et les fournisseurs de gaz naturel estiment que le commerce transfrontière de ce produit pourrait servir leurs intérêts, chacune des Parties permettra à ces utilisateurs finals et à ces fournisseurs, ainsi qu'à toute entreprise d'État de cette Partie, sous réserve des prescriptions de sa législation intérieure, de négocier des contrats d'approvisionnement. Chacune des Parties laissera à la discrétion des utilisateurs finals, des fournisseurs et de toute entreprise d'État de la Partie, sous réserve des prescriptions de sa législation intérieure, les modalités de mise en oeuvre de tout contrat de cette nature, qui pourront prendre la forme de contrats individuels entre l'entreprise d'État et chacune des autres entités. De tels contrats pourront être soumis à approbation réglementaire.

[214] Le Traité sur la Communauté Économique du Développement des États de l'Afrique de l'Ouest de http://(dir).comm.ecowas.int/sec/fr/docs/traite_revise.pdf (24.09.2016).

[215] Le Protocole A/P14/1/03 sur l'énergie de la Communauté économique des Etats de l'Afrique de l'Ouest du 17 janvier 2003 //
http://(dir).comm.ecowas.int/sec/fr/protocoles/WA_EC_Protocol_French-DEF.pdf (23.09.2016).

B. Organisations spéciales non européennes s'intéressant à l'encadrement des relations énergétiques

Dans certaines régions du monde des organismes spécialisés dans la coopération dans le domaine de l'énergie sont apparus.

Il s'agit, par exemple, de l'Organisation latino-américaine de l'énergie (OLADE)[216] créée en 1973. Selon l'accord de Lima du 2 novembre 1973, la mission de cette organisation est de contribuer à l'intégration, au développent durable et à la sécurité énergétique de la région et à la coopération entre les pays membres. Principalement cette organisation s'occupe de soutenir politiquement et techniquement les Etats-membres pour garantir l'intégration[217].

Une autre organisation spécialisée, cette fois sur le continent africain, est la Commission Africaine de l'Energie (AFREC)[218], lancée officiellement le 17 février 2008 à Alger, à l'issue d'une conférence des ministres de l'énergie du continent. Déjà, dès 1980, les pays africains avaient véritablement pris conscience de la situation énergétique préoccupante du continent africain. Pour la première fois, la Conférence des Chefs d'Etat et de Gouvernement de l'Union Africaine (à cette époque Organisation de l'unité africaine), réunie à Lagos (Nigeria) en avril 1980, avait adopté un plan intitulé « Plan d'Action de Lagos », dans lequel les principaux problèmes énergétiques que connaissait l'Afrique avaient été identifiés, en proposant des actions à court, moyen et long termes pour y remédier[219].

L'AFREC a pour vocation principalement l'élaboration des politiques, des stratégies de développement de l'énergie et l'indication des voies et moyens de leur mise en œuvre. Cette organisation se fixe également pour objectif l'élaboration et le lancement de grands projets énergétiques interafricains de coopération, favorisant une intégration sous-régionale, régionale et continentale.

Ainsi, au niveau régional, la coopération est, semble-t-il, plus efficace qu'au niveau universel compte tenu des particularités locales, culturelles et historiques. Il existe des organisations dont la vocation n'est pas limitée à l'énergie et des organisations spécialisés dans le domaine de l'énergie. Pourtant, ces sont les premières, dont le but est la création d'un marché commun, qui sont les plus efficaces. La contribution d'autres organisations, surtout spécialisées, reste faible pour le moment.

---

216 Actuellement 27 pays de l'Amérique Latin et des Caribes font partie de l'organisation.

217 *The Regulation of the International Energy Trade. Fuels and Electricity*, FIESP, 2013, p. 290.

218 La Convention de la Commission Africaine de l'Energie du 11 juillet 2001 // http://afrec-energy.org/Fr/convention.html (23.09.2016).

219 *Présentation de la Commission Africaine de l'Energie* // http://afrec-energy.org/Fr/presentation.html (23.09.2016).

Section IV. Accords bilatéraux en matière d'énergie

Les accords bilatéraux sont ordinairement les instruments les plus effectifs dans l'encadrement des relations internationales. Ces derniers, entre la Russie et les pays de l'UE, peuvent être classés en deux catégories, ceux conclus entre la Russie et l'UE (§1) et ceux conclus entre la Russie et l'un des Etats-membres de l'UE (§2).

§1 L'Accord de partenariat et de coopération entre la Russie et l'UE

Parmi les accords bilatéraux, on note le caractère général et fondamental de l'Accord de partenariat et de coopération entre la Russie et l'UE (APC), fixant les principes de la coopération entre les parties dans presque tous les domaines, y compris celui de l'énergie.

A. Les caractéristiques juridiques de l'accord de partenariat et de coopération entre la Russie et l'UE

Les relations entre la Russie (l'URSS) et l'UE ont formellement commencé le 2 mars 1989, après la reconnaissance mutuelle le 25 juin 1988 de l'URSS et de la CEE. Le 18 décembre 1989, l'Accord de commerce et de coopération entre la CEE et l'URSS a été signé. Actuellement, les relations entre la Russie et l'UE sont gouvernées par l'Accord de partenariat et de coopération[220], conclu à Corfou (Grèce) le 24 juin 1994. Après sa ratification par le Parlement européen et les parlements de tous les pays contractants et la Russie en novembre 1996, l'Accord est entré en vigueur le 1er décembre 1997, pour une période initiale de dix ans. L'accord contient 112 articles et 10 annexes, 3 protocoles et quelques déclarations communes et unilatérales et des échanges de correspondance. Des accords de partenariat et de coopération ont été conclus avec dix Républiques de l'ancienne URSS (avec tous les pays de la CEI, sauf le Tadjikistan). Les contenus de ces accords sont presque identiques.

L'Accord de partenariat et de coopération entre l'UE et la Russie est un accord mixte. Ni le Traité de la Communauté économique européenne (CEE), ni celui de la CE (la Communauté européenne) ne font référence à ce type d'accords et, il n'y a jamais eu de règles claires dans ce domaine[221].

---

[220] Accord de partenariat et de coopération établissant un partenariat entre les Communautés européennes et leurs États membres, d'une part, et la Fédération de Russie, d'autre part - Protocole n°1 sur l'institution d'un groupe de contact pour le charbon et l'acier - Protocole n°2 sur l'assistance administrative mutuelle en vue de l'application correcte de la législation douanière - Acte final - Déclarations communes - Échanges de lettres - Procès-verbal de signature // Journal officiel, n° L 327, 28.11.1997, pp. 3 – 9.

[221] Maresceau (Marc), *Bilateral agreements concluded by the European community,* Martinus Nijhoff Publishers, 2006, p. 207.

Cela a empêché leur utilisation de manière élargie. On parle d'accord mixte, chaque fois qu'il apparaît que la matière d'un accord ou d'une convention relève, pour partie, de la compétence (de l'une des) Communautés et, pour partie, de celle des Etats membres, c'est-à-dire toutes les fois où la compétence de la Communauté, pour participer à un accord international, n'est pas exclusive et où, par conséquent, la participation des Etats membres est soit obligatoire soit permise[222]. La mixité a été inaugurée à l'occasion de l'accord d'association avec la Grèce du 9 juillet 1961. Le régime des accords mixtes a connu ensuite un grand développement dans le cadre des relations extérieures de la Communauté et la pratique de la mixité a été consacrée dans le traité de Nice, puisque le § 6 du nouvel article 133 prévoit que les accords relevant d'une compétence partagée sont conclus conjointement par la Communauté et par les Etats membres.

Les accords mixtes donnent la possibilité de recouvrir des réalités très différentes. Les caractéristiques du régime juridique des accords mixtes découlent directement du fait que ces derniers relèvent, pour partie, de la compétence de la Communauté et, pour partie, de celle des Etats membres, « qu'ils impliquent l'intervention conjuguée des institutions communautaires et des autorités nationales, et cela nécessite une coopération étroite entre des institutions de la Communauté et les Etats membres, tant dans le processus de la négociation et de la conclusion, que dans l'exécution des engagements assumés »[223].

Sur le plan de la mise en œuvre, il existe aussi plusieurs problèmes non encore résolus. Mais il faut signaler une affaire soumise à la CJUE qui a été significative pour l'accord de partenariat et de coopération avec la Russie. C'est l'affaire C-265/03 Igor Simutenkov contre Ministerio de Educación y Cultura et Real Federación Española de Fútbol[224]. Selon l'arrêt rendu par la CJUE, l'accord conclu par la Communauté avec des États tiers doit être considéré comme étant d'application directe lorsque, eu égard à ses termes ainsi qu'à son objet et à sa nature, il comporte une obligation claire et précise qui n'est subordonnée, dans son exécution ou dans ses effets, à l'intervention d'aucun acte ultérieur. Donc, même des particuliers peuvent l'invoquer devant la Cour.

Ainsi les accords mixtes, comme instrument de règlement des relations entre les parties, soulèvent, sur le terrain de leur négociation, de leur conclusion et de leur mise en œuvre, des problèmes complexes, toutes ces questions n'ayant d'ailleurs pas encore trouvé de solution définitive ou

---

[222] Dony (Marianne), Les accords mixtes, in Commentaire Jacques Megret, *Le droit de la CE et de l'Union européenne. Relations extérieures*, sous la direction de Jean-Victor Luis et Marianne Dony, deuxième édition, Editions de l'Université de Bruxelles, 2005, p. 167.

[223] *Ibid.*, pp. 178 - 179.

[224] Affaire C-265/03 Igor Simutenkov contre Ministerio de Educación (dir) Cultura et Real Federación Española de Fútbol du 12 avril 2005 // Recueil de jurisprudence, 2005, p. I-02579.

satisfaisante. Malgré toutes ces difficultés, on les utilise pour des raisons politiques.

B. Les institutions créées par l'accord de partenariat et de coopération entre la Russie et l'UE

L'accord prévoit la création de certaines structures spéciales : Conseil de la coopération, Comité de la coopération et Comité de la coopération parlementaire. Le rôle du Conseil de coopération consiste à superviser la mise en oeuvre de l'accord. Il peut aussi formuler des recommandations appropriées. Il est composé, d'une part, des membres du Conseil de l'Union européenne et des membres de la Commission et, d'autre part, des membres du gouvernement de la Fédération de Russie. Ainsi, c'est un organe représentatif.

Dans l'accomplissement de ses tâches, le Conseil de coopération est assisté par un Comité de coopération. Sa mission consiste notamment à préparer les réunions du Conseil de coopération et à assumer d'autres tâches mineures. En même temps, le Conseil de coopération peut décider de constituer tout autre comité ou organe spécial pour l'assister dans l'accomplissement de ses tâches.

La Commission parlementaire de coopération est composée d'une part, de membres du Parlement européen et, d'autre part, de membres de l'Assemblée fédérale de la Fédération de la Russie. Elle peut demander au Conseil de coopération de lui fournir toute information utile relative à la mise en oeuvre de l'accord et adresser lui ses recommandations.

Chacune des parties peut saisir le Conseil de coopération de tout différend relatif à l'application ou à l'interprétation de l'accord. Mais le Conseil peut régler les différends par voie de recommandation. Au cas où il n'est pas possible de régler le différend par cette voie, on peut utiliser la procédure de conciliation. Cependant, ces recommandations ne sont pas obligatoires pour les parties.

Il est en outre prévu que les parties doivent se consulter rapidement par les voies appropriées, à la demande de l'une d'elle, pour examiner toute question concernant l'interprétation ou la mise en oeuvre de l'accord et d'autres aspects pertinents des relations entre elles. Si une partie considère que l'autre n'a pas rempli une des obligations que lui impose l'accord, elle peut prendre les mesures appropriées. Auparavant, sauf en cas d'urgence spéciale, elle doit fournir au Conseil de coopération tous les éléments d'information utiles nécessaires à un examen approfondi de la situation en vue de rechercher une solution acceptable par les parties. Le choix doit porter, par priorité, sur les mesures qui perturbent le moins le fonctionnement de l'accord. Ces mesures sont notifiées immédiatement au Conseil de coopération, si l'autre partie le demande. Ce sont tous moyens de règlement des différends entre les parties. Donc on voit que le processus de résolution des différends est prioritairement le dialogue entre les parties, et aucune décision obligatoire ne peut être prise par une partie tierce.

Quant aux différends entre les opérateurs, les parties ont pris l'obligation *d'encourager* le recours à l'arbitrage pour régler les différends découlant de transactions commerciales et de coopérations conclues par les opérateurs économiques de la Communauté et ceux de la Russie, d'encourager le recours aux règles d'arbitrage élaborées par la Commission des Nations unies pour le droit commercial international (CNUDCI), et à l'arbitrage par tout centre d'arbitrage d'un pays signataire de la convention sur la reconnaissance et l'exécution des sentences arbitrales étrangères signée à New York le 10 juin 1958.

C. La réglementation des relations en matière d'énergie en vertu de l'accord de partenariat et de coopération entre l'UE et la Russie

L'Accord prévoit la coopération dans plusieurs domaines, allant des relations économiques proches jusqu'à l'instauration future d'une zone de libre-échange entre la Communauté et la Russie, couvrant essentiellement tous les échanges de biens entre elles, ainsi que les conditions nécessaires pour permettre la liberté d'établissement des sociétés et la liberté des échanges transfrontaliers de services et des mouvements de capitaux.

Les dispositions générales, contenues dans le Titre III sur le commerce des marchandises, ne sont pas applicables au gaz. Cependant, l'article 105 fait référence à la Charte énergétique. Il précise que dans la mesure où les matières couvertes par l'accord sont couvertes par le Traité sur la Charte de l'énergie et ses protocoles, ce Traité et ses protocoles s'appliquent, dès leur entrée en vigueur, mais uniquement dans la mesure où une telle application y est prévue. Or actuellement cet article n'a pas encore trouvé d'application.

La coopération prévue en matière d'énergie porte notamment sur les points suivants: l'amélioration de la qualité et de la sécurité de l'approvisionnement en énergie, la formulation d'une politique énergétique, l'amélioration de la gestion et de la réglementation du secteur de l'énergie, la réalisation d'un ensemble de règles institutionnelles, juridiques, fiscales et autres, nécessaires pour encourager les échanges et les investissements en matière d'énergie, la modernisation de l'infrastructure énergétique, l'approvisionnement et la consommation d'énergie, etc. (art. 65)[225].

Ainsi, des règles sont formulées de manière générale, aucune obligation précise n'est fixée.

[225] Hanghighi (Sanam Salem), *Energy Security: The External Legal Relations of the European Union with Major Oil - and Gas-Supplying Countries*, Hart Publishing, 2007, p. 344.

D. Le dialogue politique sur l'énergie entre l'UE et la Russie

Pour la réalisation de ses objectifs, l'accord (art. 65) prévoit l'établissement d'un dialogue politique régulier entre les parties. Lancé lors du Sommet de l'UE avec la Russie à Paris en octobre 2000[226], ce dialogue a pour but de consolider le rapprochement de l'Union européenne et de la Russie.

En matière d'énergie, en 2000, en vertu de la Déclaration commune « [s]ur l'établissement du dialogue énergétique entre la Russie et l'UE »[227], le dialogue énergétique a été lancé avec pour but de déterminer les paramètres de la future coopération, de discuter les problèmes relatifs à l'énergie, qui ne cessent de surgir entre les parties. Les coordinateurs du dialogue sont le Ministre de l'énergie de la Fédération de la Russie et le Commissaire européen à l'énergie. Ce dialogue a conduit à l'établissement d'un Conseil permanent de partenariat des ministres de l'énergie, dont la première réunion s'est tenue en octobre 2005 et la dernière, la cinquième, en 2010. A partir de 2005, ce dialogue est devenu un élément de la feuille de route sur la création de l'espace économique commun entre les parties.

Ce dialogue est un forum de discussion sur les questions suivantes : l'instauration de « règles du jeu » uniformes, la libéralisation accrue du marché du gaz, l'établissement de règles d'accès au système de transport, la création d'un climat favorable aux investissements et aux intérêts des entreprises pour leurs activités sur le marché russe et l'examen des principaux projets d'intérêt commun. Cinq groupes de travail thématiques (sur l'électro-énergétique, sur l'énergétique nucléaire, sur l'efficacité énergétique et les innovations, sur les marchés énergétiques et sur la supervision d'une feuille de route) réunissent plus de 100 experts européens et russes du secteur privé et des administrations pour débattre des investissements, des infrastructures, du commerce et de l'efficacité énergétique et pour préparer de nouvelles propositions pour le dialogue énergétique[228].

---

[226] Communication de la Commission au Conseil et au Parlement européen de 13.12.2004 « Le dialogue énergétique entre l'Union européenne et la Fédération de Russie de 2000 à 2004 » COM/2004/0777, Non publié au Journal officiel // http://eur-lex.europa.eu/smartapi/cgi/sga_doc?smartapi!celexplus!prod!DocNumber&lg=fr&type_doc=COMfinal&an_doc=2004&nu_doc=777 (12.09.2016).

[227] Joint Declaration of the President of the European Council, Mr J. Chirac, assisted by the Secretary - General of the Council/High Representative for the Common Foreign and Security Policy of the EU, Mr J. Solana, of the President of the Commission of the European Communities, Mr R. Prodi, and of the President of the Russian Federation, Mr V. Putin, Paris, 30 October 2000 // http://archive.kremlin.ru/eng/events/articles/2000/10/136433/140836.shtml (13.02.2016).

[228] Rapport du groupe de travail présidé par Christian Stoffaes, *La sécurité gazière de l'Europe : de la dépendance à l'interdépendance*, La documentation française, 2010, p. 103.

En matière de gaz il existe un Conseil consultatif Russie - UE, créé en 2011, sur la base du « Mémorandum sur un avertissement précoce »[229] signé par les coordinateurs du dialogue énergétique en 2009. Ses membres sont des représentants des autorités publiques, des régulateurs, les entreprises les plus importantes dans le secteur et des experts. Cet organe comprend trois groupes de travail : un sur la projection à long terme du développement de l'industrie gazière[230], un autre sur l'évolution des marchés du gaz internes de la Russie et de l'UE [231] et le troisième sur le développement de l'infrastructure gazière[232,233].

Depuis son lancement en 2000, le dialogue énergétique a permis de résoudre d'importantes questions relatives notamment aux restrictions à l'importation du gaz et du pétrole, comme la préservation des contrats d'approvisionnement à long terme et la suppression de mesures contraires aux règles communautaires de la concurrence.

De fait, ce partenariat, même s'il n'a pas pu résoudre certains problèmes dans les relations entre la Russie et l'UE, s'avère être une source de dialogue privilégié qui permet de rapprocher les positions, notamment sur les questions de prospectives énergétiques et de retrouver la confiance des parties[234].

Une autre étape de la coopération a été la création du Centre de technologie Russie - UE[235] en novembre 2002. Le but principal de cet institut, financé par les deux parties, est la coopération dans le domaine des technologies avancées dans les secteurs du pétrole, du gaz, de l'électricité, de l'acier et de l'énergie renouvelable et de l'efficacité énergétique. Ces fonctions sont de trois types : l'échange de know-how sur les nouvelles technologies, l'organisation de conférences, la préparation de publications,

---

[229] Memorandum on an Early Warning Mechanism in the Energy Sector within the Framework of the EU - Russia Energy Dialogue, 16.11.2009 // https://ec.europa.eu/energy/sites/ener/files/documents/20110224_memorandum.pdf (12.02.2016).

[230] Analyse des prémisses de la construction des scénarios, découverte des stimulus du développement du marché gazier de l'UE et élaboration de l'instrumentation méthodologique de la construction des scénarios.

[231] Diminution des risques infrastructurels et régulateurs dans les relations Russie - UE au moyen de l'analyse des risques de l'application du troisième paquet énergétique contenu dans les documents explicatifs : Network codes, Framework guidelines, par la correction des actes élaborés, par la détermination des possibilités d'adaptation du système des accords à long terme aux exigences du troisième paquet énergétique.

[232] Analyse des plans du développement de l'infrastructure de la Russie et de l'UE, assistance au développement du réseau paneuropéen des gazoducs, analyse de la réalisation de nouveaux projets sur le territoire de l'UE.

[233] Le Conseil consultatif sur gaz la Russie - l'UE // http://(dir).fief.ru/GAC.htm (12.02.2016).

[234] Пашковская (Ирина), *Энерегтическая политика Европейского союза в отношении России*, Аналитические доклады, Институт международных исследований МГИМО (У) МИД России, выпуск 5, 2011, с. 17.

[235] Site officiel du centre technologique // (dir).technologycentre.org (12.02.2016).

la projection de projets d'intérêt commun, etc.[236] Pourtant, son efficacité n'est pas encore visible[237]. On peut dire la même chose de la prestation d'aide technique à la Russie par la Commission à partir de 2005 (par le biais du programme TACIS[238]) et des recherches sur la coopération industrielle entre la Russie et la Communauté européenne (faites dans le cadre du programme Synergy[239]).

---

236 Hanghighi (Sanam Salem), *Energy Security: The External Legal Relations of the European Union with Major Oil and Gas-Supplying Countries*, Hart Publishing, 2007, p. 347.

237 *Ibid.*, p. 347.

238 En 1990 lors du Conseil européen de Rome, la CEE a lancé un programme d'assistance technique au bénéfice de l'URSS, qui a couvert l'ensemble des pays de la CEI (Communauté des Etats indépendants) et la Mongolie. (Pour la coopération des pays méditerranéens il existe un Programme d'assistance technique avec la Méditerranée, MEDA), ayant pour objectifs d'encourager l'établissement de conditions favorables à l'économie de marché et de renforcer la démocratie (règlement Euroatom, CEE) n° 2053/93 du Conseil du 19 juillet 1993 relatif à la fourniture d'une assistance technique aux Etats indépendants de l'ex-Union soviétique et à la Mongolie dans l'effort d'assainissement et de redressement de leur économie // Journal officiel, n° L 187, 29.07.1993, p. 1). Il faut remarquer que l'énergie et la sécurité nucléaire ont fait également partie des secteurs d'intervention de ce programme et représentaient 25 % de son budget total (Ayral (Michel), *Droit communautaire de l'énergie*, Paris : Joly édition, 1997, p. 53.). En décembre 1999 le Conseil européen a adopté un nouveau règlement dit TACIS II pour la période 2000-2006, doté de 3,138 milliards d'euros. Pourtant, la Commission révisionnaire créée en 2006 a démontré que des financements ont été dépensés sans véritables effets (5 sur 29 ont donné un résultat), et des députés du Parlement européen ont demandé l'arrêt de ce programme.

239 Synergie est un programme communautaire de coopération (règlement (CE) n° 701/97 du Conseil du 14 avril 1997 portant adoption d'un programme destiné à promouvoir la coopération internationale dans le secteur de l'énergie - Programme Synergy // Journal officiel des Communautés européennes, n° L 104, 22.04.1997, pp. 1 - 8.) avec l'ensemble des pays tiers pour la formulation, l'élaboration et la mise en œuvre de la politique énergétique dans des domaines d'intérêt mutuel. Il doit contribuer à la réalisation des objectifs définis dans le livre blanc de la Commission « [s]ur une politique de l'énergie pour l'Union européenne » (COM(95) 682, 13.12.1995). Ces objectifs sont la compétitivité, la sécurité d'approvisionnement et la protection de l'environnement.

Pour atteindre ces objectifs, la Communauté contribue, en particulier, au financement d'actions de conseil et de formation, d'analyse et de prévision en matière énergétique, d'organisation de conférences et de séminaires et de soutien à la coopération régionale transfrontalière en matière de projets de recherche-développement. Le règlement établit la liste des principaux projets qui peuvent bénéficier d'un financement communautaire.

Le programme Synergie II, adopté en décembre 1998, arrête ainsi un programme « pluriannuel visant à promouvoir la coopération internationale dans le secteur de l'énergie » pour la période 1998 - 2002. Il était destiné à aider les pays tiers à élaborer et à mettre en œuvre la politique énergétique au travers d'actions identiques à celles de Synergie I (à l'exception des projets de recherche, de développement et de démonstration qui sont exclus du programme). Il était doté d'une enveloppe budgétaire de 15 millions d'euros. En 2001, à la suite du rejet des nouvelles lignes directrices par le comité du programme–cadre, le Conseil a adopté une décision (Décision n° 2001/353/CE du Conseil du 9 avril 2001, fixant les nouvelles lignes directrices applicables aux actions et mesures à entreprendre au titre du programme pluriannuel visant à promouvoir la coopération internationale dans le secteur de l'énergie (1998 - 2002), découlant du programme-cadre pluriannuel pour des actions dans le secteur de l'énergie et des mesures connexes // Journal officiel, n° L 125, 05.05.2001, pp. 24 - 26.) dont l'objet principal est de recentrer le programme sur deux objectifs principaux : la sécurité d'approvisionnement et la contribution à la mise en œuvre du

Malgré des années de coopération fructueuse dans le cadre du dialogue, on attend toujours une véritable avancée. En même temps, la Commission a constaté, dans son cinquième rapport sur les progrès concernant le dialogue sur l'énergie entre la Russie et l'UE, que ce dialogue a évolué pour devenir un véritable partenariat[240].

E. Les quatre espaces communs, le partenariat pour la modernisation

En mars 2003 l'UE a proposé la mise en place de la Politique européenne de voisinage (PEV). Le document relatif à cette proposition contenait un nouveau concept, celui de la politique de voisinage de Marrakech à Moscou, pour les pays voisins de l'est et du sud de l'Union européenne, qui n'ont pas vocation à entrer dans l'Union européenne. Pourtant, la Russie a choisi de ne pas y adhérer et aspire à être un « partenaire égal » de l'UE. Ainsi, les parties ont décidé de ne pas dévaloriser le développement dans le cadre d'un partenariat stratégique[241]. En mai 2003, l'UE et la Russie, dans le cadre de l'accord de partenariat et de coopération, ont décidé de développer un projet de création à long terme de quatre espaces communs (espace économique, espace de liberté, de sécurité et de justice, espace de sécurité extérieure et espace pour la recherche et l'éducation). En 2005, les feuilles de route qui contiennent les mesures exactes pour la mise en œuvre des quatre espaces communs ont été adoptées. La première prévoit la création d'un espace économique européen commun (EEEC)[242], premier pas vers l'établissement d'une zone de libre-échange telle qu'envisagée par l'APC, ce qui aura des conséquences pour l'énergie.

La dernière piste de la coopération est le partenariat pour la modernisation. Lors du 25ème sommet de Rostov-na-Donu en 2010, les parties (la Russie et l'UE) ont proclamé ce nouvel axe de coopération. Le partenariat sera basé sur le progrès atteint par les quatre espaces. Son instrument de base sera le dialogue dans des secteurs particuliers. Les directions privilégiées sont : l'attraction des investissements, l'harmonisation

---

protocole de Kyoto. Cette nouvelle décision constate l'efficacité réduite d'un programme d'action recouvrant un champ d'activités très vaste mais doté d'une enveloppe financière limitée. C'est la décision n° 1230/2003/CE du Parlement européen et du Conseil du 26 juin 2003 arrêtant un programme pluriannuel pour des actions dans le domaine de l'énergie : « Energie intelligente – Europe » (2003 - 2006) // Journal officiel, n° L 176, 15.07.2003, pp. 29 - 36.) qui succède à ces différents programmes avec pour objectif premier de renforcer leur cohérence et de consacrer les moyens nécessaires à leur mise en œuvre par l'octroi d'un budget de 200 millions d'euros pour la période 2003-2006 (Isidoro (Cécile), *L'ouverture du marché de l'électricité à la concurrence communautaire*, préface Pierre Delvolvé, L.G.D.J., 2006, pp. 554 - 555.).

240 *Partenariat énergétique UE - Russie* // http://europa.eu/scadplus/leg/fr/lvb/l27055.htm (01.05.16).

241 Boburka (Tatyana), *Les relations entre la Russie et l'Union européenne après l'élargissement*, Mémoire, Paris II, 2005, p. 22.

242 Cette idée a été lancée pour la première fois en mai 2001 lors du 7e sommet russo-européen.

des standards techniques, le développement du transport et l'efficacité énergétique[243]. Actuellement, les parties sont au stade de l'élaboration d'un plan du travail.

L'ensemble de ces actions de coopération est cependant dépourvu de caractère contraignant et son efficacité est largement subordonnée à l'appui financier de l'Union européenne. Celle-ci essaie donc de développer un cadre de coopération contraignant, qui reste, à ce jour, limité.

Ainsi, on constate que les relations gazières entre la Russie et l'UE ne sont pas vraiment réglées pas l'accord de coopération actuel. On peut utiliser les dispositions générales concernant le commerce entre les Etats, mais cela n'est pas suffisant. Le dialogue énergétique et la coopération dans le cadre du partenariat pour la modernisation ne peuvent pas servir de vraie base pour la création de nouvelles normes juridiques contraignantes.

§2 Les traités bilatéraux entre la Russie et les Etats-membres de l'UE sur la coopération dans le domaine de l'énergie

En l'absence de traités multilatéraux efficaces, les accords bilatéraux ont une signification extrêmement importante. La Russie et des Etats membres de l'UE ont amassé une grande expérience en la matière. En ce troisième millénaire, le nombre de ces traités a augmenté et les mécanismes qu'ils prévoient se sont perfectionnés. Actuellement, dans le domaine des relations gazières entre la Russie et des pays de l'UE on peut répertorier les types d'accords suivants : des accords sur la coopération économique, des accords sur la coopération dans le domaine de l'énergie, des accords sur la coopération dans le secteur gazier-pétrolier, des accords d'approvisionnement conclus directement entre les Etats et des accords sur la délimitation des terrains.

A. Accords sur la coopération économique

Ces accords ne constituent pas une nouveauté. Ils ont toujours existé. Ils ne sont pas systématisés, ni sur le plan de la forme, ni sur celui du fond car ils sont tous liés à des circonstances qui leurs sont propres.

Quant au fond, il n'est pas douteux que le degré de précision des engagements contenus dans ces accords est très variable. La plupart des stipulations se bornent à indiquer l'existence d'un principe de coopération en des termes assez vagues[244], ou déclarent que l'un des Etats déploiera tous les « efforts » possibles pour atteindre l'objectif considéré comme désirable par

---

[243] Dernier rapport d'avancement : 2014 // http://eeas.europa.eu/russia/docs/eu_russia_progress_report_2014_fr.pdf (23.09.2016).

[244] Ainsi, dans l'accord franco-libyen on relève la clause suivante : « Les deux pays coopèrent dans tous les domaines de l'industrie du pétrole et du gaz, notamment pour la prospection et l'exploitation de nouvelles zones, le traitement et le transport des hydrocarbures, les industries de raffinage et de la pétrochimie, la commercialisation des produits pétroliers ».

l'autre. Il s'agit en fait d'accords-cadres qui ont avant tout pour but de « lancer une procédure de coopération continue et régulière ». Ceci n'exclut pas cependant que les accords contiennent des clauses précises applicables en tant que telles[245]. De plus, très souvent, leur efficacité est subordonnée à l'action des entreprises privées des Etats industriellement développés à qui il incombera de conclure des contrats avec l'Etat intéressé (de ce point de vue, l'interpénétration des intérêts publics et des intérêts privés peut être considérée comme totale), ce que l'Etat développé peut favoriser, mais ne peut pas rendre obligatoire.

De ce fait, très fréquemment, les accords se bornent à prévoir que l'Etat industriellement développé « incitera » ses entreprises à agir auprès de l'autre Etat qui, de son côté, devra leur réserver un « accueil » *a priori* favorable.

Enfin, de tels accords prévoient fréquemment la constitution d'organe la coopération sous forme de Conseils mixtes dotés du pouvoir d'émettre des recommandations.

L'on ne peut bien évidemment pas porter un jugement sur l'effet de tels accords, car le recul n'est pas suffisant. Ceux-ci reposent en définitive sur la bonne volonté et le désir de coopérer, dépendant avant tout, pour leur efficacité, du contexte politique[246].

La Russie a conclu des accords de ce type avec la Croatie le 2 mars 2010, avec la Lettonie le 13 octobre 2006, avec la République Tchèque le 26 mai 2005, avec la Slovaquie le 25 février 2005, avec la Hongrie le 16 février 2005, avec la Pologne le 2 novembre 2004, avec la Lituanie le 18 novembre 1993, avec la Grèce le 30 juin 1993, avec la France le 15 janvier 1990, avec l'Italie le 30 octobre 1989, avec les Pays-Bas le 15 juillet 1975, etc.[247]

B. Accords sur la coopération dans le domaine de l'énergie

La Russie participe dans des accords relevant de ce type avec la France de 1975, avec la Suède de 1996, avec l'Estonie de 1997, avec la Grèce de 2001 et avec l'Espagne de 2009[248]. Ils ont souvent le caractère d'accords

---

245 On trouve, par exemple, des clauses « de la nation la plus favorisée ». L'accord franco-libyen prévoit ainsi que « la France bénéficiera pour ces fournitures (de pétrole) de conditions aussi favorables que le permettent les règles de cession de pétrole par la Lybie à ses utilisateurs et repreneurs conformément à la politique générale du gouvernement de la République arabo-libyenne. Pour l'application de cette disposition il ne sera pas fait référence aux conditions exceptionnelles qui pourraient être accordées aux pays en voie de développement » (art. 5 de l'accord).

246 Manin (Philippe), *Les réactions des Etats victimes de la crise de l'énergie*, in Colloque de la Société Française pour le Droit International de 1975, *La crise de l'énergie et le droit international*, Pedone, 1976, p. 147.

247 Le texte des accords à voir http://(dir).mid.ru (12.12.2016).

248 Меморандум о взаимопонимании между Правительством Российской Федерации и Правительством Королевства Испания о сотрудничестве в области энергетики от 3 марта 2009 // http://(dir).innovbusiness.ru/pravo/DocumShow_DocumID_155183.html (23.09.2015).

cadre. En règle générale, ils n'ont pas pour but de prévoir des projets spéciaux. Dans la majorité des cas ils sont la base de la conclusion d'autres traités internationaux. Ils prévoient également la création de groupes de travail sur la coopération dans le domaine de l'énergie au sein du Conseil en charge des questions économiques, financières, industrielles et commerciales, qui se réunit une fois par an.

C. Accords sur la coopération dans le secteur gazier-pétrolier

Comme les accords sur la coopération économique, les accords sur la coopération dans le secteur gazier-pétrolier peuvent avoir un caractère d'accord-cadre ou contenir des stipulations précises sur un projet précis. La Russie a conclu avec des pays européens des accords sur la construction et l'exploitation de gazoducs (traité conclu par la Russie avec la Tchécoslovaquie le 16 décembre 1985 consacré à la construction des gazoducs reliant la Sibérie à l'Europe, avec la Pologne en 1993, avec la Bulgarie en 2007, avec la Grèce le 29 avril 2008, avec la Slovénie en 2009 et avec l'Autriche en 2010). Sur la base de ces traités, une société conjointe, qui est le propriétaire et l'opérateur d'un gazoduc a été créée. On a en outre défini les parts des Etats-membres dans cette société, le schéma de fixation des tarifs et prévu la conclusion des contrats à long terme. Les parties se sont engagées à accorder à la société un régime douanier et fiscal préférentiel, et se sont engagées à s'abstenir de tout acte de nationalisation et d'expropriation.

Dans la pratique russe, il existe des traités sur l'exploration et l'exploitation des gisements, même non transfrontaliers. L'URSS, avait par exemple conclu avec l'Allemagne un accord sur l'exploration du gisement de Yambourg, le 22 juin 1982, et avec la Bulgarie « [s]ur la coopération dans le domaine des travaux d'exploration sur le plateau continental ».

D. Accords d'approvisionnement conclus directement entre les Etats

L'accord d'approvisionnement est un accord international conclu entre, d'une part, un Etat importateur de produits gaziers et, d'autre part, un Etat exportateur de ces mêmes produits par lequel le dernier s'engage à fournir au premier une certaine quantité de produits gaziers nécessaires à son approvisionnement, moyennant une contrepartie en monnaie ou en nature. Dans le premier cas il s'agit, en somme, d'un accord de vente (ou d'achat suivant le point de vue ou l'on se place). Dans le second cas, l'on serait fondé à parler d'accord de troc[249]. Ainsi, du côté des exportateurs, cela suppose que

---

[249] Manin (Philippe), *Les réactions des Etats victimes de la crise de l'énergie*, in Colloque de la Société Française pour le Droit International de 1975, *La crise de l'énergie et le droit international*, Pedone, 1976, p. 142.

l'Etat exportateur puisse disposer directement ou par l'intermédiaire de sa compagnie nationale de quantités importantes de gaz. Sans doute, le développement de la participation des Etats dans le capital des sociétés concessionnaires a-t-il permis de disposer de quantités de plus en plus importantes de gaz. Mais l'accélération de la participation a été très souvent compensée par un accord, au terme duquel l'Etat donnait la priorité pour la vente de son gaz à son concessionnaire ou ex-concessionnaire. La politique d'accords d'approvisionnement menée par certains Etats consommateurs a donc pu se trouver limitée par la part maintenue aux anciens exploitants[250].

Du côté des importateurs, l'accord d'approvisionnement est considérablement compliqué par le fait que les Etats intéressés – tous d'économie capitaliste – ne détiennent pas les moyens directs de stocker et, plus encore, de raffiner et de commercialiser le gaz importé. Ils doivent forcément utiliser le relais de sociétés privées, soit en leur revendant le gaz, soit en prévoyant dans l'accord international que le gaz sera vendu à une société aux termes d'un accord à conclure entre l'Etat exportateur et celle-ci. La première négociation interétatique doit donc être suivie d'une seconde négociation Etat-société, ce qui complique et rallonge la procédure[251].

Les accords d'approvisionnement ont également fait l'objet de critiques de nature politique[252]. Ainsi, leur a-t-il été reproché de permettre aux Etats exportateurs d'exercer plus facilement une pression politique, de figer les prix à un niveau trop élevé et de rendre impossible toute solidarité réelle entre pays importateurs.

Ces accords donnent plus de garanties d'approvisionnement, surtout en cas de crise. Ils ne sont pas très nombreux et sont très souvent secrets. Le seul exemple connu est l'accord conclu entre la Russie et la Moldavie le 29 novembre 2001.

E. Accords sur la délimitation des frontières

Les traités sur les frontières et la délimitation des terrains ont une importance significative, car, en leur absence, il est risqué d'investir dans l'exploitation de gisements situés sur des terrains contestés ou même limitrophes des terrains contestés. Ils revêtent une importance capitale pour

---

[250] *Ibid.*, pp. 143 - 144.

[251] L'accord conclu entre la France et la Libye de janvier 1974 stipule que « la République arabe libyenne fournira à la France selon les termes des contrats à conclure par les compagnies françaises, 10 à 15 millions de tonnes de pétrole brut par an pendant deux ans ».

Dans le cadre de la négociation entre la France et l'Arabie Saoudite, ce sont deux compagnies françaises E.R.A.P.et la C.F.P. qui ont conclu avec la compagnie nationale saoudienne, la Patromi, un contrat prévoyant la livraison de 30 millions de tonnes de brut à la France en trois ans selon un prix convenu.

[252] Manin (Philippe), *Les réactions des Etats victimes de la crise de l'énergie*, in Colloque de la Société Française pour le Droit International de 1975, *La crise de l'énergie et le droit international*, Pedone, 1976, p. 144.

la délimitation de la zone économique exclusive, du plateau continental[253]. Il existe à cet égard un traité conclu entre la Russie et la Lituanie en date du 24 octobre 1997 « [s]ur la frontière russo-lituanienne et la délimitation zone économique exclusive, du plateau continental de la mer baltique », un traité conclu entre la Russie et l'Ukraine le 28 janvier 2003, un traité conclu entre la Russie et la Norvège et un traité conclu entre la Russie et les Etats-Unis en juin 1990, etc.

Par conséquent, on constate que les accords bilatéraux entre la Russie et des pays de l'UE, même consacrés à l'énergie, n'accordent pas un cadre réglementaire pour les relations gazières entre les parties. Ils se limitent aux questions relatives à la production du gaz ou à la réalisation de projets communs et très rarement touchent aux questions de l'approvisionnement.

Section V. Le rôle des organisations non gouvernementales et des conférences internationales dans l'encadrement des relations relatives à l'énergie

On ne saurait ignorer le rôle des organisations non-gouvernementales, telles que le Conseil mondial de l'énergie, l'Association internationale des producteurs de pétrole et de gaz, l'Union internationale de l'industrie du gaz et l'Eurogas dans l'encadrement des relations relatives à l'énergie. Il en est de même du rôle des conférences internationales telles que le Forum international de l'énergie, le Forum de Madrid et la Confédération internationale des régulateurs de l'énergie.

§1 Le Conseil mondial de l'énergie

Fondé en 1923, le Conseil mondial de l'énergie constitue principalement une organisation multi-énergétique mondiale. Son objectif est de « promouvoir la fourniture et l'utilisation durables de l'énergie pour le plus grand bien de tous » en mettant en avant les questions d'accessibilité, de disponibilité et d'acceptabilité énergétiques. Le Conseil mondial de l'énergie (World Energy Council, WEC) est une organisation à but non lucratif, à statut de bienfaisance au Royaume-Uni. Elle est non gouvernementale, agréée par l'ONU et partenaire stratégique d'autres organisations clés dans le domaine de l'énergie. Le WEC est constitué de comités nationaux (dont le Conseil français de l'énergie) représentant près de cent pays dans le monde entier et composé de dirigeants du secteur énergétique.

---

[253] Гликман (Ольга Владимировна), *Международное договоры России, регулирующие сотрудничество в нефтегазовом секторе*, Газовый бизнес, октябрь, 2012, p. 4. // http://gb2012.ru/wp-content/uploads/2012/10/Гликман-О.В.-Международные-договоры-России.pdf (13.09.2016).

Le Conseil mondial de l'énergie est régi par une assemblée exécutive, composée de représentants de tous les comités membres. Il a son siège à Londres et est financé par les cotisations des comités nationaux. Il s'intéresse à toutes les énergies, effectue des projections à moyen et à long terme et travaille sur un grand nombre de thèmes liés à l'énergie (restructuration du marché, efficacité énergétique, prix de l'énergie et subventions, pauvreté et énergie, éthique des nouvelles technologies, etc). Ce sont des cycles de travail de trois ans qui aboutissent au Congrès mondial de l'énergie, dont le dernier en date s'est tenu à Daegu (Corée du Sud) en octobre 2013[254].

§2 L'Association internationale des producteurs de pétrole et de gaz

Il existe une autre organisation non gouvernementale créée en 1974 au Royaume-Uni : l'Association internationale des producteurs de pétrole et de gaz. Elle s'occupe des questions de coopération des grandes compagnies pétrolières et gazières et de la coordination des travaux en vue de la résolution globale de problèmes[255], tels que le développement de l'industrie, la sécurité des travaux de production des ressources, l'élaboration des appréciations des compagnies sur la législation, la création d'un forum de partage d'expériences[256]. Pourtant, les compagnies russes ne participent pas à ses travaux.

§3 L'Union Internationale de l'Industrie du Gaz

L'Union Internationale de l'Industrie du Gaz (UIIG) a été créée en 1931. C'est une association professionnelle réunissant des représentants de l'industrie gazière mondiale. Son but est de contribuer au développement de l'industrie gazière à l'échelle mondiale. Elle est enregistrée en Suisse, son secrétariat est situé au Oslo. Actuellement, plus de 100 participants de 71 pays sont membres de cette organisation, ce qui représente plus de 90 % de l'offre et de la demande mondiale de gaz naturel[257]. L'URSS a également participé à son activité dès 1957 et Russie y est actuellement représentée par Gazprom et l'Union des producteurs indépendants.

L'organe principal de cette organisation est la conférence mondiale gazière qui a lieu tous les trois ans. Entre temps le Conseil, constitué d'un représentant de chaque pays, se réunit.

---

[254] Sablière (Pierre), *Droit de l'énergie,* Dalloz, 2013, p. 36.

[255] Жукова (Инна Сергеевна), *О международном энергетическом праве как отрасли международного права,* Вестник ОГУ, n° 2 (108), февраль, 2010, с. 48.

[256] Site officiel de l'Association internationale des producteurs du pétrole et du gaz // http://(dir).ogp.org.uk (12.09.2016).

[257] Direction des industries et services, L'industrie du gaz dans l'ex-RDA : les perspectives du gaz naturel, Centre Français du Commerce Extérieur, 1992, p. 144.

§4 L'Eurogas

Eurogas (the European Union of the Natural Gas Industry) est une organisation non gouvernementale fondée en 1990 en Belgique pour renforcer la représentation des intérêts de l'industrie du gaz et remplacer un groupement plus informel Comité d'études économiques de l'Industrie du Gaz qui était basé à Bruxelles et qui représentait l'industrie gazière européenne. Ses membres sont des compagnies gazières d'Europe dans les secteurs de la commercialisation, de la distribution et de la fourniture, provenant de 24 pays, et d'autres organisations internationales. Elle est engagée dans le développement de l'industrie, dans ses aspects techniques, légaux, scientifiques et économiques[258]. Son action se situe dans le domaine des relations extérieures de l'UE, du dialogue UE - Russie, de la compétitivité du marché de l'UE, de la politique énergétique de l'UE et de la sécurité de l'approvisionnement[259].

§5 Le Forum international sur l'énergie

Les organisations internationales ne sont pas la seule forme de coopération des Etats. Les conférences internationales jouent également un rôle substantiel. Parmi ces dernières, la plus importante est le Forum international de l'énergie (IEF)[260]. Un dialogue a été lancé aux débuts des années 90 entre des producteurs et des consommateurs d'énergie à propos des questions générales d'intérêt commun. Ce dialogue devint par la suite le « Forum international sur l'énergie », qui constitue une réunion ministérielle biannuelle ayant pour but de faciliter la collaboration des producteurs et consommateurs d'énergie en cas de crise énergétique. Le Forum international de l'énergie fut officiellement créé à Riad en 2000 [261]. Aujourd'hui 76 pays participent à ce forum. La Russie et des pays européens en font partie. Il existe aussi des forums bilatéraux tel que le forum germano-russe sur les ressources primaires. Les Etats sont représentés dans ces forums par de hauts fonctionnaires.

§6 Le Forum de Madrid

Créé en octobre 1999 par la Commission européenne, le Forum européen de réglementation de Madrid a pour rôle d'harmoniser les règles qui régissent le marché du gaz en Europe, afin de parvenir à un marché unique

---

258 Roggenkamp (Martha), Ronne (Anita), Redgwell (Catherine), Guayo (Inigo del) (dir.), *Energy Law in Europe. National, EU and International Law and Institutions*, Oxford Press, 2001, p. 153.
259 Site officiel de l'Eurogas // http://(dir).eurogas.org/about-us/our-mission-vision-objectives (14.03.2016).
260 International Energy Forum // http://(dir).ief.org/about-ief/history.aspx (23.09.2016).
261 Sablière (Pierre), *Droit de l'énergie*, Dalloz, 2013, p. 36.

européen, obéissant aux mêmes lois et autorisant ainsi une concurrence libre et totale.

Le Forum européen de réglementation du secteur gazier, qui vise à élaborer des règles pratiques pour le transport du gaz, se réunit deux fois par an à Madrid. Pourtant, dès sa création et jusqu'en 2005, il ne s'est réuni qu'une fois par an[262]. Ce Forum est composé de représentants de la Commission, des États membres, des autorités réglementaires nationales ainsi que de représentants de l'industrie gazière et des utilisateurs du réseau. Donc tous les acteurs sont présents dans ce forum. Ce Forum a approuvé en février 2002 un ensemble d'orientations en matière de bonnes pratiques d'ATR (« Accès de Tiers au Réseau »), ainsi qu'une nouvelle version de ces orientations en septembre 2003[263]. Ces orientations ne sont pas contraignantes et ont une base volontaire, mais les gestionnaires de réseaux de transport et les autres parties se sont engagées à les respecter. La démarche la plus aboutie du Forum de Madrid est, à ce jour, l'adoption en mars 2005 de lignes directrices sur les bonnes pratiques d'accès des tiers aux installations de stockage, dans le cadre de la directive 2003/55/CE du 26 juin 2003. D'autres thèmes importants ont été traités dans le cadre du Forum, notamment les règles d'équilibrage du gaz dans le système gazier. Ces discussions ont permis d'aboutir à des lignes directrices de bonnes pratiques pour les règles d'équilibrage en décembre 2006[264].

En somme, on a créé une troisième voie de réglementation du marché du gaz à côté de l'encadrement juridique au niveau national et au niveau de l'UE. Pourtant, Guillaume Sarlat expliquait, déjà en 2001, l'échec de ce type de forum pour trois raisons de fond. Il considérait, d'une part que la présence à jeu égal des Etats membres et des régulateurs[265] constituait un mélange des genres inadéquat. Il pointait, d'autre part, les différences dans l'organisation des systèmes de régulation nationaux, constatant que l'Allemagne était fortement défavorisée jusqu'en 2005 par l'inexistence d'un régulateur national et donc la présence d'un seul représentant au forum. Il analysait enfin que les questions apparemment techniques dissimulaient en réalité des entraves à la concurrence. Ainsi, la tarification des échanges transfrontaliers était-elle un moyen, selon lui, de bloquer volontairement l'accès au marché.

---

[262] Rodrigue (Léa), *Les aspects juridiques de la régulation européenne des réseaux,* préface de Martine Lombard, Bruylant, 2012, p. 39.

[263] Avis du Comité économique et social européen sur la « Proposition de règlement du Parlement européen et du Conseil relatif aux conditions d'accès aux réseaux de transport de gaz » COM (2003) 741 final - 2003/0302 (COD) // http://eescopinions.eesc.europa.eu/eescopiniondocument.aspx?language=fr&docnr=851&year=2004 (04.04.2015).

[264] Rodrigue (Léa), *Les aspects juridiques de la régulation européenne des réseaux*, préface de Martine Lombard, Bruylant, 2012, p. 40.

[265] Les régulateurs sont des autorités réglementaires nationales spécialisées en matière d'énergie, normalement responsables de l'établissement des tarifs de transport, des prix du gaz et de la garantie d'accès au système des gazoducs.

Les discussions techniques n'ont dès lors que peu de chances d'aboutir face à une volonté politique contraire[266].

§7 La Confédération internationale des régulateurs de l'énergie (ICER)

Lors du 4ème forum mondial de la réglementation de l'énergie, tenu à Athènes le 19 octobre 2009, les régulateurs de l'énergie ont créé la Confédération internationale des régulateurs de l'énergie. Il s'agit d'une « structure légère » regroupant 200 régulateurs et 11 associations régionales sur les six continents, destinée à permettre « un échange mondial sur des questions de portée mondiale ».

Quatre groupes de travail ont été mis en place dont les compétences portent sur la fiabilité des systèmes d'approvisionnement, le changement climatique, la compétitivité et l'accès économique, l'indépendance, les compétences, les responsabilités, les meilleures pratiques et la formation des régulateurs.

Il existe aussi des associations semblables au niveau régional, par exemple dans la région méditerranéenne, l'Association des régulateurs méditerranéens pour l'électricité et le gaz (Medgaz). Cette association, fondée en 2007, rassemble les régulateurs de l'énergie de 20 pays. Elle est cofinancée par l'UE, avec pour objectif de développer un cadre réglementaire moderne et efficace, faciliter les investissements, les infrastructures et le développement des interconnexions, l'efficacité et l'intégration des marchés énergétiques, sur la base de système énergétiques sécurisés, sûrs, rentables et respectueux de l'environnement durable dans le bassin méditerranéen, en vue de la création d'une Communauté Méditerranéenne de l'Energie[267].

En mars 2000, à l'initiative de la dizaine de régulateurs nationaux de l'UE auxquels se sont joints ultérieurement les représentants de la Norvège et de l'Islande, a été créé le Conseil des régulateurs européens de l'énergie. Il a pour objectif d'aboutir à un ensemble harmonisé de règles et de procédures applicables à l'ensemble des Etats membres.

Ainsi, on constate l'existence d'une multitude d'organisations non-gouvernementales remplissant généralement des missions d'analyse ou de conseil auprès des Etats membres ou des forums de discussions. D'un côté, leur rôle n'est pas très important, de l'autre, leur multitude pose un risque de concurrence institutionnelle. Bien que leurs services ne soient pas très utiles lors de la réglementation des relations sur le gaz naturel entre la Russie et les pays de l'UE, il ne faut cependant pas ignorer le rôle important du Forum de

---

[266] Rodrigue (Léa), *Les aspects juridiques de la régulation européenne des réseaux,* préface de Martine Lombard, Bruylant, 2012, p. 42.
[267] Sablière (Pierre), *Droit de l'énergie,* Dalloz, 2013, p. 430.

Madrid, institution importante de l'autoréglementation de cette branche d'industrie.

En conclusion, on ne peut que constater que le droit international ne joue, dans la réglementation des relations gazières en général et des relations entre la Russie et l'UE en particulier, qu'un rôle très limité. Ni au niveau multilatéral, ni au niveau des accords bilatéraux ces relations ne sont bien encadrées. C'est seulement au niveau des organisations régionales économiques ou de compétence commune, c'est-à-dire celles englobant des Etats qui constituent un marché, un espace uni, (l'UE, la Communauté des Etats indépendants et la Communauté économique eurasiatique), qu'on voit le potentiel d'encadrement de ce type de relations.

Chapitre II
Rôle du droit international des investissements étrangers

Parmi les normes internationales, il existe un bloc de règles consacrées au statut des investissements étrangers. On va aborder les sources de cette branche du droit, son champ d'application et la mise en œuvre des garanties des investissements étrangers directs, en accentuant notre attention sur la spécificité de cette branche de l'industrie.

Section I. Les sources et le champ d'application du droit international des investissements étrangers dans le secteur énergétique

Parmi les sources du droit des investissements étrangers du secteur énergétique on peut distinguer les sources générales et les sources spéciales[268].

§1 Les sources du droit international des investissements étrangers dans le secteur énergétique

A. Les sources générales du droit des investissements étrangers dans le domaine de l'énergie

Les sources traditionnelles du droit international des investissements servent également de sources au droit des investissements dans le domaine énergétique. Le niveau supérieur de protection est apporté par le droit international coutumier[269] qui comporte de nombreuses règles protectrices des intérêts étrangers (le standard de pleine et entière protection et sécurité, les règles relatives à la licéité de l'expropriation ou de la nationalisation, etc.) et surtout des principes basés sur les impératifs du droit international commun.

Les accords internationaux forment une autre catégorie des sources. Ils peuvent avoir une vocation universelle et régionale. Parmi les premiers il

---

[268] Les sources spéciales ne sont utilisées que dans le domaine énergétique.

[269] Laviec (Jean-Pierre), *Protection et promotion des investissements*, préface par Michel Virally, PUF, 1985, p. 1.

faut citer l'Accord sur les mesures concernant les investissements et liées au commerce (AGCS)[270]. C'était la première véritable tentative internationale à vocation universelle de la réglementation des investissements internationaux. Pourtant, le contenu de l'Accord reste extrêmement modeste[271]. Son texte ne contient pas de dispositions concernant, par exemple, l'expropriation et l'indemnisation, la protection contre les conflits, ou le rapatriement des bénéfices. Il ne prévoit pas non plus de mécanisme d'arbitrage international pour les différends entre les investisseurs et les Etats d'accueil[272]. Une des conventions clés est celle conclue à Washington le 18 mars 1965 pour le règlement des différends relatifs aux investissements entre Etats et ressortissants d'autres Etats[273]. Le but de cette Convention est l'institution d'un organe spécial de règlement des différends entre les investisseurs et les Etats, c'est le Centre international pour le règlement des différends relatifs aux investissements (CIRDI). Aujourd'hui 150 pays y participent. Cependant la Fédération de Russie a signé, mais n'a pas ratifié cette convention. En même temps, selon le protocole additionnel de 1979, le CIRDI est compétent pour régler les différends dans le cas où une des parties, l'Etat ou l'Etat de l'investisseur, ne participe pas à la Convention. Cependant, dès le 29 décembre 1992 la Russie est membre de plein droit de la Convention portant création de l'Agence multilatérale de garantie des investissements, conclue à Séoul le 11 octobre 1985.

Puisque sur le plan universel les États n'ont pas réussi, dans une large mesure, à régler les relations d'investissements dans la sphère énergétique, des tentatives ont été entreprises au niveau régional dans le cadre de l'OCDE, l'UE, la CEI, etc.

En l'absence d'accord multilatéral global sur les investissements, la plupart des règles régissant les rapports entre le pays d'accueil et les investisseurs étrangers sont organisées au niveau bilatéral. Les conventions bilatérales permettent de mettre en place des formes optimales, précises et plus détaillées de réglementation des investissements étrangers. Les conventions bilatérales en question regroupent des traités sur l'encouragement et la protection mutuelle des investissements et des traités sur l'élimination de la double imposition - autrefois ce rôle était joué par des traités portant sur le commerce.

Aujourd'hui, l'UE elle-même est désormais compétente pour conclure des accords de protection des investissements avec des Etats tiers. Lorsque

---

[270] L'Accord sur les mesures concernant les investissements et liées au commerce de 1994 // http://(dir).wto.org/french/docs_f/legal_f/18-trims.pdf (12.02.2016).

[271] Vincent (Philippe), *Institutions économiques internationales*, Larcier, 2013, p. 252.

[272] Koulen (Mark), *Dispositions de l'OMC concernant l'investissement*, in *Un accord multilatéral sur l'investissement : d'un forum de négociation à l'autre,* Pedone, 1999, p. 103.

[273] La Convention de Washington pour le règlement des différends relatifs aux investissements entre Etats et ressortissants d'autres Etats de 18 mars 1965 // https://icsid.worldbank.org/ICSID/StaticFiles/basicdoc-fra/CRR_French-final.pdf (12.09.2016).

l'Union conclura un traité d'investissement avec un pays tiers, les Etats membres seront formellement tiers à l'accord, tout en étant liés par celui-ci en vertu de l'article 218 du TFUE.

Quant à la Russie, elle a conclu de tels accords avec presque tous les pays de l'UE[274] et, avec plus de 50 TBI, elle représente, en nombre, le deuxième pays au monde à avoir conclu ce type de traités, après l'Allemagne (plus de 70). La Fédération de Russie, par ce moyen, compense sa non-participation à la convention de Washington pour le règlement des différends relatifs aux investissements entre Etats et ressortissants d'autres Etats[275].

Les résolutions non-obligatoires des organisations internationales sont un autre moyen de l'élaboration de normes relevant du droit international des investissements. Leur caractère non obligatoire permet de les faire accepter plus facilement et d'élaborer le cadre de la réglementation de manière plus détaillée. Leur contenu est plus souple et plus facile à modifier[276]. Parmi ces textes figurent : les actes de l'OCDE, les actes de la Conférence des Nations unies sur le Commerce et le Développement (CNUCED), les résolutions de l'Assemblée générale déjà citées (sur la souveraineté, le nouvel ordre…), etc. On distingue particulièrement les Principes directeurs de la Banque mondiale sur le traitement des investissements étrangers directs, adoptés à l'initiative de la France en 1992, qui offrent un repère pour l'adoption des traités bilatéraux. C'est un catalogue des pratiques recommandées en matière d'investissements internationaux. Ils encouragent l'Etat d'accueil à faciliter l'admission et la constitution de l'investissement par la suppression des entraves administratives et procédurales trop lourdes.

B. Des sources spéciales du droit des investissements étrangers dans le domaine de l'énergie

Un traité régional abordant la question des investissements dans le secteur de l'énergie est l'Accord de libre-échange nord-américain (ALENA) dont un chapitre entier y est consacré. Pourtant, de l'avis du professeur Thomas Walde, la protection présentée par le Traité sur la Charte de l'énergie est la plus large en comparaison avec les accords bilatéraux d'investissements[277] et même avec l'ALENA qui a été une des sources de cet instrument[278].

---

[274] La liste des traités conclus par la Russie // http://(dir).consultant.ru/document/cons_doc_LAW_126895 12.02.2015).

[275] Бекяшев (Камиль Абдулович) (отв. ред), *Международное публичное право*, 5 изд., 2010, с. 529.

[276] Толстых (Владислав Леонидович), *Курс международного права*, М., 2009, с. 191.

[277] Walde (Thomas), Hober (Kaj), *The First Energy Charter Treaty Award*, in *Le contentieux arbitral transnational relative l'investissement*, Paris, 2006, p. 309.

[278]Konoplyanik (Andrey), Walde (Thomas), *Energy Charter Treaty and its Role in International Energy*, Journal of Energy and Natural Ressources Law, vol. 24, n° 4, p. 532.

Tous les pays de l'UE sont signataires de cet instrument. Même si la Russie n'en fait plus partie depuis octobre 2009, elle s'est engagée à réaliser la protection des investisseurs pendant 20 ans après sa sortie de la Convention, selon les mêmes conditions, comme si elle acceptait d'être toujours partie au Traité sur la Charte de l'énergie (sous-par. b § 3 art. 45).

Rappelons que les investissements et leur régime sont au cœur de cet instrument. Pourtant, il faut souligner une certaine inégalité entre les parties à la convention lors de l'élaboration du document. Les pays de l'Ouest ont été dans une position plus avantageuse que les pays de l'Est. Premièrement, ces derniers avaient besoin d'investissements. Deuxièmement, les négociateurs de l'ex-URSS n'avaient pas la même expérience sur les questions relatives aux investissements internationaux que leurs homologues des autres pays. La Commission de l'UE a eu un rôle prépondérant en préparant les formulations correspondant au droit de l'UE. Par ailleurs, en tant que source, on a utilisé largement le traité modèle sur les investissements des Etats-Unis, conclu avec les pays en développement pour faciliter l'entrée sur leurs marchés[279]. Pourtant, il ne faut pas trop dramatiser la situation. A l'inverse des précédentes tentatives d'instauration d'un régime multilatéral, le régime du TCE est basé sur le consensus de tous les participants[280].

Le but principal du traité consiste à instaurer la stabilité du climat juridique, important pour l'attraction des investissements. Le TCE fixe des principes fondamentaux, tels que la souveraineté des Etats sur les ressources énergétiques, la transparence, la non-discrimination, la protection de l'environnement, les définitions de l'investisseur et de l'investissement.

Le Traité sur la Charte de l'énergie couvre aussi bien la phase de l'établissement des investissements (l'accès des investissements au marché), ce en quoi il reflète bien l'état actuel d'avancement du droit. Mais les stipulations relatives à la phase pré-établissement et la phase post-établissement ne sont pas rédigées en des termes identiques. Dans le texte il n'y a pas de véritable obligation de libéralisation pour ce qui concerne l'admission des investissements dans le secteur énergétique.

En ce qui concerne les investissements admis, les parties contractantes doivent encourager et créer des conditions stables, favorables et transparentes pour les investisseurs étrangers et leur appliquer le principe de la nation la plus favorisée ou le traitement qu'elles accordent à leurs propres investisseurs, selon le régime qui sera le plus favorable. Toutefois, le principe du traitement national est prévu à être appliqué en deux étapes.

---

[279] Гудков (Иван Владимирович), Лахно (Петр Гордеевич), *Правовое регулирование международных энергетических отношений: состояние и перспективы развития* // http://(dir).justicemaker.ru/view-article.php?id=16&art=2433 (12.02.2016).

[280] Фархутдинов (Инсур Забирович), *Международное инвестиционное право : теория и практика применения*, Волтерс-Клувер, 2005, с. 150.

Conformément au traité, il est prévu d'être appliqué dans un premier temps selon le principe des « meilleurs efforts ». Dans un deuxième temps, et sous réserve des conditions qui seront définies dans un traité complémentaire en cours de négociation, le traitement national est prévu d'être accordé de manière juridiquement contraignante pour la réalisation d'investissements.

La troisième partie du TCE est consacrée aux questions d'expropriation. La partie V établit des procédures rigoureuses de règlement des litiges entre les États, d'une part, et les investisseurs particuliers et l'État où l'investissement a été réalisé, d'autre part.

Les conférences de la Charte de l'énergie ont un rôle important dans la discussion des questions politiques relatives aux investissements dans l'énergie. Ainsi, en 2000 la Conférence de la Charte énergétique a adopté des textes sur la restructuration des marchés énergétiques des pays membres. Des groupes travaillant sur les investissements élaborent des rapports sur la restructuration des marchés et la privatisation dans le secteur énergétique.

Ainsi, le TCE instaure un certain équilibre utile entre les intérêts des Etats exportateurs de capitaux et ceux qui en sont importateurs. La Charte acquiert un caractère global : le Japon, l'Australie et des pays de l'Asie centrale en font partie. En même temps les Etats-Unis et le Canada non pas ratifié l'accord (mais ils l'ont signé).

§2 La spécificité de la notion d'investissement dans le secteur énergétique

La question qui se pose ici est la suivante : est-ce que les investissements en matière d'énergie tombent sous la protection du droit international des investissements ? Dans quelles formes doivent-ils être effectués pour bénéficier de cette protection ? Pour répondre à ces interrogations, il faut d'abord cerner la notion d'investissement.

Le droit international n'offre pas de définition unifiée de l'investissement international qui est à l'origine une notion économique. Dans la littérature économique, on trouve des définitions différentes. Globalement, un investissement est considéré comme étant constitué de fonds financiers dépensés pour une activité entrepreneuriale. Un investissement se caractérise par la recherche d'un profit futur et un haut niveau du risque encouru. La doctrine juridique fait également du risque ou de l'incertitude une caractéristique centrale de la définition de l'investissement. Ce risque ou cette incertitude résulte du mode de rémunération de l'apport de l'investisseur, en fonction des résultats du projet dans lequel il s'est engagé : l'investisseur, quand il décide d'investir, ne connaît pas le montant des bénéfices que dégagera le projet, ni même si le projet sera rentable. Logiquement, l'absence d'incertitude ou la disparition de celle–ci quant à la rémunération attendue par l'opérateur économique exclut la qualification d'investissement pour l'opération considérée. Le risque doit être économique, ce qui fait apparaître le problème de la distinction entre investissement et crédit [281]. Pourtant, avec le temps et le recul de l'expérience, la notion d'investissements étrangers s'est précisée. Des crédits à court terme ont commencé à être régulés par les normes sur les investissements.

Le facteur de l'intérêt économique est devenu plus important, ce qui a permis de distinguer les investissements de l'aide de bienfaisance, du mécénat, etc.[282].

Un intérêt certain pour le développement du pays d'accueil permet aussi de distinguer les investissements des crédits. Dans certaines circonstances, un prêt peut contribuer substantiellement au développement économique d'un Etat[283]. Force est donc de rejeter ce critère en tant que caractéristique fondamentale de la notion d'investissement, même s'il est vrai qu'*a priori* l'opération d'investissement est censée contribuer au développement de l'Etat dans lequel elle intervient[284].

Dans l'affaire Fedax NV contre Venezuela de 1997, le tribunal arbitral a soutenu, dans une formule générale, qu'un investissement se caractérise par une certaine durée, une régularité en matière de profit et de revenu, une certaine prise de risques, un engagement substantiel et un intérêt certain pour le développement du pays d'accueil. La même approche est confirmée dans la décision Joy Mining Machinery contre la République arabe d'Egypte et la décision Salini contre Maroc.

Cependant le critère d'une certaine durée ne peut pas être utilisé isolément. La régularité en matière de profits et de revenus présuppose « l'investissement de sommes substantielles »[285], « la mise de fonds de la part de l'investisseur » [286], « le capital investi » [287] ou « l'engagement substantiel »[288]. Remarquons qu'il s'agit, non seulement des deniers, mais aussi des fonds, de know-how, de technologie, etc.

Dans les traités internationaux, la notion d'investissement étranger est susceptible de faire l'objet des approches suivantes. Premièrement,

---

[281] Ce n'est que récemment que le critère du risque est apparu dans la jurisprudence du CIRDI, dans l'affaire Ceskoslovenska Obhodni contre Slovaquie (ARB/97/4).

[282] Фархутдинов (Инсур Забирович), *Международное инвестиционное право : теория и практика применения*, Волтерс-Клувер, 2005, с. 196.

[283] Décision sur la compétence rendue 24 mai 1999 dans l'affaire Fedax NV contre Venezuela (ARB/ 96/3), § 64, 76.

[284] Manciaux (Sébastien), *Investissements étrangers et arbitrage entre Etats et ressortissants d'autres Etats,* Litec, 2004, p. 72.

[285] Décision sur la compétence rendue le 31 mars 1986 dans l'affaire Letco contre Liberia (ARB/83/2), § 17.

[286] Sentence rendue le 6 juillet 1975 dans l'affaire Kaiser Bauxite contre Jamaïque (ARB/74/3), § I.2.1.

[287] Décision sur la compétence rendue 11 juillet 1997 dans l'affaire Fedax NV contre Venezuela (ARB/96/3), § 43.

[288] *Idem.*

l'approche énumérative, qui se rencontre notamment dans la très grande majorité des traités bilatéraux ; l'approche synthétique utilisée très souvent dans les législations nationales (TBI Suisse - Zaire) ; l'approche indirecte qui a cours au sein de l'OCDE et de l'UE où l'investissement est assimilé à un mouvement de capitaux (mais en même temps la notion d'investissement est plus large) ; l'approche partielle qui figure dans l'article 12 de la Convention de Séoul[289]. Pourtant toutes les quatre sont applicables aux actifs dans le domaine de l'énergie, mais dans une mesure différente.

L'analyse des stipulations de certains accords bilatéraux sur la protection des investissements montre que l'investissement signifie tous types de valeurs patrimoniales qui, selon la législation, sont portées par l'investisseur d'un pays sur le territoire d'un autre pays signataire. Ainsi, dans ce cas il faut s'adresser à la législation nationale pour comprendre si les investissements dans le domaine énergétique sont couverts par le TBI.

Dans l'accord conclu entre la Russie et l'Allemagne de 1989, il est stipulé brièvement que : les investissements sont les valeurs patrimoniales, les droits sur les biens, les titres, les obligations (art. 1). De même dans l'accord avec l'Espagne, les investissements sont considérés comme étant les droits dérivés de tous fonds, utilisés dans le but de la création de valeurs économiques (art. 1). Ainsi, des actifs étrangers investis dans le domaine de l'énergie, comme des équipements, des biens mobiliers et immobiliers, des droits à la production et les entreprises elles-mêmes tombent sous la définition de l'investissement.

Dans l'accord sur la protection des investissements conclu entre les gouvernements de l'URSS et la France en 1989[290], on rencontre une approche énumérative extensive, par investissement on entend: a) les biens mobiliers et immobiliers et d'autres droits sur des biens; b) les actions et les autres formes de participation dans des entreprises localisées sur le territoire d'un des pays… e) les droits sur l'activité économique et commerciale, accordés conformément à la législation et à l'accord, concernant la production et l'exploitation des ressources naturelles (art. 1). Ainsi, le dernier point vise spécialement les investissements dans le domaine énergétique.

Une approche spécialisée découle du Traité sur la Charte énergétique. Selon l'article 1, l'investissement désigne tout type d'avoir détenu ou contrôlé directement ou indirectement par un investisseur. Il s'agit a) des

[289] Conformément à la Convention portant création de l'Agence multilatérale de garantie des investissements du 11 octobre 1985, la notion d'investissements comprend les prises de participation, y compris les prêts à moyen ou à long terme accordés ou garantis par les détenteurs du capital de l'entreprise intéressée, et toutes formes d'investissement direct jugées admissibles par le Conseil d'Administration (art. 12).

[290] Соглашение между Правительством СССР и Правительством Французской Республики 1989 « О взаимном поощрении и взаимной защите капиталовложений » // http://www.arbitrations.ru/userfiles/file/Law/BITs/Ru%20_USSR__France_rus.pdf (19.01.2016).

biens matériels et immatériels, mobiliers et immobiliers, et tous droits de propriété tels que locations, hypothèques, créances privilégiées et gages ; b) des sociétés, entreprises commerciales, actions, capitaux ou toute autre forme de participation au capital dans une société ou entreprise commerciale, ainsi que des obligations, titres ou autres dettes d'une société ou d'une entreprise commerciale ; c) des créances liquides ou des droits à prestations au titre d'un contrat à valeur économique et associé à un investissement (ainsi, dans l'affaire Petrobart c/ Kirghizie, les arbitres n'ont pas hésité à qualifier d'investissement protégé par le traité d'investissements le contrat de vente de gaz dont le paiement n'a pas été assuré); d) de la propriété intellectuelle; e) des rendements (désigne les revenus qui découlent d'un investissement ou qui y sont associés, quelle que soit la forme sous laquelle le paiement est effectué, y compris les profits, dividendes, intérêts, plus-values, royalties, frais de gestion, d'assistance technique ou tout autre droit ou paiement en nature.) ; f) tout droit conféré par la loi ou par contrat ou découlant de licences ou d'autorisations délivrées conformément à la loi pour l'exercice d'une activité économique dans le secteur de l'énergie.

Il est remarquable que soient considérés comme investissements, non seulement les investissements sur les objets de l'activité entrepreneuriale, mais aussi les sociétés elles-mêmes instituées par les investisseurs. Ce détail distingue le Traité sur la Charte de l'énergie des traités traditionnels bilatéraux d'investissements conclus par la Fédération de Russie. D'une telle large définition de l'investissement[291] il ressort que pratiquement n'importe quel investissement de l'investisseur étranger dans le secteur énergétique, indépendamment de son montant, du délai et le but, se trouve sous la protection du Traité sur la Charte de l'énergie.

Selon le TCE, la modification de la forme sous laquelle les avoirs sont investis n'affecte pas leur caractère d'investissement. Le terme « investissement » vise tout investissement associé à une activité économique dans le secteur de l'énergie, qui désigne toute activité économique relative à l'exploitation, à l'extraction, au raffinage, à la production, au stockage, au transport terrestre, à la transmission, à la distribution, à l'échange, à la commercialisation et à la vente de matières ou de produits énergétiques.

§3 La spécificité de la notion d'investisseur dans le secteur énergétique

La détermination d'un cercle de personnes qui sont reconnues en tant qu'investisseurs étrangers a aussi une importance pratique considérable dans la règlementation juridique des investissements étrangers dans le domaine de l'énergie. Premièrement, des investisseurs reçoivent des droits et des faveurs

[291] Walde (Thomas), Hober (Kaj), *The First Energy Charter Treaty Award*, in *Le contentieux arbitral transnational relatif à l'investissement*, L.G.D.J., 2006, p. 309.

en vertu du droit international et national. Deuxièmement, le statut juridique de l'investisseur est important pour l'accès au marché.

Quelquefois dans les TBI (par exemple, les TBI conlus entre la Russie, d'une part, et la Finlande, l'Autriche, la Belgique, le Luxembourg, d'autre part, on renvoie à la législation nationale : l'investisseur peut être n'importe quelle personne susceptible, selon la législation locale, d'entreprendre une activité d'investissement.

Cependant, normalement, les traités relatifs aux investissements indiquent quelles personnes peuvent être investisseurs, ce seront les personnes physiques et les entités juridiques.

Plus difficiles sont les cas de double nationalité, surtout s'il n'y a pas d'indication dans le traité. Il faut que l'individu ait un attachement réel au pays de sa nationalité. Ce principe a été exprimé dans l'arrêt Nottebohm, rendu par la Cour International de Justice de la Haye le 6 janvier 1955. Dans l'affaire Eudoro A. Olguin c. Paraguay du 21 juillet 2001 le tribunal arbitral CIRDI a utilisé le critère du lien effectif en se basant sur le domicile du binational.

C'est la raison pour laquelle, on peut observer que, dans certains instruments, la notion d'investisseur peut être basée, non seulement sur le critère de la nationalité, mais aussi sur le critère de la résidence. Conformément à l'article 1 (7) du TCE, il s'agit de « toute personne physique jouissant de la citoyenneté ou de la nationalité de la partie contractante, ou résidant en permanence sur son territoire conformément à la législation applicable. Dans le TBI conclu entre la Russie et l'Allemagne, on utilise aussi cette même approche.

Quant aux entités juridiques, traditionnellement, dans les TBI, par exemple, celui conclu entre la Russie, d'une part, et le Royaume-Uni en 1989, le Canada en 1989, la Turquie en 1997, d'autre part, il est prévu que l'investisseur peut être n'importe quelle corporation, association, firme, entreprise, établie selon la législation en vigueur sur le territoire du pays hôte, à la condition que la législation du pays fournisseur permette l'activité d'investissement sur le territoire d'un autre pays. Puisque, très souvent les acteurs du marché énergétique sont des personnes publiques ou contrôlées par le pouvoir public, quelquefois, par exemple, dans les traités (le TBI conclu entre la Russie et les Etats-Unis d'Amérique de 1992) on stipule que la protection sera accordée aux entités administratives-territoriales, constituées pour des buts lucratifs ou autres buts, indépendamment de la nature du capital : public ou privé (art. 1).

A cause du haut degré de politisation du domaine énergétique et pour éviter aux investisseurs des pays tiers de se servir des avantages du Traité sur la Charte de l'énergie, il est prescrit que le droit du pays d'accueil peut

« refuser les avantages »[292] à toute entité juridique. Cela est possible, si les citoyens ou les ressortissants d'un Etat tiers sont propriétaires ou bien ont le contrôle de cette entité et si celle-ci n'exerce pas d'activités commerciales substantielles dans la zone de la partie contractante dans laquelle elle est constituée. On peut aussi refuser les avantages accordés par le droit des investissements étrangers si l'investisseur a une nationalité identique à celle de la partie contractante avec laquelle l'Etat-récepteur des investissements n'entretient pas de relations diplomatiques, ou adopte ou maintient des mesures qui interdisent les transactions avec les investisseurs de cet État (art. 17 du TCE). Le TBI modèle des Etats-Unis d'Amérique de 2004 et l'article 10 du TBI Autriche – Jordanie de 2001 comprennent aussi cette « denial of benefits » clause.

Il faut noter qu'en ce qui concerne l'application de l'article 17 de TCE, il existe une vaste pratique de recours au refus des avantages. Le contenu de la norme a été précisé dans les décisions suivantes : Plama Consortium Ltd (Chypre) contre Bulgarie (ICSID n° ARB/03/24), Petrobart Ltd (Gibraltar) contre la Kirghizie (Arbitration Institute of the SCC, n° 126/2003), Amto (Lettonie) contre l'Ukraine (Arbitration Institute of the SCC n° 080/2005), trois affaires Yukos — Yukos Universal Ltd (île du Maine) contre la Fédération de Russie, Hulley Enterprises Ltd (Chypre) contre la Fédération de Russie, et Veteran Petroleum Trust (Chypre) contre la Fédération de Russie (Ad hoc UNCITRAL Arbitration Rules n° AA 227).

Dans l'affaire RosInvest Co UK Ltd. c/Russie (V079/2005) du 12 septembre 2010, on a contesté la qualité d'investisseur de la société requérante. Celle-ci, de nationalité britannique, avait acquis une part importante du capital de l'entreprise Youkos peu après le début des difficultés fiscales de cette dernière, mais avait confié la gestion de son portefeuille d'actions à une société de bourse américaine. La présence de cet intermédiaire faisait dire au gouvernement russe que la société RosInvest ne pouvait prétendre à la qualité d'investisseur. En définitive, le tribunal a reconnu que le caractère indirect du lien qui unit le requérant à l'opération d'investissement n'est pas un obstacle à la reconnaissance de la qualité d'investisseur à son profit, et à l'admission du droit d'action qui l'accompagne. Dans la décision Amto, le tribunal s'est basé sur la notion d' « activité essentielle d'affaires ». Dans cette affaire, il a été jugé suffisant que la compagnie possède des actifs immobiliers en Lettonie et que dans la compagnie travaillent de façon constante au moins un petit nombre de collaborateurs-résidents (§ 69). Dans l'affaire Plama (§ 159–165), comme dans la décision Yukos (§ 406–407, 455–457), le tribunal a fait remarquer que le droit de l'État, du refus des avantages, doit se réaliser activement (la publication ou la notification est nécessaire, y compris le caractère total,

[292] A voir plus : Mistelis (Loucas A.), Baltag (Crina M.), *Denial of Benefits and Article 17 of the Energy Charter Treaty*, Penn State Law Review, vol. 113:4, 2009, p. 1302.

pour que l'investisseur puisse en déduire que les garanties établies par le Traité sur la Charte de l'énergie ne le touchent pas) et il n'y a pas d'action rétroactive[293].

La sphère d'application du droit des investissements s'étend également à l'égard des actionnaires d'une société incorporée dans l'Etat d'accueil. Dans l'affaire Barcelona Traction Light Company LTD c. Espagne du 5 février 1970, la CIJ a reconnu que des actionnaires auraient le droit d'exercer leur protection diplomatique lorsque l'Etat dont la responsabilité est en cause est l'Etat national de la société. Cette approche a été confirmée dans l'affaire CMS c. Argentine du 17 juillet 2003[294].

Ultérieurement, la pratique arbitrale a étendu la couverture offerte par les traités, en autorisant, sous certaines conditions, que des opérateurs puissent invoquer les droits conventionnellement protégés, à l'encontre de leur propre gouvernement. Cette règle a été adoptée dans l'affaire Tokios Tokelès c. Ukraine du 29 avril 2004 (compagnie lituanienne contrôlée à 99% par des personnes de nationalité ukrainienne). Dans cette affaire le tribunal a refusé d'appliquer le critère de contrôle, pour déterminer la nationalité réelle d'une entité et pour étendre sa compétence. Cette jurisprudence a permis aux investisseurs de brandir, à l'encontre de leur propre gouvernement, les protections conférées par un TBI. Cette pratique est très importante dans le cas de la Russie, puisque les investisseurs étrangers sur le territoire de la Russie sont très souvent contrôlés par des actionnaires russes, surtout dans le domaine de l'énergie. Ce fait est explicable par leur désir de « camoufler » les vrais propriétaires des compagnies et de recevoir une protection étendue de leurs investissements.

§4 La spécificité du champ d'application temporelle et territoriale des investissements étrangers dans le secteur énergétique

Les investissements dans le secteur énergétique sont normalement significatifs par leur montant. Ainsi, on a besoin de garantir que les règles sur les investissements ne changeront pas dans une perspective de 10 à 20 ans. De plus, on peut poser une question importante sur les conventions : s'appliquent-elles aux investissements déjà réalisés ou uniquement aux investissements postérieurs à leurs ratifications ?

En la matière, l'autonomie de la volonté des parties contractantes est complète et ne connaît pas de limites. En effet, on observe la présence de certaines clauses qui excluent l'application du traité à l'égard des

[293]Voir plus : Poulain (Bruno), *Traité sur la Charte de l'énergie. Premières applications par les tribunaux arbitraux,* Les Cahiers de l'Arbitrage, vol. III. Juillet, 2006, pp. 132–138.

[294] Affaire CMS c. Argentine ARB/01/8 du 17 juillet 2003 // https://icsid.worldbank.org/ICSID/FrontServlet?requestType=CasesRH&actionVal=showDoc&docId=DC687_En&caseId=C4 (15.03.2016).

investissements étrangers réalisés avant son entrée en vigueur. Ce type de clause est aujourd'hui de plus en plus rare. Dans certains accords, notamment ceux rédigés par les Etats-Unis d'Amérique, on utilise les clauses déclarant qu'ils s'appliquent à l'égard des investissements qui existaient au moment de l'entrée en vigueur du TBI ainsi qu'à ceux postérieurs à son entrée en vigueur.

A côté de ces stipulations, les traités déterminent également la période pendant laquelle ils trouveront application. Normalement, cette période varie de 5 à 15 années, et débute à compter du jour de l'entrée en vigueur du traité bilatéral.

On constate enfin que les parties contractantes peuvent, dans certains cas, repousser les limites de l'application temporelle de l'instrument, en insérant la clause dite de « rémanence ». Cette dernière permet, après qu'une convention a cessé d'être en vigueur, d'en prolonger, en tout ou partie, les effets dans le temps, de sorte que les investissements constitués sous l'empire de cet instrument continuent à bénéficier du traitement, de la protection, voire de la garantie de ses dispositions[295], ce qui est très important dans le domaine de l'énergie où la durée du retour des investissements est significative.

Dans les traités bilatéraux, les dispositions relatives au champ d'application *ratione loci* sont destinées à régler le problème général de la délimitation du territoire des parties contractantes. La question du champ d'application des accords sur les investissements est particulièrement importante dans le domaine de l'énergie, puisque les ressources se trouvent souvent sur le plateau continental. Il faut très bien connaître les limites de la compétence de l'Etat. Par exemple, sur le régime juridique de l'Arctique, où se trouvent des ressources énergétiques considérables, il n'y a pas de vision unitaire. Habituellement, les TBI prévoient leur application sur le territoire des Etats signataires. Pourtant, il existe des situations où le champ d'application territorial de ces instruments est susceptible de ne pas coïncider avec les frontières internationalement reconnues d'un Etat. Le TBI conclu entre les Etats-Unis d'Amérique et le Maroc de 1985, ne prévoit pas de dispositions relatives aux territoires couverts par ce traité parce que le gouvernement américain ne reconnaît pas la souveraineté du Maroc sur le Sahara occidental[296]. Aujourd'hui, avec la situation en Crimée, cette question est tout à fait d'actualité.

---

[295] Bonomo (Stéphane), *Les traités bilatéraux relatifs aux investissements : entre protection des investissements étrangers et sauvegarde de la souveraineté des Etats*, Presses Universitaires d'Aix-Marseille, 2012, p. 118.

[296] *Ibid.*, p. 126.

Section II. L'application de garanties des investissements étrangers et ces dérogations dans le secteur énergétique

La liste des garanties des investissements dans le domaine de l'énergie est traditionnelle, elle inclut : le droit à un traitement juste et équitable, le standard de la pleine et entière protection et sécurité, la clause de respect des engagements[297], la clause de la nation la plus favorisée, le traitement national[298], l'interdiction des restrictions contre le rapatriement de l'investissement et des revenus. Cependant, il existe certaines spécificités par rapport à leur application et aux dérogations. La pratique de la mise en œuvre du TCE nous le montre.

§1 L'application des garanties

Les garanties annoncées, quand elles ne sont pas respectées, donnent à l'investisseur le droit de recourir à des mécanismes efficaces de règlement des différends. De plus, des règles spéciales existent en matière de dépossession illicite.

A. Le règlement des différends par l'arbitrage international

L'existence d'un mécanisme efficace de règlement des différends est indispensable à l'instauration d'un climat propice à la réalisation d'investissements. Il existe un lien indiscutable entre la sécurité juridique, par un système de règlement des différends efficace, et la sécurité énergétique, qui implique une circulation sans entrave des investissements dans ce secteur afin de garantir la protection des investisseurs et le maintien de la stabilité de l'offre et de la demande[299].

---

[297] Historiquement, c'est à la fin de l'année 1953 que l'utilisation de cette règle a été en effet suggérée par Sir Elihu Lauterpacht lors d'un conseil juridique prodigué à une société pétrolière, et cela afin de régler un différend qui opposait cette entreprise à deux Etats du Moyen-Orient, dans le cadre d'un contrat d'Etat. Dans le but de contrer les velléités de ces deux pays, lesquels souhaitaient soumettre la relation contractuelle à des règles nationales défavorables aux investisseurs étrangers, l'éminent juriste avait alors suggéré de mettre en place un traité intergouvernemental, afin d'internationaliser la relation juridique et de rendre une juridiction interétatique (en l'espèce la Cour internationale de Justice) compétente pour régler ce litige.

[298] Dans le préambule du TCE, les parties contractantes proclament la grande importance de l'application effective et complète du traitement national et du traitement de la nation la plus favorisée. Cependant ces engagements seront appliqués à la réalisation des investissements conformément à un traité complémentaire. C'est pourquoi selon § 2, 3 l'article 10 du TCE chaque partie contractante s'efforce d'accorder aux investisseurs un traitement qui n'est pas moins favorable à celui qu'elle accorde à ses propres investisseurs ou aux investisseurs de toute autre partie contractante ou de tout Etat tiers, le traitement à retenir étant celui qui est le plus favorable.

[299] Doumbé-Billé (Stéphane) (dir.), *Défis énergétiques et droit international,* Larcier, 2011, p. 104.

Pendant une longue période, la question du règlement des différends portant sur les investissements a été l'objet de discussions entre les États développés et ceux en voie de développement. Ces derniers, surtout les États de l'Amérique Latine, et par la suite l'Asie et l'Afrique, dès le début du XX siècle ont suivi la doctrine de C. Calvo (du nom de l'historien argentin et diplomate), qui s'est trouvée à la base du nouvel ordre mondial[300]. Selon cette doctrine, tous les différends doivent être examinés par les cours nationales et selon le droit national[301].

L'insertion d'une disposition, visant à assurer le respect de la priorité donnée aux tribunaux internes, doit nécessairement être appréhendée comme une norme destinée à défendre la souveraineté des Etats. Mais, dans le domaine de l'énergie, l'Etat, étant très souvent partie au différend, devient également juge. De plus, on observe l'inégalité, l'asymétrie économique des parties[302]. Cette situation est mal appréciée par les investisseurs. Il n'est pas surprenant que, depuis la première affaire jugée en 1990 (Asian Agricultural Products LTD (AALP) c. Sri Lanka du 27 juin 1990) sur le fondement d'un accord bilatéral d'investissement, on a assisté à une véritable prolifération des procédures d'arbitrage associées aux TBI[303].

Selon le contenu de la clause d'arbitrage, les TBI conclus par la Russie peuvent être divisés en quatre groupes. Le premier comporte les TBI conclus avec la France, la Turquie, le Canada et la Chine. Dans ce groupe de traités, on ne prévoit le règlement des différends que par l'arbitrage *ad hoc*. La nomination des juges se fait selon le règlement de la CNUDCI : chaque partie nomme un arbitre, et les deux arbitres ainsi nommés désignent le président du tribunal arbitral. S'ils n'arrivent pas à s'entendre sur le troisième arbitre, le président de la Cour Internationale de l'ONU ou de la Chambre de Commerce de Stockholm doit alors le nommer. Dans le deuxième groupe de TBI on prévoit une alternative : le règlement des différends est effectué soit par arbitrage *ad hoc* selon le règlement de la CNUDCI soit selon le règlement de la Chambre de Commerce de Stockholm (le TBI avec le Royaume-Uni).

Le troisième groupe fixe une alternative : le règlement des différends est effectué soit par arbitrage *ad hoc* selon le règlement de la CNUDCI soit par

---

[300] Walde (Thomas), *Revision of Transnational Investment Agreements: Contractual Flexibility un Natural Ressources Developement*, Lawyer of the Americas, 268, 1978, p. 265.

[301] Фархутдинов (Инсур Забирович), *Международное инвестиционное право : теория и практика применения*, Волтерс-Клувер, 2005, с. 142.

[302] Walde (Thomas), *Negotiating for Dispute Settlement in Transnational Mineral Contracts: Current Practice, Trends, and an Evaluation from the Host Country's Perspective*, Journal of International Law and Policy, vol. 7:33. 1977 - 1978, p. 44.

[303] Bonomo (Stéphane), *Les traités bilatéraux relatifs aux investissements : entre protection des investissements étrangers et sauvegarde de la souveraineté des Etats*, Presses Universitaires d'Aix-Marseille, 2012, p. 43.

la Cour sur le territoire du pays récepteur des investissements (TBI avec la Grèce de 1993, la Pologne de 1992).

Dans le dernier groupe (le traité conclu avec la Slovaquie de 1993, le traité conclu avec la Bulgarie de 1993, le traité conclu avec les Etats-Unis de 1992) on trouve trois options : la Cour sur le territoire du pays récepteur des investissements, l'arbitrage selon le règlement du CIRDI et l'arbitrage *ad hoc* selon le règlement de la CNUDCI.

Le mécanisme plus détaillé est prévu par le TCE. Le texte prévoit un groupe de normes (art. 26-28) consacrées au règlement des différends qui sont particulièrement remarquables et précis. Le TCE prévoit une procédure particulière de règlement des différends qui opposent soit des Etats signataires entre eux (art. 27) - c'est-à-dire deux Etats signataires ou un Etat signataire et l'Union européenne, soit un investisseur privé « ressortissant » d'une partie contractante et une autre partie contractante (art. 26).

Le premier régime, prévu par l'article 27, n'a jamais été appliqué jusqu'à maintenant. En ce qui concerne le régime du règlement des différends entre un investisseur privé et l'Etat (l'UE), l'investisseur privé peut choisir de soumettre le différend qui l'oppose à l'Etat hôte de son investissement, soit aux juridictions de cet Etat, soit à un tribunal arbitral. Si l'investisseur fait le choix d'une procédure arbitrale, l'Etat hôte sera présumé y avoir consenti du seul fait d'être partie au TCE.

Pour qu'un investisseur privé puisse valablement introduire une procédure sur la base de l'article 26 du TCE, les conditions suivantes doivent être cumulativement remplies : le différend doit, en principe, porter sur le non-respect d'une des obligations contenues dans la partie III du TCE, le différend doit opposer un investisseur « ressortissant » d'une Partie Contractante à une autre Partie Contractante, au sujet d'un investissement effectué « dans la zone » de cette dernière.

Une société commerciale est considérée comme « ressortissant » d'une Partie Contractante si elle est « organisée conformément à la législation applicable sur le territoire de cette partie contractante » (art. 1.7, a), ii) du TCE). Que la société partie au différend soit par ailleurs contrôlée par une société étrangère n'empêche pas l'application de l'article 26, quand bien même la société de contrôle serait régie par le droit de l'Etat partie adverse au différend.

Sous le mécanisme arbitral de l'accord tombent les différends liés aux investissements (§ 5, 6 art. 1). Cependant les différends concernant l'accès, les obligations particulièrement non impératives sur les pré-investissements, conformément à l'article 10 et 18 ne sont pas assurés par la protection judiciaire.

Avant d'introduire une procédure selon les règles du TCE, ce dernier prévoit que les parties doivent tenter « dans la mesure du possible » de régler leur différend à l'amiable, dans un délai de trois mois à compter du moment où l'une des parties a sollicité un tel règlement. L'étendue de cette obligation est controversée, mais le respect d'une période de trois mois séparant la première notification entre les parties et l'introduction formelle de la procédure, ainsi que la preuve d'une tentative - même minimale - de conciliation, sont en principe des conditions de recevabilité de la procédure.

Si la tentative de règlement à l'amiable n'est pas concluante, l'investisseur privé a le choix de soumettre le différend qui l'oppose à la partie contractante hôte de son investissement, soit aux juridictions judicaires ou administratives de cet Etat signataire, soit conformément à toute procédure de règlement des différends applicable préalablement, soit à une procédure d'arbitrage international.

Le choix de soumettre volontairement le différend aux juridictions nationales pour qu'elles statuent sur la base du TCE est peu fréquent[304]. Toutefois, si l'investisseur privé a invoqué le TCE devant les tribunaux étatiques, il peut soumettre ce même moyen, par la suite, à un tribunal arbitral, si la Partie Contractante qu'il assigne n'a pas expressément exclu cette possibilité lors de la signature du TCE. En vertu de l'article 26 du TCE, seules les parties contractantes énumérées dans l'annexe ID au Traité[305] interdisent à tout investisseur, ayant fait le choix d'invoquer le TCE devant les tribunaux étatiques, de recourir à l'arbitrage international. Ainsi, rien n'empêche un investisseur privé d'invoquer, dans le cadre d'une procédure devant les tribunaux étatiques, une violation du droit national de l'Etat hôte de l'investissement, et ensuite (ou même en parallèle) d'invoquer une violation du TCE devant un tribunal arbitral, même si les faits allégués sont similaires. Une telle option peut s'avérer utile, voire nécessaire, pour démontrer par exemple que les procédures nationales ne permettent pas d'obtenir une réparation équitable[306].

Lorsque l'investisseur a opté pour l'arbitrage international, il a le choix entre différentes procédures arbitrales. Il peut décider de soumettre le différend soit à un arbitrage sous l'égide du Centre International pour le règlement des différends relatifs aux investissement (CIRDI, 20 affaires sont examinées); soit à un tribunal arbitral *ad hoc* constitué sur la base du Règlement d'arbitrage de la Commission des Nations Unies pour le droit commercial international (CNUDCI); soit, enfin, à une procédure d'arbitrage organisée sous l'égide de la Chambre de Commerce de Stockholm (CCS)[307]. Quatre États : l'Australie, la Hongrie, le Canada et la Norvège n'ont pas, jusqu'ici, donné leur accord pour que les différends les concernant soient

---

[304] Taton (Xavier) (coord.), *Droit de l'énergie, droit de l'environnement et droit de l'urbanisme*, Bruylant, 2012, p. 79.

[305] Certaines parties contractantes importantes sont reprises dans cette annexe, dont l'UE, la Finlande, la Norvège, la Suède, l'Italie, l'Espagne, la Hongrie, la Pologne, l'Australie et le Japon.

[306] Taton (Xavier) (coord.), *Droit de l'énergie, droit de l'environnement et droit de l'urbanisme*, Bruylant, 2012, p. 82.

[307] *Investor-State Dispute Settlement Cases* // http://(dir).encharter.org/index.php?id=213&L=0# Vattenfall2 (22.07.2015).

soumis à l'arbitrage international (l'Application IA). D'autres parties contractantes ont assumé l'obligation sans retard d'exécuter la décision arbitrale et de prévoir la garantie de leur exécution (§ 8 art. 26). Le choix entre ces différentes procédures d'arbitrage doit être établi par écrit par l'investisseur, au moment d'y recourir.

La majorité des litiges résolus jusqu'à présent sur la base du TCE ont été soumis à un tribunal arbitral CIRDI. Trois caractéristiques fondamentales distinguent un arbitrage CIRDI d'un arbitrage *ad hoc* sous l'empire des règles de la CNUDCI ou de la CCS. Premièrement, pour qu'un arbitrage CIRDI puisse être introduit, les conditions particulières de la Convention de Washington doivent être satisfaites, en plus des conditions prévues par le TCE. Ensuite, l'article 52 de la Convention de Washington prévoit un mécanisme particulier d'annulation des sentences CIRDI. Un Comité *ad hoc* de trois arbitres peut, le cas échéant, annuler la sentence arbitrale pour les motifs limitativement énumérés à l'article 52 de la Convention, dont notamment l'excès de pouvoir manifeste, le défaut de motivation ou l'inobservation grave d'une règle de procédure fondamentale. Par contre, un arbitrage international « classique », comme l'arbitrage *ad hoc,* ou organisé sous l'égide de la CCS, répond aux règles propres à l'arbitrage commercial international et l'annulation de la sentence ne peut être poursuivie que devant les tribunaux de l'Etat du siège de l'arbitrage, en vertu des règles applicables à une telle procédure dans cet Etat. Cette possibilité de recours devant les tribunaux de l'Etat du siège est expressément exclue dans le cadre d'un arbitrage CIRDI (art. 54.2)[308]. Enfin, les sentences arbitrales CIRDI sont soumises à un régime d'exécution et de reconnaissance propre, organisé directement par la Convention de Washington. Tous les Etats signataires de ladite Convention doivent exécuter et reconnaître une sentence arbitrale CIRDI, comme s'il s'agissait d'une décision d'une de leurs juridictions nationales (art. 54 de la Convention).

L'autre question est celle de la détermination du droit applicable. L'article 26.6 du TCE prévoit que le tribunal statue « conformément au présent traité et aux règles et principes applicables de droit international ». Par conséquent, le tribunal ne doit pas statuer sur la base du droit national de l'Etat hôte de l'investissement. Le non-respect d'une des obligations imposées par la partie III du Traité peut être examiné sur la seule base du droit matériel contenu dans le Traité, suppléé, si nécessaire, par d'autres normes et principes de droit international, et interprété conformément aux principes du droit international. Il faut cependant observer que le droit national de l'Etat hôte de l'investissement partie au différend joue un rôle, ne fût-ce qu'indirectement, dans la détermination du litige. D'abord, si l'investisseur invoque le non-respect de l'article 10 du TCE et, par

[308] Taton (Xavier) (coord.), *Droit de l'énergie, droit de l'environnement et droit de l'urbanisme*, Bruylant, 2012, p. 84.

conséquent, fonde son argumentation sur le non-respect d'un engagement contractuel spécifique, seul un examen du droit applicable au contrat permet de déterminer si celui-ci a, ou non, été honoré. Ensuite, au-delà de ce cas particulier, analyser l'éventuel non-respect de la plupart des obligations imposées par la partie III du TCE (l'interdiction de discrimination, la clause de la nation la plus favorisée, l'interdiction d'expropriation et de mesures équivalentes) nécessite un examen approfondi des mesures législatives et administratives qui ont été imposées par l'Etat hôte, et qui sont souvent à la base des arguments avancés par l'investisseur mécontent.

Il s'ensuit que le tribunal arbitral doit fonder sa sentence sur la base du TCE - suppléé le cas échéant par les principes de droit international - mais doit examiner, pour y aboutir, tantôt le droit national de l'Etat hôte de l'investissement, tantôt le droit national applicable au contrat invoqué. Il va cependant de soi que l'Etat hôte ne peut pas exciper de ses mesures nationales pour justifier son comportement, lorsque ces mesures sont en contradiction avec les obligations imposées par le TCE[309].

Ainsi, le TCE impose un mécanisme de résolution des règlements dans le domaine de l'énergie, un environnement stable, juste et effectif. L'efficacité des normes du Traité sur la Charte de l'énergie se confirme puisque, pour les 10 dernières années, 29 affaires ont été examinées sur cette base. Cette catégorie d'affaires représente 9 % de tous les litiges portant sur les investissements qui sont examinés chaque année dans les arbitrages internationaux. Les investisseurs, en choisissant le cadre légal de leur plainte - les traités bilatéraux d'investissements ou le Traité sur la Charte de l'énergie - choisissent de plus en plus souvent le Traité sur la Charte (sur 23 des 29 affaires, il y avait possibilité d'argumenter les prétentions sur la base des traités bilatéraux d'investissements)[310].

B. Les règles spécifiques relatives à la dépossession

Des traités internationaux établissent aussi certaines garanties applicables aux droits des investisseurs en cas de la dépossession (l'expropriation), ils concernent la réglementation du droit de l'Etat de s'approprier des investissements et l'indemnisation en cas de dépossession.

1. Le droit des Etats de s'approprier des investissements

La garantie de la dépossession illégale est une partie essentielle du droit à la pleine et entière protection et sécurité. Pourtant, une des composantes de la souveraineté est le droit inaliénable de chaque Etat et du peuple d'utiliser et d'exploiter librement ses richesses et ses ressources naturelles, ce qui présuppose le droit de l'expropriation. L'Assemblée générale de l'ONU a

[309] *Ibid.*, p. 86.
[310] Eliasson (Nils), *10 years of Energy Charter Treaty Arbitration* // http://(dir).sccinstitute.com/filearchive/4/40960/Nils_Eliasson_Report.pdf (22.08.2014).

adopté sur la question trois importantes résolutions entre 1962 et 1974, allant de l'affirmation du principe de la souveraineté territoriale sur les investissements étrangers à l'expression des normes qui en découlent pour régir lesdits investissements : la Résolution AGNU 1803 (XVII) du 14 septembre 1962 « Souveraineté permanente sur les ressources et richesses naturelles » ; la Résolution AGNU 3201 du 1 mai 1974 portant « Déclaration concernant l'instauration d'un nouvel ordre économique international » et la « Charte des droits et devoirs économiques des Etats » du 12 décembre 1974. Ainsi, le droit de nationaliser est devenu un droit coutumier. Ce principe connaît une reconnaissance en « droit positif » dans la plupart des TBI, dans toutes les conventions multilatérales, surtout le Traité sur la Charte de l'Energie.

La dépossession peut se faire par des techniques directes: la nationalisation, (l'expropriation)[311], la confiscation[312], ou indirectes sous forme de mesures ayant des effets équivalents à une nationalisation ou à une expropriation[313], dite nationalisation rampante[314], l'expropriation liée à la réglementation, expropriation déguisée, l'expropriation *de facto*[315]. Dans l'affaire Lena Goldfields Ltd contre le gouvernement Soviétique du 3 septembre 1930, le tribunal arbitral est arrivé à la conclusion que les mesures entreprises contre l'investisseur, ne se rapportant pas formellement à la définition des expropriations, ont privé quand même la compagnie de ressources financières nécessaires et ont paralysé son activité[316]. Aux actions de telle sorte il faut aussi associer l'augmentation des impôts (ou même leur baisse pour les concurrents), le durcissement des règles, y compris la sécurité écologique, le refus de l'accès à l'infrastructure, les restrictions à l'export-import, l'intervention dans la politique de prix, le rappel de la licence, la saisie et le gel des avoirs de l'investisseur, le gal des comptes bancaires, l'exigence de l'établissement de trop hauts salaires, le contrôle des

---

[311] Le droit international ne fait pas de distinction entre la nationalisation et l'expropriation. Mais, tel n'est pas le cas en droit national. En droit français, par exemple, la nationalisation est définie communément comme une mesure législative opérant le transfert de la propriété d'une entreprise privée ou des biens de l'investisseur au domaine public. Contrairement à la nationalisation, l'expropriation est le résultat d'une mesure réglementaire d'appropriation collective d'une entreprise privée. Elle est faite pour un intérêt local alors que la nationalisation est d'intérêt national. Elle produit, cependant, les mêmes effets que la nationalisation.

[312] La confiscation, elle, est une sanction entraînant la saisie des biens de l'investisseur.

[313] Voir plus en détail : Manciaux (Sébastien), *Les mesures équivalentes à une expropriation dans l'arbitrage international relative aux investissements*, in Colloque, *Où va le droit de l'investissement ?*, 2006, p. 73.

[314] Вицтум (Граф Вольфганг), *Международное право*, Инфотропик Медиа, 2011, с. 959.

[315] Voir plus en détail : Nanteuil (Arnaud de), *L'expropriation indirecte en droit international de l'investissement,* préface Charles Leben, Pedone, 2014, pp. 9 - 12.

[316] Manciaux (Sébastien), *Les mesures équivalentes à une expropriation dans l'arbitrage international relative aux investissements*, in Colloque, *Où va le droit de l'investissement ?* , 2006, p. 73.

opérations de paiements ou la nomination par l'État des managers du projet d'investissements[317].

En outre, plusieurs auteurs indiquent la nécessité de distinguer entre les changements des conditions de l'investissement et la nationalisation. Les premiers sont possibles en ce qui concerne les accords à long terme, par exemple, en rapport avec le changement important des circonstances[318]. Dans ce cas, on fait un nouvel Accord ou on fait les changements dans les précédents[319], mais cela, certes, ne signifie pas qu'alors le gouvernement peut librement reconsidérer les accords et ne pas rembourser les pertes de l'investisseur[320].

Les concepteurs du Traité sur la Charte de l'énergie, au moment de la formulation des dispositions relatives à ce sujet, ont pris en considération les formes indirectes de la nationalisation. Ils ont défini l'expropriation comme les mesures ayant des effets équivalents à une nationalisation ou à une expropriation et qui se réalisent dans un but répondant aux intérêts de l'État, sans discrimination et avec observation des procédures juridiques applicables (art. 13). Malgré l'appréciation large qu'ils ont adoptée, les tribunaux arbitraux dans les affaires Nykomb contre la Lettonie (118/2001) et Petrobart contre la Kirghizie (126/2003) n'ont pas reconnu le fait d'expropriation indirecte.

Ainsi, les Etats sont libres de nationaliser des investissements étrangers. Pourtant, le droit d'exproprier reste soumis aux règles coutumières afférentes aux conditions que doivent remplir les mesures de nationalisation ou d'expropriation pour avoir un caractère légal : l'exigence d'utilité publique, la procédure légale, le droit à l'indemnisation, l'interdiction de discrimination[321]. Le Traité sur la Charte européenne sur l'énergie dans l'article 13 fixe les restrictions suivantes : l'expropriation doit être effectuée pour des motifs d'intérêt public (et non privés) ; ne pas être discriminatoire ; être effectuée avec les garanties prévues par la loi ; et être accompagnée du versement d'une indemnisation.

La dernière condition est d'une importance exceptionnelle.

---

[317] Reed (Lucy), Martinez (Lucy), *The Energy Charter Treaty: an Overview*, ILSA Journal of International and Comparative Law, vol. 14:2, 2008, p. 408.

[318] Walde (Thomas), *Revision of Transnational Investment Agreements: Contractual Flexibility in Natural Resources Development*, Lawyer of the Americas, 1978, p. 267.

[319] *Ibid.*, pp. 281–282.

[320] Konoplyanik (Andrey), Walde (Thomas), *Energy charter treaty and its role in international energy*, Journal of Energy and Natural Resources Law, vol. 24, n° 4, 2006, p. 535.

[321] Bonomo (Stéphane), *Les traités bilatéraux relatifs aux investissements : entre protection des investissements étrangers et sauvegarde de la souveraineté des Etats*, Presses Universitaires d'Aix-Marseille, 2012, pp. 54 - 55.

2. Une indemnisation en cas de dépossession

Les Etats importateurs de capitaux essaient toujours de fixer des normes permettant de minimiser le montant de l'indemnité en cas de dépossession. Une des meilleures formulations prévues à cet effet est celle contenue dans le Traité sur la Charte de l'énergie.

L'inclusion dans ce dernier d'une formule dit de Hull, énoncée pour la première fois par le secrétaire d'État américain Cordell Hull à la suite de la nationalisation par le Mexique des compagnies pétrolières américaines en 1936, constitue une garantie essentielle pour l'investisseur[322]. Hull a soutenu que le droit international exigeait une indemnisation « prompte, adéquate et effective » en cas d'expropriation d'investissements étrangers. Les pays en développement ont souscrit à la doctrine Calvo qui réaffirme la règle d'une « indemnisation adéquate », et stipule ensuite que « dans tous les cas où la question de l'indemnisation donne lieu à un différend, celui-ci sera réglé conformément à la législation interne de l'Etat qui prend les mesures de nationalisation et par les tribunaux de cet Etat »[323].

Au total, la jurisprudence penche au profit de l'appréciation du montant de l'indemnisation en tenant compte de la valeur du marché. Dans l'affaire British Petroleum de 1980, le juge Larergen a déclaré que l'indemnisation intégrale n'est pas la norme appliquée en cas de nationalisations légales. Dans la décision de la compagnie Liamco, l'arbitre a affirmé que le standard de Hull doit être remplacé par le standard de « l'indemnisation favorable et suffisante »[324].

Quant aux dispositions sur le montant de la compensation dans les TBI, elles sont formulées différemment. Dans le traité conclu entre la Fédération de Russie et la Grande-Bretagne de 1989 (art. 5), il est affirmé que le montant « doit correspondre au coût réel des investissements expropriés ». Dans un autre groupe de traités bilatéraux d'investissements, la nécessité du paiement de « l'indemnité rapide, adéquate et effective » est prévu (les traités conclus entre la Fédération de Russie, d'une part, et la Grèce en 1993, le Danemark en 1993, la Roumanie en 1993, etc.). Dans le Traité conclu entre la Fédération de Russie et le Canada en 1989, il est prévu une indemnisation opportune, suffisante et effective (art. 4). Dans le traité conclu entre la Fédération de Russie et les Etats-Unis en 1992, on prévoit le paiement d'une indemnité rapide, adéquate et effective (art. 3).

Il faut remarquer que le Traité sur la Charte de l'énergie prévoit la règle sur l'indemnisation rapide,[325] suffisante et effective[326] sur la base « du prix

---

322 Фархутдинов (Инсур Забирович), *Международное инвестиционное право : теория и практика применения*, Волтерс-Клувер, 2005, с. 152.

323 OCDE, *L'« expropriation indirecte » et le « droit de réglementer » dans le droit international de l'investissement*, Éditions OCDE // http://dx.doi.org/10.1787/871821182042 (12.02.2015).

324 Фархутдинов (Инсур Забирович), *Международное инвестиционное право : теория и практика применения*, Волтерс-Клувер, 2005, с. 274.

325 La compensation est considérée rapide, si elle se réalise sans retard.

du marché juste ». L'indemnité inclut également un intérêt à un taux commercial établi sur la base du marché à partir de la date d'expropriation jusqu'à la date de paiement. L'investisseur concerné a le droit de faire procéder à un prompt réexamen de son cas, de l'estimation de son investissement et du paiement de la compensation, selon la loi de la partie contractante qui exproprie, par une autorité judiciaire ou une autre autorité compétente et indépendante de cette partie contractante.

Notamment, sur cette base juridique, la Russie a été condamnée pour expropriation non-légitime en vertu du TCE. L'origine de ce contentieux se trouve dans la volonté des autorités russes de contraindre la société pétrolière Youkos à s'acquitter du paiement de sommes considérables dues au titre d'arriérés fiscaux. La société ne disposant pas des liquidités nécessaires, elle fut finalement démantelée, et l'essentiel de ses actifs fut vendu aux enchères.

En 2010, les tribunaux arbitraux siégeant sous l'égide de la Chambre de Commerce de Stockholm, dans les affaires Hulley Enterprises Limited c/ Fédération de Russie (PCA Case n° AA 226), Yukos Universal Limited c/ Fédération de Russie (PCA Case n° AA 227), Veteran Petroleum Limited c/ Fédération de Russie (PCA Case n° AA 228) ont condamné la Russie à 3,5 millions de dollars pour une expropriation incompatible avec la Charte. En 2014, après 9 ans d'examen de l'affaire, la Cour Permanente d'Arbitrage (PCA) l'a obligée à payer 50 milliards de dollars au Group Menatep Limited, actionnaire majoritaire de Yukos. De plus, il existe des décisions de cours nationales du Royaume-Uni, des Pays Bas, des Etats-Unis condamnant à des centaines de millions de dollars la Russie, mais l'exécution de ces décisions sur le territoire de la Fédération Russe est difficile. Pourtant, en 2011, la Cour européenne des droits de l'homme (CEDH) a rendu une décision sanctionnant la Russie pour violation des garanties procédurales de la Convention de sauvegarde des Droits de l'Homme et des Libertés fondamentales de 1950, pour des mesures disproportionnées prises par l'Etat au stade de l'exécution de la décision. La Russie a été condamnée à la somme considérable de 1,86 milliard d'euros qu'elle n'a pas payé.

§2 Les dérogations justifiant la non-application des garanties accordées aux investisseurs étrangers

Les garanties du droit international des investissements ne sont pas absolues. Des Etats se réservent le droit d'y déroger. Les dérogations justifiant la non-application des garanties accordées aux investisseurs étrangers sont divisées en deux groupes : les règles de la *lex generalis* (dérivant du droit international général) et celles de la *lex specialis* (prévues

[326] L'indemnisation se réalise en devise importée par l'investisseur, seulement si elle est convertible dans une autre devise appelée par le Fonds monétaire international (FMI) comme titre de libre utilisée, ou en devise, sur la réception de laquelle est d'accord l'investisseur.

dans les traités) et certaines entre eux ont une importance spéciale dans le domaine de l'énergie ou par rapport à la Russie.

A. Les dérogations relevant de la lex generalis

Les motifs relevant de la *lex generalis* qui permettent à un Etat d'échapper aux conséquences de la violation d'un traité ont été déjà mentionés en tant qu'exceptions du prinicipe du respect des obligations internationales. Parmi les dérogations relevant de la *lex generalis,* il faut mentionner : le consentement de la partie victime de la violation, les contre-mesures, la force majeure, l'état de nécessité, l'extrême détresse, la légitime défense, les mesures prises en exécution d'une obligation relevant d'une règle impérative du droit international général. Certaines de ces dérogations méritent d'être commentées.

L'état de nécessité a mauvaise réputation en droit international dans la mesure où il pourrait autoriser un Etat à accomplir des actes susceptibles d'abus. Cette notion est définie comme « la situation où se trouve un État n'ayant pas d'autre moyen de sauvegarder un intérêt essentiel menacé par un péril grave et imminent que celui d'adopter un comportement non conforme à celui requis de lui par une obligation internationale envers un autre Etat » (art. 25 du projet d'articles de la Commission du droit international (CDI) de 2001).

Certains auteurs vont jusqu'à nier son existence en droit international positif. Parmi les nombreux arguments invoqués par les adversaires de l'état de nécessité on retrouve celui de l'abus auquel pourrait donner lieu l'introduction de cette notion dans le droit positif ainsi que l'insécurité juridique qu'elle pourrait engendrer[327]. Pourtant l'excuse de nécessité a été invoquée à plusieurs reprises devant des juridictions internationales. C'est dans l'affaire Gabcikovo-Nagyamaros [328] que la Cour internationale de Justice (CIJ) a reconnu le caractère coutumier de l'état de nécessité en tant que cause excluant l'illicéité, tel que codifié par le projet d'articles de la CDI.

Pour qu'un Etat puisse se prévaloir de l'état de nécessité afin de justifier un comportement non conforme à une obligation internationale, des conditions cumulatives strictes doivent être remplies. Il s'agit de conditions liées à l'existence d'un péril grave ainsi qu'à la conduite de l'Etat.

La notion de péril grave et imminent a évolué en même temps que celle d'intérêt essentiel de l'Etat. Dans l'affaire Sempra, le tribunal a jugé que l'état de nécessité s'applique lorsque la « very existence of the State and its independance » sont en cause (§ 348)[329]. La crise doit être suffisamment

---

[327] Doumbé-Billé (Stéphane) (dir.), *Défis énergétiques et droit international,* Larcier, 2011, p. 56.
[328] L'affaire Gabcikovo-Nagyamaros du 25 septembre 1997 // http://(dir).icj-cij.org/docket/files/92/7374.pdf (18.09.2015).
[329] Doumbé-Billé (Stéphane) (dir.), *Défis énergétiques et droit international,* Larcier, 2011, p. 63.

grave. L'imminence du péril est souvent difficile à démontrer surtout lorsque des preuves scientifiques et techniques sont nécessaires, comme c'est le cas en matière économique et écologique.

Un péril grave peut être porté aux intérêts essentiels de l'Etat comme la sécurité, le fonctionnement (Rapport de la CIJ Gabcikovo Nagymaros), la situation économique de l'Etat (l'arrêt LG&E), l'ordre public (art. 24 du TCE), la protection de la population, celle de l'environnement (l'arrêt Metaclad c/Mexique du 30 avril 2000), la sécurité de l'approvisionnement énergétique[330] (l'arrêt Campus Oil, CJCE, 72/83 du 10 juillet 1984, § 35) ; cette dernière étant couverte par la sécurité publique. Lors de la crise de l'approvisionnement entre la Russie et l'Ukraine certains pays ont déclaré l'état d'urgence, alors que la Slovaquie envisageait de relancer un réacteur nucléaire qu'elle venait d'arrêter. Ainsi, elle a violé ses engagements pris lors de son entrée dans l'UE[331].

Quant aux conditions liées à la conduite de l'Etat, il s'agit de l'absence de choix du moyen, de la proportionnalité, du non accomplissement des obligations de ne pas porter gravement atteinte à un intérêt essentiel de l'État ou des États à l'égard desquels l'obligation existe ou de la communauté internationale dans son ensemble et de respect de la condition « des mains propres » (l'Etat ne devant pas avoir contribué à la survenance de la situation en question).

S'agissant de l'absence de choix des moyens, il est à noter que les mesures unilatérales ne sont plus le seul moyen à la disposition de l'Etat en cas de péril grave et imminent, celui-ci pouvant recourir à la coopération avec d'autres Etats dans le cadre des organisations internationales. Par ailleurs, la coopération internationale en matière d'approvisionnement énergétique se développe, la preuve étant la multiplication des traités internationaux sur la question. Certains d'entre eux prévoient des remèdes en cas de crise dans l'approvisionnement énergétique. L'article 44 du Traité instituant la Communauté de l'énergie prévoit par exemple qu'« en cas de perturbation de l'approvisionnement… les parties recherchent un règlement rapide conformément aux dispositions du présent chapitre ». Le Conseil ministériel peut prendre les mesures nécessaires pour remédier à la perturbation (art. 45). L'existence de telles modalités de coopération rend sans doute plus difficile la possibilité d'invoquer l'état de nécessité si l'Etat n'y a pas recouru.

La jurisprudence récente du CIRDI est venue préciser les conditions d'application de l'état de nécessité en tant que circonstance excluant

---

330 La Commission européenne donne une définition fonctionnelle : il s'agit de satisfaire de manière continue les besoins énergétiques essentiels, notamment à travers le partage des ressources naturelles internes et surtout à travers la diversification et la stabilité des ressources externes (Commission européenne, *For a European Energy Policy*, Green Paper, COM (94) 659 final).

331 Doumbé-Billé (Stéphane) (dir.), *Défis énergétiques et droit international,* Larcier, 2011, p. 60.

l'illicéité. Dans toute une série d'affaires mettant en cause le comportement de l'Argentine en matière de protection des investissements étrangers, étaient principalement en cause des concessionnaires de services publics, notamment en matière de distribution d'électricité et de gaz, ayant subi des pertes à la suite de certaines mesures adoptées par l'Argentine. Deux mesures en particulier ont été contestées par les investisseurs, à savoir la dévaluation en décembre 2001 du peso, qui était à parité avec le dollar, avec l'obligation pour les prestataires de services de calculer les prix en peso et le gel des prix des services. Ces affaires ont donné lieu à des décisions antinomiques en mettant ainsi le doigt sur la difficulté, tant soulignée par la doctrine, de l'appréciation objective des conditions de l'état de nécessité. Cette excuse n'a été admise que dans une seule affaire LG and E Energy corp., LG and E Capital Corp., LG and E International, INC. c. Argentine (Arb/02/1), sentence du 25 juillet 2007, de sorte que certains auteurs ont pu parler d'une première application de l'état de nécessité par la jurisprudence internationale. Certaines des sentences ayant refusé l'état de nécessité à l'Argentine ont fait l'objet d'une annulation (CMS Gas Transmission Company c. Argentine ARB/01/8) sentence du 25 septembre 2007 ; Sempra Energy International v. Argentina (ARB/02/16) sentence du 29 juin 2010) alors que d'autres affaires sont toujours pendantes (par exemple, AES Corporation v. Argentine ARB/03/21)[332].

Nous pouvons constater que de nombreuses conditions d'application de l'état de nécessité du droit international général sont définies de manière tellement stricte qu'il est difficile de les réunir dans la pratique, de sorte que l'état de nécessité se situe, selon la formule du professeur Dupuy, à la lisière du droit. Le professeur Salmon, quant à lui, pense qu'à l'avenir la question de l'état de nécessité sera prévue plus souvent par des textes conventionnels permettant ainsi de « préciser au départ la hiérarchie des valeurs en conflit ». Il en est de même en matière d'approvisionnement énergétique, de nombreuses clauses conventionnelles offrent aux Etats la possibilité de sauvegarder leurs intérêts essentiels, tout en restant sur le terrain du droit[333].

Selon l'article 23 du projet d'articles sur la responsabilité des Etats de la CDI, l'illicéité d'un fait non conforme à une obligation internationale est exclue si ce fait est dû à une force irrésistible ou à un événement extérieur imprévu qui a mis l'Etat dans l'impossibilité matérielle d'agir conformément à cette obligation, ou de se rendre compte qu'il la violait. Autrement dit, pour qu'un Etat puisse invoquer l'exception de force majeure, il faut d'une part que l'événement soit imprévisible et que, par ailleurs, l'Etat n'ait aucune possibilité réelle de se soustraire aux effets d'une telle force ou d'un tel événement. Dans l'affaire CMS Gas Transmission Company c. Argentine du 12 mai 2005, l'exception de force majeure avait été discutée. Le tribunal

[332] Doumbé-Billé (Stéphane) (dir.), *Défis énergétiques et droit international,* Larcier, 2011, p. 57.
[333] *Ibid.*, p. 79.

arbitral a reconnu que la crise économique imprévisible pouvait être qualifiée de force majeure mais, dans cette affaire, les juges n'ont pas reconnu le haut niveau de déstabilisation. Puisque la Russie maintenant se trouve dans une situation de crise, cette dérogation devient actuelle.

Parmi les normes impératives pouvant influencer le droit conventionnel des investissements figure la protection des droits fondamentaux de l'Homme. Parce qu'en Russie il y a des problèmes en matière de protection des droits fondamentaux, la réalisation de cette dérogation prend toute son importance. Dans l'affaire World Duty Free c. Kenya ARB/00/7 de 2007, après avoir constaté que le contrat litigieux avait été obtenu grâce à des actes de corruption, les arbitres ont jugé que cette pratique était contraire à l'ordre public international (lequel constitue une infraction à la norme internationale de *jus cogens*), et que, de ce fait, les demandes de l'investisseur ne pouvaient être examinées par le tribunal. Dans le même esprit, les décisions dans les affaires Inceysa Valisoletana c. la République de Salvador ARB/03/26 de 2006 ont été motivées. La juridiction a considéré que les fraudes de l'opérateur étranger, lors d'une procédure d'appel d'offres, étaient constitutives d'une violation des normes relevant de l'ordre public international, et empêchaient ce dernier de bénéficier des garanties offertes par l'Accord d'investissement signé entre l'Espagne et le Salvador[334].

Une autre dérogation importante constitue des contre-mesures. La Russie après l'annexion de la Crimée a provoqué l'utilisation contre elle de contre-mesures. L'argument des contre-mesures est rarement invoqué par la pratique contentieuse internationale relative aux investissements. L'affaire Archer Daniels Midland Company (ADM) c/ Mexique ARB(AF)/04/5 de 2005 permit d'ouvrir le débat. Dans cette affaire, le Mexique a soutenu que les mesures préjudiciables aux investisseurs américains avaient été prises à titre de contre-mesures en réaction à une première violation du droit international commise par les États-Unis. Le tribunal dut se prononcer sur l'invocabilité du droit des contre-mesures dans un contentieux État-investisseur. Une réponse positive a été adoptée par la majorité du tribunal.

Pourtant dans l'affaire du CIRDI Corn Product International, Inc. c/ Mexique (CIRDI/ARB(AF)/04/01), décision sur la responsabilité du 15 janvier 2008, l'applicabilité du droit des contre-mesures dans le contentieux des investissements a été traitée avec nuance par le tribunal. Il a considéré classiquement que les contre-mesures doivent être dirigées contre l'État auteur d'un fait internationalement illicite. Ainsi, la mesure prise par l'État à titre de contre-mesure ne pouvait pas affecter les droits d'un tiers mais pouvait affecter les intérêts de ce tiers. La question essentielle consistait donc pour le tribunal à distinguer ce qui relevait des droits de

---

[334] Bonomo (Stéphane), *Les traités bilatéraux relatifs aux investissements : entre protection des investissements étrangers et sauvegarde de la souveraineté des Etats*, Presses Universitaires d'Aix-Marseille, 2012, p. 258.

l'investisseur de ce qui relevait de ses intérêts. On sait que la Cour Internationale de Justice avait présenté cette distinction dans l'affaire de la Barcelona Traction en 1970. Dès lors, dans la mesure où celles-ci affectent des droits de l'investisseur et non simplement ses intérêts, l'argument des contre-mesures ne peut être invoqué dans le cadre d'un contentieux transnational relatif à l'investissement. Cela réduit d'autant la possibilité de voir l'argument des contre-mesures prospérer devant un Tribunal arbitral[335].

B. Les dérogations relevant de la lex specialis

Les dispositions dérogatoires intégrées dans les traités bilatéraux d'investissements sont de deux ordres. Certaines contiennent une exception générale qui autorise les parties à prendre des mesures, permettant de déroger à l'ensemble de leurs engagements pris dans le cadre du traité (dérogations générales), d'autres (dérogations spécifiques), en revanche, ont une portée plus limitée, car elles ne visent que certaines obligations conventionnelles (et demandent une analyse profonde). Parmi les premières, les dérogations au titre de la sécurité, du maintien de la paix et de la sécurité internationale, de la protection de l'ordre public, de la santé publique et de la moralité.

En matière d'énergie, la dérogation au titre de la sécurité est la plus importante, puisque la sécurité énergétique peut en faire partie. Dans les traités, on peut trouver des formulations différentes : « la sécurité publique », « les intérêts essentiels en matière de sécurité », « la sécurité nationale », « la sécurité nationale interne et externe » ou « la sécurité d'Etat ».

En dépit de cette diversité dans le vocabulaire utilisé, ces clauses ont le même objet. Elles octroient à l'Etat d'accueil le droit de prendre les mesures nécessaires pour protéger sa propre sécurité, et cela sans risquer d'engager sa responsabilité conventionnelle. Aussi, la question qui se pose est celle de déterminer les circonstances dans lesquelles la sécurité de l'Etat d'accueil est un jeu, et l'autorise à user de cette clause. Si certains énoncés ont encadré l'application de cette disposition, en permettant de ne l'invoquer qu'en cas de danger de nature purement militaire, d'autres en revanche n'offrent aucune précision. Toutefois cette lacune a été comblée par le droit jurisprudentiel. Ce fut tout d'abord l'affaire des activités militaires et paramilitaires au Nicaragua du 27 juin 1986. Dans cette espèce la Cour de la Haye a fait prévaloir une approche extensive de la notion de sécurité, en considérant qu'elle « déborde certainement la notion d'agression armée ». Dans l'affaire Plateformes pétrolières (République islamique d'Iran c. Etats-Unis d'Amérique du 6 novembre 2003), la Cour a reconnu que la dérogation peut être fondée sur le danger de nature économique. Selon les décisions

[335] Kirsey (Valeriya), *Droit des contre-mesures et droit des investissements*, Cahiers de l'arbitrage, Paris Journal of Arbitration, 2010, n° 2, p. 1094.

CMS Gaz Transmission Corporation c. Argentine du 12 mai 1995, LG&E Energy Corporation et al. c. Argentine du 12 mai 2005 et Enron Corporation and Ponderosa Assets, L.P. c. Argentine du 22 mai 2007 du 28 septembre 2007, les arbitres n'ont pas non plus exclu qu'une crise de nature économique puisse permettre à un Etat, de se prévaloir de cette clause dérogatoire (si les conditions sont remplies)[336]. Ainsi, la menace à la sécurité énergétique peut aussi être considérée comme une dérogation justifiant la non-application des garanties accordées aux investisseurs étrangers. Cependant, jusqu'à maintenant il n'existe pas de pratique judiciaire sur cette question.

[336] Bonomo (Stéphane), *Les traités bilatéraux relatifs aux investissements : entre protection des investissements étrangers et sauvegarde de la souveraineté des Etats*, Presses Universitaires d'Aix-Marseille, 2012, p. 243.

Conclusion du titre premier

L'analyse du droit international de l'énergie a démontré son rôle très discret dans l'encadrement des relations entre la Russie et des pays de l'UE. Et c'est explicable. Le droit international de l'énergie est en train de se construire. Les principes spéciaux viennent d'être proclamés. L'apport des organisations et des textes universels est limité. L'OMC n'est pas compétente, le Forum des exportateurs du gaz est impuissant. Au niveau régional, le texte important est le TCE mais la Russie ne l'applique plus. Le régime de l'Accord de partenariat et de coopération des relations en matière d'énergie est réduit, il ne concerne que le commerce. Quant aux autres accords bilatéraux, ils ne donnent qu'un cadre juridique pour des relations basées sur des contrats à long terme. Il existe aussi des organisations non gouvernementales et des conférences internationales qui interviennent dans la réglementation des relations sur l'énergie, mais leurs apports sont également très modestes. Pourtant, le droit international des investissements s'applique parfaitement aux relations en matière d'énergie, et une vaste pratique arbitrale le confirme. De plus, il existe une certaine spécificité du droit international des investissements étrangers dans le domaine de l'énergie. Elle se manifeste au niveau de la formulation de la définition des investissements étrangers, de l'investisseur. Les particularités des investissements énergétiques, à leur tour, justifient la spécificité du champ d'application territoriale et temporelle du droit international des investissements et de l'application de ses garanties.

Titre II. Contexte juridique local

Le marché gazier s'organise autour de trois blocs de secteurs : « en amont » (upstream), incluant les activités d'exploration, de production et de traitement, qui consistent à repérer les accumulations d'hydrocarbures en sous-sol, « central » (midstream), c'est à dire le transport et le stockage et « en aval » (downstream), la distribution, la commercialisation en gros et la fourniture (approvisionnement des clients finaux).

La particularité des relations russo-européennes consiste dans leurs complémentarités. La Russie dispose de l'industrie de la production du gaz (le marché en amont) et l'UE - de presque 500 millions des consommateurs (marché en aval). Ensemble, ils pourront un jour constituer un marché unique. Bien sûr, il existe un marché de production de gaz en Europe ou de fourniture de gaz en Russie, mais cela n'est pas d'une grande importance dans le développement des relations russo-européennes. C'est pourquoi le chapitre I sera consacré principalement à la production du gaz et à son transport en Russie, et le chapitre II, au transport, à la distribution et à la commercialisation sur le marché de gros et la fourniture au sein de l'UE.

Chapitre I
La réglementation juridique de l'organisation du secteur gazier en Russie

Ce chapitre sera consacré à l'encadrement juridique des activités dites « en amont » (upstream), celles de l'exploration, de la production et du transport (midstream). Une description de l'histoire du développement du secteur dès l'époque soviétique jusqu'à ce jour est donc nécessaire.

Section I. L'histoire de la réglementation juridique du secteur gazier en Russie

L'industrie du gaz, à côté de l'industrie du pétrole et celle de l'énergie nucléaire, est une des branches les plus significatives de l'économie russe. Sur le territoire de la Fédération de Russie, exportateur principal de gaz naturel, se trouvent les plus grands gisements mondiaux. C'est pourquoi ce secteur a été au centre de la préoccupation étatique et de sa réglementation.

§1 L'époque de l'Union soviétique

Jusqu'en 1989, le secteur gazier russe répondait et correspondait aux principes qui gouvernent une économie d'attribution, dans sa forme et son organisation. Il était ainsi dominé par une structure hiérarchique à plusieurs niveaux. La production gazière était aux mains d'un Ministère, celui du Gaz.

Organisé à l'échelle de l'Union soviétique, le Ministère du Gaz coiffait douze associations ou unions de production ; celles-ci étaient généralement établies sur une base régionale. Elles géraient directement des unités techniques de production recouvrant des bassins gaziers distincts. Ces unités responsables de la production courante, étaient entièrement subordonnées aux associations de production. Le réseau de gazoducs était géré par une société de transport, dénommée Transgaz. Composée de quatorze unités, Transgaz était sous la tutelle du Ministère du Gaz en charge de la gestion centralisée du réseau du transport. Quant à la distribution, elle était aux mains de trois types de sociétés locales. Au premier échelon, on trouvait des sociétés, appelées Gorgaz, en charge de gérer le réseau de distribution dans les villes. Les Oblgazs assuraient la coordination de la distribution du gaz au niveau des Oblasts. Et enfin les Mezhraigaz, qui organisaient la coordination de la distribution du gaz sur une zone géographique, constituaient un échelon supplémentaire et supérieur [337] . L'implication de l'Etat, en termes d'investissements, de recherche et de planification, se réalisait au travers de la société RosStroiGazificatsia. On pourrait donc considérer que cette dernière jouait le rôle d'une « entreprise » de l'industrie gazière. Mais elle ne maîtrisait pas le processus d'allocation des ressources, notamment en ce qui concerne les investissements, et n'avait aucun droit de regard sur les exportations et les ventes. Le Gosnab et les centrales d'achat constituaient un écran total entre les producteurs et les consommateurs, entre les marchés extérieurs et le marché intérieur. Les pouvoirs économiques et de décision étaient aux mains du ministère, lui-même placé sous l'autorité du Gosplan et de l'Etat [338] . Le mode principal de coordination d'un tel schéma organisationnel était le régime d'attribution ou « une économie dans laquelle les industries et les groupes sont reconnus comme « ayant acquis » les biens en vertu d'une décision de leur supérieur appelé « répartiteur », et dans laquelle ils acquièrent les biens par suite de commandements adressés aux fournisseurs des biens par les supérieurs de ces derniers ». Ainsi, chaque ministère au sein de l'économie soviétique assurait une fonction de répartiteur des inputs entre les unités qui lui étaient subordonnées. Dans un tel système, l'activité des firmes était régie par la planification courante qui constituait, ainsi, le cœur du système d'information par rapport auquel se déterminent les agents économiques. Pour l'essentiel, la monnaie et les prix jouaient un rôle passif au sens où ils n'étaient, en aucun cas, un vecteur principal d'information. Les logiques qui ont présidé au développement des industries énergétiques n'ont eu que peu à voir avec des notions de coût ou des critères de rentabilité. Financé sur dotation budgétaire, le capital était pratiquement sans coût pour le ministère et ses unités de la production.

§2 L'histoire du développement de l'industrie dans la période ex-soviétique

Au début des années quatre-vingt-dix l'Union soviétique a disparu, de nouveaux Etats sont apparus, parmi eux la Russie. On avait besoin de transformer totalement la vie économique de tout le pays. La réorganisation de l'industrie gazière a fait l'objet d'un vif débat en Russie.

Pourtant, les réformes avaient déjà commencé. La loi « [s]ur les entreprises d'Etat » de 1987, généralisée en 1991, donnait formellement l'autonomie financière et de gestion aux associations de production, censées représenter les entreprises du secteur énergétique. Dès 1989 disparaissaient les ministères du Pétrole, du Gaz et du Raffinage. A leur place, avait émergé un seul et unique ministère : celui de l'Industrie pétrolière et gazière de l'URSS. En théorie, le ministère créé devait désormais avoir uniquement un

---

[337] Locatelli (Catherine), *Energy sector and policy of the Russian Federation*, in *Energy policy of the Russian Federation,* vol. I, Synergy programme CEE-DGXVII, 1996, pp. 32 - 33.
[338] *Ibid.*, p. 79.

rôle de réglementation du secteur des hydrocarbures et de définition des orientations stratégiques à la place de ses fonctions économiques traditionnelles. En 1989, le ministère du Gaz a été transformé en consortium d'Etat Gazprom et comprenait les entreprises directement impliquées dans le Système uni d'approvisionnement en gaz de l'Union soviétique.

Jusqu'en 1993 au moins, deux logiques du futur développement de l'industrie gazière s'étaient affrontées. La première visait à maintenir l'intégration et la centralisation de l'industrie gazière russe, telles que représentées par le consortium d'Etat Gazprom, créé pour être en charge de l'industrie gazière russe en lieu et place du ministère du Gaz.

Largement soutenue par les dirigeants de Gazprom, elle s'opposait à la vision plus libérale des réformateurs partisans de la thérapie de choc. En l'occurrence, ces derniers étaient représentés par le Comité d'Etat à la propriété. La logique développée visait essentiellement à mettre fin au monopole de la production dans l'industrie gazière russe. Pour ce faire, il était envisagé de créer à partir des associations de la production gazière différentes compagnies de production gazière indépendantes et chacune organisée sous la forme de société par actions. Dans cette logique, Gazprom aurait gardé le contrôle du réseau de gazoducs et aurait fonctionné comme une entreprise de transmission transportant le gaz sur la base d'une tarification. De 1991 à la fin 1992, sous le gouvernement d'Egor Gaidar, cette logique de la réorganisation a eu de nombreux partisans, notamment au sein du gouvernement. Mais l'arrivée de V. Tchernomyrdine à la tête du gouvernement russe (l'ex-ministre de l'industrie gazière soviétique) consacrait la première ligne de réforme, c'est-à-dire le maintien du monopole de Gazprom[339].

La réforme s'était centrée ensuite sur la question de la privatisation. Le 5 novembre 1992 le consortium d'Etat Gazprom fut transformé en RAO (société anonyme ouverte) « Gazprom » par un décret présidentiel [340] confirmé par un règlement du gouvernement de la Fédération de Russie n° 138 du 17 février 1993. Comptant environ 390 000 salariés, elle tendait à se présenter, de fait, comme un quasi-monopole intégré [341] de production-transport dans la mesure où elle détenait l'essentiel des actions des associations de production et de transport, excepté deux associations,

---

[339] Locatelli (Catherine), *Energy sector and policy of the Russian Federation,* in *Energy policy of the Russian Federation,* vol. I, Synergy programme CEE-DGXVII, 1996, p. 73.

[340] Указ Президента РФ n° 1333 от 5 ноября 1992 « О преобразовании Государственного газового концерна « Газпром » в Российское акционерное общество « Газпром » » // Собрание актов Президента и Правительства РФ, 09.11.1992, p. 1607.

[341] Une entreprise intégrée – une compagnie, l'activité de laquelle couvre des étapes conséquentes d'un processus de production (de traitement) ou d'échange, la production de chacun peut être envisagée en tant que marchandise sur le marché correspondant. Sur la pratique, ce sont des compagnies ayant des filiales (Вершинин (Александр Павлович), *Энергетическое право*, 2007, с. 115.).

Yakutgazprom et Norilskgazprom. A ce titre, elle assurait 93 % de la production russe de gaz naturel, mais détenait seulement 68,5 % des réserves prouvées de gaz russe. L'Etat, avec 40 % des actions, restait l'actionnaire principal de la holding. Par un décret présidentiel, B. Eltsine prolongea de trois ans la période durant laquelle l'Etat devait maintenir sa participation de 40 % dans Gazprom[342]. Certaines, Gorgaz et Mezhraigaz, avaient choisi de demeurer indépendantes. D'autres avaient opté pour un regroupement avec les principales Oblgazs. Concernant le modèle de la privatisation, dans la plupart des cas, la répartition du capital adopté donnait 51 % aux employés.

Toutefois, de nombreuses tentatives étaient visées à établir un contrôle de l'Etat sur le monopole de Gazprom[343]. Le 28 septembre 2005, l'Etat, après avoir acquis 75 % de la société Sibneft, filiale de la compagnie privée Youkos, est devenu l'actionnaire majoritaire de Gazprom. A l'issue de la fusion Gazprom-Sibneft, l'Etat a en effet augmenté de 38 % à 50,002 % ses parts dans le capital du géant russe[344].

Section II. La législation, des organes de la réglementation du secteur gazier et la propriété des ressources naturelles et des sous-sols en Russie

Avant de passer à la description des secteurs de upstream et de midstream, il est important de s'arrêter sur les caractéristiques de la législation dans le secteur gazier (§1), les organes d'encadrement juridique de l'industrie gazière (§2) et le régime de la propriété des sous-sols (§3).

§1 La législation dans le secteur gazier

La source principale du droit des sous-sols est la Constitution de la Fédération de Russie du 12 décembre 1993[345], ce qui est typique pour les pays relevant du système de droit continental[346]. C'est un acte de la plus haute force juridique qui fixe les principes fondamentaux de l'utilisation des sous-sols. Parmi ces principes figure celui du pluralisme des formes de

---

342 Locatelli (Catherine), *Transition économique et « résilience organisationnelle » : les enseignements de l'industrie du gaz en Russie* // http://webu2.upmf-grenoble.fr/iepe/textes/cahier11.pdf (01.04.2015).

343 Dans ce secteur les entreprises sont souvent contrôlées par l'Etat. Sonatrach est totalement publique et la compagnie Statoil est détenue à 71 % par l'Etat norvégien. La fusion entre Statoil et Norsk Hydro devrait laisser 63 % du capital entre les mains de l'Etat norvégien.

344 En vertu de l'article 15 de la loi du 31 mars 1999 « [s]ur l'approvisionnement du gaz dans la Fédération de Russie » la part de l'Etat dans les actions de l'entreprise qui contrôle le système uni du transport de la Russie (c'est-à-dire Gazprom) ne peut pas être inférieure à 50 % plus une action.

345 Конституция Российской Федерации от 12 декабря 1993 // Собрание законодательства Российской Федерации, 2009, n° 4, с. 445.

346 Клюкин (Борис Дмитриевич), *Горные отношения в странах Западной Европы и Америки*, 2000, с. 37.

propriété des terres et des ressources naturelles : elles peuvent être privées, d'État ou municipales (art. 9). Dans la Consitution on trouve également le principe de la responsabilité commune de la Russie et des Etats de la Fédération en matière d'utilisation des sous-sols (art. 72) et des principes généraux sur l'activité économique : l'unité de l'espace économique, la libre circulation des marchandises, des services et des ressources financières (art. 8), etc.

La législation spéciale est constituée par les lois fédérales du 21 février 1992 « [s]ur les sous-sols »[347], du 30 décembre 1995 « [s]ur les accords sur le partage de la production »[348], du 25 février 1999 « [s]ur l'activité d'investissements en Fédération de Russie réalisée sous forme de dépenses en capital »[349], du 31 mars 1999 « [s]ur l'approvisionnement du gaz dans la Fédération de Russie »[350], du 29 novembre 2001 « [s]ur les fonds d'investissements »[351], etc. En outre, les relations dans la sphère énergétique sont réglées par les lois fédérales du 17 août 1995 « [s]ur les monopoles naturels »[352], du 10 janvier 2002 «« [s]ur la protection de l'environnement »[353], du 23 novembre 2009 « [s]ur l'économie énergétique et sur l'augmentation de l'efficacité énergétique et sur la modification des actes législatifs séparés de la Fédération de Russie »[354], du 30 novembre 1995 « [s]ur le plateau continental de la Fédération de Russie »[355], etc.

En Russie, historiquement, les actes gouvernementaux ont un rôle important. Parmi ces derniers on peut citer le décret du Haut Conseil de la République socialiste fédérative soviétique de Russie (RSFSR) du 18 juillet 1992 « [s]ur l'octroi des licences en vue de l'utilisation des sous-sols », le décret du gouvernement du 29 décembre 2000 « [s]ur la régulation d'Etat

---

[347] Федеральный закон n° 2395-1 от 21 февраля 1992 « О недрах » // Собрание законодательства РФ, 06.03.1995, n° 10, с. 823.

[348] Федеральный закон n° 225 от 30 дкабря 1995 « О соглашениях о разделе продукции » // Собрание законодательства Российской Федерации, 01.01.1996, n° 1, с. 18.

[349] Федеральный закон n° 39 от 25 февраля 1999 « Об инвестиционной деятельности, осуществляемой в форме капитальный вложений » // Собрание законодательства Российской Федерации, 01.03.1999, n° 9, с. 1096.

[350] Федеральный закон n° 69 от 31 марта 1999 « О газоснабжении в Российской Федерации » // Собрание законодательства Российской Федерации, 05.04.1999, n° 14, с. 1667.

[351] Федеральный закон n° 156 от 29 ноября 2001 « Об инвестиционных фондах » // Собрание законодательства Российской Федерации, 03.12.2001, n° 49, с. 4562.

[352] Федеральный закон n° 147 от 17 августа 1995 « О естественных монополиях » // Собрание законодательства Российской Федерации, 21.08.1995, n° 34, с. 3426.

[353] Федеральный закон n° 7 от 10 января 2002 « О закщите окружающей среды » // Собрание законодательства Российской Федерации, 14.01.2002, n° 2, с. 133.

[354] Федеральный закон n° 261 от 23 ноября 2009 « Об энергосбережении и повышении энергетической эффективности и о внесении изменений в отдельные законодательные акты Российской Федерации » // Собрание законодательства Российской Федерации, 30.11.2009, n° 48, с. 5711.

[355] Федеральный закон n° 187 от 30 ноября 1995 « О континентальном шельфе Российской Федерации » // Собрание законодательства Российской Федерации, 04.12.1995, n° 49, с. 4694.

des prix du gaz et des tarifs de transport sur le territoire de la Fédération de Russie »[356], etc.

Il est regrettable que, malgré l'existence d'un grand nombre de lois et de décrets dans ce domaine, la législation ne soit pas encore assez élaborée. Il faudrait un jour élaborer un Code minier[357]. Cette situation est surtout surprenante parce que c'est notamment dans cette sphère qu'on a besoin d'attirer des investissements et d'avoir une base juridique prévisible[358].

§2 Les organes de réglementation du secteur gazier

L'encadrement juridique dans le secteur énergétique est confié à des organes de réglementation qui ont une compétence générale et spéciale. Les organes à compétence générale régulent un large cercle de questions, notamment les questions de l'utilisation des sous-sols. Ces organes sont : le Président de la Fédération de Russie, l'Assemblée Fédérale (le Parlement et le Conseil de la Fédération) et leurs homologues au niveau des Etats de la Russie. A leur tour, les organes à compétence spéciale effectuent la réglementation sectorielle dans le domaine de l'utilisation des sous-sols.

Les organes à compétence spéciale sont représentés par le Ministère de l'Énergie, le ministère des Ressources naturelles et de l'Écologie. Sont contrôlés par ce dernier : l'Agence fédérale de l'utilisation des sous-sols (Rosnedra), le Bureau fédéral de la supervision dans le domaine de l'utilisation des sous-sols (Rosprirodnadzor) et le Bureau fédéral de la supervision écologique, technologique et atomique (Rostehnadzor).

Le ministère de l'Énergie élabore et réalise la politique étatique dans le secteur de l'énergie. Il organise et exécute les mesures indispensables pour la préparation et la mise en oeuvre des accords de partage de la production, fixe les limites des pertes des hydrocarbures et du processus de leur production. Le Ministère des Ressources naturelles et de l'Écologie (Minprirody RF) est un organe fédéral responsable de l'élaboration de la politique étatique et de la réglementation normative dans le domaine de l'exploration, de la production et de la protection des ressources naturelles, y compris des sous-sols, dans la sphère de la supervision et de la sécurité des travaux dans ce domaine. Le Ministère des Ressources naturelles et de l'Écologie coordonne les activités des bureaux et des agences, tient un registre des travaux géologiques et des sous-sols, exerce la classification des réserves des ressources naturelles, etc.

---

[356] Постановление Правительства n° 1021 от 29 декабря 2000 « О государственном регулировании цен на газ, тарифов на услуги по его транспортировки на территории Российской Федерации » // Собрание законодательства Российской Федерации, n° 2, 08.01.2001, с. 175.

[357] Ларочкина (Ирина Андреевна), Салиева (Роза Наильевна) (отв. ред.), *Горное право*, 2010, с. 38.

[358] Дудиков (Михаил Владимирович), *Предоставление права пользования недрами : законотворчество и механизмы реализации*, 2001, с. 30.

Rosnedra organise des enchères, des appels d'offres pour les droits à l'utilisation des ressources naturelles, distribue, formalise et enregistre les licences d'utilisation des sous-sols, prend les décisions de cession, de suspension et de limitation des droits à l'utilisation des sous-sols.

Le Bureau fédéral de la supervision dans le domaine de l'utilisation des sous-sols contrôle l'exploration géologique, l'utilisation rationelle et la protection des sous-sols, y compris sur le plateau continental. Le Bureau fédéral de la supervision écologique, technologique et atomique contrôle le respect des impératifs de sécurité dans l'activité d'utilisation des sous-sols. Rosprorodnadzor et Rostehnadzor sont privés de la fonction normative et de la gestion du patrimoine.

Un autre organe important, créé en 1995 par un décret du 29 novembre de la même année, en vertu du règlement du gouvernement « [s]ur les mesures d'organisation de la réglementation d'Etat des prix du gaz et des matières premières nécessaires pour sa production »[359], est la Commission Fédérale de l'Energie. Celle-ci a pour mission de réguler l'ensemble du secteur énergétique russe[360]. Cette création s'inscrit dans la loi plus générale « [s]ur les monopoles naturels », adoptée en août 1995. Une partie de sa mission réside dans l'encadrement juridique de l'industrie gazière au travers du contrôle des investissements, dans la régulation des prix du gaz et de son transport, dans la participation à la restructuration des monopoles naturels. Au début de l'année 1996, sa mission de premier organisme étatique de régulation du secteur énergétique a été confirmée. L'ensemble de ses objectifs de l'encadrement juridique (définition et régulation des prix du transport de pétrole et de gaz, réglementation des monopoles naturels[361]...) a été approuvé. Cette Commission se trouvait directement placée sous le contrôle du cabinet du premier ministre. Elle avait donc rang de ministère, aux côtés des autres ministères importants dans le domaine de l'énergie. En 2004, en vertu du décret du Président n° 314 du 9 mars 2004 « [s]ur le système et la structure des organes fédéraux du pouvoir exécutif », elle a été transformée en Bureau fédéral des tarifs, mais ses fonctions et sa subordination n'ont guère changé. Pourtant, à partir du 21 juillet 2015 ces fonctions sont exercées par le Service fédéral anti-monopole.

[359] Постановление Правительства n° 332 от 15 апреля 1995 « О мерах по упорядочению государственного регулирования цен на газ и сырье для его производства » // Собрание законодательства Российской Федерации, 24.04.1995, n° 17, с. 1539.

[360] Au niveau régional il existait des Commissions régionales énergétiques qui exécutaient les mêmes fonctions mais à leur niveau.

[361] Par monopole naturel on entend un monopole basé sur les spécificités des technologies (infrastructures) dont l'utilisation et l'application par plusieurs acteurs du marché ne sont pas effectives.

§3 La propriété des sous-sols, des ressources naturelles et le régime de propriété des hydrocarbures

L'article 9 de la Constitution de la Fédération de Russie du 12 décembre 1993 a posé le principe selon lequel la propriété foncière ainsi que la propriété des autres ressources naturelles peut être publique ou privée (la propriété des sources naturelles peut être privée, d'État, municipale et toutes autres titulaires de propriété).

Cependant, dans la législation spéciale, par exemple à l'article 2 de la loi fédérale « [s]ur les sous-sols »[362], il est prévu que les sous-sols dans les limites du territoire de la Fédération de Russie, y compris l'espace souterrain et les minéraux se trouvant dans les couches profondes, les ressources énergétiques et les autres, sont la propriété de l'État. Cette règle a reçu confirmation dans la pratique de la Cour Constitutionnelle de la Fédération de Russie : « Malgré l'indication de diverses formes de propriété sur les ressources naturelles, la Constitution n'oblige pas pourtant à ce que toutes les formes soint utilisées »[363]. Cette position se justifie parce que le pétrole et le gaz ne sont pas créés par le travail de l'homme et, avant leur extraction, ils ne doivent pas se trouver en possession de particuliers[364]. En effet, c'est une règle générale (sauf aux Etats-Unis pour les gisements terrestres), que l'Etat est le propriétaire des ressources naturelles des sous-sols et le droit de propriété foncière ne donne aucun droit sur les sous-sols[365]. Même en Egypte et en Grèce antiques, les principales ressources naturelles étaient traitées en tant que propriété de l'Etat. Pourtant, à Rome, elles ont été considérées comme fruits de la terre et appartenaient au propriétaire foncier (mais, hormis les Apennins, c'était l'Etat qui était propriétaire des ressources)[366].

Quant à la délimitation en Russie de la propriété de l'État sur les sous-sols, le problème principal est que ni la Constitution, ni la législation fédérale ne définissent les attributs de l'État sur les sous-sols (fédéraux ou des Etats de la Fédération). Jusqu'en 2004, conformément à la loi « [s]ur les sous-sols », il existait une règle dite « des deux clés », selon laquelle la gestion des couches profondes se réalisait en vertu de la décision commune de l'organisme fédéral et du pouvoir de l'Etat de la Fédération

---

[362] Федеральный закон n° 2395-I от 21 февраля 1992 « О недрах » // Собрание законодательства Российской Федерации, 1995, n° 10, с. 823.

[363] Постановление Конституционного Суда Российской Федерации n° 1-П от 9 января 1998 « По делу о проверке конституционности Лесного кодекса Российской Федерации » // Собрание законодательства Российской Федерации, 1998, n° 3, с. 429.

[364] Лахно (Петр Гордеевич), Зеккер (Франц Юнгер) (ред.), *Энергетическое право России и Германии : сравнительно-правовое исследование,* 2011, с. 111.

[365] Pourtant, pour effectuer des travaux dans les sous-sols, il faut avoir le consentement du propriétaire foncier. Habituellement, ce sont les municipalités qui sont propriétaires fonciers. Donc, il faut conclure un accord de location pour commencer l'exploration ou la production du gaz.

[366] Струкгов (Владимир Георгиевич), *Курс горного права*, т. 17, кн. 4, 2012, с. 22.

correspondant[367]. En 2004, dans la loi « [s]ur les sous-sols », on a introduit des amendements, en vertu desquels, désormais, les décisions principales sur la gestion du fond public des sous-sols doivent être prises par l'organisme fédéral du pouvoir. La sphère des responsabilités réglementaires des Etats de la Fédération s'étend seulement sur les sous-sols, soi-disant « d'intérêt local » et les gisements de minéraux ordinaires. Cependant la législation n'a pas défini de critères pour la détermination des sous-sols. En pratique, les listes des minéraux courants sont déterminées pour chaque Etat de la Fédération par une décision commune prise par le Ministère des Ressources naturelles de la Fédération de Russie et celui du gouvernement de l'Etat correspondant[368].

Quant aux ressources naturelles extraites des sous-sols, dès le moment de leur sortie à la surface, le droit exclusif de l'Etat cesse et elles deviennent un objet de circulation civile comme marchandise (régulé par le Code civil et non par la législation sur les sous-sols) et peuvent être la propriété de n'importe qui.

A la lumière des deux questions déjà envisagées, c'est-à-dire qui est le propriétaire des réserves d'hydrocarbures dans le sous-sol et à qui appartiennent les ressources après leur extraction du sous-sol, cinq régimes de propriété des hydrocarbures peuvent être distingués : l'accession, l'occupation, le droit régalien, le droit domanial et le droit mixte.

Sous le régime de l'accession, la propriété du sol emporte la propriété du dessus et du dessous. Les hydrocarbures appartiennent au propriétaire du sol par droit d'accession. C'est le système en vigueur aux Etats-Unis sur les terres privées, à l'exclusion des terres fédérales ou appartenant aux Etats. Le propriétaire peut octroyer des concessions (leases) à des personnes de son choix et reçoit une redevance (royalty) en contrepartie. Toutefois, même sous ce régime, le droit du propriétaire est limité par les pouvoirs que l'Etat exerce dans l'intérêt général, en vue d'assurer la sécurité et la conservation des gisements. En Russie, c'est Pierre Ier qui a refusé cette approche. Il a édicté une ordonnance selon laquelle le propriétaire de la terre « s'il ne veut pas l'exploiter il doit supporter que quelqu'un d'autre le fasse »[369].

A l'opposé, dans tous les autres pays, le propriétaire du sol n'a aucun droit ni privilège sur les ressources du sous-sol. L'Etat en détenant la propriété. Sous le régime de l'occupation, les droits miniers appartiennent au premier occupant du terrain, ou au premier demandeur du titre d'occupation.

---

[367] A voir : Силинский (Виталий Анастасиевич), *Гражданско-правовое регулирование газо-и нефтеснабжения в Российской Федерации*, Автореферат диссертации на соискание ученой степени кандидата юридических наук, 2004, сс. 11 - 14.

[368] A voir : Салиева (Роза Наильевна), Нигматулина (Лилия М.), *Специфика недр и ресурсов как объектов права собственности*, 2001, сс. 59 - 82.

[369] Свиридов (Леонид Игнатьевич), Малиновский (Евгений Геннадьевич), *Горное право : учебное пособие*, 2005, с. 23.

Ce système était en vigueur dans des pays « neufs », mais il ne reçoit plus d'application aujourd'hui pour les hydrocarbures[370].

Dans le système du droit régalien, les ressources d'hydrocarbures n'ont pas de propriétaire jusqu'à leur découverte, mais l'Etat détermine, en vertu du droit régalien dont il dispose, les conditions de l'exploration et de l'exploitation des gisements d'hydrocarbures qui constituent des richesses nationales. C'est l'Etat qui attribue le droit minier (concessions) à des entreprises de son choix, par pouvoir discrétionnaire, avec attribution par adjudication ou non. Les entreprises choisies sont tenues d'observer les conditions prévues par la loi, égales pour tous, sans discrimination. L'Etat définit également la propriété des hydrocarbures et les règles de son transfert éventuel. C'est le système proclamé au début du deuxième millénaire dans presque tous les pays d'Europe occidentale. En Allemagne, il a été adopté par l'Empereur Friedrich, en France par Louis IX en 1262 et en Angleterre par Ioan Ier en 1201. Pourtant, à partir du XVIe siècle, dans certains pays, par exemple en Grande Bretagne, on a arrêté d'utiliser ce principe[371]. Actuellement, il est toujours en vigueur dans la majorité des pays industrialisés.

Dans le système du droit domanial, hérité de la féodalité, les gisements d'hydrocarbures sont la propriété de l'Etat (du souverain) et font partie de son domaine (domaine public « spécial »). Le propriétaire terrien reçoit une rémunération en contrepartie de leur exploitation[372]. L'exploration et l'exploitation de ces gisements font l'objet de conventions ou de contrats passés entre l'Etat et l'entreprise choisie. C'était, par exemple, le système en vigueur au Royaume-Uni, au Moyen-Orient, en Amérique latine, en application de la règle concernant le « domaine inaliénable et imprescriptible de l'Etat ». Ce système domanial justifie le monopole de l'Etat, les sociétés intervenant comme de simples entrepreneurs destinés à mettre en valeur le domaine de l'Etat. On trouve cet exemple pour les contrats de services en Amérique latine (Brésil et Argentine) jusqu'en 1989.

A l'heure actuelle dans la majorité des pays, les régimes institués par les législations pétrolières résultent en fait de l'application des principes du droit régalien et du droit domanial, l'Etat exerçant sa souveraineté sur les ressources naturelles[373]. La Russie donne un bon exemple de l'utilisation de ce système.

---

[370] Bret-Rouzaut (Nadine), Favenec (Jean-Pierre), *Recherche et production du pétrole et du gaz : réserves, coûts, contrats*, 2 ed., Technip, 2011, p. 179.

[371] Перчик (Александр Ильич), *Горное право*, 2008, с. 78.

[372] *Ibid.*, c. 80.

[373] Bret-Rouzaut (Nadine), Favenec (Jean-Pierre), *Recherche et production du pétrole et du gaz : réserves, coûts, contrats,* 2 ed., Technip, 2011, p. 180.

Section III. L'exploration et la production du gaz en Russie

§1 Caractéristique de l'exploration des gisements

Avant d'extraire le gaz, il faut le trouver. La recherche (l'exploration) du gaz représente un ensemble de travaux industriels (géologiques, géophysiques, techniques et de forage), scientifiques et de laboratoires interdépendants, effectués dans un ordre prédéterminé, entrepris dans le but de la recherche des sous-sols, leur découverte, l'appréciation géologue-économie et la préparation pour l'extraction[374]. A l'issue de ces travaux, on reçoit une information pour déterminer les particularités de la construction géologique des territoires en cause, apprécier leurs perspectives, effectuer l'appréciation des gisements trouvés et projeter les travaux d'extraction de la ressource naturelle.

En la matière, un seul acte normatif au niveau fédéral reflète les particularités de l'exploration, c'est le règlement temporel « [s]ur les étapes et les stades des travaux de recherche géologique du pétrole et du gaz »[375] du 7 février 2001. La spécificité de la législation russe consiste en l'absence d'une terminologie précise et claire, en des mélanges de termes juridiques et géologiques et en une contradiction entre les actes eux-mêmes sur les questions relatives aux stades d'exploration. Pourtant, en matière d'exploration, on peut distinguer les étapes suivantes : l'exploration géologique régionale (étape régionale)[376], l'exploration géologique (travaux de prospection)[377] et l'exploration par le forage des puits de sondage[378,379].

---

[374] Лахно (Петр Гордеевич), Зеккер (Франц Юнгер) (ред.), *Энергетическое право России и Германии : сравнительно-правовое исследование*, 2011, с. 125.

[375] « Временное положение об этапах и стадиях геологоразведочных работ на нефть и газ », утвержденные Приказом Министерства природных ресурсов и экологии n° 126 от 7 февраля 2001 г. « Об утверждении Временных положения и классификаций » // http://docs.cntd.ru/document/901785112 (12.06.2016).

[376] Cette étape a pour but de déterminer les régularités de base de la structure géologique des bassins sédimentaires peu explorés, leurs baux et les complexes lithostratigraphiques particuliers, l'appréciation des perspectives de production et la détermination des régions prioritaires et des complexes lithostratigraphiques pour l'exécution des travaux de forage. Cette étape se passe sans intervention substantielle dans les sous-sols.

[377] C'est une étape secondaire d'exploration, son but est de découvrir de nouveaux gisements ou de nouvelles accumulations dans les gisements déjà découverts et d'apprécier leurs réserves. L'exploration géologique inclut les stades suivants : la détermination des objets de forage, la préparation des objets pour le forage ; la recherche et l'appréciation des gisements. Pour l'appréciation des gisements, on utilise l'expertise étatique qui détermine la qualité et les caractéristiques quantitatives du gisement. La Commission étatique des réserves de ressources naturelles, autorisée par Rosnedra intervient en tant qu'expert. Si la production de gaz est reconnue commercialement rentable, l'expert donne son avis sur l'importance industrielle des réserves. Et c'est seulement à ce stade que Rosnedra délivrera au demandeur une attestation confirmant la découverte du gisement.

§2 Caractéristiques de la production du gaz en Russie

La production consiste en l'injection d'énergie dans les réseaux. D'un point de vue économique cette phase comprend le développement, la production elle-même, le déclin de la production et l'abandon des gisements.

Après la phase de découverte et d'appréciation, la société procède au développement et à la production. Cette phase est généralement très longue. Ainsi, en mer du Nord, 12 ans sont souvent nécessaires avant d'atteindre le pic de production. La phase du développement comprend en effet le forage de tous les puits de production et la construction des infrastructures nécessaires : les plates-formes, les gazoducs, les usines de traitement, etc. Il faut remarquer que le gaz est beaucoup plus compressible que le pétrole. La seule utilisation de la pression naturelle permet de tirer d'un champ gazier une proportion bien plus élevée du volume total des réserves. La production du gaz s'en trouve facilitée par rapport à celle du pétrole[380]. Commandée et contrôlée automatiquement, l'extraction du gaz n'occupe pour ainsi dire pas de personnel. Les dépenses de production proprement dites comptent fort peu au regard de celles qu'ont préalablement exigées la recherche et la reconnaissance du gisement, le forage et l'équipement des puits. Il n'y a pas de différence ici avec le pétrole[381].

Le premier puits a été foré en Russie dans la région de Bakou en Asie Centrale en 1901[382]. Très vite, les découvertes se sont enchaînés : en 1942 le gisement important de la région de Kuibyshev était exploré, puis en 1953 un premier gisement de gaz était découvert en Sibérie occidentale, à

---

[378] Le but de cette étape est l'étude des caractéristiques des gisements. Elle est importante pour l'élaboration du schéma technologique de la production de gaz et la précision des caractéristiques des gisements. L'exploration pendant cette étape se fait par le forage des puits de sondage. Cette étape se termine par la préparation de la documentation d'étude. Le document principal est un plan du développement et de la production, qui aborde tous les aspects techniques et économiques : estimation des réserves et des futurs profits de la production ; schéma de développement des forages et des installations de la production ; stockage et évacuation ; calendrier de la mise en production ; estimation des investissements et des coûts opératoires ; évaluation économique justifiant le caractère commercial de l'exploitation ; environnement et sécurité et schéma d'abandon, envisagé pour la fin de l'exploitation.

[379] Strictement, la particularité de ce stade est plutôt artificielle, parce qu'en Russie ce stade s'appelle formellement l'exploration par sondage et la production des ressources naturelles (même si on prévoit des licences différentes pour ces activités). La plupart des chercheurs (surtout le professeur Pavlov I.I.) insistent sur la nécessité de dégrouper ces deux types d'activités. Pourtant, cet ordre des choses s'explique par le soutien des commerçants désirant non seulement trouver des gisements mais également de les exploiter (Лахно (Петр Гордеевич), Зеккер (Франц Юнгер) (ред.), *Энергетическое право России и Германии : сравнительно-правовое исследование,* 2011, с. 126.).

[380] Guglielmo (Raymond), *Le gaz naturel dans le monde*, 2 éd., PUF, 1972, p. 15.

[381] *Ibid.*, p. 17.

[382] Лахно (Петр Гордеевич), Зеккер (Франц Юнгер) (ред.), *Энергетическое право России и Германии : сравнительно-правовое исследование,* 2011, с. 327.

Beresovo[383]. A partir des années soixante-dix, de nouveaux grands champs gaziers ont commencé d'être exploités : à Zapolyarnoye - en 1965 (24 puits capables de produire 20 millions de m^3 de gaz par jour), en Sibérie occidentale - Shebelinsky et Orenbourg. La production de gaz naturel ayant quintuplé en l'espace de 20 ans, l'Union soviétique était devenue, dès 1984, le premier producteur mondial de gaz avec 587 milliards de m^3 par an[384]. Au 1er janvier 2011, la Fédération de Russie comptait 841 gisements de gaz sec, dont 28 contenaient 70 % des réserves[385].

Actuellement, 90 % du gaz est exploité près de la mer Carskoe, au Nord de la région de Tioumen et, en particulier, dans le district autonome des Yamalo-Nenets, dans le Grand Nord, où sont situés les gisements géants d'Ourengoï et de Iambourg. Le producteur principal de gaz en Russie est Gazprom. 92,5 % du gaz produit proviennent de ses quatre filiales contrôlées à 100 % : « Gazprom dobycha Urengoi », « Gazprom dobycha Yambourg », « Gazprom dobycha Nadym », « Gazprom dobycha Noyabrsk ». Ainsi, l'essentiel de sa production provient des super-géants d'Ourengoy, Yamburg et Medvedzhe localisés en Sibérie de l'Est. Formellement il n'y a pas d'obstacles pour des entreprises, même détenues par des capitaux étrangers, pour participer à la production du gaz russe. Il existe donc d'autres « acteurs » sur ce terrain qui sont des producteurs indépendants[386]. Il s'agit, par exemple, de « Novatec », « Sibur », « Centrerusgaz », « Gazenergeressource », « TransNafta », « Lukoil », « TNK-BP », etc. La contribution de sociétés privées à la production de gaz en Russie est donc mineure, mais va croissante. Elle représentait 6 % de la production nationale en 1995, 16 % en 2006[387] et 26 % en 2014[388]. Vers 2030, 30 % du gaz sera produit par des producteurs indépendants[389]. Il faut souligner que même Gazprom est intéressé au développement de la production du gaz par des producteurs indépendants. Ceci permet de satisfaire la demande des consommateurs russes et européens.

---

[383] Chevalier (Jean-Marie), P. Geoffron (dir.), *Les nouveaux défis de l'énergie*, préface de Claude Mandil, 2 éd., Economica, 2011, p. 87.

[384] Thibault (Dominique), *Le Géant gazier russe Gazprom: un empire étatique tentaculaire* // http://(dir).ambitions-sud.net/n45/n45fr-gaz.htm (01.04.2015).

[385] Государственный доклад « О состоянии и использовании минерально – сырьевых ресурсов Российской Федерации в 2012 » // http://(dir).mnr.gov.ru/regulatory/list.php?part=1564 (22.05.2015).

[386] Des entreprises qui effectuent la production et la commercialisation du gaz et qui sont indépendantes des compagnies propriétaires des systèmes d'approvisionnement en gaz et des organisations propriétaires des systèmes de la distribution du gaz (art. 2 de la loi « [s]ur l'approvisionnement du gaz dans la Fédération de Russie »).

[387] Jafalian (Annie), *La Russie, puissance énergétique : de l'arme politique aux logiques de marché*, Bruylant, L.G.D.J., 2010, p. 24.

[388] L'information générale sur Gazprom // http://(dir).gazprom.ru/about/ (20.04.2016).

[389] Лахно (Петр Гордеевич), Зеккер (Франц Юнгер) (ред.), *Энергетическое право России и Германии : сравнительно-правовое исследование,* 2011, c. 327.

Le gaz naturel demande aussi d'être traité[390], mais son traitement est plus simple, dans l'ensemble, que celui du pétrole. Il ne comporte pas de craquage comme le raffinage pétrolier, mais seulement des opérations de fractionnement. Contrairement aux raffineries, qui sont volontairement localisées dans les régions consommatrices et ajustent leurs dimensions, non aux possibilités d'approvisionnement en pétrole, mais à celles du marché, les usines de dégazolinage s'implantent en règle générale à côté du gisement, pour éviter au maximum le transport du gaz brut. Leur capacité ne peut donc pas dépasser le rythme de production qu'autorise une exploitation rationnelle des réserves. Cet avantage, joint à celui d'une production déjà moins coûteuse, peut revêtir une importance considérable dans les pays pauvres, en mettant à leur portée une exploitation qui, s'il s'agissait de pétrole, risquerait de dépasser leurs moyens[391].

§3 Les formes d'accès à l'exploration et la production du gaz

Puisque l'Etat est propriétaire des sous-sols, on ne peut obtenir le droit de les exploiter que de lui. Les principales formes juridiques que revêtent les relations entre le propriétaire des sous-sols et le demandeur des droits sont la licence et l'accord sur le partage de la production.

A. L'accès en vertu de la licence

La licence est la forme d'accès la plus répandue. Il convient dès lors d'envisager la nature de la licence, les bénéficiaires de licence et les types d'usage des sous-sols, la procédure de la distribution de la licence et son contenu.

1. La nature juridique de la licence

Conformément à la loi fédérale « [s]ur les sous-sols », l'usage des sous-sols est octroyé par une permission spéciale émanant de l'État établie sous forme d'une licence certifiant le droit à l'utilisation des sous-sols dans les frontières définies conformément au but indiqué, pendant le délai établi, et dans le respect, par le propriétaire, des conditions indiquées d'avance (§ 3 art. 11). En analysant l'octroi de la licence permettant d'utiliser des sous-sols, le chercheur russe A.I. Pertchik a indiqué, « qu'une partie -l'État- définit les conditions dans lesquelles elle entend transmettre le droit d'utiliser les sous-sols à une autre partie -l'utilisateur des sous-sols - lequel décide si ces conditions lui conviennent, et, dans l'affirmative, déclare qu'il est prêt à procéder à l'utilisation des sous-sols »[392]. Ainsi, la licence est un acte

---

[390] Le traitement du gaz au sein du group Gazprom est effectué par sa filiale « Gazprom pererabotka », unissant des usines de traitement de Gazprom.

[391] Guglielmo (Raymond), *Le gaz naturel dans le monde*, 2 éd., PUF, 1972, pp. 19 - 20.

[392] Перчик (Александр Ильич), *Трубопроводное право*, 2002, c. 103.

administratif basé sur le principe de la domination et de l'obéissance. Les possibilités de négocier avec l'Etat sont presque nulles, sauf dans les cas où l'octroi de la licence s'est fait sans appels d'offres ou enchères.

La procédure générale d'octroi des licences est fixée dans le règlement du Haut Conseil de la Fédération de Russie n° 3314-1 du 15 juillet 1992. La mise à disposition des terrains dans le but de leur exploration est régulée par le décret Minrpirody n° 61 du 15 mars 2005 « [s]ur l'adoption de la procédure de l'examen des demandes pour les droits d'utilisation des sous-sols dans le but de l'exploration des ressources naturelles ».

2. Les bénéficiaires de licence et les types d'usage des sous-sols

Tous les sujets ayant une activité commerciale peuvent devenir des bénéficiaires de licences, notamment les membres d'une société en participation, les citoyens étrangers et les personnes morales. Le critère principal est l'activité entrepreneuriale. Les personnes physiques qui n'ont pas le statut d'entrepreneur individuel et les organisations non commerciales ne peuvent pas recevoir une licence.

Comme cela a déjà été indiqué, les types d'usage des sous-sols sont : en premier lieu, l'exploration géologique et, en second lieu, l'exploration par le forage des puits de sondage et d'exploitation. Le droit d'exploitation a un caractère exclusif : personne d'autre que le bénéficiaire de licence ne peut exploiter le même terrain. La licence d'exploration géologique ne confère pas de droits exclusifs. Cette approche stimule la concurrence et élève l'effectivité de l'exploitation des sous-sols. Pourtant, il peut arriver que l'explorateur qui a dépensé moins de temps et moins d'argent ait plus de chance de trouver un gisement, ce qui n'est pas très juste.

La licence peut être octroyée pour un ou deux types d'usage des sous-sols. La plus complète est la licence commune qui couvre les deux types d'usage des sous-sols. La personne qui a découvert le gisement (si les travaux ont été financés par cette personne) est prioritaire pour l'obtention de la licence en vue de l'exploitation[393]. Cette mesure a été insérée dans la législation en 2004 pour stimuler le développement de l'exploration géologique qui devient de plus en plus onéreuse. Le bénéficiaire de licence qui a découvert le gisement à la suite de travaux d'exploration entrepris à ses frais peut obtenir la licence d'exploitation directement sans appels d'offres ou enchères, par une décision du gouvernement (en cas de sous-sols de caractère fédéral) ou la Commission commune (en cas de sous-sols ordinaires). La procédure est régie par un décret du gouvernement n° 897 du 27 novembre 2008 pour les sous-sols de caractère fédérale et par le décret du Minprirody du 24 janvier 2005 n° 23 pour les sous-sols ordinaires.

---

[393] De plus, il reçoit une rémunération. Dans ce but, 0,5 à 1,5 % du Fond sont réservés pour la reproduction d'une base des minéraux primaires.

3. La distribution des licences

Aux fins d'acquisition du meilleur rendement économique pour l'État au cours de la distribution des licences, il est préférable d'utiliser les procédures de compétition que sont l'appel d'offres et la vente aux enchères[394]. Lors de l'application de la première procédure, on prend en considération les critères suivants : le niveau technologique des programmes d'exploration géologique des sous-sols et l'utilisation des terrains des sous-sols, la plénitude de l'extrait des minéraux, la contribution dans le développement socio-économique du territoire, les délais de la réalisation des programmes, l'efficacité des mesures sur la protection des sous-sols et l'environnement et la garantie de la défense du pays et la sécurité de l'État (art. 13.1 de la loi fédérale « [s]ur les sous-sols »).

À la vente aux enchères, l'attributaire sera la personne qui a proposé le paiement le plus élevé. Ce critère, excluant tout jugement subjectif, témoigne de l'avantage de la vente aux enchères sur l'appel d'offres [395].

La prise de décision sur la tenue des appels d'offres ou des ventes aux enchères sur le droit d'usage des sous-sols, sur la composition et la manière de travailler des commissions des appels d'offres/ventes aux enchères, ainsi que la définition de l'ordre et les conditions de tenue des appels d'offres/ventes aux enchères en ce qui concerne les sous-sols des terrains fédéraux[396] sont réalisées par le gouvernement de la Fédération de Russie, et en ce qui concerne les sous-sols ordinaires par l'Agence fédérale d'utilisation des sous-sols (les décisions sur les sous-sols d'intérêt local sont de la compétence des entités fédérées de la Fédération de Russie correspondants). Cependant, en vertu du décret du Président du 15 juin 2012[397], aux fins de coordination de l'activité pour le développement du complexe essence-énergie, la garantie de la sécurité industrielle, énergétique et écologique et l'instauration effective de la base des minéraux et des matières premières, il est créé un autre organisme, compétent pour résoudre les problèmes d'octroi des licences : la Commission auprès du Président de la Fédération de Russie sur les questions de stratégie du développement du secteur énergétique et de la sécurité écologique. Elle est présidée par le Président lui-même et

---

[394] Кюне (Гюнтер), *Основы германского горного права (газ, нефть, уголь),* Энергетика и право, Выпуск 2, 2009, сс. 116 – 128.

[395] A voir : Астанин (Виктор Викторович), *Проблема корупции в сфере недропользования,* Нефть. Газ. Право, 2007, n° 1, c. 21–26 ; Ледовских (Анатолий Алексеевич), *Прозрачность аукционов на право пользования недрами,* Нефть. Газ. Право, 2006, n° 6, сс. 9–13.

[396] Les critères de détermination des sous-sols relevant de l'autorité fédérale sont fixés dans l'article 2.1 de la loi « [s]ur les sous-sols » du 21 février 1992. Parmi ces gisements figurent : les gisements contenant plus de 50 billions m.^{3} de gaz, situés sur le plateau continental et sur des terrains importants pour la sécurité et la défense du pays.

[397] Указ Президента Российской Федерации n° 859 от 15 июня 2012 « О Комиссии при Президенте Российской Федерации по вопросам стратегии развития топливно-энергетического комплекса и экологической безопасности » // Собрание законодательства Российской Федерации, 2012, n ° 28, с. 3879.

comprend les représentants des grandes entreprises et du pouvoir. Ainsi, est soulevé le problème de savoir comment sont distribués les responsabilités entre cette Commission et le gouvernement (représenté par la Commission gouvernementale sur les questions du secteur énergétique, l'instauration de la base des minéraux et des matières premières et l'augmentation de l'efficacité énergétique de l'économie). Il est supposé que la Commission présidentielle s'occupe des questions stratégiques et de la distribution des licences en ce qui concerne les gisements les plus importants et la Commission gouvernementale des questions moins importantes.

Le régime juridique d'octroi des droits d'usage des sous-sols des terrains fédéraux et ordinaires se caractérise par les éléments suivants. Premièrement, en ce qui concerne les sous-sols des terrains fédéraux, on ne peut pas recevoir de licence séparée pour l'exploration. Le droit à l'exploration géologique des sous-sols relevant de l'autorité fédérale peut être accordé seulement en vertu d'une licence commune. Deuxièmement, les procédures compétitives n'ont pas lieu en cas d'octroi de licence d'exploration géologique et d'exploitation des sous-sols relevant de l'autorité fédérale, et des sous-sols relevant de l'autorité fédérale qui figurent sur la liste des terrains destinés à l'usage sans appels d'offres et ventes aux enchères, adoptée par le gouvernement de la Fédération de Russie. L'insertion dans cette liste des terrains fédéraux continentaux est probablement justifiée par le fait que les utilisateurs potentiels de tels terrains ne peuvent être que les trois sociétés contrôlées par l'État, entre lesquelles l'organisation d'une compétition serait dénuée de sens[398].

[398] Лахно (Петр Гордеевич), Зеккер (Франц Юнгер) (ред.), *Энергетическое право России и Германии : сравнительно-правовое исследование,* 2011, с. 152.

Les fondements de l'octroi des licences selon le type des sous-sols et le type d'usage des sous-sols[399]

Les terrains des sous-sols ne relevant pas de l'autorité fédérale	
Le type d'usage des sous-sols	**La base juridique d'octroi de la licence**
L'exploration géologique	La décision de la Commission conjointe, formée par l'Agence fédérale d'utilisation des sous-sols (Rosnedra) et des organes du pouvoir exécutif des Etats de la Fédération de Russie
L'exploration par le forage des puits de sondage et d'exploitation (et l'exploration géologique dans le cas de la licence commune)	La décision de la Commission d'appel d'offres ou d'enchère, formée par Rosnedra

Les terrains des sous-sols relevant de l'autorité fédérale	
Le type d'usage des sous-sols	**La base juridique d'octroi de la licence**
L'exploration par le forage des puits de sondage et d'exploitation (et l'exploration géologique dans le cas de la licence commune)	La décision du gouvernement de la Fédération de Russie pris après les résultats d'appel d'offres ou des enchères (ou par la Commission auprès du Président de la Fédération de Russie sur les questions de stratégie du développement du secteur énergétique et de la sécurité écologique)
L'exploration par le forage des puits de sondage et d'exploitation (et l'exploration géologique dans le cas de la licence commune) au regard des terrains des sous-sols du plateau continental et des terrains insérés dans la liste des terrains distribués sans enchères ou des appels d'offres	La décision du gouvernement de la Fédération de Russie prise sans la procédure d'appel d'offres ou enchère (ou par la Commission auprès du Président de la Fédération de Russie sur les questions de stratégie du développement du secteur énergétique et de la sécurité écologique)

[399] Ce tableau est fait à partir du tableau « Les fondements de l'octroi des licences selon le type des sous-sols et le type d'usage des sous-sols » Лахно (Петр Гордеевич), Зеккер (Франц Юнгер) (ред.), *Энергетическое право России и Германии : сравнительно-правовое исследование*, 2011, с. 152.

4. Le contenu de la licence ou du contrat de licence

Les conditions d'usage des sous-sols sont indiquées dans la licence ou dans le contrat de licence – accord entre l'Etat et le bénéficiaire[400]. Cela s'explique par le fait que les clauses du contrat sont révisées par l'Etat unilatéralement et la possibilité pour les bénéficiaires d'avoir une influence sur ce processus est presque nulle. Seul le bénéficiaire a accès au contrat. D'une manière générale, les contrats de licence ne sont que des annexes aux licences qui fixent les obligations du bénéficiaire, mais non pas celles de l'Etat.

Les clauses usuelles du contrat de licence peuvent être regroupées en quatre principales catégories : les clauses techniques, opérationnelles et administratives qui couvrent les aspects pratiques de la conduite des opérations durant les différentes phases ; les clauses économiques, fiscales, financières et commerciales; les clauses juridiques qui déterminent l'application et la modification des relations contractuelles entre les parties et les clauses diverses qui complètent les aspects précédents. Les annexes comprennent généralement la description de la zone contractuelle par ses coordonnées qui sont représentées sur un schéma qui précise aussi sa superficie ; la procédure comptable, qui précise les méthodes et les procédures applicables à la comptabilité des opérations couvertes par le contrat ; le programme d'engagement des travaux et une garantie de la société mère et/ou d'une banque[401].

a. La détermination de la durée des licences

Les licences sont octroyées pour une période précise qui commence à la date de l'inscription de ces dernières.

La durée de la phase d'exploration doit permettre de satisfaire aux deux exigences contradictoires suivantes : accorder au titulaire le temps nécessaire pour mener à bien tous les travaux utiles à l'évaluation du potentiel gazier de la zone de recherche de gisements et éviter que le titulaire ne mène les travaux de recherche à un rythme trop lent et ne conserve donc trop longtemps une surface importante susceptible d'intéresser d'autres sociétés.

La prise en compte de ces deux objectifs amène habituellement à accorder au titulaire une période totale d'exploration relativement longue (en général 5 ans). Jusqu'en 1986, l'évolution générale tendait à réduire la durée et les périmètres d'exploration. Depuis cette date, une évolution inverse s'est produite, consécutive au nouvel environnement gazier, notamment pour les zones maritimes en eaux profondes[402]. C'est pourquoi la durée de la licence

---

[400] Le contrat de licence rappelle l'accord civil, cependant il se présente comme un acte administratif similaire à la licence (Клюкин (Борис Дмитриевич), *Горное право*, 2005, c. 125 ; Перчик (Александр Ильич), *Горное право*, 2 изд., 2002, c. 198).

[401] Bret-Rouzaut (Nadine), Favenec (Jean-Pierre), *Recherche et production du pétrole et du gaz : réserves, coûts, contrats*, 2 éd., Technip, 2011, p. 190.

[402] *Ibid.*, p. 192.

pour l'exploration des terrains sur le plateau continental est de 10 ans. Le titulaire dispose de la possibilité de renouveler la licence s'il n'en a pas violé les règles d'utilisation.

Les licences pour l'exploration par le forage des puits de sondage et d'exploitation de gaz sont octroyées pour la période nécessaire à l'extraction du gaz, déterminée selon la justification technique et économique assurant l'usage rationnel et la protection de l'environnement. Ainsi, la durée des licences peut varier considérablement, selon les cas, de 10 à 25 ans.

Les sous-sols sont octroyés sur le Fond d'Etat des sous-sols, qui est constitué de tous les sous-sols qui sont sous l'autorité de la Fédération de Russie. La loi réduit les possibilités d'octroi de certaines catégories de sous-sols, dont les terrains réservés pour l'approvisionnement des générations futures. Pour l'octroi des licences sur ce type de terrains, il faut d'abord exclure du Fond, en vertu d'une décision du gouvernement, les terrains dont l'usage est limité ou interdit dans un but de sécurité nationale et de protection de l'environnement ; les terrains suburbains, ceux des agglomérations, des industries, du transport et de la communication, si leur utilisation peut créer des risques pour la vie et la santé des hommes ou entraîner un dommage pour l'industrie ou l'écologie.

La surface initiale de la licence ou de la zone contractuelle est spécifiée au moyen d'une carte montrant ses limites et indiquant les coordonnées géographiques des points de repère. Cette superficie varie beaucoup selon les circonstances. En général, bien que de grandes superficies soient encore accordées aux titulaires dans les zones peu explorées ou maritimes, les autorités ont tendance à accorder des zones de surface moyenne (de l'ordre de 1000 à 5000 km^2).

b. Les clauses techniques, opérationnelles et administratives

Ces clauses portent sur les obligations du titulaire de licence. Elles sont fonction des différentes phases du travail. Elles sont regroupées sous la notion de travaux minimum. L'intérêt de les regrouper sous la notion de travaux minimum est de donner à l'État l'assurance qu'un effort d'exploration ou de production suffisant sera fourni par chaque titulaire, de telle sorte que le potentiel gazier des zones attribuées puisse être étudié, exploité dans de bonnes conditions. Parfois, ces clauses mettent à la charge du titulaire l'obligation de consacrer un investissement minimum pour la réalisation des travaux. Cet investissement est défini soit par un montant global, soit par une estimation détaillée de chaque type de travaux. Par exemple, le programme minimum de forage se définit par un nombre minimum de forages à réaliser et par la fixation des profondeurs minimales (ou des objectifs). Afin de s'assurer que le titulaire est en mesure de faire face à ses obligations minimales de dépenses ou de travaux d'exploration, l'État peut exiger que le titulaire de licence fournisse une garantie d'ordre financier. Cette garantie se présente sous la forme d'une caution bancaire et/ou d'une caution de la société. Il se peut, enfin, que le titulaire abandonne tout ou partie de la surface avant l'expiration de la période de l'exploration-exploitation. Le contrat prévoit alors qu'en cas d'abandon partiel de la surface, les obligations relatives à la période en cours ne soient pas réduites et qu'en cas d'abandon de la totalité de la surface, le titulaire soit soumis à des pénalités.

Avant le début de chaque année, le titulaire doit soumettre au gouvernement un programme des travaux ainsi que le budget correspondant pour l'année à venir, comprenant une répartition par types de dépenses (recherche, évaluation, développement, production). Un tel programme est prévisionnel et les résultats acquis durant le déroulement des travaux peuvent justifier des changements. Ces derniers sont autorisés à condition, toutefois, que les objectifs du programme des travaux restent les mêmes[403].

Les travaux sont soumis au contrôle de l'État par l'intermédiaire des organes déjà mentionnés. Outre la fourniture préalable des programmes annuels des travaux et des budgets correspondants, le titulaire doit présenter, selon une périodicité spécifiée, des rapports d'activité sur les différents travaux réalisés, accompagnés des supports techniques nécessaires. En outre, le titulaire doit remettre à l'État une copie de toutes les données obtenues au cours des travaux ainsi que de toutes les informations utiles à la connaissance du sous-sol : données géologiques et géophysiques, diagraphies, résultats d'analyses, mesures sur les puits productifs, évolution des pressions, études de la récupération secondaire, études des réservoirs pour l'estimation des réserves en place, qui sont récupérables. Il doit également fournir toutes les informations concernant la production elle-même : la production du gisement, les quantités, les produits expédiés, etc. Toutes les informations obtenues doivent être traitées de manière confidentielle par l'État et par le titulaire, pour une durée à déterminer dans la licence. Enfin, le titulaire doit fournir, sous forme de rapports périodiques, des statistiques d'activité et des états des dépenses engagées.

c. Les clauses économiques, fiscales, financières, commerciales et diverses

L'usage des sous-sols en Russie est payant. Le titulaire de licence, dans la mesure où il exerce une activité commerciale, doit acquitter toutes les taxes et les impôts prescrits par la législation applicable à toutes les activités commerciales : TVA, impôt sur le revenu, paiements à des fonds sociaux, taxes foncières, taxes locales, etc. Il doit également acquitter certaines taxes et impôts spéciaux prévus par la législation fiscale: taxe sur la production des ressources naturelles ; redevances pour la participation aux appels d'offres ou aux enchères et octroi de la licence ; droits d'usage des sous-sols (à usage unique et régulier) ; dotations pour la production de base des ressources minérales ; droits d'accès au gaz naturel ; droits d'usage de la

---

[403] *Ibid.*, p. 195.

zone maritime et du lit de la mer territoriale, taxes sur l'information géologique sur les sous-sols et autres[404].

Dans certains contrats de licence, il existe des clauses additionnelles, par exemple des clauses portant sur le développement socio-économique de la région. Le titulaire peut être contraint d'employer en priorité du personnel local pour la réalisation des opérations gazières. Du fait de la nature des travaux entrepris, les opérations pétrolières nécessitent l'emploi d'un personnel expérimenté et hautement qualifié, qui n'est pas toujours disponible sur place. C'est pourquoi, cette clause est toujours accompagnée de dispositions visant à la formation du personnel local, qui se traduit par un budget annuel minimal à consacrer à différents programmes. Dans certains pays, cette obligation de formation de la main-d'œuvre est complétée par des objectifs d'emplois à atteindre, exprimés en pourcentage de personnel local par rapport à la totalité du personnel employé dans la même branche. Parallèlement, il existe une obligation d'utiliser, à des conditions comparables, les produits disponibles localement[405].

d. Les clauses juridiques

Les clauses juridiques concernent la force majeure, la responsabilité, la loi applicable, le règlement des différends (après tentative de conciliation, on prévoit le recours à une juridiction nationale). Il existe aussi des clauses sur la stabilité, la cession et le transfert des licences.

La loi prévoit la garantie de la stabilité des clauses de la licence, ce qui est important pour l'utilisateur des sous-sols. Ces clauses restent valables pendant toute la durée de son intervention. La transition entre le droit d'usage des sous-sols et la nouvelle réglementation des licences est régie par les dispositions de la loi fédérale « [s]ur les sous-sols ». L'article 17.1 de cette loi établit la liste des causes et des conditions de passage de la licence d'une personne à une autre[406]. En cas de la concession de la licence, les conditions établies par une ancienne licence ne sont pas passibles de révision.

Les droits des titulaires de licences peuvent s'éteindre automatiquement (expiration de la licence en cas de renonciation du titulaire, en cas de condition spéciale prévue dans la licence, en cas de transfert de la licence en infraction à la loi, etc.) et après décision d'un organe correspondant (en cas

---

[404] A voir : Веремеева (Мария Владимировна), *Система платежей при пользовании недрами. История развития и современность*, in *Горное законодательство : сборник статей*, 2005, cc. 190 - 218.

[405] Bret-Rouzaut (Nadine), Favenec (Jean-Pierre), *Recherche et production du pétrole et du gaz : réserves, coûts, contrats*, 2 éd., Technip, 2011, p. 196.

[406] En général, pour le passage de la licence ou l'attraction des investisseurs on utilise deux schémas. Le premier, de l'achat–vente des parts de la compagnie. Dans ce cas il n'y a pas de passage de la licence, mais économiquement le sujet change. Le deuxième, la création par l'usager de la licence d'une filiale à laquelle on la cède pour ensuite vendre les parts de cette compagnie.

d'infraction substantielle ou systématique à la loi, de non-transmission des informations, de contravention aux séquences d'usage des sous-sols, et aussi en cas de risque pour la vie et la santé du peuple ou de catastrophe naturelle, de guerre, de mise en liquidation du titulaire, etc.).

B. L'accès aux sous-sols en vertu d'un accord sur le partage de la production

Dans la législation russe, il existe un mécanisme permettant l'exploitation contractuelle des sous-sols et prévoyant que les droits et les obligations des parties soient déterminés par la législation civile[407]. Il s'agit de l'accord sur le partage de la production.

Le modèle du contrat de partage de production a été introduit en Indonésie en 1966, à l'occasion d'un accord conclu entre la société nationale Petramina et une société indépendante américaine. Il a été utilisé, sous une forme voisine, par le Pérou en 1971. Depuis, ce concept a été choisi par de très nombreux pays. La plupart sont exportateurs de pétrole, tels que l'Indonésie et l'Egypte, où plus de 100 contrats de ce type ont déjà été respectivement signés. Il est également utilisé en Malaisie, en Syrie, à Oman, en Angola, au Gabon, en Libye, au Qatar, en Chine, en Algérie et en Tunisie[408].

Le succès de cette formule dans les pays en développement et les pays émergents repose sur plusieurs facteurs, notamment le fait que la société gazière n'est pas directement titulaire des titres miniers et l'idée de « partage » de la production d'un gisement. On soulignera également le degré élevé du contrôle que l'État peut exercer sur les opérations gazières effectuées par la société, laquelle n'agit plus qu'en tant que prestataire de service ou contractant.

1. Le contenu de l'accord sur le partage de la production

Cette forme de réglementation des relations entre l'État, propriétaire des sous-sols, et le bénéficiaire a été juridiquement fixée par la loi fédérale du 30 décembre 1995 « [s]ur les accords sur le partage de la production »[409]. Conformément à cette loi fédérale, l'accord sur le partage de la production (APP) est un contrat en vertu duquel la Fédération de Russie accorde au bénéficiaire, à titre onéreux et pendant un délai défini, les droits exclusifs à l'exploration et à la production des matières premières minérales dans les sous-sols indiqués dans l'accord, et le bénéficiaire s'engage à réaliser les

---

[407] Яковлев (Василий Никитович), *Горное право современной России : учебное пособие*, 2012, с. 394.

[408] *Ibid.*, p. 208.

[409] Федеральный закон n° 225 - FZ от 30 декабря 1995 « О соглашения о разделе продукции » // Собрание законодательства Российской Федерации, 1996, n° 1, art. 18. — Ensuite : la loi « [s]ur l'APP ».

travaux indiqués à ses frais et à ses risques (art. 2). Le mécanisme du partage de la production peut être ainsi résumé : le bénéficiaire produit le gaz, paie en contrepartie du droit de se servir des sous-sols, retient ses dépenses, partage les bénéfices avec l'État et paie l'impôt sur sa part de bénéfice.

Dans l'accord sur le partage de la production, lors des négociations entre l'État et le bénéficiaire, le prix réel du bail des gisements est fixé. Dans le contrat, on définit le montant des taxes possibles et les paiements pris en charge par le bénéficiaire (loyer, bonus divers et dotations aux budgets à tous les niveaux, impôt sur le bénéfice), les parts de la production, le remboursement des dépenses, les montants et l'ordre du remboursement des dépenses précédentes de l'État. En outre, pour la mise en oeuvre de l'APP il faut conclure un accord entre la Fédération de Russie et l'entité fédérée de la Fédération de Russie dans lequel on définit les droits et les devoirs des parties et les parts de la production de l'État. L'APP permet, d'une part, de prendre en considération les conditions spéciales de l'exploitation du gisement spécifique (des délais et des paiements de l'usager, etc.), et d'autre part, donne à l'investisseur des garanties fermes. Il est regrettable que moins de 30 % des réserves peuvent être exploitées selon ce type d'accord, et seulement dans le cas où les autres techniques juridiques déjà mentionnées ne peuvent pas être utilisées : par exemple lorsqu'aucune entreprise ne participe aux enchères[410].

En outre, il est prévu dans la loi « [s]ur l'APP » que n'importe quel différend relatif à l'usage des sous-sols, selon la formule de partage de la production, sera résolu selon les conditions indiquées dans l'accord (§ 12 art. 44). Les parties ont ainsi le droit de prévoir dans le contrat les modalités de règlement des différends entre eux. Sinon, ce sont les règles de droit commun établies par la législation de la Russie et les accords internationaux qui s'appliquent.

2. Les accords en vigueur

Pour le moment il existe en Russie trois APP en vigueur : « Sakhaline – 1 » conclu le 30 juin 1995[411], « Sakhaline - 2 » conclu le 22 juin 1994[412] et « Khar'yaga » conclu le 20 décembre 1995. Ils ont été conclus avant l'entrée en vigueur de la loi « [s]ur l'APP ». Celle-ci leur est applicable dans la mesure où elle ne contredit pas leurs stipulations. Ayant assuré une certaine stabilité dans les relations entre l'État et les investisseurs dans les années 90, ces accords ont permis d'attirer des technologies modernes dans la Fédération de Russie. Grâce à ce type d'accord il a été possible de construire

[410] Дмитриева (Елена Викторовна), *Горное право*, 2012, с. 60.
[411] Le compte rendu du projet « Sakhaline - 1 » // http://(dir).sakhalin-l.com/project/prjoverview.asp (24.06.2014).
[412] Le compte rendu du projet « Sakhaline - 2 » // http://(dir).sakhalinenergy.ru/ru/ (24.06.2014).

des installations de forage plus puissantes et le premier terminal de liquéfaction du gaz naturel[413].

Malgré les avantages de la formule APP, celle-ci n'est pas aujourd'hui utilisée en Russie. De l'avis du savant russe R.A. Kourbanov, cela s'explique par le fait que l'APP ne prévoit pas la protection des intérêts de l'État[414].

Section IV. Le transport du gaz en Russie

Le transport du gaz, secteur essentiel de l'industrie gazière, mérite une analyse détaillée. Il en va de même pour l'export du gaz que les Etats essaient de contrôler.

§1 La réglementation juridique du transport du gaz

L'activité de transport du gaz par les gazoducs est le monopole naturel, c'est pourquoi l'Etat intervient particulièrement dans sa réglementation en établissant des garanties d'accès aux gazoducs par des tiers, des tarifs, et en prenant des mesures incitant le développement du réseau.

A. La caractéristique du secteur du transport du gaz, l'histoire de sa réglementation

Le secteur du transport comprend les services de transport du gaz naturel via un réseau principalement constitué de gazoducs à haute pression[415] aux fins de la fourniture à des clients, mais ne comprend pas la fourniture.

Les fabuleux gisements des régions de Kuibyshev et Elshanka ont conduit à la construction dans les années 40 des premiers gazoducs soviétiques : Bouguruslan-Kuibyshev (160 km de long, en 1943) et Saratov-Moscou (843 km de long, en 1946). Une série de gazoducs tout aussi impressionnants ont par la suite été construits pour émailler l'ensemble du territoire russe d'Est en Ouest et du Nord au Sud : les gazoducs Dashava-Kiev-Bryansk-Moscou en 1950, puis Tula-Moscou et Stavropol-Moscou en 1956, en Caucase du Nord et enfin Soyouz, long de 2750 km, destiné à l'exportation.

Les gazoducs existant actuellement en Russie sont les gazoducs du système unique d'approvisionnement en gaz de la Fédération de Russie

---

[413] Певзнер (Марк Еремеевич), *Горное право*, 2001, с. 219 ; Waltrip (Jason M.), *The Russian Oil and Gas Industry after Yukos: Outlook for Foreign Investment*, Transnational Law and Contemporary Problems, vol. 17, 2008, p. 575.

[414] Курбанов (Рашад Афатович), *Правовое регулирование иностранных инвестиций в нефтяной и газовой промышленности*, 2010, с. 292.

[415] Autre qu'un réseau de gazoducs en amont et autre que la partie des gazoducs à haute pression utilisée principalement pour la distribution du gaz naturel au niveau local.

(SUA) et des systèmes régionaux d'approvisionnement en gaz (SRA), faisant partie du système fédéral d'approvisionnement en gaz[416].

Le système unique d'approvisionnement en gaz est un complexe industriel appelé à garantir la production, le transport, le stockage et la commercialisation du gaz. Ce dispositif appartient à l'entreprise qui détient les éléments qui en font partie depuis leur privatisation ou le transfert de leur propriété à cette entreprise sur la base d'autres fondements légaux. Ce dispositif gazier comprend 163 000 kilomètres de canalisations, 280 stations de compression, plus de 10 milliers de puits, 24 réservoirs d stockage, 26 centres de surveillance régionaux [417] et couvre 65 entités fédérées. Conformément à l'article 14 de la loi « [s]ur l'approvisionnement du gaz dans la Fédération de Russie », le dispositif fonctionne sur la base du principe de l'indivisibilité pour garantir la sécurité et la stabilité de son fonctionnement. Sa séparation est interdite. La mise en liquidation de l'entreprise-propriétaire est seulement possible en vertu d'une loi fédérale spéciale.

Depuis la privatisation de Gazprom en 1994 le système unique d'approvisionnement en gaz de la Russie appartient totalement à cette entreprise. Avant 1998, les producteurs indépendants de gaz étaient forcés de vendre le gaz qu'ils produisaient à Gazprom[418]. Il existait un seul marché de gros du gaz et de son transport. A la fin des années 1990, il a été décidé de procéder à la libéralisation du marché énergétique russe. Ont été adoptés à cet effet, un décret du Président de la Fédération de Russie n° 426 du 28 avril 1997 « [s]ur les principes généraux de la réforme structurelle dans le domaine des monopoles naturels »[419] et un règlement du gouvernement de la Fédération de Russie n° 858 du 14 juillet 1997 « [s]ur la sécurité de l'accès des organisations indépendantes au système du transport de la société anonyme ouverte Gazprom » [420], appelé à permettre l'application du décret. En vertu de ces textes l'accès au système du transport a été graduellement ouvert au profit des sociétés indépendantes [421] . Pour garantir le développement de la concurrence sur le marché gazier dans les conditions de

---

[416] Le système fédéral de l'approvisionnement en gaz est constitué du dispositif d'approvisionnement en gaz, des dispositifs régionaux d'approvisionnement en gaz, du dispositif de distribution du gaz et des organisations indépendantes.

[417] Bezat (Jean-Michel), *Gaz : le russe Gazprom écarte les Occidentaux du projet Schtokman*, Le Monde, 11.10.2006.

[418] Перчик (Александр Ильич), *Трубопроводное право*, 2002, с. 96

[419] Указ Президента Российской Федерации n° 26 от 28 апреля 1997 « Об основных положениях структурнгой реформы в сферах естественной монополии » // Российская газета, n° 88, 07.05.1997.

[420] Постановление Правительства Российской Федерации n° 858 от 14 июля 1997 « Об обеспечении доступа независимых организаций к газотранспортной системе оотрктытого акционерного общества « Газпром » // Собрание законодательства Российской Федерации, n° 29, 21.01.1997, с. 3525.

[421] Перчик (Александр Ильич), *Трубопроводное право*, 2002, с. 100.

contrôle de ces actifs par Gazprom, ce dernier a dû créer 17 filiales spécialisées, en louant les biens indispensables à l'exploitation du réseau. Cependant, un contrôle centralisé a été effectué par le Département central du contrôle centralisé (DCCC) de Gazprom.

A côté du système unique, fonctionnent des systèmes régionaux d'approvisionnement en gaz. La loi donne presque la même définition à ce type de dispositif que pour le dispositif unique, mettant l'accent sur le fait que ce système est régional. Actuellement, il existe quatre dispositifs régionaux d'approvisionnement en gaz (« Norilskgazprom », « Yakutgazprom », « Kamchatkagazprom » et « Sakhalingazprom »), appartenant tous à Gazprom.

B. Le droit d'accès au système de transport et ses garanties

L'accession aux gazoducs est indispensable pour la commercialisation du gaz et le développement de l'industrie gazière. Sans cet accès aux gazoducs les accords d'achat-vente ne peuvent pas être exécutés et les nouveaux gisements être exploités. Les gazoducs des dispositifs de transport en Russie appartiennent aux entreprises qui produisent le gaz et, partant, le fournissent. Dans ces conditions, pour les entreprises indépendantes (autres que Gazprom), il est difficile de faire concurrence à une compagnie intégrée (Gazprom). Ainsi, le but principal de l'Etat est de priver le propriétaire du réseau des possibilités de discriminer les organisations indépendantes par la régulation de l'accès aux gazoducs.

L'article 27 de la loi « [s]ur l'approvisionnement du gaz » a établi la règle selon laquelle l'entreprise propriétaire du réseau gazier doit garantir l'accès non-discriminatoire à son réseau à toutes les autres entreprises.

L'accès est accordé conformément au règlement du gouvernement n° 858 du 14 juillet 1997 « [s]ur les garanties d'accès des entreprises indépendantes au dispositif de transport de Gazprom ». Ce texte régit les relations entre Gazprom et les producteurs indépendants, non affiliés à Gazprom, et ne couvre pas les relations de fourniture des acheteurs étrangers.

La loi établit les conditions dans lesquelles Gazprom est obligé d'accorder l'accès au réseau aux producteurs indépendants : 1) l'existence de capacités libres ; 2) la qualité et la composition du gaz correspondent aux règlements et standards techniques de Gazprom ; 3) la disponibilité des gazoducs d'approche et de branchement avec les points de contrôle de la qualité et de la quantité de gaz à la date de la livraison du gaz.

Pour avoir l'accès, le producteur indépendant doit adresser une demande à Gazprom trois mois avant la date de la livraison (six mois pour les contrats à long terme conclus pour une période de plus de cinq ans).

Au cas où les capacités seraient insuffisantes, un ordre de satisfaction des demandes est établi. L'ordre dépend de l'usage pour lequel le gaz est destiné. Les demandes prioritaires sont les demandes communales des fournisseurs domestiques. Elles sont suivies des demandes basées sur des contrats à long terme. Les autres demandes sont satisfaites soit en proportion des volumes proclamés, soit sur la base des résultats des enchères.

Chaque demande doit être examinée par Gazprom dans un délai de 15 jours pour les contrats à court terme, de deux mois pour les contrats à moyen terme et de trois mois pour les accords à long terme.

A la suite de l'analyse effectuée par Gazprom, celle-ci prend la décision de satisfaire la demande, de la rejeter avec l'indication du motif ou de la satisfaire partiellement. Sur la base de la décision de Gazprom les parties concluent les contrats de transport du gaz dans la forme élaborée par cette entreprise. Les décisions sont susceptibles de recours devant le régulateur ou devant les tribunaux. Avant 2004 il existait un organe spécial compétent pour statuer sur les différends liés à l'accès au dispositif : la Commission du gouvernement de la Fédération de Russie sur les questions de l'exploitation des oléo-gazoducs magistraux, créée sur la base du règlement n° 858. Actuellement dans la pratique, les entreprises indépendantes adressent leurs recours en abus de position dominante à l'organe anti monopole sur la base du refus non-justifié de conclure l'accord.

Il faut remarquer que, dans la dernière décennie, le volume de gaz transporté commandé par les producteurs indépendants a augmenté de 44 %. Pour presque la totalité du gaz produit les sociétés indépendantes ont reçu l'accès au système de transport[422]. Pourtant, en dépit de ces garanties, la position dominante de Gazprom sur le marché gazier russe, conjointement avec ses compétences administratives[423], créent une menace d'abus[424].

C. La réglementation des tarifs du service du transport et le règlement des différends et des désaccords

L'article 21 de la loi fédérale du 31 mars de 1999 « [s]ur l'approvisionnement du gaz » dispose que la régulation des tarifs du transport du gaz (dans les gazoducs appartenant à Gazprom et aux entreprises indépendantes) est effectuée par l'organe du pouvoir exécutif

---

[422] Лахно (Петр Гордеевич), Зеккер (Франц Юнгер) (ред.), *Энергетическое право России и Германии : сравнительно-правовое исследование,* 2011, с. 332.

[423] C'est-à-dire la compétence d'établir des exigences techniques de qualité du gaz, et la participation directe à l'établissement de l'ordre de satisfaction des demandes d'accès aux gazoducs.

[424] Волков (Александр Константинович), *Правовое регулирование транспортировки природного газа по магистральным трубопроводам в Европейском Союзе и Российской Федерации,* in *Сравнительно-правовой анализ в исследованиях правовых институтов и явлений в отраслевом, страноведческом и временном аспектах. Труды лаборатории сравнительно-правовых исследований,* часть 1., отв. ред.: Татьяна Анатольевна Алексеева, Андрей Витальевич Ильин, Издательство Политехнического университета, 2011. с. 87.

fédéral. A partir du 21 juillet 2015 ces fonctions sont exercées par le Service fédéral anti monopole (SAF)[425].

La réglementation est faite conformément à la loi « [s]ur les monopoles naturels », le règlement du gouvernement n° 1021 du 29 décembre 2000 « [s]ur la réglementation d'Etat des prix sur le gaz et des tarifs des services de son transport sur le territoire de la Fédération de Russie » [426] et conformément au décret n° 388-/1 du 23 aout 2005 « [s]ur la méthodologie de la détermination des tarifs du service du transport du gaz dans les gazoducs magistraux » cet organe établit les tarifs du transport. Il est important de préciser que ces tarifs ne sont pas applicables à Gazprom qui fixe les siens lui-même en fonction de ses opérations de transport[427].

Hormis la fixation des tarifs, le Service fédéral anti monopole exerce deux fonctions : celle du contentieux pré-judiciaire des différends dans le domaine de l'établissement des tarifs, et celle de l'examen des désaccords entre les entreprises et les organes régulateurs.

Nonobstant la ressemblance extérieure, ce sont deux services différents exercés par des départements divers du SAF. S'agissant de la première fonction, l'organe est compétent pour apprécier n'importe quelle demande adressée au régulateur, notamment annuler une décision sur le taux des tarifs, obliger le régulateur à entreprendre des actions ou à reconnaître des actions comme illégales. L'exécution de ce service ne demande pas la présentation d'une multitude de documents[428], c'est pourquoi il est de plus en plus populaire et, pourtant, il n'est pas gratuit : pour chaque demande de contestation, il faut payer au moins 1000 euros.

A partir des résultats de l'examen des différends, la Cour peut arriver à l'annulation des tarifs établis et à l'introduction de procédures en responsabilité de l'administration coupable d'une infraction à la législation.

D. Le développement de l'infrastructure gazière

Etant propriétaire d'un dispositif gazier Russe, Gazprom est responsable de son développement. A partir de 2001 Gazprom a adopté les programmes de la gazéification des régions, entrepris conjointement avec les autorités de chaque région. L'entreprise finance la construction des gazoducs entre les

---

[425] Avant en vertu du décret présidentiel n° 314 du 9 mars 2004 « [s]ur le système et la structure des organes fédéraux du pouvoir exécutif » sur la base des départements de la Commission Energétique Fédérale liquidée, fonctionait le Bureau Fédéral des Tarifs.

[426] Постановление Правительства Российской Федерации n° 1021 от 29 декабря 2000 « О государственном регулировании цен на газ, тарифов на услуги по его транспортировке и платы за технологическое присоединение газоиспользующего оборудования к распределительным сетям на территории Российской Федерации » //
Собрание законодательства Российской Федерации, 08.01.2001, n° 2, c. 175.

[427] Généralement, ce tarif est inférieur de 30 %.

[428] Par contre, pour l'examen des désaccords, il faut présenter un gros paquet de documents, justifiant la position du demandeur.

villages et les villes, tandis que les autorités régionales sont responsables de la pose des gazoducs dans les villes et les villages. Pour augmenter l'efficacité du programme de gazéification, Gazprom et les gouvernements des Etats de la Fédération de Russie ont conclu des accords de coopération et de gazéification.

A partir de 2005, Gazprom a lancé ses travaux de développement de gazéification des régions. Les fonctions d'organisation et de coordination des travaux du Programme de gazéification des régions de Russie ont été déléguées à Gazprom Mezhregiongaz. De 2005 à 2013, Gazprom a investi dans ce projet à peu près 214 billions de roubles (5 billions d'euros) sans compter les dépenses pour la construction des terminaux de livraison. A la suite des travaux entrepris, le niveau moyen de gazéification en Russie est passé en 2013 à 65,3 %, soit 70,9 % dans les villes et 54 % dans les régions rurales[429].

Dans ce programme on détermine les régions dans lesquelles seront construits des nouveaux gazoducs. En choisissant ces régions, on prend en compte le niveau de la gazéification, les possibilités du cofinancement, la dette relative aux livraisons courantes, etc.

69 entités fédérées de la Russie ont pris part au programme. En décembre 2009 une nouvelle rédaction de la Conception de la participation de la compagnie dans le processus de gazéification des régions a été approuvée. Elle prévoit une approche différenciée de la gazéification compte tenu des réserves gazières dans la région et du développement des gisements existants. Vers 2020 Gazprom projette un niveau de gazéification de 85 %, en accélérant les travaux surtout dans Extrême-Orient de la Russie.

Il existe deux modèles d'encadrement juridique de l'infrastructure gazière. Le premier, le modèle de la coordination est utilisé aux Etats-Unis. Les entreprises de transport construisent des gazoducs à leurs risques et périls, c'est pourquoi il conclu des contrats de transport long terme. Cependant le régulateur (Federal Energy Regulatory Comission) contrôle les tarifs, sécurise la concurrence effective et coordonne le travail des compagnies gazières (art.7 de l'Acte « [s]ur le gaz naturel » de 1938). Le second, le modèle de réglementation européen (plus précisément de l'Union européenne), suppose que le régulateur joue un rôle actif dans le processus de développement du réseau. Le développement des réseaux est basé sur les stratégies nationales. Au niveau supranational, les Réseaux européens de gestionnaires de réseau pour le gaz (ENTSOG) élaborent tous les deux ans un plan décennal de développement (non-obligatoire) sur lequel se prononce l'Agence de coopération des régulateurs de l'énergie (ACER). C'est pourquoi dans l'UE, à la différence des Etats-Unis, on utilise des contrats de

---

[429] L'information générale sur la gazéification en Russie // http://(dir).gazprom.ru/about/production/gasification/ (12.06.2016).

transport à court terme, afin que le demandeur de services de transport investit dans le développent du réseau[430].

Evidemment, le modèle russe est plus proche du modèle américain, sauf que Gazprom n'est pas une entreprise ordinaire. Contrôlée par l'Etat, elle exerce les fonctions de régulateur au sens européen du terme. Cette activité de développement du réseau n'est pas une activité purement commerciale[431]. Et, s'il arrive que Gazprom manque de ressources financières pour exercer cette fonction, l'Etat peut augmenter le capital de cette entreprise. Pourtant, cette approche peut entraîner des conflits d'intérêts, car Gazprom assume deux rôles théoriquement distincts : celui du représentant de l'Etat en tant que pouvoir public et celui de partenaire associé à d'autres sociétés dans le but de réaliser conjointement des opérations gazières[432].

Une autre tâche stratégique de Gazprom consiste en l'extension des capacités des installations de stockage. Le stockage souterrain fait partie du dispositif uni de l'approvisionnement en gaz et du système régional de l'approvisionnement en gaz. Le stockage souterrain se présente en tant qu'activité séparée de Gazporm. Il est effectué par une filiale spéciale « Gazprom PHG », intégrant toutes les installations de stockage (24, 17 d'entre elles sont organisées dans des gisements épuisés) du dispositif unique. L'utilisation des stocks permet de garantir la fluidité et la sécurité des livraisons.

§2 La réglementation juridique de l'exportation du gaz de Russie

Le 18 juillet 2006[433] la Douma a adopté la loi fédérale « [s]ur l'export de gaz »[434] selon laquelle l'export du gaz peut être effectué par le propriétaire du dispositif de transport ou par une entreprise dans laquelle le propriétaire contrôle 100 % des actions, c'est-à-dire Gazprom ou Gazexport. La loi proclame que la mise en place d'un canal unique d'exportation du gaz naturel constitue un principe politique d'Etat. Cette loi n'est pas applicable au gaz extrait selon un accord du partage de la production[435].

---

430 Ferraro (Marcelo Colomer), *Coordination Mechanismes in the Natural Gas Transportion Segment: a Neo-Institutional Contribution* // http://(dir).anpec.org.br/encontro/2012/inscricao/files_I/i8-aa1d595466c06a6af68610a73958c2fe.doc (22.06.2016).

431 En vertu du programme de la gazéification de l'Extrême Orient adopté par le gouvernement en 2007, Gazprom est nommé coordinateur du programme, responsable pour la création du système unique de la production, du transport et de la distribution du gaz.

432 Bret-Rouzaut (Nadine), Favenec (Jean-Pierre), *Recherche et production du pétrole et du gaz : réserves, coûts, contrats*, 2 éd., Technip, 2011, p. 185.

433 L'urgence de l'adoption de cette loi est expliquée par la crainte que, pendant les négociations sur l'entrée à l'OMC, la Russie puisse être forcée de ratifier la Charte sur l'énergie.

434 Федеральный закон n° 117 - FZ от 18 июля 2006 « Об экспорте газа » // Собрание законодательства Российской Федерации, n° 30, 24.07.06, p. 3293.

435 La Douane centrale énergétique, subordonnée au Comité douanier de la Fédération de Russie, effectue le contrôle des produits transportés au travers de la douane par les gazoducs, exerce

Les avantages de l'adoption de cette loi ont été expliqués par ses rédacteurs. Ils ont souligné que cette mesure va permettre à l'Etat de mieux contrôler la situation, afin que les entreprises privées ne déstabilisent pas le marché extérieur. La réglementation de l'export du gaz par la nomination d'un opérateur unique effectif exclura la concurrence des fournisseurs en dehors du pays, ce qui va conduire à une baisse considérable des prix d'exportation sur le gaz et assurer ainsi au mieux les intérêts commerciaux de l'UE et des intérêts fiscaux de la Russie[436].

TNK-BP et Lukoil ont proclamé leur volonté d'exporter le gaz, mais cette loi leur ferme la porte. Cela entraîne également un point de mécontentement pour l'Europe qui est intéressée à l'existence de plusieurs fournisseurs et à l'accès effectif au réseau gazier russe.

Le 1er décembre 2013, sont entrés en vigueur des amendements à la loi « [s]ur l'export de gaz », destinés à la libéralisation du marché de l'export du gaz naturel. Selon ces amendements, les producteurs indépendants peuvent désormais exporter le gaz liquéfié. Ainsi, l'exportation du gaz cesse d'être un monopole. Pourtant, le marché reste fermé parce que les obligations mises à la charge des entreprises qui exportent restent strictes.

L'export du gaz est permis pour les exploitants des gisements d'intérêt fédéral. Ils ont la possibilité de construire une usine de liquéfaction ou d'envoyer le gaz produit à telle usine ou aux compagnies contrôlées directement par l'Etat ou Gazprom et ses filiales à 100 %. De plus, cette activité demande d'énormes investissements initiaux, surtout au nord du pays où les gisements sont concentrés. C'est pourquoi, jusqu'à maintenant, il n'existe qu'un terminal de LNG en Russie à Sakhaline. Ces amendements législatifs, même s'ils constituent une étape importante de la libéralisation du marché d'exportation du gaz, ne sont pas suffisants pour créer un marché compétitif dans un futur proche.

Ainsi, *de facto,* Gazprom domine le marché russe. Ceux qui veulent exporter du gaz russe doivent avoir la qualité de co-contractant de Gazprom. La seule société qui peut faire concurrence à Gazprom est Rosneft, l'autre entreprise contrôlée par l'Etat et qui contrôle le marché pétrolier[437].

---

l'établissement des documents (Перчик (Александр Ильич), *Трубопроводное право*, 2002, с. 75.).

[436] *Gazprom reçoit la monopole pour l'export de gaz* // http://news.bbc.co.uk/hi/russian/business/newsid_5086000/5086972.stm (01.04.2015).

[437] Хвостунова (Ольга), *« Роснефть » против « Газпрома »* // http://imrussia.org/ru/economy/543-rosneft-vs-gazprom (12.07.2016).

Chapitre II
La réglementation juridique du secteur gazier de l'UE et de ses pays membres

Afin d'exposer la réglementation juridique du secteur gazier de l'UE et de ses pays membres, il est nécessaire d'évoquer l'histoire du développement de l'industrie gazière dans l'UE et sa réforme. Ensuite, il convient de caractériser l'encadrement juridique des secteurs particuliers de l'industrie gazière européenne. Enfin, il convient d'étudier le contrôle exercé par les Etats européens dans ce secteur et de décrire des traits généraux de la réglementation du secteur du gaz dans les pays de l'UE.

Section I. Le processus de libéralisation du secteur gazier dans l'UE

L'encadrement juridique de l'industrie gazière dans l'UE a connu d'une évolution considérable. Pour mieux comprendre, il faut bien connaître l'état de la réglementation de l'industrie avant les réformes entreprises par l'UE, ses raisons et ses perspectives.

§1 Le marché gazier dans les pays de l'UE avant sa libéralisation

Les premières structures industrielles mises en place ont consisté en des systèmes locaux de production-distribution urbains, organisés autour des industriels du charbon et du gaz de ville et se sont prolongé en des monopoles ou quasi-monopoles sur l'éclairage public, sous le contrôle des communes[438].

Le développement du gaz naturel en Europe s'échelonne des années 1950 aux années 1980, période où les grands traits du modèle intégré furent utilisés. Ce modèle est hétérogène à première vue, pourtant on trouve dans les différents pays de l'UE des traits communs structurants : 1) l'intégration horizontale, c'est-à-dire l'exercice par une même firme de la totalité d'une activité industrielle spécifique sur un territoire donné ; 2) l'intégration verticale, c'est-à-dire le fait pour une entreprise de contrôler différents

[438] Grand (Emmanuel), Veyrenc (Thomas), *L'Europe de l'électricité et du gaz. Acteurs, marchés, régulations*, préface de Jean-Marie Chevalier, Economica, 2011, p. 76.

secteurs de l'industrie gazière : celui de la production, celui du transport, celui de la commercialisation et de la fourniture du gaz[439].

L'intégration verticale a pris des formes variées en fonction des possibilités institutionnelles et des contextes nationaux. Juridiquement l'intégration verticale signifiait qu'une même entreprise disposait du contrôle sur les différentes composantes industrielles du système gazier. Economiquement, cela se traduisait par la conclusion de contrats à long terme rendant en pratique étroitement solidaires les composantes industrielles du système gazier (liant l'amont (production) à son aval (transport-distribution))[440]. Ces deux facteurs ont donné lieu à la création de champions nationaux comme Gaz de France, British gaz, ENI, Enagas. L'intégration verticale avait sa justification, puisqu'elle permettait de minimiser les risques dans un environnement incertain.

Les principes sur lesquels reposait le fonctionnement du marché étaient relativement simples. Les consommateurs, n'ayant pas le choix de leur fournisseur, passaient un contrat avec un opérateur imposé, en charge de l'ensemble des activités de la chaîne énergétique. Le système était intégralement administré puisque les pouvoirs publics définissaient non seulement les prestations à fournir, mais aussi les tarifs auxquels celles-ci devaient être facturées[441]. De tels régimes d'exclusivité se sont développés sur des zones géographiques diverses (l'Etat, la région, la commune, etc.) selon l'organisation administrative des pays européens[442].

Un autre trait de l'organisation de ce secteur est caractérisé par un large processus de nationalisation dans plusieurs pays européens depuis les années 40-50. Les motifs étaient à la fois techniques et politiques. Il s'agissait d'obtenir une gestion coordonnée et prévisionnelle des secteurs les plus importants de l'économie. Le soutien financier des pouvoirs publics permettait aux entreprises publiques de réaliser des investissements importants et urgents, mais ni directement, ni immédiatement rentables. On estimait également que les entreprises publiques étaient moins sensibles que les entreprises privées aux fluctuations et chocs économiques. Enfin, elles semblaient susceptibles de rationaliser au mieux leur fonctionnement par l'amélioration du niveau de vie du personnel, la réduction des conflits du travail et la participation des personnels à leur gestion[443].

Pourtant, une fois que les principales infrastructures ont été construites, certains facteurs ont perdu de leur importance. Il est devenu théoriquement

---

439 *Ibid.*, p. 75.

440 *Ibid.*, p. 95.

441 Lemaire (Christophe), *Energie et concurrence : Recherches sur les mutations juridiques induites par la libéralisation des secteurs de l'électricité et du gaz*, préface Laurence Idot, t. II, Presses Universitaires d'Aix-Marseille, 2003, p. 409.

442 Grand (Emmanuel), Veyrenc (Thomas), *L'Europe de l'électricité et du gaz. Acteurs, marchés, régulations*, préface de Jean-Marie Chevalier, Economica, 2011, p. 97.

443 Valette (Jean-Paul), *Droit public économique*, Hachette, 200, p. 34.

possible de changer les règles du jeu, ou au moins de commencer à douter dans la nécessité de conserver la réglementation existante.

§2 Le débat relatif au modèle existant

La première critique du modèle intégré date des années 1970. Elle s'appuie sur la théorie des marchés contestables[444], qui « démontre » que le marché parfait est plus efficace que le monopole régulé[445]. Cette critique s'inscrivait dans un contexte de dégradation générale des performances macroéconomiques mondiales : augmentation de l'inflation et stagnation de l'économie, ou stagflation. L'inefficacité des monopoles constituait l'une des pierres angulaires de la remise en cause du modèle intégré. Les chocs pétroliers de 1973 et 1979 ont remis en cause l'hypothèse de l'énergie bon marché sur laquelle était assise la croissance des pays occidentaux, dont la sécurité des approvisionnements énergétiques semblait un temps menacé. Premier résultat de cette nouvelle donne, les années 1970-1980 ont été marquées par une augmentation importante des prix de l'énergie (dans le sillage de ceux du pétrole)[446].

A peu près à la même période, le gaz naturel a pris un nouvel essor. Le développement de la production de l'électricité en utilisant du gaz a soutenu la demande de gaz, tandis que l'offre s'est diversifiée. En Europe, la fin de la guerre froide a permis d'envisager un accès sécurisé au gaz russe à des prix très compétitifs.

Au cours de cette période sont apparus les premiers travaux économiques portant sur le comportement des entreprises régulées et l'étude de leurs coûts datant des années 1960 (des travaux de Harvey Averch et Leland Johnson[447])[448]. Ces études ont été prolongées au cours des années 1980-

---

[444] Cette théorie a été développée au cours des années 1970 par Bailey, Baumol, Panzar et Willig. Elle a été proposée comme une généralisation plus réaliste de la concurrence parfaite. Elle se base sur la constatation suivante : des entreprises en situation de monopole peuvent se comporter de manière concurrentielle si la menace des entrants potentiels est suffisamment forte (Ouvry (Valérie), *Evolution du marché gazier européen à long terme : organisation et prix, thèse, Ecole nationale supérieure du pétrole et des moteurs*, Technip, 1998, p. 102.).

[445] Darmois (Gilles), Favenec (Jean-Pierre), *Les marchés de l'énergie : l'énergie, à quel prix ?* 2 éd., Technip, 2013, p. 79.

[446] Grand (Emmanuel), Veyrenc (Thomas), *L'Europe de l'électricité et du gaz. Acteurs, marchés, régulations*, préface de Jean-Marie Chevalier, Economica, 2011, p. 99.

[447] Averch (Harvey), Johnson (Leland), *Behavior of the Firm under Refulatory Constraints*, American Economic Review, n° 52, 1962, p. 1052-1069 ; Leibenstein (Harvey), *Allocative Efficiency and X-Efficiency*, the American Economic Review, n° 56, 1966, pp. 392 - 415.

[448] Ils ont étudié les pratiques bureaucratiques et des raisons du surinvestissement (l'effet Averch-Johnson). Le dernier est possible si le capital investi détermine directement la rémunération d'une entreprise. Dans ce cas l'intérêt de celle-ci est d'accroître son stock de capital (la base d'actifs régulés) en investissant plus que de raison. Il en résulte une tendance au surdéveloppement des infrastructures construites sous un régime régulé par rapport aux préférences réelles des usagers du service et à une substitution du capital au travail dans la fonction de production de la firme qui devient alors sous-optimale.

1990, vers une théorie rénovée des incitations et des contrats (notamment les travaux de Jean-Jacques Laffont et Jean Tirole)[449] [450].

§3 Les voies de l'évolution

Les travaux mentionnés ont progressivement conduit à l'exploration de deux directions différentes. D'une part, une révision des méthodes d'encadrement juridique des monopoles, en passant des modes de réglementation statiques basés sur les coûts à des formules de réglementation incitative. D'autre part, l'introduction de la concurrence au niveau des segments de l'industrie ne présentant pas de caractère de monopole naturel.

La première piste cherche à améliorer le fonctionnement des monopoles existants, sans forcément modifier pour autant la structure de l'industrie. L'idée est de déterminer une forme de réglementation incitant l'entreprise régulée à révéler ses véritables coûts au régulateur[451]. La deuxième piste c'est la libéralisation. On peut la définir comme une politique de réforme consistant en un recours privilégié au marché pour remplacer les dispositifs d'intégration et de planification des investissements et des décisions des firmes. La libéralisation implique une diminution du contrôle exercé par la puissance publique sur le prix et sur l'entrée dans un marché donné, et une réforme des modes d'encadrement du secteur, en isolant une fonction de réglementation sectorielle indépendante des opérateurs et du gouvernement[452].

La libéralisation n'est pas possible sans restructuration. On considère généralement que ce régime implique une dissociation effective des entités chargées de gérer les réseaux : la dissociation verticale (unbundling)

---

[449] Laffront (Jean-Jacques), Tirole (Jean), *A Theory of Incentitives in Procurement and Regulation*, MIT Press, 1993.

[450] L'interaction entre une firme et l'autorité chargée d'en réglementer les tarifs est décrite comme relevant d'une relation de type principal-agent caractérisée par une forte asymétrie d'information. La firme possède une connaissance de ses coûts propres beaucoup plus précise que l'autorité de régulation ; elle a intérêt à dissimuler cette connaissance de manière à extraire de son activité monopolistique une rente liée à la non-révélation de ses caractéristiques réelles du coût, par exemple en fixant un tarif largement au-dessus de ses coûts de production. Les auteurs ont remarqué aussi l'absence de mécanismes permettant aux consommateurs de révéler leurs préférences et l'existence d'incitations pour les firmes régulées à investir en capital (Grand (Emmanuel), Veyrenc (Thomas), *L'Europe de l'électricité et du gaz. Acteurs, marchés, régulations*, préface de Jean-Marie Chevalier, Economica, 2011, pp. 107 - 108.).

[451] Le régulateur choisit un prix plafond de référence, valable pour un certain temps : il définit ainsi les revenus de la firme régulée. Si les coûts de la firme régulée sont supérieurs, elle subit des pertes, s'ils sont inférieurs, elle réalise un profit ; dans les deux cas, la firme régulée est incitée à réaliser des gains de productivité pour maximiser son profit (Grand (Emmanuel), Veyrenc (Thomas), *L'Europe de l'électricité et du gaz. Acteurs, marchés, régulations*, préface de Jean-Marie Chevalier, Economica, 2011, p. 112.).

[452] Ainsi, toutes les barrières à l'entrée et à la sortie sont éliminées de manière à ce que les opérateurs historiques, même en l'absence d'un grand nombre de compétiteurs, puissent se sentir menacés par des firmes plus efficaces, et par ce truchement, aligner leurs prix sur leurs coûts réels.

constitue une préconisation inhérente au processus de libéralisation. Les opérateurs seront donc contraints d'isoler, de séparer, voire de renoncer à certaines de leurs activités. Cet isolement est nécessaire pour permettre le développement d'une concurrence non faussée et un accès non discriminatoire aux réseaux. Il s'agit, en particulier, de garantir que les opérateurs qui jouissent d'un monopole ou bénéficient de droits exclusifs pour une partie de leurs activités n'en tirent avantage sur les marchés ouverts à la concurrence, au détriment de leur concurrents[453]. La libéralisation est souvent (mais pas toujours) doublée d'un programme de privatisation. Mais cette mesure n'est pas obligatoire, elle a été promue par des instances internationales comme le FMI ou l'OCDE[454].

Parlant de libéralisation, on utilise souvent le terme de dérégulation (une déréglementation) [455], mais la libéralisation n'est en rien une déréglementation au sens strict. La libéralisation ne consiste pas à éliminer les réglementations, mais au contraire à transposer, voire renforcer, les règles existantes en vue d'une organisation plus efficace des marchés[456]. Il apparaît dès lors plus pertinent de parler de « démonopolisation », de « re-réglementation », c'est-à-dire de changement de cadre réglementaire plutôt que de déréglementation[457,458].

§4 La libéralisation

La libéralisation du secteur du gaz a d'abord été une aventure théorique et intellectuelle[459]. A partir des années 1980, un nombre croissant de pays a

---

[453] Lemaire (Christophe), *Energie et concurrence : Recherches sur les mutations juridiques induites par la libéralisation des secteurs de l'électricité et du gaz*, préface Laurence Idot, t. II, Presses Universitaires d'Aix-Marseille, 2003, p. 555.

[454] Voir par exemple : OCDE, Etudes économiques de l'OCDE, Union européenne 2007, ou encore « La réforme de la réglementation dans les industries de réseau : enseignements à tirer et problèmes actuels ».

[455] Pour les buts de la recherche, on utilise les mots dérégulation et déréglementation en tant que synonymes.

[456] Mirabel (François), *La Déréglementation des marchés de l'électricité et du gaz*, Presses de Mines, 2012, p. 43.

[457] Williot (Jean-Pierre), *Naissance d'un service public : le gaz à Paris*, Edition Rive Droite, 1999, p. XII.

[458] La confusion s'explique par le fait que la dérégulation est un néologisme importé des Etats-Unis et du Royaume-Uni, qui mirent en œuvre en premier lieu, au cours des années 1980, cette orientation nouvelle de politique économique. La dérégulation, comme son nom l'indique, s'applique aux secteurs dits « réglementés » dans la terminologie américaine, qui ne sont guère différents dans leur définition des secteurs dits de « service publics industriels et commerciaux » dans la terminologie administrative française. Ainsi, la dérégulation signifie seulement l'ouverture à la concurrence de secteurs qui étaient hier encadrés par des régimes de monopole et de droits exclusifs. Ainsi, il faut tenir compte de cette traduction trompeuse du concept anglo-saxon (Williot (Jean-Pierre), *Naissance d'un service public : le gaz à Paris*, Edition Rive Droite, 1999, p. XII.).

[459] Grand (Emmanuel), Veyrenc (Thomas), *L'Europe de l'électricité et du gaz. Acteurs, marchés, régulations*, préface de Jean-Marie Chevalier, Economica, 2011, p. IX.

décidé de mettre fin au modèle intégré, dans l'objectif d'y substituer la concurrence comme principe général d'organisation du secteur.

A. La mise en place de la libéralisation au niveau national

Le Royaume-Uni[460], à l'instar des Etats-Unis[461], a été, depuis les années 1980, le laboratoire des réformes concurrentielles en Europe, mais également dans le monde. National Gaz Policy Act de 1978 and Public Utility Regulatory Policies Act de 1978 ont constitué le point de départ d'un important mouvement d'ouverture des marchés. Toutes les dimensions de la réforme y ont été appliquées : la privatisation, la libéralisation, la restructuration industrielle, la dérégulation. Le Royaume-Uni qui était un Etat providence a brutalement, et volontairement, changé de modèle économique et social.

Tout d'abord, le gouvernement a commencé avec la privatisation de British Gas en 1986. En vertu de l'Oil and Gas Enterprise Act 1982, on a aboli le monopole statutaire sur l'approvisionnement, mais sans mettre en place un régime régulé d'accès des tiers au réseau (les concurrents potentiels de British Gas devaient entrer en négociations avec le monopole pour utiliser ses infrastructures). Vers la fin de l'année 1995, il y avait déjà plus que 40 fournisseurs indépendants sur le marché. Le second trait – la création des agences de régulation indépendantes et fortes (Ofgas en 2001 devenu Ofgem). Troisième élément – la privatisation. Le Royaume-Uni aujourd'hui est l'un des rares pays européens dans lequel ne subsiste plus aucun élément de propriété publique (municipale ou nationale) dans le secteur de l'énergie. Le quatrième trait c'est l'absence de toute volonté de patriotisme économique de la part des autorités britanniques. Les privatisations ont très vite donné lieu à la prise de contrôle des nouvelles sociétés par des entreprises étrangères, et ce mouvement n'a pas été significativement renversé depuis. On remarque, par exemple, qu'en 2011, 4 des 6 principaux énergéticiens britanniques sont contrôlés à 100% par des groupes étrangers (EDF, E.ON, RWE, Iberdrola)[462].

Quant à l'Europe continentale, on se devait d'attendre la libéralisation imposée par l'UE.

---

[460] Avant la réforme les prix du gaz en Grande Bretagne étaient les plus hauts en Europe (même si l'Angleterre était un pays producteur de gaz). Mais ce n'est pourtant pas cette situation qui a conduit le gouvernement de Mme Thatcher à la réforme par sa volonté de diminuer le poids du charbon dans l'économie britannique, et donc l'influence politique du syndicat des mineurs (Darmois (Gilles), Favenec (Jean-Pierre), *Les marchés de l'énergie : l'énergie, à quel prix ?* 2 éd., Technip, 2013, p. 91).

[461] Aux Etats-Unis les politiques d'ouverture à la concurrence ont été introduites dans le secteur du gaz sous l'administration Carter, puis poursuivies sous les administrations Reagan, Bush, Clinton. Les années 1990 apparaissent rétrospectivement comme l'âge d'or de la dérégulation.

[462] Grand (Emmanuel), Veyrenc (Thomas), *L'Europe de l'électricité et du gaz. Acteurs, marchés, régulations*, préface de Jean-Marie Chevalier, Economica, 2011, pp. 231-232.

B. La mise en place de la libéralisation au niveau européen

Un des buts principaux de l'UE est l'établissement du marché unique. La réglementation variée des différents Etats a constitué une entrave à sa création. Le premier pas a été la reconnaissance de la compétence de l'UE en matière d'énergie. Puis a commencé une longue période, incluant plusieurs étapes, d'élaboration de la législation en la matière.

1. La compétence de l'UE dans le secteur énergétique

La politique de l'énergie remonte aux origines de la construction européenne avec le Traité instituant la Communauté européenne du charbon et de l'acier du 18 avril 1951 (CECA) pour les secteurs du charbon et de l'acier et le Traité instituant la Communauté européenne de l'énergie atomique du 25 mars 1957 (Euratom) en matière de nucléaire civil. Pourtant, le Traité instituant la Communauté économique européenne de Rome du 25 mars 1957 (CEE) ne mentionnait pas le mot énergie.

En 1973 la Commission a présenté une communication « [s]ur la nécessité d'élaborer une politique énergétique commune[463] ». Cependant, le Conseil s'est avéré incapable de concilier les intérêts divergents des États membres. Une autre vague d'initiatives communautaires a vu le jour dans les années 1980. La Commission a publié en 1981 une communication « [s]ur le développement d'une « stratégie énergétique pour l'Europe » [464] ». Le document se faisait l'écho d'une nouvelle approche à l'égard des questions énergétiques en acceptant la possibilité de maintenir une politique énergétique diversifiée et décentralisée. L'ouverture à la concurrence des marchés énergétiques a débuté véritablement avec l'Acte unique[465], entré en vigueur en 1987. En 1988 la Commission, dans son document de travail sur la réalisation du « marché intérieur de l'énergie » [466], proclamait que la création d'un marché intérieur est indispensable pour la création d'un marché commun et présentait un plan de libéralisation incluant les mesures de la coordination des prix et les règles du transport du gaz.

L'Acte Unique n'a pas abouti à un résultat complet. Par le biais procédural du § 2 de l'article 175, l'énergie est entrée dans le Traité. On y trouve le mot énergie dans les dispositions environnementales de l'UE (l'écologisation croissante de la politique énergétique). Mais la politique

[463] Orientations et actions prioritaires pour la politique énergétique communautaire, SEC (73) 1481, Avril 1973.

[464] The Development of an Energy Strategy for the Community. Communication from the Commission to the Council. Mandate of 30 May 1980. COM (81) 540 final, 2 October 1981 // Bulletin of the European Communities, Supplement 4/81, pp. 7 - 20.

[465] Acte unique européen du 17 février et à La Haye le 28 février 1986 // Journal officiel des Communautés européennes, n° L 169, 29.06.1987, p. 1.

[466] Document de travail de la Commission « Marché intérieur de l'énergie » COM (88) 238 final du 02.05.1988.

énergétique restait un domaine national. Il s'agit donc d'un apport partiel, indirect.

La question de l'énergie à été remis à l'ordre du jour à la conférence intergouvernementale de 1991[467]. Certains Etats membres (la France, la Belgique) plaidaient, avec le soutien de la Commission, pour une politique énergétique, mais les pays libéraux s'y opposaient (la Grande-Bretagne, les Pays-Bas). L'énergie a fait son entrée dans le Traité de Maastricht de deux manières : une manière accessoire et une autre, globale.

De manière accessoire l'UE a reçu la compétence sur l'énergie par l'utilisation des articles 154 à 156 sur les réseaux transeuropéens. L'UE développe de grands réseaux dans les domaines des transports, des télécommunications et de l'énergie. L'objectif était de faciliter l'interconnexion et l'interopérabilité des réseaux nationaux (notamment en cas de problème grave d'approvisionnement dans un Etat-membre).

L'énergie apparaît, par la suite, d'une manière plus globale, au travers d'une adjonction parmi les domaines d'action de la Communauté européenne énumérés au point « u » § 2 de l'article 3. En vertu de cet article, la CE peut désormais adopter des mesures dans trois nouveaux domaines : l'énergie, la protection civile et le tourisme. Mais ces trois domaines ne faisaient l'objet d'aucun développement dans le corps du Traité. Ainsi l'apport a créé un domaine d'action sans pouvoir.

Les traités successifs comme les traités d'Amsterdam[468] et de Nice[469] n'ont pas non plus apporté de base juridique globale permettant d'aborder la question de l'énergie. Dans le silence des traités, on a dû recourir à la procédure d'adaptation (art. 308 CE devenu 352 TFUE) avec l'exigence d'un vote à l'unanimité du Conseil. Les conditions sont en effet tout à fait remplies, celle de l'absence de pouvoir d'action, celle de la réalisation d'un des objets de la Communauté, celle de la nécessité et celle d'une action s'insérant dans le fonctionnement du marché commun. La Cour de justice a toujours entendu ces conditions d'une manière assez souple[470].

En dépit de l'opposition politique considérable qui a marqué les négociations portant sur le nouveau Traité de Lisbonne[471], l'énergie a été explicitement reconnue à l'article 4 de la Partie I du Traité sur le

---

[467] Les positions politiques des Etats ont évolué. En raison de la guerre en Irak, des problèmes d'approvisionnement en pétrole ont surgi (Lopez-Ibor Mayor (Vicente), *Energy : Political and Legal Aspects*, in Actes de Symposium international UNESCO, *Energie et Société. Quelle légitimité pour les systèmes énergétiques du XXIe siècle ?* , Publisud, 1995, p. 383.).

[468] Le Traité d'Amsterdam modifiant le Traité sur l'Union européenne, les Traités instituant les Communautés européennes et certains Actes connexes, signé à Amsterdam, le 2 octobre 1997.

[469] Traité de Nice modifiant le Traité sur l'union européenne, les traités instituant les communautés européennes et certains actes connexes, signé à Nice, le 26 février 2001.

[470] Blumann (Claude) (dir.), *Vers une politique européenne de l'énergie*, Bruylant, 2012, p. 8.

[471] Traité de Lisbonne modifiant le traité sur l'Union européenne et le traité instituant la Communauté européenne, signé à Lisbonne le 13 décembre 2007 // Journal officiel, n° C 306, 17.12.2007.

fonctionnement de l'Union européenne (TFUE), en tant que compétence partagée de l'Union. La Partie III qui rassemble, modifie et renumérote les règles du Traité CE affectant le secteur de l'énergie, n'a pas été bouleversée en profondeur. Un titre séparé consacré à l'énergie (XXI) y est désormais inclus. Il se compose d'un seul article (art. 194 du TFUE) spécifiant la façon dont la compétence doit être partagée entre l'Union et ses États membres. L'article 194 du TFUE vise les quatre objectifs principaux de la politique de l'Union dans le domaine de l'énergie : (i) assurer le fonctionnement du marché de l'énergie (ii) assurer la sécurité de l'approvisionnement énergétique dans l'Union (iii) promouvoir l'efficacité énergétique et les économies d'énergie ainsi que le développement des énergies nouvelles et renouvelables ; et (iv) promouvoir l'interconnexion des réseaux énergétiques. Ces objectifs doivent être exécutés dans un esprit de solidarité entre les États membres. § 2 de l'article 194 du TFUE stipule cependant que la législation de l'Union européenne n'affectera pas le choix d'un État membre entre différentes sources d'énergie et la structure générale de son approvisionnement énergétique, sans préjudice de § 2 de l'article 192 point c). La législation servant ces objectifs peut être adoptée à la majorité qualifiée, mais tout point entrant dans le champ d'application de § 2 de l'article 194 du TFUE est sujet à l'unanimité. La même règle de l'unanimité s'applique également aux mesures relatives à la fiscalité sur l'énergie, comme le confirme le § 3 de l'article 192 du TFUE.

Le texte final du titre consacré à l'énergie est donc le résultat d'un compromis prudemment tissé entre, d'une part, le respect de la souveraineté nationale sur les ressources naturelles et la fiscalité de l'énergie, et, de l'autre, une compétence partagée entre l'Union et les États membres. Par conséquent, les institutions européennes ne peuvent pas contraindre un État-membre à investir dans certains types de production énergétique ou à exploiter davantage ses propres ressources énergétiques pour le reste de l'Union, même dans l'intérêt d'une sécurité d'approvisionnement au niveau européen [472]. Ainsi, le Traité de Lisbonne a-t-il attribué à l'UE une compétence en politique énergétique plus explicite, permettant une adaptation de la législation à la matière.

Pourtant, l'UE avait déjà commencé à légiférer au début des années 90 par la directive 91/296/CEE du Conseil du 31 mai 1991 relative au transit du gaz naturel sur les grands réseaux[473] et la directive 90/377/CEE du Conseil du 29 juin 1990 instaurant une procédure communautaire assurant la transparence des prix au consommateur industriel final de gaz et

[472] Andoura (Sami), Hancher (Leigh), Woude (Marc van der), *Vers une Communauté européenne de l'énergie : un projet politique*, Notre Europe, 2010, pp. 12 - 13.

[473] Directive 91/296/CEE du Conseil du 31 mai 1991 relative au transit du gaz naturel sur les grands réseaux // Journal officiel, n° L 147, 12/06/1991, pp. 37 – 40.

d'électricité[474]. Ces deux directives ont constitué une première phase de l'achèvement du marché intérieur du gaz naturel. Elles n'ont pas été d'une très grande importance, mais ont permis à l'UE de contribuer au financement de 12 projets sur les réseaux de gaz et d'électricité pour faciliter l'interconnexion, raccorder des régions isolées et financer des actions de stockage.

En revanche, les véritables réformes ont commencé à la fin des années 90[475]. On peut distinguer trois périodes correspondant aux trois directives gazières : la directive 98/30/CE, la directive 2003/55/CE et la directive 2009/73/CE.

2. Les étapes de la libéralisation

La libéralisation de l'industrie énergétique s'est déroulée en trois étapes, correspondant à l'adoption de trois directives de l'UE, celle de 1998, celle de 2003 et celle de 2009.

a. La directive 98/30/CE 2du 22 juin 1998[476]

Le but de cette directive était d'établir un marché concurrentiel du gaz naturel, facteur important pour l'achèvement du marché intérieur de l'énergie. L'acte prévoyait la mise en place progressive du marché intérieur du gaz pour que l'industrie puisse s'adapter à son nouvel environnement de manière souple et rationnelle et pour tenir compte des différentes structures de marché dans les États membres. En outre, cette mesure a dû favoriser l'interconnexion et l'interopérabilité des réseaux, par exemple par le biais de la compatibilité des qualités de gaz et faire en sorte que les États membres respectent les règles de la concurrence en ce qui concerne les entreprises publiques et les entreprises auxquelles ils accordaient des droits spéciaux ou exclusifs.

Une des plus grandes conquêtes de cette directive a été l'établissement de l'accès au réseau à un niveau comparable d'ouverture des marchés dans les différents États membres. Selon l'article 15 de cette directive les États membres devaient prendre les mesures nécessaires pour que les entreprises de gaz naturel et les clients éligibles, intérieurs ou extérieurs au territoire couvert par le réseau interconnecté, puissent négocier un accès au réseau pour conclure des contrats de fourniture entre eux, et les parties étaient tenues de négocier de bonne foi l'accès au réseau. L'article 16 de cette

---

[474] Directive 90/377/CEE du Conseil du 29 juin 1990 instaurant une procédure communautaire assurant la transparence des prix au consommateur industriel final de gaz et d'électricité // Journal officiel, n° 185, 17.07.1990, pp. 16 – 24.

[475] Salva (Jean-Serge), *L'achat public d'électricité et de gaz : portée, enjeux et modalités de la mise en concurrence*, Weka, 2008, p. 8.

[476] Directive 98/30/CE du Parlement européen et du Conseil du 22 juin 1998 concernant des règles communes pour le marché intérieur du gaz naturel // Journal officiel, n° L 204, 21.07.1998, pp. 1 – 12.

directive obligeait les États membres à prendre les mesures nécessaires pour donner aux entreprises de gaz naturel et aux clients éligibles un droit d'accès au réseau, sur la base de tarifs ou d'autres clauses et obligations publiés pour l'utilisation de ce réseau. Les États membres veillaient à ce que les parties négocient de bonne foi l'accès au réseau et à ce qu'aucune d'entre elles n'abuse de sa position de négociateur pour empêcher la bonne fin des négociations. Pour la réalisation de ce but, les États membres désignaient des organes compétents et indépendants pour régler rapidement les litiges relatifs aux négociations en question. Ces autorités devaient notamment régler les litiges concernant les négociations et le refus d'accès dans le cadre de la directive.

La directive a apporté des contributions importantes à la création du marché intérieur du gaz. Mais, malgré ces innovations, elle contenait beaucoup de dérogations car cet acte n'a eu qu'un effet transitoire.

Cette directive 98/30/CE avait initialement fixé un calendrier d'ouverture légale des marchés des 15 États membres portant sur huit ans, les seuils minimaux d'ouverture passant de 20 % en 2000 à 28 % en 2003 et à 33 % en 2008.

b. La directive 2003/55/CE du 26 juin 2003[477]

Le Conseil européen, réuni à Lisbonne les 23 et 24 mars 2000, a demandé que les actions destinées à achever le marché intérieur dans le secteur du gaz soient rapidement entreprises et que la libéralisation dans ces secteurs soit accélérée afin d'établir un marché intérieur pleinement opérationnel. L'accélération du processus de libéralisation du secteur gazier était liée à l'adoption de la seconde directive 2003/55/CE, qui a été une étape essentielle vers la constitution du marché européen unique du gaz. Les directives 98/30/CE et 91/296/CEE ont été abrogées avec effet au 1er juillet 2004, date d'entrée en vigueur de la directive de 2003.

L'expérience acquise avec la mise en œuvre de la directive de 1998 a montré les avantages considérables qui peuvent découler du marché intérieur du gaz en ce qui concerne les gains d'efficacité, les réductions de prix, l'amélioration de la qualité du service et l'accroissement de la compétitivité. Cependant, d'importantes lacunes subsistaient et il était encore possible d'améliorer le fonctionnement de ce marché, il fallait notamment prendre des dispositions concrètes pour résoudre les questions d'accès au réseau, d'accès aux installations de stockage, de tarification, d'interopérabilité entre systèmes et de diversité des degrés d'ouverture des marchés entre les États membres. Et pour réaliser ces améliorations, on a adopté une nouvelle directive.

---

[477] Directive 2003/55/CE du Parlement européen et du Conseil du 26 juin 2003 concernant des règles communes pour le marché intérieur du gaz naturel et abrogeant la directive 98/30/CE // Journal officiel, n° L 176, 15.07.2003, pp. 57 – 78.

« Assurer la libre circulation du gaz, renforcer la sécurité d'approvisionnement et la compétitivité industrielle en Europe » - tel était le principal objectif fixé par la directive. Parmi d'autres figurent : la création d'un marché unique du gaz naturel en Europe, un marché intégré, compétitif et régulé à l'échelle de l'Union européenne ; la croissance de la compétitivité des entreprises européennes du secteur de l'énergie face à leurs concurrents internationaux et l'octroi des garanties aux consommateurs individuels et industriels la liberté de choix de leur fournisseur. A plus long terme, le but poursuivi est l'émergence d'un véritable prix de marché du gaz, résultant de la confrontation de l'offre et de la demande. Néanmoins, une telle évolution nécessite le développement de carrefours d'échanges normalisés, ou « hubs » gaziers, dans lesquels s'échangent des volumes de gaz suffisants entre différents opérateurs de manière transparente et fluide, et dans lesquels émergent des prix de référence.

Les rapports de la Commission européenne publiés fin de 2005 et début de 2006 estimaient que la libéralisation du marché gazier était lente et que des différences importantes subsistaient entre pays en ce qui concerne l'ouverture réelle des marchés gaziers[478]. Les rapports ont dégagé trois constats. Premièrement, la réglementation, soit en ce qui concerne les moyens et les pouvoirs des régulateurs, soit en ce qui concerne certains domaines mal couverts par la réglementation tels que les investissements transfrontaliers était reconnue insuffisante. Deuxièmement, les mesures permettant la séparation réelle des activités de transport et de fourniture (le rapport constate la permanence de comportements discriminatoires en faveur de la branche de commercialisation du gaz sur le marché de gros des opérateurs intégrés) n'ont pas été assez efficaces. Troisièmement, le manque pour les acteurs du marché de la disponibilité de l'information sur l'utilisation des infrastructures gazières[479]. Donc en résumé, il y a eu beaucoup de problèmes à surmonter.

C'est pourquoi la Commission a passé à la préparation d'une nouvelle directive qui devait porter tant sur la sécurité d'approvisionnement que sur la sûreté de fonctionnement du système gazier européen.

Les nouvelles orientations politiques arrêtées par la Commission ont été reprises dans trois documents de référence : le livre vert intitulé « Vers une stratégie européenne de sécurité d'approvisionnement énergétique » (novembre 2000), le livre vert « Sur l'efficacité énergétique » (juin 2005) et le livre vert « [p]our une stratégie européenne pour une énergie sûre, compétitive et durable » (mars 2006). Selon ces documents, les lignes directrices de la politique européenne en matière d'énergie, devaient être les

---

478 La régulation des services publics (2001 - 2007) // http://(dir).vie-publique.fr/politiques-publiques/regulation-services-publics/secteurs/gaz/ (04.04.2015).

479 Commission de régulation de l'énergie, *Rapport d'activité en juin 2006* // http://(dir).cre.fr/imgAdmin/1152782274652.pdf (04.04.2015).

suivantes : assurer un développement durable des transports et de l'énergie ; déployer les grands réseaux en Europe ; renforcer la sécurité ; réussir l'élargissement.

c. La directive 2009/73/CE du 13 juillet 2009[480]

Finalement, le 13 juillet 2009, un troisième paquet énergétique[481] a été adopté. Une nouvelle directive a prévu trois options de séparation verticale et l'harmonisation des compétences des régulateurs nationaux. La réforme opère une double décomposition du pouvoir de régulation des Etats[482] au niveau vertical et horizontal.

La directive prévoit la mise en place d'une réglementation européenne. Au niveau communautaire la régulation se fait autour de la Commission, de l'Agence de coopération des régulateurs de l'énergie (ACER)[483] et des Réseaux européens de gestionnaires de réseau pour le gaz (ENTSOG).

La Commission européenne a estimé qu'une entité distincte, indépendante et étrangère à la Commission, serait mieux à même d'accomplir les tâches requises. Elle est arrivée à la conclusion que la création d'une agence constitue la seule solution pour pouvoir établir un organe indépendant habilité à lui présenter des propositions concernant des décisions de fond et à prendre des décisions individuelles de régulation ayant un caractère contraignant pour les tiers. L'ACER est donc venu compléter la

---

[480] Directive 2009/73/CE du Parlement européen et du Conseil du 13 juillet 2009 concernant des règles communes pour le marché intérieur du gaz naturel et abrogeant la directive 2003/55/CE // Journal officiel, n° L 211/94, 14.08.2009, pp. 94–136.

[481] La directive fait partie du 3ème paquet énergétique qui a été adopté le 13 Juillet 2009, il est composé de 5 textes, dont 2 directives : le règlement instituant une agence de coopération des régulateurs de l'énergie (713/2009), le règlement sur les conditions d'accès au réseau pour les échanges transfrontaliers d'électricité (714/2009), le règlement concernant les conditions d'accès aux réseaux de transport de gaz naturel (715/2009) et abrogeant le règlement précédent, la directive sur l'électricité (2009/72/CE) et la directive sur le gaz (2009/73/CE).

[482] La distinction entre régulation et réglementation renvoie d'abord à une différence de philosophie d'action publique. La réglementation recouvre une approche normative de l'action administrative qu'elle qualifie *a priori* le comportement des acteurs sous peine de sanction, tandis que la régulation évoque un mode d'encadrement plus souple et évolutif, faisant davantage appel à la co-construction et à l'expérimentation. Elle s'inscrit dans le processus qui peut relever de la « soft law » et aller au-delà des obligations minimales prévues par la loi.

La distinction renvoie également aux autorités en charge de la production des normes correspondantes. La réglementation est le fait des structures administratives traditionnelles (ministères). La régulation du secteur est confiée à des autorités spécifiques dont les pouvoirs sont décrits par les directives. Ce sont des organes de régulation indépendants, agissant dans un environnement faisant appel aux contributions d'acteurs non-étatiques (Grand (Emmanuel), Veyrenc (Thomas), *L'Europe de l'électricité et du gaz. Acteurs, marchés, régulations*, préface de Jean-Marie Chevalier, Economica, 2011, p. 159.)

[483] L'ACER s'est substituée au Groupe des régulateurs européens pour l'électricité et le gaz (European Regulators' Group for Electricity and Gas, ERGEG), créé par la Commission européenne dans le cadre de la mise en œuvre des directives de 2003.

liste des agences européennes de régulation. Elle dispose d'un personnel composé de 40 à 50 personnes et d'un budget annuel évalué à 6 ou 7 millions d'euros. L'Allemagne, l'Autriche et la Pologne ont mis en cause le bien-fondé même de la création de cette agence. Ces pays ont considéré qu'il aurait été plus pertinent de se limiter à un « ERGEG+ », permettant d'éviter la création d'un nouvel organe, en se bornant à donner au Groupe des régulateurs européens des compétences renforcées [484]. De plus, la jurisprudence de la CJUE (arrêt Meroni du 13 juin 1958[485] et Romano du 14 mai 1981[486]) autorise, certes, la Commission à déléguer une partie de son pouvoir décisionnel à des entités tierces, mais cette délégation doit être limitée à des pouvoirs d'exécution exactement définis et susceptibles d'un contrôle rigoureux[487].

L'Agence de coopération des régulateurs de l'énergie est un organisme communautaire doté de la personnalité juridique, institué par le règlement (CE) n° 713/2009[488] et mis en place en 2010. L'ACER est opérationnel depuis le 3 mars 2011. Ainsi, c'est une autorité administrative indépendante (ce qui se voit dans sa composition) qui joue un rôle 1) d'instance consultative auprès de la Commission européenne, 2) de supervision du travail des gestionnaires de réseau regroupés, 3) d'orientation-validation du droit communautaire dérivé sur les questions transfrontalières et 4) d'arbitrage sur les questions transfrontalières. De nouveau pouvoirs lui sont également transférés en matière de coordination du travail des autorités nationales de régulation en matière de marché.

Pourtant, l'ACER essaye d'utiliser l'approche de la soft law qui se traduit par l'adoption de lignes directrices, de recueil de bonnes pratiques, d'avis et recommandations, de souscriptions, d'engagements volontaires ou de chartes de comportement, ou encore d'accords plus ou moins formalisés, qui ne font parfois que l'objet d'une traduction juridique formelle dans un second temps. On peut citer à titre d'exemple, des documents intitulés Guidelines for Good Practices (GGP).

---

[484] Rapport d'information déposé par la délégation de l'Assemblée nationale pour l'Union européenne, *« [s]ur le troisième paquet de libéralisation du marché de l'énergie* (E 3642, E 3643, E 3645 et E 3646), PLB Communication, 2008, p. 22

[485] CJCE, 13 juin 1958, Meroni & Co., Industrie Metallurgiche, società in accomandita semplice contre Haute Autorité de la Communauté européenne du charbon et de l'acier, aff. 10-56 // Recueil de jurisprudence, éd. française, p. 53.

[486] CJCE, 14 mai 1981, Giuseppe Romano contre Institut national d'assurance maladie-invalidité, aff. 98/80 // Recueil de jurisprudence, 1981, p. 1241.

[487] Rapport d'information déposé par la délégation de l'Assemblée nationale pour l'Union européenne, *[s]ur le troisième paquet de libéralisation du marché de l'énergie, E 3642, E3643, E3645 et E3646*, PLB Communication, 2008, p. 22.

[488] Règlement (CE) n° 713/2009 du Parlement européen et du Conseil du 13 juillet 2009 instituant une agence de coopération des régulateurs de l'énergie (Texte présentant de l'intérêt pour l'EEE) // Journal officiel, n° L 211, 14.08.2009, pp. 1–14.

Par contre, le Réseau européen de gestionnaires de réseau pour le gaz (l'ENTSOG) est une association européenne représentant les transporteurs de gaz et regroupant 42 membres dans 25 pays. Il a été créé dans le cadre du règlement 713/2009 le 13 juin 2009[489]. L'ENTSOG est chargé de la rédaction des codes de réseau, conformément aux lignes directrices (ou framework guidelines) définies préalablement par l'ACER. Les codes existant à ce jour posent trois types de problèmes : les règles ne couvrent pas tous les domaines ; les codes nationaux sont souvent incompatibles les uns avec les autres et, enfin, ils sont sans caractère juridiquement contraignants. La Commission européenne prévoit donc de confier à l'ENTSOG l'élaboration de codes dans onze domaines spécifiques (sécurité et fiabilité ; règles de raccordement et d'accès au réseau ; règles en matière d'échange de données et de liquidation ; règles relatives à l'interopérabilité ; procédures opérationnelles en cas d'urgence ; règles d'attribution des capacités et de gestion de la cogestion ; règles relatives aux échanges ; règles de transparence ; règles d'équilibrage ; règles concernant les structures tarifaires de transport ; règles en matière d'efficacité énergétique des réseaux). Si les gestionnaires de transport (GRT) ne parviennent pas à prendre une décision sur les codes techniques et commerciaux nécessaires, ou ne les mettent pas en application, ces règles pourront être adoptées sur proposition de la Commission européenne[490]. La coopération entre les gestionnaires de transport devrait aussi comprendre la surveillance de la mise en œuvre de ces codes.

La réglementation européenne fait de plus en plus appel directement aux parties prenantes. En 1998 ont été lancés le forum de Madrid et le Forum de Londres[491], rencontres régulières permettant de tenir des débats impliquant la Commission européenne, les régulateurs, les gestionnaires de réseaux, les bourses et les autres parties prenantes sur l'évolution du cadre de régulation européen.

Au niveau horizontal les gouvernements ont choisi de recourir à une agence indépendante du pouvoir politique (des organes nationaux de régulation, ANR)[492]. Les objectifs et les modes de fonctionnement généraux sont définis par la directive 2009/73/CE et par la loi nationale.

---

489 Règlement 713/2009 du Parlement européen et du Conseil du 13 juin 2009 instituant une agence de coopération des régulateurs de l'énergie // Journal officiel, n° L 211, 14.08.2009.

490 Rapport d'information déposé par la délégation de l'Assemblée nationale pour l'Union européenne, *Sur le troisième paquet de libéralisation du marché de l'énergie, E 3642, E3643, E3645 et E3646*, PLB Communication, 2008, p. 29.

491 Forum de Londres : c'est le Forum de l'énergie pour les citoyens, également appelé Forum de Londres, il traite des aspects réglementaires touchant aux marchés de détail et à la protection des consommateurs européens d'électricité et de gaz naturel. Créé en 2008 dans le cadre des négociations sur la révision de la législation communautaire en matière d'énergie, il se réunit une fois par an.

492 La création de cet organe n'est pas obligatoire pour garantir un bon fonctionnement du marché. La Nouvelle-Zélande, par exemple, n'a pas de commission de régulation et se repose sur la

Des organes de régulation[493]

	Régulation sectorielle	Régulation concurrentielle	Régulation financière
Niveau communautaire	Agence de coopération des régulateurs de l'énergie (ACER) instituée par le règlement 713/2009. L'ACER a remplacé l'ERGEG, European Regulators' Group for Electricity and Gas	Pas d'agence : Commission européenne, agissant selon les pouvoirs que lui octroient les traités : enquête, instruction et sanction sous contrôle juridictionnel strict de la Cour de justice et du Tribunal de Première instance de l'UE	Système européen de surveillance financière institué par les règlements 1092, 1093, 1094 et 1095 du 4 décembre 2010 (trois organes de régulation basés à Londres, Francfort et Paris, Conseil européen du risque systémique adossé à la BCE)
Niveau national	Organes nationaux de régulation (ANR), dont les pouvoirs sont définis par la directive 2009/73/CE France : Commission de régulation de l'énergie installée par la loi n° 2000-108 du 10 février 2000	Organes nationaux de la concurrence (ANC), fonctionnant en réseau avec la Commission (règlement 1/2003) France : Autorité de la concurrence qui a succédé au Conseil de la concurrence par la loi du 4 août 2008	Organes nationaux de surveillance France : Autorité de contrôle prudentiel (ACP) instituée par l'ordonnance n° 2010-76 du 21 janvier 2010

commission de la concurrence (Darmois (Gilles), Favenec (Jean-Pierre), *Les marchés de l'énergie : l'énergie, à quel prix ?* 2 éd., Technip, 2013, p. 77).

[493] Ce tableau est fait à partir du tableau « Typologie des organes de régulation en Europe » // Grand (Emmanuel), Veyrenc (Thomas), *L'Europe de l'électricité et du gaz. Acteurs, marchés, régulations*, préface de Jean-Marie Chevalier, Economica, 2011, p. 160.

Principales dispositions des directives sur le gaz[494]

Mesure	Premier paquet directive 98/30/CE	Deuxième paquet directive 2003/55/CE	Troisième paquet directive 2009/73/CE
Ouverture du marché de production	Procédures d'autorisation pour l'exploitation d'installations de gaz naturel doivent être objectives et non discriminatoires	Idem 1 paquet	Idem 1 paquet
Ouverture du marché de la fourniture au client final	Immédiate pour les plus gros client – plus de 25 Mm ^{3}/an et centrales électriques, progressive selon un échéancier précis pour les autres, sans aller jusqu'à une ouverture totale (notamment consommateurs résidentiels)	Ouverture totale : -au 1 juillet 2004 pour les clients non – résidentiels ; -au 1 juillet 2007 pour tous les clients	Ouverture à partir 1 juillet 2007 pour tous les clients
Séparation verticale (unbundling) pour les GRT	Séparation comptable	Séparation juridique et fonctionnelle au 1er juillet 2004	3 options : -séparation patrimoniale (ownership unbundling) ; -gestionnaire de réseau indépendant (modèle ISO); - gestionnaire de réseau de transport indépendant (modèle ITO)
Séparation verticale pour les GRD de plus de 100000 clients	Séparation comptable	Séparation juridique et fonctionnelle au 1 juillet 2004	Idem 2 paquet

494 Ce tableau est fait à partir du tableau « Les trois paquets énergie » // Hansen (Jean-Pierre), Percebois (Jacques), Energie : économie et politiques, préface de Marcel Boiteux, De boeck, 2010, p. 275. et « Principales dispositions des directives sectorielles électricité et gaz » // Grand (Emmanuel), Veyrenc (Thomas), *L'Europe de l'électricité et du gaz. Acteurs, marchés, régulations*, préface de Jean-Marie Chevalier, Economica, 2011, p. 135.

Accès des tiers aux réseaux	3 options : -accès régulé au réseau ; -accès négocié au réseau ; -acheteur unique	Accès régulé	Idem 2 paquet
Compétences de l'autorité nationale	Existence de « mécanismes » de régulation, de contrôle et de transparence	Obligation de désigner une autorité de régulation « indépendante du secteur »	Harmonisation des compétences des régulateurs nationaux selon un jeu unique de compétences
Clause des pays tiers au réseau			Contrôle d'un GRT par une personne d'un pays tiers autorisé, si pas de risque pour la sécurité d'approvisionnement de l'Etat-membre de l'UE
Obligations de service public (OSP)	Les OSP peuvent être imposées aux entreprises : sécurité d'approvisionnement ; régularité, qualité et prix de la fourniture ; protection de l'environnement		OSP : nouveaux renforcement de la protection des consommateurs
Coopération des GRT – volet supranational			ENTSOG : network codes, plan européen décennal de développement du réseau de transport
Transit		Abrogation de la directive « transit » gaz sauf pour les contrats conclus conformément au § 1 de l'art 3	Abrogation de l'exception « anciens contrats » par le biais de l'abrogation avec effet au 3 mars 2011 de la directive 2003/55/CE
Transposition	10 août 2000	1 juillet 2004	3 mars 2011

Section II. Les règles issues de la libéralisation, applicables à chaque secteur d'activité

L'examen de l'encadrement juridique des éléments de l'industrie gazière, localisés dans les pays de l'UE, portera sur : le transport (acheminement sur les réseaux à haut débit), le stockage (les services du stockage permettent de relâcher les contraintes temporelles sur l'équilibre offre-demande), la commercialisation sur les marchés de gros, la distribution (l'acheminement de gaz jusqu'aux sites de consommation) et la fourniture [495] (l'approvisionnement de gaz et sa commercialisation auprès des consommateurs finaux).

§1 Les règles applicables au transport du gaz dans et entre les pays de l'UE

Le secteur du transport comprend les services de transport de gaz naturel via un réseau principalement constitué de gazoducs à haute pression[496] aux fins de fourniture à des clients, mais ne comprenant pas la fourniture. Ce secteur se trouve au cœur de la libéralisation. Le législateur, en le réformant, avait pour but de modifier, en premier lieu, le statut de l'opérateur du réseau, d'introduire des garanties d'accès aux gazoducs, des règles communes de fixation des tarifs d'accès. Egalement, il a essayé de proposer la réglementation pour maintenir le développement des réseaux et de définir le cadre juridique de la réglementation des aspects transfrontaliers décrits au-dessous.

A. Le statut d'opérateur d'un réseau

L'analyse du statut de l'opérateur inclut la prise en compte de son rôle, des modes d'organisation et des questions de propriété.

1. Le rôle de l'opérateur d'un réseau

En général, on peut distinguer deux approches du rôle de l'opérateur : l'approche « américaine » et l'approche « européenne ». Selon la première, l'opérateur apparaît comme un « super-coordinateur » du système, ne disposant généralement pas des moyens nécessaires pour développer lui-même les infrastructures. L'opérateur peut régler l'exploitation du réseau et l'encadrement du fonctionnement des marchés. Cette forme institutionnelle est elle-même le fruit de l'histoire. Aux Etats-Unis les opérateurs de réseaux

[495] Il faut remarquer que dans l'industrie gazière la notion de la fourniture est compris dans le sens attribué par la législation européenne : la fourniture comprend l'approvisionnement justement des consommateurs finals.

[496] Autre qu'un réseau de gazoducs en amont et autre que la partie des gazoducs à haute pression utilisée principalement pour la distribution du gaz naturel au niveau local.

ont pris de manière prédominante la forme de coopératives ou d'associations à but non lucratif, fonctionnant initialement comme « prestataires de services ». Les plus importants gestionnaires de réseaux américains ont depuis su se détacher de la tutelle des opérateurs historiques et s'inscrire dans un cadre de régulation contrôlé de manière croissante par le régulateur fédéral, mais ne détiennent pas, sauf exception, d'infrastructures de réseau[497].

Contrairement aux Etats-Unis, selon l'approche « européenne », les fonctions de l'opérateur sont les suivantes. Premièrement, l'exploitation du réseau c'est-à-dire assurer la compatibilité des flux qui parcourent les infrastructures du réseau avec les caractéristiques techniques des canalisations gazières. Dans le secteur du gaz, l'action des opérateurs porte principalement sur les compresseurs qui régulent la pression du gaz en assurant son déplacement et la compatibilité de son débit avec les caractéristiques mécaniques des ouvrages. Deuxièmement, l'équilibrage des injections et des soutirages sur les réseaux gaziers. Troisièmement, la maintenance et le développement des infrastructures. La quatrième fonction est la coordination des échanges marchands utilisant le réseau comme plate-forme physique, c'est-à-dire l'action de garantir l'adéquation de capacité aux différentes échéances de temps pertinentes. C'est la fonction des bourses également. Ainsi, l'approche européenne combine l'exploitation du système proprement dit, la propriété des infrastructures et la responsabilité de leur développement : le regroupement de la planification du développement et de sa réalisation est réputé réduire notablement les coûts de transactions et de permettre un développement du réseau compatible avec les besoins[498].

Cette approche est la conséquence directe de la réforme concurrentielle et notamment de la volonté de placer les opérateurs sur un pied d'égalité. Dans cette optique, confier aux GRT nouvellement créés la détention des infrastructures des réseaux participe d'une volonté claire de crédibiliser ces nouveaux opérateurs, devenus indépendants des opérateurs historiques et permet de maîtriser les infrastructures stratégiques pour le développement du marché européen.

2. Les modèles d'organisation de l'opérateur

Selon l'expression de John Rockefeller, celui qui contrôle le transport tient dans ses mains la production et le traitement. C'est pourquoi la mise en place de la concurrence suppose la séparation (unbundling) des activités de transport des activités de production, de stockage, de distribution et de fourniture. Les compagnies de transport ne doivent pas posséder le gaz qu'elles transportent. Les États membres devraient par conséquent faire en

[497] Grand (Emmanuel), Veyrenc (Thomas), *L'Europe de l'électricité et du gaz. Acteurs, marchés, régulations*, préface de Jean-Marie Chevalier, Economica, 2011, p. 292.
[498] *Ibid.*, p. 292.

sorte que la, ou les, même(s) personnes ne puissent pas contrôler sur une entreprise de production ou de fourniture et, simultanément, contrôler un réseau de transport ou un gestionnaire de réseau de transport. Inversement, il ne devrait pas être possible d'exercer un contrôle ou des pouvoirs sur une entreprise de production ou de fourniture en même temps qu'un contrôle sur un réseau de transport ou un gestionnaire de réseau de transport. Ainsi, la directive 2009 prévoit la création d'un gestionnaire de réseau. Ses fonctions, à part celles déjà indiquées, consistent à : empêcher toute discrimination entre les utilisateurs ou les catégories d'utilisateurs du réseau; fournir aux autres gestionnaires de réseaux de transport, de stockage, de GNL ou de distribution des informations suffisantes pour garantir que le transport puisse se faire d'une manière compatible avec un fonctionnement sûr et efficace du réseau interconnecté et fournir aux utilisateurs du réseau les informations dont ils ont besoin pour un accès efficace au réseau.

La directive de 2009 prévoit deux voies d'« unbundling » : avec séparation patrimoniale et sans pareille séparation. La première voie prévoit la dissociation des structures de propriété et la mise en place d'un gestionnaire de réseau : une entreprise unique ne pourrait alors plus être à la fois propriétaire du réseau de transport et mener des activités de production ou de fourniture d'énergie. C'est le moyen préféré de la Commission. Cependant pour requérir le changement du régime de propriété, il faut donner des preuves de son importance. La Commission l'explique par l'importance de garantir le développement du réseau, non seulement par l'intérêt des entreprises intégrées. Cette mesure sert à empêcher le surajustement des tarifs (par contre il y a un risque que le propriétaire d'un réseau veuille augmenter ces profits au détriment de la sécurité des réseaux) ou l'imposition de tarifs discriminatoires (bien que les tarifs soient publics), ou à éviter la subventionne croisée. Cependant il est peut-être suffisant de mieux contrôler l'abus de la position dominante car, jusqu'à maintenant, la Commission n'a jamais réussi à prouver les subventionnes croisées[499]. Toutefois, le traité européen ne préjuge en rien du régime de propriété dans les Etats membres (art. 295 TFUE) : un texte européen rendant obligatoire une modification des droits de propriété en vigueur risquerait d'être contraires aux actes constitutifs. Au cours des négociations préalables à la directive, la position de la Commission a bénéficié du soutien du Parlement européen, mais pas de celui du Conseil, où une minorité de blocage s'était constituée autour de huit Etats membres (l'Allemagne, la France, la Grèce, l'Autriche, la Bulgarie, la Slovaquie, la Lettonie, le Luxembourg), ne permettant pas l'adoption d'une position commune[500]. Pourtant, finalement

[499] Лахно (Петр Гордеевич), Зеккер (Франц Юнгер) (ред.), *Энергетическое право России и Германии : сравнительно-правовое исследование,* 2011, с. 520.

[500] Grand (Emmanuel), Veyrenc (Thomas), *L'Europe de l'électricité et du gaz. Acteurs, marchés, régulations*, préface de Jean-Marie Chevalier, Economica, 2011, p. 393.

ce modèle a été choisi par la Belgique, la Hongrie, l'Irlande, l'Espagne, les Pays-Bas, le Royaume-Uni et la Suède[501].

La mise en place d'un gestionnaire de réseau sans séparation patrimoniale peut être faite par deux moyens : la création d'un gestionnaire de réseau indépendant (ISO, Independent System Operator) ou d'un opérateur de transport indépendant (ITO, Independent Transport Operator). Tous les deux modèles donnent la possibilité pour l'entreprise intégrée de garder la propriété du réseau de transport. Cependant ils perdent le contrôle sur sa gestion, totalement en cas d'ISO et partiellement en cas d'ITO.

La complexité à appliquer le modèle ISO, l'insignifiance des pouvoirs du propriétaire [502], expliquent pourquoi l'ISO ne fait pas l'objet d'une application large en Europe (à la différence des Etats-Unis). A ce jour, cette option n'était appliquée qu'en Ecosse pour l'électricité (la compagnie « National Grid » opère indépendamment des actifs de « Scottish Power » и « Scottish & Southern Energy »[503]).

En cas de sélection du modèle de l'opérateur de transport indépendant (ITO), les entreprises intégrées doivent créer une compagnie dans la forme indiquée à l'article 1 de la directive 68/151/EEC[504]. Cette dernière exerce les fonctions d'opérateur du réseau. La société mère conserve ses droits de propriété et le droit d'approuver le plan financier annuel du gestionnaire de réseau de transport, ou tout document équivalent et de plafonner globalement le niveau d'endettement de sa filiale. Ce modèle, proposé par huit Etats membres, dont la France et l'Allemagne, est le plus répandu. En effet, certaines sociétés gazières ne sont pas des producteurs de gaz en Europe. Imposer la séparation patrimoniale à toutes les sociétés conduit ainsi à introduire une discrimination entre celles qui ont des actifs physiques en amont (c'est le cas des Pays-Bas) et celles qui n'en ont pas. Par exemple ENGIE, si on lui retirait le réseau de transport de gaz de France, se trouverait dans une situation difficile parce que ses gazoducs sont l'essentiel de ses actifs (à la différence d'EDF qui produit elle-même de l'électricité).

Pourtant, le model ITO connaît des désavantages, principalement la difficulté de garantir l'indépendance de l'entreprise vis-à-vis de la société mère. Dans la directive, on prévoit de multiples dispositions visant à assurer la séparation complète des activités du GRT de celles de sa société mère.

---

[501] Гудков (Иван Владимирович), *Третий энергетический пакет Европейского союза*, Нефть, газ и право, 2010, n° 3, с. 61.

[502] Le propriétaire a plutôt des devoirs, tels que faire des investissements, aider l'opérateur, accorder l'information, donner des garanties pour les projets.

[503] Гудков (Иван Владимирович), *Третий энергетический пакет Европейского союза*, Нефть, газ и право, 2010, n° 3, с. 62.

[504] Première directive 68/151/CEE du Conseil, du 9 mars 1968, tendant à coordonner, pour les rendre équivalentes, les garanties qui sont exigées, dans les États membres, des sociétés au sens de l'article 58 deuxième alinéa du traité, pour protéger les intérêts tant des associés que des tiers // Journal officiel, n° L 065, 14.03.1968, pp. 8 – 12.

Afin d'assurer l'indépendance totale de la gestion des réseaux par rapport aux structures de fourniture et de production et d'empêcher les échanges d'informations confidentielles, une même personne ne devrait pas être à la fois membre des organes de direction d'un gestionnaire de réseau de transport, ou d'un réseau de transport, et membre des organes de direction d'une entreprise assurant la production ou la fourniture. Pour la même raison, une même personne ne devrait pas être autorisée à désigner les membres des organes de direction d'un gestionnaire de réseau de transport, ou d'un réseau de transport, et à exercer un contrôle ou des pouvoirs sur une entreprise de production ou de fourniture.

La deuxième garantie consiste en la procédure de certification. Avant qu'une entreprise soit agréée et désignée comme gestionnaire de réseau de transport, elle doit être certifiée conformément aux procédures visées au règlement (CE) 715/2009 par les États membres. La liste des gestionnaires de réseau de transport désignés est communiquée à la Commission et publiée au Journal officiel de l'Union européenne.

Lorsque la certification est demandée par un propriétaire ou un gestionnaire de réseau de transport sur lequel une ou plusieurs personnes d'un ou de plusieurs pays tiers exercent un contrôle, l'autorité de régulation en informe la Commission. L'autorité de régulation notifie également sans délai à la Commission (et elle peut faire des objections) toute situation qui aurait pour effet qu'une ou plusieurs personnes d'un ou de plusieurs pays tiers acquièrent le contrôle d'un réseau de transport ou d'un gestionnaire de réseau de transport.

La troisième garantie importante c'est que les gestionnaires de réseau de transport doivent posséder toutes les ressources humaines, techniques, matérielles et financières nécessaires pour s'acquitter des obligations qui leur incombent en vertu de la directive.

Quatrièmement, l'entreprise verticalement intégrée ne peut pas déterminer directement ou indirectement le comportement concurrentiel du gestionnaire de réseau de transport ni en ce qui concerne les activités quotidiennes de ce dernier et la gestion du réseau, ni en ce qui concerne les activités nécessaires pour l'élaboration du plan décennal de développement du réseau. La société mère ne peut pas donner des instructions au sujet de la gestion quotidienne ni en ce qui concerne des décisions individuelles relatives à la construction ou à la modernisation de conduites de transport qui n'excèdent pas les limites du plan financier qu'elle a approuvé ou de tout document équivalent. Le gestionnaire de réseau de transport soumet pour approbation à l'autorité de régulation tous les accords commerciaux et financiers avec l'entreprise verticalement intégrée.

Le cinquième point important, la directive prévoit le programme d'engagements qui contient les mesures prises pour garantir que toute pratique discriminatoire est exclue. Ce programme d'engagements énumère les obligations spécifiques imposées aux employés pour que ces objectifs soient atteints. Il est soumis à l'approbation de l'autorité de régulation. Les États membres s'assurent que les gestionnaires de réseau de transport établissent et mettent en œuvre ce programme. Le cadre chargé du respect des engagements est nommé par l'organe de surveillance, sous réserve de l'accord de l'autorité de régulation. L'autorité de régulation ne peut s'opposer à la nomination d'un cadre chargé du respect des engagements qu'au motif d'un manque d'indépendance ou de capacités professionnelles.

Par ailleurs, dans l'identité sociale de l'ITO, ses pratiques de communication, sa stratégie de marque et ses locaux, le gestionnaire de réseau de transport doit s'abstenir de toute confusion avec l'identité distincte de l'entreprise verticalement intégrée ou de toute entité de cette dernière. Le gestionnaire de réseau de transport ne partage aucun système ni matériel informatique, aucun local ni aucun système d'accès sécurisé avec une quelconque entité de l'entreprise verticalement intégrée et ne fait pas appel aux mêmes consultants ni aux mêmes contractants externes pour les systèmes et matériels informatiques ni pour les systèmes d'accès sécurisé. Et, même ses comptes doivent être contrôlés par un auditeur autre que celui qui contrôle l'entreprise verticalement intégrée ou une partie de celle-ci.

Malgré toutes ces garanties d'indépendance, il est difficile d'estimer jusqu'à maintenant l'efficacité des mesures. La Commission dans son rapport[505] constate que les opérateurs protègent toujours des intérêts de la société mère. Autre spécificité, la gestion des réseaux de transport de gaz naturel reste organisée nationalement avec, le plus souvent, un acteur de dimension nationale. On retrouve des gestionnaires de réseau – des groupes intégrés GRTG en France (groupe ENGIE), SNAM en Italie (groupe ENI), les groupes E.ON, (groupe RWE en Allemagne), Gasunie (aux Pays-Bas), Enagas (en Espagne), National Grid (au Royaume-Uni), Fluxys (en Belgique), EUStream (en Slovaquie).

Dans le même temps, le modèle ITO semble perdre du terrain, notamment du fait de la vente en Allemagne, par leurs propriétaires historiques, des sociétés gestionnaires de réseau (vente totale de la part de E.ON et Vattenfall, partielle pour RWE). Ironiquement, les énergéticiens allemands se sont défaits ainsi de manière volontaire d'actifs dont ils avaient si fort souhaité conserver la propriété[506].

3. La privatisation de la propriété publique dans le secteur du transport

Il faut noter que la réforme européenne ne traite pas directement la question de la propriété publique des opérateurs et ne prévoit aucun

[505] DG Competition Report, *On Energy Sector Inquiry,* SEC 2006 1724 du 10 Janvier 2007.
[506] Grand (Emmanuel), Veyrenc (Thomas), *L'Europe de l'électricité et du gaz. Acteurs, marchés, régulations*, préface de Jean-Marie Chevalier, Economica, 2011, p. 393.

programme de privatisation[507]. Cependant pour de multiples raisons les privatisations se font. Certains Etats, en cas de privatisation, conserve une action spécifique, ou « golden share », trouvant son origine en droit britannique. Bien que ces mesures fassent l'objet d'une attention particulière, on peut dès à présent examiner leur incidence éventuelle sur la qualification des opérations de recomposition. A cet égard, l'acquisition du contrôle de Distrigaz par Tractebel, à l'occasion d'une opération de privatisation menée par l'Etat belge, en fournit en exemple topique. En effet, postérieurement à la privatisation, la société Distrigaz, est restée sous le contrôle unique de cette dernière. Toutefois, l'Etat avait décidé de conserver une action spécifique lui conférant, sous certaines conditions, un droit de veto. En effet, bien que cette action ne lui donne aucun droit en Assemblée générale ni aucun droit de vote au Conseil d'administration, elle permet au ministre de l'économie, sur le recours formé dans un délai de quatre semaines par les deux représentants dotés d'une voix consultative dont ils disposent au sein de ce Conseil, d'annuler des décisions qui iraient à l'encontre de l'intérêt général. De plus, l'Etat disposait du pouvoir d'arbitrer certains blocages entre actionnaires, lors des réunions des assemblées générales extraordinaires, quand notamment la réalisation des objectifs énergétiques du pays était en cause[508].

La Commission a confirmé que « les prérogatives, exercées par l'Etat en tant que puissance publique et non en tant qu'actionnaire, lorsqu'elles sont limitées à la seule défense de l'intérêt public, ne fondent pas le contrôle joint au sens de l'article 3 du règlement dans la mesure où elles n'ont ni pour objet, ni pour effet, de mettre l'État en mesure d'exercer une influence déterminante sur l'activité de l'entreprise, mais uniquement de garantir, le cas échéant, le respect de l'intérêt général dont est en charge la puissance publique » [509]. Pourtant, il faut rendre compte que ces mesures sont susceptibles de constituer des obstacles aux investissements[510].

---

[507] Cela s'explique par le fait que les entreprises publiques sont plus enclines à défendre l'intérêt général que les entreprises privées, le contrôle par la détention apparaît parfois supérieur au contrôle par la régulation (Grand (Emmanuel), Veyrenc (Thomas), *L'Europe de l'électricité et du gaz. Acteurs, marchés, régulations*, préface de Jean-Marie Chevalier, Economica, 2011, p. 118.).

[508] Lemaire (Christophe), *Energie et concurrence : Recherches sur les mutations juridiques induites par la liberalisation des secteurs de l'électricité et du gaz*, préface Laurence Idot, t. II, Presses Universitaires d'Aix-Marseille, 2003, p. 641.

[509] La décision Tractebel/Distrigaz II préc., spéc. p. 16.

[510] Lemaire (Christophe), *Energie et concurrence : Recherches sur les mutations juridiques induites par la liberalisation des secteurs de l'électricité et du gaz*, préface Laurence Idot, t. II, Presses Universitaires d'Aix-Marseille, 2003, p. 648.

B. Le droit d'accès des tiers aux réseaux

La garantie d'un accès non discriminatoire des tiers (ATR) aux infrastructures essentielles est le point principal de la réforme européenne[511]. Historiquement, le législateur a essayé différentes approches pour le garantir. Le résultat est que l'accès aux infrastructures est actuellement strictement encadré, surtout les motifs du refus d'accès au réseau. Cependant, il reste des aspects qui ne sont pas encore régulés au niveau européen, parmi eux le problème du raccordement au réseau, de l'équilibrage du système gazier et de la gestion des congestions[512].

1. La notion et les formes d'accès des tiers aux réseaux

Dans une perspective historique, on peut distinguer entre l'accès des tiers au réseau négocié (ATRn)[513] et l'accès des tiers au réseau régulé (ATRr)[514]. Dans le premier cas de figure, le gestionnaire de l'infrastructure essentielle est laissé libre de négocier les conditions contractuelles d'accès à ses installations avec les utilisateurs potentiels. Il n'existait pas de règle préétablie, la surveillance était effectuée par l'autorité de la concurrence. Dans l'hypothèse d'accès des tiers au réseau régulé (ATRr), l'exploitant de l'infrastructure essentielle était obligé d'accorder l'accès à ses installations sur la base de règles définies *ex ante* et de tarifs publiés, approuvés par l'autorité de régulation, ce qui nécessitait l'existence d'une réglementation sectorielle spécifique.

L'expérience historique de l'accès négocié en Europe n'apparaît pas concluante. Avant même l'entrée en vigueur de la première directive européenne, l'ATRn avait été expérimenté au Royaume-Uni dans les années 1980 et n'avait permis ni l'émergence d'une concurrence effective envers British Gas, ni le développement de producteurs indépendants. Instauré en Allemagne de 1998 à 2005, l'ATR a fait l'objet de jugements partagés : accusé par les uns de favoriser le maintien des positions acquises par les entreprises dominantes, il a été considéré par d'autres comme une forme inhabituelle, mais pas forcément inefficace, de la régulation. La législation

---

[511] La mise en place d'un accès des tiers au réseau se traduit souvent par des coûts de transitions substantiels. La restructuration de l'industrie du gaz en Grande-Bretagne et en Amérique du Nord a conduit de nombreuses entreprises à connaître de graves difficultés financières car les compagnies de transport, consommateurs et producteurs étaient tous engagées dans des contrats de longue durée, définissant des volumes et des prix, avec parfois des obligations de take or pay. En Grande Bretagne Centrica a dû payer en cash et en actifs de l'ordre 1,3 milliards de dollars pour renégocier ses contrats les plus chers. Aucun mécanisme de récupération de ses coûts de mise en place n'a été prévu (Darmois (Gilles), Favenec (Jean-Pierre), *Les marchés de l'énergie : l'énergie, à quel prix ?* 2 éd., Technip, 2013, p. 78.).

[512] Congestion - est un encombrement de la circulation de gaz, réduisant fortement la vitesse de circulation de gaz dans les gazoducs.

[513] Existait en vertu de la première directive gazière.

[514] Fixé dans deux autres paquets énergétiques.

européenne a depuis progressivement privilégié l'ATR régulé par rapport à l'ATR négocié. A partir de 2003 l'ATR régulé s'est imposé pour le transport, la distribution et pour les installations de GNL mais pas pour les installations de stockage[515].

L'établissement des règles d'accès au réseau se fait aujourd'hui à deux niveaux : national et européen [516]. Les règles portent sur les éléments d'interface entre le réseau et les acteurs de marché. Ces éléments comprennent l'accès au réseau proprement dit (spécifications techniques nécessaires pour les installations de production et de consommation, limitations contractuelles aux injections et aux soutirages, spécification des systèmes de comptage et des échanges de données avec le gestionnaire du réseau, limites de propriété entre le réseau et l'utilisateur); la connexion au réseau pour les nouveaux utilisateurs (performances techniques des nouvelles installations, programmation de phases de test avant connexion, partage des coûts de raccordement, limites de propriété); l'accès aux mécanismes de marché mis en place par les gestionnaires de réseau afin d'assurer l'équilibre des flux sur le réseau (obligations relatives à la constitution des réserves de puissance, possibilité de redéclaration des programmes de production et/ou injection, modalités de règlement des écarts...); l'organisation des processus de concentration qui encadrent l'adoption des règles[517].

2. Le refus d'accès au réseau de transport

Les opérateurs de réseaux ne sont pas tenus de satisfaire toutes les demandes d'accès dont ils sont saisis. Pourtant, leur liberté de refuser l'accès aux réseaux est strictement encadrée. En effet, la directive prévoit que seuls le manque de capacité, la nécessité d'exécuter des obligations de service public, l'existence de graves difficultés économiques et financières liées à des contrats « take-or-pay »[518], la construction de nouvelles infrastructures

[515] Grand (Emmanuel), Veyrenc (Thomas), *L'Europe de l'électricité et du gaz. Acteurs, marchés, régulations*, préface de Jean-Marie Chevalier, Economica, 2011, p. 406.

[516] Il faut mentionner le règlement (CE) n° 715/2009 du Parlement européen et du Conseil du 13 juillet 2009 concernant les conditions d'accès aux réseaux de transport de gaz naturel et abrogeant le règlement n°1775/2005. Son but est d'assurer les règles non discriminatoires de l'accès au réseau. Ce règlement, selon plusieurs auteurs, est une partie indispensable de la législation en la matière (Roggenkamp (Martha), Ronne (Anita), Redgwell (Catherine), Guayo (Inigo del) (dir.), *Energy Law in Europe. National, EU and international Regulation*, Oxford: University Press, p. 375.).

[517] Grand (Emmanuel), Veyrenc (Thomas), *L'Europe de l'électricité et du gaz. Acteurs, marchés, régulations*, préface de Jean-Marie Chevalier, Economica, 2011, p. 407.

[518] Les contrats à long terme contenant une clause sur le volume minimal que le consommateur doit payer, même s'il récupère un volume moindre.

comme les interconnexions[519], les stockages, terminaux GNL, etc. peuvent justifier un tel refus.

Quand le refus d'accès est fondé sur un manque de capacité ou sur la nécessité d'exécuter des obligations de service public, la directive ne pose pas de conditions particulières sur la nécessité de motiver la décision de refus. Au niveau national, la loi prévoit habituellement que l'opérateur de réseaux devra notifier dans tous les cas son refus d'accès, tant à l'utilisateur concerné qu'à l'autorité de régulation sectorielle.

Quand, au contraire, le refus est fondé sur l'existence de graves difficultés économiques et financières liées à des contrats « take or pay », les exigences de la directive sont beaucoup plus lourdes. De plus, dans ce domaine, l'appréciation du refus d'accès passe du niveau national au niveau communautaire, puisque c'est la Commission qui aura *in fine* le pouvoir de décision. Pour que les difficultés liées à des contrats « take or pay » puissent justifier un refus d'accès, il est nécessaire pour les opérateurs de réseaux d'obtenir une dérogation temporaire aux règles d'accès aux réseaux. Cette dérogation est accordée, soit par l'Etat membre, soit par l'autorité compétente désignée. En France, c'est la Commission de régulation de l'énergie (CRE) qui accorde ces dérogations. La directive laisse la liberté aux Etats de déterminer si ces demandes doivent être présentées avant ou après le refus d'accès. Ces derniers peuvent aussi laisser ce choix à l'entreprise de gaz naturel concernée. Toutefois, lorsqu'une entreprise a refusé l'accès, la demande doit être présentée sans délai. Cette notion « sans délai » n'est pas définie par la directive. La Commission, s'appuyant sur l'expérience acquise dans le cadre de la procédure applicable aux concentrations, semble considérer qu'un délai maximum d'une semaine serait raisonnable. Au niveau national, ce point ne pose pas de difficulté, puisque l'obtention de la dérogation auprès de la CRE constituera un préalable obligatoire à toute décision de refus d'accès. Cette solution semble plus protectrice des intérêts des nouveaux entrants, dans la mesure où ils connaîtront à l'avance l'existence de la dérogation et les critères sur lesquels elle est fondée. Ce contrôle national ne constitue pas le terme de la procédure. En effet, la CRE devra, comme l'exige la directive, notifier sans délai sa décision d'accorder une telle dérogation à la Commission européenne. Cette dernière dispose alors d'un délai de quatre semaines pour demander à l'autorité qui a accordé la dérogation de la modifier ou de la retirer. Dans l'hypothèse où l'autorité ne donnerait pas suite à cette demande

---

[519] L'UE a solennellement affirmé lors du sommet européen de Barcelone en 2002 le manque d'interconnexions transfrontalières. Communication de la Commission du 10 novembre 2010 « *Energie 2020 : stratégie pour une énergie compétitive, durable et sûre* », COM (2010) 639.

dans un nouveau délai de quatre semaines, la Commission adopterait alors une décision définitive[520].

Ensuite le refus peut être fondé sur le fait que l'accès aux réseaux empêcherait de remplir les obligations de service public imposées aux opérateurs en charge des réseaux. Ni la directive, ni la loi française ne précise davantage les critères de cette hypothèse de refus. Toutefois, il est clair que l'autorité de régulation devra fonder son appréciation sur au moins trois éléments. D'abord, elle devra s'assurer qu'il existe bien une obligation de service public, elle-même conforme aux exigences du droit communautaire. Puis, elle devra vérifier si le refus est bien une mesure nécessaire et proportionnelle aux objectifs à atteindre. Si ces éléments sont cumulativement réunis, le refus pourra être considéré comme fondé[521].

Concernant la construction de nouvelles infrastructures, d'interconnexions, de dispositifs de stockage, de terminaux GNL, il y a des critères stricts. En premier lieu, l'investissement doit renforcer la concurrence dans la fourniture de gaz et améliorer la sécurité d'approvisionnement. En second lieu, le niveau de risque lié à l'investissement doit être tel que cet investissement ne serait pas réalisé si une dérogation n'était pas accordée. En troisième lieu, l'infrastructure doit appartenir à une personne physique ou morale distincte, au moins dans sa forme juridique, des gestionnaires de réseau dans les réseaux desquels elle sera construite. En quatrième lieu, des redevances doivent être perçues auprès des utilisateurs de l'infrastructure concernée. Enfin, en cinquième lieu, la dérogation ne doit pas porter atteinte à la concurrence ou au bon fonctionnement du marché intérieur du gaz naturel ni à l'efficacité du fonctionnement du réseau réglementé auquel l'infrastructure est reliée. Donc, par exemple, le projet d'une nouvelle interconnexion exemptée, porté par l'unique opérateur historique et reliant deux marchés, n'a, dans le contexte actuel, aucune chance d'être autorisé.

3. L'équilibrage du dispositif gazier et la gestion des cogestions

Il est de la responsabilité des gestionnaires du réseau de transport de gaz d'assurer l'équilibrage physique des réseaux de transport de gaz. Le but de ce processus est de maintenir, à tout instant, l'égalité entre les injections et les soutirages de gaz. A cette fin, l'opérateur du système gazier compense les déséquilibres grâce au stock en conduite, aux stockages souterrains et au recours au marché. L'activité effective de l'équilibrage est à son tour une garantie importante de l'accès des tiers au réseau.

---

[520] Lemaire (Christophe), *Energie et concurrence : Recherches sur les mutations juridiques induites par la libéralisation des secteurs de l'électricité et du gaz*, préface Laurence Idot, t. II, Presses Universitaires d'Aix-Marseille, 2003, pp. 487 - 488.

[521] *Ibid.*, p. 489.

Afin de limiter l'ampleur des déséquilibres à compenser par les GRT, chaque expéditeur est soumis à une obligation générale d'équilibrage journalier de ses injections et soutirages par zones d'équilibrage[522, 523]. Cependant, quelquefois, il y a des situations dans lesquelles le niveau de la demande de capacité ferme dépasse la capacité technique. On parle alors de congestions physiques[524]. Le règlement 715/2009 du 13 juillet 2009, concernant les conditions d'accès aux réseaux de transport[525] indique que, dans ce cas, le gestionnaire de réseau met en œuvre et publie des mécanismes non discriminatoires et transparents d'attribution de capacités qui facilitent les échanges transfrontaliers de gaz naturel de manière non discriminatoire et qui sont fondés sur les principes suivants : en cas de congestion contractuelle, le gestionnaire de réseau de transport offre la capacité inutilisée sur le marché primaire, au moins sur une base d'arrangement à court terme (à un jour) et interruptible ; les utilisateurs du réseau souhaitant revendre ou sous-louer leur capacité contractuelle inutilisée sur le marché secondaire sont autorisés à le faire, un Etat membre pouvant demander que les utilisateurs du réseau le notifient au gestionnaire de réseau ou l'en informent (art. 16 du règlement).

Généralement, en cas de congestion, trois règles sont *a priori* concevables. La première est la règle du « premier arrivé, premier servi » : la capacité disponible est attribuée dans l'ordre des demandes de souscription. Ce système risque de constituer une barrière à l'entrée pour ceux qui ne disposent pas d'assez d'information ou dont le délai de réactivité est faible. La deuxième est la règle dite du prorata : en cas de congestion, on réduit les demandes faites par chaque affréteur en multipliant la capacité disponible

---

[522] Le territoire national de chaque Etat est découpé en zones d'équilibrage, ce qui permet en conséquence de repérer les congestions physiques du réseau. Les zones d'équilibrage sont autant un héritage géographique, historique qu'industriel. La taille réduite des zones d'équilibrage actuelles renforce la complexité du système en matière d'ajustement et alourdit les coûts du transport. Les coûts sont accrus du fait de l'obligation de réserver de la capacité à chaque point d'entrée dans une zone. Les zones d'équilibrage sont trop nombreuses, et les périodes durant lesquelles l'équilibrage doit se faire sont trop courtes, les niveaux de pénalités en cas de non équilibrage sont également trop lourdes et trop variables d'un opérateur à l'autre (Chevalier (Jean-Marie), Percebois (Jacques), *Gaz et électricité : un défi pour l'Europe et pour la France*, La documentation française. pp. 78,83.).

[523] C'est pourquoi si en 2003 en France il y avait 7 zones d'équilibrage, au 1 janvier 2009, le schéma se réduisait à deux zones GRT (Nord et Sud) et une zone de TIGF. GRTgaz devra encore engager de lourds investissements pour fusionner notamment les deux zones d'équilibrage Nord et Sud. Les décisions prises récemment permettent d'envisager une zone unique en France à l'horizon 2018 (Beltran (Alain), Williot (Jean-Pierre), *Les routes du gaz ; histoire du transport de gaz naturel*, préface de Gunther Oettinger, Cherche midi, 2012, pp. 247 - 296.). Pourtant, en Allemagne il existe toujours douze zones d'équilibrage, trois en Belgique et une en Autriche et en Slovaquie.

[524] Sablière (Pierre), *Droit de l'énergie*, Dalloz, 2013, p. 1660.

[525] Règlement n° 715/2009 du 13 juillet 2009 du Parlement européen et du Conseil concernant les conditions d'accès aux réseaux de transport et abrogeant le règlement 1775/2005 // Journal officiel, n° L 211/ 36, 14.08. 2009, pp. 36 - 54.

par un ratio égal à la capacité disponible sur la somme des capacités demandées. Cela peut inciter les affréteurs à surestimer volontairement leur demande et le système devient inefficace ou injuste. Et la troisième est la règle des enchères. Pour une capacité (ou l'interconnexion) donnée, c'est l'offre du dernier affréteur retenu qui fait le prix. Les offres sont classées par prix d'offres décroissants et le prix-limite est celui de l'enchère la plus faible retenue. Tous les affréteurs paient en général ce prix (à la française). Si pour une même capacité disponible, la demande des affréteurs s'accroît, le prix d'offre marginal va lui aussi s'accroître. On peut aussi concevoir des enchères (dites à la hollandaise), ce qui revient à faire payer à chaque affréteur retenu le prix d'offre qu'il a proposé. C'est le système recommandé en Europe.

Il faut néanmoins s'assurer que le GRT n'a pas intérêt à provoquer des congestions, ce qui implique que le produit des enchères doit ensuite être, soit affecté au compte de régularisation des charges et produits (ce qui permettra par exemple d'alléger le niveau des péages l'année suivante), soit affecté à financer des capacités nouvelles. A noter que l'existence de congestions n'implique pas automatiquement la nécessité d'investir davantage dans les réseaux, si le coût de l'investissement est élevé. Une bonne gestion des congestions consiste simplement à faire payer plus cher la réservation lorsqu'il y a saturation. La stratégie du régulateur est néanmoins d'inciter à la surcapacité dans les réseaux afin d'accroître la concurrence en amont et en aval de la chaîne gazière. Cette surcapacité est de nature à provoquer un « appel d'air » pour du gaz nouveau et, ce que le consommateur perdra au niveau du coût du transport (péages plus élevés si on investit), sera compensé par ce qu'il économisera sur le prix de la molécule de gaz. Il faut noter enfin qu'il existe un système de pénalités pour les opérateurs qui dépassent la capacité souscrite[526].

C. Les tarifs d'accès au réseau du transport

L'article 41 de la directive 2009 a fait profondément évoluer les règles relatives à la fixation des tarifs d'accès aux ouvrages de transport (et de distribution) de gaz, donnant, en la matière, aux organes nationaux de régulation, des pouvoirs de fixation des tarifs et non plus seulement de proposition. Il en résulte que l'autorité de régulation est investie de la mission de « fixer ou approuver, selon des critères transparents, les tarifs de transport (et de la distribution) ou leurs méthodes de calcul. On recense généralement trois types de tarification en matière d'accès au réseau. Ces méthodes se réclament, pour l'une, d'une philosophie basée sur la distance entre le point d'injection et le point de soutirage de l'énergie et, pour les deux autres, d'une méthode où les charges sont indépendantes de cette distance.

---

526 Hansen (Jean-Pierre), Percebois (Jacques), *Energie : économie et politiques,* préface de Marcel Boiteux, De boeck, 2010, p. 302.

La tarification à la distance, ou tarification « point à point », consiste à fixer les péages d'accès au réseau en fonction de la distance qui sépare le point d'entrée du point de sortie. Cette méthode est largement appliquée. Elle pose en revanche problème dès lors qu'elle est appliquée à un réseau très maillé sur lequel l'indifférenciation physique de la marchandise échangée conduit à distinguer chemins contractuels et chemins physiques et l'impossibilité d'isoler une cargaison précise. De fait, cette méthode n'est pas optimale dès lors que la distance commerciale souscrite diffère de la distance physique, et il est tout à fait possible que l'affréteur d'une cargaison de gaz surpaie un accès au réseau calculé sur une distance que le gaz n'a pas véritablement parcouru.

De plus ce système demande une coordination des différents opérateurs [527] . C'est pourquoi les pays européens abandonnent cette méthode : en 2009 seuls cinq pays maintenaient la tarification à la distance pour le transport du gaz (l'Autriche, la Belgique, la République Tchèque, l'Espagne, la Pologne)[528].

Dans un modèle de tarification entrée-sortie, les péages d'accès au réseau sont fixés en différents points d'injection et de soutirage indépendamment de la distance qui les sépare. Le gestionnaire du réseau assume pleinement son rôle de « chambre de compensation physique », puisqu'il doit s'assurer que la concaténation des injections/soutirages résulte de flux physiques compatibles avec les capacités de transit des ouvrages au sein d'une zone. La méthode de tarification entrée/sortie est sous-jacente à la création de hubs d'échanges. La différenciation des péages d'entrée/sortie en fonction des points-sources permet de tenir compte des congestions internes (soutirer dans une zone fortement congestionnée occasionne des coûts d'exploitation ou de développement qui peuvent alors être répercutés sur les utilisateurs). Néanmoins il faut tenir compte du fait qu'historiquement plusieurs gazoducs ont été construits en partant de la source de production vers les consommateurs. En Allemagne, par exemple, il existe des gazoducs appartenant à des entreprises différentes qui sont parallèles, mais qui ne sont pas connectées entre elles. Cette structure complique l'accomplissement des fonctions de l'opérateur et fait que l'utilisation de cette méthode de tarification est moins difficile[529].

La tarification forfaitaire de type « timbre-poste » représente un type spécifique du modèle entrée-sortie, dans lequel le péage d'injection et/ou de soutirage est, toute chose égale par ailleurs, le même en tout point. La tarification « timbre-poste » obéit ainsi à une logique de péréquation

---

[527] Лахно (Петр Гордеевич), Зеккер (Франц Юнгер) (ред.), *Энергетическое право России и Германии : сравнительно-правовое исследование,* 2011, с. 714.

[528] Study on Methodologies for Gas Transmission Network Tariffs and Gas Balancing Fees in Europe, 2009, pp. 7 - 9.

[529] Лахно (Петр Гордеевич), Зеккер (Франц Юнгер) (ред.), *Энергетическое право России и Германии : сравнительно-правовое исследование,* 2011, с. 433.

tarifaire : elle modélise l'ensemble du réseau comme une zone unique, au sein de laquelle les utilisateurs sont libres de choisir les points d'entrée ou de soutirage. Bien évidemment, ce système n'est applicable que sur les réseaux fortement maillés, pour lesquels les coûts d'utilisation du réseau sont géographiquement peu différenciés[530].

Dans le secteur du gaz la tarification à entrée/sortie domine : en 2009, parmi les 22 pays gaziers de l'UE, 13 avaient adopté une tarification de type entrée/sortie, et 9 de « timbre-poste »[531] et la dynamique consiste à regrouper les zones de prix.

Méthodes de la tarification pour le transport du gaz naturel[532]

	Point à point	Entrée/sortie	Timbre-poste
Flexibilité pour l'utilisateur de réseau	Très faible : nécessité de respecter un programme individuel par contrat et non par portefeuille	Forte : possibilité de mettre en place un hub permettant l'échange	Très forte : impact positif sur la liquidité
Flexibilité des coûts dans les tarifs	Faible : pas de compensation entre flux, différences entre chemins physiques et contractuels	Forte : possibilité de différencier les péages aux points-sources en fonction des congestions	Dépend du degré de maillage du réseau et de son adéquation aux flux « spontanés »

Un autre problème réside dans la fixation des taux des tarifs. Il existe deux méthodes principales : la régulation par les coûts et la régulation par les prix. La régulation tarifaire au coût de service (cost of service ou cost plus) constitue la forme d'encadrement « par défaut » des monopoles. Simple à mettre en œuvre, elle demeure aujourd'hui assez répandue. Ce type de régulation vise à couvrir les coûts exposés par l'entreprise régulée pour mener à bien ses activités, y compris ses coûts de capital, en prévoyant une rémunération de l'actionnaire[533]. La France[534], la Belgique, l'Allemagne

---

530 Grand (Emmanuel), Veyrenc (Thomas), *L'Europe de l'électricité et du gaz. Acteurs, marchés, régulations*, préface de Jean-Marie Chevalier, Economica, 2011, p. 412.

531 *Ibid.*

532 *Ibid.*, p. 413.

533 Grand (Emmanuel), Veyrenc (Thomas), *L'Europe de l'électricité et du gaz. Acteurs, marchés, régulations*, préface de Jean-Marie Chevalier, Economica, 2011, p. 447.

534 En France les tarifs d'accès au réseau de transport sont fixés par la CRE (en fait la CRE fait des propositions que le ministère peut accepter ou refuser sans les modifier). Le financement des charges de service public est assuré par le biais de la régulation tarifaire assurée par le ministre

retiennent le système cost-plus. Mais il reste un problème - le régulateur est souvent en position d'infériorité par rapport à l'opérateur gestionnaire du réseau au niveau de la connaissance des coûts du réseau[535]. Le monopole ne fait aucun effort pour réduire ses coûts parce que ce modèle couvre les coûts et garantit un rendement sans risques.

Les méthodes de régulation basées sur les prix (price cap ou revenue cap) ont progressivement été mises au point pour pallier les inconvénients de la régulation par les coûts. Plusieurs variantes de régulation par les prix sont là aussi possibles. La plus connue est la régulation par plafonnement des prix. Le plafonnement des prix a pour objectif d'inciter l'entreprise régulée à révéler ses véritables coûts en lui offrant l'occasion de s'accaparer des rentes de monopoles, de manière à résoudre la situation d'asymétrie d'information qui caractérise la relation principal-agent. La tarification « price cap » doit inciter le gestionnaire de réseau à réduire ses coûts. Le Royaume-Uni, l'Italie, les Pays-Bas ont adopté un système price-cap.

D. Le développement du réseau

La Commission européenne fournissait en 2010 un chiffrage de 70 billions d'euros pour, d'ici à 2020, « remplacer les capacités obsolètes, moderniser et adapter les infrastructures, et faire face à l'augmentation et à l'évolution de la demande ». L'ENTSOG a indiqué la somme de 89 mlrd d'euros. Le problème actuel consiste dans le fait que l'opérateur indépendant du réseau ne sera pas motivé pour investir dans le développement du réseau des gazoducs. La directive 2009 oblige les compagnies à élargir leurs réseaux pour satisfaire les besoins et optimiser le régime d'exploitation du réseau. Certaines régions d'Europe connaissent un nombre insuffisant de points d'entrée du gaz, ce qui freine la concurrence. C'est pourquoi on a prévu dans les normes juridiques des instruments pour inciter le développement du réseau et des méthodes d'engagement économique d'un projet.

1. Les mécanismes d'incitation au développement du réseau

Selon la directive 2009, chaque année les gestionnaires de réseau de transport soumettent à l'autorité de régulation un plan décennal de développement du réseau fondé sur l'offre et la demande existantes ainsi que sur les prévisions en la matière, après consultation de toutes les parties intéressées. Il est fondamental que les décisions d'investissement des GRT

---

chargé de l'énergie sur la proposition de la CRE, qui évalue le montant des charges et propose chaque année au ministre chargé de l'énergie ainsi que, le cas échéant, aux autres ministres concernés (Colson (Jean-Philippe), Idoux (Pascal), *Droit public économique*, 5 éd., L.G.D.J., 2010, p. 554).

535 Chevalier (Jean-Marie), Percebois (Jacques), *Gaz et électricité : un défi pour l'Europe et pour la France*, La documentation française, 2008, p. 63.

soient prises indépendamment des objectifs des sociétés mères. Ledit plan de développement du réseau contient des mesures effectives pour garantir l'adéquation du réseau et la sécurité d'approvisionnement. Le plan décennal de développement du réseau indique aux acteurs du marché les principales infrastructures de transport qui doivent être construites ou mises à niveau durant les dix prochaines années, répertorie tous les investissements déjà décidés et recense les nouveaux investissements qui doivent être réalisés durant les trois prochaines années et fournit un calendrier pour tous les projets d'investissement.

L'autorité de régulation consulte, dans un esprit d'ouverture et de transparence, tous les utilisateurs effectifs ou potentiels du réseau au sujet du plan décennal de développement du réseau. Les personnes ou les entreprises qui affirment être des utilisateurs potentiels du réseau peuvent être tenues de justifier cette affirmation. L'autorité de régulation publie le résultat du processus de consultation, plus particulièrement pour ce qui concerne les éventuels besoins en matière d'investissement.

Ensuite, l'autorité de régulation s'assure que plan décennal de développement du réseau couvre tous les besoins qui ont été recensés en matière d'investissement durant le processus de consultation et que ce plan est cohérent avec le plan décennal non contraignant de développement du réseau pour l'ensemble de la Communauté (plan de développement du réseau dans l'ensemble de la Communauté). En cas de doute quant à la cohérence avec le plan de développement du réseau dans l'ensemble de la Communauté, l'autorité de régulation consulte l'agence. Elle peut exiger du gestionnaire de réseau de transport qu'il modifie son plan décennal de développement du réseau.

L'autorité de régulation surveille et évalue la mise en œuvre du plan décennal de développement du réseau. Dans les cas où le gestionnaire de réseau de transport ne réalise pas un investissement qui, en vertu du plan décennal de développement du réseau, aurait dû être réalisé dans un délai de trois ans, l'autorité de régulation peut exiger du gestionnaire de réseau de transport qu'il réalise l'investissement en question; lancer une procédure d'appel d'offres ouverte à tous les investisseurs pour l'investissement en question; ou imposer au gestionnaire de réseau de transport d'accepter une augmentation de capital destinée à financer les investissements nécessaires et d'autoriser des investisseurs indépendants à participer au capital.

L'autorité de régulation peut imposer au gestionnaire de réseau de transport d'accepter un financement par un tiers ; une construction par un tiers ; la construction des nouveaux actifs en question par lui-même ; l'exploitation des nouveaux actifs en question par lui-même.

Le gestionnaire de réseau de transport fournit aux investisseurs toutes les informations nécessaires pour réaliser l'investissement, raccorde les nouveaux actifs au réseau de transport et, d'une manière générale, fait tout pour faciliter la mise en œuvre du projet d'investissement. Les montages financiers correspondants sont soumis à l'approbation de l'autorité de régulation.

Les coûts élevés des investissements dans les infrastructures devront être pris en charge pour l'essentiel par le marché, ces coûts étant ensuite récupérés par la tarification. Il faut noter que les taux de rémunération du capital investi sont également différents selon les pays et ils varient actuellement dans les limites de 5,79 % (Pays-Bas) pour les taux le plus bas jusqu'à 11,5 % (en France). La base d'actifs régulés sur laquelle ces taux s'appliquent est également calculée de façon différente selon les pays. Une meilleure harmonisation des règles est ici nécessaire si l'on veut éviter des discriminations[536]. Mais il convient d'être particulièrement attentif à ce que les tarifs soient fixés, d'une manière transparente et non discriminatoire, à des niveaux adaptés aux besoins de financement et à ce que, pour les investissements transnationaux, les coûts soient répartis d'une manière appropriée, de façon à renforcer la concurrence et la compétitivité, en tenant compte des répercussions sur les consommateurs. Toutefois, certains projets qui se justifieraient du point de vue de la sécurité de l'approvisionnement ou de la solidarité, mais pour lesquels il ne serait pas possible de trouver un financement suffisant sur le marché, pourraient nécessiter un financement public limité pour encourager les financements privés. Ces projets devraient être sélectionnés sur la base de critères clairs et transparents[537].

2. La rentabilité économique d'un projet

On utilise deux méthodes pour apprécier la rentabilité économique d'un projet : la méthode traditionnelle et l'open season. La méthode traditionnelle nécessite la définition préalable de critères technico-économiques permettant d'apprécier la justification d'un investissement. L'investissement est ainsi considéré rentable s'il permet de réduire le risque de défaillance du système[538]. La réalisation de l'investissement n'est pas conditionnée à un quelconque engagement de la part des acteurs de marché.

L'open season[539] est un appel au marché en vue de décider de nouveaux investissements de réseaux gaziers[540] ; c'est une procédure de consultation

---

[536] Chevalier (Jean-Marie), Percebois (Jacques), *Gaz et électricité : un défi pour l'Europe et pour la France*, La documentation française, p. 83.

[537] Conclusion du Conseil de l'UE EUCO 2/1/11 REV 1 du 4 février 2011.

[538] Grand (Emmanuel), Veyrenc (Thomas), *L'Europe de l'électricité et du gaz. Acteurs, marchés, régulations*, préface de Jean-Marie Chevalier, Economica, 2011, p. 438.

[539] Guidelines for good practices on open season Procédures, ENTSOG, 21 mai 2007, 20 p.

[540] L'open season, en plaçant la décision d'investissement en dépendance directe des engagements financiers des acteurs, est particulièrement appropriée lorsque la demande d'infrastructure est difficile à évaluer. L'open season sur le renforcement de l'interconnexion France - Espagne en 2009 a ainsi conduit les gestionnaires de réseau à ne lancer qu'un projet de gazoduc transfrontalier sur les deux qui étaient proposés, faute de demande suffisante pour couvrir les coûts du second. L'open season France - Espagne 2013 a déclenché le développement du point d'interconnexion de Larrau, de même pour l'open season France - Belgique, lancée conjointement par les deux

des acteurs de marché permettant de dimensionner une nouvelle infrastructure en fonction des besoins du marché et dans le même temps d'assurer son financement en affectant les capacités correspondantes aux acteurs s'étant manifestés. Il ne s'agit pas simplement de sondages des partenaires potentiels, mais d'une procédure très encadrée, par laquelle les acteurs de marché peuvent souscrire des droits d'utilisation d'une infrastructure à un tarif régulé qui peut certes varier en fonction d'un certain nombre de paramètres, mais ne résulte pas d'un accord commercial bilatéral.

Actuellement chaque Etat est libre de définir les procédures encadrant l'implantation d'infrastructures sur son territoire. En France, par exemple, on peut distinguer de nombreuses catégories de procédures administratives en fonction de leur objectif : participation et information des citoyens (procédures de type débat public [541], enquêtes publiques, réunions de concentrations, évaluation des études d'impact par les organes environnementaux) ; protection des droits des riverains (enquêtes publiques) ; indemnisation des nuisances ; protection de l'écosystème ; protection de la santé ; aménagement du territoire ; protection du patrimoine archéologique ; respect des règles d'urbanisme…, etc. Ces procédures poursuivant des objectifs multiples, nécessitent l'intervention d'un grand nombre d'organes et mobilisent des échelons administratifs différents (local, départemental, régional, national) [542]. Les exécutifs locaux jouent par ailleurs un rôle politique croissant[543]. La Commission européenne reconnaît que l'existence de procédures administratives longues et complexes peut être un obstacle majeur et qu'il faut simplifier les règles et les procédures applicables. Elle a récemment placé la rationalisation des procédures d'autorisation parmi ses priorités en proposant la désignation d'un guichet unique à l'échelle nationale pour les projets d'intérêt européen. Cette mesure s'inscrit dans une stratégie globale de « paquet infrastructures énergétiques » annoncé par la Commission pour l'automne 2011.

De plus, la Commission veut contribuer financièrement au développement des réseaux. Le règlement 2236/95 du Conseil du 18

---

gestionnaires de réseaux de transport belge, Fluxys, et français, GRTgaz, pour la réalisation d'une nouvelle interconnexion de transport de gaz entre la France et la Belgique à Veurne. L'open season France - Espagne 2015 vise à accroître la capacité d'interconnexion gazière entre la France et l'Espagne à Irun/Biriatou (Sablière (Pierre), *Droit de l'énergie,* 2013, p. 1650.).

[541] Commission particulière du débat public, *La lettre du débat public sur le projet de canalisation de gaz ERIDAN*, Odyance, n° 2, 2009.

[542] Grand (Emmanuel), Veyrenc (Thomas), *L'Europe de l'électricité et du gaz. Acteurs, marchés, régulations*, préface de Jean-Marie Chevalier, Economica, 2011, p. 443.

[543] La période actuelle peut être caractérisée par l'importance prise par différentes formes d'opposition aux projets d'infrastructures : NIMBY- not in my backyard, or BANANA- build absolutely nothing anywhere near anybody.

septembre 1995[544] avait déterminé les règles générales pour l'octroi d'un concours financier communautaire dans le domaine des réseaux transeuropéens. Cet acte a lui-même été modifié et complété par le règlement 67/2010 du Parlement et du Conseil du 30 novembre 2009[545]. Ce règlement porte sur l'éligibilité des projets, la présentation des demandes et leur sélection, les formes et la programmation des projets, leur mise en œuvre et le contrôle.

E. Le régime juridique des réseaux transfrontaliers

Ce secteur reste dans le domaine de l'autorégulation des participants au marché. Les règles communes portant sur différentes questions transfrontalières énumérées dans les règlements communautaires sont définies dans les codes de réseau européens et élaborées par les associations européennes de gestionnaires de réseaux de transport pour l'électricité et le gaz. Ces codes couvrent, sous réserve des particularités régionales, des règles relatives à la sécurité et à la fiabilité du réseau, des normes sur l'accordement, l'accès au réseau, des règles en matière d'échange de données et d'interopérabilité. Elles peuvent établir des procédures opérationnelles en cas d'urgence, règles d'attribution des capacités et de gestion de la congestion, des normes en matière d'efficacité énergétique des réseaux de gaz, etc.

En pratique il importe de remarquer que, depuis 1999, d'importants travaux sur les questions de tarification sont conduits dans le cadre du forum de Madrid[546]. ENTSOG a rédigé le code de réseau sur les règles d'attribution des capacités de transport – dit code CAM (Capacity Allocation Mechanisms). Le 9 novembre 2012 l'Agence a soumis ce projet à la Commission européenne et a recommandé son adoption en conformité avec la procédure de « comitologie », sous réserve de certaines modifications. Cette procédure a débuté en janvier 2013 et a abouti à l'adoption du code de réseau en tant que règlement de la Commission européenne.

Ce code de réseau CAM prévoit que les capacités aux points d'interconnexions entre les systèmes « entrée-sortie » au sein de l'Union européenne soient allouées aux enchères, sous la forme de produits de durées standardisées et selon un calendrier commun. Dans la mesure où des capacités fermes sont disponibles des deux côtés d'un point

---

[544] Règlement n° 2236/95 du Conseil du 18 septembre 1995 déterminant les règles générales pour l'octroi d'un concours financier communautaire dans le domaine des réseaux transeuropéens // Journal officiel, n° L 228, 23.09.1995, pp. 1 – 7.

[545] Règlement (CE) n° 67/2010 du Parlement européen et du Conseil du 30 novembre 2009 déterminant les règles générales pour l'octroi d'un concours financier communautaire dans le domaine des réseaux transeuropéens // Journal officiel, n° L 27, 30.01.2010, pp. 20 – 32.

[546] Lemaire (Christophe), *Energie et concurrence : Recherches sur les mutations juridiques induites par la libéralisation des secteurs de l'électricité et du gaz*, préface Laurence Idot, t. II, Presses Universitaires d'Aix-Marseille, 2003, p. 483.

d'interconnexion, celles-ci devront être proposées en tant que capacités groupées. Le code prévoit également la mise en place de plates-formes d'allocation gérées conjointement par les gestionnaires de réseaux de transport européens. S'appuyant sur leurs expériences respectives avec les plates-formes Capsquare, Link4Hubs et TRAC-X, seize FRT du nord-ouest de l'Europe, dont GRTgaz, ont annoncé en avril 2012 leur souhait d'anticiper la mise en œuvre du code de réseau en créant une plate-forme commune de réservation de capacités. La CRE a, par une délibération du 29 mars 2013, et après une consultation publique, approuvé les modalités proposées par GRTgaz de mise en œuvre anticipée du code de réseau CAM pour la commercialisation de capacités mensuelles au point d'entrée Obergailbach et de capacités quotidiennes aux points d'entrée Tainières H et Obergailbach[547]. Dans le secteur de l'électricité, un mécanisme d'enchères à toutes les interconnexions françaises avec les Etats membres de l'Union a été mis en place le 1er janvier 2006. Cela a permis notamment de supprimer les droits d'accès prioritaires des contrats historiques qui subsistaient sur les interconnexions avec les Etats membres. Cela a permis aussi une meilleure utilisation des capacités au sens de l'allocation des ressources, puisqu'à partir de 2006, les flux de transit se font majoritairement des pays où l'électricité est la moins chère vers les pays où le prix de l'électricité est le plus élevé[548].

§2 Les règles applicables au stockage du gaz

Les installations de stockage[549], raccordées aux réseaux de transport, permettent de soutirer du gaz naturel du réseau pour le réinjecter plus tard. Il en résulte un accroissement de la flexibilité par la possibilité que les injections et les soutirages, intervenant sur un même système gazier, ne soit pas concomitants, concourant par là même : au lissage de l'approvisionnement gazier (importation/production injectée sur le réseau) face à une demande

---

[547] Sablière (Pierre), *Droit de l'énergie*, Dalloz, 2013, p. 1656.

[548] Mirabel (François), *La Déréglementation des marchés de l'électricité et du gaz*, Presses de Mines, 2012, p. 59.

[549] Plusieurs formes de stockage existent en Europe: le gisement épuisé (volume de stockage élevé, débit d'injection et de soutirage faibles, conduisant à une utilisation saisonnière ; c'est la forme la plus commune, parce que les coûts des investissements sont faibles) ; l'aquifère (exploitation d'une roche poreuse contenant de l'eau permettant de créer un réservoir pour le gaz au-dessus de l'eau ; volume de stockage élevé ; débit d'injection et de soutirage faibles, conduisant à une utilisation saisonnière) ; la cavité saline (faite par injection d'eau dans un gisement de sel du sous-sol afin de le dissoudre et de créer ainsi une cavité étanche (réservoir) ; la forme de stockage développé seulement récemment – principalement en Europe du nord où les gisements de sel sont concentrés ; (volume de stockage faible ; débit d'injection et de soutirage élevés: utilisation à court terme possible) ; la liquéfaction du gaz dans des réservoirs artificiels, GNL (volume de stockage faible, débit d'injection et de soutirage très élevés, utilisation pour l'approvisionnement des pics de consommation à court terme) (Grand (Emmanuel), Veyrenc (Thomas), *L'Europe de l'électricité et du gaz. Acteurs, marchés, régulations*, préface de Jean-Marie Chevalier, Economica, 2011, p. 401.).

variant de manière importante selon les saisons; au lissage de l'approvisionnement gazier hebdomadaire, journalier; à l'équilibrage du réseau gazier à court terme et à la sécurisation de l'alimentation des consommateurs en cas de rupture d'approvisionnement. Dans le cadre des marchés de gros concurrentiels, les stockages permettent le déploiement de stratégies d'arbitrage temporel (achat de gaz lorsque les prix sont bas et revente lorsqu'ils sont hauts) qui concourent à l'établissement d'une cohérence temporelle dans la fixation du prix du gaz.

Dans l'UE les capacités de stockage communautaires sont concentrées en Allemagne (24 %), en Italie (18 %), en France (15 %). Ainsi, ces Etats garantissent mieux leur sécurité énergétique et leurs possibilités de développer la concurrence.

L'étude de la réglementation de ce secteur de l'industrie gazière présuppose l'examen du statut du gestionnaire de stockage et des garanties d'accès des tiers au réseau.

A. Le statut du gestionnaire des installations de stockage

Dans ce domaine, à l'instar du secteur du transport, la directive prévoit la séparation des activités, l'unbundling. Les États membres désignent, ou demandent aux entreprises de gaz naturel propriétaires des installations de stockage ou de GNL de désigner, un ou plusieurs gestionnaires d'installations de stockage, pour une durée à déterminer par les États membres en fonction de considérations d'efficacité et d'équilibre économique. Un propriétaire de réseau de transport, dans le cas où un gestionnaire de réseau indépendant a été désigné, et un gestionnaire d'installation de stockage, qui font partie d'entreprises verticalement intégrées, sont indépendants, au moins sur le plan de la forme juridique, de l'organisation et de la prise de décision et des autres activités non liées au transport, à la distribution et au stockage.

Les garanties de la séparation sont presque les mêmes que pour le secteur du transport. Les personnes responsables de la gestion du propriétaire de réseau de transport et du gestionnaire d'installation de stockage ne peuvent pas faire partie des structures de l'entreprise intégrée de gaz naturel qui sont directement ou indirectement chargées de la gestion quotidienne des activités de production et de fourniture de gaz naturel. Les intérêts professionnels des responsables de la gestion du propriétaire de réseau de transport et du gestionnaire d'une installation de stockage doivent être pris en considération de manière à leur permettre d'agir en toute indépendance. Le gestionnaire d'installation de stockage doit disposer de pouvoirs de décision effectifs, indépendamment de l'entreprise intégrée de gaz naturel, en ce qui concerne les éléments d'actifs nécessaires pour assurer l'exploitation, la maintenance et le développement des installations de stockage. Mais cela ne doit pas empêcher l'existence de mécanismes de coordination appropriés en vue d'assurer que les droits de supervision économique et de gestion de la société mère concernant le rendement des actifs d'une filiale soient préservés. En particulier, la société mère approuve le plan financier annuel du gestionnaire d'installation de stockage, ou tout document équivalent et plafonne globalement le niveau d'endettement de sa filiale. En revanche, il n'est pas permis à la société mère de donner des instructions au sujet de la gestion quotidienne ni en ce qui concerne les décisions individuelles relatives à la construction ou à la modernisation d'installations de stockage qui n'excèdent pas les limites du plan financier qu'elle a approuvé ou de tout document équivalent.

Le propriétaire de réseau de transport et le gestionnaire d'installation de stockage établissent un programme qui contient les mesures prises pour garantir que toute pratique discriminatoire est exclue et que son application fait l'objet d'un suivi approprié. Ce programme énumère les obligations spécifiques imposées aux employés pour que ces objectifs soient atteints. La personne ou l'organisme responsable du suivi du programme présente tous les ans à l'autorité de régulation un rapport décrivant les mesures prises. Chaque gestionnaire de stockage et chaque propriétaire de réseau de transport préservent la confidentialité des informations commercialement sensibles dont ils ont connaissance au cours de leurs activités, et empêchent que des informations sur leurs propres activités, qui peuvent être commercialement avantageuses, soient divulguées de manière discriminatoire. Ils s'abstiennent notamment de divulguer toute information commercialement sensible aux autres parties de l'entreprise, sauf si cela est nécessaire à la réalisation d'une transaction commerciale. Afin d'assurer le respect total des règles relatives à la dissociation des flux d'information, le gestionnaire de réseau de distribution et les autres parties de l'entreprise ne recourent pas à des services communs tels que des services juridiques communs, hormis pour les fonctions purement administratives ou informatiques.

B. L'accès aux installations de stockage

Pour l'organisation de l'accès aux installations de stockage et au stockage en conduite[550], les États membres peuvent opter pour l'une ou l'autre des formules suivantes : l'accès négocié ou l'accès régulé. Dans le cas de l'accès négocié, les États membres ou, si les États membres le prévoient, les organes de régulation, prennent les mesures nécessaires pour que les entreprises de gaz naturel et les clients éligibles, établis à l'intérieur ou à l'extérieur du territoire couvert par le réseau interconnecté, puissent négocier un accès aux installations de stockage et au stockage en conduite, lorsque la fourniture d'un accès efficace au réseau l'exige pour des raisons techniques et/ou

[550] Le stockage en conduite - le stockage du gaz par compression dans les réseaux de transport et de distribution de gaz.

économiques, de même que pour l'organisation de l'accès aux autres services auxiliaires. Les parties sont tenues de négocier de bonne foi l'accès aux installations de stockage, au stockage en conduite et aux autres services auxiliaires. Les contrats concernant l'accès aux installations de stockage, au stockage en conduite et aux autres services auxiliaires font l'objet d'une négociation avec le gestionnaire d'installation de stockage, ou les entreprises de gaz naturel concernés. Les organes de régulation, si les États membres le prévoient, ou les États membres, exigent des gestionnaires d'installations de stockage et des entreprises de gaz naturel qu'ils publient chaque année leurs principales conditions commerciales pour l'utilisation des installations de stockage, du stockage en conduite et des autres services auxiliaires. Lors de l'élaboration des conditions, les gestionnaires d'installations de stockage et les entreprises de gaz naturel consultent les utilisateurs du réseau.

Lorsque l'accès est réglementé, les organes de régulation, ou les États membres, prennent les mesures nécessaires pour donner aux entreprises de gaz naturel et aux clients éligibles, établis à l'intérieur ou à l'extérieur du territoire couvert par le réseau interconnecté, un droit d'accès aux installations de stockage sur la base de tarifs et/ou d'autres clauses et obligations publiés pour l'utilisation de ces installations de stockage et pour le stockage en conduite. Les organes de régulation, ou les États membres, consultent les utilisateurs du réseau lors de l'élaboration de ces tarifs ou des méthodes de calcul de ceux-ci.

Le modèle ATRn reste prépondérant dans l'UE. En France, par exemple, la loi du 9 août 2004 a instauré un accès des tiers au stockage, mais les tarifs sont fixés de façon négociée par les gestionnaires et non pas de façon régulée par la CRE.[551]

L'autre problème associé à l'accès au réseau est le raccordement des installations de stockage aux gazoducs. La directive prévoit que le gestionnaire de réseau de transport définit et publie des procédures et des tarifs transparents et performants pour le raccordement non discriminatoire des installations de stockage (installations de regazéification de GNL et clients industriels) au réseau de transport. Ces procédures sont soumises à l'approbation de l'autorité de régulation. Le gestionnaire de réseau de transport n'a pas le droit de refuser le raccordement d'une nouvelle installation de stockage en invoquant d'éventuelles futures limitations dans les capacités disponibles du réseau, ou des coûts supplémentaires résultant de l'obligation d'augmenter les capacités. Le gestionnaire de réseau de transport garantit des capacités d'entrée et de sortie suffisantes pour le nouveau raccordement.

[551] Chevalier (Jean-Marie), Percebois (Jacques), *Gaz et électricité : un défi pour l'Europe et pour la France*, La documentation française, 2008, p. 71.

§3 Les règles applicables à la commercialisation du gaz sur le marché de gros

La libéralisation du marché gazier, son ouverture à la concurrence, a également conduit à opérer une distinction fondamentale entre l'activité de production et celle de la fourniture du gaz aux clients finaux par l'intermédiaire du secteur de la commercialisation du gaz en gros (trading). La commercialisation comprend l'ensemble des opérations d'achat/vente en gros de gaz ayant pour finalité d'optimiser les conditions commerciales de valorisation de gaz consommé. C'est une activité de rachat de gaz entre producteurs et grossistes, entre grossistes et grossistes et entre grossistes et fournisseurs. Elle n'implique aucune modification des caractéristiques physiques du gaz échangé, et peut de ce fait impliquer des acteurs ne possédant ni infrastructure physique de production de gaz, ni portefeuille de clients à approvisionner : ce sont de purs commerçants (traders)[552]. Leur rôle est extrêmement important, ils permettent d'augmenter la liquidité du marché gazier[553].

Pour comprendre le fonctionnement de ce secteur qui est en train de se mettre en place, il faut premièrement examiner les obstacles à sa mise en place et conclure l'analyse, par étude de son organisation.

A. Les obstacles à la mise en place d'un marché de gros (contrats à long terme)

L'entrave principale à la création d'un marché de gros est due à la pauvreté en gaz de l'UE. Le deuxième problème se trouve dans la résistance aux réformes de ses opérateurs historiques (ENGIE, E.ON, ENI, etc.). Par la conclusion de contrats à long terme[554], ils contrôlent de 80 à 100 % des importations du gaz dans l'UE, à deux exceptions près : l'Italie où la proportion est de 60 à 70 % et le Royaume-Uni où elle a chuté de 20 à 30 %. Ainsi, ces opérateurs n'ont ni envie, ni de raison de revendre ce gaz sur le marché de gros aux autres fournisseurs ou grossistes comme la Commission le souhaite. Ils profitent de leur avantage (le contrôle de l'import du gaz) sur le marché, réalisant le gaz eux-mêmes sur le marché de détail en tant que fournisseurs. Donc les opérateurs historiques ne vendent qu'une faible part de leur gaz aux autres commerçants et fournisseurs. Dès lors qu'il n'y a pas assez de nouveaux entrants sur le marché de détail (simplement parce qu'ils n'ont pas de gaz), la pression concurrentielle demeure faible.

---

[552] Grand (Emmanuel), Veyrenc (Thomas), *L'Europe de l'électricité et du gaz. Acteurs, marchés, régulations*, préface de Jean-Marie Chevalier, Economica, 2011, p. 143.

[553] Дмитренко (Людмила Александровна), *Государственное регулирование деятельности естественных монополий (на примере газовой промышленности)*, Автореферат диссертации на соискание ученой степени кандидата экономических наук, 2004, с. 12.

[554] Il faut remarquer que la conclusion de ces accords est une procédure difficile, surtout au sens politique, et risquée au sens économique.

Pourtant, l'entrave juridique au changement de cette situation réside, non seulement dans la volonté des compagnies de mieux profiter, mais aussi dans l'existence de contrats à long terme contenant des clauses spécifiques avantageant les producteurs de gaz, qui seront examinées ci-après.

1. L'histoire et le sens des contrats à long terme

La conception de contrat à long terme s'est développée au Pays-Bas au début des années 60 après la découverte du plus grand gisement actuel de gaz au monde à Groningen. Ces types de contrats étaient nécessaires pour la stabilité et la sécurité des livraisons. Ils garantissaient aux producteurs un retour sur les investissements considérables et indispensables à la réalisation des grands projets gaziers et, pour l'importateur, la garantie de fournitures régulières et ininterrompues sur une longue période. Ainsi, l'exportateur était assuré du risque « volume », garantissant le marché crédible des débouchés du gaz, contre le risque « de prix » au consommateur assurant des prix compétitifs. De plus, ce modèle était prévisible et compréhensible par rapport aux conditions de réalisation de projets économiques à long terme. Cette stabilité à son tour constitue un facteur important d'attraction des investissements.

En démontrant sa viabilité aux Pays-Bas, ce modèle a été utilisé plus tard dans les relations avec l'URSS et l'Algérie. Actuellement presque 90 % de l'approvisionnement de gaz en Europe sont effectués en vertu de contrats à long terme basés sur le très haut niveau d'interdépendance des relations bilatérales.

2. Les clauses des contrats à long terme

Les contrats à long terme sont différents des autres contrats grâce à ces clauses spécifiques sur le terme, le prix, la révision, la clause « take or pay » et la clause « de destination ».

Ce type de contrats est conclu pour un période de 20-25 ans, ce qui est une garantie de retour sur investissements et de sécurité d'approvisionnement pour le consommateur (pour le producteur, cette longue *durée* peut être désavantageuse en ce qui concerne la baisse des prix, par exemple). Actuellement, les contrats à long terme sont conclus pour une période plus courte (10-15 ans), pourtant Gaz de France a signé un accord avec Gazprom pour 30 ans.

Les contrats à long terme conclus entre Gazprom et les partenaires européens (années 2005 et 2009)[555]

Etat	Compagnie	Duré du contrat	Quantité
Allemagne	E.ON-RUHRgas	2011-2036	100 Gm3
	E.ON- RUHRgas	2020-2035	300 Gm3
	E.ON	2009-2020	
	WIEH	2014-2031	90 Gm3
Autriche	OMV (2)	2012-2027	7.5 Gm3/yr
Bulgarie	Bulgargaz	2011-2030	3 Gm3/yr
Danemark	Dong Energy	2011-2031	1 Gm3/yr
Italie	ENI	2017-2035	22 Gm3/yr
France	ENGIE	2017-2030	12 Gm3/yr
	ENGIE	2010-2040	2.5 Gm3/yr
Pologne	PGNiG	2009-2037	11 Gm3/yr
République Tchèque	RWE Transgaz	2014-2035	9 Gm3/yr
	Vemex	2008-2012	0.55 Gm3/yr
Roumanie	WIEH	2012-2030	4.5 Gm3/yr
	WIEH	2012-2030	4.5 Gm3/yr

Les contrats à long terme contiennent une clause « *take or pay* ». Ainsi, on définit le volume minimal que le client doit payer même s'il récupère un

[555] Boussena (Sadec), Locatelli (Catherine), *Gas market developpements and their effect on relations between Russia and the EU* // http://hal.archives-ouvertes.fr/docs/00/57/81/36/PDF/CR38ENG_SB-CL_gas-market-dev_oct2010.pdf (12.05.2016).

volume inférieur[556]. Aujourd'hui, cette clause est devenue plus souple ; par exemple, il est possible de transférer des volumes d'une période à une autre.

Les contrats à long terme comportent également une clause, dite « *de destination* », qui interdit aux importateurs signataires des contrats de revendre le gaz à tout autre pays que celui auquel il était destiné par contrat[557]. Cela veut dire que l'acheteur, ou le revendeur, ne peut pas réaliser ce gaz sur d'autres marchés. Cette clause garantit les intérêts économiques du producteur/exportateur pour éviter l'arbitraire des prix. La Commission voit cette clause comme l'entrave principale à la création du marché gazier en Europe et, en pratique, les producteurs de gaz accèdent de plus en plus souvent aux demandes[558] de la Commission d'exclure de pareilles clauses des contrats[559]. Ainsi, dans les accords de ENI, E.ON-RUHRgas et OMV avec Gazprom, Sonatrach, Statoil, la clause « de destination » ne figure pas et dorénavant ces contrats s'appellent contrats avec une clause de « gas release »[560].

Ce type de contrat conclu pour trente ans par exemple, ne contient pas un *prix* précis, mais comprend la formule, l'algorithme de sa détermination[561]. Ceci ne peut pas être le prix du marché du gaz, puisque ce dernier n'existe pas encore.

Avant 1973, les prix de contrats gaziers internationaux faisaient référence à une indexation sur les coûts (des prix de produits industriels) : celle-ci pouvait ne concerner qu'une faible proportion du prix (15 à 20 %). De 1973 à 1979, après le premier choc pétrolier, les formules de prix furent indexées, dans la plupart des cas, sur le prix des produits pétroliers (le fuel lourd et le gasoil) dans les pays importateurs. Cette indexation était exprimée proportionnellement, et non en termes absolus, contrairement à la situation qui prévaudra ensuite. L'indexation des prix du gaz sur le prix du brut et/ou le prix de produits pétroliers, a une origine historique. Au début des années soixante-dix, le fuel était le combustible le plus utilisé dans l'industrie comme dans le secteur domestique et tertiaire. C'était aussi le principal combustible des centrales électriques. Le fait que les exportateurs de gaz étaient également exportateurs du pétrole a également joué un rôle, d'autant que le gaz exporté était, pour partie, du gaz associé au pétrole. Les

---

556 Cette clause se présente comme une garantie contre le risque « volume ».

557 Konoplyanik (Andrey), Russian Gas *to Europe: from Long-term Contracts, on-Border Trade and Destination Clauses to... ?* , Journal of Energy and Natural Ressources Law, vol. 23, n° 3, 2005, p. 293.

558 Les procédures « de gaz release » ne sont pas prévues par la directive « gaz ».

559 Конопляник (Андрей Александрович), *Российский газ для Европы*, Нефть, Газ и Право, n°3, 2005, p. 34.

560 Lecarpentier (Armelle), *La libéralisation des marchés gaziers en Europe* // URL: http://cinfo.ifp.fr/IFP/fr/evenement/panorama/IFP-Panorama06_07-LiberalisationMarcheGaz-VF.pdf (12.05.2016).

561 Energy Charter Secretariat, *Putting a Price on Energy: International Pricing Mechanism for Oil and Gas,* 2007 // http://(dir).encharter.org/index.php?id=218 (12.02.2016).

exportateurs de gaz n'avaient donc pas intérêt à encourager la concurrence entre les deux énergies de sorte que lier les deux prix paraissait logique.

Après 1979, les contrats d'exportation par des gazoducs ont généralement conservé, au moins pour partie, une indexation avec un décalage de 3 à 6 mois sur les produits pétroliers, éventuellement combinée avec une indexation sur un panier de pétroles bruts ; la part relative de ces deux éléments pouvant varier largement, par exemple : 50 % du prix des bruts, 25 % du fuel lourd, 25 % du fuel domestique ; 95 % du fuel lourd, 5 % des autres indicateurs ; 20 % des pétroles bruts représentatifs de l'approvisionnement du pays acheteur, 40 % du fuel, 40 % du fuel domestique[562]. Cette liaison donne lieu à des prix de gros qui ne réagissent pas aux fluctuations de l'offre et de la demande de gaz, ce qui compromet la sécurité des approvisionnements.

Il faut tenir compte du fait que l'indexation favorise le renchérissement des énergies et empêche le développement d'un vrai marché du gaz. Les produits pétroliers ne sont pas aujourd'hui les principaux substituts du gaz naturel. Il n'y a aucune raison de lier le prix du gaz à l'épuisement, plus rapide, du pétrole. Le prix du pétrole étant très sensible aux aléas politiques, le prix du gaz peut devenir lui aussi dépendant de facteurs politiques qui n'ont rien à voir avec le fonctionnement du marché du gaz naturel. De plus, cette indexation empêche les arbitrages entre les divers marchés, notamment au sein de l'Europe entre le marché européen anglais et le marché continental, et, à l'échelle intercontinentale, entre le marché européen et le marché nord-américain [563]. Donc, ce mécanisme ne favorise pas le développement d'un marché libre du gaz.

Pourtant, sans indexation, l'importateur refuserait de prendre le « risque volume » et refuserait de s'engager sur des quantités fixes. Du coup, c'est toute l'économie des contrats à long terme qui serait à revoir. Dans le cas de l'Europe, la concentration de l'offre entre les mains d'un petit nombre de producteurs peut faire courir le risque d'une manipulation des prix de vente et, de ce fait, l'indexation constitue une protection pour les importateurs. Ainsi, rien n'empêche de prévoir une indexation partielle sur d'autres prix que les prix pétroliers (charbon, électricité), et sur le prix spot du gaz naturel lorsque le marché spot est suffisamment liquide[564]. Déjà au Royaume-Uni, les contrats à long terme prévoient une indexation sur le prix spot du gaz pour 40 % au moins[565]. En Europe continentale le marché spot est étroit,

---

[562] Giraud (André), Boy de la Tour (Xavier), *Géopolitique du pétrole et du gaz*, Techni, 1987, p. 365.

[563] Hansen (Jean-Pierre), Percebois (Jacques), *Energie : économie et politiques,* préface de Marcel Boiteux, De boeck, 2010, p. 260.

[564] *Ibid.*, pp. 260 - 261.

[565] Chevalier (Jean-Marie), Percebois (Jacques), *Gaz et électricité : un défi pour l'Europe et pour la France*, La Documentation française, 2008, p. 61.

c'est pourquoi les prix spot du gaz ne dépassent pas 5 % dans les contrats à long terme, pourtant à l'avenir, cette composante augmentera[566].

Ce système de l'indexation du prix a, en même temps, d'autres avantages. Malgré les fluctuations conséquentes des cours du pétrole, ou des produits pétroliers, sur lesquels les prix du gaz sont indexés, les prix du gaz des contrats d'approvisionnement à long terme restent généralement inférieurs aux prix du gaz vendu sur les marchés spot en période d'hiver, ce qui fragilise la compétitivité des nouveaux opérateurs[567]. En l'absence d'indexation, la volatilité des prix du gaz est plus forte. Aux Etats-Unis, où le mécanisme d'indexation n'existe pas parce que le marché du gaz est beaucoup plus liquide et concurrentiel que le marché européen, la volatilité des prix du gaz est beaucoup plus forte qu'en Europe. Bien qu'à cela on puisse répondre qu'il existe de nombreux produits financiers dérivés qui permettent de se protéger face à cette volatilité. Dans une situation comme celle de « la guerre du gaz », qui a opposé la Russie à l'Ukraine ou à la Biélorussie, il est préférable d'avoir un système moins volatile. Mais cet argument est discutable : le prix du pétrole est aussi très sensible aux aléas politiques et à la tension internationale.

La longue durée des contrats ne signifie pas l'absence de toute possibilité de les amender. Les *clauses de révision*, ou de hardship, tentent de permettre ou de faciliter la renégociation des contrats de longue durée lorsque les circonstances qui existent au moment de l'exécution du contrat, ou à un moment de l'exécution du contrat, sont tellement différentes de celles qui existaient au moment de sa conclusion, qu'en réalité c'est un autre contrat qui s'exécute.

Ces clauses se sont multipliées au lendemain de la crise de l'énergie de fin 1973 à la suite de l'augmentation générale – même si elle ne fut que temporaire - du prix des matières premières. Une des premières clauses de hardship a été insérée dans le contrat conclu par le consortium européen avec Sonatrach le 15 décembre 1972. Il a été prévu dans cette clause que, si les conditions économiques ou techniques, ou la situation du marché de l'énergie en Europe occidentale ayant servi de base à la définition de l'économie générale du contrat, venaient à être substantiellement modifiées à la suite de circonstances exceptionnelles et imprévues au moment de la conclusion du contrat et à condition qu'un préjudice important soit subi, la révision du contrat sera entreprise. Le problème des changements de circonstances n'est évidemment pas nouveau, mais il n'a jamais reçu de

[566] Konoplyanik (Andrey), *Evolution of Gas Pricing in Continental Europe: Modernization of Indexation Formulas versus Gas to Gas Competition*, International Energy Law and Policy Research Paper Series Working Research Paper Series n° 2010/01, University of Dundee, 2010, p. 30.

[567] Lecarpentier (Armelle), *La libéralisation des marchés gazières en Europe* // http://cinfo.ifp.fr/IFP/fr/evenement/panorama/IFP-Panorama06_07-LiberalisationMarcheGaz-VF.pdf (04.04.2013).

solution idéale. En effet, au moment où les circonstances changent, les parties ne se retrouvent que rarement dans le même rapport de force qu'au moment de la conclusion du contrat. C'est pourquoi les parties préfèrent introduire des clauses de révision qui, dans des circonstances exceptionnelles ou des automatismes du type des clauses d'indexation, ne suffiraient plus[568].

La clause de révision, ou de hardship, entre en jeu, soit parce que les éléments du prix de base ont été profondément modifiés et entraînent un déséquilibre de l'économie du contrat, soit parce que d'autres éléments ayant été bouleversés, le prix de base a perdu sa signification primitive. C'est la confirmation de ce que nous avancions : les éléments retenus pour établir le prix de base d'une matière première sont étroitement dépendants de l'environnement technique, économique et politique existant lors de la conclusion du contrat, et dans les contrats de longue durée dont on peut s'attendre qu'ils s'exercent dans un autre environnement, on doit prévoir un réexamen des données primitives du prix[569].

Actuellement, on prévoit des procédures de négociation précises et régulières de réactualisation des prix. En principe, la première fois, on doit respecter un délai de trois ans après la conclusion du contrat ; puis ensuite, ces négociations sur les révisions seront possibles tous les trois ans, sauf en cas de circonstances critiques sur le marché[570]. C'est pourquoi Gazprom et ses partenaires européens (au moins Wingas, ENGIE, Sinergie Italiane, SPP, Econgas) ont récemment révisé des clauses de prix.

B. L'organisation du marché de gros : le marché de gré à gré et le marché organisé de gaz naturel

Malgré l'existence des contrats à long terme le marché de gros existe et peu à peu grossit. Il inclut le marché de gré à gré et le marché organisé du gaz naturel.

Grâce aux programmes de « gas release », les opérateurs historiques, au moins partiellement, jouent un rôle de grossistes en vendant le gaz aux autres commerçants et fournisseurs. Ces contrats de vente sont aussi habituellement conclus pour une durée et des volumes considérables. Ils ressemblent donc à des contrats à long terme. Couramment, ces contrats sont conclus sur la base de l'accord général sur la livraison et l'acceptation du gaz naturel (General Agreement Concerning the Delivery and Acceptance of Natural Gas) élaboré par la Fédération européenne des commerçants de

---

[568] Kahn (Philippe), *Le prix du gaz naturel dans les contrats internationaux depuis 1973*, in Colloque de la Société Française pour le Droit International de 1975, *La crise de l'énergie et le droit international*, Pedone, 1976, pp. 101 - 102.

[569] *Ibid.*, p. 102.

[570] Konoplyannik (Andrey), *Evolution of Gas Pricing in Continental Europe: Modernisation of Indexation Formulas Versus Gas to Gas Competition* // http://(dir).konoplyanik.ru/ru/publications/articles/465_Evolution_of_Gas_Pricing_in_Continental_Europe.pdf (12.05.16).

l'énergie (FECE). Cet accord-type contient toutes les conditions essentielles et les règles de détermination du droit applicable.

La libéralisation entraîne l'apparition de contrats à plus court terme conclus sur le marché organisé. Ce phénomène s'est d'abord produit aux Etats-Unis (la FERC a recommandé dès 1992 la création de nœuds physiques de pipelines ou de services spécialisés de transport et de stockage qui peuvent être proposés[571]) puis au Royaume-Uni où des transactions de court terme, spot, se sont développées. Celles-ci sont apparues, dans un premier temps, au niveau de certains terminaux, puis au plan national, et enfin à la bourse de Londres, l'International Petroleum Exchange (IPE) a lancé une réelle bourse du gaz avec des contrats anonymes standardisés. Des phénomènes similaires se sont produits en d'autres points des réseaux européens. En Europe continentale, des contrats de plus court terme et des prix spot sont apparus au point d'interconnexion du gazoduc Interconnector à Zeebruge en Belgique. Leur développement suppose en pratique, outre la présence de plusieurs acheteurs et de plusieurs vendeurs, un point sur le réseau où convergent plusieurs gazoducs, permettant d'accéder ainsi à divers fournisseurs, consommateurs et infrastructures de stockage et que des capacités de transport soient encore disponibles. Autrement dit on peut, bien entendu, transférer la propriété du gaz à tout instant, en tout lieu de la chaîne, mais on ne peut en prendre livraison physique qu'en certains points : les entrées-sorties de gazoducs. Ainsi, physiquement, les échanges sur le marché de gros se réalisent aux points d'échange de gaz (PEG). On appelle une telle configuration un nœud, en anglais hub. En Europe, dans certains pays, le point d'échange virtuel s'étend à la totalité du réseau : c'est notamment les cas de la Grande-Bretagne, où s'est développé depuis 1996 le hub européen le plus important, le NBP (National Balancing Point), mais également aux Pays-Bas (Title transfer Facility), en Italie (Punto di Scambio Virtuale) ou encore en Espagne (Centro de Gravedad). Le réseau français est, pour le moment, séparé en trois hubs pour le gaz-H : les PEG (Points d'Echange de Gaz) nord et sud pour le réseau de GRTgaz, et la zone TIGF (pour le gaz-L). En Allemagne, la superposition partielle des réseaux de transport donne lieu à la coexistence de plusieurs hubs, dont les principaux sont Gaspool et NetConnect Germany [572].

En avril 2007 en France, la bourse de l'énergie Powernext a lancé la plateforme Balancing GRTgaz, qui permettait une cotation du gaz naturel en vue de la couverture des besoins d'équilibrage du gestionnaire de réseau de transport GRTgaz (filiale de ENGIE). Les entreprises pionnières ayant participé à ce marché étaient ENI, Gas Natural, Gaselys et Total Gas and

---

[571] Darmois (Gilles), Favenec (Jean-Pierre), *Les marchés de l'énergie : l'énergie, à quel prix ?* 2 éd., Technip, 2013, p. 79.

[572] Grand (Emmanuel), Veyrenc (Thomas), *L'Europe de l'électricité et du gaz. Acteurs, marchés, régulations*, préface de Jean-Marie Chevalier, Economica, 2011, p. 294.

Power. En novembre 2008, Powernext a fait évoluer son offre pour lancer un véritable marché organisé du gaz naturel, où les acteurs du marché du gaz peuvent s'échanger du gaz livré aux différents points d'échange de gaz (PEG) du territoire français. La nouvelle offre inclut Powernext Gas Spot (les fournisseurs peuvent faire des achats pour le jour même, le lendemain ou le week-end à venir)[573] et Powernext Gas Futures (marché à terme)[574]. La livraison physique du gaz naturel s'effectue sur les réseaux de GRTgaz et TIGF aux points d'échange de gaz (PEG).

Au fur et à mesure que se développent les échanges sur Powernext Gas, les prix du gaz publiés par cette bourse du gaz deviennent une référence pour les acteurs du marché à chaque point d'échange de gaz. A la fin 2009, les échanges Day-Ahead sur Powernext Gas représentaient 5 % de la consommation française de gaz naturel. Ce chiffre marque le développement progressif des marchés organisés du gaz naturel[575].

Les prix proposés sur le marché de gré à gré sont en règle générale inférieurs au prix affichés par la bourse. Cependant, les principaux marchés spot du gaz en Europe ont été marqués, au cours de la période 2008-2010, par une diminution systématique des prix qui peut s'expliquer par deux facteurs : 1) une augmentation structurelle de l'offre sur le marché (découle notamment du développement d'une offre excédentaire de gaz non conventionnel aux Etats-Unis, du développement des capacités d'import par GNL en Europe et du développement des capacités d'export des pays producteurs) ; 2) une diminution de la demande du fait de la crise économique ayant conduit à une révision à la baisse des perspectives de croissance[576].

Parmi les problèmes relatifs au développement de l'organisation du marché boursier figurent les contraintes physiques, telles que la nécessité du respect des limites physiques de transit de chaque ouvrage du réseau et celle d'assurer un équilibre permanent entre production et consommation. Donc, on a besoin d'élargir les zones de hubs sur la totalité du réseau. Pour changer

[573] Rapport de la Commission de régulation de l'énergie, *Le fonctionnement des marchés de détail français de l'électricité et du gaz naturel*, du janvier 2013, p. 92.

[574] Le recours aux produits financiers dérivés (forwards, futures et options) permet de se couvrir contre la volatilité pour l'acheteur comme pour le vendeur d'ailleurs. Les produits dérivés sont des instruments financiers : les produits à terme (forward), qui prennent la forme d'un engagement ferme portant sur la livraison d'un actif donné (sous-jacent) à une date spécifiée (l'échéance) contre un prix spécifié au moment de la conclusion du contrat ; les produits de type option, qui ouvrent à leur détenteur le droit (et non l'obligation) d'échanger à une date fixée un actif à un prix spécifié à l'avance (coût d'exercice, ou strike) contre le versement d'une prime d'option, ou premium ; les produits de type swap, qui constituent des contrats d'échange entre deux catégories financières (on peut formellement les rapporter à une combinaison des produits précédents).

[575] *Marché de gros du gaz naturel* // http://(dir).selectra.info/index.php/Marche-de-gros-du-gaz-naturel.html (12.05.2014).

[576] Grand (Emmanuel), Veyrenc (Thomas), *L'Europe de l'électricité et du gaz. Acteurs, marchés, régulations*, préface de Jean-Marie Chevalier, Economica, 2011, p. 306.

la situation, on a besoin de capacités plus grandes pour les gazoducs d'interconnexion parce que les capacités existantes sont réservées par les opérateurs historiques. De fait, les mécanismes de gestion des interconnexions basés sur le marché (mécanismes d'enchères) demeurent rares[577].

§4 Les règles applicables à la distribution du gaz

Pour décrire la spécialité de ce secteur on analysera le rôle du gestionnaire du réseau, ses fonctions, puis on examinera son organisation et ses garanties d'indépendance.

A. Le rôle du gestionnaire de réseau de distribution

La distribution consiste à transporter du gaz naturel dans les réseaux locaux ou régionaux de gazoducs[578] aux fins de la fourniture à des clients, mais ne comprend pas la fourniture[579]. Les tâches de gestionnaire de réseau de distribution (GRD) consistent à distribuer, exploiter, entretenir et développer un réseau, à s'abstenir de toute discrimination entre les utilisateurs et à fournir aux autres gestionnaires de réseaux et aux utilisateurs les informations dont ils ont besoin pour un accès efficace au réseau. Il est obligé d'assurer l'équilibre du réseau de distribution de gaz, et les règles qu'ils adoptent à cet effet doivent être objectives, transparentes et non discriminatoires, y compris les règles de tarification. Les fonctions des réseaux de distribution étant différentes de celles des réseaux de transport, on ne sera donc pas étonné de constater qu'il en va de même des structures de gouvernance, de propriété et d'organisation. Les très faibles recours à l'intégration verticale entre réseaux de transport et de distribution corroborent l'idée d'une différence structurelle entre les deux types de réseau. Pourtant, les GRD comme les GRT ne peuvent pas établir de tarifs. Ces sont les organes de régulation nationale qui devraient pouvoir fixer ou approuver les tarifs, ou les méthodes de calcul des tarifs, sur la base d'une proposition du gestionnaire de réseau de distribution ou sur la base d'une proposition agréée par ces gestionnaires et les utilisateurs du réseau. Dans l'exécution de ces tâches, les organes de régulation nationale devraient veiller à ce que les tarifs de distribution soient non discriminatoires et qu'ils reflètent les coûts.

---

[577] Grand (Emmanuel), Veyrenc (Thomas), *L'Europe de l'électricité et du gaz. Acteurs, marchés, régulations*, préface de Jean-Marie Chevalier, Economica, 2011, p. 298.

[578] La longueur des réseaux basse pression onshore européens est éstimée à 1600000 km.

[579] Le transport jusqu'au compteur individuel, aux organes de coupure individuelle ou générale (en cas d'immeuble collectif).

B. L'organisation de la distribution dans l'UE

La directive 2009 prévoit que les États membres désignent, ou demandent aux entreprises propriétaires ou responsables de réseaux de distribution de désigner, un ou plusieurs gestionnaires de réseau de distribution (GRD)[580]. Les formes d'organisation des GRD sont nombreuses. Les fonctions des GRD peuvent être effectuées directement par les autorités locales, l'activité est alors intégrée aux services municipaux ou régionaux, ou constituée sous forme d'entreprise. Quelquefois la gestion est déléguée aux autorités locales (délégation de service public) sur la base de la concession (l'opérateur investit, entretient et exploite) ; de l'affermage (l'opérateur entretient et exploite) ; de la gérance (l'opérateur exploite). La troisième option (sans l'implication des autorités locales) est basée sur la licence de distribution octroyée par le régulateur ou l'administration.

La gestion municipale constitue encore aujourd'hui un type de gestion des réseaux de distribution répandu en Europe, notamment dans les pays ayant une forte tradition d'implication des collectivités locales dans la vie économique (l'Allemagne, les pays Scandinaves). Dans de nombreux pays, c'est un régime mixte de gestion déléguée par les autorités locales qui prédomine, forme institutionnelle souple qui ouvre la voie à des degrés plus ou moins forts d'encadrement des conditions d'exercice par les GRD de leur activité. L'arrangement institutionnel le plus répandu est la concession de fourniture d'un service prédéfini à un opérateur privé unique, pendant une période souvent longue. L'opérateur désigné est responsable du financement des investissements dans les équipements rendus nécessaires par la fourniture du service. Il est en charge d'un droit exclusif sur la zone de concession durant la durée du contrat. L'opérateur est rémunéré par les redevances perçues auprès des utilisateurs du service. Il n'est pas propriétaire des actifs qui reviennent à l'autorité concédante à la fin de la période de concession. L'avantage pour l'autorité concédante est de ne pas supporter les coûts de construction et de maintenance de l'infrastructure tout en contrôlant le niveau de qualité du service et en bénéficiant des avantages traditionnellement attachés à la gestion privée par rapport à la gestion publique. En revanche, une problématique spécifique est attachée à la coexistence de deux formes d'encadrement du comportement du concessionnaire par l'autorité concédante d'une part, et le régulateur (qui fixe le tarif d'accès, donc la rémunération du GRD), d'autre part. Ce conflit potentiel est géré de manière différente selon les pays européens, conduisant

[580] Le gestionnaire de réseau de distribution - toute personne physique ou morale qui effectue la distribution et est responsable de l'exploitation, de l'entretien et, si nécessaire, du développement du réseau de distribution dans une zone donnée et, le cas échéant, de ses interconnexions avec d'autres réseaux, ainsi que de garantir la capacité à long terme du réseau à satisfaire une demande raisonnable de distribution de gaz.

à des degrés variés d'intervention les organes de régulation ou les autorités concédantes.

Enfin, dans certains pays, les organes locaux ne sont pas impliqués dans l'organisation du service de la distribution. Les GRD obtiennent alors, de l'administration ou du régulateur, une licence, comme c'est le cas du Royaume-Uni [581]. Ils sont propriétaires de leurs infrastructures et leur régulation s'apparente à celle d'un GRT[582]. Sur ce marché, les groupes intégrés n'ont pas de prépondérance, ils sont présentés par ENGIE (12 % de tout le système de distribution), E.ON (6 %), ENI (3 %), Gas Natural Fenosa (Espagne, 4 %)[583].

Statut des GRD[584]

	Allemagne	France	Royaume-Uni	Italie	Espagne
Forme prédominante des GRD	Régie municipale (Stadtwerke), ou apparentée, propriété des groupes intégrés	Prédominance de la concession, quelques régies ou syndicats autonomes	Opérateur privé fonctionnant sous licence	Opérateur privé sous concession, régies municipales	Opérateur privé sous concession, petites régies municipales
Dispersion au niveau des autorités concédantes	850 autorités organisatrices	Communes ou syndicats de communes	Licences régionales	Communes ou syndicats de communes	Communautés autonomes, communes

C. Les garanties de l'indépendance des gestionnaires de réseau de distribution

Les exigences relatives à l'indépendance des GRD sont similaires à celles qui concernent les GRT (non-discrimination, indépendance par rapport à la maison mère si celle-ci est une entreprise verticalement intégrée), mais

581 On peut noter le caractère particulier du Royaume-Uni, premier marché de gaz naturel en Europe, où le réseau de distribution a été décomposé en 2004 entre le propriétaire historique National Grid (acteur spécialisé dans le transport et la distribution à 8 %) et trois nouveaux acteurs de la distribution gazière : SSE (Scottish and South Energy, 5 %), Northern Gas Networks (2 %) et Wales and West Utilities (2 %) (pure players de la distribution gazière).

582 Grand (Emmanuel), Veyrenc (Thomas), *L'Europe de l'électricité et du gaz. Acteurs, marchés, régulations*, préface de Jean-Marie Chevalier, Economica, 2011, p. 398.

583 *Ibid.*, p. 205.

584 *Ibid.*, p. 398.

demeurent moins fortes[585]. Actuellement, seule une dissociation comptable, juridique et fonctionnelle est exigée pour les gestionnaires de réseau de distribution. La séparation patrimoniale est l'exception (elle a été mise en œuvre au Pays-Bas) et non la règle.

Par ailleurs, les directives prévoient une possibilité pour les Etats membres de déroger à la dissociation juridique pour les GRD desservant moins de 100.000 clients. Dans ce secteur on retrouve une multitude de petits acteurs locaux aux côtés de quelques grands groupes, contrôlant la distribution dans des zones nationales ou régionales : il y avait 1419 distributeurs de gaz naturel dans l'UE en 2009, et seulement 14 % d'entre eux (192) desservaient plus de 100.000 clients.

Il n'est donc pas surprenant que la majorité des pays ait décidé d'exercer cette possibilité (c'est notamment le cas de l'Allemagne, de la France, de l'Italie et de l'Espagne), qui concerne une majorité d'opérateurs de réseau (85 % des GRD gaziers de l'UE sont ainsi exemptés de dissociation juridique)[586].

L'article 28 de la directive 2009 a introduit une notion qui n'apparaissait pas dans les directives précédentes et qui ajoute une catégorie supplémentaire aux réseaux d'acheminement de gaz : celle du « réseau fermé de distribution », défini comme un réseau qui distribue du gaz à l'intérieur d'un site industriel, commercial ou de partage de service, géographiquement limité et qui, sauf de façon accessoire, n'alimente pas, à l'intérieur de cette zone, des clients résidents. La qualification de réseau fermé de distribution relève de la compétence des organes de régulation nationale. La reconnaissance de cette qualification peut (ce n'est pas une obligation) justifier une exemption accordée par les organes de régulation, à savoir la dispense d'une approbation préalable des tarifs applicables à l'utilisation de ces réseaux fermés. L'article 28 de la directive justifie ce régime particulier par la nécessité d'éviter qu'une charge administrative injustifiée puisse peser sur les gestionnaires de ces réseaux fermés, compte tenu de la nature particulière des gestionnaires et des utilisateurs du ferroviaire, des aéroports, des hôpitaux ou encore des installations de l'industrie chimique.

§5 Les règles applicables à la fourniture de gaz (le marché de détail)

L'analyse du secteur de la fourniture de gaz inclura celle de l'organisation du marché de détail, du statut et du rôle du fournisseur, des

---

[585] Le risque de la discrimination est toutefois moins grand au niveau de la distribution qu'au niveau du transport.

[586] Grand (Emmanuel), Veyrenc (Thomas), *L'Europe de l'électricité et du gaz. Acteurs, marchés, régulations*, préface de Jean-Marie Chevalier, Economica, 2011, p. 399.

clauses principales des contrats de fourniture et la protection des consommateurs.

A. L'organisation du marché de détail

La libéralisation conduit à opérer une distinction entre la fonction de distribution et celle de fourniture (la vente ou la revente du gaz à des clients finaux). Avant la réforme, le distributeur de l'énergie était également souvent responsable de la livraison et de la vente du gaz. Autrement dit, l'intégration verticale permettait de confondre la vente du produit (une quantité de gaz donné) et son acheminement (son transport sur les réseaux à basse tension ou à faible débit). *A contrario*, l'introduction de la concurrence au niveau de la fourniture nécessite de distinguer, dans les missions anciennement effectuées par le distributeur, ce qui relève de l'acheminement (transport pur) de ce qui ressort de la fourniture du gaz (livraison et vente au client final), consacrant un rôle spécifique du fournisseur.

La directive contient peu de dispositions sur les modalités de la réglementation des marchés de détail. L'organisation des rôles entre le distributeur et le fournisseur vis-à-vis du client final relève ainsi de la compétence des Etats membres, notamment en ce qui concerne la frontière entre le distributeur (activités régulées) et le fournisseur (activités concurrentielles). Pour ce qui concerne les « derniers mètres » du réseau, les activités de comptage de l'énergie relèvent ainsi en France de la sphère régulée, alors que c'est une activité concurrentielle en Grande-Bretagne[587].

De fait, la distinction entre la branche fourniture et la branche gestion du réseau (distributeur) n'est pas évidente dans de nombreux pays. Seuls les Pays-Bas ont instauré un régime de dissociation patrimoniale obligatoire pour les GRD. Par ailleurs, la séparation fonctionnelle et légale entre les activités de gestion du réseau de distribution, d'une part, et celles de fourniture, d'autre part, n'est pas obligatoire pour les petits distributeurs intégrés (moins de 100000 clients connectés ou approvisionnés). La directive ne contient que l'obligation d'obtenir une autorisation ou licence pour la fourniture de gaz naturel (et à des clients grossistes). Les États membres doivent fixer des critères objectifs et non discriminatoires qui sont rendus publics. Les raisons pour lesquelles une autorisation est refusée doivent être objectives et non discriminatoires et communiquées au demandeur. La motivation du refus est notifiée à la Commission pour information. Les États membres établissent une procédure permettant au demandeur de former un recours contre un tel refus.

En France, il faut obtenir une autorisation de fourniture de gaz naturel auprès de la Direction générale de l'énergie et du climat du Ministère de l'Ecologie, du Développement Durable et de l'Energie. Les modalités de

[587] *Ibid.*, p. 353.

délivrance de cette autorisation sont précisées par le décret n°2004-250 du 19 mars 2004 qui prévoit la production d'un dossier permettant d'apprécier les capacités techniques, économiques et financières et les capacités à remplir les obligations de service public qui incomberont à l'entreprise si la demande est acceptée. Dans tous les cas, l'entreprise doit prouver qu'elle dispose des ressources suffisantes pour assurer la fourniture en gaz des clients de manière continue. Elle doit conclure un contrat d'acheminement/distribution avec GrDF et conclure (elle-même ou via un partenaire) un contrat d'acheminement transport avec le ou les transporteurs en amont des réseaux sur lesquels elle souhaite alimenter les clients. A ce jour, en France on peut identifier 124 fournisseurs. Parmi eux, seuls ENGIE, les 22 entreprises locales de distribution (ELD), 12 fournisseurs alternatifs sont autorisés à fournir du gaz naturel à la clientèle domestique[588].

B. Le rôle du fournisseur et les charges de service public

Une des parties au contrat de fourniture est le fournisseur. Son statut et ses fonctions sont réglementés et une attention particulière doit être portée sur la réalisation des services universels qui lui sont dévolus par les Etats.

1. Les fonctions du fournisseur

La fonction principale du fournisseur est d'alimenter deux types de clients : résidentiels[589] et non résidentiels (entreprises commerciales sauf les petites compagnies commerciales)[590]. Ces derniers forment deux marchés différents au sein du marché de détail[591]. Si les premières directives (1996-1998) fixaient des plafonds minimaux d'ouverture du marché de fournitures, le deuxième paquet a établi une ouverture totale au 1er juillet 2004 pour les clients non résidentiels et à partir du 1er juillet 2007 tous les clients sont devenus éligibles[592]. Ainsi, aujourd'hui, ce marché s'étend à tous les consommateurs.

Parmi les fournisseurs il existe ceux assurant des fonctions spéciales d'intérêt général. La directive ouvre la possibilité aux Etats membres de désigner un fournisseur de dernier recours pour assurer le service universel

---

588 La structure et le fonctionnement du marché du gaz naturel en France // http://(dir).developpement-durable.gouv.fr/La-structure-et-le-fonctionnement,10665.html (12.05.2015).

589 Clients résidentiels - les clients achetant du gaz naturel pour leur propre consommation domestique.

590 Clients non résidentiels - les clients achetant du gaz naturel non destiné à leur usage domestique.

591 La pratique uniforme des organes allemands et des cours confirme que ce sont des marchés différents.

592 Clients éligibles - les clients qui sont libres d'acheter du gaz naturel chez le fournisseur de leur choix. Les contrats de fourniture passés avec un client éligible du réseau d'un autre État membre ne sont pas interdits si le client est considéré comme éligible dans les deux réseaux concernés.

(conception élaborée en premier lieu dans les pays anglo-saxons pour accompagner la libéralisation des télécommunications). Ces missions[593] sont généralement confiées à un opérateur, voire à plusieurs, éventuellement choisis après appel d'offres[594]. L'exemple typique de charge de service public est l'obligation de fournir du gaz à certains consommateurs à des tarifs réglementés, dont les prix sont fixés par les pouvoirs publics, même si, sur ce marché, les fournisseurs sont libres d'en déterminer le prix.

2. *L'encadrement des charges de service public*

L'accès à l'énergie revêt une importance déterminante dans la vie moderne. L'ONU déclarait ainsi en 2010 que « les services apportés par l'énergie comme l'éclairage, le chauffage, la cuisson, la puissance cinétique, la puissance mécanique, le transport, et les télécommunications sont essentiels au développement socio-économique »[595]. C'est la conception minimale de service public exigeant la mise à disposition d'un service minimum pour tout consommateur, d'une qualité donnée et à un prix « abordable ». Cet accès est en pratique assuré dans la grande majorité des cas en Europe. Le statut spécifique du gaz, comme bien de première nécessité, a conduit les Etats à être largement impliqués dans la fourniture des services énergétiques[596].

---

[593] D'habitude ce sont : la diversification des sources d'approvisionnement (au moins deux points d'entrée sur le réseau de transport national lorsqu'ils approvisionnent plus de 5 % du marché national, au moins trois points sur le réseau de transport lorsqu'ils approvisionnent plus de 10 % du marché national) ; la continuité de la fourniture (l'obligation d'assurer sans interruption la continuité de la fourniture de gaz aux clients finals dans la limite des quantités, des débits et des clauses stipulées par le contrat) ; la fourniture de dernier recours (en cas d'impossibilité pour le fournisseur d'honorer ses engagements contractuels, une fourniture de dernier recours et garantie aux clients non domestiques (les hôpitaux, les cliniques, les institutions de santé spécialisées, les établissements d'enseignement et les services d'accueil d'enfants de moins de six ans, les casernes militaires, les administrations recevant du public...) par des fournisseurs qui assurent une mission d'intérêt général ; cette fourniture est assurée, les cinq premiers jours, par les gestionnaires de réseaux de transport ; a l'issue de ce délai, dans le cas où les clients n'ont pas été en mesure de trouver un autre fournisseur, ils peuvent, s'ils le souhaitent, faire appel au fournisseur de dernier recours désigné pour effectuer la prestation prévue, le cas échéant, jusqu'à la fin du contrat initial) ; caractéristiques de la fourniture (les fournisseurs sont tenus de livrer le gaz à un point d'entrée d'un réseau de qualité prédéfinie, etc.).

[594] Ce régime est sans doute mal appréhendé par les opérateurs privés. Par rapport au régime contractuel, des différences apparaissent notamment sur les conditions de création et de retrait, sur l'adaptabilité du service public et sur le régime du contentieux (Marais (Bertrand du), *Droit public de la régulation économique,* préface de Renaud Denoix de Saint-Marc, Dalloz, 2004, p. 451.).

[595] ONU, *UN - Energy ; Looking for the future*, 2010, p. 8.

[596] Grand (Emmanuel), Veyrenc (Thomas), *L'Europe de l'électricité et du gaz. Acteurs, marchés, régulations*, préface de Jean-Marie Chevalier, Economica, 2011, p. 366.

a. L'encadrement de charge de service public au niveau européen

i. Les règles relatives à la charge de service public dans les traités et la législation de l'UE

La charge de service public ne fait pas l'objet d'une définition spécifique au sein des traités européens. Dans § 2 de l'article 106 du TFUE, on a défini les contours de la notion de service d'intérêt économique générale (SIEG). C'est principalement sur cette dernière base juridique que s'est élaborée, au cours des années 1990, la jurisprudence permettant de donner un contenu fonctionnel à la notion de SIEG (voir ci-après).

L'ajout d'une base juridique *ad hoc* à la notion de charge de service public (art. 14 du TFUE, introduit par le traité d'Amsterdam) traduit un mouvement politique de préoccupation de certains Etats membres face à la politique de libéralisation menée par la Commission européenne. Cette introduction n'a toutefois pas produit d'effet juridique précis malgré la déclaration sur les SIEG, adoptée lors du sommet de Nice de décembre 2000. La Commission a simplement rédigé un livre vert en 2003 et un livre blanc en 2004, avant de publier en 2007 une communication visant à « classer » les catégories de service public. Pourtant, il était clairement établi à cet instant que la Communauté européenne ne pouvait plus évoluer seulement en fonction des exigences de concurrence, mais devait également répondre à des objectifs de cohésion sociale que sont en mesure d'assurer les services d'intérêt économique général. De même, l'article 36 de la Charte des droits fondamentaux de l'Union énonce que « l'Union reconnaît et respecte l'accès aux services d'intérêt économique général tel qu'il est prévu par les législations et pratiques nationales, conformément aux traités, afin de promouvoir la cohésion sociale et territoriale de l'Union »[597].

L'adoption du traité de Lisbonne est un tournant décisif dans la reconnaissance du rôle des services d'intérêt général (SIG[598]), les assimilant aux services publics[599]. Le traité de Lisbonne a consacré aux SIG un protocole dédié, annexé au traité, ayant la même valeur juridique que celui-ci.

Les SIG constituent dès lors une catégorie juridique à part entière, relevant du droit primaire. Et, si les valeurs communes de l'Union énoncées à l'article 1er du protocole concernent les services d'intérêt économique général (SIEG), il est permis de considérer qu'elles sont aussi, *a fortiori*, celles des SIG, notamment non marchands. L'article 2 du protocole est

[597] Epulgas (Pierre), *Le service public*, 3 éd., Dalloz, 2012, p. 118.

[598] SIG - services, tant économiques que non économiques, que les autorités publiques classent comme étant d'intérêt général et soumettent à des obligations spécifiques de service public (Communication de la Commission de l'UE du 20 novembre 2007).

[599] Chaltiel (Florence), *Les apports du traité de Lisbonne au service public*, AJDA, 2008, p. 1575 ; cité par Lachaume (Jean-François), Boiteau (Claudie), Pauliat (Hélène), Deffigier (Clautilde), *Droit des services publics,* Lexis Nexis, 2015, p. 23.

également fondamental puisqu'il consacre l'existence des services non économiques d'intérêt général (SNEIG) à l'égard desquels la compétence des Etats membres pour fournir, faire exécuter et organiser ces services est totale[600].

La conception de SIG présuppose un rôle essentiel et un large pouvoir discrétionnaire des autorités nationales, régionales, locales dans l'organisation et la fourniture des SIEG afin de répondre, autant que possible, aux besoins des utilisateurs. En même temps, est reconnue la possibilité d'existence de la diversité des SIEG et les disparités existant au niveau élevé de qualité, de sécurité, d'égalité de traitement dans l'accès universel et dans les droits des utilisateurs.

A ce jour, la Commission européenne n'a néanmoins toujours pas proposé de directive cadre sur le sujet, préférant s'en remettre au développement de la législation sectorielle. Ainsi, la reconnaissance de la notion de SIEG, qui contient un minimum d'obligations de service public dans les domaines du gaz, a été élaborée dans le cadre de la directive sur le gaz en 2009. Selon ce texte, les obligations de service public peuvent porter « sur la sécurité, y compris la sécurité d'approvisionnement, la régularité, la qualité et le prix de la fourniture, ainsi que la protection de l'environnement » (ces termes n'ont quasiment pas subi de modification depuis les premières directives de 1996 et 1998). Le contenu du service a été renforcé dans le cadre de la directive de 2009, notamment en ce qui concerne la définition des consommateurs vulnérables et l'encadrement du marché du détail.

ii. La charge de service public dans la jurisprudence de la CJUE

En 1993 et 1994 deux arrêts de la Cour de justice sont venus donner corps à la notion de service public : il s'agit des arrêts Corbeau et Commune d'Almelo. Dans l'arrêt Corbeau[601], relatif au domaine postal, la Cour a reconnu que si la poursuite de la mission de service public suppose l'acceptation que le titulaire de cette mission puisse compenser des activités non rentables par des activités rentables, cette compensation ne permet pas d'exclure du marché des opérateurs qui effectuent un service que n'assure pas le service postal tel que la garantie de livraison du courrier. Dans l'arrêt Almelo[602], la Cour de justice a invité le juge national à apprécier la proportionnalité de la réglementation néerlandaise concédant un droit exclusif de la distribution d'électricité à une entreprise par rapport aux missions de service public confiées à cette entreprise. Elle s'est limitée à

[600] Lachaume (Jean-François), Boiteau (Claudie), Pauliat (Hélène), Deffigier (Clautilde), *Droit des services publics,* Lexis Nexis, 2015, p. 23.
[601] CJCE, 19 mai 1993, Procédure pénale contre Paul Corbeau, aff. C-320/91 // Recueil de jurisprudence, 1993, p. I-02533.
[602] CJCE, 27 avril 1994, Commune d'Almelo et autres contre NV Energiebedrijf Ijsselmij, aff. C-393/92, // Recueil de jurisprudence, 1994, p. I-01477.

observer que si la levée des restrictions à l'importation mettait en cause les missions d'intérêt général confiées à l'entreprise, l'article 90-2 pourrait être invoqué et que, dans cette appréciation, le juge national doit tenir compte des conditions économiques dans lesquelles est placée l'entreprise (concurrente), notamment des coûts qu'elle doit supporter et des réglementations, particulièrement en matière d'environnement, auxquelles elle est soumise. Cette limitation permet de penser qu'une entreprise qui serait soumise aux mêmes contraintes réglementaires que l'entreprise concessionnaire de droits spéciaux ou exclusifs ne serait pas considérée comme mettant en danger les missions de service public[603]. La jurisprudence communautaire reconnaît donc la possibilité pour les Etats membres de mettre en place des obligations de service public, traduisant une forme d'équilibre entre le droit de la concurrence et les missions relevant du service public, en une évolution par rapport à la lecture stricte de l'article 106 du TFUE qui était celle de la Cour de justice au début des années 1990 (jurisprudence « Port de Gênes »). Cette faculté fait néanmoins l'objet d'un encadrement strict. La mise en place d'un régime dérogatoire à la concurrence doit être précisément justifiée par une carence des mécanismes économiques concurrentiels, strictement proportionnée aux objectifs poursuivis. Cette conception ne doit pas permettre à l'opérateur du SIEG de recouvrer uniquement les charges correspondantes au préjudice. Il reste à l'Etat de se placer dans le cadre § 2 de l'article 106 du TFUE, et d'apporter la preuve de l'impossibilité d'assurer la mission d'intérêt économique général (MIEG) autrement qu'en mettant en place un système de dérogation aux règles sur la concurrence. La mise en place d'obligations de service public s'inscrit ainsi dans un cadre explicitement dérogatoire, devant faire l'objet d'une justification préalable, assise sur un constat de défaillance du marché[604].

L'élaboration du cadre d'évaluation des droits exclusifs ou spéciaux a été achevée par l'extension de la jurisprudence au domaine des aides d'Etat. Dans son arrêt « Fédération française des sociétés d'assurance c. Commission »[605] du 27 février 1997, le Tribunal européen de première instance (TPIUE) s'est appuyé sur les jurisprudences Corbeau et Commune d'Almelo pour considérer conforme au traité une aide d'Etat visant uniquement à compenser les surcoûts engendrés par l'accomplissement d'une mission d'intérêt économique général incombant à une entreprise dans

[603] Ayral (Michel), *Droit communautaire de l'Energie*, Joly éditions, 1997, p. 7.

[604] Grand (Emmanuel), Veyrenc (Thomas), *L'Europe de l'électricité et du gaz. Acteurs, marchés, régulations*, préface de Jean-Marie Chevalier, Economica, 2011, p. 370.

[605] Tribunal de première instance, 27 février 1997, Fédération française des sociétés d'assurances (FFSA), Union des sociétés étrangères d'assurances (USEA), Groupe des assurances mutuelles agricoles (Groupama), Fédération nationale des syndicats d'agents généraux d'assurances (FNSAGA), Fédération française des courtiers d'assurances et de réassurances (FCA) et Bureau international des producteurs d'assurances et de réassurances (BIPAR) contre Commission des Communautés européennes, aff. T-106/95 // Recueil de jurisprudence, 1997, p. II-229.

le cas où cette aide est nécessaire pour que l'entreprise puisse assurer ses obligations dans des conditions d'équilibre économique normales. Le cadre juridique qui réglemente les obligations du service public a été solidifié par la jurisprudence Altmark[606] du 24 juillet 2003. La Cour de justice a listé les quatre conditions devant être vérifiées par une compensation (représentant la contrepartie à des prestations effectuées par un opérateur au titre des MIEG) pour échapper à la qualification d'aide d'Etat et éviter ainsi l'illégalité. Entre eux il a mentionné l'existence d'une définition des obligations de l'entreprise bénéficiaire, qui doit objectivement en être chargée, l'établissement préalable de critères objectifs et transparents pour calculer la compensation, le caractère proportionné[607] de la compensation, et l'exigence de détermination du niveau de compensation par référence aux coûts qu'une entreprise moyenne bien gérée et adéquatement équipée aurait à supporter, si la sélection se fait en dehors du cadre de procédure de marché public[608].

b. L'encadrement de service public dans la législation nationale

Toutefois, les obligations de service public devraient être définies au niveau national, en respectant le contexte national et le droit communautaire. En Europe les traditions de service public sont hétérogènes. Au Royaume-Uni, un terme clé en anglais, celui de « public utility », recouvre un certain nombre d'activités de fourniture de services fondamentaux et qui se distinguent, d'une part, par un certain pouvoir de monopole, l'existence d'un réseau, et, d'autre part, par une position stratégique dans le développement économique, impliquant une régulation et un contrôle publics. Ce terme est appliqué essentiellement aux transports et à la distribution de l'eau, du gaz, de l'électricité, de la chaleur, etc. A l'inverse, la référence explicite aux pouvoirs publics est presque totalement absente dans les conceptions nordiques et notamment dans les conceptions danoise et néerlandaise (aux Pays-Bas, la notion même de service public n'existe pas en tant que telle). Pour les nordiques, un service public est une activité d'intérêt social et économique général s'adressant à tous les citoyens, ayant nécessairement un caractère collectif et infrastructurel tel qu'une certaine forme de la régulation ou de la protection publique est indispensable, afin qu'un niveau minimal de ce service soit mis à la disposition de tous avec une qualité spécifiée et moyennant un prix raisonnable[609].

---

606 CJCE, 24 juillet 2003, Altmark Trans GmbH et Regierungspräsidium Magdeburg contre Nahverkehrsgesellschaft Altmark GmbH, en présence de Oberbundesanwalt beim Bundesverwaltungsgericht, aff. C-280/00 // Recueil de la jurisprudence, 2003, p. I-07747.

607 La compensation ne doit pas excéder la couverture des charges subies, en tenant compte des recettes associées ainsi que d'un bénéfice raisonnable.

608 Grand (Emmanuel), Veyrenc (Thomas), *L'Europe de l'électricité et du gaz. Acteurs, marchés, régulations*, préface de Jean-Marie Chevalier, Economica, 2011, p. 370 - 371.

609 Bauby (Pierre), *Le service public*, Flammarion, 1997, pp. 92 - 93.

Pour comprendre le service public à la française (la doctrine française a été reprise dans tout le sud de l'Europe : Espagne, Portugal, Grèce, Italie), il est important de se référer à Duguit pour lequel l'Etat est « une coopération de services publics organisés et contrôlés par des gouvernants », la seule justification de l'Etat étant d'organiser et de faire fonctionner les services publics nécessaires « à la réalisation et au développement de l'interdépendance sociale »[610]. Ainsi, selon la définition donnée par Léon Duguit en 1928 le service public constitue « toute activité dont l'accomplissement doit être assuré, réglé et contrôlé par les gouvernants, parce que cet accomplissement est indispensable à la réalisation et au développement de l'interdépendance sociale et qu'elle est de telle nature qu'elle ne peut être réalisée complétement que par l'intervention de la force gouvernementale[611].

Au début du XXe siècle, la notion duguiste[612] du service public venait à son heure. Elle permettait, en effet, de justifier l'existence d'un droit administratif, dérogatoire au droit privé et conférant, sur certains points, des prérogatives importantes à l'administration et plus contraignant, il est vrai, sur d'autres points que le droit privé pour tenir compte des nécessités spécifiques des services publics et des contraintes qui pèsent sur eux au nom des exigences de la satisfaction de l'intérêt général[613].

Ainsi, l'identification du service public a été construite autour des éléments suivants, souvent confondus : un élément organique (le gestionnaire du service public) et un élément matériel du service public (le but poursuivi). Toutefois, si au début du XXe siècle le gestionnaire du service public était, en principe, une personne publique (Etat, département, commune, établissement public) ou des personnes privées, en vertu de contrats de concession sous le contrôle d'une personne publique concédante, il faut constater qu'aujourd'hui de nombreuses missions de service public sont gérées par des personnes ou des organismes privés[614]. Donc la notion a évolué. Actuellement on distingue les éléments suivants de service public : intervention directe ou indirecte d'une personne publique ; satisfaction d'un besoin d'intérêt général et soumission, à des degrés variables, suivant les

---

[610] Lachaume (Jean-François), Boiteau (Claudie), Pauliat (Hélène), Deffigier (Clautilde), *Droit des services publics,* Lexis Nexis, 2015, p. 8.

[611] Grand (Emmanuel), Veyrenc (Thomas), *L'Europe de l'électricité et du gaz. Acteurs, marchés, régulations*, préface de Jean-Marie Chevalier, Economica, 2011, p. 368.

[612] A la même époque M. Hauriou, présenté souvent d'ailleurs comme un adversaire des thèses de l'Ecole du service public, préférait caractériser l'Etat par la puissance publique plus que par le service public, même, si cette puissance ne devait être mise en œuvre que pour la satisfaction de l'intérêt général qui reste le but de tout service public (Lachaume (Jean-François), Boiteau (Claudie), Pauliat (Hélène), Deffigier (Clautilde), *Droit des services publics,* Lexis Nexis, 2015, p. 8.)

[613] Lachaume (Jean-François), Boiteau (Claudie), Pauliat (Hélène), Deffigier (Clautilde), *Droit des services publics,* Lexis Nexis, 2015, p. 9.

[614] *Ibid.*, pp. 9 - 10.

cas, de ces services à un régime exorbitant du droit privé justifié par les contraintes qui pèsent sur eux dans leur fonctionnement[615].

La jurisprudence quant à elle a toujours utilisé la notion. La référence au service public figure dans le célèbre arrêt Blanco[616] de 1873. Le Tribunal des conflits avait fait appel au service public pour révéler la présence de la puissance publique, entraînant la compétence du juge administratif, par l'intercession du droit administratif. Le service public constitue bien, dans la logique de l'arrêt Blanco, le fait générateur de l'application du droit administratif et, partant, de la compétence du juge administratif. C'est ce que le Tribunal des conflits résume dans sa formule selon laquelle « la responsabilité qui peut incomber à l'Etat pour les dommages causés aux particuliers par le fait des personnes qu'il emploie dans le service public ne peut être régie par les principes qui sont établis par le Code civil pour les rapports de particuliers à particuliers »[617]. Dans les arrêts Magnier[618], Narcy[619], Aprei[620] le Conseil d'Etat a aussi essayé de clarifier ces critères, mais les éléments de la définition du service public n'étaient pas précis[621].

Finalement, on peut donner la définition suivante du service public : c'est une activité d'intérêt général assumée directement ou indirectement par une personne publique et qui est soumise, à des degrés variables suivant les cas, à un régime exorbitant du droit privé[622].

Une entreprise devient investie de sa mission de service par un acte de la puissance publique. Cette investiture peut se matérialiser par une habilitation unilatérale ou l'octroi d'une concession de service public[623]. Un des modèles de transformation des services publics, préalable à leur délégation au secteur privé, est l'incitation générale à la « contractualisation ». Pour le secteur de l'énergie, la loi du 9 août 2004 donnait déjà le ton[624] : « Les objectifs et les modalités de mise en œuvre des missions de service public qui sont assignées à Gaz de France (...) font l'objet de contrats conclus entre l'Etat et chacune de ces entreprises (art.1 de la loi n° 2004-803 du 9 août 2004 relative au service public de l'électricité et du gaz et aux entreprises électriques et gazières). Donc, le 23 décembre 2009 un nouveau contrat de

---

615 *Ibid.*, p. 10.

616 Tribunal des conflits. 8 févr. 1873 : GAJA, 1 ; GDJDA, 6.

617 Braconnier (Stéphane), *Droit des services publics*, PUF, 2003, p. 107.

618 CE, 13 janv. 1961 : Rec. CE 1961, p. 33. RDP 1961.

619 CE, 28 jin 1963 : GDJDA, 281.

620 CE, sect., 21 févr. 2007, Assoc. du personnel relevant des établissements pour inadaptés (APREI) : Rec. CE 2007, p. 92.

621 Lachaume (Jean-François), Boiteau (Claudie), Pauliat (Hélène), Deffigier (Clautilde), *Droit des services publics,* Lexis Nexis, 2015, p. 13.

622 *Ibid.*, p. 13.

623 Nicinski (Sophie), *Droit public des affaires*, 2 éd., Montchrestien, 2010, p.125.

624 Guglielmi (Gilles), Koibi (Geneviève), *Droit de service public*, 3 éd., Montchrestien, 2011, p. 228.

service public qui a porté sur la période 2010-2013[625] fut signé entre le ministère de l'Écologie, de l'Énergie, du Développement Durable et de la Mer en charge des Technologies vertes et des Négociations sur le climat et le ministère de l'Économie, de l'Industrie et de l'Emploi et ENGIE[626]. La législation[627] précise les obligations de service public qui s'imposent aux fournisseurs de gaz naturel. Ces sont les exigences de service public en matière de sécurité d'approvisionnement, de régularité et de qualité du service rendu aux consommateurs, les moyens permettant d'assurer l'accès au service public, l'évolution pluriannuelle des tarifs réglementés de vente du gaz, la politique de protection de l'environnement, etc. Dans les décisions rendues à propos de ENGIE les 5 juillet 2004 n° 2004-501 et 30 novembre 2006 n° 2006-543, le Conseil constitutionnel a aussi précisé que : « le fait qu'une activité ait été érigée en service public national sans que la Constitution l'ait exigé ne fait pas obstacle au transfert et suppose que le législateur prive ladite entreprise des caractéristiques qui en faisaient un service public national »[628].

Ainsi, si on compare la conception européenne de SIG et le concept de service public français on peut conclure qu'il n'y a pas de différence de conception[629]. La flexibilité est en effet un caractère de SIG dont le contenu doit évoluer pour tenir compte de l'évolution politique, sociale, économique et technologique.

C. Le contrat de fourniture

1. La nature du contrat de fourniture

Les utilisateurs de gaz étaient d'abord des usagers d'un service public industriel et commercial dont les contrats étaient des contrats de droit privé[630] régis par des dispositions réglementaires[631]. Peu à peu, les consommateurs résidentiels sont devenus des clients et la régulation de ces

[625] Il peut être prorogé pour une période de six mois à défaut de signature d'un nouveau contrat.

[626] Le contrat de service public entre l'État et Gaz de France /// http://(dir).developpement-durable.gouv.fr/Le-contrat-de-service-public-2010.html (23.05.2015).

[627] Code de l'énergie 2011, loi n° 2003-8 relative aux marchés du gaz et de l'électricité et au service public de l'énergie, loi n° 2004-803, 9 aout 2004 relative au service public de l'électricité et du gaz et aux entreprises électriques et gazières, loi n° 2006-1537, 7 décembre 2006 relative au secteur de l'énergie.

[628] Colson (Jean-Philippe), Idoux (Pascal), *Droit publique économique*, 5 éd., L.G.D.J., 2010, p. 155.

[629] Lachaume (Jean-François), Boiteau (Claudie), Pauliat (Hélène), Deffigier (Clautilde), *Droit des services publics,* Lexis Nexis, 2015, p. 19.

[630] La prise en compte des impératifs de service public ne doit pas occulter le fait qu'une protection essentielle fut celle apportée par le droit civil.

[631] En France, par le cahier des charges de la concession, précisé par une « police d'abonnement » ou un contrat type, unilatéralement imposé par le distributeur et par quelques principes de base du droit civil étaient applicables à cette relation (en matière de prescription, par exemple, ou encore de délais judiciaires de paiement).

relations a exigé l'application d'un certain nombre de dispositions du droit de la consommation (telles que celles concernant les clauses abusives)[632]. Ainsi, ce type de contrats est aujourd'hui assujetti au droit privé et au droit de la consommation. En Allemagne, par exemple, ils ne sont même pas particularisés en tant que type différent des contrats privés, ces relations sont régulées par des dispositions sur des contrats d'achat-vente standards[633].

2. Les clauses du contrat de fourniture

Généralement, dans le préambule du contrat de fourniture sont fixées les conditions economico-techniques d'approvisionnement du gaz. Dans le corps du contrat sont précisés : son objet, le niveau de pression du gaz approvisionné, les moyens de mesure, la responsabilité, les caractéristiques du gaz livré, les ouvrages de raccordement, l'accès aux ouvrages, l'installation intérieure du client, la rémunération, la facturation, la responsabilité, etc.

a. Le prix

La concurrence entre les fournisseurs de biens et de services peut porter sur deux facteurs : le prix et les caractéristiques techniques. A l'inverse du prix, peu de caractéristiques techniques sont à la portée des acteurs concurrentiels (les caractéristiques techniques sont standardisées à l'extrême et sont de la responsabilité du gestionnaire de réseau), ce qui limite les possibilités de différenciation entre fournisseurs (différenciation du prix selon l'heure de la journée, rabais pour fidéliser de gros clients[634]). La concurrence ne peut donc porter que sur le prix

La règle générale de fixation des prix est la suivante : les fournisseurs sont libres de fixer les prix du gaz dans un contrat. Pourtant, selon la législation, les clients éligibles non-industriels[635] peuvent choisir, soit de rester au tarif réglementé, soit de passer au tarif du marché négocié avec leurs fournisseurs. Les tarifs régulés pour les clients sont déterminés par le

---

[632] Sablière (Pierre), *Droit de l'énergie,* Dalloz, 2013, p. 1677.

[633] Лахно (Петр Гордеевич), Зеккер (Франц Юнгер) (ред.), *Энергетическое право России и Германии : сравнительно-правовое исследование,* 2011, с. 496.

[634] Le pourcentage de contrats comportant de telles clauses varie de 13 % en Allemagne à 29 % en Italie, il était de 23 % en France en 2006 (Chevalier (Jean-Marie), Percebois (Jacques), *Gaz et électricité : un défi pour l'Europe et pour la France*, La documentation française, p. 77.).

[635] C'est seulement en France que des tarifs réglementés pour les clients industriels existent. La Commission européenne a demandé officiellement à la France, le 31 mai 2012, de mettre sa législation nationale sur les tarifs réglementés du gaz naturel pour les clients finaux non résidentiels en conformité avec les règles de l'UE relatives au marché intérieur de l'énergie. Selon la Commission, la fixation par l'Etat de tarifs pour les clients finaux non résidentiels, comme prévu dans le Code de l'énergie français, constitue un obstacle pour les nouveaux venus sur le marché. La France a cédé aux demandes de la Commission, dès décembre 2015 les tarifs réglementés vont disparaître.

gouvernement ou le régulateur (dans la plupart des cas)[636]. En France, ils sont déterminés par les ministères en charge de l'énergie et de l'économie sur avis de la CRE (Commission de régulation de l'énergie). Ils peuvent être classés en deux catégories selon le volume de consommation des clients : les tarifs à souscription, qui concernent les consommateurs de gaz raccordés directement au réseau de transport pour les clients raccordés au réseau de distribution consommant plus de 4 GWh/an (professionnels, gros consommateurs) et les tarifs en distribution publique pour les clients raccordés au réseau de distribution consommant moins de 4 GWh/an (petits consommateurs). Au 1 janvier 2010, au sein de l'UE-27, 15 pays imposaient un tarif pour le gaz naturel pour les petits consommateurs (qui représentent plus directement les électeurs)[637].

En conclusion, il faut aussi noter que, dans l'UE, les prix pour les consommateurs industriels sont inférieurs aux prix établis pour les clients résidentiels. C'est pourquoi ce sont deux marchés distincts. Pourtant, en Russie pour des raisons politiques la situation est inversée.

Structures de prix pour les consommateurs résidentiels et industriels[638]

	Consommateur résidentiel %	Consommateur industriel %
Coût de matière	54	90
Coût de transport national	7	6
Coût de distribution	29	2
Coût de fourniture (y compris modulation)	10	2
Total	100	100

b. Les clauses relatives à la durée du contrat

Un contrat de fourniture conclu entre un fournisseur et un client peut affecter la capacité concurrentielle des tiers s'il aboutit à priver le client de sa liberté d'action sur le marché du fait de la durée du contrat. C'est pourquoi la durée des contrats entre fournisseurs européens et clients éligibles est actuellement assez longue, en moyenne 3 ans et parfois 9 ans comme en

[636] En France les tarifs réglementés de vente sont proposés uniquement par les fournisseurs historiques (GDF Suez, Tégaz et 22 entreprises locales de distribution dites « ELD », comme Énerest, Gaz de Grenoble et Gaz de Bordeaux).

[637] Grand (Emmanuel), Veyrenc (Thomas), *L'Europe de l'électricité et du gaz. Acteurs, marchés, régulations*, préface de Jean-Marie Chevalier, Economica, 2011, p. 374.

[638] Tableau « Structures de prix pour les consommateurs résidentiel et industriels » // Chevalier (Jean-Marie), Percebois (Jacques), *Gaz et électricité : un défi pour l'Europe et pour la France*, La documentation française, 2008, p. 63.

Allemagne[639]. Ainsi, dans ce domaine, on a besoin du contrôle de la durée des contrats de fourniture. L'affaire Gas Natural en fournit un exemple topique. Après négociation avec les parties, la Commission a obtenu une réduction d'un tiers de la durée du contrat afin d'éviter une dépendance à long terme excessive du client par rapport au fournisseur. Ainsi, le contrat ne dépassera pas 12 ans pour la période normale de livraison[640]. Pourtant, pour une véritable instauration de la concurrence, la Commission souhaite que les consommateurs puissent changer rapidement de fournisseur. Quelquefois la période de préavis peut être de plus d'une année. En Allemagne, 16 % des contrats signés avec des clients éligibles comporteraient de telles clauses, en France ce n'est pas le cas puisque seulement 4 % des contrats prévoient une période de préavis comprise entre 1 et 3 mois, 67 % des contrats ne comportent pas de période de préavis et la décision de changer de fournisseur s'effectue dans le mois[641]. Actuellement, la directive a prévu la réduction à 3 semaines du préavis de résiliation en cas de changement de fournisseur.

D. La protection des consommateurs particuliers

Au marché libre, les mesures relatives à la protection des consommateurs ont leur importance. Sans préjudice de la réglementation communautaire sur la protection des consommateurs, la directive a pour objet de garantir les droits des clients. En pratique, la défense des droits du consommateur se matérialise par des prescriptions détaillées dans trois domaines. Premièrement, dans le domaine de l'information mise à la disposition des clients finaux. Deuxièmement, des contrats sont encadrés par des prescriptions standards, protégeant le consommateur : la limitation des pratiques commerciales agressives, l'obligation pour le fournisseur de rembourser le trop-perçu dans les 6 semaines qui suivent la résiliation du contrat, des consommateurs doivent disposer d'un large choix de modes de paiement et bénéficier de procédures transparentes, simples et peu onéreuses pour traiter leurs plaintes et faire qu'ils n'aient rien à payer lorsqu'ils changent de fournisseur, etc.). Et, troisièmement, les réclamations sont facilitées et un recours auprès d'un médiateur de l'énergie est inclu.

La directive 2012/27/UE du 25 octobre 2012, relative à l'efficacité énergétique[642] a également, afin d'aboutir à une utilisation plus efficace de

---

[639] Chevalier (Jean-Marie), Percebois (Jacques), *Gaz et électricité : un défi pour l'Europe et pour la France*, La documentation française, p. 83.

[640] Lemaire (Christophe), *Energie et concurrence : Recherches sur les mutations juridiques induites par la liberalisation des secteurs de l'électricité et du gaz*, préface Laurence Idot, t. II, Presses Universitaires d'Aix-Marseille, 2003, p. 541.

[641] Chevalier (Jean-Marie), Percebois (Jacques), *Gaz et électricité : un défi pour l'Europe et pour la France*, La documentation française, 2008, p. 79.

[642] Directive 2012/27/UE du 25 octobre 2012, relative à l'efficacité énergétique // Journal officiel, n° L 315, 14.11.2012, p. 1.

l'énergie par les consommateurs, prévu un certain nombre de mesures. Notamment, elle contient une disposition sur la facturation fondée sur une consommation estimée, ou en tarif forfaitaire, uniquement lorsque le client final n'a pas communiqué le relevé du compteur pour une période de facturation donnée. Le fournisseur doit prévoir la possibilité pour le client final d'avoir un accès aux données de comptage relatives à sa consommation, sous une forme aisément compréhensible et pouvant être utilisées pour comparer les offres sur une base équivalente, etc.

La législation nationale peut prévoir des garanties additionnelles. Ainsi, en France, les clauses de limitation de responsabilité incluses dans les contrats d'abonnement sont regardées comme abusives et donc prohibées. L'Etat français réprime les pratiques commerciales déloyales et notamment les pratiques commerciales trompeuses[643] et les pratiques commerciales agressives[644].

Parmi les consommateurs, les publics les plus à risques sont regroupés sous le terme de consommateurs vulnérables sans que ce terme ne bénéficie d'une définition partagée au niveau européen. Depuis l'entrée en vigueur du troisième paquet législatif le 3 mars 2011, les Etats membres ont l'obligation de définir le concept de consommateur vulnérable (en s'appuyant sur le concept de précarité énergétique et notamment de l'interdiction de l'interruption de la connexion au gaz lorsque ces clients présentent des difficultés). Cette disposition s'accompagne de responsabilités nouvelles pour les organes sectoriels de régulation, qui doivent « contribuer à assurer un service public et universel de grande qualité dans le secteur de la fourniture de gaz, et contribuer à la protection des clients vulnérables ».

En pratique, les mesures visant à minimiser la précarité apparaissent assez hétérogènes : conseils portant sur la modération des besoins énergétiques, facilités de paiement, subventions du prix de l'énergie (tarif de solidarité), délai de paiement allongé, aide à la recherche de la meilleure formule tarifaire, prix réduits pour certains groupes, subventions directes au paiement des factures, subventions à l'amélioration de l'efficacité énergétique de l'habitat. Ces mesures sociales concernent environ 10 % des consommateurs de l'UE qui déclaraient en 2010 avoir bénéficié de telles mesures économiques. La difficulté d'accès à ces aides, remettant en cause l'effectivité des mécanismes de soutien aux consommateurs vulnérables, est parfois critiquée[645].

---

643 La pratique trompeuse – pratique commerciale reposant sur des allégations, indications ou présentations fausses ou de nature à induire une erreur et portant sur les caractéristiques essentielles du bien ou du service (fausses publicités ou de nature à induire en erreur).

644 La politique agressive vise, par exemple, le fait de se livrer à des sollicitations répétées et non souhaitées par téléphone, courrier électronique, etc.

645 Grand (Emmanuel), Veyrenc (Thomas), *L'Europe de l'électricité et du gaz. Acteurs, marchés, régulations*, préface de Jean-Marie Chevalier, Economica, 2011, p. 382.

Les relations contractuelles avec les clients professionnels ne bénéficient pas de la protection donnée par le droit de la consommation. Toutefois, par exemple, en France en 2005, les principaux fournisseurs de gaz avaient signé « la Charte des fournisseurs de gaz naturel », élaborée en concertation avec les Chambres de commerce et d'industrie, afin de rappeler « les principes de la relation précontractuelle et contractuelle entre le fournisseur et son client » et d'encadrer « les relations commerciales de manière à en garantir la transparence et la fiabilité ». Cette Charte porte sur des engagements généraux, par exemple, de l'utilisation des méthodes commerciales loyales excluant toute pratique agressive ou trompeuse[646], assurer l'information précontractuelle, l'information sur le changement de fournisseur, le contenu du contrat de vente de gaz, etc.[647].

Section III. Le contrôle du fonctionnement de l'industrie gazière par les Etats et les régulateurs nationaux

Des Etats et des régulateurs jouent un rôle très important dans le processus de la mise en œuvre de la directive et l'établissement du marché intérieur du gaz dépend dans une large mesure de leurs efforts et de leur participation.

§1 Le rôle des Etats

Les États membres sont tenus de mettre en application les dispositions législatives, réglementaires et administratives nécessaires pour se conformer à la directive 2009.

Ils sont aussi tenus d'assurer la sécurité de l'approvisionnement (obligation partagée avec les entreprises de gaz naturel) en conformité avec le règlement communautaire 994/2010 du 20 octobre 2010 concernant les mesures visant à garantir la sécurité de l'approvisionnement en gaz naturel et abrogeant la directive 2004/67/CE[648]. Lorsqu'ils le jugent opportun, ils peuvent déléguer cette tâche aux organes de régulation. Ce suivi couvre notamment l'équilibre entre l'offre et la demande sur le marché national, le niveau de la demande prévue et des réserves disponibles, les capacités supplémentaires envisagées en projet ou en construction, la qualité et le niveau d'entretien des réseaux, ainsi que les mesures requises pour couvrir les pics de demande et faire face aux déficits d'approvisionnement d'un ou

[646] Par exemple, de ne pas diffuser de publicité mensongère, ne pas pratiquer la vente liée à un autre produit ou service, avoir une communication et des contrats transparents, ne pas procéder à la cession des données nominatives de ses clients sans l'autorisation de ces derniers.

[647] Sablière (Pierre), *Droit de l'énergie,* Dalloz, 2013, p. 1702.

[648] Règlement Communautaire 994/2010 du 20 octobre 2010 concernant les mesures visant à garantir la sécurité de l'approvisionnement en gaz naturel et abrogeant la directive 2004/67/CE // Journal officiel, n° L 295, 12.11.2010, pp. 1 - 22.

plusieurs fournisseurs. Quant aux mesures de sauvegarde en cas de crise soudaine sur le marché de l'énergie, ou de menace pour la sécurité physique ou la sûreté des personnes, des équipements ou des installations, ou encore pour l'intégrité du réseau, un État membre peut prendre temporairement les mesures de sauvegarde nécessaires. Ces mesures doivent provoquer le moins de perturbations possibles dans le fonctionnement du marché intérieur et ne doivent pas excéder la portée strictement nécessaire pour remédier aux difficultés soudaines qui se sont manifestées. Dans ce cas, l'État membre concerné doit les notifier sans délai aux autres États membres, ainsi qu'à la Commission, qui peut décider qu'il doit les modifier ou les supprimer, dans la mesure où elles provoquent des distorsions de concurrence et perturbent les échanges d'une manière incompatible avec l'intérêt commun.

La troisième obligation générale, qui incombe aux États membres, est d'informer la Commission de toutes les mesures qu'ils ont prises pour remplir les obligations de service public, y compris la protection des consommateurs et de l'environnement, et de leurs effets éventuels sur la concurrence nationale et internationale, que ces mesures nécessitent ou non une dérogation à la directive.

Enfin, la directive fait obligation aux Etats membres de créer des organes spéciaux de régulation du secteur.

§2 Les régulateurs nationaux

La directive a prévu la création de régulateurs spéciaux, pourtant tout ce qui concerne leur nature, leur structure juridique et leurs pouvoirs n'est pas déterminé et relève de la compétence étatique.

A. L'organisation des régulateurs

Une obligation minimale est imposée par la législation européenne. Les organes de régulation doivent être juridiquement distincts et fonctionnellement indépendants de toute autre entité publique ou privée. Leur personnel et les personnes chargées de leur gestion devant agir indépendamment de tout intérêt commercial, sans solliciter ou accepter d'instructions directes d'aucun gouvernement ou autre entité dans l'exécution des tâches de régulation. Ils doivent être à même de prendre des décisions de manière autonome, indépendamment de tout organe politique, bénéficier de crédits budgétaires annuels séparés et d'autonomie dans l'exécution du budget alloué, et disposer de ressources humaines et financières suffisantes pour s'acquitter de leurs obligations.

On peut distinguer trois grandes options de régulation en Europe. Le modèle britannique d'instance indépendant et monocéphale. La particularité de ce modèle est de disposer d'un régulateur individuel. Le directeur général ne préside pas une commission, mais est responsable personnellement de ses rapports. Ce choix fut explicitement présenté comme une réaction au modèle américain que l'on accusait, par l'effet de la collégialité, d'être lent et de susciter une doctrine de régulation peu cohérente dans la durée. Pourtant, ce système a rencontré ses limites en 1994.

Le deuxième modèle est le modèle allemand d'autorégulation qui existait aussi autrefois. L'autorégulation est le principe selon lequel ce sont les opérateurs, en concertation avec les différents acteurs du marché, qui fixent les principes et les tarifs d'accès au réseau, sous le contrôle *ex post* de l'autorité de la concurrence (donc la régulation s'effectue par l'organe de concurrence et d'autorégulation des professionnels du secteur). Ce modèle pose deux séries de problèmes : celui de la cartellisation possible du système et celui de la supervision du secteur par le seul organe concurrentiel.

Le troisième modèle est le modèle européen de la commission de régulation indépendante. Celui-ci présente les caractéristiques suivantes : une instance sectorielle collégiale, disposant d'une large autonomie sans être totalement indépendante, exerçant des compétences particulières en matière d'accès aux réseaux (fixation des tarifs d'accès) et agissant en liaison avec le pouvoir judiciaire[649].

B. La compétence des régulateurs

La compétence des régulateurs est définie par les Etats membres. Ils accomplissent des fonctions techniques, réglementaires et précontentieuses. Parmi les fonctions techniques, la plus importante est celle de la facilitation de l'interconnexion avec les réseaux d'autres Etats. Parmi les fonctions réglementaires figure le contrôle des obligations des gestionnaires de transport et de distribution. Des régulateurs doivent veiller à la dissociation comptable des activités, sont chargées de contrôler les conditions d'accès aux réseaux et les tarifs imposés aux utilisateurs, sont responsables d'assurer la non-discrimination, une concurrence effective et le fonctionnement efficace du marché, etc.

Enfin, la compétence juridictionnelle[650] présuppose le droit à statuer sur un litige avec la participation d'un gestionnaire de réseaux [651]. La décision[652]

---

[649] Chevalier (Jean-Marie), Rapin (David), *Les réformes des industries électrique et gazière en Europe*, préface de François Lamoureux, Institut de l'entreprise, 2004, p. 30.

[650] On a pu soutenir que ce type de fonction, du fait de sa grande juridicité, était étranger à la régulation. Ainsi, Christian Atias, dans son remarquable ouvrage de Philosophie du droit, affirme : « Le temps de la régulation n'est pas celui du droit. La différence tient notamment à l'importance que le conflit, le procès, prend nécessairement dans la formation des principes, des notions et des inspirations juridiques. Cette source d'information fait gravement défaut à la régulation qui anticipe et raisonne sur des hypothèses abstraites (…) la régulation prétend agir sur les états d'esprit, en suscitant l'adhésion. Pour parvenir, elle ne saisit pas une conduite particulière, une attitude circonstancielle, une décision ; elle définit une succession, une série de position, une ligne de conduite, une « politique » (Atias (Christian), *Philosophie du droit*, Puff., 2004, p. 171. cité dans Frison-Roche (Marie-Anne), *Le pouvoir du régulateur de régler les différends. Entre office de régulation et office juridictionnel civil*, in *Les risques de régulation*, vol. 3, sous la direction de Marie-Anne Frison-Roche, Presses de science po et Dalloz, 2005. pp. 270 - 271.).

est obligatoire, mais elle ne préjuge pas d'éventuels recours contentieux devant le juge national ou communautaire. En cas de litiges transfrontaliers, le système de règlement des litiges de l'État membre, du ressort duquel relève le réseau de gazoducs en amont et qui refuse l'accès, est applicable. Lorsque, dans des litiges transfrontaliers, le réseau concerné relève de plusieurs États membres, ceux-ci se consultent mutuellement en vue d'assurer que les dispositions de la directive 2009 sont appliquées de manière cohérente.

Toutefois, le professeur Marie-Anne Frison-Roche conclut que, le régulateur exerce son pouvoir de règlement des différends pour rappeler à l'ordre un gestionnaire du réseau d'une très grande puissance. Dès lors, et malgré les mots, il s'agit plus d'un office administratif et répressif qu'un régulateur qui tranche un différend et exerce ainsi un office objectif[653]. Le professeur Marie-Anne Frison-Roche se demande si on peut insérer une clause compromissoire dans un contrat dont l'objet interfère avec le droit qui a pour objet l'organisation d'un secteur régulé, par exemple, en matière financière, ou en matière énergétique[654].

Pour l'instant, on dispose de peu d'expérience et de peu de décisions arbitrales dans ce secteur. Pourtant, non seulement rien ne s'oppose à utiliser la voie de l'arbitrage, mais tout y conduit. Par exemple, dans un contrat international en matière de télécommunications, parce que les parties au contrat ne peuvent compter sur l'intervention potentielle du régulateur, les parties insèrent fréquemment une clause compromissoire. Donc, les litiges dans les secteurs régulés sont arbitrables et l'ordre public n'est pas un obstacle à l'arbitrage dans ce domaine[655].

---

[651] En outre, tous les régulateurs ne sont pas dotés d'un tel pouvoir, ce qui semble signifier qu'il ne s'impose pas. Ainsi, en France, l'Autorité des marchés financiers n'est pas en charge de trancher les litiges entre les intervenants sur le marché. Et le Conseil constitutionnel n'avait soulevé aucune objection à ce propos (*Ibid.*, p. 271.).

[652] A ce jour, quatorze différends ont été réglés par la CRE. Sur les quatorze, douze ont fait l'objet d'une saisine par les utilisateurs du réseau, soit des grandes entreprises publiques (Ratp, SNCF, Eurotunnel), soit des entreprises plus petites, telles des sociétés exploitant des fermes éoliennes ou des papeteries, qui ont eu des problèmes d'accès au réseau portant, en général, sur le bien-fondé du coût de cet accès. Sur les quatorze différends qui ont été réglés, huit concernaient un producteur et six un consommateur. La question du raccordement était au cœur de six des dossiers traités par la CRE. Six différends ont fait l'objet d'un rejet pur et simple de la position de l'utilisateur. Les huit autres ont donné lieu à des décisions qui faisaient droit, en partie ou en totalité, aux demandes de l'utilisateur (Guénaire (Michel), *L'expérience du règlement des différends devant la Commission de régulation de l'énergie*, in *Les risques de régulation*, vol. 3, sous la direction de Marie-Anne Frison-Roche, Presses de science po et Dalloz, 2005, p. 195.).

[653] Frison-Roche (Marie-Anne), *Le pouvoir du régulateur de régler les différends. Entre office de régulation et office juridictionnel civil*, in *Les risques de régulation*, vol. 3, sous la direction de Marie-Anne Frison-Roche, Presses de science po et Dalloz, 2005, p. 286.

[654] *Ibid.*, p. 223.

[655] *Ibid.*, p. 226.

Cela est d'autant plus important que les régulateurs, lorsqu'ils examinent des différends, définissent strictement leurs pouvoirs et refusent expressément (…) dans le cadre d'un litige sur l'accès au réseau, de porter des appréciations sur les clauses contractuelles[656]. Ainsi, l'arbitrage, encore peu répandu dans le droit de la régulation, sans doute en raison du passé de droit public qui pèse encore très lourd en Europe continentale, peut devenir un instrument très attractif [657].

C. Conflits de compétences avec d'autres institutions

La répartition des compétences entre les Cours, les organes anti monopoles, les régulateurs, les ministères, etc. dans cette matière n'est pas très claire dans les pays de l'UE. En Allemagne, les conflits de compétence entre régulateurs et organes anticoncurrentiels sont résolus selon le principe de la plus proche coopération des organes (ce qui permet d'éviter la confusion des compétences). Ainsi, il n'y a pas de répartition stricte, sauf que le régulateur indépendant a la prépondérance dans les questions de l'accès au réseau et la fixation des tarifs. Le contrôle des organes anticoncurrentiels est plutôt un contrôle *post-factum*[658].

En France, la CRE perçoit elle-même les limites du périmètre des compétences qui lui ont été dévolues.[659]. Par exemple, la CRE[660] s'est reconnue compétente pour apprécier la légalité d'un acte réglementaire et en tirer les conséquences. Dans sa décision Pemar (CRE, 12 décembre 2002, Pemar), elle a écarté ainsi l'application des dispositions du décret du 19 juillet 2002 relatives à la définition des niveaux de tension, en estimant qu'elles sont illégales et leur a substitué, pour régler le différend, les règles qui auraient dû figurer dans le décret si celui-ci avait été régulièrement édicté.

La CRE est donc bien un organe de régulation dans le secteur de l'énergie, mais ce n'est pas l'organe de régulation universel ou exclusif de ce secteur. La Cour d'appel de Paris a précisé les limites de son espace de compétence parmi les juridictions et les organes ayant vocation à intervenir

---

[656] Richer (Laurent), *Le règlement des différends par la Commission de régulation de l'énergie*, p. 397, Cité dans Frison-Roche (Marie-Anne), *Arbitrage et droit de la régulation*, in *Les risques de régulation*, vol. 3, sous la direction de Marie-Anne Frison-Roche, Presses de science po et Dalloz, 2005, p. 240.

[657] Frison-Roche (Marie-Anne), *Arbitrage et droit de la régulation*, in *Les risques de régulation*, vol. 3, sous la direction de Marie-Anne Frison-Roche, Presses de science po et Dalloz, 2005, p. 240.

[658] Лахно (Петр Гордеевич), Зеккер (Франц Юнгер) (ред.), *Энергетическое право России и Германии : сравнительно-правовое исследование*, 2011, с. 738.

[659] Guénaire (Michel), *L'expérience du règlement des différends devant la Commission de régulation de l'énergie*, in *Les risques de régulation*, vol. 3, sous la direction de Marie-Anne Frison-Roche, Presses de science po et Dalloz, 2005, p. 195.

[660] La procédure devant la CRE est régie par le décret du 24 avril 2003, et par son règlement intérieur (Décision du 20 avril 2000 relative au règlement intérieur de la Commission).

sur le plan contentieux dans les matières gazières[661]. Par exemple, en cas d'appel d'une décision du ministre chargé de l'énergie, le recours devra être engagé devant des juridictions administratives. Depuis l'arrêt « ville de Pamiers » n° 2578 rendu le 6 juin 1989 par le Tribunal des conflits il a été établi que le juge administratif est compétent pour examiner les recours portant sur les décisions des personnes qui assurent les missions de service public. Cette conclusion a été confirmée par la décision du Tribunal des conflits du 4 mai 2009 n° 3714[662]. Si la requête est adressée à un opérateur public historique dominant et concerne le droit de la concurrence, il faut s'adresser à l'organe anti monopole. L'article 39 de la loi française du 10 février 2000 fait aujourd'hui obligation au président de la CRE de saisir le Conseil de la concurrence des abus de position dominante et des pratiques entravant le libre exercice de la concurrence dont il a connaissance dans le secteur de l'énergie [663]. Il faut remarquer qu'un cas de compétence concurrente du juge administratif et de la CRE a déjà été tranché. La Cour d'appel de Paris a estimé que l'instance pendante devant le juge administratif, saisi d'une demande en paiement d'EDF, et exclusivement compétent pour connaître du contentieux des travaux publics dont relevait le litige, ne faisait pas obstacle à la compétence de la CRE pour connaître du différend dans la mesure où celui-ci, relatif aux conditions financières du raccordement, était bien lié à l'accès au réseau (CA Paris, 24 février 2004, EDF/Sinerg)[664].

[661] Guénaire (Michel), *L'expérience du règlement des différends devant la Commission de régulation de l'énergie*, in *Les risques de régulation*, vol. 3, sous la direction de Marie-Anne Frison-Roche, Presses de science po et Dalloz, 2005, p. 193.
[662] Sablière (Pierre), *Droit de l'énergie*, Dalloz, 2013, p. 397.
[663] Guénaire (Michel), *L'expérience du règlement des différends devant la Commission de régulation de l'énergie*, in *Les risques de régulation*, vol. 3, sous la direction de Marie-Anne Frison-Roche, Presses de science po et Dalloz, 2005, p. 192.
[664] Frison-Roche (Marie-Anne), *Le pouvoir du régulateur de régler les différends. Entre office de régulation et office juridictionnel civil*, in *Les risques de régulation*, vol. 3, sous la direction de Marie-Anne Frison-Roche, Presses de science po et Dalloz, 2005, p. 282.

Le statut des régulateurs gaziers dans l'UE[665]

Pays	France (CRE)	RU (OFGEM)	Italie (AEEG)	Allemagne (Bundesnetzagetur)	Espagne (CNE)
Type	Commission collective	Commission individuelle	Commission collective	Commission collective	Commission collective
Ressources	Budgétaires	Financées par la profession à un niveau voté annuellement	Financées par la profession à un niveau fixé par la loi et adaptable par le gouvernement	Financées	Financées par la profession en fonction de l'activité du secteur
Tarifs de transport	Monopole de proposition que le gouvernement ne peut que publier ou refuser	Fixés par OFGEL	Fixés par l'AEEG	Fixés par Bundesnetzagetur sur la proposition des opérateurs	Avis donné par la CNE
Rôle dans la création de marchés de gros	Assez important (interprétation « audacieuse » de la loi par la CRE)	Très important	Faible (organisation d'un pool par les pouvoirs publics, consultation)	Faible	Très faible (création de l'OMEL par le gouvernement Espagnol)
Organisation du service public	Avis sur les obligations d'achat + fixe le CSPE	Fixation des obligations de service public	Avis sur les charges de service public		Avis sur les charges de service public
Consultation des consommateurs	Auditions informelles, mais publiées et consultables	Conseil de défense des consommateurs au niveau régional et national	Auditions périodiques obligatoires des associations		Conseil consultatif obligatoirement consulté dans diverses procédures
Juridiction d'appel	Cour d'appel de Paris, juge administratif pour certains types de décisions	Autorité de la concurrence (et tribunaux en cas de non respect des décisions de l'Autorité)	Tribunal administratif de Milan, puis Conseil d'Etat		Ministère de l'industrie, juge administratif pour certaines décisions

665 Ce tableau est fait à partir du tableau « Diversité des dispositifs de fonctionnement des régulateurs électrique et gazier en Europe // Chevalier (Jean-Marie), Rapin (David), *Les réformes des industries électrique et gazière en Europe*, préface de François Lamoureux, Institut de l'entreprise, 2004, pp. 30 - 31.

Section IV. Les traits généraux de la régulation du secteur du gaz dans les pays de l'UE

Cette Section comporte un bref panorama de la réglementation juridique et de l'état économique des marchés gaziers nationaux des pays de l'UE. Parmi les 28 pays membres de l'UE ont a choisi d'en analyser cinq : l'Allemagne, l'Espagne, la France, l'Italie et le Royaume-Uni, dans lesquels l'industrie gazière est la plus développée. En outre, ces pays présentent des exemples des différentes approches de la réglementation juridique de l'industrie.

L'Allemagne était favorable à l'ouverture des marchés dans son principe parce que l'industrie gazière était autrefois largement laissée à l'autorégulation des industriels. Le réseau de transport allemand est divisé entre de nombreux propriétaires opérateurs, souvent opérateurs intégrés internationaux E.ON, ENGIE, etc. La situation est similaire sur le marché du stockage. La faiblesse des échanges s'explique, au moins en partie, par la fragmentation du réseau de transport, découpé en de nombreuses zones d'équilibrage, qui se superposent d'ailleurs partiellement et forment autant de marchés séparés (initialement 19 zones, ramenées à 6 en 2010). Dans ce cadre fragmenté, l'essentiel des transactions est réalisé de gré à gré entre les opérateurs, alors que la bourse de référence allemande EEX gère moins de 5 % des volumes échangés[666].

La distribution gazière offre un paysage fragmenté avec près de 700 opérateurs de distribution en 2009, mais dont 4 % seulement desservaient plus de 100.000 clients. La fourniture est aussi un marché faiblement concentré : en 2008, les trois premiers fournisseurs allemands contrôlaient seulement un tiers des volumes fournis. L'Allemagne a choisi de ne pas contrôler ou réguler les prix en partant du principe que la concurrence inter-énergies limite suffisamment efficacement les prix que les compagnies peuvent proposer tout au long de la chaine gazière[667].

En *Espagne* la réforme a fait l'objet d'un accueil enthousiaste. Avant la réforme, le secteur était peu concentré, restant organisé autour d'opérateurs locaux. Les réformes étaient suivies par le processus de privatisation : Enagas et Repsol ont été privatisés entre 1988 et 1998. A la fin des années 1990, l'Etat espagnol ne détenait plus que des parts minoritaires dans le secteur énergétique. Cependant, la législation interdisait la prise de contrôle par des entreprises étrangères et, en 1995, le gouvernement a instauré un système de golden shares dans les grandes entreprises privatisées.

---

666 Grand (Emmanuel), Veyrenc (Thomas), *L'Europe de l'électricité et du gaz. Acteurs, marchés, régulations*, préface de Jean-Marie Chevalier, Economica, 2011, p. 215.

667 Darmois (Gilles), Favenec (Jean-Pierre), *Les marchés de l'énergie : l'énergie, à quel prix ?* 2 éd., Technip, 2013, p. 78.

L'approvisionnement reste concentré, dominé par Gas Natural Fenosa (42 %), suivi de Union Fenosa Gas (13 %), Iberdrola (12 %) et Enel (8 %)[668]. La commercialisation du gaz sur le marché de gros du gaz est donc faiblement développée. Les échanges sont réalisés de gré à gré en l'absence de bourse.

Enagas contrôle 89 % du réseau de transport. La distribution est dominée par Gas Naturel Fenosa qui dessert 74 % des clients espagnols. Par contre, la fourniture est moyennement concentrée et dominée par Gas Natural Fenosa (37 %). Le taux de consommateurs ayant changé de fournisseur en 2009 était de 6 %, traduisant une intensité concurrentielle peu élevée[669].

La *France* avait accueilli plutôt favorablement les premiers textes d'harmonisation européenne dans le secteur. Mais elle a depuis adopté une attitude défensive dans la mise en place des directives. Aujourd'hui l'Etat détient 37,5 % du capital de l'un des plus gros énergéticiens mondiaux ENGIE[670]. La concurrence des autres opérateurs n'a pas encore conduit à affaiblir les anciens monopoles, dans un contexte où la prévalence de tarifs réglementés a jusqu'ici empêché tout développement significatif du marché de détail[671].

L'approvisionnement de gaz naturel en France est extrêmement concentré, ENGIE dispose d'un portefeuille de 8 grands producteurs de gaz : 81 % de son approvisionnement est constitué par des contrats à long terme conclus avec les producteurs (15 à 16 % par des achats à court terme sur les marchés spot[672]). Par contre, Total, qui exploite le gisement de Lacq et produit du gaz en Mer du Nord, possède un approvisionnement largement sécurisé[673].

Les volumes négociés sur les marchés français sont faibles, représentant 30 % de la consommation nationale. Parmi les 2 zones d'équilibrage qui fragmentent les échanges français, seule la zone Nord est réellement active, regroupant 90 % des volumes négociés en France. Les transactions de gré à gré sont dominantes, la bourse Powernext concentre à peu près 10 % des échanges en 2009.

---

668 Schulke (Christian), *The EU's Major Electricity and Gas Utilisties since Market Liberalization*, Ifri, 2010, p. 156.

669 Grand (Emmanuel), Veyrenc (Thomas), *L'Europe de l'électricité et du gaz. Acteurs, marchés, régulations*, préface de Jean-Marie Chevalier, Economica, 2011, pp. 246 - 248.

670 Le monopole des activités de transport, de stockage, de distribution, et de fourniture a été conféré à Gaz de France par la loi du 8 avril 1946 (modifiée par celle du 2 août 1949). La production en est exclue (Lucas de Leysac (Claude), (Gilbert) Parleani, *Droit du marché*, Presses Universitaire de France, 1e ed., 2002, p. 358.).

671 Grand (Emmanuel), Veyrenc (Thomas), *L'Europe de l'électricité et du gaz. Acteurs, marchés, régulations*, préface de Jean-Marie Chevalier, Economica, 2011, p. 223.

672 Les marchés spot, les marchés organisés donnant lieu à livraison immédiate (dans la journée) ou quasi-immédiate (le lendemain) d'un produit physique.

673 Grand (Emmanuel), Veyrenc (Thomas), *L'Europe de l'électricité et du gaz. Acteurs, marchés, régulations*, préface de Jean-Marie Chevalier, Economica, 2011, p. 143.

Le transport est géré par deux sociétés. La première : GRTgaz[674], créée le 1 janvier 2005 (filiale de ENGIE contrôlée par la société mère à 75 % et 25 % appartiennent à la Société d'infrastructures gazières, consortium public composé de CNP assurances, de CDC infrastructure et de la Caisse de dépôts[675]) et la seconde : Total Infrastructures Gaz France (TIGF), ex-filiale de Total[676], en charge des réseaux du Nord et du Sud-est de la France.

La distribution est opérée par Gaz réseau Distribution France (GrDF), une filiale à 100 % de ENGIE, fondée le 31 octobre 2007. C'est le principal distributeur de gaz naturel en France couvrant environ 77 % de la population française. Il existe une trentaine d'autres distributeurs qui sont soit des entreprises locales de distribution (ELD)[677], une vingtaine, qui sont souvent des sociétés issues d'anciennes régies municipales (Bordeaux, Strasbourg ou Grenoble par exemple), soit des sociétés privées plus récentes, 26 à ce jour, agréées par les pouvoirs publics.

Les activités de stockage et de gestion des terminaux GNL sont également largement contrôlées par ENGIE, au travers de ses filiales Storengy (qui gère 11 des 13 stockages français), TIGF avec deux sites et Elengy (qui contrôle tous les terminaux français d'importation de GNL).

La fourniture de gaz naturel est un marché extrêmement concentré. Les trois premiers fournisseurs, parmi 161 fournisseurs autorisés en 2013[678], contrôlaient 97 % des volumes fournis en 2009, ENGIE étant largement dominant avec plus de 75 % du marché.

La dynamique concurrentielle reste faible : seulement 4 à 5 % des consommateurs ont changé de fournisseurs au cours de l'année 2009[679]. La situation actuelle du marché français n'incite pas franchement les clients à changer de fournisseur[680].

L'approvisionnement *italien* reste concentré. ENI (Ente Nazionale Idrocarburi), fondée en 1953, domine le marché en s'appuyant notamment sur ses productions en Italie et les pays méditerranéens (l'Algérie, la Libye,

---

[674] GRTgaz a la responsabilité d'assurer le transport du gaz sur 85 % du territoire français (Beltran (Alain), Williot (Jean-Pierre), *Les routes du gaz ; histoire du transport de gaz naturel*, préface de Gunther Oettinger, Cherche midi, 2012, p. 197.).

[675] Beltran (Alain), Williot (Jean-Pierre), *Les routes du gaz ; histoire du transport de gaz naturel*, préface de Gunther Oettinger, Cherche midi, 2012, p. 10.

[676] En 2012 le Groupe Total a décidé de céder TIGF et a fait un appel d'offre. La Commission européenne, le 15 juillet 2013, a donné son accord à cette cession.

[677] On entend par ELD celles que les textes officiels appelèrent d'abord « distributeurs non nationalisés » dans la mesure où il est apparu, lors de la nationalisation en 1946, que leur statut particulier était déjà conforme à l'intérêt général et dans la mesure où il s'agissait, soit de services municipaux ou de régies municipales, soit de sociétés locales d'économie mixtes dans lesquelles les collectivités locales avaient la majorité, soit de coopératives d'usagers ou de sociétés d'intérêt collectif agricole, organismes privés mais créés dans un but d'intérêt général.

[678] Sablière (Pierre), *Droit de l'énergie,* Dalloz, 2013, p. 1684.

[679] Grand (Emmanuel), Veyrenc (Thomas), *L'Europe de l'électricité et du gaz. Acteurs, marchés, régulations*, préface de Jean-Marie Chevalier, Economica, 2011, p. 226.

[680] Pierre (Serge), *Libéralisation des marchés de l'énergie*, L'Hartmattan, 2007, p. 59.

l'Egypte)[681], avec plus de 50 % de parts de marché suivie d'Edison et d'Enel. En conséquence, le marché de la commercialisation du gaz sur le marché de gros est faiblement développé – seulement 30 % de la consommation nationale. La totalité des échanges ont lieu de gré à gré, alors qu'une bourse du gaz a été mise sur pied seulement en 2010.

Le transport est contrôlé par ENI au travers de sa filiale SNAM Rete Gas, en charge de 95 % du réseau italien[682]. Par contre, le segment de la distribution est très fragmenté avec 295 opérateurs de distribution. ENI ressort comme leader par le biais d'Italgas avec 27 % de volume de gaz transporté.

La fourniture est essentiellement dans les mains d'ENI (33 % des parts de marché), suivi d'Enel (13 %) et Edison (12 %). Et le taux de changement de fournisseur est un des plus bas en Europe – 2 % en 2009, traduisant une faible intensité concurrentielle[683].

L'exemple contraire est constitué par *le Royaume-Uni.* L'approvisionnement en gaz naturel est un marché compétitif largement fragmenté entre de nombreux acteurs. Il s'appuie sur une production nationale (déclinante) répartie entre les grandes compagnies pétrolières et gazières, et les imports, dont le contrôle est également fragmenté. Le marché est caractérisé par l'importance des volumes échangés. Plus de 80 % des transactions se font de gré à gré, le solde étant réalisé sur les bourses de référence APX-Endex (marché comptant) et ICE (marché à terme).

Le transport est assuré par National Grid qui possède l'ensemble du réseau de transport de gaz naturel de Grande-Bretagne. La distribution aussi est principalement entre les mains de National Grid aux côtés de SSE et de deux purs acteurs de la distribution gazière. La fourniture de gaz naturel est dominée par Centrica, opérateur historique issu de British Gas, avec une part du marché d'environ 40 %. Viennent ensuite les cinq autres grands opérateurs intégrés (E.ON, EDF, RWE, SSE, Iberdrola). Collectivement les trois premiers fournisseurs contrôlent environ les deux tiers du marché. 20 % des consommateurs changent de fournisseur chaque année[684]. Le succès du Royaume-Uni est remarquable, mais il est difficile de le réaliser dans les autres pays de l'UE. Dans une mesure significative, la situation actuelle anglaise s'est formée dans un contexte économique et politique très spécifique qui existe depuis des années[80].

---

[681] Direction des Relations Economiques Extérieure, *La dérégulation du marché italien du gaz naturel*, Centre Français du Commerce Extérieur, 1997, p. 7.

[682] Ranci (Pippo), Ascari (Sergio), Beccarello (Massimo), *Organisation et réglementation des services du gaz en Italie*, in *Concurrence et service public*, l'Harmattan, 2003, p. 324.

[683] Grand (Emmanuel), Veyrenc (Thomas), *L'Europe de l'électricité et du gaz. Acteurs, marchés, régulations*, préface de Jean-Marie Chevalier, Economica, 2011, pp. 239 - 240.

[684] *Ibid.*, p. 235.

Conclusion du deuxième titre

L'analyse de la législation russe a démontré qu'elle prévoit deux formes d'accès aux ressources naturelles : la licence et l'accord sur le partage de la production. Pourtant, le modèle de l'APP offrant plus de garanties pour les producteurs de ressources et même la possibilité de recourir à l'arbitrage actuellement n'est pas appliqué. Dans ces conditions quand le transport de gaz naturel en Russie est contrôlé par une entreprise – Gazprom, son monopole sur l'export du gaz est fixé dans la législation, en l'absence d'un droit de la concurrence effective, les intérêts des investisseurs étrangers ne peuvent pas être garantis.

La législation de l'UE n'est pas parfaite non plus. Le nouvel encadrement juridique européen ne garantit pas le transport du gaz russe en Europe, les contrats à long terme sont en cause. Les intérêts des producteurs de gaz russes ont été ignorés. De plus, ce système ne motive pas les entreprises européennes pour développer l'infrastructure et l'industrie gazière en général. D'un côté, la libéralisation en Europe ouvre des portes pour des entreprises russes à participer directement au marché gazier européen, d'un autre côté les conditions ne sont pas encore claires du point de vue du droit de la concurrence et du droit des investissements étrangers.

Conclusion de la première partie

L'analyse du droit applicable aux relations sur l'approvisionnement du gaz russe a démontré l'impuissance du droit international de l'énergie, ainsi que les entraves du droit local russe, des pays de l'UE et de l'UE. Le seul modèle des relations entre la Russie, l'UE et ses pays membres est basé sur les contrats à long terme. Cependant, actuellement, à cause des réformes européennes il est aussi remis en cause. De plus, ce modèle des contrats à long terme ignore les nombreux intérêts des parties qui restent insatisfaits.

La Russie, par exemple, ressent le besoin d'augmenter sa production de gaz et il y a des doutes sur la question de savoir si Gazprom a assez de capacités de production de gaz pour assurer l'exécution de ses contrats à long terme. Le secteur énergétique russe a en outre besoin d'investissements, surtout de technologie, pour produire du gaz sur le plateau continental ou dans des conditions technologiquement difficiles. L'insuffisance des investissements dans le secteur de l'énergie est lourde de conséquences. Au cours des derniers cinq ans, seuls 55,2 % des investissements programmés ont été réalisés, 58,6 % des capacités d'équipements et d'infrastructures actuels sont amorties et le quart des capacités est sous-utilisé[685]. L'industrie gazière russe, pour sécuriser son développement, a besoin de la concurrence. Seul sur le marché russe, le management de Gazprom n'est pas assez efficace. De plus, il y a un besoin d'intégration dans le système énergétique mondial : la Russie dispose de plus de 20 % des réserves mondiales de gaz et peut donc avoir une part plus importante du marché mondial. Pour ce faire, il faut développer, non seulement la production, mais aussi de nouveaux modèles de relations. La première étape pourrait être la participation au marché européen du transport, de la distribution et de la fourniture, non seulement pour profiter de toute la chaîne de l'industrie gazière et avoir l'information sur ce marché, mais également pour bénéficier de cette ambiance concurrentielle et forcer Gazprom au développement.

Lors de la réalisation du modèle de contrats à long terme, les intérêts des pays de l'UE étaient insatisfaits. Parmi ceux-ci figurent la sécurité d'approvisionnement, la baisse du prix du gaz, la création du marché énergétique pan européen, le renforcement de la position externe du marché énergétique de l'UE, la création des conditions du développement durable. L'élimination des contrats à long terme est importante pour la suppression

[685] Blumann (Claude) (dir.), *Vers une politique européenne de l'énergie*, Bruylant, 2012, p. 183.

des « barrières à l'entrée » de nouveaux opérateurs. Tous ces intérêts peuvent être satisfaits à une condition : que la concurrence soit garantie au niveau de l'offre de gaz.

La solution globale à tous les problèmes évoqués pourrait être le développement du deuxième groupe de relations entre l'UE et la Russie, c'est-à-dire la participation directe des entreprises sur les marchés : participation de Gazprom et des compagnies russes au marché du transport, distribution et fourniture de l'UE et participation des entreprises européennes à la production du gaz en Russie. Ces relations, jusqu'à maintenant, ne se sont pas beaucoup développées. L'imperfection de l'encadrement juridique, qu'on a présentée dans la première partie du travail, bloque toute évolution de ces formes de relations.

Cette situation existe en raison des craintes du gouvernement russe de perdre le contrôle sur la production du gaz en Russie (des entreprises européennes, de temps en temps, perdent leurs licences sur la production de gaz en Russie pour des raisons politiques). Il existe aussi la crainte de la Commission européenne que Gazprom monopolise toute l'industrie gazière en Europe. Il n'est pas surprenant qu'on n'ait pas permis à Gazprom d'acheter les centrales électriques de la compagnie énergétique Centrica en 2008, le contrat de l'entreprise russe avec Wintershall n'étant pas encore approuvé par la Commission européenne. Ainsi, on n'est pas encore arrivé à un consentement politique confirmé entre l'UE et la Russie. Dans ces conditions d'instabilité, les compagnies européennes et russes ne veulent pas prendre de risques par leur participation directe sur les marchés étrangers.

Deuxieme partie
Perspectives d'evolution de la reglementation juridique des relations gazieres entre la Russie, l'UE et ses pays membres

Introduction à la deuxième partie

L'un des obstacles au développement des relations gazières entre la Russie, l'UE et ses pays membres est l'absence d'une réglementation juridique adéquate. Cette absence provient de l'inexistence d'un accord entre les parties sur l'évolution de ces relations. Ainsi, il convient de proposer quelques idées susceptibles de servir de modèle aux relations dans ce domaine et le cadre juridique correspondant.

Pour trouver un compromis entre les positions des parties, il est important d'examiner les projets stratégiques de l'UE et de la Russie dans le secteur énergétique par rapport à chacun d'eux. Cette analyse facilitera la recherche d'un modèle d'organisation de ces relations et de sa réglementation juridique.

I. La stratégie externe de l'UE en matière d'énergie vis-à-vis de la Russie

Etant dans la nécessité de se fournir en ressources énergétiques, l'UE[686] a développé des stratégies d'approvisionnement en énergie, incluant le gaz. En décembre 1995, le papier blanc « une politique de l'énergie pour l'Union européenne »[687] a été adopté. Ce document fixe les buts centraux de la politique énergétique de l'UE : l'achèvement du marché de l'énergie, la protection de l'approvisionnement et la sécurité, basée sur la compétition et l'amélioration de la nature écologique de l'énergie. La Charte européenne de l'énergie est reconnue en tant que cadre suffisant pour la coopération avec d'autres pays. Des programmes TACIS, PHARE, SYNERGIE sont mentionnés en tant que bases juridiques de la coopération avec des pays de la CIS.

---

[686] Du fait que l'énergie est devenue une partie de la compétence de l'UE, il est utile de parler plutôt de la stratégie en matière d'énergie de l'UE que des pays membres de l'UE.

[687] Le papier blanc « Une politique de l'énergie pour l'Union européenne » COM (95) 682, décembre 1995 // http://europa.eu/documentation/official-docs/white-papers/pdf/energy_white_paper_com_95_682.pdf (22.02.2016).

En novembre 2000 l'UE a approuvé un livre vert intitulé « Vers une stratégie européenne de sécurité d'approvisionnement énergétique »[688]. Dans ce document la Russie est reconnue en tant que partenaire spécifique avec lequel il faut coopérer dans le cadre d'un partenariat. Dans une communication postérieure de la Commission « [s]ur le développement de la politique énergétique pour l'UE élargie, ses pays voisins et partenaires » du 26 mai 2003[689], l'UE a prévu que l'encadrement juridique russe en matière de gaz doit être basé sur les mêmes principes que la législation européenne, ce qui permettrait de créer un espace avec un régime juridique commun.

Le livre vert de 2006 « [s]ur une stratégie européenne pour une énergie sûre, compétitive et durable »[690] est devenu un guide pour la diplomatie européenne en matière d'énergie. Il est souligné que l'élaboration d'une politique énergétique européenne sera un travail de longue haleine. La Russie est reconnue en tant que partenaire essentiel et égal. L'élaboration d'une politique énergétique extérieure commune devrait marquer un réel changement dans ce partenariat au niveau tant communautaire que national. Un véritable partenariat assurerait la sécurité et la prévisibilité pour les deux parties : des conditions importantes pour les investissements à long terme. Il signifierait aussi un accès équitable et réciproque aux marchés et infrastructures, notamment l'accès des tiers aux oléoducs et gazoducs.

Dans ce document on propose d'initier des négociations basées sur ces principes. Par la suite, les résultats pourraient être intégrés dans le cadre des relations UE - Russie qui remplaceraient l'actuel accord de partenariat et de coopération UE - Russie. En outre, l'UE reconnaît l'importance d'intensifier les efforts au sein du G8 pour assurer une ratification rapide de la Charte de l'énergie par la Russie et la conclusion des négociations sur le protocole relatif au transit.

Depuis le lancement du livre vert de la Commission en 2006, les efforts se sont focalisés sur la formulation d'une réponse commune aux problèmes de sécurité énergétique. Dans la Communication de la Commission au Conseil européen et au Parlement européen de 2007, intitulée « Une politique de l'énergie pour l'Europe »[691], on a prévu une amélioration des

[688] Livre vert « Vers une stratégie européenne de sécurité d'approvisionnement énergétique » COM/2000/0769 final du 29 novembre 2000 // http://eur-lex.europa.eu/legal-content/FR/TXT/?uri=CELEX:52000DC0769 (12.02.2015).

[689] Communication On the Development of Energy Policy for the Enlarged European Union, its Neighbours and Partner Countries, COM(2003) 262 final/2 of 26.05.2003 // http://ec.europa.eu/dgs/energy_transport/international/doc/2003_communication_en.pdf (12.02.2015).

[690] Livre vert « Une stratégie européenne pour une énergie sûre, compétitive et durable » SEC(2006) 317 COM/2006/0105 final du 8 mars 2006 // http://eur-lex.europa.eu/legal-content/FR/TXT/HTML/?uri=CELEX:52006DC0105&from=EN (12.02.2016).

[691] Communication de la Commission au Conseil européen et au Parlement européen «Une politique de l'énergie pour l'Europe COM (2007) 1 final SEC(2007)12 du 1 janvier 2007 //

relations avec la Russie par la négociation d'un nouvel accord-cadre solide et complet, en établissant notamment un partenariat authentique dans le domaine de l'énergie, qui serait porteur d'avantages mutuels et créerait les conditions nécessaires pour de nouveaux investissements. Cet accord devrait mettre l'accent sur les avantages réciproques que la Russie et l'Union européenne en retireront à long terme et intégrer les principes du marché, du traité sur la Charte de l'énergie et du projet de protocole sur le transit.

En septembre 2011, la Commission européenne a présenté une nouvelle communication qui définit une stratégie de coopération au-delà des frontières de l'Union européenne afin d'assurer son approvisionnement énergétique et de promouvoir ses objectifs dans le domaine de l'énergie[692]. Ce texte a pour but d'encourager la coopération transfrontalière de l'Union européenne avec les pays voisins. Il y est reconnu que la Russie représente un partenaire de premier ordre en matière de sécurité énergétique pour l'UE. La Commission souhaite ainsi développer des relations privilégiées avec ce pays en accélérant la mise en œuvre du partenariat UE – Russie et en élaborant une feuille de route sur l'énergie à l'horizon 2050. L'UE reconnaît l'importance de l'intégration des deux marchés énergétiques russe et européen. Il est également admis qu'on manque de base légale solide. Des négociations sur le futur Accord entre la Russie et l'UE doivent porter sur les aspects suivants : les ressources énergétiques, le transport, l'export, la protection des investissements, la formation du prix etc.

Dans la Communication de la Commission au Parlement Européen, au Conseil, au Comité économique et social européen et au Comité des régions, intitulée « Feuille de route pour l'énergie à l'horizon 2050 »[693], du 15 décembre 2011 on a confirmé les principes de la coopération entre la Russie et l'UE susmentionnés.

Cependant, aujourd'hui il faut tenir compte des tensions politiques existant entre la Russie et l'UE, principalement à cause du changement de la politique extérieure et intérieure russe. Dans l'UE, surtout entre les pays de l'Europe de l'Est, on craint que la Russie profite de la dépendance des pays européens pour en faire une arme politique. C'est pourquoi, dans le but de garantir sa sécurité d'approvisionnement en gaz, l'UE a commencé à en diversifier ses sources. Le gaz liquéfié pourrait être une solution optimale

---

http://www.europarl.europa.eu/meetdocs/2004_2009/documents/com/com_com(2007)0001_/com_com(2007)0001_fr.pdf (12.02.2015).

692 Communication de la Commission au Parlement européen, au Conseil, au Comité économique et social européen et au Comité des régions du 7 septembre 2011 sur la sécurité de l'approvisionnement énergétique et la coopération internationale intitulée « La politique énergétique de l'UE: s'investir avec des partenaires au-delà de nos frontières » COM(2011) 539 // http://eur-lex.europa.eu/legal-content/FR/ALL/?uri=CELEX:52011DC0539 (12.02.2015).

693 Communication de la Commission au Parlement Européen, au Conseil, au Comité économique et social européen et au Comité des régions « Feuille de route pour l'énergie à l'horizon 2050 » COM/2011/0885 final du 15 décembre 2011// http://eur-lex.europa.eu/legal-content/FR/TXT/?uri=CELEX:52011DC0885 (12.02.2016).

bien que cette option ne semble pas être totalement envisageable. Premièrement, du fait des limites de l'offre et deuxièmement à cause d'une plus grande souplesse qu'a le producteur de choisir l'acheteur le plus riche : sur ce marché l'UE sera en concurrence avec les Etats Unis et les pays asiatiques, qui bénéficient, pour leur part, en plus, d'un certain nombre d'avantages infrastructurels[694].

II. La stratégie externe de la Russie en matière d'énergie par rapport à l'UE

Après plusieurs années de réflexion, en août 2003, pour la première fois en Russie, on a adopté une stratégie intégrale énergétique de la Fédération de Russie pour les années 2020[695]. Ce texte prévoit un dialogue actif avec les partenaires étrangers, y compris l'UE. En 2009 une nouvelle stratégie énergétique de la Fédération de Russie[696] a été établie pour 2030. En 2014 elle a été confirmée dans une nouvelle rédaction[697] à l'horizon 2035 sans changements radicaux. Dans ce document le législateur reconnaît l'existence d'une crise dans les relations avec les consommateurs européens, provoquée par la baisse de la demande en ressources énergétiques, la croissance de la concurrence, la transformation du modèle de fixation des prix et la nouvelle législation européenne (le troisième paquet énergétique). L'importance de s'adapter aux nouvelles conditions est reconnue. La piste magistrale doit être l'adaptation des contrats à long terme aux nouvelles tendances du marché. Une autre direction importante est prévue. Il s'agit de l'intégration des compagnies russes dans le marché mondial de l'énergie. Pourtant, la coopération institutionnelle n'est presque pas mentionnée.

Le président de la Fédération de Russie, Vladimir Putin, au sujet de la coopération avec les pays européens, a précisé que la Russie s'est toujours considérée comme un pays européen sur le plan de la culture et des valeurs[698]. Pour ces raisons, il a insisté en 2010 sur la création de l'Union en

---

[694] Locatelli (Catherine), *Les évolutions de la stratégie d'exportation gazière de la Russie : L'Europe contre l'Asie ?* // http://webu2.upmf-grenoble.fr/iepe/textes/Cahier38.pdf (10.04.15).

[695] Распоряжение Правительства Российской Федерации от 28 августа 2003 n° 1234-р // http://base.consultant.ru/cons/cgi/online.cgi?base=LAW&n=88688&req=doc (12.02.2016).

[696] Энергетическая стратегия России на период до 2030 года утвреждена распоряжением Правительства Российской Федерации от 13 ноября 2009 n° 1715-р // http://ac.gov.ru/files/content/1578/11-02-14-energostrategy-2035-pdf.pdf (12.02.2016).

[697] Энергетическая стратегия России на период до 2035 года утверждена распоряжением Правительства Российской Федерации от 3 апреля 2013 n° 511-р // http://ac.gov.ru/files/content/1578/11-02-14-energostrategy-2035-pdf.pdf (10.02.15).

[698]Poutine (Vladimir), *Europe has nothing to fear from Russia*, Financial Times, 21 November 2006.

matière d'énergie entre la Russie et l'UE, basée sur l'idée d'échanges d'actifs sur les marchés *upstream* et *downstream*[699].

En même temps, on ne peut négliger la suspicion des dirigeants russes par rapport aux européens. Communément, ils font référence à l'invasion de l'Iraq, au soutien de la compagnie Yukos, à la volonté de l'UE et de l'OTAN de s'élargir en direction de l'espace de la CIS. C'est pourquoi la Russie, comme l'UE, cherche aussi la diversification. Elle a déjà commencé à alimenter le marché chinois (à partir d'exportations par gazoducs et de GNL) et les marchés japonais et américain (exportations de GNL). Les pays asiatiques, et particulièrement la Chine, sont susceptibles de s'affirmer dans les années à venir comme importateurs majeurs de gaz en raison d'une demande qui, de 274 milliards de mètres cubes en 2002, devrait dépasser les 350 milliards de mètres cubes en 2010 et atteindre les 500 milliards en 2020[700].

III. Des intérêts convergents

Dans la Déclaration conjointe, publiée après le Sommet EU – Russie à Paris le 30 octobre 2000, l'établissement d'un dialogue régulier pour la promotion de l'établissement de la coopération entre la Russie et l'UE dans le domaine de l'énergie a été annoncé. En mars 2001 quatre groupes de travail thématiques ont été établis. Grâce à ce dialogue, on a réussi à mieux comprendre les intentions des parties[701]. En 2001, dans une autre déclaration conjointe, on a proclamé que le but principal de la coopération énergétique entre l'UE et la Russie était l'intégration des marchés énergétiques[702].

Déjà en mai 2001, lors du 7e Sommet russo-européen, l'idée de la création d'un espace économique européen commun (EEEC), premier pas vers l'établissement d'une zone de libre-échange telle qu'envisagée dans l'accord de partenariat entre la Fédération de Russie et l'UE, a été lancée.

En mai 2002, lors du sommet EU – Russie, la Déclaration sur la coopération énergétique a été signée. Cette déclaration reconnaît le droit d'accès des entreprises russes au marché énergétique européen. Une étude de la Conférence des Nations unies sur le commerce et le développement a

---

[699] Belyi (Andrei), Nappert (Sophie), Pogoretskyy (Vitaliy), *Modernizing the Energy Charter Process ? The Energy Charter Conference Road Map and the Russian Draft Convention on Energy Security*, Oil, Gas and Energy Law Intelligence, march, 2011, p. 15.

[700] Locatelli (Catherine), *Les évolutions de la stratégie d'exportation gazière de la Russie, l'Europe contre l'Asie ?* // http://webu2.upmf-grenoble.fr/iepe/textes/Cahier38.pdf (10.04.15).

[701] EU - Russia Energy Dialogue, *The First Ten Years: 2000 - 2010* // http://ec.europa.eu/energy/sites/ener/files/documents/2011_eu-russia_energy_relations.pdf (12.02.2016).

[702] Hanghighi (Sanam Salem), *Energy Security: The External Legal Relations of the European Union with Major Oil and Gas-Supplying Countries*, Hart Publishing, 2007, p. 345.

d'ailleurs mis en évidence la présence de Gazprom dans au moins dix-neuf pays européens[703].

En février 2011, la Commission UE et le gouvernement de la Russie ont décidé d'élaborer une feuille de route pour la coopération en matière d'énergie à long terme, basée sur l'évaluation de différents scénarios. Dans le cadre du dialogue énergétique, ce document a finalement été élaboré en mars 2013[704]. Pour ce qui concerne le gaz, on trouve dans ce texte les listes des actions qui doivent être parachevées vers 2020, 2030 et 2050, et supervisées par le dialogue énergétique.

Vers 2020 on a prévu l'adoption des mesures d'approvisionnement stable en gaz en provenance de la Russie sur la base de contrats à long terme, la création d'une plateforme opérationnelle paneuropéenne du transport du gaz encourageant l'intégration des marchés, le fonctionnement de ladite infrastructure et la promotion des investissements russes dans le secteur gazier européen. L'utilisation d'une plateforme opérationnelle paneuropéenne du transport du gaz et le rapprochement de la régulation juridique des relations gazières doivent être accomplis vers 2030. Toutes les barrières entre les marchés et les infrastructures seront supprimées, le marché unique sera établi vers 2050.

Grâce à une plus profonde interdépendance entre l'UE et la Russie, garantie par la création d'un marché unique, cette voie de l'évolution des relations entre les parties est le moyen le plus efficace du décroissement des risques géopolitiques[705]. Pourtant, le passage immédiat vers le marché intégré de l'énergie n'est pas possible. Ces mesures ne permettront pas de surmonter les préoccupations des parties déjà annoncées : principalement les craintes du gouvernement russe de perdre le contrôle sur la production du gaz en Russie et les peurs de la Commission européenne que Gazprom monopolisera toute l'industrie gazière en Europe[706]. Pour cette raison, le premier pas de l'intégration pourrait être l'établissement du marché partiel. L'accès des entreprises russes au secteur européen de la fourniture ne sera garanti que dans la limite de certains quotas (volumes fixés). En contrepartie, les compagnies des pays de l'UE auront accès à la production de gaz en Russie dans les mêmes limites de volumes (selon le principe de la réciprocité) que les entreprises russes sur le marché européen.

---

[703] CNUCED, *World Investment report, FDI From Developing and Transition Economies : Implications for Development*, Nations Unies, 2006, p. 81.

[704] Feuille de route de la Coopération énergétique entre la Russie et l'UE vers 2050 de mars 2013 // http://ec.europa.eu/energy/sites/ener/files/documents/2013_03_eu_russia_roadmap_2050_signed.pdf (12.02.2016).

[705] Maican (Ovidiu-Horia), *Some Legal Aspects of Energy Security in the Relations between EU and Russia,* Romanian Journal of European Affairs, 34, 2009, p. 46

[706] Nies (Susanne), Schulke (Christian), *Oil and Gas to Europe. An Overview of Existing and Planning Infrastructures*, Ifri, 2011, p. 149.

On voit déjà l'acceptabilité de cette approche au niveau des entreprises. Le 27 avril 2006, les dirigeants de Gazprom et de BASF sont parvenus à un accord d'échange d'actifs. Les Allemands ont rétrocédé aux Russes 15 % des actions de la société commune Wingas [707] permettant à Gazprom d'obtenir la moitié des parts moins une action. Par contre, BASF a reçu en contrepartie approximativement 35 % des actions d'Achmigaz [708], société de production de gaz du champ Yuzhno Russkoyé [709]. En 2012, le rapprochement entre les deux entreprises a été amplifié : Gazprom a obtenu le contrôle à 100 % des fournisseurs Wingas (fournisseur de 20 % du gaz en Allemagne), Wieh (qui opère en Belgique, au Danemark, en France, au Royaume-Uni, en Autriche, aux Pays-Bas et en République Tchèque), Wiee (qui approvisionne en gaz naturel les pays du Sud-Est de l'Europe, surtout la Roumanie et la Bulgarie). Wintershall (entreprise à 100 % de BASF group) a, en revanche, accru sa part de participation dans la compagnie Amchigaz. Pourtant, au debut cet accord n'a pas été approuvé par la Commission européenne.

Le développement de ce type de relations est intéressant pour les participants au marché du gaz. Mais, en même temps, l'UE, ses pays membres et la Russie préfèrent cultiver des relations basées sur des contrats à long terme. Dans cette partie, on envisagera le nouveau cadre juridique international dans lequel ces deux types de relations pourraient s'insérer (titre I) et on réfléchira sur l'adaptabilité de la législation locale de chacune des deux parties aux nouvelles règles internationales (titre II).

---

[707] Cette entreprise, Wintershall Erdgas Handelshaus (WIEH), a été créée en 1990 en tant que joint venture entre Gazprom et Wintershall pour la fourniture du gaz russe en Allemagne de l'Est (Stern (Jonathan P.), *The Future of Russian Gas and Gazprom*, Oxford, 2005, p. 111.)

[708] Добрынкин (Михаил Юрьевич), *Сотрудничество Германии с Россией в газовой сфере в условиях формирования единого газового рынка Европы,* Автореферат диссертации на соискание ученой степени кандидата экономических наук, 2008, с. 7.

[709] Dasseleer (Pol-Henry), *Gazprom : l'idéalisme européen à l'épreuve du réalisme russe,* L'Harmattan, 2009, p. 108.

Titre I. Le dispositif juridique conventionnel

De nouvelles règles juridiques de droit international sont appelées à intervenir dans le but d'accompagner l'évolution des relations entre la Russie, l'UE et ses pays membres. Dans ce titre on envisagera les perspectives d'évolution du cadre juridique conventionnel (chapitre I) et des dispositifs juridiques respectifs de chaque partie (chapitre II).

Chapitre I
Les perspectives d'évolution du dispositif juridique conventionnel

La prise en considération des intérêts des parties de manière réciproque est une prémisse importante à la conclusion d'un accord qui comporte des clauses sur l'énergie. Dans ce chapitre, les options d'évolution du dispositif juridique entre la Russie, l'UE et des pays de l'UE et les contraintes juridiques que supposent ces options seront analysées.

Section I. Les voies envisagées

On peut envisager quatre voies possibles que pourraient emprunter la Russie, l'UE et les pays membres de cette dernière pour faire évoluer la réglementation de leurs relations énergétiques : l'extension de la législation de l'UE à la Russie (§1), la conclusion d'accords bilatéraux sur la coopération énergétique entre la Russie et certains pays de l'UE (§2), l'introduction d'amendements au Traité sur la Charte de l'énergie (§3) et la conclusion d'un accord entre la Russie, l'UE et ses pays membres (§4).

§1 L'extension à la Russie des règles adoptées dans l'UE

L'adoption des règles juridiques de l'UE par la Russie et l'établissement d'un marché unique de gaz basé sur les principes européens est la solution préférée par l'UE. Cette dernière l'a proclamé plusieurs fois dans les documents sur la stratégie énergétique qui ont été analysés dans l'introduction.

L'UE pratique l'extension de sa législation par différents moyens. Premièrement, par l'intégration de nouveaux membres. En 1957 il n'y avait que six membres qui sont rapidement devenus 15 puis 25 et, aujourd'hui, on en compte 28. Deuxièmement, des pays candidats, comme, l'Albanie, la Serbie, la Macédoine, la Turquie, le Monténégro, doivent, pour devenir membres de l'UE, incorporer des règles européennes dans leurs législations. Troisièmement, l'élargissement s'effectue par la politique européenne de voisinage (PEV). L'UE vise à renforcer ses relations avec les pays voisins à l'est et au sud (l'Arménie, l'Azerbaïdjan, la Géorgie, l'Ukraine, la Moldavie, l'Egypte, Israël, le Liban, la Libye, le Maroc, la Jordanie, les territoires autonomes de la Palestine, la Tunisie). Elle le fait en termes de plans d'actions qui souvent prévoient une coopération dans le domaine énergétique sur la base des principes de la Charte européenne de l'énergie et la législation européenne[710].

Le quatrième moyen consiste à intégrer de nouveaux pays dans la Communauté de l'énergie. Cette organisation a pour but d'élargir le champ de la réglementation européenne relative au marché intérieur à des pays non membres de l'Union européenne, de sorte que ces derniers s'engagent à adopter l'acquis communautaire du marché intérieur pour le pétrole, le gaz et l'électricité. En 2006, l'UE et huit partenaires du sud-est de l'Europe, l'Albanie, la Bosnie-Herzégovine, l'ancienne République yougoslave de Macédoine, le Monténégro, la Serbie, ainsi que la Mission d'administration intérimaire des Nations unies au Kosovo, ont signé le Traité pour la Communauté de l'énergie, créant le cadre juridique d'un marché intégré de l'énergie. On rappellera que la Moldavie est devenue membre à part entière de cette Communauté le 1er mai 2010 et que l'Ukraine l'a rejointe le 1er février 2011. L'Arménie, la Géorgie, la Norvège et la Turquie ont un statut d'observateur. L'organisation permet de créer un espace réglementaire « plus large » pour l'extension ultérieure de l'acquis communautaire dans ce domaine, et de conclure des accords en matière de solidarité et de sécurité extérieure commune entre les parties. Le Traité constitutif prévoit la libre circulation de l'énergie mise en réseau et permet d'adopter de nouvelles mesures en vue de créer un vaste marché de l'énergie[711].

Alors que la construction européenne s'intensifie au sein de l'Union, cette démarche s'accompagne de mécanismes tendant à prolonger graduellement la législation européenne et son applicabilité dans d'autres pays. Cette forme de partenariat institutionnalisé pourrait parfaitement être étendue à d'autres régions de l'Union – en admettant, par exemple, les voisins orientaux et méridionaux de l'Europe dans une plus large Communauté de l'énergie. La méthode permet à la fois de préserver et d'élargir l'acquis communautaire[712].

Il n'est pas surprenant que la Commission européenne ait, en 2006, dans son livre vert intitulé « Une stratégie européenne pour une énergie sûre, compétitivité et durable »[713], proclamé la construction d'une communauté paneuropéenne de l'énergie comme objectif central de l'action extérieure de l'Union européenne en matière d'énergie. Le livre vert précise d'ailleurs que le développement du marché de l'électricité et du gaz UE - Maghreb, ainsi que le traité instituant la communauté de l'énergie avec des partenaires en

---

[710] Konoplyanik (Andrey), *A Common Russia - EU Energy Space: The New EU - Russia Partnership Agreement, Acquis Communautaire and the Energy Charter*, Energy and Natural Ressources, L 258, 2009, p. 266.

[711] Andoura (Sami), Hancher (Leigh), Woude (Marc van der), *Vers une Communauté européenne de l'énergie : un projet politique*, Notre Europe, 2010, p. 71.

[712] *Ibid.*, p. 90.

[713] Livre vert « Une stratégie européenne pour une énergie sûre, compétitive et durable », COM (2006) 0105 final, § 8.

Europe du Sud-Est, constituent des bases solides pour la création d'une telle communauté[714].

L'UE a essayé d'appliquer cette approche à la Russie. L'Accord de partenariat et de coopération de 1994 est basé sur l'idée de l'harmonisation des systèmes juridiques des deux parties. Selon l'article 55 (1) de cet accord, les parties reconnaissent que le renforcement des liens économiques entre la Russie et la Communauté dépend essentiellement du rapprochement de leurs législations respectives. La Russie s'efforce d'assurer que sa législation s'est progressivement rendue compatible avec la législation communautaire. Ainsi, on voit que l'approche consistant à rapprocher les législations devrait conduire, en réalité, dans l'esprit de la Commission européenne, à un cheminement des lois russes en direction du droit de l'UE. Cette approche tend donc à prendre en considération les intérêts de l'UE au détriment de ceux de la Russie. C'est la raison pour laquelle la Russie ne participe pas à la politique européenne du voisinage, même si sa participation était initialement prévue.

La feuille de route de 2005 sur la création de l'espace économique commun ne prévoit pas ce type d'harmonisation sur la base de l'acquis communautaire. Mais en 2006 on a proposé de procéder à l'harmonisation sur la base de la réciprocité. Cependant, cette approche est comprise différemment en Europe et en Russie. Selon le chercheur I. Gudkov, elle signifie pour les Russes l'échange de paramètres quantitatifs ou l'échange d'actifs sans affecter l'organisation et la structure des marchés, qui peuvent rester différents. Pour l'UE c'est l'échange de valeurs. Dans le domaine du droit, cela signifie la création d'un espace juridique commun basé sur l'acquis communautaire[715].

L'export de l'acquis communautaire peut être acceptable par des pays de transit, consommateurs de gaz. Quand la dépendance énergétique de l'UE s'accroît, surtout en gaz, les Etats exportateurs, pour leur part, ne sont pas motivés par l'application de la réglementation européenne. A plusieurs reprises, des fonctionnaires russes ont proclamé que la Russie ne cherchait pas un traitement inégal. Le chercheur Ovidiu-Horia Maican confirme que c'est illogique pour la Russie d'accepter l'acquis communautaire de l'UE[716]. Même le secrétaire général de la Charte de l'énergie européenne, en réfléchissant sur les relations dans le domaine de l'énergie entre la Russie et l'UE, remarque : « Aujourd'hui, le rapprochement des règles de droit sur la base du modèle européen n'est pas la meilleure voie à suivre. Les relations entre les parties doivent être équilibrées. De plus, même lors de l'élaboration

---

[714] Doumbé-Billé (Stéphane) (dir.), *Défis énergétiques et droit international,* Larcier, 2011, p. 221.

[715] Konoplyanik (Andrey), *Common Russia - EU Energy Space: The New EU - Russia Partnership Agreement, Acquis Communautaire and the Energy Charter*, Energy and Natural Ressources, L 258, 2009, p. 268.

[716] Maican (Ovidiu-Horia), *Some Legal Aspects of Energy Security in the Relations between EU and Russia,* Romanian Journal of European Affairs, 34, 2009, p. 35.

de l'encadrement législatif dans l'UE, les intérêts des deux parties doivent être respectés[717] ».

§2 La conclusion d'accords bilatéraux entre la Russie et certains pays de l'UE sur la coopération énergétique

Une autre approche, contraire à la précédente, repose sur la conclusion d'accords bilatéraux entre la Russie et certains pays de l'UE.

Bien que le Traité de Lisbonne améliore la représentation extérieure de l'Union, cette dernière est absente de la scène internationale sur les questions de l'énergie. L'Europe n'a aucune influence de poids sur les questions stratégiques liées à ses importations énergétiques. Dans l'ensemble, l'Union européenne souffre d'un manque de crédibilité sur la scène internationale. Enfin, l'absence de politique énergétique commune constitue un obstacle à la mise en place d'une véritable politique étrangère commune[718].

Comme nous avons déjà remarqué, les Etats européens se trouvent dans des conditions énergétiques différentes. Il existe des pays autosuffisants en gaz, des pays avec plusieurs sources d'approvisionnement et des Etats dépendants d'un seul fournisseur de gaz. Ainsi, seuls certains membres de l'UE ont besoin d'une politique commune dans ce domaine.

Les États membres étaient et restent enclins à conserver leur souveraineté dans l'élaboration de leurs politiques énergétiques. Les pays de l'UE ont donc eu tendance à répondre individuellement aux différentes crises énergétiques. Ces réponses comprenaient notamment la coopération internationale en dehors des structures institutionnelles du Traité CE (telles que l'AIE) et le développement de politiques industrielles conduisant à la création de « champions nationaux ». L'approche nationale et les choix nationaux des alliances traditionnelles ont, en outre, contribué à apporter une réponse nationale aux problèmes de sécurité d'approvisionnement et à développer des relations bilatérales privilégiées avec les fournisseurs étrangers. Généralement, les États membres sont peu disposés à voir l'UE interférer dans les domaines relevant de la souveraineté nationale (politique étrangère et de sécurité) et préfèrent souvent la coopération internationale pour défendre leurs positions nationales[719].

Au regard de la coopération avec la Russie, il existe un autre facteur de fragmentation de la politique. Si on examine l'histoire récente, l'Allemagne, la France, le Royaume-Uni et l'Italie étaient toujours les principaux investisseurs dans l'industrie russe. Ils ont été intéressés à coopérer avec la Russie. En même temps, certains pays (la Pologne, l'Estonie, la Lettonie,

---

[717] Mernier (Andre), Speech « Russia and the EU: New Approaches in 2007 », Berlin, 19—20 February 2007 // http://www.encharter.org/index.php?id=59&id_article=1&L=0 (12.02.2014).

[718] Andoura (Sami), Hancher (Leigh), Woude (Marc van der), *Vers une Communauté européenne de l'énergie : un projet politique,* Notre Europe, 2010, p. V.

[719] *Ibid.*, p. 26.

etc.), pour des raisons historiques et politiques, ont une attitude totalement différente par rapport à la Russie. Ils ne sont pas prêts à reconnaitre leur dépendance énergétique vis-à-vis d'elle.

Cette différence de vues sur les perspectives des politiques des Etats européens complique l'élaboration de la politique commune[720].

Pour la Russie, la coopération avec des Etats particuliers paraît être plus avantageuse qu'avec l'UE dans son ensemble. L'Etat disposant des ressources est toujours dans une situation forte lors de négociations avec des pays pauvres en ressources énergétiques. En revanche, les entretiens dans le cadre d'accords multilatéraux offrent moins de possibilités pour la partie qui détient le monopole. Donc la Russie a la possibilité d'imposer sa volonté dans les relations avec des pays qui sont plus dépendants, tels que la Finlande, les Pays baltes, la Grèce, la République Tchèque, l'Autriche, la Hongrie et la Pologne.

De plus, historiquement, la Russie a établi ses relations avec les pays européens sur une base bilatérale, tant avec les gouvernements nationaux qu'avec les compagnies du secteur énergétique. La réglementation de la plupart de ces relations est basée sur des accords bilatéraux entre, d'une part, des compagnies européennes intégrées verticalement –monopoles nationaux ou régionaux entretenant fréquemment des liens étroits avec les hommes politiques et les gouvernements nationaux – et d'autre part, des monopoles d'État russes, également verticalement intégrés et directement connectés au pouvoir central. Ces liens bilatéraux ont glissé vers une sorte de cartellisation[721].

Ainsi, pendant que la politique énergétique en Europe demeure toujours du ressort des Etats nationaux, Gazprom profite de la situation en préférant le dialogue direct avec les capitales à celui qu'il entretient avec la Commission européenne[722].

Les relations les plus importantes sont celles que la Russie a établi avec l'Allemagne, qui importe presque le tiers de tout le gaz provenant de Russie. On peut constater que l'Allemagne entretient avec la Russie un « partenariat stratégique », privilégiant ces relations. Des échanges réguliers ont lieu au niveau institutionnel via le groupe de travail stratégique germano-russe, qui se réunit trois à quatre fois par an. Au niveau du secrétaire d'Etat, pour les Allemands, ce groupe de travail comprend des représentants des ministères fédéraux des Affaires étrangères, de l'Economie, des Finances, ainsi que de la Fédération de l'Industrie, et leurs homologues russes.[723].

---

[720] Jian (Cheng), *Relations between Russia and Europe from the Perspective of Energy Strategy*, Hamburger Beiträge zur Friedensforschung und Sicherheitspolitik, 2008, p. 15.

[721] Milov (Vladimir), Allevione (Jessica), *Le dialogue énergétique Union européenne-Russie : concurrence contre monopoles*, Politique étrangère, 2007, p. 221.

[722] Guillemoles (Alain), Lazareva (Alla), *Gazprom le nouvel empire*, Les petits matins, 2008, p. 29.

[723] Rapport du groupe de travail présidé par Christian Stoffaes, *La sécurité gazière de l'Europe : de la dépendance à l'interdépendance,* La documentation française, 2010, p. 72.

Le gazoduc Nord Stream illustre parfaitement le caractère privilégié des relations entre l'Allemagne et la Russie. La Commission européenne lui a accordé le statut de Réseau transeuropéen. Pourtant, les autorités allemandes rappellent que l'Allemagne ne sera pas le seul pays européen à en bénéficier. Il reste que ce projet relève plus de la relation bilatérale et renforcera le rôle de plaque tournante de l'Allemagne à la fois vers l'ouest et le sud de l'Europe[724].

Gazprom est déjà présent en Allemagne, via sa filiale Gazprom Germania. Ainsi, en novembre 2007, Gazprom a conclu un accord avec Dow Chemical dans le domaine du traitement du gaz naturel. Deux usines de Dow Chemical dans l'est de l'Allemagne ont été retenues pour cette activité et la construction de nouvelles unités a également été évoquée. Gazprom Germania prévoit d'aménager au nord de Berlin le plus grand site de stockage souterrain de gaz naturel en Europe. Gazprom intervient aussi à la Bourse allemande de l'énergie EEX et a pris le contrôle du football club Schalke 04[725].

Il existe aussi une volonté de créer un club énergétique russo-allemand. Au sein de ce club participeront des parlementaires, des représentants des grandes entreprises énergétiques et aussi des compagnies de montage et de construction pour discuter des problèmes du développement du secteur énergétique. Le but de ce club est de rechercher l'équilibre entre l'utilisation des ressources russes et l'usage des hautes technologies de l'industrie allemande.

Le deuxième pays importateur de gaz russe est l'Italie. En 2006, Vladimir Poutine et Romano Prodi sont arrivés au compromis selon lequel la Russie octroie l'accès au gisement de gaz pour ENI, et l'Italie, à son tour, ouvrira le marché italien pour Gazprom. Vladimir Poutine a nommé cet accord « la transposition de la Charte sur l'énergie sans ratification formelle »[726].

En ce qui concerne la France (troisième importateur), en décembre 2006, Gazprom a renouvelé l'accord sur l'approvisionnement en gaz de la France jusqu'en 2030. Ce contrat est assorti, en contrepartie, de l'accès direct de Gazprom au marché des grands consommateurs à partir du 1er juillet 2007[727]. GDF a aussi obtenu des livraisons supplémentaires, qui transitent à partir de 2010 par le Nord Stream[728].

---

724 *Ibid.*, p. 73.

725 *Ibid.*, p. 75.

726 *L'Italie recevra un accès à l'extraction du pétrole russe* // http://news.bbc.co.uk/hi/russian/russia/newsid_5100000/5100198.stm (10.04.15).

727 Bezat (Jean-Michel), *Gazprom prolonge l'approvisionnement en gaz de la France jusqu'en 2030* // http://www.lemonde.fr/cgi-bin/ACHATS/acheter.cgi?offre=ARCHIVES&type_item=ART_ARCH_30J&objet_id=970436 (10.04.16).

728 *Accord stratégique entre Gazprom et Gaz de France* // http://www.lemonde.fr/web/recherche_breve/1,13-0,37-970400,0.html (10.04.16).

Pourtant, il faut reconnaître qu'aucun Etat membre de l'UE ne dispose des ressources nécessaires pour relever seul les défis énergétiques. Pour ce faire, il faut faire des efforts collectifs. C'est ce qui explique le refus du chancelier Allemand de la proposition de Vladimir Poutine de créer une alliance énergétique gérant le gaz du gisement de Schtockman (même la France n'a pas été associée à cette proposition). Angela Merkel a préféré l'euro solidarité, ce qui marque un point important vers la formulation de la position commune de l'UE[729].

De plus, l'idée de l'achat collectif du gaz russe par des pays européens trouve de plus en plus d'alliés. La Chancelière A. Merkel a soutenu l'idée du Premier ministre polonais de créer l'Union de l'énergie. Cette organisation aurait pour fonction l'import du gaz et la conduite des négociations avec Gazprom sur les contrats à long terme[730].

La Commission européenne a aussi une attitude négative par rapport aux relations bilatérales en matière énergétique. Selon l'article 13.6 du règlement Communautaire 994/2010 du 20 octobre 2010 concernant les mesures visant à garantir la sécurité de l'approvisionnement en gaz naturel et abrogeant la directive 2004/67/CE, les Etats membres devaient communiquer à la Commission les accords intergouvernementaux existants signés avec des pays tiers qui ont un impact sur l'évolution des infrastructures gazières et des approvisionnements en gaz et l'informer des nouveaux accords ayant un tel impact. Par une Décision 499/201/UE du 25 octobre 2012, la Commission a étendu ce mécanisme d'échange d'information à tous les accords intergouvernementaux conclus entre les Etats membres et les pays tiers dans le domaine de l'énergie.

Il appartient à la Commission de vérifier si les accords ainsi communiqués sont compatibles avec le droit de l'Union et la législation relative au marché intérieur de l'énergie. Quant aux nouveaux accords, ils doivent, dès leur négociation, être communiqués à la Commission si l'Etat a des doutes quant à leur compatibilité avec le droit de l'UE. La Commission met ces informations à la disposition de tous les autres États membres sous une forme appropriée, en tenant compte de la nécessité de protéger les informations sensibles sur le plan commercial[731].

Ainsi, cette approche basée sur des contrats bilatéraux ne s'inscrit pas dans l'évolution de la politique de l'UE. On voit qu'au niveau national et communautaire existe une volonté de coopération dans le domaine de l'énergie. Pourtant, jusqu'à maintenant, elle n'a pas pris de formes précises. Donc, la coopération entre la Russie et certains pays de l'UE sera plutôt, au

---

729 Lesnikova (Olga), *L'Allemagne est contre l'alliance énergétique avec la Russie* // http://news.bbc.co.uk/hi/russian/russia/newsid_6046000/6046584.stm (10.04.16).

730 Барсуков (Юрий), Дудина (Галина), *Евросоюз кует энергетическое оружие* // http://www.kommersant.ru/doc/2462263 (18.12.2016).

731 Conclusion du Conseil de l'UE du 4 février 2011 (EUCO 2 /1/11 REV 1).

moins, mal appréciée par les autres pays membres de l'UE et l'UE elle-même.

§3 L'application du Traité sur la Charte de l'énergie

Il existe une troisième voie qui consiste à appliquer le Traité sur la Charte de l'énergie. Selon le Professeur A. Konoplyannik c'est le moyen le plus pratique d'élaboration de la réglementation[732], parce que, dans ce cas, il est possible d'utiliser l'expérience acquise pendant presque 20 ans. Le Traité sur la Charte de l'énergie couvre toute la chaîne de l'industrie gazière et constitue un cadre juridique à part entière. Il est déjà signé par 51 Etats, y compris la Russie et l'UE. Il est devenu partie intégrante de l'acquis de l'UE.

A. Les inconvénients de l'application du Traité sur la Charte de l'énergie

Actuellement le TCE et le protocole de transit ne satisfont pas la Russie. Ils ont été élaborés à la hâte et sous la pression[733].

A l'issue d'une réunion des ministres des finances du G8 à Saint-Pétersbourg le 10 juin 2006, Alexei Kudrin, ministre russe des finances, a souligné : « La Russie a accepté et continuera d'accepter les principes de la Charte de l'énergie, mais nous ne sommes pas satisfaits de certaines dispositions de l'accord ».

Jusqu'à ce jour il n'y a pas d'accord sur l'interprétation de certains articles du Traité. Ce sont surtout les dispositions de l'article 7 (§ 3) qui sont problématiques : « Chaque partie contractante s'engage à ce que ses dispositions relatives au transport des matières et produits énergétiques et l'utilisation des équipements de transport d'énergie ne traitent pas les matières et produits énergétiques en transit d'une manière moins favorable que les matières et produits originaires de sa propre zone ou destinés à celle-ci, à moins qu'un accord international existant n'en dispose autrement ». Ainsi, selon cet article et Igor Shuvalov, conseiller du Président Vladimir Poutine, Gazprom doit laisser les pays d'Asie centrale bénéficier d'un accès libre aux pipelines de transit russes, ce qui rendrait leur gaz naturel 50 % moins cher que le gaz russe quand il arrive en Europe[734].

La discussion autour du TCE est trop politisée et les dirigeant manquent souvent de compétence juridique, ce qui crée des mythes autour du Traité. Il

---

[732] Konoplyanik (Andrey), *A Common Russia - EU Energy Space: The New EU - Russia Partnership Agreement, Acquis Communautaire and the Energy Charter*, Energy and Natural Ressources, 2009, p. 258.

[733] *Ibid.*, p. 167.

[734] *Accord possible à l'automne entre l'UE et la Russie sur la charte de l'énergie* // http://www.euractiv.com/fr/energie/accord-possible-automne-ue-russie-charte-energie/article-156256 (10.04.16).

convient de rappeler que le texte prévoit que chaque partie prend les mesures nécessaires pour faciliter le transit des matières et produits énergétiques en conformité avec le principe de libre transit. La coopération instituée par le traité de la Charte ne prévoit aucun accès obligatoire des tiers aux réseaux. Ainsi, chaque Etat est libre de ne pas donner accès au système de transport, ou de s'opposer aux investissements des tiers, mais, une fois que les compagnies étrangères l'ont reçu des Etats, ils doivent garantir cet accès sans discrimination[735]. Quant aux tarifs, pour le transport national et international, selon le professeur A. Konoplyannik, ils ne doivent pas être les mêmes, comme c'est le cas dans l'UE[736].

Autre problème souvent cité : les procédures de conciliation, prévues par l'article 7 (§ 6, 7). Elles ne sont pas claires non plus. Jusqu'à ce jour, ce mécanisme n'a jamais été utilisé, il est donc difficile de juger de son efficacité. Pourtant, il reste imprécis sur la question de savoir s'il est utilisable pour des différends entre participants à l'accord (a) § 7 art. 7) ou s'il l'est aussi pour les différends entre sujets des parties-contractantes (§ 6 art. 7). Il n'est pas précisé si la décision du conciliateur peut annuler ou altérer une décision arbitrale. Les conséquences du non aboutissement des parties au différend à un accord au bout de 12 mois ne sont pas fixées. Est-ce que l'obligation de garantir l'approvisionnement en gaz est suspendue, ou bien faut-il recommencer les procédures prévues au § 7 de l'article 7 ou encore faut-il mettre en œuvre les procédures prévues aux articles 26 et 27 ? La corrélation entre la décision définitive du différend et la décision intermédiaire du conciliateur, le mécanisme de compensation de la différence des tarifs transitaires, établis dans des décisions intermédiaires et décisives ne sont pas fixés.

Pour résoudre tous ces problèmes, en 1998, un groupe de travail a été créé qui, jusqu'à maintenant, travaille sur l'élaboration du protocole relatif au transit. Son rôle est d'éliminer l'ambiguïté existante dans le domaine du transit du gaz. Malgré le progrès, des questions non résolues subsistent : l'accès prioritaire aux capacités de transit (art. 8 du projet de protocole sur le transport) et la clause d'organisation de l'intégration économique régionale (art. 20).

La Russie insiste sur le droit prioritaire des clients existants en cas de conclusion de nouveaux contrats sur le transport du gaz et considère que cela est indispensable pour l'exécution des contrats à long terme.

Lors des négociations, l'UE a proposé une clause d'organisation de l'intégration économique régionale (REIO clause). Son sens est le suivant : quand elle a pour but les transits, l'UE est considérée comme un espace

---

[735] Жукова (Инна Сергеевна), *О международном энергетическом праве как отрасли международного права*, Вестник ОГУ, n° 2 (108), февраль, 2010, с. 52.

[736] Secrétariat de la Charte de l'énergie, *Des tarifs sur le transit du gaz dans certains pays participants du TCE*, janvier, 2006 // www.encharter.org (12.12.2015).

unique ; ainsi les règles du TCE sur le transit ne doivent pas s'y appliquer, parce qu'il n'y a pas transit. Donc, le transit finira sur la frontière externe de l'UE, et son territoire sera exclu de son application à l'acquis communautaire[737]. La Russie, à son tour, ne peut pas accepter cette approche inégalitaire.

Pour ces raisons, la Russie n'a pas trouvé utile d'appliquer le TCE. Selon l'académicien Viktor Ivanter, directeur de l'Institut de prévision économique, et le vice-président senior de Total, Menno Grouvel, la Charte de l'énergie, qui n'a pas été ratifiée ou signée par les plus grands pays exportateurs d'hydrocarbures, « lèse manifestement les intérêts des pays producteurs de pétrole et de gaz ». « Le problème, ce n'est pas que la Russie ne ratifie pas la Charte énergétique. Ce que l'on ne comprend pas, c'est pourquoi la Russie a signé ce document boiteux », lit-on dans leur rapport[738]. Il n'y a rien de surprenant alors que, lors du sommet informel Russie - UE en Finlande, Vladimir Poutine a ouvertement déclaré que la ratification de la Charte de l'énergie dans sa forme actuelle était contraire aux intérêts russes[739].

L'UE, à son tour, voit aussi les inconvénients de l'application du TCE. Aujourd'hui ce Traité peut être utilisé comme un instrument de protection des intérêts des compagnies des pays tiers contre la libéralisation excessive dans le domaine de l'énergie. Le TCE était basé, dans une grande mesure, sur la législation de l'UE, notamment les premières directives, quand la libéralisation ne faisait que débuter. Mais aujourd'hui les choses ont beaucoup avancé et même les actes constitutifs de la Communauté de l'énergie sont basés sur le deuxième paquet de directives sur la libéralisation de 2003. Pourtant les actes internationaux n'ont pas été changés. Ainsi, paradoxalement, c'est la Russie qui doit être la plus intéressée à l'application de ce document.

Une autre raison importante, pour laquelle l'UE peut être moins motivée d'appliquer le TCE, c'est le fait que les différends entre les parties sont soumis, en vertu du TCE à l'arbitrage. Ainsi, des différends intra-communautaires seront soumis au système de règlement des différends du TCE plutôt qu'à celui de l'UE[740].

---

[737] Isidoro (Cécile), *L'ouverture du marché de l'électricité à la concurrence communautaire*, préface Pierre Delvolvé, L.G.D.J., 2006, pp. 557 - 558.

[738] *L'Union européenne osera-t-elle conclure une alliance énergétique avec la Russie* // http://www.mondialisation.ca/index.php?context=viewArticle&code=RIA20060701&articleId=2710 (10.04.15).

[739] Smirnov (Vladimir), *Le point de vue Russe sur le veto polonais aux négociations europe/russie* // http://contreinfo.info/article.php3?id_article=270 (10.04.15).

[740] Konoplyanik (Andrey), *Common Russia - EU Energy Space: The New EU - Russia Partnership Agreement, Acquis Communautaire and the Energy Charter*, Energy and Natural Ressources, L 258, 2009, p. 285.

B. Perspective de ratification du Traité sur la Charte de l'énergie

Il est donc illusoire d'attendre de la Russie qu'elle ratifie le Traité sur la Charte de l'énergie dans les prochaines années et il vaut mieux éviter l'affrontement. Dans ce contexte, la proposition consistant à revoir la rédaction de la Charte est apparue.

1. Les amendements au TCE proposés par la Russie

Pourtant, la ratification n'est pas totalement impossible. « La Russie doit recevoir des contreparties claires en échange du libre accès à ces installations de production et de transport », a déclaré Vladimir Poutine aux chefs d'Etat et de gouvernements européens lors du sommet UE - Russie de mai 2006. Selon lui, « la question est de savoir ce que nous obtiendrons en retour »[741].

Le 21 avril 2009, sur le site officiel du Président de la Russie, le texte suivant a été publié : « L'approche conceptuelle d'une nouvelle base juridique de la coopération internationale dans la sphère énergétique »[742], qui suppose l'adoption du nouvel accord universel international dans le domaine donné, avec un plus grand nombre de participants[743].

Cependant les représentants officiels de l'UE et ses membres, ont déclaré que le refus du Traité sur la Charte de l'énergie, qui fait déjà partie des régimes juridiques nationaux de plus de 40 États et du droit international, est une totalité impossible. C'est pourquoi le scénario le plus probable est celui de l'initiative russe du 21 avril 2009 basée sur l'introduction d'amendements au Traité sur la Charte de l'énergie.

Il est vrai que l'approche et la structure de la proposition russe rappellent, dans une large mesure, celle du TCE. Le projet porte une attention particulière aux investissements, au transit et au commerce. En même temps, il est plus étroit que le TCE. Le but de cette proposition consiste principalement à garantir la sécurité des relations en matière d'énergie et à mettre en place la vision officielle russe, et non celle de l'UE basé sur l'idée de compétition[744].

---

741 *Accord possible à l'automne entre l'UE et la Russie sur la charte de l'énergie* // http://www.euractiv.com/fr/energie/accord-possible-automne-ue-russie-charte-energie/article-156256 (10.04.16).

742 *L'approche conceptuelle d'une nouvelle base juridique de la coopération internationale dans la sphère énergétique* // http://archive.kremlin.ru/text/docs/2009/04/215303.shtml (22.07.2012).

743 Voir plus en détail : Belyi (Andrei), Nappert (Sophie), *Modernizing the energy charter process ? The energy charter conference road map and the Russian draft convention on energy security* // http://www.hse.ru/data/2011/03/22/1211145801/ogel (2011) - article009.pdf (22.08.2015).

744 Belyi (Andrei), Nappert (Sophie), Pogoretskyy (Vitaliy), *Modernizing the Energy Charter Process ? The Energy Charter Conference Road Map and the Russian Draft Convention on Energy Security*, Oil, Gas and Energy Law Intelligence, march, 2011, p. 8.

D'abord, la proposition fixe les principes sur lesquels la Russie est prête à développer des relations énergétiques. Parmi les principes de base, on trouve ceux relatifs à la sécurité énergétique : le principe de la reconnaissance de l'indivisibilité de la sécurité énergétique globale et de l'interdépendance de tous les participants de l'échange d'énergie de la planète, de la responsabilité réciproque des Etats consommateurs et producteurs pour la sécurité énergétique, de la reconnaissance de la sécurité de l'approvisionnement et de la demande en tant qu'aspects les plus importants de la sécurité énergétique et de la sécurité de la fiabilité technique de tous les éléments de l'infrastructure énergétique, y compris sa composante relative au transit. Ensuite, la proposition se réfère au principe de la souveraineté inconditionnelle de l'Etat sur ses propres ressources naturelles. Elle se réfère aussi aux principes qui concernent l'organisation du marché, y compris le principe de l'accès non-discriminatoire aux marchés internationaux, de leurs ouverture et du développement de la concurrence, de la transparence de tous les segments des marchés énergétiques internationaux (production, export, transport, consommation), de l'encouragement non-discriminatoire et de la protection des investissements, de la sécurité de l'accès non-discriminatoire aux nouvelles technologies et de la participation au transfert des technologies. Enfin, la proposition fait état des principes relatifs à la coordination des politiques respectives des Etats: consultations obligatoires, coordination des politiques énergétiques relatives à la planification et à la mise en œuvre des projets infrastructurels ayant une influence sur la sécurité énergétique régionale et globale, création et développement des mécanismes d'avertissement préalable avec la participation des fournisseurs, consommateurs et des Etats transitaires, stimulation de la coopération scientifico-technique dans le domaine de l'énergie, collaboration dans le domaine de la protection de l'environnement, etc.

Quelques-uns de ces principes sont tout à fait nouveaux : la sécurité de la demande, l'encouragement des échanges réciproques d'actifs dans le domaine énergétique (fondement de l'Union énergétique, proposée par Vladimir Poutine en 2010[745]), la coordination de la politique énergétique et la création et le développement des mécanismes d'avertissement préalable. D'autres figuraient déjà dans le TCE ou dans la Charte de 1991.

La Russie insiste sur le fait que les principes relatifs à la sécurité de l'approvisionnement et de la demande sont des principes clés dans ce domaine. Cela s'explique par le désir de la Russie de garantir que le gaz russe ait sa part sur le marché européen. Du côté russe, le deuxième principe en termes d'importance est celui de la coopération. Forte de ce principe, la Russie pourrait participer à l'élaboration de la politique européenne, par exemple, celle des 20-20-20, destinée à réduire la part du gaz dans l'UE.

[745] *Ibid.*, p. 15.

Ainsi, sans consultation et coordination avec Moscou, il ne serait pas possible de construire des gazoducs comme Nabucco. Plus précisément, l'article IV.5 de L'approche conceptuelle d'une nouvelle base juridique de la coopération internationale dans la sphère énergétique contient des règles sur la concurrence, dites règles contre les dispositions du troisième paquet sur la libéralisation énergétique. Cet article permet à une partie d'influencer les règles sur la concurrence d'une autre partie dans le cas où la première estime que la mesure prise dans le domaine de la concurrence pourrait porter atteinte à ses intérêts ou à ses sujets. Dans ce cas, elle pourrait demander l'arrêt de l'application de la mesure ou sa modification. Une autre garantie importante pour la Russie est fixée à l'article VII.1 de l'approche conceptuelle qui contient une règle selon laquelle rien n'empêche les parties d'instaurer des monopoles étatiques ou privés et de leur apporter un soutien en vertu de leurs législations[746].

Les principes de l'encouragement des échanges réciproques d'actifs dans le secteur énergétique, du maintien de la sécurité, de l'accès non-discriminatoire aux nouvelles technologies et de la participation au transfert des technologies permettront aux compagnies russes d'avoir accès aux actifs européens et aux technologies. Pourtant, le principe de libre transit et l'obligation des Etats d'accorder les capacités de transit nécessaires ne sont pas fixés de manière impérative, contrairement aux principes du maintien de la sécurité de l'accès aux marchés et du développement de la concurrence[747].

Quant à la réglementation des investissements, la proposition est plutôt en retrait par rapport au TCE qui comporte des prescriptions plus sophistiquées et des standards plus élevés. L'article III.2 de la proposition prévoit que le traitement des investissements ne peut pas être plus favorable, en vertu des obligations souscrites dans le cadre de l'OMC[748]. La définition même de l'investissement dans la proposition russe réduit le champ de la protection susceptible d'être fournie aux investisseurs. L'article I.1 de cette proposition énonce que la définition de la notion dépend de la législation du pays hôte, tandis que l'article 1(6) du TCE lui consacre une définition précise sans se référer à la législation nationale du pays hôte.

Cependant la définition du TCE fait aussi l'objet de critiques car elle est trop vaste. C'est ce qu'on a vu dans l'affaire Petrobart dans laquelle les recettes résultant d'un contrat conclu pour une année ont été qualifiées

[746] Селивестров (Сергей Сергеевич), *Проект Конвенции по обеспечению международной энергетической безопасности – новый энергетический порядок ?* // http://www.justicemaker.ru/view-article.php?id=11&art=2860 (15.06.2015).

[747] Габуев (Александр), *Недоговоренности на высшем уровне* // http://www.kommersant.ru/doc/1165444 (14.05.2015).

[748] Belyi (Andrei), Nappert (Sophie), Pogoretskyy (Vitaliy), *Modernizing the Energy Charter Process ? The Energy Charter Conference Road Map and the Russian Draft Convention on Energy Security*, Oil, Gas and Energy Law Intelligence, march, 2011, p. 11.

d'investissements au regard du TCE. Cependant, qu'elle soit bonne ou mauvaise, cette définition est unique et uniforme[749].

L'article III.1 de la proposition définit le régime national et celui de la nation la plus favorisée pour des investissements étrangers, cela se fait au choix de l'investisseur. Pourtant, le même article prévoit la possibilité pour chaque partie contractante d'appliquer et insérer des restrictions au régime national pour les investisseurs et les investissements étrangers. Il est évident que cette disposition ne crée pas un climat stable et prévisible pour les investissements.

Un des buts de la proposition est de sécuriser le transit du gaz. Elle cherche à garantir l'instauration de tarifs raisonnables, transparents, non-discriminatoires, basés sur les coûts réels, l'impossibilité de l'interruption ou de la réduction du transit. Elle prévoit des mécanismes de coordination entre les parties pour l'optimisation des routes gazières, l'établissement d'autorités spéciales pour la résolution des situations d'urgence et la création d'un mécanisme de règlement des différends.

Selon l'article I.1 de la proposition, la notion de territoire de transit inclut la zone économique et le plateau continental. Ainsi, le transit par gazoducs sous-marins, sur lequel les Etats n'avaient auparavant pas beaucoup de droits souverains, passerait, selon la proposition, sous autorité étatique. Pourtant ce n'était pas le cas dans le TCE dont l'article 7(8) stipule : « Aucune disposition du présent article ne déroge aux droits et obligations des parties contractantes découlant du droit international, y compris le droit international coutumier, et des accords bilatéraux ou multilatéraux existants, y compris les règles relatives aux câbles et oléoducs sous-marins ». Ainsi, cette initiative russe pose un problème de compatibilité avec le droit international, notamment le droit international de la mer.

La proposition russe ne prévoit pas de nouveaux éléments en matière de règlement des différends. L'article X.1 de cette proposition est même moins détaillé que les prescriptions correspondantes de l'article 27 du TCE. L'article X.1 (4) de la proposition énonce que « le tribunal arbitral choisira lui-même la procédure applicable ». On peut imaginer que ce sera parfois difficile pour trois arbitres de trouver une solution satisfaisante pour eux trois et la proposition ne donne pas de réponse.

Comme nous l'avons déjà indiqué, la Russie s'oppose fortement à la reconnaissance de l'UE en tant que REIO dans un contexte de transit. Il n'est dès lors pas surprenant que la proposition ne contienne aucune règle à ce sujet (l'article V.4). Subsidiairement, la proposition précise que la

---

[749] Селивестров (Сергей Сергеевич), *Проект Конвенции по обеспечению международной энергетической безопасности – новый энергетический порядок ?* // http://www.justicemaker.ru/view-article.php?id=11&art=2860 (15.06.2016).

construction de nouveaux gazoducs repose sur le droit national et ne se réfère ni au principe du libre transit, ni aux autres principes du TCE[750].

La proposition attache de l'importance aux mécanismes d'avertissements préalables en prévoyant la participation des fournisseurs, des consommateurs et des Etats transitaires. La Russie propose une adaptation du nouvel accord sur les garanties de transit des matériaux énergétiques, établissant une procédure de résolution des situations urgentes dans ce domaine et désignant les autorités compétentes pour résoudre de telles situations, qui auront les compétences nécessaires pour prendre des mesures préventives. L'accord doit contenir des dispositions sur la responsabilité des parties effectuant le transit. Cette proposition est basée sur l'expérience du travail d'une Commission *ad hoc* créée en janvier 2009 pour la surveillance du transit du gaz sur le territoire de l'Ukraine[751].

L'article VII.2 fixe une liste d'exceptions aux règles établies par la proposition allant de la protection de l'ordre public à la sauvegarde des ressources épuisables. *De facto*, cela signifie que les parties peuvent établir des règles restrictives par rapport aux investissements par une simple référence à la sauvegarde des ressources naturelles[752].

Ainsi, la proposition russe d'une nouvelle base juridique de la coopération internationale dans la sphère énergétique ne présente pas de solution multilatérale innovante de la gouvernance de l'énergie, malgré les buts annoncés. Surtout les éléments de cette proposition sont loin de pouvoir être acceptés par les pays membres de l'UE[753].

Cependant cette proposition ne couvre pas tous les problèmes, ni toutes les règles que la Russie voudrait discuter ou proposer[754]. De nouvelles idées ou propositions seront soumises par la Russie.

Pourtant, il existe un autre avis, celui des chefs d'Etats des pays exportateurs de ressources énergétiques qui, sur la base de cette proposition, envisagent d'élaborer un nouveau document, la Charte de l'énergie globale. L'OPEP pourrait devenir un forum de discussion pour aboutir à cette

---

[750] Belyi (Andrei), Nappert (Sophie), Pogoretskyy (Vitaliy), *Modernizing the Energy Charter Process ? The Energy Charter Conference Road Map and the Russian Draft Convention on Energy Security*, Oil, Gas and Energy Law Intelligence, march, 2011, p. 9.

[751] Гудков (Иван Владимирович), Лахно (Петр Гордеевич), *Правовое регулирование международных энергетических отношений: состояние и перспективы развития* // http://www.justicemaker.ru/view-article.php?id=16&art=2433 (11.05.2016).

[752] Селивестров (Сергей Сергеевич), *Проект Конвенции по обеспечению международной энергетической безопасности – новый энергетический порядок ?* // http://www.justicemaker.ru/view-article.php?id=11&art=2860 (15.06.2016).

[753] Belyi (Andrei), Nappert (Sophie), Pogoretskyy (Vitaliy), *Modernizing the Energy Charter Process ? The Energy Charter Conference Road Map and the Russian Draft Convention on Energy Security*, Oil, Gas and Energy Law Intelligence, march, 2011, p. 19.

[754] Селивестров (Сергей Сергеевич), *Проект Конвенции по обеспечению международной энергетической безопасности – новый энергетический порядок ?* // http://www.justicemaker.ru/view-article.php?id=11&art=2860 (15.06.2016).

Charte[755]. Une démarche en trois étapes est envisagée. La première consiste dans l'élaboration du document par des pays-exportateurs de ressources naturelles. La deuxième consiste dans la tenue d'une conférence internationale sous l'égide de l'ONU. Lors de cette conférence les incohérences entre ce document et le TCE pourraient être redressées. La troisième comprend l'adoption du document par l'Assemblée générale et sa ratification par les Etats.

2. La modernisation du Traité sur la Charte de l'énergie

Sept ans se sont écoulés depuis l'annonce de la proposition russe et il est toujours difficile de parler de son avenir[756]. Il faut rappeler que l'adoption d'un nouveau document multilatéral crée un risque de concurrence institutionnelle. En tout cas, l'initiative russe n'exclu pas une continuation de la coopération dans le cadre du Traité sur la Charte de l'énergie. Selon le Secrétariat de la Charte de l'énergie, la consécration des principes proposés par la Russie est possible dans le cadre de la modification du Traité sur la Charte de l'énergie ou par l'adoption de déclarations et de protocoles respectant les nouvelles propositions. L'UE partage probablement cette position, en tant que partenaire principal de la Russie[757], d'autant plus que, lors du Sommet en 2009 à Stockholm, Medvedev a reconnu que son initiative d'avril 2009 a été proposée en complément des documents existants, Charte incluse[758].

Le 24 novembre 2012 la Conférence de la Charte européenne de l'énergie a accepté la feuille de route « Modernisation de la Charte européenne de l'énergie »[759], dans laquelle la nécessité d'adapter la Charte aux nouvelles conditions, en rendant compte de l'initiative du Président russe a été reconnue.

Cette feuille de route reconnaît explicitement le rôle de la proposition du Président D. Medvedev de 2009. A titre d'exemple, le principe de la sécurité énergétique est repris du projet russe. Cette feuille de route reconnaît aussi l'importance de l'établissement d'un mécanisme d'avertissements préalables

[755] Жукова (Инна Сергеевна), *О международном энергетическом праве как отрасли международного права*, Вестник ОГУ n° 2 (108), февраль, 2010, с. 52.

[756] Гликман (Ольга Владимировна), *Международное договоры России, регулирующие сотрудничество в нефтегазовом секторе*, Газовый бизнес, октябрь, 2012, с. 1. // http://gb2012.ru/wp-content/uploads/2012/10/Гликман-О.В.-Международные-договоры-России.pdf (13.09.2016).

[757] Гудков (Иван Владимирович), Лахно (Петр Гордеевич), *Правовое регулирование международных энергетических отношений: состояние и перспективы развития* // http://www.justicemaker.ru/view-article.php?id=16&art=2433 (11.05.2016).

[758] Конопляник (Андрей Александрович), *Россия и Энергетическая Хартия*, РГУ нефти и газа им. И.М. Губкина, 2010, с. 67.

[759] *Road Map for the Modernization of the Energy Charter Process 24 November 2010* // http://www.encharter.org/fileadmin/user_upload/document/Road_Map_ENG.pdf (22.07.2016).

portant sur les situations urgentes, l'élaboration d'un cadre encore plus précis de la protection des investissements étrangers, etc...

Pourtant, même si les principes sont identiques, la voie pratique de leurs réalisations est différente. La feuille de route envisage la résolution des problèmes de transit par l'adaptation du protocole sur le transit, le règlement des différends par le recours à l'arbitrage et le recours en général à la consultation avec les acteurs du marché. D'un autre côté, le document russe donne une plus grande importance aux législations nationales.

Cependant, si les amendements russes étaient pris en considération, le TCE restera un produit de la politique externe de l'UE [760], même malgré l'adotion de la Charte internationale de l'énergie le 20 mai 2015[761]. Ainsi, pour la Russie il sera difficile d'accepter cette approche, malgré le fait que le Traité constitue aujourd'hui le document le plus significatif pour la protection des investissements dans le domaine de l'énergie[762].

Dans tous les cas, le TCE, avec plus de 50 ratifications, ne constitue pas un instrument satisfaisant pour la réglementation des relations Russie - UE et ses pays membres, qui sont des relations bilatérales. Pour ces relations, un nouveau protocole au TCE serait nécessaire. Cependant la réalisation d'un tel protocole dans un cadre multilatéral devient difficile.

§4 La conclusion d'un accord entre la Russie et l'UE

La Commission européenne ambitionne que l'UE ait une politique extérieure commune pour parler et négocier d'une seule voix au nom des gouvernements et des compagnies européennes avec les Etats producteurs et les compagnies qu'ils contrôlent, c'est-à-dire avec la Russie. Cette approche a été exprimée dans le livre vert « Une stratégie européenne pour une énergie sûre, compétitive et durable » de 2006. On y a reconnu que les besoins de politique énergétique commune sont plus pressants depuis l'entrée des dix nouveaux membres dans l'Union en mai 2004, car ces derniers sont en dépendance gazière presque complète vis-à-vis de la Russie. Les crises d'approvisionnements gaziers en provenance de la Russie, dues à l'arrêt des livraisons, n'ont fait que raviver les inquiétudes. Une approche fondée sur 28 politiques énergétiques différentes n'est pas suffisante. Avec plus de 450 millions de consommateurs, l'UE représente le deuxième marché de l'énergie au monde. Son action collective lui confère le poids suffisant pour protéger et faire valoir ses intérêts. L'UE a non seulement la

[760] Walde (Thomas), *Investment Arbitration under the Energy Charter Treaty: An Oveview of Selected Key Issues on Recent Litigation Experience*, in *Artbitratin Foreign Investment Disputes*, Kluwer law, 2004, p. 197.

[761] La Charte internationale de l'énergie du 20 mai 2015 // https://energycharter.org/fileadmin/DocumentsMedia/Legal/IEC_FR.pdf (01.01.2017).

[762] Blyschak (Paul M.), *Yukos Universal v. Russia: Shell Companies and Treaty Shopping in International Energy Disputes*, Richmond Journal of Global Law & Business, vol. 10, 2011, p. 209.

taille requise, mais aussi les moyens politiques de s'intégrer dans le nouveau paysage énergétique[763].

Cette réflexion conduit à la quatrième possibilité de coopération entre la Russie et les pays de l'UE : la conclusion d'un nouvel Accord entre l'UE et la Russie.

A. Les modalités d'un futur Accord

L'accord de partenariat et de coopération actuel entre l'UE et la Russie pourrait, avec quelques amendements, servir de base à un accord entre les parties en matière d'énergie. L'autre option serait la conclusion d'un nouvel Accord de partenariat et de coopération ou encore la signature d'un accord spécifique à la coopération dans le domaine de l'énergie (le gaz) entre ces mêmes parties.

La Commission insiste sur le fait qu'un tel accord devrait en principe être négocié dans le contexte du cadre contractuel post-APC[764], ce qui a été confirmé par M. Vanhanen, premier ministre finlandais : « Avec la Russie, notre objectif est de construire un partenariat juridiquement contraignant fondé sur l'intérêt mutuel et équilibré (des deux parties) pour le long terme »[765]. Ce choix est également celui qui est préféré par les autorités russes[766]. Dans une lettre ouverte, publiée dans le journal Le Monde le 28 mars 2007, M. Vladimir Poutine a écrit : « Je suis convaincu que la logique du développement des relations entre la Russie et l'UE rend nécessaire l'élaboration d'un accord de partenariat stratégique, remplaçant l'accord existant. Cet accord doit devenir un instrument capable d'approfondir l'intégration économique et la coopération dans le domaine de protection de la liberté et de la sécurité sur le continent européen »[767].

En effet, il faut reconnaître que l'accord de partenariat actuel, qui date de plus de vingt ans, ne prend pas en compte l'évolution du contexte géopolitique depuis 1994. La Russie a en effet retrouvé entre temps une certaine stabilité politique et renoué avec la croissance économique. Surtout, l'Union européenne s'est élargie à vingt-huit nouveaux Etats. Elle a adopté

---

[763] Cours de M. Claude Blumann, *Politiques internes de l'Union européenne : politique de l'énergie* du 22.02.2007.

[764] *Une politique extérieure au service des intérêts de l'Europe en matière énergétique*, S160/06// http://www.consilium.europa.eu/ueDocs/cms_Data/docs/pressdata/FR/reports/90083.pdf (01.05.15).

[765] *Russie et énergie au cœur des discussions* // http://www.touteleurope.fr/index.php?&id=63&cmd=FICHE&uid=654&cHash=d8ffd971d4 (23.04.15).

[766] Konoplyanik (Andrey), *A Common Russia - EU Energy Space: The New EU - Russia Partnership Agreement, Acquis Communautaire and the Energy Charter*, Energy and Natural Ressources, L 258, 2009, p. 258.

[767] Poutine (Vladimir), *Vive le dialogue Europe - Russie !* // http://www.lemonde.fr/cgi-bin/ACHATS/acheter.cgi?offre=ARCHIVES&type_item=ART_ARCH_30J&objet_id=982123 (01.05.14).

une monnaie commune, l'euro, et élaboré une Politique étrangère et de sécurité commune (PESC). L'accord actuel apparaît donc en grande partie obsolète. En matière économique, l'UE a accordé à la Russie le statut d'économie de marché, le 29 mai 2002. L'élaboration, depuis 2003, de « quatre espaces communs » démontre du reste implicitement les limites de l'APC. Il n'en reste pas moins que tous les textes adoptés depuis 1994 (Stratégie commune, Espaces communs…) se sont référés à l'APC et l'ont maintenu comme cadre général des relations entre les parties[768]. Ainsi, la première option (la sauvegarde de l'APC actuel) n'est pas envisageable. Cependant l'élaboration d'un accord spécifique à l'énergie sans nouvel Accord de partenariat n'a pas beaucoup de sens et la possibilité de son adoption est très faible[769]. C'est pourquoi, l'option la plus probable est la conclusion d'un nouvel Accord de partenariat de coopération, contenant un chapitre sur l'énergie[770].

B. Les contraintes à la conclusion d'un nouvel Accord

La conclusion d'un nouvel Accord entre la Russie et l'UE est susceptible de se heurter à certaines difficultés de caractère technique, juridique et politique.

Les difficultés de caractère technique découlent du fait que cet accord devrait être conclu entre la Russie d'un côté, l'UE et ses 28 pays membres, de l'autre. Les intérêts des parties seraient difficiles à rapprocher, bien plus que lors des négociations de l'APC ou du TCE en 1994.

Les difficultés politiques sont liées à la complexité des relations entre les parties. Malgré la chute de l'URSS et du COMECON, les relations entre les parties restent compliquées, surtout entre la Russie, la Pologne et les pays Baltes. En outre, la Russie elle-même n'est plus un partenaire « mineur » comme c'était le cas dans les années quatre-vingt-dix. L'UE ne pourra pas négocier avec elle comme auparavant, c'est-à-dire « negotiating when others are watching » (négocier quand les autres ne font que regarder)[771].

La complexité des relations entre l'Union européenne et la Russie est illustrée par le refus intial de l'UE d'entamer des négociations pour un nouvel Accord de partenariat et de coopération avec Moscou, accord initié

---

[768] *L'Accord de partenariat et de coopération : un cadre défini mais obsolète* // http://www.ladocumentationfrancaise.fr/dossiers/europe-russie/accord-partenariat-cooperation.shtml (01.05.15).

[769] Konoplyanik (Andrey), *A Common Russia - EU Energy Space: The New EU - Russia Partnership Agreement, Acquis Communautaire and the Energy Charter*, Energy and Natural Ressources, L 258, 2009, p. 274.

[770] *Ibid.*, p. 258.

[771] Papadimitriou (Dimitris), *Negotiating when other are watching : explaining the outcome of the association negotiations between the European community and the countries of Central and Eastern Europe*, in *Understanding the European's Union's External relations*, edited by Michel Knodt and Sebastian Princen, Routledge, 2003, p. 107.

par la Pologne, puis soutenu par la Lituanie. Ces négociations ont finalement débuté fin 2008, mais très peu de progrès ont été enregistrés jusqu'ici, surtout dans le domaine de l'énergie.

Les difficultés juridiques concernent l'évolution du droit européen. Au début des années 1990 les négociations relatives à l'APC entre la Russie et l'UE étaient basées sur l'acquis communautaire existant à l'époque, beaucoup moins libéral que maintenant. Il est évident que le décalage entre les systèmes juridiques de ces deux partenaires s'est accentué de sorte qu'il faudra prévoir plus de dérogations à l'acquis communautaire pour pouvoir aboutir à un compromis.

Il y a aussi le problème que ce traité n'affectera pas les droits et obligations des Etats de transit. Cela pourrait passer pour une grosse lacune. Pourtant, aujourd'hui, il existe un gazoduc direct qui ne traverse pas des pays de transit, le Nord Stream, et d'autres sont en cours de construction, South Stream. Il s'ensuit que les relations avec les pays de transit pourraient être encadrées par le TCE, lequel peut aussi être perfectionné en respectant les propositions russes.

En conclusion, quelle forme d'accord choisir ? Les deux premières approches (l'extension du droit européen et la conclusion d'accords bilatéraux entre la Russie et certains pays de l'UE) sont de nature à mettre l'une des parties dans une situation de supériorité par rapport à l'autre, ce qui pourrait provoquer des problèmes à l'avenir et un encadrement juridique assez peu stable. Le Traité sur la Charte de l'énergie, malgré ses mérites, n'est pas un instrument auquel les parties voudraient se référer ; de plus, d'autres pays y participent. Ainsi, l'option la plus adaptée est celle qui repose sur la conclusion d'un accord entre la Russie et l'UE (et ses pays membres), basé sur les dispositions du TCE. La conclusion du nouvel Accord de coopération et de partenariat, contenant un chapitre sur l'énergie (le gaz) serait donc la meilleure option. Cependant, tout peut changer et il ne faut pas écarter d'autres possibilités.

Section II. Les contraintes juridiques

Hormis les réflexions sur la forme de l'accord éventuel, il faut aussi préciser la compétence des parties pour le conclure et analyser sa force juridique dans l'ordre interne et international.

§1 Le statut des parties

La situation de l'UE, sujet spécial du droit international, mérite une analyse approfondie. Cette analyse est cruciale pour la détermination de la forme et des parties à l'accord éventuel.

Pour conclure un accord avec la Russie en matière d'énergie, il faut que l'UE ait la compétence de conclure un tel accord. Or, la problématique de la compétence externe de l'Union européenne pour conclure des traités est une des questions les plus débattues et les plus complexes du droit communautaire[772]. L'adoption du Traité de Lisbonne n'a semble-t-il pas clarifié les règles relatives à la compétence externe[773].

Selon le § 1 de l'article 216 du TFUE, l'Union peut conclure un accord avec un ou plusieurs pays tiers ou organisations internationales. Les traités constitutifs de l'UE ne dressaient pas, et ne dressent pas toujours, une liste des matières relevant de la compétence externe de l'Union[774]. Cependant l'article 3 du Traité sur le fonctionnement de l'UE précise les domaines dans lesquels l'UE dispose d'une compétence explicite pour la conclusion d'accords internationaux. C'est le cas lorsque cette conclusion est prévue dans un acte législatif de l'Union ou est nécessaire pour lui permettre d'exercer sa compétence interne, ou qu'elle soit susceptible d'affecter des règles communes ou d'en altérer la portée. La Cour, de son côté, a adopté la doctrine des pouvoirs implicite élaborée au départ par la Cour suprême des Etats-Unis et reprise de façon progressive par différentes juridictions internationales[775]. Elle a synthétisé sa jurisprudence (notamment dans l'affaire AETR du 31 mars 1971, aff. 22/70 et l'affaire Kramer du 14 juillet 1976, aff. 3,4 et 6/76) dans son avis 1/03, rendu en assemblée plénière le 7 février 2006. Elle a précisé que la compétence de la Communauté pour conclure des accords internationaux peut, non seulement résulter d'une attribution explicite par le traité, mais également découler de manière implicite d'autres dispositions du traité et d'actes pris, dans le cadre de ces dispositions, par les institutions de la Communauté. La Cour a conclu en outre que, chaque fois que le droit communautaire a établi des institutions, des compétences sur le plan interne en vue de réaliser un objectif déterminé, la Communauté est investie de la compétence pour prendre les engagements internationaux nécessaires à la réalisation de cet objectif, même en l'absence d'une disposition expresse à cet égard (points 3, 2/91, 7)[776].

L'existence d'un titre de compétence externe implicite suppose donc la réunion de deux éléments : l'existence d'une compétence interne et la réalisation d'un objectif déterminé, qui s'inscrit dans le cadre des politiques communes. La Cour a ainsi admis que la compétence externe est le prolongement automatique de la compétence interne[777].

---

[772] Berramdane (Abdelkhaleq), Rossetto (Jean), *Droit de l'Union européenne : institutions et ordre juridique,* 2 éd., Montchrestien, 2013, p. 292.

[773] Neframi (Elefheria) (dir.), *Objectifs et compétences dans l'Union européenne*, Bruylant, 2013, p. 260.

[774] Berramdane (Abdelkhaleq), Rossetto (Jean), *Droit de l'Union européenne : institutions et ordre juridique,* 2 éd., Montchrestien, 2013, p. 293.

[775] *Ibid.*, p. 304.

[776] CJCE, avis 1/03 du 7 février 2006, Convention de Lugano // Recueil de jurisprudence, p. I-1145, pt. 14.

[777] Berramdane (Abdelkhaleq), Rossetto (Jean), *Droit de l'Union européenne : institutions et ordre juridique,* 2 éd., Montchrestien, 2013, p. 306.

Lorsque l'UE négocie et conclut un accord international, elle dispose soit d'une compétence exclusive, soit d'une compétence partagée avec les États membres. Dans le cas où sa compétence externe est partagée avec les États membres, l'accord est conclu à la fois par l'UE et par les États membres. Il s'agit alors d'un accord mixte auquel les États membres doivent donner leur accord.

Dans le cas où sa compétence interne est exclusive, l'UE est la seule à pouvoir négocier et conclure l'accord international. Toute compétence non attribuée à l'Union dans les traités appartient aux États membres. En cas de compétence interne partagée (proclamée dans l'article 4 du Traité sur le fonctionnement de l'UE), dès que l'UE commence à l'exercer, c'est-à-dire à légiférer, elle reçoit la compétence exclusive externe (Avis de la Cour de justice 1/94 du 15 novembre 1994, Compétence de la Communauté pour conclure des accords internationaux en matière de services et de protection de la propriété intellectuelle[778]). Ainsi, la compétence externe de l'UE est dynamique et dépend des actes adoptés.

Ainsi, pour comprendre quel type d'accord international sera conclu (accord standard entre la Russie et l'UE, ou accord mixte avec la participation de tous les pays membres de l'UE), il faut savoir si le contenu de l'accord émane de la compétence exclusive de l'UE ou de la compétence partagée. L'accord entre les parties contiendra des règles sur l'énergie, la concurrence et les investissements.

Tout d'abord, on caractérisera le domaine de la concurrence et des investissements. Par rapport à la concurrence, il est directement indiqué que l'Union dispose d'une compétence exclusive dans le domaine de l'établissement des règles de concurrence nécessaires au fonctionnement du marché intérieur.

Avec l'entrée en vigueur du Traité de Lisbonne, l'UE s'est vue octroyer la compétence exclusive dans le domaine de la politique commerciale commune (§ 1 art. 3), qui inclut la suppression progressive des restrictions aux échanges internationaux et aux investissements étrangers directs (art. 206). Les conséquences pratiques du Traité de Lisbonne sur les politiques européennes d'investissement à l'étranger restent cependant incertaines, notamment du fait des interrogations persistantes quant à la façon dont le Traité sera interprété. L'une des principales questions encore en suspens concerne notamment la définition de la Politique d'investissement direct à l'étranger (IDE) que le Traité de Lisbonne ne précise pas. Certaines caractéristiques de l'IDE sont communément admises. Par exemple, il est bien improbable que l'IDE englobe les investissements de portefeuille à court terme. En revanche, il reste nécessaire de clarifier le lien qui existe

---

[778] Avis de la CJCE 1/94 du 15 novembre 1994. Compétence de la Communauté pour conclure des accords internationaux en matière de services et de protection de la propriété intellectuelle // Recueil de jurisprudence, 1994, p. I-05267.

entre l'IDE et les engagements contenus dans les accords internationaux d'investissement, notamment la protection de l'investissement offerte par les TBI[779].

Avant l'entrée en vigueur du Traité de Lisbonne, les pays de l'UE concluaient des traités bilatéraux d'investissement avec les pays tiers, afin d'obtenir des garanties sur le traitement de leurs investisseurs. Comme cette situation créait des conditions de concurrence inégales entre investisseurs, l'actuel article 206 du Traité sur le fonctionnement de l'Union européenne prévoit que par l'établissement d'une union douanière, l'Union contribue, dans l'intérêt commun, à la suppression progressive des restrictions aux échanges internationaux et aux investissements étrangers directs, ainsi qu'à la réduction des barrières douanières et autres. L'article 207 inclut les investissements étrangers directs parmi les domaines couverts par la politique commerciale commune de l'Union. Ainsi, l'UE a reçu la compétence exclusive dans ce domaine. La Commission, dans sa Communication « Vers une politique européenne globale en matière d'investissements internationaux » de 2010[780] l'a confimé.

Quant à l'énergie et les réseaux transeuropéens, le Traité de Lisbonne les reconnaît explicitement comme faisant partie de la politique européenne (§2 art. 4). L'article 194 précise la compétence de l'UE dans la sphère de l'énergie mais pas en matière de relations extérieures. L'UE assure le fonctionnement du marché de l'énergie, la sécurité de l'approvisionnement énergétique dans l'Union (selon le professeur Claude Blumann, c'est un renvoi à une évidente compétence externe quasi-explicite[781]), l'efficacité énergétique et les économies d'énergie ainsi que le développement des énergies nouvelles et renouvelables et de l'interconnexion des réseaux énergétiques. Ce domaine n'a pas encore reçu de contenu, de limites précises[782]. Certains professeurs estiment même que le Traité de Lisbonne n'a offert aucune perspective de changement radical de la situation actuelle dans le domaine de l'énergie[783]. Pourtant, l'UE légifère dans ce domaine depuis 15 ans et, au moins dans les limites de la compétence interne déjà exercée, elle a une compétence externe exclusive.

---

[779] Vis-Dunbar (Damon), *Le Traité de Lisbonne : conséquences pour les Accords internationaux d'investissement de l'Europe*, 19.11.2009 // http://www.ictsd.org/bridges-news/eclairage-sur-les-négociations/news/le-traité-de-lisbonne-conséquences-pour-les-accords (13.06/2015).

[780] Communication de la Commission au Parlement européen, au Conseil, au Comité économique et social européen et au Comité des régions COM/2010/0343 final « Vers une politique européenne globale en matière d'investissements internationaux » du 7 juillet 2010 // http://eur-lex.europa.eu/legal-content/FR/TXT/?uri=CELEX:52010DC0343 (14.05.2016).

[781] Blumann (Claude) (dir.), *Vers une politique européenne de l'énergie*, Bruylant, 2012, p. 21.

[782] Johnston (Angus), Marel (Eva van Der), *Ad Lucem ? Interpreting the New EU Energy Provision, and in particular the Meaning of Article 194 (2) TFUE*, European Energy and Environmental Law Review, vol. 22, issue 5, 2013, p. 197.

[783] Andoura (Sami), Hancher (Leigh), Woude (Marc van der), *Vers une Communauté européenne de l'énergie : un projet politique*, Notre Europe, 2010, p. 106.

En cas de doutes théoriques sur l'ampleur de la compétence de l'UE en matière d'énergie, la conclusion d'un accord mixte peut permettre de contourner cette question de la compétence[784]. Il serait donc préférable pour les parties (Russie, UE, pays membres de l'UE) de conclure un accord de type mixte sur la coopération dans le domaine de l'énergie. En cas de conclusion d'un accord de partenariat et de coopération ce type d'accord sera sûrement mixte.

Les accords mixtes à leur tour posent un problème au niveau de leurs négociations et de leurs ratifications. Théoriquement les Etats membres et l'UE peuvent négocier séparément en fonction des domaines de l'accord tombant dans leurs compétences respectives, les Etats membres et l'UE en pratique se coordonnent, ou à tout le moins se consultent, en règle générale durant les négociations. De plus en plus souvent, c'est le principe du négociateur unique qui prévaut, sans préjuger de la répartition des compétences entre l'Union européenne et ses Etats[785]. Parce qu'il est difficile parfois, et même impossible, de déterminer la répartition des compétences, la Commission peut être chargée de négocier l'accord en consultation avec les Etats membres. Cette mesure rend les négociations réalisables, surtout maintenant avec 28 pays membres où chacun d'eux peut bloquer le processus de négociation.

Le deuxième grand problème est le processus de ratification selon lequel chaque partie contractante doit faire ratifier l'accord par le parlement Russe et par celui de l'UE et de ses 28 pays membres. Ce processus prend beaucoup de temps et le risque qu'une des parties refuse de le ratifier existe toujours. Un exemple particulièrement topique est celui de l'accord de coopération et d'union douanière avec la République de Saint-Marin, qui a pris la forme d'un accord mixte en raison de dispositions sociales. Signé en décembre 1991, il fallait attendre la ratification par les douze – à l'époque - Etats membres pour entrer en vigueur, ce qui n'avait pas encore été réalisé au moment de l'adhésion de l'Autriche, de la Finlande et de la Suède au 1er janvier 1995. En conséquence, un protocole d'accord a dû être signé en janvier 1997 pour permettre à ces trois Etats d'y participer, protocole soumis lui aussi à la ratification de tous les Etats membres. Le résultat est que l'accord n'est entré en vigueur que le 1re avril 2002, soit plus de dix ans après sa conclusion[786].

Pourtant, en matière d'intégration des accords mixtes internationaux dans l'ordre juridique communautaire, il n'y a pas de spécificité. L'article 216 n'impose aucun acte de transposition pour que l'accord international intègre

---

[784] Cremona (Marise), *EU External Relations : Unity and Conferral powers*, in *The Question of Competence in the European Union*, Oxford, 2014, p. 78.

[785] *Ibid.*, p. 181.

[786] Cremona (Marise), *EU External Relations : Unity and Conferral powers*, in *The Question of Competence in the European Union*, Oxford, 2014, p.186.

l'ordre juridique communautaire et s'impose aux institutions et aux Etats membres. Les accords internationaux font partie intégrante de l'ordre juridique communautaire dès leur entrée en vigueur[787].

§2 La porté juridique de l'éventuel accord

La force juridique est une autre caractéristique du futur Accord à clarifier. En fonction de la qualité des participants à l'accord, il faut établir la place du futur Accord dans la hiérarchie des normes des différents ordres : national, international, communautaire.

A. Dans les ordres juridiques des pays de l'UE, de la Russie et l'ordre juridique international

Les accords internationaux ratifiés par la Russie ont, conformément au § 4 de l'article 15 de la Constitution, une force juridique supérieure à la législation nationale. La même règle découle de l'article 52 de la loi fédérale « [s]ur les sous-sols ». Malgré l'existence d'interprétations plurivoques de cette disposition, on peut constater qu'en Russie le droit international a une autorité juridique prépondérante par rapport au droit national. En même temps aujourd'hui, de plus en plus souvent, on parle de l'importance de protéger l'ordre interne russe face à l'ordre international.

De même, aux Pays-Bas, en France, en Espagne, au Portugal, en Slovaquie, en Bulgarie, en Grèce, etc., non sans des particularités, les constitutions ont expressément consacré la primauté du droit international, au moins sur les lois[788]. Au Royaume-Uni, en Finlande, en Autriche, en Hongrie, au Danemark, en Irlande, en Italie, etc. la situation est différente[789]. Dans ces pays un traité international ratifié a la force de la loi interne, de sorte qu'une loi postérieure peut prévaloir sur cet accord[790]. Donc, il faut prendre en compte cette spécialité de certains pays.

Dans l'ordre international, il n'existe pas une hiérarchie des normes. L'expression « ordre successif » était exclue de la version finale du Statut de la Cour permanente de justice internationale de la Ligue des nations[791]. Pourtant, la violation des règles du *jus cogens* par un traité conduit à la nullité dudit traité (art. 53, 64 de la Convention de Vienne «Sur le droit des

---

[787] Benlolo-Carabot (Myriam), Candas (Ulas), Cujo (Eglantine) (dir.), *Union européenne et droit international*, Pedone, 2012, p. 624.

[788] Lardy (Pierre), *La force obligatoire du droit international en droit interne*, Librairie générale de droit et de jurisprudence, 1966, p. 251.

[789] Лукашук (Игорь Иванович), *Современное право международных договоров*, т. 2., Wolters Kluwer, 2006, с. 35.

[790] Толстых (Владислав Леонидович), *Курс международного права*, 2009, с. 233.

[791] Витцтум (Вольфганг Граф), *Международное право*, Infotropic, 2011, p. 103.

traités »[792]). Les règles générales de la *lex posterior* et de la *lex specialis* sont applicables en matière de droit international.

B. Dans l'ordre juridique européen

Historiquement la première source du droit de l'Union européenne est le Traité instituant la Communauté européenne du charbon et de l'acier (CECA), signé le 18 avril 1951. Il s'agit d'un accord international. Donc, dès le début, le droit de l'UE a fait partie du droit international public. La même position était soutenue par la CJUE. Dans l'affaire « Van Gend en Loos » de 1963[793], elle a proclamé le droit européen en tant que nouvel ordre du droit international. Cette approche est aussi celle retenue par les organes judiciaires et parlementaires de l'Espagne, de la Finlande[794], etc. et de plusieurs auteurs.

Cependant, très vite le droit de l'UE s'est développé et s'est diversifié. Il encadre désormais les relations entre des personnes, non seulement publiques mais aussi privées. La Cour de Justice l'a qualifié dans l'arrêt Costa c. Enel (1964) « d'ordre juridique propre ». Par la reprise de cette « formule magique », la Cour de justice a fini par émanciper son ordre juridique et sacraliser son autonomie[795].

Afin, de déterminer le sort réservé dans l'ordre juridique de l'Union européenne aux conventions conclues par les Etats membres (entre eux ou avec des Etats tiers), il est généralement fait renvoi à l'article 351 du TFUE lequel reprend, en substance, les règles relatives à la hiérarchie des normes, codifiées à l'article 3 de la Convention de Vienne sur le droit des traités[796].

Selon l'article 351, les droits et obligations résultant de conventions conclues antérieurement au 1er janvier 1958 ou, pour les États adhérents, antérieurement à la date de leur adhésion, entre un ou plusieurs États membres, d'une part, et un ou plusieurs États tiers, d'autre part, ne sont pas affectés par les dispositions des traités. Dans la mesure où ces conventions ne sont pas compatibles avec les traités, les États membres en cause recourent à tous les moyens appropriés pour éliminer les incompatibilités constatées. En cas de besoin, les États membres se prêtent assistance mutuelle en vue d'arriver à cette fin et adoptent, le cas échéant, une attitude

---

[792] La Convention de Vienne « [s]ur le droit des traités » du 23 mai 1969 // http://fr.unrol.org/files/volume-1155-I-18232-French.pdf (18.04.2016).
[793] Affaire « Van Gend en Loos » № 26/62 de 5 février 1963 // http://eur-lex.europa.eu/LexUriServ/LexUriServ.do?uri=CELEX:61962J0026:FR:HTML (18.04.2016).
[794] Марченко (Михаил Николаевич), Дерябина (Елена Михайловна), *Право Европейского союза: вопросы истории и теории*, 2010, c. 80.
[795] Lejeune (Quentin), *L'application des accords internationaux dans l'Union européenne : entre défiance et confiance à l'égard du droit international* // http://www.lepetitjuriste.fr/wp-content/uploads/2014/04/IHEI-L'application-des-accords-internationaux-dans-l'Union-européenne-9677695_1.pdf?aa0226 (02.05.2016).
[796] Benlolo-Carabot (Myriam), Candas (Ulas), Cujo (Eglantine) (dir.), *Union européenne et droit international*, Pedone, 2012, p. 589.

commune. Les États membres tiennent compte du fait que les avantages consentis dans les traités par chacun d'eux font partie intégrante de l'établissement de l'Union et sont, de ce fait, inséparablement liés à la création d'institutions communes, à l'attribution de compétences en leur faveur et à l'octroi des mêmes avantages par tous les autres États

Cependant, cette règle générale ne donne pas de réponses précises à la question de la corrélation d'un traité international avec les directives, les règlements (le droit secondaire) et les traités constitutifs de l'UE (le droit primaire).

Le Traité sur le fonctionnement de l'UE est très clair sur la première question, c'est-à-dire la place des accords internationaux dans l'ordre juridique communautaire. L'article 216, § 2 dispose : « Les accords conclus par l'Union lient les institutions de l'Union et les États membres ». Ainsi, les obligations découlant d'un accord international incombent autant aux institutions communautaires qu'aux Etats membres[797].

L'affirmation d'une telle règle entraîne un certain nombre de conséquences. La primauté d'un accord international implique sa supériorité sur les règles de droit dérivé, qu'elles soient antérieures ou postérieures à l'entrée en vigueur de l'accord en cause. D'autre part, cet article ouvre la porte à des recours en annulation en cas d'adoption d'un acte communautaire contraire à l'accord international. Il en est de même pour les recours en carence si une institution a failli à mettre en œuvre un accord international ou encore en réparation si un dommage a été causé par la violation de cet accord international. La primauté des accords internationaux pourrait également être invoquée en guise de défense, par exemple dans le cas où un Etat refuserait de transposer une directive communautaire, s'il la considère contraire à l'accord en cause[798], ce qui est très important dans notre contexte. Cette position a aussi été soutenue par la Cour de justice dans l'affaire International Fruit Company NV et autres du 12 décembre 1972[799]

Compte tenu des termes de § 2 l'article 216, il pourrait être raisonnablement estimé que les accords internationaux devraient aussi primer sur les traités constitutifs. Pourtant, une analyse plus précise de la procédure encadrant la conclusion de ces accords révèle la position prépondérante du droit primaire. Le contrôle organisé, prévu par § 6 de l'article 218 du TFUE afin de permettre à la Cour de justice de vérifier la compatibilité d'un accord international avec les dispositions du Traité, implique en quelque sorte la primauté de ce dernier[800]. En cas d'avis négatif

---

[797] *Ibid.*, p. 621.

[798] Benlolo-Carabot (Myriam), Candas (Ulas), Cujo (Eglantine) (dir.), *Union européenne et droit international*, Pedone, 2012, pp. 621 - 622.

[799] Judgment of the Court of 26 April 1972, Interfood GmbH v Hauptzollamt Hamburg-Ericus, Case 92-71 // European Court reports, 1972, p. 231.

[800] Benlolo-Carabot (Myriam), Candas (Ulas), Cujo (Eglantine) (dir.), *Union européenne et droit international*, Pedone, 2012, p. 612.

de la Cour, l'accord envisagé ne peut entrer en vigueur, sauf modification de celui-ci ou révision des traités. Affirmée, cette primauté n'a jamais été justifiée par la Cour de justice dans le cadre d'une motivation explicite.

Selon la CJUE, le Traité instituant la Communauté européenne représente la Constitution de la Communauté, quand bien même il ne comporte pas les caractéristiques des Constitutions des Etats membres. La Cour de justice l'a qualifié soit de « constitution interne de la Communauté » (CJCE, 27 avril 1977, avis 1 /76), soit de « charte constitutionnelle de base » (CJCE, 23 avril 1986, Les Verts, aff. 294/83), soit encore de « charte constitutionnelle d'une Communauté de droit » (CJCE, 14 décembre 1991, avis 1/91). Cette caractérisation n'a pas pour effet de créer, par voie jurisprudentielle, un Etat européen qui viendrait se substituer aux Etats membres. Elle tend simplement à rappeler que, quel que soit son statut, le traité comporte des règles de nature constitutionnelle en ce qu'il organise la répartition des compétences entre les institutions, leurs pouvoirs et les garanties accordées aux citoyens. La Communauté européenne a une Constitution sans être un Etat[801]. Ainsi, selon l'arrêt du 3 septembre 2008, Yassin Abdullah Kadi et Al Barakaat International Foundation, la Cour de justice considère que « les obligations qu'impose un accord international ne sauraient avoir pour effet de porter atteinte aux principes constitutionnels du traité (§ 285) » [802].

[801] Olsen (Terry), Casia (Paul), *Le droit international, le droit européen et la hiérarchie des normes*, PUF, 2006, p. 24.

[802] CJCE, 3 septembre 2008, Yassin Abdullah Kadi et Al Barakaat International Foundation contre Conseil de l'Union européenne et Commission des Communautés européennes, aff. C - 402/05 et C - 415/05 // European Court Reports, 2008, p. I-06351.

Chapitre II
L'objet des réformes envisagées

Quelle que soit la forme choisie par la Russie, l'UE et ses pays membres pour encadrer leurs relations en matière d'énergie dans le domaine du gaz, l'accord éventuel contiendra nécessairement des stipulations sur les principes régissant la coopération entre les parties (section I), les investissements (section II), la concurrence (section III). Il comprendra également des stipulations sur les institutions et les organes chargés de coordonner la mise en œuvre des divers aspects qu'il régira (section IV).

Section I. Les principes régissant la coopération dans le domaine énergétique

Ces principes seront nécessairement puisés du texte du TCE, déjà accepté par plusieurs pays, de la proposition russe d'une nouvelle base juridique de coopération internationale dans la sphère énergétique, de l'Accord de partenariat et coopération, des législations européenne et russe, des résolutions de l'Assemblé générale de l'ONU sur l'énergie, des déclarations du G8, notamment le plan d'action sur la sécurité énergétique mondiale (Saint-Pétersbourg, 2006).

On peut distinguer trois groupes de principes susceptibles de figurer dans l'éventuel accord. Le premier comprend les principes généraux sur la coopération en matière d'énergie (ouverture progressive des marchés et création du marché unique, le développement de la concurrence, de la réciprocité, de la transparence). Le second comprend les principes sur les investissements. Le troisième comprend les principes relatifs à la sécurité énergétique.

§1 Principes généraux

Parmi les principes généraux, le plus important est principe de l'ouverture progressive des marchés et de la création d'un marché unique. Il constitue le but même de la coopération, c'est-à-dire de la conclusion de l'accord. Il s'agit de confirmer la volonté de créer le marché unique et non seulement d'attirer des investissements.

Le deuxième principe est celui du développement de la concurrence, sans laquelle la création du marché n'est pas possible.

La création du marché unique sera graduelle, progressive et basée sur le respect des intérêts des parties. Cette idée trouve sa matérialisation dans le principe de réciprocité. Il faut se rappeler que les juristes ont d'abord utilisé la réciprocité comme une explication générale du droit international[803]. Kant reliait ce principe à la naissance même du droit[804]. Ainsi, la réciprocité est un fondement essentiel du système commercial international. Ancré dans les accords de l'OMC, elle est aujourd'hui devenue incontournable dans les débats sur la politique commerciale[805]. La réalisation de ce principe peut être trouvée, premièrement dans l'ouverture réciproque des marchés, c'est-à-dire dans la fixation de quotas équivalents. On peut également utiliser ce principe dans les sphères des investissements et de la concurrence : les parties ouvriraient au même niveau leurs marchés respectifs à la concurrence et octroieraient les mêmes garanties aux investissements.

L'exigence d'une réciprocité est une condition de l'exécution des obligations[806]. En cas de non-respect de l'accord, des décisions sur le marché du gaz prises au niveau de l'UE et de la Russie (par le Conseil Russie - UE sur la coopération en matière de gaz) et des décisions d'arbitrage l'autre partie sur la base du principe de la réciprocité peuvent introduire des contre-mesures. De plus, le respect du principe de réciprocité est la garantie de l'égalité des droits lors de l'interprétation. L'accord doit être interprété de manière égalitaire. Le juge doit se fonder sur l'idée que l'accord est basé sur le fondement de la réciprocité, de l'égalité et du respect mutuel[807].

La transparence de tous les segments des marchés gaziers (production, export, transport, distribution, commercialisation et fourniture) est un autre principe important.

La transparence est un trait fondamental de la culture européenne contemporaine. Elle est à la base de l'établissement de la confiance entre les parties[808].

La notion de transparence est en train de se mettre en place[809]. Elle est associée à l'information, aux connaissances, à la légitimation, à la reddition, à la démocratie participative et à la bonne gouvernance[810]. Selon l'avis de la Commission économique pour l'Asie et la région pacifique, la transparence

---

803 Decaux (Emmanuel), *La réciprocité en droit international*, préface de Paul Reuter, Librairie générale de droit et de jurisprudence, 1980, p. 7.

804 *Ibid.*, p. 4.

805 Rapport de Jean-Michel Delisle de mars 2013, *Réciprocité et commerce international. Comment restaurer des conditions de concurrence loyale ?* Chambre de commerce et l'industrie de Paris, 2012, p. 7.

806 Decaux (Emmanuel), *La réciprocité en droit international*, préface de Paul Reuter, Librairie générale de droit et de jurisprudence, 1980, p. 13.

807 *Ibid.*, p. 340.

808 Bianchi (Andrea), *On Power and Illusion : The concept of Transparency in International Law*, Cambridge University Press, 2013, p. 1

809 *Ibid.*, p. 6.

810 *Ibid.*, p. 8.

est l'information accessible pour ceux qui seront concernés par telle ou telle décision[811]. Pour les objectifs du droit international des investissements, la transparence signifie « l'adéquation, la ponctualité et l'accessibilité de la connaissance, l'information sur la politique, les règles, les procédures, les activités, les opérations des organes centraux en matière d'investissements »[812]. Ainsi, la transparence est l'information relevant du domaine public (sur la législation, les procédures, les décisions administratives et les décisions judiciaires d'application générale, les gisements, le développement du marché, etc.) ou privé (sur les décisions d'arbitrage, les participants actuels et potentiels qui doivent avoir un accès à l'information générale concernant d'autres participants au marché, etc.).

Cependant, la transparence n'est pas toujours associée au droit international dans la mesure où la pratique de la diplomatie internationale[813] reste dans une grande mesure confidentielle. Donc, la transparence connaît des limites. Il faut qu'il y ait une place pour la confidentialité, surtout par rapport à l'information privée.

Le principe suivant, découlant du premier, est celui de la liberté de l'export du gaz. Les compagnies européennes, qui reçoivent des quotas, doivent avoir la possibilité d'exporter le gaz de la Russie (actuellement cela n'est pas possible à cause du monopole de Gazprom), sinon, leurs intérêts dans la participation aux quotas seraient illusoires. Ainsi, dans le futur Accord, il faut prévoir le droit d'exporter le gaz pour les compagnies qui le font en vertu des quotas. Cette norme peut aussi concerner les compagnies russes. Quant aux taxes à l'importation ou à l'exportation, on pourrait reprendre les dispositions du TCE, qui prévoient que chaque partie contractante s'efforce de ne pas augmenter les droits de douane ou autres taxes perçus, et que ces relations seront réglées par le GATT. Cependant, à l'article XX « g », on prévoit une dérogation qui permet d'introduire des taxes sur des produits énergétiques pour prévenir leur épuisement pour le cas où ces mesures seraient appliquées en même temps que la restriction de la consommation et de la production interne. De pareilles règles peuvent être introduites dans le futur Traité. Mais, dans tous les cas, si ces taxes ne sont pas appliquées de manière discriminatoire, elles ne constitueraient pas une entrave à la concurrence et à l'établissement du marché unique, et seront désavantageuses également pour les entreprises russes et européennes.

Le dernier principe important, est celui de la responsabilité de l'Etat pour les actes ou les négligences des administrations publiques, autorités régionales (locales) et entités contrôlées. Si la responsabilité de l'Etat pour

---

[811] Cité par *Ibid.*

[812] Mapin (Julie A.), *Transparency in International Investment Law : The Good, the Bad and the Munky*, Cambridge University Press, 2013, p. 149.

[813] Bianchi (Andrea), *On Power and Illusion : The concept of Transparency in International Law*, Cambridge University Press, 2013, p. 3.

les actes et négligences des administrations publiques et des autorités régionales (locales) est claire, sa responsabilité pour les actes et négligences des entités contrôlées n'est pas évidente.

Cette question revêt une grande importance dans le domaine énergétique qui est caractérisé par la participation des compagnies publiques, c'est-à-dire contrôlées par l'Etat. L'article 22 du TCE reconnaît que l'Etat peut être responsable pour les entités contrôlées[814]. On trouve une stipulation similaire dans certains TBI[815]. Cette règle est issue du droit international coutumier[816].

Dans la jurisprudence, à la suite des sentences Salini c. Maroc et Matfezzini c. Espagne, les sentences rendues dans les affaires Eureko B.V. c. Republic of Poland, UPS c. Canada, Tradex c. Albania ont fait référence de manière appuyée aux travaux du Professeur James Crawford pour lequel la responsabilité de l'État peut être engagée, non seulement pour la conduite de ses organes, mais également pour la conduite d'une personne ou d'une entité qui n'est pas un organe étatique mais qui est investie par la loi de cet Etat du pouvoir d'exercer une part de l'autorité gouvernementale[817]. Cette extension du domaine de la responsabilité des États est notamment justifiée par la prise en compte des situations dans lesquelles d'anciennes entreprises d'État ont été privatisées mais restent encore investies de fonctions publiques ou réglementaires[818].

§2 Principes relatifs aux investissements

Le bloc des principes sur les investissements est représenté par le principe de la souveraineté de l'Etat sur ses propres ressources naturelles. Il s'agit des résolutions de l'Assemblée Générale des Nations Unies n° 1803 du 14 décembre 1962[819], n° 3201 du 1 mai 1974[820] et n° 3281 du 12 décembre 1974[821], qui prévoient successivement le droit souverain des Etats sur leurs

---

[814] A voir plus : Griogoriadis (Theocharis N.), *State Responsibility and Antitrust in the Energy Charter Treaty : Socialization vs. Liberalization in Bilaterial Investment Relations*, Texas International Law Journal, vol. 44 : 45, 2008 - 2009, pp. 45 - 64.

[815] Poulain (Bruno), *Traité sur la Charte de l'énergie. Premières applications par les tribunaux arbitraux* in *Les Cahiers de l'Arbitrage*, vol. III, Juillet, 2006, p. 136.

[816] A voir : Nouvel (Yves), *Les entités paraétatiques dans la jurisprudence du CIRDI*, in *Le contentieux arbitral transnational relative à l'investissement*, L.G.D.J., 2006, pp. 25 - 53.

[817] Crawford (James), *Les articles de la C.D.I. sur la responsabilité de l'État*, Pédone, 2003, p. 119.

[818] Poulain (Bruno), *Traité sur la Charte de l'énergie. Premières applications par les tribunaux arbitraux*, *Les Cahiers de l'Arbitrage*, vol. III, Juillet, 2006, p. 133.

[819] Résolution 1803 (XVII) de l'Assemblée générale « Souveraineté permanente sur les ressources naturelles » du 14 décembre 1962 // http://www.ohchr.org/FR/ProfessionalInterest/Pages/NaturalResources.aspx (12.01.2017).

[820] Résolution 3201 (s - vi) de l'Assemblée générale « Déclaration concernant l'instauration d'un nouvel ordre économique international » du 1 mai 1974 // http://legal.un.org/avl/pdf/ha/ga_3201/ga_3201_ph_f.pdf (12.01.2017).

[821] Résolution 3281 de l'Assemblée générale «Charte des droits et devoirs économiques des Etats» du 12 décembre 1974 //

ressources naturelles. Les Etats sont libres de fixer les règles applicables à la propriété des ressources énergétiques, leur exploration et l'exploitation. Chaque Etat conserve le droit de décider des secteurs géographiques de sa zone qui sont destinés à être mis à disposition pour l'exploration et l'exploitation de ses ressources énergétiques, de l'optimalisation de leur récupération et du rythme auquel elles peuvent être extraites ou autrement exploitées. Chaque Etat détermine et perçoit les taxes, impôts et redevances et règlemente les aspects environnementaux et de sécurité de l'exploration (art. 18 du TCE).

Ainsi, ce principe permet la mise en œuvre d'un contrôle strict de l'accès des investissements étrangers et de justifier les mesures d'expropriation ou de nationalisation. Cependant, selon le nouvel Accord, la décision sur l'accès des investissements étrangers pourra être prise, non seulement au niveau de l'Etat, mais aussi au niveau de la Russie et de l'UE par le Conseil Russie - UE sur la coopération en matière de gaz. Quant aux mesures de nationalisation, il faut indiquer qu'elles doivent être justifiées et réalisées selon le droit international.

Le droit souverain des Etats sur leurs propres ressources ne sera pas limité par le droit à l'énergie (à l'approvisionnement) d'autres Etats, ce qui fait débat actuellement. Cependant, les investisseurs seront protégés par les principes de l'accès non-discriminatoire aux marchés, de la non-discrimination et de la protection des investissements, du régime national des investissements.

Les autres principes relatifs aux investissements ne sont pas de moindre importance. Il s'agit de l'encouragement de l'échange mutuel des actifs dans le domaine énergétique, de la non-discrimination dans l'accès aux technologies de l'énergie et de la participation à des transferts de technologie, de l'assistance dans la mise en œuvre des projets infrastructurels ayant une certaine importance pour le développement du marché unique et de la simplification des procédures administratives.

§3 Principes relatifs à la sécurité énergétique

La doctrine de la sécurité énergétique n'a pas jusqu'à ce jour un caractère juridique précis. Le professeur S.S. Zankovskyi l'explique par le fait que cette notion est le produit de l'interaction entre la politique, le droit et l'économie [822]. En même temps, on peut constater l'importance de l'élaboration de la notion uniforme de sécurité énergétique par la science

---

http://www.un.org/french/documents/view_doc.asp?symbol=A/RES/3281(XXIX)&Lang=F (12.01.2017).

[822] Занковский (Сергей Сергеевич), *Энергетическая безопасность России: правовые вопросы* // Энергетическое право, n° 2, 2006, c. 64.

juridique[823]. C'est surtout cela qui est essentiel pour atteindre les objectifs du futur Accord entre la Russie et l'UE.

Pour élaborer la notion de sécurité énergétique, en évitant des contradictions, il faut analyser la réglementation existante aux niveaux national et international.

En Russie la définition de la notion de sécurité énergétique se trouve dans la nouvelle Stratégie énergétique, adoptée en novembre 2009. La sécurité énergétique est définie comme la situation dans laquelle l'Etat, les citoyens, la société et l'économie sont protégés de la menace de ne pas être approvisionnés en combustibles et en énergie.

La sécurité énergétique est considérée comme la priorité de la politique énergétique et une composante importante de la sécurité nationale.

Selon le titre 2 de la Stratégie, la notion de sécurité énergétique représente une base suffisante de ressources énergétiques qui sont accessibles économiquement, écologiquement et techniquement (possibilité d'extraction et de consommation des ressources selon le niveau de développement des technologies et des limites écologiques). La stratégie énergétique de 2003 prévoyait la même liste d'éléments à l'exception de la nécessité de sécuriser la demande externe en ressources énergétiques. Ainsi, la stratégie de 2003 était orientée vers l'export.

Dans l'UE il y a eu une discussion autour de la notion de sécurité énergétique pendant une dizaine d'années. Le concept de la sécurité d'approvisionnement énergétique recouvre de multiples facettes, depuis la simple livraison d'une énergie de qualité jusqu'à la défense d'intérêts stratégiques majeurs, de court ou long terme [824]. La doctrine définit généralement cette notion comme étant la garantie durable d'une fourniture sûre et adéquate à un prix raisonnable sur le court comme sur le long terme[825].

De facto, dans la pratique juridique européenne on utilise deux notions qui ont la même signification : la sécurité énergétique et la sécurité de l'approvisionnement énergétique. La première est appliquée par plusieurs organisations et certains experts, la deuxième figure dans le texte du Traité de Lisbonne (art. 194) et dans d'autres instruments juridiques et politiques. Cependant, les traités constitutifs ne contiennent pas de définition de la sécurité de l'approvisionnement énergétique. Dans le livre vert « [v]ers la stratégie européenne de la sécurité de l'approvisionnement» de 2000, on trouve une indication sur les buts de cette politique : l'accessibilité aux produits énergétiques sur le marché selon des prix raisonnables pour les

---

[823] Сапир (Жак), *Энергобезопасность как всеобщее благо* // Россия в глобальной политике, n° 6, 2006 // http://www.globalaffairs.ru/number/n_7780 (29.06.2016).

[824] Recueil des interventions des participants au seminaire « Sécurité d'approvissionement énergétique » sous la présidence de Christian Pierret, Paris, 2000, p. 9.

[825] Doumbé-Billé (Stéphane) (dir.), *Défis énergétiques et droit international,* Larcier, 2011, p. 104.

consommateurs (privés et industriels), en respectant les intérêts de l'écologie et le but du développement durable[826]. Ainsi, on peut identifier deux éléments : technique (l'accessibilité aux ressources) et commercial (l'approvisionnement en ressources énergétiques à des prix raisonnables)[827]. Par conséquent, l'approche des législateurs russe et européen est en quelque sorte la même. L'accessibilité physique et économique et le respect des intérêts écologiques sont les principaux critères. La seule différence réside dans les conditions suivantes : l'UE est le pays importateur et la Russie est l'exportateur des ressources naturelles.

Quant à la définition au niveau international, il faut remarquer que la notion de « sécurité énergétique » est elle-même apparue grâce au dialogue entre la Russie et l'UE.

Très souvent, dans un contexte international, la sécurité énergétique est comprise comme dans l'UE comme étant la sécurité de l'approvisionnement en énergie. Cette conception est un instrument de pression politique des pays développés sans ressources propres sur les pays exportateurs, plutôt qu'un principe d'interaction entre les parties[828]. C'est une conception unilatérale de sécurisation des intérêts des pays européens.

La Russie dans le document intitulé « Approche conceptuelle d'un nouveau fondement juridique de la coopération internationale dans la sphère énergétique » propose une vision plus équilibrée de la notion de sécurité énergétique, respectant les intérêts de toutes les parties, consommateurs et producteurs.

Ce texte comporte une définition de la sécurité énergétique mondiale. On la cite ici, même s'il faut reconnaître que cette définition n'est pas très bien rédigée. C'est le degré atteint par le système énergétique qui garantit un approvisionnement sûr et régulier de matériaux et de produits énergétiques des Etats-consommateurs, en des termes satisfaisants pour tous les participants au marché et avec un préjudice minimal pour l'écologie dans le but du développement durable de toute la communauté mondiale. En vue de l'Accord projeté et en respectant les particularités des législations nationales, il est possible de modifier cette définition de la sécurité énergétique comme suit: « ce sont les conditions du système énergétique dans lesquelles, avec un préjudice écologique minimal et dans le but du développement durable des

---

[826] Green Paper Towards a European strategy for the security of energy supply, COM/2000/0769 final, November 2000 // Office for Official Publications of the European Communities, 2001, p. 9.

[827] Cependant, selon l'article 2 de la directive 2005/89/CE du Parlement européen et du Conseil du 18 janvier 2006 concernant des mesures visant à garantir la sécurité de l'approvisionnement en électricité et les investissements dans les infrastructures on ne trouve qu'un élément technique (la sécurité d'approvisionnement en électricité - la capacité d'un système électrique à fournir aux clients finals de l'énergie électrique). En effet, il est difficile de fixer des paramètres économiques pour tous les Etats membres.

[828] Редькин (Игорь Владимирович), *Правовое регулирование энергетики в России в условиях глобализации* //
www.hse.ru/data/685/777/1235/Редькин%20ИВ%20глобализа.doc (28.06.2017).

parties de l'accord, l'Etat atteint un approvisionnement des consommateurs sûr et régulier de matériaux et de produits énergétiques dans des termes satisfaisants pour tous les participants au marché ».

Le principe de la sécurité énergétique se manifeste par la reconnaissance de la sécurité de l'approvisionnement et de la demande qui constituent les aspects les plus importants de la sécurité énergétique. Cette règle permettra de garantir le transport et la part du gaz russe sur le marché européen. D'autre part, l'intégrité de la sécurité énergétique durable, conduit à la reconnaissance de l'interdépendance de tous les participants aux échanges d'énergie et à la responsabilisation, non seulement des fournisseurs, mais aussi des consommateurs. Le principe de la sécurité énergétique concerne aussi les infrastructures énergétiques. Il garantit sa sécurité physique et la promotion des projets d'infrastructures. Quant à la réglementation de la coopération, le principe signifie l'établissement de mécanismes d'avertissements préalables avec la participation des fournisseurs et des consommateurs, des consultations obligatoires et une coordination des politiques énergétiques en matière de gaz. Cette dernière est importante surtout dans le domaine de l'élaboration de la future structure de balance énergétique, de la diversification des sources d'approvisionnement en énergie, des règles relatives à la production, au commerce, au transit et à la consommation de gaz.

Section II. Précisions relatives au droit des investissements

L'ensemble des règles relatives aux investissements aura pour but de garantir le niveau le plus élevé possible de la protection juridique des investissements étrangers. L'Accord projeté comprendra certainement des définitions (de l'investisseur et de l'investissement), des procédures relatives à l'admission des investissements étrangers et des textes relatifs à la garantie des investissements.

Les stipulations relatives aux investissements du TCE et du TBI modèle russe[829] serviront de sources d'inspiration. On peut utiliser comme référence la plateforme minimale sur investissements de l'UE (Minimum Platform on Investment, MPoI), adoptée le 27 novembre 2006 par le Conseil de l'UE. Le but de cette plateforme était d'ailleurs de servir de proposition standard lors des négociations portant sur les traités relatifs aux investissements. Cependant, ce texte ne contient pas de règles sur l'expropriation et le

[829] Типовое соглашение о поощрении и взаимной защите капиталовложений, утвержденное Постановлением Правительства РФ от 09.06.2001 n° 456 с изменениями, внесенными Постановлением Правительства РФ от 17 декабря 2010 n° 1037 // Собрание законодательства Российской Федерации от 18 июня 2001, n° 25, ст. 2578.

règlement des différends. Ainsi, il a une signification symbolique que pratique[830].

Pour comprendre les intentions de l'UE lors de l'élaboration de l'éventuel Traité avec la Russie, on peut se référer aux négociations dans le cadre du TAFTA (Transatlantic free Trade Agreement)[831] et à la Directive pour la négociation du Partenariat transatlantique sur le Commerce de l'Investissement entre l'Union européenne et les Etats-Unis d'Amérique[832].

De plus, comme source d'inspiration, il est aussi possible d'utiliser les normes de l'ALENA, les divers TBI, le modèle américain d'accord de protection et d'encouragement des investissements de 2004[833], le modèle canadien de 2004[834], l'Accord multilatéral sur l'investissement (AMI) de l'OECD[835] et la jurisprudence surtout celle du CIRDI.

§1 Les concepts-clé

A. La définition de l'investissement

Avant tout, il faut déterminer si on a besoin d'une définition large ou étroite de l'investissement. Dans les conditions d'une confiance entre les parties, d'un réel besoin d'investissements et des ressources énergétiques, il faut pour une appréciation large de la notion d'investissements. A partir de consent politique sur cette question on peut procéder à l'élaboration de la définition.

Premièrement, il faut définir l'investissement, est-ce une chose (un bien, une valeur) ou une activité[836]. Si on qualifie l'investissement d'activité, elle doit avoir un caractère entrepreneurial, présupposant l'objectif de l'obtention d'un gain, la prise de risque, avoir une certaine durée et contribuer au développement de l'Etat d'accueil[837], par là on restreint la notion. De plus,

[830] Shan (Wenhua), Zhang (Sheng), *The Treaty of Lisbon: Half Way toward a Common Investment Policy* http://ejil.oxfordjournals.org/content/21/4/1049.full (15.05.2016).
[831] Les textes de négociation de l'UE dans le cadre du TTIP (TAFTA) // http://trade.ec.europa.eu/doclib/press/index.cfm?id=1248#market-access (11.06.2016).
[832] Directives de négociation concernant le Partenariat transatlantique de commerce et d'investissement entre l'Union européenne et les États-Unis d'Amérique du 17 juin 2013 // http://data.consilium.europa.eu/doc/document/ST-11103-2013-REV-1-DCL-1/fr/pdf (11.06.2016).
[833] Model BIT Treaty between the Government of the United States of America and the Government of [country] Concerning the Encouragement and Reciprocal Protection of Investment 2004 // http://www.state.gov/documents/organization/117601.pdf (11.06.2016).
[834] Model Agreement between Canada and …for the Promotion and Protection of Investments 2004 // http://www.italaw.com/documents/Canadian2004-FIPA-model-en.pdf (29.05.2016).
[835] L'Accord multilatéral sur l'investissement de l'OECD // http://www.flora.org/flora/archive/mai-info/9710-ami.htm (29.05.2016).
[836] Rubins (Noah), *The Notion of « Investment » in International Investment Arbitration*, in *Arbitration Foreign Investment Disputes*, Kluwer law, 2004, p. 284.
[837] Rubins (Noah), *Les innovations arbitrales dans les récents accords américains de libre - échange : deux pas en avant, un pas en arrière*, La Revue de Droit des Affaires Internationales / International Business Law Journal, n° 8, 2003, p. 875.

même si, en théorie, il y a des doutes, les textes juridiques, surtout ceux mentionnés ci-dessus, considèrent les investissements comme des valeurs et des capitaux. Il ne s'agit pas de rompre avec cette tradition, alors qu'elle répond aux besoins de formaliser une approche vaste. Ainsi, il est préférable de ne pas lier l'emploi du terme « investissement » à des considérations de montant, de délai et de but des capitaux.

Il faut donc déterminer la liste des choses, des objets qui peuvent être qualifiés d'investissements et recevoir la protection.

Ainsi, par investissements, il y aura lieu d'entendre les investissements directs et de portefeuille, privés et publics. On peut reprendre la liste des valeurs mentionnées dans le TCE (art. 1) qui est perçu par la jurisprudence et par la communauté juridique[838] comme large dans la mesure où elle inclut tout type d'avoir détenu ou contrôlé directement ou indirectement par un investisseur, notamment : les biens matériels et immatériels, mobiliers et immobiliers, et tous droits de propriété, une société ou entreprise commerciale ou les actions, capitaux ou toute autre forme de participation au capital dans une société, les rendements, etc.

Il serait judicieux d'inclure dans cette liste les contrats à long terme sur l'approvisionnement en gaz. Mais, la question de savoir si un contrat de vente peut être un investissement protégé ?

Cette question a déjà été examinée par les tribunaux arbitraux. Dans l'affaire Global Trading Resource Corp. and Globex International, Inc. c/ Ukraine[839], un investisseur américain, exportateur de viande de volailles, a engagé un arbitrage CIRDI en application du TBI États-Unis-Ukraine de 1994. Il a reproché à l'Ukraine le non-paiement du prix convenu en vertu d'un contrat de vente de volailles conclu avec les autorités de ce pays. L'Ukraine a soutenu que le contrat de l'espèce était un contrat commercial et qu'il ne constituait pas un investissement protégé, ni au sens du TBI, ni au sens de l'article 25 de la Convention de Washington. L'exportateur américain a répondu que le contrat litigieux ne se réduisait pas à un contrat de vente classique. En effet, il avait été sollicité par les responsables politiques ukrainiens, au plus haut niveau, pour des raisons de politique de développement social et économique. En outre, il avait obtenu des garanties d'exécution assumées par l'État. Enfin, il avait mobilisé des ressources importantes pour l'approvisionnement, l'expédition et la livraison des biens[840].

---

[838] Walde (Thomas), Hober (Kaj), *The First Energy Charter Treaty Award*, in *Le contentieux arbitral transnational relatif à l'investissement*, L.G.D.J., 2006, p. 309.

[839] ICSID Case n° ARB/09/11 Global Trading Resource Corp. and Globex International, Inc. and Ukraine of 1 December 2010. // http://www.italaw.com/documents/GlobalTradingResourceCorpandGlobexInternationalIncvUkraine.pdf (27.05.2015).

[840] Hamida (Walid Ben), *La notion d'investissement : quand le CIRDI contamine la CNUDCI*, Cahiers de l'arbitrage, 01.11.2011, n° 4 //

Cependant le tribunal arbitral, s'est prononcé en faveur de la conception objective en matière d'investissement. En premier lieu, le tribunal arbitral s'est référé à la sentence Joy Mining[841], dans laquelle un autre tribunal CIRDI a affirmé qu'un contrat de vente, même complexe, ne pouvait pas être qualifié d'investissement. En second lieu, il s'est référé à la décision du comité *ad hoc* dans l'affaire Historical Salvors c/ Malaysia[842], dans laquelle ce comité a décidé qu'il ressortait des travaux préparatoires relatifs à la Convention de Washington que les simples contrats d'achat-vente ne constituent pas des investissements. Cependant, on note au passage que le tribunal ne cite pas les extraits pertinents ou les références des travaux préparatoires. D'ailleurs, la décision du comité *ad hoc* dans l'affaire Historical Salvors n'indiquait pas les raisons qui avaient conduit ses membres à admettre que les travaux préparatoires excluaient la vente de la définition de l'investissement[843].

Ainsi, le tribunal a conclu que le contrat de l'espèce ne constituait pas un investissement au sens de l'article 25 de la Convention de Washington et a considéré que la demande était manifestement dénuée de fondement juridique.

L'exclusion des contrats de vente de la catégorie des investissements au sens de l'article 25 est la conclusion à laquelle est parvenue la sentence Alpha Projekt holding GmbH c/ Ukraine. De même, dans l'affaire Asia Express c/ Greater Colomo Commission[844], le CIRDI a refusé d'enregistrer une requête d'arbitrage relative à un contrat de vente[845].

Toutefois, il a été souligné que les rédacteurs de la Convention CIRDI avaient envisagé que des opérations de vente pouvaient constituer des investissements. En 1964, le célèbre juriste américain Charles M. Spofford affirmait, « le terme investissement peut inclure des contrats ». De même,

---

http://0-www.lextenso.fr.sso.scd.univ-tours.fr/weblextenso/article/afficher?id=CAPJA2011-4-006&origin=recherche;28&d=3644490956555 (27.06.2015).

[841] ICSID Case n° ARB/03/11 Joy Mining Machinery Limited v. Arab Republic of Egypt // http://www.italaw.com/cases/590#sthash.bCdjCWfQ.dpuf (29.05.2016).

[842] ICSID Case n° ARB/05/10 Malaysian Historical Salvors SDN BHD and the Gouvernement of Malaysia of 16 April 2009 // http://www.italaw.com/documents/MalaysianHistoricalAnnulment_000.pdf (29.05.2015).

[843] Hamida (Walid Ben), *La notion d'investissement : quand le CIRDI contamine la CNUDCI*, Cahiers de l'arbitrage, 01.11.2011, n° 4 // http://0-www.lextenso.fr.sso.scd.univ-tours.fr/weblextenso/article/afficher?id=CAPJA2011-4-006&origin=recherche;28&d=3644490956555 (27.06.2015).

[844] Asian Express Int.l PTE Limited v. Greater Colombo Economic Commission case 6 of Novemer 1984.

[845] Hamida (Walid Ben), *La notion d'investissement : quand le CIRDI contamine la CNUDCI*, Cahiers de l'arbitrage, 01.11.2011, n° 4 // http://0-www.lextenso.fr.sso.scd.univ-tours.fr/weblextenso/article/afficher?id=CAPJA2011-4-006&origin=recherche;28&d=3644490956555 (27.06.2015).

dans la sentence Pantechki c/ Albanie[846], le juge J. Paulsson a reconnu que certaines transactions instantanées et simples, comme un pur contrat de vente, ne devaient pas être considérées comme des investissements au sens de la Convention de Washington, cependant, la vente de plusieurs tracteurs, avec un paiement étalé pour permettre aux agriculteurs de générer des bénéfices et rembourser le prix, pouvait constituer un investissement. En outre, lorsque le tracteur a été conçu spécialement pour un État et préparé à titre d'expérimentation, on peut difficilement nier le caractère d'investissement. Enfin, selon la jurisprudence arbitrale, les litiges relatifs à de simples « contrats de prestation de services » remplissent les critères objectifs de l'investissement au sens de la Convention de Washington[847].

Donc, des contrats à long terme peuvent théoriquement être reconnus en tant qu'investissement et recevoir une protection additionnelle. On juge aussi important de reprendre la formulation du TCE selon laquelle la modification de la forme sous laquelle les avoirs sont investis n'affecte pas leur caractère d'investissement.

B. La définition de l'investisseur

On peut présumer que les artisans du futur Accord chercheront à élargir la notion d'investisseur, mais en même temps à garantir que les ressortissants d'Etats-tiers ne puissent pas utiliser les avantages octroyés par le traité.

L'élargissement sera fait par l'indication dans la définition de l'investisseur que cette notion comprend des personnes physiques et des entités juridiques. Il faut rendre compte que la notion d'entité juridique peut être comprise différemment. Dans le texte de l'Accord projeté il est à préciser s'il inclut les entités juridiques qui ne sont pas titulaires de la personnalité morale et celles dont les activités sont à buts non lucratifs. C'est pourquoi il est préférable d'utiliser la notion de « groupement » et d'emprunter la définition de l'Accord type canadien sur les investissements de 2004[848] qui prévoit : « toute entité constituée ou organisée sous le régime de la législation applicable, dans un but lucratif ou non, et détenue ou contrôlée par des intérêts privés ou par l'Etat, y compris les sociétés de capitaux, les sociétés de fiducie, les sociétés de personnes, les entreprises

---

[846] ICSID Case n° ARB/07/21 Pantechniki S.A. contractors & engineers (Greece) and the Republic of Albania of 30 July 2009 // http://www.italaw.com/documents/PantechnikiAward.pdf (29.05.2016).

[847] Hamida (Walid Ben), *La notion d'investissement : quand le CIRDI contamine la CNUDCI*, Cahiers de l'arbitrage, 01.11.2011, n° 4 // http://0-www.lextenso.fr.sso.scd.univ-tours.fr/weblextenso/article/afficher?id=CAPJA2011-4-006&origin=recherche;28&d=3644490956555 (27.06.2015).

[848] Model Agreement between Canada and…for the Promotion and Protection of Investments 2004 // http://www.italaw.com/documents/Canadian2004-FIPA-model-en.pdf (29.05.2016).

individuelles, les coentreprises et autres groupements de même nature, et les succursales de cette entité » (art. 1).

Pour prévenir les situations où des personnes physiques de pays-tiers profitent des garanties des investissements prévus par l'Accord projeté, on peut prescrire que celles-ci doivent avoir, non seulement la citoyenneté du pays signataire, mais aussi un domicile régulier sur son territoire, conformément à la législation applicable. Mais il faut indiquer que la double nationalité ou l'absence de la citoyenneté, en cas de résidence permanente dans le pays signataire ne constitue pas une entrave à la jouissance des droits du traité.

Dans le même but, au regard des personnes juridiques, on peut reprendre la formulation du Traité sur la Charte de l'énergie sur le « denial of benefits ». Cette clause prévoit le droit du pays d'accueil de « refuser les avantages » à toute entité juridique si les citoyens ou les ressortissants d'un Etat tiers sont propriétaires ou ont le contrôle de cette entité et si celle-ci n'exerce pas d'activités commerciales substantielles dans la zone de la partie contractante dans laquelle elle est constituée. On peut aussi refuser des avantages à un investissement si la partie contractante n'entretient pas de relations diplomatiques avec l'Etat tiers, ou adopte ou maintient des mesures qui interdisent les transactions avec les investisseurs de cet État (art. 17 du TCE).

Pour plus de clarté, on peut aussi prévoir que les investisseurs ne soient pas admis à invoquer les droits conventionnellement protégés à l'encontre de leur propre gouvernement.

§2 L'accueil des investissements étrangers

A. L'intensité de l'accueil

Pour chaque opération d'investissement on distingue essentiellement deux phases successives : la phase de l'admission (des pré-investissements), lorsque l'investisseur sollicite l'entrée sur le territoire de l'Etat hôte et la phase de l'investissement proprement dit, qui suit l'admission sur le territoire de l'Etat concerné.

Les garanties des investissements, traditionnellement, ne couvrent pas l'accès au marché. La mise à l'écart de la phase de l'admission s'explique par le fait que le droit international coutumier reconnaît à l'Etat un droit absolu et souverain pour contrôler l'admission et l'entrée des investissements étrangers sur son territoire. La plupart des instruments internationaux ne contiennent pas de dispositions spéciales sur l'admission des investissements[849]. Quelques textes disposent expressément que les normes de traitement convenues, telles que le traitement national ou celui de

[849] Shan (Wenhua), *The Legal Protection of Foreign Investment*, Hart Publishing, 2012, p. 27.

la nation la plus favorisée, ne sont pas applicables à l'admission des investissements[850].

Les TBI européens reconnaissent majoritairement cette liberté étatique. Ils contiennent une clause qualifiée de « clause d'admission » selon laquelle il appartient à chaque Etat d'admettre, conformément à son droit national, les investissements des ressortissants étrangers[851].

Cependant, dans les TBI conclus par la France et l'Allemagne on se réfère à la promotion ou à l'encouragement des investissements entre les parties. Dans un certain nombre de textes, la promotion a lieu « dans la mesure du possible », ce qui apparaît plutôt comme une recommandation que comme une obligation juridique. La plupart des dispositions relatives à l'admission montrent que la promotion doit être l'affaire de l'Etat d'accueil, mais quelques formules dans le sens opposé peuvent également être rencontrées. Les Conventions récentes emploient une formulation « réciproque »[852], aussi bien pour la promotion que pour la protection des investissements[853].

Lorsque l'obligation d'obtenir l'autorisation n'est pas prévue dans le TBI mais est énoncée dans le droit interne de l'Etat accueil, les arbitres considèrent que le non-respect de cette obligation ne peut écarter l'investisseur étranger des garanties conventionnelles (affaire Middle East Cement c. Egypte du 12 avril 2002). Mais sur la base des règles internes, le pays d'accueil peut infliger des sanctions (pécuniaires ou pénales) aux opérateurs qui ne se soumettent pas à cette obligation procédurale.

Cependant lorsque, dans un accord bilatéral, la règle prévoyant que les opérations d'investissements doivent s'effectuer « conformément au droit et à la législation » de l'Etat d'accueil est insérée, cette formulation permet d'exclure les investissements non autorisés du champ d'application de l'accord (Frapport AG Frankfurt Airport Services Worldwide c. Philippines, sentence du 16 août 2007)[854].

Selon le § 1 de l'article 10 du TCE, chaque partie contractante encourage et crée les conditions stables, équitables, favorables et transparentes pour la réalisation d'investissements dans sa zone par les investisseurs des autres parties contractantes. Pour respecter cette obligation, chaque Etat s'efforce de limiter au maximum les exceptions à la règle du libre accès des

---

[850] Laviec (Jean-Pierre), *Protection et promotion des investissements*, préface de Michel Virally, PUF, 1985, p. 44.

[851] Azoulai (Loic), Hamida (Walid Ben), *La protection des investissements par le droit primaire – droit conventionnel des investissements et droit primaire communautaire : étude comparée des régimes et des approches*, in *Le droit européen et l'investissement*, L.G.D.J., 2009, p. 81.

[852] C'est à dire que l'Etat peut limiter l'accès des investissements étrangers s'il existe des restrictions semblables dans le pays - hôte.

[853] Laviec (Jean-Pierre), *Protection et promotion des investissements*, préface de Michel Virally, PUF, 1985, p. 73.

[854] Bonomo (Stéphane), *Les traités bilatéraux relatifs aux investissements : entre protection des investissements étrangers et sauvegarde de la souveraineté des états*, Presses Universitaires d'Aix - Marseille, 2012, p. 205.

investissements, c'est-à-dire, de ne pas insérer de nouvelles exceptions, règle *stand still* (a § 5 art. 10), et de supprimer progressivement les restrictions existantes, règle *roll-back* (b § 5 art. 10). Les parties contractantes s'efforcent aussi d'accorder aux investisseurs le traitement de la nation la plus favorisée ou nationale, celui qui leur est le plus favorable (§ 2 art. 10).

Le préambule du TCE affirme que les principes du traitement national et du traitement de la nation la plus favorisée seront appliqués à la réalisation des investissements conformément à un traité complémentaire. C'est pourquoi, dans le texte, on utilise la formule « s'efforcer ». Les négociations sur l'élaboration du texte de l'accord ont commencé en 1996, mais ont été suspendues en 2002.

Selon le § 4 de l'article 18, les parties s'engagent à faciliter l'accès aux ressources énergétiques, notamment en octroyant d'une manière non discriminatoire, sur la base de critères publiés, des autorisations, des licences, des concessions et des contrats de prospection et d'exploration en vue de l'exploitation ou de l'extraction des ressources énergétiques[855]. Pourtant, la plupart des pays ont introduit de nouvelles restrictions à l'accès des investisseurs étrangers sur leurs territoires : la Russie en 2008, l'UE en 2009.

Cependant, les TBI conclus par les Etats-Unis ne sont pas soumis à la phase d'admission des investissements du droit interne mais à des standards de droit international, plus spécialement le standard du traitement national et la clause de la nation la plus favorisée. Dans ces traités, l'Etat s'oblige à traiter l'admission des investissements étrangers comme l'admission des investissements de ses propres nationaux. Il en découle que tout traitement discriminatoire ou différent, en ce qui concerne les conditions d'admission ou les procédures d'admission entre nationaux et étrangers ou entre étrangers, est incompatible avec les traités. Le Canada et le Japon ont adopté une approche semblable. Malgré cette approche libérale des TBI à cause de la participation de ces pays, des exceptions sont prévues pour certains secteurs, notamment ceux de l'énergie, de la communication ou de certaines industries sensibles[856].

B. La procédure d'accès des investissements étrangers

Pour que l'accord envisagé atteigne ses objectifs, il est proposé d'établir un régime de traitement national d'accès aux investissements qui seraient accordés par le Conseil Russie - UE sur la coopération en matière de gaz.

---

[855] Voir de plus: Elshihabi (Saamir), *The Difficulty Behind Securing Sector - Specific Investment Establishes Rights : The Case of the Energy Charter Treaty*, The International Lawyer, vol. 35, n° 1, 2001, pp. 137 - 158.

[856] Azoulai (Loic), Hamida (Walid Ben), *La protection des investissements par le droit primaire – droit conventionnel des investissements et droit primaire communautaire : étude comparée des régimes et des approches*, in *Le droit européen et l'investissement,* L.G.D.J., 2009, p. 82.

Cela conduirait à écarter tout contrôle à l'accès des investissements étrangers au niveau national, parce qu'il s'effectuerait à un niveau plus élevé.

Il est également suggéré, non seulement l'appliquer le principe du régime national, mais aussi toutes les garanties du droit des investissements au stade des pré-investissements, principalement le règlement des différends par d'arbitrage.

La procédure d'admission des investissements inclurait deux étapes. Tout d'abord, des quotas pour la production, la fourniture et la commercialisation du gaz seraient fixés au niveau UE - Russie. Ensuite, la distribution se ferait au niveau local entre les compagnies russes et européennes.

1. La procédure de fixation des quotas pour les marchés de fourniture, de commercialisation et de production du gaz

A l'origine, les gouvernements des Etats de l'Europe de l'Ouest s'étaient attendus à obtenir le droit d'accéder unilatéralement aux marchés de leurs partenaires de l'Est. Ces derniers ont insisté sur la réciprocité en matière d'accès aux capitaux étrangers et aux technologies[857]. Mais cette question n'a jamais été réglementée et, jusqu'à maintenant, dans les pays de l'UE il existe un contrôle strict des investissements étrangers dans le domaine de l'énergie, même quand ceux-ci proviennent d'autres pays que de l'UE[858]. Ainsi, les parties de l'Accord projeté ont besoin de recevoir des garanties d'accès sur les marchés de la part des compagnies européennes pour ce qui est de la production de gaz en Russie, de Gazprom et d'autres entreprises russes pour entrer sur les marchés de fourniture et de commercialisation du gaz dans l'UE[859].

Dans ce secteur sensible, la garantie essentielle de la sécurisation des intérêts des parties est constituée par le principe de réciprocité.

L'octroi des droits d'accès doit être le résultat de négociations entre les parties au niveau du Conseil consultatif Russie - UE sur la coopération en matière de gaz. La réciprocité sera garantie par l'égalité entre les quotas de production de gaz accordés aux sociétés européennes en Russie et les quotas de gaz vendu sur le marché de l'UE par des compagnies russes[860]. Ils doivent

---

[857] Гудков (Иван Владимирович), Лахно (Петр Гордеевич), *Правовое регулирование международных энергетических отношений : состояние и перспективы развития* // http://www.justicemaker.ru/view-article.php?id=16&art=2433 (12.06.2016).

[858] Récemment l'Espagne a refusé à des investisseurs allemands de prendre sous leur contrôle la compagnie énergétique espagnole.

[859] Belyi (Andrei V.), Klaus (Ulrich G.), *Russia's Gas Exports and Transit Dispute Resolution under the ECT: Missed Opportunities for Gazprom or False Hopes in Europe*, Journal of Energy and Natural Ressources Law, vol. 25, n° 3, 2007, p. 216.

[860] Ce n'est pas la première fois qu'on impose des quotas dans les relations entre la Russie et l'UE : l'Accord sur l'acier entre la Communauté européenne du charbon et de l'acier et la Russie de 1998 a fixé des quotas d'importation dans l'UE pour une liste restreinte de produits sidérurgiques.

être égaux, non par leurs volumes mais par leurs valeurs, puisqu'il existe des gisements moins accessibles, moins riches et des marchés moins profitables.

On peut même prévoir un mécanisme de révision de ces quotas en cas de changement de régime des impôts. De même, en cas d'extension d'un investissement initial pour garantir la protection du futur Accord, ce changement devra être approuvé au niveau UE – Russie.

Les quotas peuvent couvrir, non seulement de futurs investissements, mais aussi des investissements existants, soit au niveau de la production de gaz en Russie par des compagnies européennes, soit au niveau de la fourniture et de la commercialisation du gaz dans l'UE par des compagnies russes.

Les échanges d'actifs entre des compagnies russes et européennes peuvent naturellement faire partie des quotas et, ainsi, recevoir la protection additionnelle. L'accord entre des compagnies peut être atteint plus facilement, parce que les participants au marché sont plus compétents dans l'évaluation des actifs gaziers. De plus, dans ce dernier cas, on n'aurait pas besoin de la redistribution des quotas au niveau local (UE, Russie). Cette voie de la négociation des quotas doit devenir *le principal* puisqu'il correspond davantage aux valeurs du marché.

Bien sûr le système des quotas est un élément d'un marché contrôlé, ce qui paraît archaïque. De plus, cette approche peut devenir une entrave pour le développement des relations entre la Russie et l'UE dans le futur. Cependant, un regard désintéressé sur l'état des relations actuelles entre les parties démontre que ce type de réglementation est approprié. Il n'est pas possible de passer directement à l'établissement du marché unique de gaz. On a besoin des formes archaïques pour bien équilibrer les intérêts des parties et réinstaurer la confiance entre la Russie et l'UE. Le modèle proposé n'est pas un but ultime mais un instrument temporel qui peut servir de fondement solide à la création d'un marché entre des parties à l'avenir.

2. La procédure de distribution des quotas dans l'ordre interne

Après avoir fixé les quotas au niveau Russie – UE, il faudrait les distribuer localement, c'est-à-dire entre les compagnies européennes et russes.

Le cas de la Russie sera facile. Le gouvernement russe, lors de la distribution des quotas de participation sur le marché de la fourniture et de la commercialisation dans l'UE devrait prendre en compte les possibilités des entreprises russes de concurrencer les entreprises européennes sur les marchés européens. Actuellement, Gazprom est presque la seule entreprise capable de le faire. Cependant, Fluxys (compagnie belge opérant des terminaux LNG) et Yamaltrade (filiale de Novatek, compagnie gazière russe) ont conclu il y a un an un accord sur le stockage du gaz au Zebrugge.

Ainsi, cette entreprise russe a désormais la possibilité de vendre du gaz dans le hub[861].

Lors de la distribution des quotas pour la production du gaz en Russie entre des compagnies de l'UE, la Commission prendrait en compte les intérêts des compagnies des divers pays sur les marchés où des compagnies russes cherchent à pénétrer.

Pour garantir la transparence et éviter les interférences politiques, il sera préférable de recourir à des échanges d'actifs entre les compagnies, ce qui permettrait d'éviter les procédures de distribution de quotas au niveau local, puisque cette distribution serait faite automatiquement en vertu de l'accord entre les entreprises. A ce niveau (niveau des compagnies), il est plus facile de se mettre d'accord. Les parties connaissant mieux la valeur des actifs, elles auraient plus confiance les unes en les autres.

De plus, cette dernière voie correspond bien à la pratique actuelle des entreprises. Rappelons à ce sujet que, déjà en 2006, Gazprom et BASF sont parvenus à un accord d'échange d'actifs. Les Allemands ont rétrocédé aux Russes 15 % des actions de la société commune Wingas, permettant à Gazprom d'obtenir la moitié des parts moins une action. BASF, par contre, a reçu en contrepartie approximativement 35 % des actions Achmigaz, société de production de gaz dans le champ Yuzhno Russkoyé. En 2012 le contrat a été élargi.

Cela ne signifie pas que les compagnies ne pourraient pas accéder aux marchés autrement que selon des quotas. Mais dans ce dernier cas, leurs investissements ne seraient pas couverts par l'accord et ne profiteraient pas des garanties accordées par ce traité. Cela pourrait soulever une question de discrimination envers les investisseurs étrangers non participants aux quotas. Cependant puisque toutes ces mesures seraient entreprises dans le but de la création d'un marché unique, il n'y aura pas de discrimination. Les organisations économiques régionales ont toujours un statut spécial et les entreprises des pays tiers ne peuvent pas prétendre aux garanties accordées aux entreprises des pays membres.

§3 Les garanties des investissements étrangers, leurs mécanismes d'application et les dérogations justifiant leur non-application

L'accord contiendrait indubitablement une liste des garanties accordées aux investissements étrangers (A), les détails de leurs mécanismes d'application (B) et la liste des dérogations justifiant leur non-application (C).

[861] Дудина (Галина), *Необходимо рассматривать возможности сотрудничества с РФ //* http://www.kommersant.ru/doc/2705442 (24.06.2015).

A. Les garanties accordées aux investissements étrangers

La liste des garanties accordées aux investissements étrangers sera celle qu'on trouve habituellement dans les instruments internationaux : le droit à un traitement juste et équitable, le standard de la pleine et entière protection et sécurité, la clause de respect des engagements, le traitement national et l'interdiction des restrictions contre le rapatriement de l'investissement et des revenus. La principale spécificité serait l'absence de la clause de la nation la plus favorisée, ce qui s'explique par la volonté des parties de créer entre eux un marché intérieur du gaz. De plus, ces garanties s'appliqueraient au stade des pré-investissements, comme annoncé ci-dessus.

B. Les mécanismes d'application des garanties des investissements étrangers

Les mécanismes sécurisant le respect des garanties annoncées seront eux aussi ceux qu'on trouve traditionnellement dans les instruments internationaux : le règlement efficace des différends (1) et des règles limitant le droit de dépossession des investissements (2).

1. Le règlement efficace des différends

Même si l'industrie gazière est un domaine de dialogue, de coopération et de négociations, souvent très difficiles[862], le règlement efficace des différends est le mécanisme principal de la sécurisation des investissements.

Pour le règlement des différends on peut recourir à des négociations, à la médiation et aux consultations. Cependant, le mécanisme le plus efficace est le recours à l'arbitrage. Ce dernier est un mode de résolution des litiges, par lequel les parties, d'un commun accord, décident de soustraire l'examen de leur litige aux juridictions étatiques et d'en confier le règlement définitif à une ou plusieurs personnes privées qu'elles choisissent et qui sont investies, pour la circonstance, de la mission de juger[863].

2. Les règles limitant le droit de la dépossession des investissements

L'importance de la réglementation du droit de l'Etat de nationaliser les investissements étrangers est surtout actuelle en Russie, où ces cas ne sont pas rares.

La possibilité pour des Etats de nationaliser des investissements étrangers doit répondre aux conditions suivantes : une exigence d'utilité publique, une procédure légale, le droit à une indemnisation, qui doit être prompte,

---

[862] Chevalier (Jean-Marie), *Les grandes batailles de l'énergie,* Gallimard, 2004, p. 252.

[863] Seraglini (Christophe), Ortscheidt (Jérome), *Droit de l'arbitrage interne et international,* Montchrestien, 2013, p. 14.

adéquate et effective, sur la base « du prix du marché juste » et la prohibition de toute discrimination.

Puisque les détails de ces conditions, et même la définition de l'expropriation, sont déjà prévus dans le texte du TCE et qu'ils sont favorables aux investisseurs, il serait pratique de les emprunter au TCE.

C. Les dérogations justifiant la non-application des garanties accordées aux investisseurs étrangers

Il est primordial que la liste des dérogations justifiant la non-application des garanties accordées aux investisseurs étrangers soit limitative. Il est proposé d'y inclure les dérogations traditionnelles telles que la protection de la vie ou de la santé des hommes, des animaux ou des plantes, la sécurité internationale et nationale de nature militaire et la protection de l'ordre public. Compte tenu du principe de sécurité énergétique, cette liste doit comprendre les mesures indispensables à l'acquisition ou à la distribution de matières et de produits énergétiques dans les situations de pénurie dues à des causes échappant au contrôle de l'Etat en cause, pour autant que ces mesures soient compatibles avec les principes selon lesquels toutes les autres parties contractantes auraient droit à une part équitable de l'approvisionnement international portant sur ces matières et sur les produits énergétiques (la formulation du § 2 art. 24 TCE).

Dans tous les cas, il faut respecter la condition qu'aucune mesure ne devrait constituer une restriction déguisée aux activités économiques du secteur de l'énergie, ou une discrimination arbitraire ou injustifiable entre les parties contractantes, ou entre les investisseurs ou d'autres personnes intéressées. Ainsi, ces mesures devraient être dûment motivées et strictement nécessaires à l'objectif déclaré.

Section III. Règles relatives à la concurrence

L'un des principes du traité est celui du développement de la concurrence, qui constitue un véritable attribut du marché.

La concurrence représente la compétition de la part de deux, ou plus, des parties, aspirant indépendamment à l'établissement de relations d'affaires avec la partie tierce, en lui proposant des conditions plus favorables[864].

---

[864] Dans l'ordre national, la concurrence est garantie par le droit de la concurrence ou droit anti monopole, droit antitrust (l'utilisation du terme dépend de la tradition nationale) qui est un droit récent. A part la tradition américaine, qui remonte à la fin du XIX siècle, les politiques en matière de concurrence datent, dans les pays européens, des années 1950 et furent diffusées par l'essor de l'idée européenne. Pourtant, on cite parfois la Constitution grecque de Zénon ou la *Lex Julia*, décidée par Jules César, par exemple en 50 av. J.-C. qui protégeait le commerce des grains contre les hausses artificielles de prix (Арментано (Доминик), *Антитраст против конкуренции*, Ирисэн, 2008, с. 38.).

L'effet positif de la concurrence consiste en l'incitation au développement de l'industrie, des services, de la protection des consommateurs, du développement des technologies et de la distribution effective des ressources. Mais dans le domaine de l'énergie, il faut tenir compte du fait que le gaz est un produit spécifique : épuisable, stratégique, important pour la sécurité énergétique, sur lequel règne la souveraineté de l'Etat. Ainsi, il est nécessaire d'adapter le droit de la concurrence à ce secteur.

Dans les relations entre la Russie, l'UE et les pays membres de cette dernière, le principe de libre concurrence doit être la clé de voûte du développement des relations énergétiques. Assurer un respect rigoureux de la concurrence permettra d'ouvrir les marchés et de garantir une meilleure interdépendance entre les parties. En outre, cela minimisera le risque de monopolisation du marché en aval.

§1 Le contenu des règles relatives à la concurrence

En élaborant des normes, il faut se rendre compte qu'au niveau international[865], actuellement, surtout dans le domaine de l'énergie, on ne fixe pas des règles sur la concurrence[866]. Les règles de l'accord éventuel porteront sur deux questions : la coopération entre les parties et le droit des entreprises de s'adresser à l'arbitrage en cas de violation du droit de la concurrence. Ainsi, la tâche n'est pas de perfectionner les normes nationales sur les ententes, l'abus de position dominante, l'aide d'Etat, cette sphère sera toujours réglementée par la législation nationale.

Lors de l'élaboration des règles relatives à la coopération, en tant que base des négociations, on peut utiliser certaines des dispositions de l'article 6 du TCE sur la concurrence. Selon ce texte chaque partie contractante œuvre en vue de lutter contre les distorsions du marché et les entraves à la concurrence dans les activités économiques du secteur gazier, s'assure que, dans les limites de sa juridiction, elle applique les dispositions législatives nécessaires et appropriées pour faire face à tout comportement anticoncurrentiel unilatéral et concerté dans les activités économiques du secteur gazier.

Les parties contractantes peuvent coopérer pour l'application de leurs règles de concurrence en procédant à des consultations et des échanges

---

[865] Mainguy (Daniel), Respaud (Jean-Louis), Depincé (Malo), *Droit de la concurrence*, Litec, 2010, p. 11.

[866] Toutefois, le texte du TFUE lui-même présente un bon exemple de réglementation des problèmes de concurrence au niveau international ; de plus, le titre IV « L'acquis de la concurrence » du Traité sur «la Communauté de l'énergie » touchait ces questions, tout comme le TCE. L'Union européenne concluait des accords bilatéraux de coopération afin de structurer et faciliter la coopération entre la Commission et les autorités de concurrence étrangères : avec les États-Unis (1991), le Canada (1999), le Japon (2003), la Corée du Sud (2009) et la Suisse (2013). Il est probable que le futur texte de TAFTA contiendra un chapitre sur la concurrence.

d'informations. Lorsqu'une partie contractante estime qu'un comportement anticoncurrentiel déterminé, observé dans la zone d'une autre partie contractante, a un effet négatif sur la concurrence, elle peut le notifier à l'autre partie contractante et demander que ses autorités compétentes en matière de concurrence entament une action coercitive appropriée. La partie contractante qui a reçu la notification doit informer l'autre partie de sa décision, ou de la décision de ses autorités compétentes en matière de concurrence, et lui fait connaître, si elle le souhaite, les motifs de la décision.

Un autre groupe de règles sur la concurrence sera consacré à l'établissement du droit des participants au marché de s'adresser à l'arbitrage international en cas de violation du droit de la concurrence sur le marché. Ainsi, dans le traité, il faut prévoir la possibilité pour les arbitres d'appliquer des lois de police[867].

Pour comprendre cette initiative, il faut tenir compte du fait qu'actuellement, par exemple, si une compagnie française veut investir dans la production de gaz en Russie, elle sera protégée par le droit de la concurrence russe. Cependant, la protection issue du droit anti monopole ne sera pas garantie par les tribunaux arbitraux. Cela est surtout important en cas de la décision de l'organe anti monopole négative par rapport la compangie.

Le droit des participants au marché de s'adresser à l'arbitrage international en cas de violation du droit de la concurrence sur le marché permettra de diminuer le nombre de décisions prises pour des motifs politiques. On peut l'illustrer par cet exemple récent. La Commission n'a pas approuvé le contrat entre la Hongrie et la Russie sur la construction de la station nucléaire « Paks » pour une valeur de 12 billions d'euros (dont 10 seront prêtés par la Russie). Elle n'a pas admis que le seul fournisseur de la station nucléaire soit Rosatom[868]. En même temps il existe peut-être aussi un motif politique. Les opposants au contrat insistaient sur le fait que ce projet rendait la Hongrie plus dépendante de la Russie[869]. La même situation peut se produire dans le secteur gazier.

---

867 La possibilité de s'adresser à l'arbitrage en cas de violation des règles de la concurrence est une question d'actualité de la jurisprudence. De plus, ces dernières années, la question de l'arbitrabilité des litiges a connu une profonde évolution. Pour connaître plus, voir : Kessedjian (Catherine), *L'arbitrage comme mode de règlement des différends est-il remis en cause par le droit européen ?* in *Le droit européen et l'investissement,* L.G.D.J., 2009 ; Seraglini (Christophe), *Lois de police et justice arbitrale internationale*, Thèse pour le doctorat, Dalloz, 2001 ; Slim (Hadi), *Arbitrage et lois de police*, La Revue Libanaise de l'Arbitrage, 2011, n° 57, pp. 21 - 27 ; Caprasse (Olivier), *L'application du droit européen de la concurrence par l'arbitre*, in Colloque du 4 novembre 2011, *Arbitrage et droit de l'Union européenne*, Legis Nexis, 2012.

868 Фомичева (Анастасия), Кузнецова (Екатерина), *Твердотопливная позиция* // http://www.kommersant.ru/doc/2687084 (26.06.2015).

869 *Financial Times: ЕС блокировал атомную сделку России и Венгрии на 12 млрд. евро* // http://www.kommersant.ru/doc/2685335 (24.06.2015).

Toutes ces normes sur la concurrence seront appliquées aux marchés de la production, de la fourniture, de la commercialisation et du transport (puisque c'est un marché clé dans l'industrie gazière) au regard des investissements couverts par des quotas. Leur sens principal sera de garantir l'accès et l'impossibilité d'effectuer un traitement discriminatoire des compagnies russes et européennes sur ces marchés.

L'application du principe du développement de la concurrence diminue la possibilité d'utiliser le recours à la sécurité énergétique en tant que fondement de la dépossession ou le refus de l'accès des investissements étrangers.

§2 Dérogations aux règles du droit anti monopole

L'Accord projeté contiendra deux types de dérogations : celles dérivant du principe de la sécurité énergétique et celles ayant pour but d'attirer des investissements.

Tout d'abord, l'application des règles du droit de la concurrence peut être limitée en vertu du principe de la sécurité énergétique (avoir plus de gaz est plus important que de garantir l'application du droit de la concurrence). Il faut néanmoins scrupuleusement fixer les dérogations pour éviter les abus. Ce pourrait être :

- la non application des règles du droit de la concurrence aux contrats à long terme, puisqu'ils constituent une condition importante de la sécurité énergétique et de l'attraction des investissements dans l'infrastructure de la production et du transport du gaz[870] ;

- la non application des règles du droit de la concurrence aux contrats de transport conclus pour servir des contrats d'approvisionnement à long terme, au moins aux contrats déjà existants. Gazprom insiste sur le fait qu'il n'a pas encore récupéré les investissements entrepris dans le passé[871]. De plus cette dérogation peut permettre d'éviter les situations qu'illustre l'exemple suivant. En 2005, lors de la distribution des droits d'accès au gazoduc trans-autrichien « TAG », 140 compagnies ont reçu un droit d'accès sur une base proportionnelle. Parmi elles, seules cinq étaient propriétaires de gaz, les autres avaient acheté des capacités de transport dans un but spéculatif. Ainsi, l'application du principe de l'accès égal, proportionné et régulé risque d'aboutir à une situation où de réels approvisionneurs ne reçoivent qu'une partie des capacités[872] ;

---

870 On peut même introduire le concept « des contrats à long terme essentielles pour la sécurité énergétique ».

871 Stern (Jonathan P.), *The Future of Russian Gas and Gazprom*, Oxford, 2005, p. 132.

872 Фейгин (Владимир Исаакович), Медведева (Елена Анатольевна), « *Дьявол в деталях » европейской либерализации : вокруг аукциона по TAG* // Экономический обзор Института энергетики и финансов, 2006, n° 5, c. 38.

- la consécration du principe du respect de la protection des consommateurs vulnérables, du service universel ;

- la consécration de la légalité des tarifs régulés (ou les méthodes de leur définition) non-discriminatoires pour le transport et la fourniture du gaz ;

- la consécration de la légalité de monopoles, de la distribution des droits, des privilèges spéciaux, exclusifs en vertu de la loi et de la participation des entreprises publiques sur le marché gazier. Dans le dernier cas, si une des parties décide d'établir un monopole en vertu de la loi, elle doit recourir aux consultations avec les autres parties. Les définitions de l'entreprise publique, du monopole, des droits, des privilèges spéciaux et exclusifs peuvent être empruntées au texte des travaux préparatoires sur le TAFTA[873].

Le deuxième type de dérogations aurait pour but d'attirer des investissements. Parmi ces dérogations pourraient figurer : la non application des règles d'*unbundling* (de la séparation des entreprises verticalement intégrées) en Russie, si la législation ne le prévoit pas ; et la non application des règles d'*unbundling,* si une des activités est entreprise en Russie et d'autres dans l'UE (l'interdiction de la clause Gazprom). Par exemple, si une compagnie est productrice en Russie et qu'elle fournit du gaz aux clients dans l'UE, elle ne doit pas être obligée de suivre les règles du *unbundling*.

Ces règles peuvent garantir un climat stable pour les investissements. L'application de ces dérogations en faveur de la sécurité énergétique et des investissements fait qu'un gazoduc comme le South Stream pourrait être construit et, de plus, on pourra éviter les abus possibles de l'accès régulé.

Section IV. Création de nouveaux organes

Le dialogue énergétique Russie - UE est apprécié à très haut niveau par des fonctionnaires européens et russes. La coopération de plus de 10 ans l'a montré[874]. Sa poursuite serait judicieuse lors de la formation de nouveaux organes dans le cadre d'un futur accord.

Il serait judicieux de prévoir la création de deux organes : l'un doté du pouvoir de prendre des décisions obligatoires et l'autre, consultatif, ayant pour mission la préparation desdites décisions.

Le premier, le Conseil Russie - UE sur la coopération en matière de gaz, serait composé des ministres responsables et se réunirait une à deux fois par an[875]. Son objectif principal serait la fixation et la distribution des quotas.

---

[873] *EU - US TTIP Negociations : Possible provisions on state enterprises and enterprises granted special or exclusive rights or privileges* // http://trade.ec.europa.eu/doclib/docs/2015/january/tradoc_153030.pdf (27.05.2015).

[874] Пашковская (Ирина), *Энерегтическая политика Европейского союза в отношении России*, Аналитические доклады, Институт международных исследований МГИМО (У) МИД России, Выпуск 5, 2011, с. 18.

[875] Des réunions extraordinaires peuvent être tenues sur la demande écrite de toute partie contractante, pour autant que, dans un délai de six semaines suivant la notification de cette

Cet organe surveillerait et faciliterait l'application des principes de l'accord. De plus, il examinerait et adopterait le texte des amendements au traité, nommerait le Secrétaire général et prendrait toutes les décisions nécessaires pour l'établissement et le fonctionnement du Secrétariat, etc.

Les décisions seraient prises à la majorité des deux tiers des votes sous la condition du consentement de l'UE et de la Russie et, en cas de fixation de quotas, des pays concernés par la distribution des quotas.

Le deuxième organe serait le Conseil consultatif Russie - UE sur la coopération en matière de gaz. Il pourrait prendre la suite de celui créé en 2011, sur la base du « Mémorandum sur un avertissement précoce »[876] de 2009. Ses membres seraient des représentants des ministères concernés, des régulateurs, des entreprises et des experts. Cet organe pourrait également comprendre des groupes de travail.

---

demande aux parties contractantes par le Secrétariat, cette demande reçoive l'appui d'au moins un tiers des parties contractantes.

[876] Memorandum on an Early Warning Mechanism in the Energy Sector within the Framework of the EU - Russia Energy Dialogue, 16.11.2009 // https://ec.europa.eu/energy/sites/ener/files/documents/20110224_memorandum.pdf (12.02.2016).

Conclusion du titre premier

La réglementation des relations en matière de gaz entre la Russie, l'UE et les pays membres de cette dernière permettrait de résoudre plusieurs problèmes. En matière d'investissements, elle créerait les conditions de leur attractivité dans le secteur de la production du gaz en Russie et de la fourniture et de la commercialisation dans l'UE. Cela serait possible principalement grâce au mécanisme principal des garanties aux investissements, i.e. la résolution des différends par l'arbitrage, à l'accès non discriminatoires aux ressources, aux marchés et à d'autres garanties. Le secteur du transport attirerait également les investissements qui lui sont indispensables.

En matière de concurrence, le recours à l'arbitrage en cas d'abus ou en cas d'infraction aux règles du droit anti monopole par d'autres acteurs du marché, et les règles sur la coopération entre ces acteurs serviraient de base à la création du marché, à la multiplication des producteurs, des commerçants et des fournisseurs. Les dérogations aux règles relatives à la concurrence seraient importantes pour garantir la sécurité énergétique et attirer les investissements.

En matière de sécurité énergétique, les mesures prévues par l'accord permettraient d'augmenter la production du gaz en Russie et les volumes de gaz commercialisés dans l'UE, ce qui devrait avoir comme conséquence une baisse des prix pour les clients finaux.

Titre II. Les dispositifs juridiques respectifs

Les relations en matière de gaz naturel entre la Russie et l'UE nécessitent, non seulement le perfectionnement de la réglementation au niveau international, mais aussi au niveau local, c'est-à-dire au niveau du droit russe pour le secteur de la production (l'exploration) et du transport du gaz (chapitre I) et, pour ce qui est du droit de l'UE, ce qui concerne la fourniture, la commercialisation et le transport (chapitre II).

Chapitre I
Les perspectives d'évolution du dispositif juridique russe

Seront traitées dans ce chapitre les dispositions actuelles de la législation russe en matière d'investissements et de concurrence dans l'industrie gazière, leur évolution et principalement leur conformité au futur Traité.

Il sera également tenu compte de l'évolution probable de la réglementation juridique de ce secteur. Vladimir Putin, Président de la Russie, a insisté à plusieurs reprises sur le besoin de réformer l'industrie gazière[877]. Cette volonté a été confirmée par le gouvernement russe[878] et Gazprom[879]. Selon la stratégie énergétique approuvée par l'Etat, il est indispensable d'adopter de nouveaux actes législatifs et d'apporter des amendements au dispositif juridique actuel relatif au fonctionnement du marché du gaz. Les principales orientations de cette stratégie sont : la croissance de l'effectivité du fonctionnement du marché ; la stimulation de l'attrait des investissements; la libéralisation graduelle du marché du gaz sous condition du respect des intérêts de l'Etat, des compagnies gazières et des consommateurs de gaz ; la sauvegarde d'un approvisionnement stable et durable des consommateurs et la reconstruction et la modernisation du réseau gazier, la stimulation de la baisse des dépenses d'énergie de la production industrielle et l'optimisation de la balance énergétique du pays[880]. Ces orientations, à première vue, ne sont pas contradictoires avec l'Accord projeté. Mais, comme il existe plus de 20 projets de réforme de l'industrie gazière[881], il faut analyser au moins leurs dispositions les plus importantes afin de savoir s'ils n'entrent pas en conflit avec le futur Traité.

---

[877] *Интервью с Максимом Леонидовичем Коробовым, Вице-предидентом Комитета энергетики, транспорта и телекоммуникаций Государственной думы* // http://www.ngv.ru/article.aspx?articleID=23233 (01.04.2015).

[878] *22 мая россиcйкое Правительство предложило энергетическую стратегию до 2020* // http://www.ngv.ru/article.aspx?articleID=22534 (01.11.2015).

[879] *Газпром против запрета государственного регулирования цен на газ* // «http://www.krasnoyarsk.biz/news/2005/03/23/gaz/ (01.12.2015).

[880] *22 мая россиcйкое Правительство предложило энергетическую стратегию до 2020* // http://www.ngv.ru/article.aspx?articleID=22534 (01.12.2015).

[881] Лахно (Петр Гордеевич), Зеккер (Франц Юнгер) (ред.), *Энергетическое право России и Германии : сравнительно-правовое исследование*, 2011, с. 329.

Section I. Le droit russe des investissements étrangers

L'insuffisante croissance des ressources, la baisse de productivité des gisements généraux (la productivité du gisement de Yambourg est de 39 %, celle d'Urengoi de 49 %, celle de Medvezhie de 76 %), la dégradation des infrastructures de transport et de distribution de 50 % (la dégradation des équipements des postes de compression est de 89 % et celle de certains systèmes de distribution ont un niveau de dégradation de 80 %) sont devenues un obstacle au développement de l'industrie gazière en Russie[882].

Selon le compte rendu de l'Agence Internationale de l'Energie, « la Russie sera bientôt hors d'état de satisfaire la demande en gaz naturel des consommateurs du pays, ainsi que celle de l'étranger, si on ne sollicite pas des investissements considérables ...»[883]. L'Organisation de Coopération et de Développement Economiques (OCDE) indique la même chose[884]. Le gouvernement russe reconnaît aussi le problème, en particulier dans « La stratégie énergétique de la Russie pour la période courant jusqu'à 2030 »[885]. En outre, les nouveaux gisements sont plus difficiles à exploiter du point de vue technique, ce qui justifie encore plus la nécessité d'utiliser des technologies étrangères.

En même temps, selon Viakhirev, ex-dirigeant de Gazprom : « Sur le marché international, on ne peut pas simplement augmenter les livraisons. Les chances de perdre sont alors plus fortes. Le marché doit être toujours sous-approvisionné, de sorte que l'appétit pour des ressources énergétiques soit toujours vif »[886]. C'est ce qui a posé la question de savoir si cette entreprise pourrait remplir ses obligations vis-à-vis des consommateurs russes et des pays étrangers.

Pour résoudre ces problèmes, malgré la crise, Gazprom développe traditionnellement le programme d'investissements[887]. Or on a besoin d'attirer plus d'investissements, de l'aide technologique et financière émanant d'entreprises étrangères pour assimiler les nouveaux gisements. Par

---

[882] Драничников (Павел Сергеевич), *Совершенствование механизма стратегического управления газовой отраслью региона* (на материалах предприятий газового хозяйства Алтайского края), Автореферат диссертации на соискание ученой степени кандидата экономических наук, 2015, с. 42. ; Теренкин (Михаил Иванович), *Развитие независимых производителей газа при внедрении новых технологий производства новых технологий жидких топлив,* Автореферат диссертации на соискание ученой степени кандидата экономических наук, 2015, с. 9.

[883] IEA, *World Energy Outlook* // http://www.worldenergyoutlook.org (12.06.2015).

[884] OECD, *Investment Policy Review of the Russian Federation: Russia's Energy Investment Policy* // http://www.oecd.org/dataoecd/45/52/40311537.pdf (14.06.2015).

[885] Распоряжение Правительства Российской Федерации от 13 ноября 2009 n° 1715-Р // Собрание законодательства РФ, 2009, n° 48, ст. 5836).

[886] Terzian (Pierre), *Le gaz naturel. Perspectives pour 2010 - 2020 (disponibilités, contraintes et dépendances)*, Economica, 1998, p. 89.

[887] Мардюшенко (Ольга), *« Газпром » выйдет на свой триллион* // http://www.kommersant.ru/doc/2709146 (17.06.2015).

exemple, la mise en œuvre du gisement Sakhaline-2 demandait 22 milliards de dollars : Shell et les entreprises japonaises Mitsubishi et Mitsui ont investi dans ce projet. Le futur Accord entre la Russie, l'UE et ses pays membres, pourra être un bon fondement pour attirer des investisseurs potentiels, mais il faut que la législation nationale soit favorable aux investissements étrangers.

Dans cette section, on va aborder les questions générales : les sources, les notions fondamentales du droit des investissements étrangers, l'accès et les formes juridiques de la réalisation des investissements étrangers dans le domaine de la production de gaz. Ensuite nous envisagerons le régime juridique et les garanties concrètes accordées aux investissements et leur conformité au futur Traité entre la Russie, l'UE et ces pays membres.

§1 Les sources du droit russe des investissements étrangers

La source principale du droit des investissements est la Constitution de la Fédération de Russie du 12 décembre 1993[888]. En dehors des principes généraux, elle prévoit certaines garanties, en particulier, le droit à l'utilisation libre des avoirs pour l'activité entrepreneuriale et pour tout autre activité économique non interdite par la loi (§ 1 art. 34) et l'impossibilité de priver l'investisseur de ses biens sans une décision judiciaire (§ 3 art. 35). L'aliénation forcée du bien pour les besoins de l'État ne peut être décidée qu'à la condition qu'elle soit accompagnée d'une indemnisation préalable et équivalente (§ 3 art. 35). Les pouvoirs de posséder, d'utiliser et de disposer des terrains et des autres ressources naturelles sont reconnus à la condition que leur exercice ne porte pas atteinte à l'environnement et ne viole pas les droits et les intérêts légaux d'autres personnes (§ 2 art. 36). La Constitution fixe les devoirs des entreprises qui consistent à assurer un environnement favorable, à accorder une information correcte sur son état, à ne pas violer les droits et les intérêts légaux d'autres personnes et à rembourser le préjudice causé à la santé ou au bien par l'atteinte à l'environnement (§ 2 art. 36).

Il convient de rappeler que, conformément au § 4 de l'article 15 de la Constitution de la Fédération de Russie : « Les principes universellement admis, les normes du droit international et les accords internationaux de la Russie sont des composants de son système juridique. En cas de conflit entre les règles de lois et les accords internationaux, ces derniers sont applicables ». Ainsi, des dispositions sur l'énergie du futur Traité auront la primauté sur les règles nationales.

Hormis le droit international et la Constitution, la législation nationale est aussi source du droit des investissements. En Russie, c'est en premier lieu le code civil de la Fédération de Russie du 30 novembre 1994. Mais ce dernier

[888] Конституция Российской Федерации 12 декабря 1993 в ред. ФЗ n° 6 - ФЗ и ФЗ n° 7 - ФЗ 30 декабря 2008 // Собрание законодательства РФ, 2009, n° 4, ст. 445).

ne règle pas directement l'activité d'investissement pour l'ensemble du gaz et du pétrole. Cet acte, ainsi que les lois fédérales du 26 décembre 1995 « [s]ur les sociétés de capitaux », du 8 février 1998 et « [s]ur les sociétés à responsabilité limitée » et du 8 août 2001 « [s]ur l'enregistrement d'État des personnes civiles et les entrepreneurs individuels » indiquent les formes de réalisation de l'activité entrepreneuriale sur le territoire de la Fédération de Russie.

La législation spéciale en matière d'investissements est présentée par la loi fédérale du 25 février 1999 « [s]ur l'activité d'investissement en Fédération de Russie réalisée sous forme d'apport en capital »[889], du 5 mars 1999 « [s]ur la protection des droits et des intérêts légaux des investisseurs sur le marché des titres »[890], du 9 juillet 1999 « [s]ur les investissements étrangers en Fédération de Russie »[891], du 29 novembre 2001 « [s]ur les fonds d'investissements »[892], etc. En dehors du domaine d'application de ces lois, les activités d'investissement dans la sphère énergétique sont réglées par les lois fédérales déjà mentionnées, du 17 août 1995 « [s]ur les monopoles naturels », du 10 janvier 2002 « [s]ur la protection de l'environnement », du 23 novembre 2009 « [s]ur l'économie énergétique, sur l'augmentation de l'efficacité énergétique et sur la modification par actes législatifs séparés de la Fédération de Russie », etc.

Les lois, en général, entrent en vigueur dès le moment de leur publication et sont rétroactives. Par conséquent, les investisseurs ne peuvent pas compter sur la stabilité des conditions de leur activité. Ce phénomène s'explique par le fait que la Russie est toujours dans le processus de la réformation[893].

§2 Les critères des investissements internationaux utilisés par le droit russe

Le droit russe impose certaines exigences au capital (A) et à la personne étrangère (B) pour qu'ils puissent être protégés par le droit des investissements.

---

[889] Федеральный закон от 25.02.1999 n° 39 - ФЗ « Об инвестиционной деятельности в Российской Федерации, осуществляемой в форме капитальных вложений » // Собрание законодательства РФ, 01.03.1999, n° 9, ст. 1096.

[890] Федеральный закон от 05.03.1999 n° 46 - ФЗ (с изм. от 27.12.2000) « О защите прав и законных интересов инвесторов на рынке ценных бумаг » (с изм. от 27.12.2000) // Собрание законодательства РФ, 08.03.1999, n° 10, ст. 1163.

[891] Федеральный закон от 09.07.1999 n° 160 - ФЗ « Об иностранных инвестициях в Российской Федерации » // Собрание законодательства РФ, 12.07.1999, n° 28, ст. 3493.

[892] Федеральный закон от 29.11.2001 n° 156 - ФЗ « Об инвестиционных фондах » // Собрание законодательства РФ, 03.12.2001, n° 49, ст. 4562.

[893] *Modalités juridiques et fiscales des investissements français en fédération de Russie*, Petites affiches, 25/08/2010, n° 169, p. 6.

A. La notion d'investissement étranger

Dans la loi fédérale « [s]ur les investissements étrangers dans la Fédération de Russie » les investissements sont définis comme l'engagement du capital étranger en vue d'activité entrepreneuriale sur le territoire de la Fédération de Russie sous la forme d'objets et de droits civils appartenant à l'investisseur étranger (qui ne sont pas retirés ou limités à la circulation sur le territoire de la Fédération de Russie), y compris l'argent, les titres (en devise étrangère et en devise de la Fédération de Russie), d'un autre bien, des droits de propriété ayant une valeur monétaire, des droits exclusifs aux résultats de l'activité intellectuelle (la propriété intellectuelle), ainsi que les services et l'information (art. 2).

En comparaison avec la définition des investissements figurant dans la loi antérieure « [s]ur les investissements étrangers dans RSFSR » de 1991, celle citée est plus vaste. Elle propose une liste des formes d'investissement assez large, incluant tous les objets qui ne sont pas retirés ou limités à la circulation sur le territoire de la Fédération de Russie. Ainsi, les licences, et d'autres droits sur la production du gaz sont couverts par le droit des investissements. En même temps, cette approche extensive a des désavantages parce qu'elle élargit excessivement la notion d'investissements. Pour cela, il serait approprié dans la loi fédérale « [s]ur les investissements étrangers dans la Fédération de Russie », d'indiquer quelles valeurs ne devraient pas être considérées comme des investissements étrangers (par exemple, les emprunts d'État non ciblés, les crédits de commerce à court terme) ou de prévoir le but entrepreneurial de cette activité.

Cependant, la définition de l'investissement est présente aussi dans d'autres lois. Selon la définition tirée de la loi « [s]ur les investissements étrangers dans la Fédération de Russie », l'investissement est un processus d'utilisation de capitaux étrangers (art. 2). La loi fédérale « [s]ur l'activité d'investissements en Fédération de Russie, réalisée sous forme de dépenses en capital » propose une autre définition. Par investissement on entend, selon cette loi, les moyens monétaires, les titres et autres biens, notamment les droits patrimoniaux et autres droits ayant une valeur monétaire, définis comme les objets de l'activité entrepreneuriale et ceux d'autres activités entreprises dans le but de recevoir des revenus ou tout autre effet utile (§ 2 art. 1).

Si, pour les uns, cette contradiction entre les définitions a un caractère formel et ne pose pas de problèmes théorétiques et pratiques, d'autres[894] y voient un obstacle pour la protection effective des droits des investisseurs. En particulier, cela empêche quelquefois l'application des normes du droit

[894] Лисица (Валерий Николаевич), *Правовое регулирование инвестиционных отношений: теория, законодательство и практика применения*, Автореферат докторской диссертации по юридическим наукам, 2010, с. 24.

des investissements, prévoyant des garanties et des mesures d'encouragement et la protection des investissements.

Quant à la corrélation des définitions de la législation nationale avec celle du futur Accord entre la Russie et l'UE, malgré les imprécisions indiquées, on voit qu'il n'y a pas de conflit évident entre elles, toutes les deux étant assez larges. Ainsi, des investissements reconnus en vertu du traité international pourraient jouir en plus de la protection prévue par la législation nationale, si cette dernière contient plus de garanties. Même si la notion nationale d'investissement est restrictive, les règles du traité international seront applicables, selon le §4 de l'article 15 de la Constitution, puisque les règles des accords internationaux vont prévaloir sur les normes des lois nationales).

B. La notion d'investisseur étranger

La loi fédérale « [s]ur les investissements étrangers dans la Fédération de Russie », énumère les catégories d'investisseurs étrangers. Il s'agit des personnes morales étrangères[895], des organisations étrangères n'ayant pas la personnalité juridique, des citoyens étrangers et des personnes apatrides vivant constamment à l'étranger, ainsi que des organisations internationales et des États étrangers (art. 2). Il n'y a donc pas de notion à proprement parler d'investisseur étranger. Il existe seulement une énumération des personnes qui peuvent revendiquer cette qualité.

Pour cette raison, certains chercheurs considèrent qu'il serait judicieux de modifier les lois et de prévoir comme principal critère l'origine étrangère des investissements et non l'origine étrangère de l'investisseur et d'adopter la position selon laquelle l'investisseur étranger pourrait être n'importe quelle personne qui a engagé des capitaux dans l'économie russe[896]. Cependant, la définition actuelle elle-même ne contient pas de graves défauts et ne met pas les investisseurs étrangers en situation de vulnérabilité. De plus, elle représente un pas en avant par rapport aux formulations qui existaient précédemment et qui indiquaient que l'investisseur étranger devait être une compagnie, une firme, une association quelconque, créées en vertu de la législation du pays de leur siège. La loi de 1999 utilise les catégories du droit international privé. Elle octroie une vaste liste des investisseurs potentiels.

Pour qualifier la compagnie d'étrangère, la législation russe utilise la notion de « loi personnelle de la personne juridique ». Selon l'article 1202

---

[895] Certains spécialistes croient qu'il faut utiliser la théorie du contrôle. Si le contrôle sur l'entreprise russe est réalisé par la personne civile (l'entreprise) étrangère, à des fins de gestion d'investissements étrangers, elle peut être comptée au nombre « des investisseurs étrangers ».

[896] Землячева (Екатерина Анатольевна), *Государственно-правовое регулирование инвестиционной деятельности в топливно-энергетическом комплексе Российской Федерации,* Автореферат диссертации на соискание ученой степени кандидата юридических наук, 2008, с. 9.

du Code civil de la Fédération de Russie[897] cette loi est celle du pays dans lequel l'entreprise a été constituée.

En doctrine, un doute existe. La loi personnelle de la personne juridique (*lex societatis*) devrait-elle indiquer la nationalité de cette entreprise ? Pour certains auteurs[898], la notion de « loi personnelle » est utilisée dans les relations de droit privé, et « la nationalité » dans les relations de droit public.

Toutefois, la plupart des auteurs ne voient pas de différence entre ces notions. Selon le professeur M.M. Boguslavskiy : « La loi personnelle est définie par la nationalité de l'entreprise »[899]. L. Raapé démontre que ces notions coïncident[900].

En tout cas, cette question n'est pas primordiale et la distinction de ces notions n'est pas d'une grande importance d'un point de vue pratique. Cependant, il serait peut-être préférable de préciser que ces deux termes recouvrent les mêmes éléments, ou d'en donner des définitions précises pour éviter les difficultés d'application.

S'agissant de la catégorie des citoyens étrangers, il convient de relever que, selon la Constitution de 1993, le citoyen de la Fédération de Russie peut avoir une autre nationalité (art. 62 §1). Dans la pratique, une telle situation pourrait avoir des répercussions sur le statut d'investisseur étranger revendiqué par une telle personne. Dans une décision du Service anti monopole fédéral de la région du Nord-Ouest du 10.08.2009, il a été décidé que la citoyenneté russe de la personne qui a la nationalité d'un autre Etat et son domicile permanent dans ce pays, ne l'empêche pas d'être reconnue en tant qu'investisseur étranger[901]. Ainsi, on constate que l'approche nationale est plus vaste que celle de l'Accord projeté et ne nécessite pas de correction.

§3 L'accès des investisseurs étrangers au marché gazier russe

Le droit russe des investissements étrangers établit des règles générales relatives à l'accès au marché (A), aux restrictions (B), à la procédure (C) et aux formes d'accès (D).

A. La règle générale d'accès

Très souvent le législateur national établit des conditions spéciales pour l'admission d'un investissement étranger. Cependant, dans la Fédération de

[897] Гражданский Кодекс Российской Федерации (часть третья) от 26.11.2001 n° 146 - ФЗ (в ред. от 05.05.2014) // Собрание законодательства РФ, 03.12.2001, n° 49, ст. 4552.

[898] Иссад (Моханд), *Международное частное право,* пер. с фр., Прогресс, 1989, сс. 355 - 356 ; А.В. Асосков, *Правовые формы участия юридических лиц в международном коммерческом обороте*, Статут, 2003, с. 15.

[899] Богуславский (Марк Моисеевич), *Международное частное право*, Юристъ, 2005, с. 125.

[900] Раапе (Лео), *Международное частное право,* пер. с нем., 1960, с. 193.

[901] Постановление ФАС Северо-Западного округа от 10.08.2009 по делу n° А52-5378/2008 // http://base.consultant.ru/cons/cgi/online.cgi?req=doc;base=ASZ;n=100964 (23.06.2016).

Russie, la règle générale de l'admission des investissements est le régime du traitement national (art. 4 de la loi « [s]ur les investissements étrangers dans la Fédération de Russie »). Il existe un soi-disant dispositif déclaratif pour les investissements nationaux et étrangers, selon lequel il ne faut ni satisfaire à des critères spéciaux, ni avoir la permission préalable pour l'accès. Cependant, il faut remarquer l'absence de règles précises dans la législation nationale pour régler les conditions d'accès de l'investisseur étranger et les droits et devoirs de l'investisseur ainsi que sa responsabilité en cas de violation de la législation en vigueur sur les investissements[902]. Ainsi, des règles générales correspondent parfaitement aux dispositions de Traité projeté.

B. Les restrictions à l'accès

Le régime national prévu par la législation russe et les actes internationaux n'a pas de caractère universel. La législation russe prévoit la possibilité d'adopter des normes sur les privilèges accordés aux investissements étrangers et sur les restrictions susceptibles de les affecter (§ 2, 3 art. 4 de la loi fédérale « [s]ur les investissements étrangers dans la Fédération de Russie »). Les privilèges prévus dans la loi peuvent être accordés dans l'intérêt du développement socio-économique de la Russie. Le processus de leur octroi doit être défini par la législation de la Fédération de Russie. Cependant une telle loi n'a jamais été adoptée[903].

L'introduction des restrictions se fait grâce à la volonté du gouvernement de sauvegarder la sécurité nationale ainsi que la tenue d'une politique protectionniste tendant à défendre les entreprises nationales dans la compétition avec les compagnies étrangères.

A partir de 2005 un large débat s'est développé en Russie autour de l'idée de créer une liste de secteurs représentant une importance stratégique pour la Fédération de Russie et auxquels il convenait de limiter l'accès d'investisseurs étrangers. S'adressant à la nation le 25 avril 2005, Vladimir Poutine a estimé qu' « il est temps de définir clairement les secteurs économiques où les intérêts visant à promouvoir l'indépendance et la sécurité de la Russie appellent à un contrôle d'Etat. Nous devrions élaborer et formaliser juridiquement un système définissant les critères restrictifs de la participation dans de tels secteurs de l'économie »[904]. Divers projets de lois ont ainsi été discutés à la Douma et renvoyés au gouvernement afin d'en améliorer la rédaction, dont la version définitive a été adoptée en 2008.

---

[902] Фархутдинов (Инсур Забирович), *Доступ и защита инвестиций в иностранном праве* // http://www.lawmix.ru/comm/1786/ (22.07.2016).

[903] Скуратовская (Маргарита Михайловна), *Особенности юридического регулирования иностранных ивестиций в России* // http://chickion.ru/swq/2-skuratovskaja-2.html (29.08.2016).

[904] Jafalian (Annie), *La Russie, puissance énergétique : de l'arme politique aux logiques de marché*, Brulyant, L.G.D.J., 2010, p. 21.

Les lois fédérales du 29 avril 2008 n° 57-FZ « [s]ur le mode de réalisation des investissements étrangers par l'intermédiaire des sociétés économiques ayant un caractère stratégique pour la garantie de la défense du pays et la sécurité de l'État »[905] et n° 58-FZ « [s]ur la modification des actes législatifs particuliers à la Fédération de Russie … »[906] sont le résultat de ce travail.

Les sociétés économiques ayant un caractère stratégique pour la garantie de la défense du pays et la sécurité de l'État sont les sociétés réalisant l'étude géologique des sous-sols des terrains ayant un caractère fédéral (ou) l'exploration et la production des minéraux de ces terrains[907]. Ces terrains sont particulièrement attrayants pour les investisseurs étrangers. Leur liste est publiée par l'organe fédéral de direction du fonds public des sous-sols. En outre, il est important de remarquer que l'accès à certains terrains est restreint. Parmi ceux-ci figurent les terrains nécessaires pour garantir la sécurité nationale et la protection de l'environnement, les terrains ruraux, industriels et les terrains servant au transport et à la communication, si leur usage peut créer une menace pour la vie et la santé des gens, ou peut causer un préjudice aux biens ou à l'environnement (art. 8 de la loi fédérale « [s]ur les sous-sols »).

Dorénavant les investisseurs étrangers n'ont plus le droit de réaliser des opérations qui conduisent à leur conférer le contrôle des sociétés économiques ayant un caractère stratégique pour la garantie de la défense du pays et la sécurité de l'État (§ 2 art. 2 de la loi fédérale n° 57-FZ). Lorsqu'un investisseur étranger souhaite acquérir des actions ou des parts dans une société qui dispose d'un droit d'usage sur des sous-sols ayant un caractère fédéral, la loi soumet pareille opération à l'obtention d'une autorisation (§ 3 art. 2 de la loi fédérale n° 57-FZ). Cependant, cette autorisation n'est pas

[905] Федеральный закон от 29 апреля n° 57 - ФЗ « О порядке осуществления иностранных инвестиций в хозяйственные общества, имеющие стратегическое значение для обеспечения обороны страны и безопасности государства » в ред. ФЗ от 01.07.2011 n° 169 - ФЗ // Собрание законодательства РФ, 05.05.2008, n° 18, ст. 1940.

[906] Федеральный закон от 29 апреля 2008 n° 58 - ФЗ « О внесении изменений в отдельные законодательные акты Российской Федерации и признании утратившими силу отдельных положений законодательных актов Российской Федерации в связи с принятием Федерального закона « О порядке осуществления иностранных инвестиций в хозяйственные общества, имеющие стратегическое значение для обеспечения обороны страны и безопасности государства » // Собрание законодательства РФ, 05.05.2008, n° 18, ст. 1941.

[907] Les terrains des sous-sols de caractère fédéral sont des terrains utilisés pour garantir la défense du pays et la sécurité de l'État. Aux terrains des sous-sols de caractère fédéral se rapportent ceux contenant les gisements stratégiques de minéraux (gisements et manifestations de l'uranium, des diamants, etc.), ainsi que les gisements contenant des stocks du pétrole de 70 millions tonnes, les stocks du gaz de 50 milliards m^3, etc. Aux terrains des sous-sols de caractère fédéral on associe aussi les terrains des sous-sols de l'eau intérieure maritime, de la mer territoriale, du plateau continental de la Fédération de Russie et les terrains des sous-sols, etc. (art. 2 de la loi fédérale n° 58 - FZ).

exigée pour les transactions qui sont considérées insignifiantes : en cas d'acquisition de moins de 5 % du total des actions ou des parts avec droit de vote d'une société.

En outre, désormais, les utilisateurs des sous-sols des terrains de caractère fédéral peuvent être seulement les personnes juridiques créées conformément à la législation de la Fédération de Russie. Les utilisateurs de sous-sols sur les terrains de caractère fédéral du plateau continental doivent aussi avoir une expérience d'au moins cinq ans dans l'exploration des sous-sols du plateau continental de la Fédération de Russie. La part de la Fédération de Russie dans les capitaux statutaires da ces compagnies doit être de plus de 50 **%.**

Deux autres restrictions à caractère innovant ont été introduites. Premièrement, si lors de l'étude géologique des sous-sols, réalisée y compris selon la licence commune[908], par l'utilisateur des sous-sols, la personne juridique avec la participation des investisseurs étrangers ou l'investisseur étranger, un gisement de minéraux est découvert et correspond aux caractéristiques se rapportant à la définition « des sous-sols de caractère fédéral », le gouvernement de la Fédération de Russie peut prendre la décision de refuser à une telle personne le droit d'usage de ces sous-sols. Deuxièmement, en cas de réalisation d'une étude géologique des sous-sols en vertu d'une licence commune, la décision de mettre un terme au droit d'usage des sous-sols pour l'exploration et la production des minéraux peut être adoptée dès l'apparition d'une menace à la défense du pays et la sécurité de l'État (art. 2.1 de la loi fédérale « [s]ur les sous-sols »).

En conséquence, les nouvelles lois ont limité l'accès au droit d'usage des sous-sols ayant un caractère fédéral. En particulier, il est désormais interdit à une personne morale dont l'un des associés ou des actionnaires est un investisseur étranger ou à un groupe qui comprend un investisseur étranger de :

1) détenir, directement ou indirectement plus de 10 % du total des actions avec droit de vote composant le capital statuaire d'une société russe disposant d'un droit d'usage sur des sous-sols ;

2) définir les décisions adoptées par une telle personne juridique, y compris les conditions de réalisation de son activité entrepreneuriale ;

3) de nommer le dirigeant ou plus de 10 % des membres de l'organe exécutif collégial ou d'élire plus de 10 % des membres du conseil de surveillance ou d'un autre organe de direction collégiale d'une telle société (art.17.1 de la loi fédérale « [s]ur les sous-sols »).

Aux fins de garantir les besoins stratégiques de la Fédération de Russie, on sélectionne des terrains dont l'usage des sous-sols n'est pas accordé du tout (le fonds fédéral des terrains de réserve des sous-sols). Les décisions d'insérer (ou d'exclure) des terrains de couches profondes dans un tel fonds

---

[908] La licence commune : licence délivrée pour l'exploration de gisements et leur exploitation.

doivent être acceptées par le gouvernement de la Fédération de Russie. Cette procédure complique aussi l'accès des investisseurs aux sous-sols.

L'adoption de telles lois restrictives ne contredit pas la pratique mondiale, de même que la Charte des droits économiques et des devoirs des États, adoptée par la résolution de l'Assemblée Générale de l'ONU en 1974[909]. Les États doivent garder le contrôle[910] sur l'utilisation des ressources naturelles. De plus, ces mesures n'excluent pas la participation des investisseurs étrangers sur le marché mais leur en compliquent seulement l'accès. Il faut avoir en vue cependant que de semblables mesures réduisent beaucoup l'attrait pour les investissements en Russie.

Ainsi, malgré le traitement national (la règle générale) dans le domaine de la production des ressources naturelles, il existe en régime spécial, prévoyant plusieurs restrictions.

La législation russe, malgré le régime du traitement national, prévoit des limites sévères à l'accès des investissements étrangers au marché russe, surtout en matière de ressources naturelles, comme le gaz. Par conséquent, les contradictions entre la législation nationale et les stipulations de l'Accord projeté sont évidentes et, d'un premier coup d'œil, infranchissables. Ces contradictions ne peuvent être surmontées par l'application du principe de la primauté des accords internationaux sur la législation nationale. La loi fédérale n° 57-FZ elle-même indique que ces dispositions ne s'étendent pas aux opérations liées à la réalisation d'investissements étrangers, réglées par d'autres lois fédérales ou par les accords internationaux (§ 6 art. 2). De plus, le législateur russe peut théoriquement conserver ces restrictions en vertu du principe de la sécurité énergétique et du principe de la souveraineté d'Etat sur ces ressources naturelles.

C. La procédure d'accès

L'institution centrale responsable pour l'accès des investissements étrangers est la Commission gouvernementale de contrôle de l'effectivité des investissements étrangers (la Commission), présidée par le Président du gouvernement. La Commission examine les demandes de validation préalable des contrats et la prise de contrôle dans les cas prévus dans la loi fédérale « [s]ur le mode de réalisation des investissements étrangers par l'intermédiaire des sociétés économiques ayant un caractère stratégique pour la garantie de la défense du pays et la sécurité de l'État ». Elle prend la décision de validation préalable des contrats et de prise de contrôle ou la

---

[909] Dans la Charte des droits et devoirs économiques des États de 1974, il est établi que les États ont le droit de régler et de contrôler les investissements étrangers dans la limite de l'action de la juridiction nationale (§ 2 art. 2).

[910] Le service anti monopole fédéral est l'organisme fédéral du pouvoir exécutif autorisé pour l'exécution des fonctions du contrôle de la réalisation des investissements étrangers dans la Fédération de Russie.

prolongation, dans les cas exceptionnels, des délais d'examen des demandes des investisseurs étrangers. Elle fixe la liste des obligations imposées à l'investisseur étranger. Les décisions de la Commission peuvent être contestées devant la Cour suprême de la Fédération de Russie.

Dans un accord conclu pour garantir l'exécution des engagements de l'investisseur étranger, on fixe les obligations de ce dernier ainsi que les conditions de leur exécution et sa responsabilité.

Les obligations susceptibles d'être imposées à l'investisseur étranger sont :

1) la détermination des organes de l'entreprises étrangère et des personnes ayant accès aux informations constituant des secrets d'Etat, et la mise en place des mesures de protection de ces informations, en conformité avec la législation sur les secrets d'Etat ;

2) l'approvisionnement des livraisons nécessaires pour les services de l'Etat ;

3) l'accomplissement des travaux d'entretien des infrastructures ;

4) la fourniture des services aux tarifs établis en conformité avec la législation sur les monopoles naturels ;

5) l'accomplissement d'un plan d'affaires ;

6) la prise immédiate par la société des mesures prévues par la législation en cas d'état de guerre ou d'urgence sur tout ou partie du territoire de la Russie ;

7) l'emploi d'un certain nombre d'employés durant la période fixée dans l'accord ;

8) le traitement sur le territoire russe des ressources naturelles produites. Ainsi, le législateur s'est montré très prudent en définissant ces mesures.

Par exemple, il n'y a pas longtemps, lors du rachat de l'entreprise russe Eurasia Drilling Company (EDC) par Schlumberger (société américaine) pour $1,7 billions, la Commission du gouvernement de contrôle de l'effectivité des investissements étrangers a insisté sur une dizaine de conditions relatives à la prise de contrôle. Il a été prévu, par exemple, que Schlumberger doit garantir la protection du secret d'Etat, nommer un citoyen russe, A. Shohin, Chef de l'Alliance russe des industriels et des entrepreneurs, en tant que Directeur général de l'entreprise et promettre de vendre cette entreprise pour le cas où elle serait condamnée à des sanctions. L'inquiétude s'explique par la crainte que, sur le marché stratégique, une compagnie étrangère avec son siège aux Etats-Unis occupe un jour une position dominante en Russie[911].

Le travail de la Commission est assuré par le Service anti monopole fédéral, organe responsable de l'effectivité du contrôle des investissements étrangers sur le territoire de la Fédération de Russie. Il donne son avis sur les

---

[911] Мельников (Кирилл), Барсуков (Юрий), *Золотое отсечение* // http://www.kommersant.ru/doc/2702527 (12.07.2016).

demandes formulées par des entreprises étrangères, effectue des inspections et prépare des documents et des propositions pour la Commission

Malgré cette complexité, le régime du contrôle est assez libéral pendant les deux premières années de travail en 2014 et 2015 sur 47 demandes, seulement deux ont été rejetées[912].

En dehors de cette procédure de validation préalable des contrats et des prises de contrôle, la législation prévoit la notification du Service anti monopole fédéral de toute opération d'achat de plus de 5 % des actions d'une entreprise ayant un caractère fédéral (art. 14 de la loi fédérale « [s]ur le mode de la réalisation des investissements étrangers aux sociétés économiques ayant un caractère stratégique pour la garantie de la défense du pays et la sécurité de l'État »). S'il existe des restrictions à la participation de personnes étrangères au capital d'une entreprise, la notification du Service fédéral des marchés financiers de la Fédération de Russie est requise (§ 10 art. 29 de la loi fédérale « [s]ur le marché des titres »[913]).

D. Les formes d'accès

Puisque les formes d'accès ont été analysées dans la première partie, il reste à évoquer ici la nécessité moderniser la réglementation actuelle (1) et les perspectives d'introduction de nouvelles formes d'accès (2).

1. La nécessité de moderniser la réglementation actuelle

Les activités d'exploration-production sont susceptibles de deux approches : une approche réglementaire (administrative) et une approche contractuelle (civile).

L'approche réglementaire suppose que la législation définit, de manière détaillée et non-discriminatoire, le cadre juridique applicable. Les bénéficiaires des sous-sols reçoivent une licence, dont les conditions ne sont pas négociables. Ce modèle est utilisé dans la plupart des Etats de l'UE, aux Etats-Unis, au Canada, en Australie et en Amérique latine.

L'approche contractuelle est utilisée dans de nombreux pays en développement (Angola, Algérie, Azerbaïdjan, Congo, Egypte, Gabon, Indonésie, Kazakhstan, Libye, Malaisie, Nigeria, Pérou, Qatar, Turkménistan, Trinité et Tobago, etc.). Les rapports entre l'Etat et les sociétés sont, selon cette approche, essentiellement d'ordre contractuel et souvent discrétionnaires.

---

[912] ФАС, *Общий обзор практики контроля за осуществлением иностранных инвестиций в хозяйственные общества, имеющие стратегическое значение для обеспечения обороны страны и безопасности государства с 2008 года по настоящее время* // http://fas.gov.ru/about/list-of-reports/list-of-reports_30024.html (14.05.2016).

[913] Федеральный закон от 22 апреля 1996 n° 39 - ФЗ « О рынке ценных бумаг » // Собрание законодательства Российской Федерации, 22.04.996, n° 17, ст. 1918.

Toutefois, il existe des variantes mixtes qui combinent ces deux approches, notamment les régimes de concession prévoyant la conclusion d'un contrat détaillé[914].

En Russie, au début des années 90, la législation ne prévoyait qu'un régime d'utilisation des sous-sols. La loi de 1992 « [s]ur les sous-sols » établissait le régime de la licence. Au milieu des années 1990, grâce à l'adoption de la loi fédérale « [s]ur les accords sur le partage de la production », on a décidé que deux régimes peuvent exister en même temps.

Cependant, jusqu'à ce jour, il existe une multitude de contradictions dans les règles applicables de la loi « [s]ur l'APP ». Elle n'indique pas directement que les accords sur le partage de la production sont assimilés à des contrats civils. Seulement 30 % des gisements explorés peuvent être accordés selon l'APP (art. 2). Depuis 2003, dans la liste des sous-sols destinés à être exploités selon le modèle APP, sont inclus les couches profondes non-distribuées en vertu d'une licence. Cela s'explique par le fait que l'APP ne protège pas assez bien les intérêts de l'Etat : un tel accord contient une clause de règlement des différends par l'arbitrage international). De plus, la procédure elle-même est trop longue et laborieuse[915]. Il n'est pas surprenant que, pour le moment, en Russie, il n'existe que trois APP en vigueur : « Sakhaline-1 » du 30 juin 1995, « Sakhaline-2 » du 22 juin 1994 et « Khar'yaga » du 20 décembre 1995.

Ainsi, de plus en plus souvent, on évoque l'importance de perfectionner les formes existantes. Quant au système de la licence, il pourrait être sauvegardé par rapport aux sous-sols indispensables pour garantir la sécurité et la défense du pays, dans les cas indiqués dans les lois fédérales. Cette approche permettra de stabiliser l'usage des sous-sols et de créer des conditions favorables aux investissements[916].

Plusieurs chercheurs ont insisté sur la codification de la législation et sur l'adoption d'un code des Mines[917]. En particulier, on propose la création « d'un marché secondaire de licences »[918], ainsi que le renforcement du contrôle de l'État. On souligne la nécessité d'élaborer un système effectif

---

[914] Bret-Rouzaut (Nadine), Favenec (Jean-Pierre), *Recherche et production du pétrole et du gaz : réserves, coûts, contrats*, 2 ed., Technip, 2011, p. 183.

[915] Fernandez (Rafael), Palazuelos (Enrique), *A political economy approach to the European Union gas model: continuities and changes"*, Journal of Common Market Studies, v. 52, n° 3, May 2014, p. 495 - 511.

[916] Бирюков (P.P.), *Законодательство РФ о недрах: проблемы совершенствования*, in Материалы семинара Госгортехнадзора России, *О совершенствовании горного законодательства в области использования и охраны недр*, 2003, c. 31.

[917] A voir : Василевская (Дарья Владимировна), *Кодификация законодательства о недрах : проблемы и перспективы*, Закон, 2008, n° 3, cc. 139–144.

[918] A voir : Генералов (Сергей), *Управление отношениями на пользование недрами*, Нефть, Газ и Право, 2002, n° 6.

transparent de la participation de l'État à la transmission du droit d'usage relatif aux terrains des sous-sols sur le marché[919].

En ce qui concerne les accords de partage de production, le problème principal n'est pas juridique mais politique. Pour l'application de cette forme d'accords, il suffira de supprimer les restrictions existantes et de simplifier la procédure, en constituant un organe unique qui s'occupera des contrats[920].

De manière complémentaire, la plupart des auteurs (surtout le professeur I.I. Pavlov) insistent sur la nécessité de distinguer deux types d'activités : l'exploration et la production. Cependant l'ordre des choses actuelles est favorable aux investisseurs : ils peuvent, non seulement trouver des gisements, mais également les exploiter[921].

2. Les perspectives d'admission d'autres formes d'accès

Le système actuel, basé sur l'approche administrative, est devenu un frein au développement de l'industrie. Cette approche ne permet pas de proposer des conditions individuelles, souples pour l'utilisateur des sous-sols, ce qui est surtout important lors de l'exploitation des gisements dans des conditions extrêmes, au sens financier et technologique[922]. Le fait est qu'on ne réussit pas à élaborer un système de normes qui permettent, au moment de l'obtention d'une licence, de réglementer effectivement les opérations de production ainsi que d'établir des paiements justement évalués[923].

Pour ces raisons, les chercheurs [924] et les utilisateurs des gisements évoquent régulièrement la nécessité du changement de la législation sur les sous-sols. La proposition essentielle consiste à substituer le système de la licence par celui du contrat, en raison de l'inefficacité du premier. Il est proposé de mettre l'accent sur le processus de négociation en fixant toutes les conditions essentielles de l'utilisation des sous-sols et des paiements dans le contrat.

Parallèlement à la licence, on peut utiliser d'autres formes contractuelles, telles que la concession, le contrat de services et l'accord de partage de production, déjà envisagé.

---

919 Сидоров (Иван Николаевич), *Юридические аспекты привлечения иностранных инвестиций в пользование недрами в Российской Федерации*, in *Правовые аспекты БРИКС*, под ред. Татьяны Анатольевны Алексеевой, Пьеранджело Каталано, Изд-во Политехн. унив-та, 2011, с. 163.

920 Нетреба (Петр), *40 запрещенных отраслей. Проект ограничения иностранных инвестиций готов к погребению* // http://www.theworldpress.com/presse/pressemonde/presserussie/kommer.htm (01.04.2015).

921 Лахно (Петр Гордеевич), Зеккер (Франц Юнгер) (ред.), *Энергетическое право России и Германии : сравнительно-правовое исследование*, 2011, с. 126.

922 Клюкин (Борис Дмитриевич), *О развитии договорной основы права пользования недрами*, in *Горное право: обзорный курс лекций*, 2005, с. 121.

923 Курский (А.Н.), *Законодательство о недрах*, Нефть, Газ и Право, 2002, n° 6, с. 18.

924 S.A. Kimelman, B.D. Klukin, S.V. Koldaev, A.N. Koursky, M.I. Makhlina, V.B. Podmasko, A.B. Sapojnikov, D.G. Khramov, etc.

a. La concession

Ce type de contrat est connu dès 1901, la première concession a été délivrée pour 99 ans à W. d'Arcy en Perse[925]. Traditionnellement, ce modèle est utilisé dans les pays à hauts risques pour ce qui est de l'exploration et où la consommation ne dépend pas des réserves propres : il est appliqué en Australie, au Canada, aux Etats-Unis, au Royaume-Uni, en Norvège, à Abou Dhabi, en Angola, en Argentine, en Colombie, au Brésil, etc.

Conformément au régime de la concession, le concessionnaire devient titulaire d'un titre minier d'hydrocarbures octroyé par l'Etat, qui lui accorde un permis d'exploration, puis un permis d'exploitation en cas de découverte commerciale d'hydrocarbures. Le concessionnaire exerce un droit exclusif d'exploration et d'exploitation des gisements d'hydrocarbures, sur une certaine surface et pendant une certaine durée. En outre, il dispose librement des produits extraits, sous réserve d'exécuter certaines obligations à l'égard de l'autorité concédante. L'Etat perçoit des revenus fiscaux.

L'accord de concession attribue à l'utilisateur des sous-sols plus de liberté lors de la planification de l'exploration que le système de licence d'utilisation des couches profondes. Il assure, de ce point de vue, une plus grande protection des droits du concessionnaire, puisqu'il s'appuie sur le droit civil et offre une certaine protection au concessionnaire en cas de modifications ultérieures de la loi pétrolière. Mais le concessionnaire se soumet aussi à la surveillance et au contrôle des organes de l'État[926]. Ce mécanisme est attrayant pour l'État ainsi que pour l'investisseur.

Pourtant ce type de contrat ne représente pas toujours un véritable accord négocié par les parties. Dans certains pays, ce contrat reproduit seulement les conditions générales prévues dans la législation pétrolière en vigueur et est accompagné d'un cahier des charges spécifique au permis[927]. Dans le dernier cas, il n'y a pas une grande différence entre la concession et la licence, et par conséquent, le droit administratif est applicable dans les deux cas.

Les hydrocarbures, avant leur production, appartiennent à l'État. Cependant, dans le cadre d'un régime de concession, le titulaire devient propriétaire de la totalité des hydrocarbures produits, sous réserve du paiement de redevances en nature (gaz naturel) ou en espèces, dès que ces hydrocarbures sont extraits de terre, au niveau de la tête de puits.

Conformément au régime de la concession, le concessionnaire est propriétaire des installations jusqu'à l'expiration de ses droits. À l'expiration

---

925 Трубецкой (К.Н.), Краснянский (Г.Л.), Курский (А.Н.), Панфилов (Е.И.), *Горное законодательство России: вчера, сегодня, завтра*, 2000, с. 36.

926 Клюкин (Борис Дмитриевич), *Договорные формы недропользования, применяемые в странах западной Европы и Америке,* in *Горное законодательство : сборник статей*, 2005, с. 148.

927 Bret-Rouzaut (Nadine), Favenec (Jean-Pierre), *Recherche et production du pétrole et du gaz : réserves, coûts, contrats*, 2 éd., Technip, 2011, p. 202.

de la concession, les installations reviennent le plus souvent à l'État, sans indemnité pour le concessionnaire et l'État peut les utiliser à sa convenance et notamment pour poursuivre la production, si celle-ci peut être encore assurée dans des conditions qui lui paraissent économiquement raisonnables. Par ailleurs, l'État peut exiger du concessionnaire l'enlèvement à ses frais d'une partie ou de la totalité des installations, si l'État ne désire pas les utiliser. Le concessionnaire a le droit de réutiliser ses installations pour les opérations de production dans un autre lieu situé dans le même pays.

Conformément au régime de la concession, les revenus que l'État retire sont obtenus par le biais de la fiscalité et relèvent des catégories suivantes de taxes ou d'impôts : bonus (de signature[928] ou de production[929]) ; redevances superficiaires[930]; redevances à la production (royalties, 5-10 % du prix du gaz[931])[932] ; impôt sur les bénéfices du concessionnaire ; et, éventuellement, taxe supplémentaire sur les profits pétroliers.

Certains pays prévoient, en outre, que l'Etat peut participer aux opérations en tant que partenaire du concessionnaire, assumant les mêmes droits et obligations, à hauteur de sa quote-part de participation. Cette clause de participation s'exerce, en général, par le biais d'une société nationale et peut comporter des avantages spécifiques bénéficiant à l'Etat. Elle était appliquée dans de nombreux pays jusqu'à la fin des années 1980, avec des taux de participation pouvant atteindre ou dépasser 50 %, mais elle tend,

[928] Ce type de bonus consiste en un ou plusieurs versements effectués au profit de l'État et dont le montant est variable suivant le contrat. Celui-ci peut atteindre plusieurs millions, voire centaines de millions de dollars. Cela constitue un effort financier important de la part du titulaire, d'autant que ce bonus est versé antérieurement au démarrage de toute production, et aura donc un impact fondamental sur la rentabilité future. Pour le pays, il représente un revenu immédiat très attractif. Certains pays n'imposent pas directement des bonus de signature, mais procèdent à l'attribution des permis de recherche par des enchères *(bidding)*. Le paiement réalisé par le titulaire lors de cette attribution peut être assimilé à un bonus de signature, comme c'est le cas aux États-Unis pour les permis octroyés sur les zones fédérales.

[929] Les bonus de production consistent en un ou plusieurs versements effectués au profit de l'Etat, en fonction de l'obtention de certains seuils de production à partir d'une découverte commerciale. Le contrat fixe les sommes à verser lorsque la production atteint, pour la première fois, certains rythmes (généralement exprimés en b/j), pendant une certaine période. Un bonus dit « de découverte » peut également être prévu (*Ibid.*, p. 204).

[930] Le titulaire peut avoir l'obligation de verser chaque année à l'État, ou à une entité spécifiée, un loyer proportionnel à la surface qu'il explore ou exploite. En général, le loyer, par unité de surface, reste fixe durant chaque période d'exploration.

[931] Ball (Aaron), Galhardo (Paula), *In Search of Brazil's Better Self: The Proposed Pre-Salt Regulatory Framework*, Currents International Trade, Winter 2009, p. 17.

[932] La redevance à la production est d'un montant égal à un pourcentage de la valeur de la production versé à l'Etat par le titulaire, soit en espèces, soit en nature. Elle peut être considérée comme un impôt directement proportionnel à la valeur de la production, de façon identique à une taxe sur le chiffre d'affaires, indépendamment des profits. Le calcul de la redevance dépend non seulement du taux applicable, mais aussi de plusieurs paramètres qui doivent être bien précisés (Bret-Rouzaut (Nadine), Favenec (Jean-Pierre), *Recherche et production du pétrole et du gaz : réserves, coûts, contrats*, 2 ed., Technip, 2011, p. 205).

aujourd'hui, à être réduite, voire supprimée. Cependant, depuis le milieu des années 2000, certains pays producteurs ont réintroduit des taux de participation supérieurs à 50 % (Algérie, Venezuela)[933].

De l'avis du professeur B.D. Klukin, en Russie, aux concessions pourraient se substituer des licences[934]. De plus, les concessions, comme forme de coopération entre l'État et l'utilisateur des sous-sols ont été appliquées largement en Russie au cours de la période prérévolutionnaire[935]. Plus tard, le gouvernement soviétique, qui avait besoin d'argent et de technologies, avait fait également appel à ce type d'accords dans les années vingt du XX siècle en vertu du décret des commissaires du peuple des RSFSR 481 du 23 novembre 1920 « Des conditions économiques et juridiques communes des concessions »[936]. Bien que vers 1928 les concessionnaires produisaient 25 % du pétrole, vers 1940 toutes les concessions ont été interrompues[937].

Aux premières étapes du développement de la législation russe moderne, cette forme juridique a aussi été abandonnée, n'ayant pas trouvé sa place dans la législation sur les sous-sols.

Ainsi, dans la loi fédérale du 21 juillet 2005 « [s]ur les accords de concession » on ne prévoit pas l'utilisation de la concession. Pourtant, théoriquement, la loi fédérale « [s]ur les sous-sols » mentionne, outre les formes d'usage des sous-sols, le contrat d'État conclu conformément à la loi fédérale du 21 juillet de 2005 « [s]ur le placement des commandes pour les livraisons des marchandises, l'exécution des travaux, la prestation des services pour les besoins d'État et municipaux »[938] (§ 9 art. 10.1).

A titre d'exemple, en Russie, on peut utiliser l'expérience de la Chine où les compagnies publiques « China National Petroleum Corporation » (CNPC), « China Petrochemica Corporation » (SINOPEC) et « China National Offshore Oil Corporation » (CNOOC) sont responsables de la coopération avec des investisseurs étrangers. Avec ces derniers, ils concluent des accords dans lesquels on prévoit : les obligations minimales d'exploration et de production, les taxes et les redevances, les royalties, les exigences de l'utilisation de l'équipement chinois, etc. En général, la compagnie étrangère devient un opérateur du projet et les frais sont partagés selon la participation (51 % côté chinois, 49 % côté compagnie étrangère).

---

933 *Ibid.*, pp. 182 - 183.

934 Клюкин (Борис Дмитриевич), *О развитии договорной основы права пользования недрами*, in *Горное право: обзорный курс лекций*, 2005, с. 129.

935 Voir plus en détail : Курбанов (Рашад Афатович), *Правовое регулирование иностранных инвестиций в нефтяной и газовой промышленности*, 2010.

936 Трубецкой (К.Н.), Краснянский (Г.Л.), Курский (А.Н.), Панфилов (Е.И.), *Горное законодательство России: вчера, сегодня, завтра*, 2000, с. 37.

937 *Ibid.*, с. 39.

938 Федеральный закон « О размещении заказов на поставки товаров, выполнение работ, оказание услуг для государственных и муниципальных нужд » от 21 июля 2005 n° 94 - ФЗ // Собрание законодательства Российской Федерации, 25.07.2005, n° 30 (часть I), ст. 3105.

Dans certains cas, les compagnies chinoises ne participent pas au financement du projet, ainsi la part des ressources produits de l'investisseur s'accroît. A la fin de la réalisation du projet, l'infrastructure devient la propriété des compagnies publiques. Les entreprises peuvent disposer librement de leur gaz, pourtant, quelquefois, dans les accords, on prévoit l'obligation de vendre une part sur certains marchés[939].

b. Les contrats de services

Les contrats de services sont conclus par la compagnie nationale (publique) qui confie aux sociétés gazières le soin de procéder à des travaux de recherche, de développement et/ou d'exploitation, de rendre des services techniques, financiers et administratifs.

Ces contrats constituent une forme assez ancienne des rapports entre pays producteurs et sociétés pétrolières dans le cadre de la recherche et de l'exploitation. Ils sont appliqués dans les pays riches en ressources naturelles qui essaient de garder leur souveraineté sur ces ressources[940], notamment au Moyen-Orient et en Amérique latine. Dans les Etats tels que l'Argentine, l'Indonésie, l'Iran, l'Iraq, le Koweït, le Qatar, le Venezuela, la Bolivie, l'Equateur et le Mexique leur développement reste limité.

Selon la principe de la distribution des risques, deux catégories de contrats de services existent: les contrats de services à risques (dits contrats d'entreprise ou d'agence), où le risque est pris par la société gazière: l'entrepreneur n'est remboursé de son financement qu'en cas de production et les contrats d'assistance technique, ou de coopération technique[941], où le risque est pris par la société nationale et l'entreprise gazière procède à des travaux particuliers en contrepartie d'une rémunération adéquate.

L'investisseur, dans les deux cas, ne jouit pas d'un droit de propriété sur les ressources, comme c'est le cas dans la concession[942].

i. Les contrats de services à risques

Le contrat de services à risques est un contrat par lequel un contractant doit procéder à la recherche de gisements, à ses propres risques et frais, pour le compte de la société nationale, en contrepartie du remboursement des dépenses encourues et une rémunération laquelle est liée au succès des

---

939 Macbride (William L.), Hupp (Dana L.), Chunhe (Zhang), *National Regulation of the Hydrocarbons Industry: China,* Hydrocarbons: Economics, Policies and Legislation, vol. IV, 2005, p. 828.

940 Fernandez (Rafael), Palazuelos (Enrique), *A political economy approach to the European Union gas model: continuities and changes*, Journal of Common Market Studies, v. 52, n° 3, May 2014, pp. 495 - 511.

941 Антипова (Ольга Михайловна), *Правовое регулирование инвестиционной деятельности (анализ теоретических и практических проблем),* Волтерс Клувер, 2007 / http://base.garant.ru/5483800/ (07.04.2016).

942 Клюкин (Борис Дмитриевич), *Горные отношения в странах Западной Европы и Америки*, 2000, с. 156.

travaux de recherche. La production revient en totalité à l'Etat et le contractant peut parfois en acheter une fraction dans des conditions convenues.

Le contractant détient la direction des opérations, sous le contrôle des autorités de l'Etat. La société nationale est le propriétaire des installations et la société étrangère dispose d'un droit d'usage sur ces infrastructures.

Le calendrier, le programme, ainsi que le montant des travaux sont fixés dans un plan général de développement annexé au contrat. Ces contrats présentent des contraintes spécifiques aux investisseurs : ce sont des contrats à court terme, peu flexibles pendant la phase de développement et dans lesquels le plan doit être respecté de manière stricte.

La différence fondamentale entre le contrat de services à risques et le contrat de partage de production réside dans le fait que la rémunération est payée en espèces au lieu d'être versée en nature. Le contractant n'a donc pas accès aux hydrocarbures extraites pour les commercialiser[943].

Cependant, il y a peu, des contrats de buy-back (contrats de compensation des dépenses) ont été conclus. L'investisseur étranger, en finançant le projet, reçoit des compensations de l'Etat sous forme d'un certain volume [944] de la production du gisement développé. Après l'expiration du contrat, le gisement passe sous contrôle de la société nationale[945]. Ce type de contrats a été introduit en Iran dans le contexte spécifique de ce pays : la Constitution iranienne interdit l'octroi de droits pétroliers sous forme de concessions[946].

ii. Les contrats de coopération technique sans risque (contrat d'assistance)

L'autre catégorie de contrats de services est plus répandue. Selon cette formule, le contractant ne prend aucun risque et ne finance pas directement les travaux. Il reçoit une rémunération pour les services rendus, rémunération qui peut être plus ou moins liée aux résultats. Le contrat d'assistance porte essentiellement sur les opérations d'exploitation de gisements anciens et quelquefois, sur des travaux de développement. La totalité du financement est à fournir par l'État ou sa société nationale, et non par le contractant. Parmi les exemples de contrats d'assistance, on peut citer : les contrats d'assistance pour l'exploitation des gisements dans les pays qui ont nationalisé l'industrie

---

[943] Bret-Rouzaut (Nadine), Favenec (Jean-Pierre), *Recherche et production du pétrole et du gaz : réserves, coûts, contrats*, 2 éd., Technip, 2011, p. 213.

[944] L'investisseur reçoit le volume, et non pas la part en pourcentages de tout le gaz produit, ce qui se passe en cas d'accord de partage de production.

[945] Шавкатович (Мажитов Фарух), *Мировая практика контрактных отношений в газовой отрасли : опыт для Узбекистана*, Автореферат диссертации на соискание ученой степени кандидата экономических наук, 2009, сс. 15 - 16.

[946] Bret-Rouzaut (Nadine), Favenec (Jean-Pierre), *Recherche et production du pétrole et du gaz : réserves, coûts, contrats*, 2 éd., Technip, 2011, p. 214.

pétrolière dans les années 1970, tels que l'Arabie Saoudite, le Koweït, le Qatar ou le Venezuela; certains contrats d'assistance de l'ex-URSS et des pays de l'Est dans les pays en développement jusqu'à la fin des années 1980, tels que Cuba, l'Inde, le Pakistan, le Yémen ou l'Ethiopie; ou encore des contrats d'association pour la mise en développement de nouveaux gisements pour le compte d'une société nationale, comme à Abou Dhabi, en Inde ou au Bénin[947].

Conformément à la législation russe, des contrats de service (à risques et sans risques) sont présentés comme des modèles de contrats d'exploitation de sous-sols (§ 2 art. 12 de la loi fédérale « [s]ur les sous-sols »). De tels contrats ont été conclus par Gazprom avec WintershallHolding AG, Total et StatoilHydro ASA.

Toutefois, le mécanisme de conclusion de ces contrats et leur contenu ne sont pas prévus par la loi. Il est ainsi proposé de leur appliquer par analogie les dispositions du Code civil qui portent sur les contrats de louage d'ouvrage ou de services[948].

Cependant certains chercheurs ne sont pas d'accord avec cette assimilation et insistent sur l'idée que ces contrats de services doivent être considérés comme des contrats *sui generis*[949]. Ils considèrent que les sujets dans les deux contrats ne sont pas les mêmes, puisque le client dans le contrat de coopération technique sans risque est une société nationale publique, que le nombre de conditions substantielles est plus important dans le contrat d'ouvrage de service (ordre de financement du projet, prix, risque, etc.) que dans le contrat de coopération technique sans risque et que le financement dans ce dernier contrat n'est pas fourni par l'exécuteur.

§4 Le régime juridique des investissements étrangers

Le législateur russe utilise la notion de « régime des investissements étrangers » pour définir en général des conditions, des restrictions et des préférences accordées aux investisseurs étrangers. Conformément à l'article 4 de la loi « [s]ur les investissements étrangers » en Russie, les investisseurs bénéficient du régime national, c'est-à-dire, qu'ils ont les mêmes droits et obligations que les investisseurs nationaux.

Cependant dans les lois fédérales on prévoit des exceptions au caractère restrictif ou, au contraire, incitatif du régime national. Quant aux mesures restrictives, la loi fixe la liste exhaustive de leurs buts. Il s'agit de la protection des bases constitutionnelles, de la moralité et de la santé, des droits et intérêts légaux d'autrui ainsi que de la défense et de la sécurité de

---

947 *Ibid.*

948 Delaume (Georges), *The Proper Law of State Contracts Revisited,* ICSID Review - Foreign Investment Law Journal, 2012, vol. 12, pp. 1 - 96

949 Астапов (К.Л.), *Законодательное регулирование инвестиций в Российской Федерации на федеральном и региональном уровне*, Законодательство и экономика, 2004, n° 5, сс. 21 – 26.

l'Etat. En règle générale et en pratique, les exceptions restrictives se manifestent par la détermination des sphères dans lesquelles des investissements étrangers sont possibles. En ce qui concerne le secteur de l'énergie, cet aspect a déjà été envisagé plus haut dans notre étude.

Bien sûr la sécurité juridique elle-même est un facteur important de la promotion des investissements[950]. Mais, quelquefois on a besoin aussi de promouvoir les investissements en attribuant des préférences à certains investisseurs étrangers. En Russie, ces mesures peuvent être adoptées dans des buts de développement et de modernisation de l'économie etc…

Les formes concrètes de ces mesures préférentielles sont prévues par la législation. Parmi ces mesures, on compte les mesures fiscales, les clauses de stabilité et des garanties juridiques.

A. Les mesures fiscales

Pour apprécier si la situation dans un pays déterminé est ou non favorable aux investissements, les économistes tiennent généralement compte de la balance entre le rendement et les risques. Dans cette optique, le système fiscal peut devenir un facteur de stimulation pour l'attrait des investissements.

Dans la Fédération de Russie, la charge fiscale est de 30 à 38 % des chiffres d'affaires, et, pour certains gisements, elle est encore plus haute. Les taxes, en comparaison avec d'autres États, sont assez élevées[951]. Selon les articles 16 et 17 de la loi fédérale « [s]ur les investissements étrangers », en cas de réalisation de projets d'investissements prioritaires [952], les investisseurs étrangers profitent de réductions de droits douaniers, prévues par la législation russe et dans les accords internationaux. Par ailleurs, les entités fédérées et les collectivités locales peuvent aussi octroyer des exemptions fiscales aux investisseurs étrangers, aux dépens des budgets des entités fédérées, des collectivités locales et des fonds extrabudgétaires. Les investisseurs russes, en revanche, ne peuvent pas profiter de telles mesures[953]. De plus, les accords de partage de production peuvent prévoir des régimes fiscaux spéciaux.

---

950 Laviec (Jean-Pierre), *Protection et promotion des investissements*, préface par Michel Virally, PUF, 1985, p. 73.

951 Курбанов (Рашад Афатович), *Правовое регулирование иностранных инвестиций в нефте-газовую отрасль*, Автореферат дисертации, 2005, с. 169.

952 Le projet d'investissements prioritaires (projet d'investissement d'une somme de plus d'1 billion de roubles) ou dans lequel la part minimale des investisseurs étrangers est d'au moins 100 millions de roubles, est inséré dans la liste du gouvernement de la Fédération de Russie.

953 *Modalités juridiques et fiscales des investissements français en fédération de Russie*, Petites affiches, 25/08/2010, n° 169, p. 6.

B. Les garanties relatives au changement défavorable de la législation

Une composante importante du climat favorable aux investissements est la stabilité de la réglementation juridique. Elle peut être garantie par la détermination d'une période définie, pendant laquelle on s'interdit des changements législatifs relatifs aux conditions de l'investissement (clause de stabilisation, ou « clause de grand-père »). La clause de stabilisation a pour effet de geler le droit applicable dans la teneur qui était la sienne à la date à laquelle la clause a été convenue entre les parties. Elle vise à préserver le contrat des modifications réglementaires ou législatives qui pourraient se produire à l'intérieur du droit applicable. Elles tendent à soustraire le contrat aux dispositions législatives nouvelles[954].

Cette garantie, dans des pays comme la Russie, où plusieurs réformes essentielles ne sont pas encore achevées et où le législateur agit parfois de manière imprévisible, est particulièrement d'actualité. Il est à remarquer que, dans la législation russe, pendant les vingt dernières années, il y a eu diverses périodes d'application de la clause de stabilisation[955], ce qui souligne à nouveau sa grande actualité. La loi fédérale du 25 février 1999 « [s]ur l'activité d'investissements dans la Fédération de Russie réalisée sous forme d'apport en capital », prévoit que, en cas d'adoption de lois établissant d'autres règles que celles qui régissaient la conclusion des contrats, les dispositions de la nouvelle loi ne seront pas applicables pendant la période de rentabilisation de l'investissement et au plus, pour une durée de 7 ans (§ 2 et § 3 art. 15). Selon la loi fédérale du 9 juillet 1999 « [s]ur les investissements étrangers dans la Fédération de Russie », dans les circonstances exceptionnelles, où le montant total de l'investissement étranger représente plus d'un milliard de roubles, le gouvernement de la Fédération de Russie peut prolonger cette période (art. 9).

La loi fédérale contient toutefois une série de conditions de nature à limiter l'application à n'importe quel projet d'investissement étranger de « la clause de grand-père ». Par exemple, la garantie du changement défavorable de la législation ne s'étend pas aux règlements relatifs au montant des taxes de douane s'ils sont pris pour la sauvegarde des intérêts économiques de la Fédération de Russie, aux lois ayant pour but la protection des bases constitutionnelles, la moralité, la santé, les droits et intérêts légaux d'autrui,

---

954 Hamida (Walid Ben), *La clause relative au respect des engagements dans les traits d'investissement*, in *Le contentieux arbitral transnational relative l'investissement*, L.G.D.J., 2006, p. 81.

955 Un an - en vertu de la loi Fédérale du 26 juin 1991 « [s]ur l'activité d'investissements dans la RSFSR » ; 3 ans - en vertu du décret du Président de la Fédération de Russie du 27 septembre 1993 n° 1466 « [s]ur le perfectionnement du travail avec les investissements étrangers » ; 10 ans — en vertu des Bases de la législation de l'URSS du 5 juillet 1991 « Sur les investissements étrangers dans l'URSS ».

la défense et la sécurité de l'Etat. En outre, la clause de stabilisation concerne seulement le changement de législation fédérale.

Pratiquement, la stabilité est assurée uniquement aux participants aux accords sur le partage de production. Pour rendre cette clause plus efficace, il est proposé dans la science juridique d'introduire des changements dans la législation en vigueur de la Fédération de Russie. En particulier, on suggère de simplifier la formulation de la clause « de grand-père » aux fins d'éliminer les inexactitudes et les flous existants, d'étendre son domaine d'application aux actes normatifs juridiques des entités fédérées et aux administrations autonomes locales, à tous les projets d'investissements et d'insérer les normes de la clause « de grand-père » dans le code Fiscal de la Fédération de Russie, comme le régime fiscal spécial pour n'importe quel investisseur (et non seulement pour les participants APP)[956].

C. Les garanties juridiques

L'investisseur étranger est exposé à des risques divers : la nationalisation, les hostilités, les désordres civils, la dévaluation de la devise nationale, l'insolvabilité de l'État, etc. Pour la prévention de ces risques ou la minimisation de leurs conséquences dommageables, la législation nationale prévoit des garanties. Parmi celles-ci, dans la loi fédérale de la Fédération de Russie « [s]ur les investissements étrangers », prévoit la garantie de pleine et entière protection et sécurité, le principe de la non-intervention dans la réalisation des investissements, la garantie du libre transfert des droits et des obligations de l'investisseur étranger à une autre personne, les droits à l'acquisition de titres, le droits de participation à la privatisation des propriétés de l'État et des propriétés municipales, l'octroi à l'investisseur étranger du droit de posséder des terrains, des bâtiments, et biens immobiliers, etc. Cependant, les garanties les plus importantes sont les garanties traditionnelles relatives au règlement des différends (a), à l'indemnisation en cas de nationalisation (b) et au rapatriement des bénéfices (c).

1. La garantie relative au règlement des différends

L'existence d'un mécanisme efficace de règlement des différends est indispensable à l'instauration d'un climat propice à la réalisation des investissements. Il existe un lien indiscutable entre la sécurité juridique, par un système de règlement des différends efficace, et la sécurité énergétique[957].

Selon la législation russe, en particulier les lois fédérales « [s]ur les investissements étrangers en Fédération de Russie » (art. 10) et « [s]ur les

---

[956] Лисица (Валерий Николаевич), *Правовое регулирование инвестиционных отношений : теория, законодательство и практика его применения,* Автореферат диссертации, 2010, с. 36.

[957] Doumbé-Billé (Stéphane) (dir.), *Défis énergétiques et droit international,* Larcier, 2011, p. 104.

accords de partage de la production » (art. 22), les différends relatifs aux investissements étrangers peuvent être réglés par voie d'arbitrage. Il n'est pas étonnant que dans l'APP « Sakhaline-1 », « Sakhaline-2 » et « Kharyaga » il soit indiqué que le différend sera soumis à l'arbitrage à Stockholm. D'autre part, dans la loi fédérale du 30 novembre 1995 « [s]ur le plateau continental de la Fédération de Russie », on indique que les différends entre personnes physiques, personnes morales, personnes physiques et morales, se rapportant à leurs droits et devoirs sur le plateau continental, sont réglés par voie administrative ou auprès des cours de la Fédération de Russie (art. 47).

Très souvent l'investisseur étranger peut se trouver dans la situation où il ne peut pas exécuter sur le territoire de la Russie une décision d'arbitrage international. Cette situation est de plus en plus courante. Par exemple, la Cour de Samara a interdit à « Samarneftegaz » d'exécuter une décision de la Cour de New-York condamnant la Russie à payer une indemnité de $ 185,9 à Yukos Capital en se référant à l'explication du Ministère des affaires étrangères de la Fédération de Russie. Ce dernier a considéré que la sentence déroge à la souveraineté de la Russie. Selon les statistiques de la Cour suprême d'arbitrage de la Fédération de Russie, en 2013, 156 demandes d'exequatur ont été examinées et 80 % d'entre elles ont été satisfaites. Dans les affaires non politisées, la Russie a l'habitude d'exécuter les sentences arbitrales. Pourtant, dans le cas où la Russie n'a pas signé d'accords, réglementant la reconnaissance des jugements et des sentences arbitrales étrangers (avec la plupart des pays de l'Europe de l'ouest de tels traités ne sont pas conclus), les intérêts des investisseurs ne sont pas bien protégés[958]. La conclusion de l'Accord projeté pourrait résoudre les problèmes de l'exécution effective des jugements et des sentences arbitrales évoqués.

2. La garantie d'indemnisation

La loi fédérale « [s]ur les investissements étrangers dans la Fédération de Russie » prévoit que « les biens de l'investisseur étranger ou de l'entité commerciale fonctionnant avec des investissements étrangers ne sont pas passibles de retrait forcé, y compris de nationalisation ou de réquisition, sauf dans les cas et selon les raisons qui sont établies par la loi fédérale ou l'accord international de la Fédération de Russie » (art. 8).

Quant à l'indemnité due en cas de nationalisation, elle couvre le coût des biens nationalisés et les autres pertes (art. 8 de la loi fédérale « [s]ur les investissements étrangers dans la Fédération de Russie »). La loi mentionne uniquement que l'indemnité payée à l'investisseur étranger doit correspondre au coût réel des investissements nationalisés. Elle ne précise pas que l'indemnisation doit être payée sans retard, dans la devise dans laquelle ont

[958] Занина (Анна), Мельников (Кирилл), *Иностранный суд российскому не указ* // http://www.kommersant.ru/doc/2535171 (11.07.2016).

été principalement réalisés les investissements, ou dans n'importe quelle autre devise étrangère acceptable pour l'investisseur étranger.

Ainsi, la législation russe se montre très abstraite en réglementant les relations en matière d'investissements étrangers. En 2006, les autorités russes, sous prétexte de la protection de l'écologie, ont décidé que le groupe Royal Dutch Shell devait céder à Gazprom une participation lui permettant de contrôler le projet « Sakhaline-2 », malgré la loi de 30 décembre 1995 « [s]ur l'accord de partage de la production ». En 2007, « TNK-BP International » a été obligée de céder à Gazprom les droits de l'exploitation du gisement de gaz « Kovykta ». Le gouvernement russe a aussi essayé de prendre le contrôle du projet « Sakhaline-1 », dernier gisement de gaz (accordé en vertu de l'APP) dans la Fédération de Russie qui n'est pas contrôlé par Gazprom. Actuellement, le projet est toujours dirigé par ExxonMobil, mais le monopole russe possède les droits exclusifs pour l'acquisition de tout le gaz naturel obtenu du gisement. En 2009 le gouvernement russe a également produit une enquête sur le consortium des compagnies Total et StatoilHydro à propos de l'exploitation par celui-ci du gisement Kharyaga. Le résultat de l'enquête – la cession par les compagnies susmentionnées des parties de leurs parts de l'entreprise exploitant le gisement à Gazprom.

Il n'y a pas de pratique judiciaire dans ce domaine : les investisseurs étrangers préfèrent s'entendre avec les autorités russes et recevoir quelques compensations.

Comme la réglementation nationale des relations en matière d'investissements étrangers n'est pas suffisamment développée, on ne peut que souligner l'importance de l'adoption d'une nouvelle législation russe conforme aux standards internationaux. Mais il ne faut pas trop dramatiser la situation, puisqu'on peut toujours se référer au droit international des investissements grâce à l'article 15 de la Constitution russe qui garantit la primauté des accords internationaux sur les lois locales.

3. La garantie de rapatriement des bénéfices

Conformément à la loi fédérale du 9 juillet 1999 « [s]ur les investissements étrangers dans la Fédération de Russie », la garantie pour les investisseurs étrangers de transférer en dehors de la Fédération de Russie les revenus, les bénéfices et les autres sommes d'argent légalement reçues en devise étrangère en rapport avec leurs investissements est confirmée (art. 11). Il faut remarquer que, pendant la dernière décennie, il y a eu un développement considérable de la législation russe en la matière. Selon la loi fédérale du 10 décembre 2003 « [s]ur la réglementation des devises et le contrôle des devises »[959] des permissions individuelles de transfert de

[959] Федеральный закон от 10.12.2003 n° 173 - ФЗ « О валютном регулировании и валютном контроле » (ред. от 29.06.2015) // Собрание законодательства РФ, 15.12.2003, n° 50, ст. 4859.

revenus, de bénéfices en dehors de la Fédération de Russie ne sont pas exigées (§ 3 art. 5). En 2007 on a renoncé à la règle sur la réserve obligatoire (art. 16), de la vente de la partie de la recette (30 %) en devises des résidents[960] (art. 21). Pour le moment, les résidents doivent seulement transmettre aux banques agréées l'information nécessaire et le passeport du contrat[961] pour que la Banque centrale de Russie puisse en effectuer le contrôle (art. 19).

En définitive, les dispositions de la législation russe ne correspondent pas aux standards mondiaux. A l'avenir, le législateur pourrait prendre en considération les normes du Traité sur la Charte de l'énergie. Ils proclament la liberté de transfert du capital initial, auquel s'ajouteraient tout capital additionnel nécessaire au maintien et au développement d'un investissement, les rendements, les paiements effectués au titre d'un contrat, et notamment l'amortissement du principal et les paiements d'intérêts dus au titre d'un accord d'emprunt, les recettes non dépensées et les autres rémunérations de personnel engagé à l'étranger en rapport avec cet investissement, le produit de la vente ou de la liquidation de tout ou partie d'un investissement, les paiements résultant du règlement d'un différend, les paiements dans l'ordre de la compensation. De plus, les transferts doivent être effectués sans délai et dans une devise librement convertible (art. 14).

L'analyse de la réglementation juridique des investissements étrangers dans la Fédération de Russie a montré que la législation en ce domaine est très éloignée des standards mondiaux, surtout par rapport aux garanties du règlement des différends, de l'indemnisation pour cause de nationalisation, du libre transfert des bénéfices à l'étranger. Nonobstant le nombre considérable de garanties juridiques, il ne faut pas les considérer comme des garanties effectives. Toutes ne sont pas définies assez nettement[962], certaines ont seulement un caractère déclaratif. Ces règles ont donc besoin de précision en conformité avec l'Accord projeté.

Section II. Le droit russe de la concurrence

La compatibilité des stipulations de l'accord international projeté entre la Russie, l'UE et les pays membres de cette dernière et le droit russe de la concurrence est indispensable. Dans cette section on abordera : les sources du droit de la concurrence russe (§ 1), les règles spécifiques applicables aux

---

[960]Conformément aux données du IMF, la condition impérative sur le rapatriement de la recette en devises de change est fixée dans les actes juridiques, environ 50 États, y compris Chypre, la République Populaire de Chine, la République Tchèque (Артемов (Николай Михайлович), *Валютные ограничения*, 2001, c. 15.).

[961] Un document servant les buts du contrôle monétaire.

[962] Waltrip (Jason M.), *The Russian Oil and Gas Industry after Yukos: Outlook for Foreign Investment*, Transnational Law and Contemporary Problems, vol. 17, 2008, p. 581.

secteurs gaziers (exploration, production, transport et export de gaz) (§ 2) et le contrôle des fusions (§ 3).

§1 Les sources du droit de la concurrence russe

Conformément au § 1 de l'article 8 de la Constitution de la Fédération de Russie, le soutien de la concurrence est une obligation qui incombe à l'Etat russe. Cette disposition corrobore l'article 34 de l'acte fondamental qui interdit les activités économiques monopolistiques et la concurrence déloyale.

Ces règles ont été confirmées par la Cour constitutionnelle de la Fédération de Russie dans sa décision du 17 janvier 2013 n° 1-П[963], dans laquelle la Cour a reconnu la possibilité d'introduire des restrictions aux objectifs annoncés. La même position adoptée auparavant par la Cour constitutionnelle dans sa décision du 18 juillet 2008 n° 10-П[964]. En Russie la protection du marché de tout processus monopolistique a une valeur constitutionnelle.

La principale loi dans ce domaine est la loi « [s]ur la protection de la concurrence » n° 135 FZ de 2006[965]. Les lois fédérales « [s]ur les monopoles naturels » n° 147 FZ de 1995 et « [s]ur l'approvisionnement en gaz de la Fédération de Russie » n° 69 FZ de 1999, ont aussi une importance significative. Des organes compétents au niveau fédéral[966], principalement le Service anti monopole fédéral (SAF) [967] adoptent des règlements administratifs. Ce dernier exerce ses fonctions directement ou par l'intermédiaire de ses divisions territoriales : les départements. Il s'agit d'organes fonctionnant au niveau des entités fédérées. Le SAF en tant que

---

963 Постановление Конституционного Суда Российской Федерации от 17 января 2013 n° 1 - П « По делу о проверке конституционности положения части 5 статьи 19.8 Кодекса Российской Федерации об административных правонарушениях в связи с жалобой общества с ограниченной ответственностью « Маслянский хлебоприемный пункт » // Собрание законодательства РФ, 28.01.2013, n° 4, ст. 304.

964 Постановление Конституционного Суда РФ от 18.07.2008 n° 10 - П « По делу о проверке конституционности положений абзаца четырнадцатого статьи 3 и пункта 3 статьи 10 Федерального закона « О защите прав юридических лиц и индивидуальных предпринимателей при проведении государственного контроля (надзора) » в связи с жалобой гражданина В. В. Михайлова » // Собрание законодательства РФ, 04.08.2008, n° 31, ст. 3763.

965 Федеральный закон от 26.07.2006 n° 135 - ФЗ (ред. от 13.07.2015) « О защите конкуренции » // Собрание законодательства Российской Федерации, 31.07.2006, n° 31 (часть I), ст. 3434.

966 Багандов (Абдулла Исаевич), *Конституционно-правовые основы организации и деятельности органов государственного антимонопольного регулирования*, Автореферат диссертации, 2003, сс. 127 - 128.

967 Постановление Правительства РФ от 30 июня 2004 n° 331 « Об утверждении Положения о Федеральной антимонопольной службе » // Собрание законодательства Российской Федерации, 02.08.2004, n° 31, ст. 3259.

service fédéral est subordonné directement au gouvernement et non pas au ministère fédéral, ce qui garantit son indépendance.

Jusqu'à récemment (juillet 2015), il existait un autre organe compétent en matière de protection de la concurrence, c'était le Bureau fédéral des tarifs, créé en vertu d'un règlement du gouvernement du 9 avril 2004[968]. Cet organe indépendant était responsable de la fixation des tarifs de l'énergie électrique, gazière, pétrolière, etc. et d'autres types de travaux soumis à la réglementation étatique, conformément à la législation de la Russie. Sa compétence, dans une certaine mesure, était similaire à celles du SAF. En d'autres termes, il y avait conflit de compétences entre organes publics, ce qui avait un effet négatif sur la réglementation du marché[969]. Le 21 juillet 2015, en vertu du décret présidentiel « [s]ur certaines questions concernant la régulation et le contrôle étatique dans le domaine anti monopole et tarifaire »[970], les deux organes ont fusionné sous l'égide du SAF. Cependant, selon l'avis des experts, cette fusion ne permettra pas de résoudre les problèmes existants, c'est-à-dire de protéger les intérêts des entreprises publiques, de fixer des tarifs convenables pour les consommateurs, d'assurer un environnement concurrentiel et de créer des conditions favorables au développement des infrastructures[971].

Le SAF entame des poursuites sur la base d'informations reçues de personnes intéressées, des organes d'Etat et des mass-médias en cas d'ententes anti concurrentielles, d'abus de position dominante, de fusions aggravant la position dominante, d'actes émanant des organes fédéraux et municipaux limitant la concurrence. Si, lors de l'examen de l'affaire, le SAF découvre une infraction, il prescrit la cessation de cette activité, l'élimination des conséquences de cette violation, le retour à l'état initial précédant l'infraction. De plus, le SAF peut imposer des amendes pour violation de la législation anti monopole.

§2 Les règles spécifiques applicables au secteur gazier

A part les règles générales sur la protection de la concurrence, c'est-à-dire les règles relatives à l'interdiction des ententes, de l'abus de position dominante, des fusions, aggravant la position dominante, des actes des organes fédéraux et municipaux limitant la concurrence, il existe dans

---

[968] Постановление Правительства РФ от 09.04.2004 n° 204 (ред. от 08.10.2012) « Вопросы Федеральной службы по тарифам » // Собрание законодательства РФ, 12.04.2004, n° 15, ст. 1496.

[969] Матузов (Николай), Малько (Александр), *Теория государства и права*, Юристъ, 2004, сс. 357 – 375.

[970] Указ Президента Российской Федерации от 21 июля 2015 года n° 373 «О некоторых вопросах государственного управления и контроля в сфере антимонопольного и тарифного регулирования».

[971] Сапожков (Олег), Мануйлова (Анастасия), *Сам себе конкурент* // http://www.kommersant.ru/doc/2768788 (23.07.2016).

l'industrie gazière une réglementation spécifique garantissant la concurrence. Elle concerne presque tous les secteurs de l'industrie. Cependant l'on se contentera d'analyser les aspects de cette réglementation qui auront besoin d'être adaptés pour tenir compte de l'Accord projeté entre la Russie, l'UE et les pays membres de cette dernière, à savoir les aspects relatifs à l'exploration, la production, le transport et l'export du gaz.

A. L'exploration

Ce secteur de l'économie russe reste concurrentiel. Parmi les entreprises qui sont présentes dans ce secteur, il est possible de citer « Géotech », « Bashneft géophysique », « Intergra », etc. Pourtant en 2011, en vertu du décret du président de la Fédération de Russie du 15 juillet 2011 n° 957, la société anonyme ouverte « Rosgeologiya » (à 100 % contrôlée par l'Etat) a été créée. Cette entreprise a absorbé 37 compagnies étatiques et contrôle déjà 7 % du marché[972].

L'établissement d'une telle entreprise a été justifié par l'idée que la part de participation des entreprises étrangères[973] dans le secteur de la recherche géologique augmente en dépit du fait que cette industrie est réputée stratégique. Il n'est dès lors pas surprenant que l'on évoque la nécessité de doter cette entreprise d'un droit préférentiel de recevoir des licences portant sur l'exercice de travaux d'exploration géologique[974]. Ainsi, l'établissement de cette entreprise publique, qui reçoit des commandes d'entreprises publiques comme Gazprom-Rosneft, fait aussi du tort aux autres compagnies privées russes.

Cependant, la crise économique et les sanctions ont compliqué la réalisation des projets de Rosneft et Gazpom en Arctique, sur le plateau continental. Ils poussent le gouvernement à libérer le secteur et d'octroyer le droit d'accéder au marché aux compagnies privées. Le ministère de l'économie, le ministère des ressources naturelles et le ministère de l'énergie ont déjà soutenu cette idée [975]. Il faut rappeler qu'actuellement, conformément à la loi « [s]ur les sous-sols » de 2008, seules les entreprises contrôlées par l'Etat (où les entreprises dans lesquelles la part de l'Etat est supérieure à 50 %) peuvent exercer des travaux sur le plateau continental.

---

[972] Dans la perspective 22 % (Интервью с Генеральным директором « Росгеологии » Романом Пановым. *Разведка всегда связана с большими риска* // http://www.kommersant.ru/doc/2453956 (27.07.2016).

[973] Surtout vu la fusion de Eurasia Drilling et Schlumberger.

[974] Интервью с Генеральным директором « Росгеологии » Романом Пановым, *Разведка всегда связана с большими риска* // http://www.kommersant.ru/doc/2453956 (27.07.2016).

[975] Мельников (Кирилл), *У « Роснефти » сдают недра* // http://www.kommersant.ru/doc/2714671 (23.07.2016).

B. La production

En Fédération de Russie, comme dans plusieurs pays de la planète, les ressources naturelles sont détenues par l'Etat. Ainsi, le secteur de la production du gaz représente un marché monopolistique. La multiplicité existe seulement par rapport aux producteurs qui doivent remplir des conditions établies par l'Etat. Ce fait est expliqué au moins par l'importance de garantir l'usage rationnel des sous-sols. L'Etat apprécie le niveau des réserves gazières et distribue des droits sur leurs productions.

La position monopolistique de l'Etat est compensée par la distribution de droits sur des sous-sols conformément aux procédures de compétition que sont l'appel d'offres et la vente aux enchères. Il faut rappeler que, s'agissant de l'appel d'offre, on prend en considération différents critères : le niveau technologique des programmes d'exploration géologique des sous-sols et l'utilisation des sous-sols, le volume des minéraux à l'extraction, etc. (art. 13.1 de la loi fédérale « [s]ur les sous-sols »). S'agissant de la vente aux enchères, l'entreprise choisie est en principe celle qui a proposé la somme la plus importante en contrepartie du droit d'usage des sous-sols. Ce critère, qui exclut tout élément subjectif, témoigne de l'avantage de la vente aux enchères par rapport à l'appel d'offres. Ces procédures, sous la condition de l'information des sujets intéressés, de l'égalité formelle, de la transparence, peuvent garantir la concurrence et la protéger du protectionnisme étatique[976].

Cependant, une analyse plus approfondie démontre que, par rapport aux investisseurs étrangers, selon l'article 9 de la loi « [s]ur les sous-sols », l'Etat peut introduire les restrictions déjà décrites. Elles concernent l'utilisation des sous-sols de caractère fédéral et les gisements localisés sur le plateau continental.

La conséquence de ces règles est une diminution importante des participants du marché sur lequel Gazprom a une position dominante et contrôle plus de 70 % des réserves gazières[977]. Ainsi, le système actuel de la distribution de droits d'usage des sous-sols réduit considérablement la concurrence, ce qui, à son tour, a un effet négatif sur le fonctionnement du marché.

De plus, même les fonctionnaires russes reconnaissent, qu'outre l'entrave à la concurrence, il y a le poids de la bureaucratie et de la corruption. Le président du Conseil d'administration de la Banque publique « Sberbank » G. Gref envisage ces facteurs comme un obstacle important aux investisseurs étrangers. En calculant les dépenses prévues par projet, on y

[976] Беляева (Ольга Александровна), *Правовые проблемы аукционов и конкурсов*, Юриспруденция, 2011 //
URL: http://base.consultant.ru/cons/cgi/online.cgi?req=doc;base=CMB;n=16885 (21.07.2016).

[977] ОАО « Газпром », *Годовой отчет 2014* // http://www.gazprom.ru/investors/reports/2014/ (21.07.2016).

inclut « la charge de la corruption », nouvelle formule entrée dans l'usage[978]. Il n'est pas étonnant que Transparency international place la Fédération de Russie à la 143ème place sur 183 États en termes de corruption[979].

On ne peut pas oublier que la pratique administrative en vigueur en Russie ne contribue pas à l'établissement de relations de coopération fondées sur la confiance. Souvent les organes du pouvoir exécutif ne respectent pas les lois et les accords internationaux conclus par la Fédération de Russie et, plus particulièrement, quand l'objet de ces règlements porte sur l'octroi de tarifs spéciaux aux investisseurs étrangers[980]. En plus, il convient de rappeler que le système judiciaire russe ne garantit pas un règlement juste et équitable des litiges[981].

Compte tenu de ces considérations, il est nécessaire d'envisager la possibilité de dissocier la gestion du marché gazier et les aspects politique de ce marché. En particulier, le Président et la Douma d'État de la Fédération de Russie pourraient établir les bases de la politique générale sur l'énergie. En revanche, pour ce qui est de la compétence en matière d'octroi des licences, de la conclusion des APP, de la définition des normes écologiques et des standards de la sécurité sur le territoire des sous-sols, on pourrait en transmettre la gestion à un organisme indépendant se composant de représentants des investisseurs russes et étrangers, des organismes publics, etc. L'organisme en question pourrait conclure à titre onéreux (en contrepartie du paiement de royalties par exemple) les accords avec la Fédération de Russie sur le management des ressources sur un territoire défini. Ce système conduirait donc à mettre en place un organisme intermédiaire qui servirait d'amortisseur entre l'État et l'investisseur étranger, ce qui permettrait de stabiliser le climat des investissements[982]. Aux États-Unis, des organismes auxquels ce rôle a été imparti ont été créés dans le domaine de la distribution de l'eau en vue de la mise en valeur des territoires arides dans la partie occidentale du pays. Il en existe aujourd'hui dans le domaine de la construction des stades, des parcs et des infrastructures de transport. De tels organismes assurent l'observation de l'intérêt public,

---

[978] *Le dialogue énergétique de la Fédération de Russie - UE* // http://www.energystrategy.ru/press-c/source/8 février 12_Shafr.htm (22.07.2015).

[979] *Corruption by country. Russia* // http://www.transparency.org/country#RUS (22.08.2015).

[980] Землячева (Екатерина Анатольевна), *Государственно-правовое регулирование инвестиционной деятельности в топливно-энергетическом комплексе Российской Федерации*, Автороферат диссертации, 2008, с. 16.

[981] Cunningham (Richard P. Jr.), *Corporate Governance and Foreign Investment Nightmares in Russia: A Case Study of Unified Energy Systems*, Virginia, Journal of International Law, vol. 42, 2001–2002, p. 917.

[982] Bamberger (Nowell David Beckett), *In The Wake of Sakhalin II : How Non-governmental Administration of Natural Ressources Could Strengthen Russia's Energy Sector*, Pacific Rim Law and Policy Journal Association, 2007, p. 691.

respectent les standards d'une gestion professionnelle et permettent de neutraliser, ou au moins, de minimiser les interférences politiques[983].

C. Le transport

La raison pour laquelle les compagnies étrangères n'investissent pas dans la production du gaz naturel en Russie, ne réside pas seulement dans le manque de garanties en matière d'investissements et dans l'incertitude économique et politique dans ce pays. D'autres facteurs liés à l'organisation de ce secteur les en dissuadent. En vertu de la loi fédérale du 17 août 1995 n° 147-FZ « [s]ur les monopoles naturels »[984], rattache l'acheminement du gaz par tuyaux au secteur des monopoles naturels. En conséquence, le réseau d'approvisionnement du gaz (gazoducs magistraux) de la Fédération de Russie appartient à la société anonyme de type ouvert « Gazprom » qui lui accorde l'accès au système selon une procédure spécifique (1) et des tarifs régulés (2).

1. Le droit d'accès au réseau du transport

La position dominante de Gazprom sur le marché gazier russe et le contrôle monopolistique qu'elle exerce sur le réseau de transport russe est de nature à créer une menace d'abus de position dominante. Dans l'industrie gazière, le refus d'accorder un accès au réseau de transport constitue la violation la plus fréquente au droit de la concurrence.

La loi fédérale du 31 mars 1999 « [s]ur l'approvisionnement en gaz dans la Fédération de Russie » prévoit certaines garanties en matière d'accès non discriminatoire au réseau (art. 27). Cependant cette loi est loin de satisfaire les entreprises étrangères dans la mesure où Gazprom peut restreindre l'accès au réseau en invoquant des raisons techniques. Il s'agit, selon le décret français n° 858 du 14 juillet 1997 du principal obstacle à la réalisation des investissements dans l'industrie gazière. En outre, le refus d'accorder l'accès au transit est souvent décidé pour des raisons politiques. Il a été appliqué dans le cas de la compagnie « TNK-BP International », qui n'a pas pu transporter le gaz du gisement « Kovykta » et, par voie de conséquence, de vendre sa production. Le gouvernement de la Fédération de Russie a rappelé sa licence du fait de son inaction et l'a finalement obligée à céder ses parts de société à Gazprom[985].

---

983 *Ibid.*, pp. 688–689.

984 Федеральный закон от 17 августа 1995 n° 147 - ФЗ « О естественных монополиях » // Собрание законодательства Российской Федерации, 21.08.1995, n° 34, ст. 3426.

985 Walsh (Dominic), *BP Feels the Chill as Siberian Court Rejects Gasfield Plea*, The Times, 29/05/2007.

Les conditions et la procédure d'accès au réseau sont donc des aspects prioritaires dans la réforme de l'industrie énergétique russe[986]. On peut, certes, suivre la voie du renforcement des garanties existantes. Déjà, en 2006 le SAF a élaboré un texte « [s]ur les garanties d'accès non-discriminatoires au réseau de transport de la Fédération de Russie ». Mais ce projet n'a pas été, jusqu'à ce jour, adopté. Ce texte soumet Gazprom et ses sociétés filiales à la procédure applicable à tous les autres opérateurs du marché en ce qui concerne l'accès au réseau. Il prévoit des garanties techniques, économique et informationnelles. La procédure de conclusion de l'accord est mieux détaillée. En cas d'insuffisance des capacités de transport, il est proposé d'utiliser le principe de la proportionnalité (par rapport aux contrats à long terme) et du « premier venu - premier servi » (notamment par rapport aux contrats à court terme). Par ailleurs, ce texte accorde une priorité aux demandes de réservation de capacités à long terme sur les requêtes à court terme. Pour l'utilisation effective des capacités, il est envisagé d'appliquer le principe « utilisé ou perdu ». La cession des droits de transport est prévue à condition d'en informer l'opérateur[987]. La procédure d'attachement au réseau est elle aussi bien réglementée. Des règles relatives à la fourniture d'information par Gazprom sur le chargement et les réserves du réseau sont également prévus. Ainsi, en vertu de ce texte, la publicité et la transparence des mécanismes de l'accès aux gazoducs seront garanties. Le projet prévoit en outre la possibilité de s'adresser à une commission spécialement créée chaque fois que Gazprom refuse une demande d'accès.

Dans le cadre de la législation relative à la concurrence, il est possible de perfectionner la procédure d'examen des plaintes pour abus de position dominante émanant des producteurs indépendants (des compagnies non affiliées à Gazprom). Il en va de même pour l'indépendance du SAF en général. D'ailleurs, cet organe s'est montré assez efficace lors de l'examen de plaintes pour refus d'accès[988].

Un exemple frappant de cette approche est celui de la décision du SAF relative à l'affaire « GazEnergo-Alliance ». Cette entreprise, le producteur de gaz, après l'expiration du terme du contrat de transport avec Gazprom, avait déposé une requête pour obtenir les capacités de transport d'une quantité de gaz qu'elle avait produite. Gazprom, en violation de § 11 du règlement du gouvernement n° 858, a examiné la demande et l'a satisfaisaite

---

[986] Шарифуллина (Айгуль Фаитовна), *Правовое регулирование доступа к газотранспортным сетям,* Актуальные проблемы российского права, 2014, n° 1, c. 2.

[987] Лахно (Петр Гордеевич), Зеккер (Франц Юнгер) (ред.), *Энергетическое право России и Германии : сравнительно-правовое исследование,* 2011, c. 580.

[988] Яковлева (Анна Андреевна), *Воспрепятствование доступу на рынок поставки газа в свете правоприменительной практики антимонопольных органов России и Европейского союза* // http://www.center-bereg.ru/o284.html (30.07.2016) ; Шарифуллина (Айгуль Фаитовна), *Правовое регулирование доступа к газотранспортным сетям*, Актуальные проблемы российского права, 2014, n° 1, c. 7.

au bout de 5 mois, au lieu de 15 jours. Au cours de ces 5 mois, Gazprom avait continué à fournir les services de transport à GazEnergo-Alliance.

Malgré la déclaration de Gazprom, qui a prétendu, qu'au terme de l'examen de la demande, l'accès avait été accordé, le SAF n'a pas accepté cette argumentation. Conformément à la position du SAF, confirmée par la Cour d'arrondissement de Moscou[989], le non-respect des délais dans l'examen de la demande de GazEnergoAliance a empêché cette dernière d'exercer pleinement son activité entrepreneuriale et d'exécuter ses obligations de fourniture en faveur des consommateurs. Le SAF en a conclu que Gazprom avait empêché un producteur indépendant de gaz de participer au marché. Comme GazEnergo-Alliance n'avait pas de garanties sûres par rapport à l'accès au réseau du transport, les filiales de Gazprom se sont adressées aux consommateurs de GazEnergo-Alliance en leur proposant de changer de fournisseur. Le SAF a considéré que ces actions étaient dolosives.

Mais toutes les mesures proposées ne constitueront pas une garantie suffisante pour les investisseurs tant que la Fédération de Russie est l'actionnaire majoritaire de Gazprom. Pour remédier à cette situation, on propose le détachement de l'infrastructure de transport de Gazprom, ce qui aurait comme conséquence, qu'il ne pourrait plus abuser de sa position sur le marché de transport pour avoir des préférences sur le marché de la production du gaz. Les solutions suivantes sont possibles En premier lieu, la solution la plus douce consisterait à imposer à Gazprom de transmettre ses actifs de transport à une autre société et garantir son indépendance dans la prise de décisions de la société-mère. La deuxième solution, préférable, supposerait *la vente* des actifs de transport, des gazoducs à une société anonyme, dont les actionnaires seraient les investisseurs et les sociétés exploitant le gaz eux-mêmes, y compris Gazprom (dans des limites définies, ne permettant pas à ce dernier de réaliser un contrôle exclusif). Cette approche permettrait à Gazprom, grâce à la vente « des parts de participation », d'attirer des ressources en vue du développement du réseau de gazoducs de la Russie et de ne pas perdre complètement le contrôle sur le système

Le ministère de l'énergie, dans sa stratégie énergétique de la Fédération de Russie pour la période allant jusqu'aux années 2035, indique qu'il préfère opter pour la première solution. Vers 2025, Gazprom devrait fonder une filiale à laquelle seraient dévolues les missions de transport et de stockage du gaz. Celle-ci pourrait fonctionner indépendamment de la société mère[990].

[989] Постановление ФАС Московского округа от 27.07.2011 n° КА-А40/7901-11 по делу n° А40-87139/10-130-466 // http://base.consultant.ru/cons/cgi/online.cgi?req=doc;base=AMS;n=146163 (30.07.2016).

[990] Проект « Энергетической стратегии России на период до 2035» Министерства энергетики РФ // http://minenergo.gov.ru/upload/iblock/621/621d81f0fb5a11919f912bfafb3248d6.pdf (24.09.2016).

Cependant les adversaires de cette réforme soulignent les risques qui s'y attachent. Ils indiquent par exemple que dans l'hypothèse où Gazprom ne serait plus une entreprise verticalement intégrée, contrôlant le transport, elle ne pourra plus garantir l'accomplissement des contrats à long terme avec des compagnies européennes. Selon les représentants de Gazprom, la fragmentation de la compagnie accroîtrait le coût du gaz pour le consommateur final. En outre, si l'Etat perdait le contrôle de cette branche de l'industrie, cela pourrait constituer une menace pour la sécurité énergétique de la Russie.

En même temps, la disponibilité des facilités de transport libres constitue une meilleure option pour garantir la concurrence. Il est donc nécessaire d'élargir le réseau, de le moderniser et de construire de nouveaux gazoducs. Il est indispensable de construire de nouveaux dispositifs de stockages de gaz souterrains qui représentent eux-mêmes un instrument efficace pour équilibrer le marché gazier. Pourtant en Russie l'État lui-même ne s'occupe pas de la construction des gazoducs. Le professeur R.A. Kourbanov pense que le problème du développement de l'infrastructure peut être résolu en vertu d'accords de concession. L'infrastructure est construite par le concessionnaire, puis exploitée par ce dernier pendant un certain temps, le temps de rentrer dans ses frais et dépenses d'investissements, puis cédée au concédant. L'utilisation de la concession est aussi possible pour la modernisation de certaines infrastructures[991].

2. Le tarif d'accès au réseau du transport

On rappelle que la tarification du transport du gaz (dans les gazoducs appartenant à Gazprom et aux entreprises indépendantes) est effectuée par un organe du pouvoir exécutif fédéral (art. 21 de la loi fédérale du 31 mars de 1999 « [s]ur l'approvisionnement du gaz ») conformément aux méthodes approuvées par le gouvernement[992]. Cet organe était pendant très longtemps le Bureau Fédéral des Tarifs (BFT). Cependant, dès 2005, le SAF a cherché à le remplacer, au prétexte qu'il protège les intérêts des entreprises jouissant de monopole[993].

Nonobstant la mise en place d'un organe responsable pour la fixation des tarifs en juillet 2015, les méthodes d'élaboration des tarifs sont restées inchangées. Les tarifs sont établis en fonction des coûts, des taux de profit, des impôts, des investissements dans le développement du réseau, etc. La variation des tarifs en fonction des différentes catégories de consommateurs

---

[991] Курбанов (Рашад Афатович), *Правовое регулирование иностранных инвестиций в нефте-газовую отрасль,* Автореферат дисертации, 2005, с. 63.

[992] Приказ ФСТ России от 15.12.2009 n° 411-э/7 « Об утверждении Методических указаний по регулированию тарифов на услуги по транспортировке газа по газораспределительным сетям » // Российская газета, n° 27, 10.02.2010.

[993] Сапожников (Олег), Мануйлова (Анастасия), *Сам себе конкурент* // http://www.kommersant.ru/doc/2768788 (28.07.2016).

est aussi prise en considération. En pratique, il existe plusieurs instructions contradictoires pour le calcul des tarifs[994]. De plus, on utilise toujours la tarification à la distance (« point à point »), même si, physiquement, le gaz n'était pas transporté.

Selon l'avis des spécialistes[995], l'inconvénient majeur est l'absence d'une loi fédérale unique, fixant les règles générales d'une politique des prix, ce qui empêche toute homogénéisation dans la réglementation des prix. De la même façon, le législateur russe pourrait prêter plus attention aux mécanismes sécurisant la transparence dans l'établissement des tarifs et appliquer la tarification de « l'entrée-sortie » et non de « point à point »[996].

D. L'exportation

En Russie, conformément à l'article 3 de la loi fédérale du 18 juillet 2006 n° 117-FZ « [s]ur l'exportation du gaz »[997], le droit exclusif à l'exportation du gaz est accordé à l'entreprise propriétaire du système commun d'approvisionnement en gaz, ou à sa société affiliée à 100 % (la SARL « Gazprom exportation »). Ce droit exclusif porte sur le gaz transporté par gazoducs et ne couvre pas le gaz produit conformément aux accords sur le partage de production, adoptés jusqu'à l'entrée en vigueur de la loi. Mais, même dans ce dernier cas, comme on l'a déjà fait remarquer, Gazprom a réussi à « persuader » ExxonMobil de céder le droit exclusif à l'exportation du gaz naturel obtenu dans le cadre du projet « Sakhaline-1 ». Ainsi, les compagnies étrangères n'ont pas la possibilité d'exporter le gaz naturel ou sont obligées de le faire en vendant le gaz obtenu à Gazprom. On ne peut pas qualifier cette situation de favorable pour les compagnies étrangères. Cette mesure s'explique par la nécessité de garantir la sécurité nationale énergétique et par la prévention de l'épuisement irréparable des ressources naturelles ainsi que par l'exécution des obligations internationales et le maintien de la balance énergétique de la Russie. Cependant les véritables raisons résident, probablement, dans le désir de compenser les pertes subies par Gazprom en raison des obligations qui lui incombent de livrer du gaz aux consommateurs russes à des prix bas réglementés et de réaliser un programme de fourniture de gaz aux régions russes. En dehors de cela, le canal commun de l'export permet d'exclure la compétition entre les

---

[994] Кузнецов (Константин Борисович), *Порядок ценообразования при поставке газа*, Российский юридический журнал, 2011, n° 1, с. 170.

[995] Салий (Людмила Михайловна), *Разграничение полномочий органов государственной власти по регулированию цен на услуги субъектов естественных монополий*, Финансовое право, 2014, n° 1, с. 22.

[996] Гудков (Иван Владимирович), *Тарифное регулирование услуг по транспортировке газа: российский и европейский опыт*, Московский журнал международного права. Специальный выпуск. Междунар. отношения, 2006, с. 223.

[997] Федеральный закон от 18.07.2006 n° 117 - ФЗ (ред. от 30.11.2013) « Об экспорте газа » // Собрание законодательства, 2006, n° 30, ст. 3293.

fournisseurs russes et la pratique des ventes à des prix de dumping, ce qui peut amener à la réduction des profits.

Puisque la loi ne décrit pas le mécanisme d'exécution du droit exclusif à l'exportation du gaz, il existe deux interprétations possible quant au titulaire du gaz exporté. La première est que l'exportation ne peut porter que sur une livraison de gaz dont le propriétaire est Gazprom ou Gazprom-export. La seconde admet la possibilité d'exportation du gaz produit par des producteurs indépendants à condition qu'ils aient conclu un contrat de commission ou d'agence avec les titulaires d'un droit exclusif. Les partisans de ce point de vue se réfèrent, premièrement, au fait que la loi n'établit pas de restriction en ce qui concerne le droit de propriété du gaz exporté, et deuxièmement, à la position de la loi fédérale « [s]ur les bases de la réglementation d'État de l'activité de commerce extérieur », obligeant le titulaire du droit exclusif à l'exportation à réaliser des livraisons sans discrimination sur le marché[998]. En rapport avec une telle incertitude sur l'interprétation de la loi, des voix se font entendre sur la nécessité d'adopter la loi établissant le mécanisme de réalisation de la loi fédérale « [s]ur l'export du gaz ».

L'organisation de l'export du gaz à l'étranger par un canal commun a eu des précédents dans d'autres États, par exemple, en Algérie, au Canada et en Norvège. De 1986 à juin 2001, la Norvège a distribué le gaz par le biais du Comité des négociations sur la distribution du gaz (GFU) [999]. Les représentants des compagnies norvégiennes de gaz et de pétrole entraient dans sa composition, en premier lieu, ASA « Statoil » (président), puis ASA « Norsk Hydro »[1000] et ASA « Saga Petroleum ». Le comité était compétent pour la préparation et la tenue des négociations sur l'export du gaz norvégien jusqu'à la signature définitive des contrats, lesquelles devaient ensuite être adoptées au niveau du gouvernement et du parlement. Ainsi, face aux acheteurs du gaz les importateurs se présentaient par le Comité des négociations sur la distribution du gaz. Cependant la pratique du système norvégien a été critiquée de manière particulièrement virulente au début de la libéralisation du marché du gaz au sein de l'UE[1001]. La Commission européenne a demandé au gouvernement de Norvège de supprimer le Comité des négociations et, dès le 1er janvier 2002, cela a été fait. Après cette suppression, les producteurs de gaz ont eu la possibilité de livrer le gaz de

---

[998] Voir plus en détails : Дубик (Николай Николаевич), *Законность введения единого канала экспорта газа*, Газ и нефть, энергетика, законодательство, 2007, сс. 153 – 157.

[999] Митрова (Татьяна Алексеевна), *Анализ либерализации зарубежных рынков природного газа* // http://gasforum.ru/zarubezhnyj-opyt/45 (20.07.2015).

[1000] En 2007 Satoil et Norsk Hydro se sont fusionées en StatoilHydro.

[1001] La libéralisation est considérée comme ouverture du marché pour la compétition par voie des retraits des restrictions sur les prix et les barrières pour l'entrée sur le marché et l'accès à son infrastructure (Архипченко (Александр Юрьевич), Грищенко (Анатолий Иванович), *О проблемах развития конкурентного рынка электрической энергии*, Энергетическое право, 2004, n° 2, c. 40).

manière indépendante. Il n'y a pas eu de chute des prix, puisque la principale compagnie norvégienne de gaz et de pétrole, Statoil, a conservé une influence décisive dans le domaine de l'export du gaz.

Pour garantir la sécurité nationale énergétique, maintenir l'équilibre énergétique de la Russie et assurer les intérêts des investisseurs, il serait judicieux d'établir des quotas d'exportation pour les compagnies russes et étrangères ou de réaliser l'exportation en vertu d'une licence, comme cela se fait à juste titre en Chine[1002] et aux États-Unis.

Cette orientation a été choisie en matière de gaz liquéfié. En 2013, on a introduit des amendements à la « [s]ur l'export du gaz », ce qui fait que, désormais, le gaz liquéfié peut être exporté, hormis Gazprom, par des titulaires de licences, qui prévoient la construction de terminaux de GNL, ou par la direction du gaz produit aux terminaux de GNL, ou encore par des entreprises contrôlées à 50 % par l'Etat qui produisent le gaz sur le plateau continental, dans les eaux intérieures ou la mer territoriale selon l'accord de partage du produit (art. 3). Rosneft, les participants du projet Yamal SPG (Novatek, Total et CNPC) ont obtenu cette possibilité d'exporter du gaz naturel liquéfié.

Cependant, l'abandon d'un canal unique d'export du gaz ne s'accorde pas trop avec la réglementation de l'industrie gazière en Russie en général[1003]. Il n'est donc pas pensable que le législateur russe accepte de démanteler le monopole de l'export du gaz sans réformes intérieures.

§3 Le contrôle des fusions

La réglementation relative au contrôle des fusions intéresse les entreprises étrangères souhaitant entrer sur le marché russe par l'achat d'autres entreprises.

Dans ce domaine, le SAF peut effectuer un contrôle *ex ante* et *post ante*. L'accord préalable du SAF est nécessaire dans les cas prévus aux articles 27 - 29 de la « [s]ur la protection de la concurrence » et notamment lorsque la valeur des actifs des entreprises fusionnées est supérieure à 7 milliards de roubles (1.1 milliard d'euros) et leurs revenus supérieurs à plus de 10 milliards des roubles (1.5 milliard d'euros). Dans ces mêmes cas, le SAF doit être informé des contrats conclus entre des sociétés d'un même groupe. La concentration d'entreprises est admissible, si elle a pour but le perfectionnement de la production et du commerce, l'incitation au progrès technique et économique, l'augmentation de la compétitivité des produits

---

[1002]Blumental (David), Chua (Tju Liang), Au (Ashleigh), *Upstream Oil and Gas in China* // http://www.velaw.com/uploadedFiles/VEsite/Resources/20-Vol3SecVCh3UpstreamOilandGas.pdf (29.07.2016).

[1003] Крупорницкая (Ирина Анатольевна), *Совершенствование управления внешней торговлей предприятий газовой промышленности*, Автореферат диссертации на соискание ученой степени кандидата экономических наук, 2005, с. 6.

russes sur le marché international ou l'obtention d'avantages pour les consommateurs (art. 13).

La position de monopole de Gazprom en Russie pose problème pour l'approbation des contrats d'acquisitions d'autres entreprises gazières au regard du droit de la concurrence. En 2005, le Service anti monopole fédéral (à cause de l'achat de la SARL « Nortgaz ») a interdit à Gazprom l'achat des actions d'autres entreprises gazières. Cependant, à la fin de 2006, cette décision a été annulée par la Cour russe et les experts ont estimé que cette dernière donnait le feu vert à Gazprom pour créer un centre unique de gestion du gaz, ce qui a été confirmé par l'achat de 51 % des actions de « ITERA » et de la part de « Sakhalin Energy »[1004].

Par conséquent, la législation russe sur la réalisation des fusions ne contient pas de limitations excessives. Mais il faut tenir compte de la position spéciale de Gazprom sur le marché.

Ainsi, dans ce domaine, des tendances différentes coexistent : les unes tendent à fortifier le monopole des entreprises d'Etat et les autres à établir une vraie concurrence. La première tendance est plus visible. Dans le secteur de l'exploration, une nouvelle entreprise publique a été créée (Rosgeologiya), une fusion importante entre Eurasia Drilling Company (EDC) et Schlumberger s'est produite et l'accès des investisseurs étrangers aux travaux d'exploration du plateau continental et des gisements de caractère fédéral a été interdit. Dans le secteur de la production, Gazprom jouit d'une position dominante, contrôlant plus de 70 % des réserves gazières. Il est seul propriétaire d'un système d'approvisionnement en gaz et le seul exportateur par gazoducs du gaz russe. Les fusions effectuées par Gazprom sont habituellement approuvées, malgré sa position dominante sur le marché. Ces éléments font que le marché est presque totalement contrôlé par Gazprom et l'Etat qui, par l'intermédiaire du SAF et des ministères, essaie de le superviser[1005].

Cette situation de monopole s'explique par plusieurs raisons qui ne sont pas seulement des raisons de politique extérieure. A l'origine, Gazprom était essentiellement tournée vers le marché intérieur pour couvrir les besoins d'une population au faible pouvoir d'achat. Mais, la stratégie et la forme d'organisation de Gazprom doivent être appréhendées par rapport au contexte économique russe actuel. Cette stratégie peut s'analyser comme une stratégie de maximisation de la production gazière aux conséquences importantes sur le marché russe et sur les marchés européens. Elle est la réponse apportée par l'entreprise face à un degré élevé d'incertitude économique. Dans un tel contexte, la stratégie développée par la compagnie

---

[1004] Гриб (Наталия), *Газпром получил право приобретать газодобывающие предприятия* // http://www.kommersant.ru/doc.html?docId=733954 (01.04.2016).

[1005] En même temps on peut dire que Gazprom elle-même exerce la compétence de régulateur spécial de cette branche de l'industrie.

se réduit à une stratégie de « survie », très éloignée des objectifs d'efficacité et de rentabilité. Gazprom est le garant de la stabilité, elle est une réponse à l'incertitude de l'environnement économique russe. S'appuyant sur une maximisation de la production, elle repose sur la mise en production rapide de nouveaux gisements au détriment d'une stratégie de rentabilité et d'objectifs d'efficience[1006].

Cependant, il existe une autre tendance qui est le passage à la concurrence. Des licences portant sur le droit d'usage des sous-sols sont distribuées conformément aux procédures de compétition : l'appel d'offres et la vente aux enchères. Les garanties d'accès et le contrôle d'abus de position dominante par rapport à Gazprom sont souvent efficaces sauf quand des facteurs politiques sont en jeu. Il n'est pas surprenant que le gaz des producteurs indépendants représente déjà 40 % des volumes de transport en Russie. La libéralisation a même touché l'export de gaz et, le gaz liquéfié, dans certains cas, peut aussi être exporté.

Cette seconde tendance repose sur la nécessité d'attirer des investissements. Pour ce faire, on a besoin de conditions concurrentielles. Plusieurs projets de lois contenant des dispositions en faveur de la concurrence sont à l'étude auprès de la Douma. Parmi ces projets figure le projet de loi « [s]ur les gazoducs magistraux »[1007] et le projet de code minier.

L'analyse du droit russe des investissements montre qu'il est préférable d'adapter le droit de la concurrence aux règles du futur Traité conclu entre la Russie, l'UE et les pays membres de cette dernière. Surtout, il est nécessaire d'adapter des règles sur l'accès au transport et sur l'export. La deuxième tendance basée sur le passage à la concurrence correspond donc aux buts de l'Accord projeté.

[1006] Locatelli (Catherine), *Energie et transition : les nouveaux acteurs industriels*, Harmattan, 1998, p. 93.

[1007] Il est élaboré au sein de Douma à partir la fin des années 1990.

Chapitre II
Les perspectives d'évolution du dispositif juridique européen

Pour se réaliser et être effectif, l'Accord projeté entre la Russie, l'UE et ses pays membres doit être adapté à la réglementation intérieure (européenne) du marché gazier (dans ses aspects relatifs à la commercialisation, au transport et à la fourniture de gaz naturel).

Or, les réformes de l'industrie gazière dans l'UE ne sont pas achevées. La mise en vigueur de la directive gazière 2009 a montré que le fonctionnement du marché du gaz souffre toujours de nombreux problèmes. Selon la Communication de la Commission intitulée « [p]our un bon fonctionnement du marché intérieur de l'énergie »[1008], on n'a toujours pas établi un marché du gaz supranational. Même si la structure du marché intérieur du gaz est claire, les éléments constitutifs de ce marché doivent être effectivement mis en œuvre. Jusqu'à présent, l'application des règles du marché intérieur de l'UE n'a pas donné lieu à la convergence attendue des politiques nationales ou à la cohérence nécessaire entre les différentes autorités nationales. Ces dernières années, la tendance à l'indépendance énergétique nationale et à l'unilatéralisme, avec un certain degré de protectionnisme, s'est renforcée dans toute l'Europe. Ces interventions nationales sur les marchés de l'énergie, réalisées de manière unilatérale et non coordonnées au niveau européen, ont été dénoncées par les énergéticiens comme étant coûteuses et à l'origine de fortes perturbations. Elles peuvent avoir un effet direct sur le prix de l'énergie et de son transport, ainsi que de graves effets de distorsion sur les échanges transfrontaliers, qui entravent la concurrence et menacent les fondements du marché intérieur et son niveau d'intégration actuel. Elles reflètent également un manque de confiance dans le processus européen et dans les forces du marché[1009]. Il n'est pas surprenant que, de plus en plus souvent, des chercheurs soulignent qu'une véritable politique commune de

[1008] La Communication de la Commission au Parlement européen, au Conseil, au Comité économique et social européen et au Comité des régions « Pour un bon fonctionnement du marché intérieur de l'énergie » COM/2012/0663 final du 2012 // http://eur-lex.europa.eu/legal-content/FR/TXT/?uri=CELEX:52012DC0663 (12.03.2016).

[1009] Andoura (Sami), Vinois (Jean-Arnold), *De la communauté européenne de l'énergie à l'Union de l'énergie*, Notre Europe, 2015, p. 71.

l'énergie n'est possible que sous la forme d'une Communauté européenne de l'énergie.

Le but de la baisse des prix n'a pas été atteint non plus. De plus, les prix finaux de l'énergie pour les consommateurs n'ont cessé d'augmenter au cours des années (en Pologne les prix du gaz ont triplé sur la période 1999-2011) [1010], avec des incidences négatives notamment pour les consommateurs.

Les prix acquittés par les consommateurs finaux demeurent très différents d'un pays à l'autre, et leur évolution se fait dans un cadre complexe où les jeux politiques sont prépondérants[1011]. La différence entre les prix payés par les consommateurs peut varier d'un pays à l'autre de 1,5 fois[1012].

La libéralisation devait favoriser le consommateur en l'autorisant à choisir son fournisseur. Cependant dans tous les pays, les consommateurs résidentiels semblent attachés par tradition à leur opérateur. En Pologne en 2010, seulement 0,23 % des consommateurs ont changé d'opérateur. En Hongrie, ce chiffre était de 0,3 % en 2010 et de 1,6 % en 2012[1013].

Ces faits créent un climat qui n'est pas assez stable pour l'attraction des investissements dans l'industrie gazière européenne dans les domaines du transport, de la commercialisation et de la fourniture du gaz naturel.

Comme déjà indiqué dans la première partie, la réglementation actuelle pose également des problèmes au regard de l'exécution des contrats à long terme dans les domaines de la commercialisation en gros et du transport.

Face à la multitude des problèmes existants, ce chapitre sera consacré à l'adaptabilité du droit des investissements et du droit de la concurrence de l'UE (éléments clés de la réglementation du marché) au marché gazier EU - Russie. Cette analyse est importante pour saisir les conditions juridiques de nature à attirer les investissements russes et celles relatives à l'exécution des contrats à long terme entre Gazprom et des entreprises européennes.

[1010] Bafoil (François), *La libéralisation du secteur de l'énergie. Privatisations des entreprises et consensus sociaux,* in *Accès à l'énergie en Europe. Les précaires invisibles*, Les Presses de Sciences Po, 2014, p. 55.

[1011] Grand (Emmanuel), Veyrenc (Thomas), *L'Europe de l'électricité et du gaz. Acteurs, marchés, régulations*, préface de Jean-Marie Chevalier, Economica, 2011, p. 539.

[1012] La variation de prix peut être multipliée par deux si on compare par exemple la Roumanie et la France.

[1013] Bafoil (François), *La libéralisation du secteur de l'énergie. Privatisations des entreprises et consensus sociaux,* in *Accès à l'énergie en Europe. Les précaires invisibles*, Les Presses de Sciences Po, 2014, p. 55.

Section I. Le droit européen de la concurrence dans le domaine du gaz

La devise européenne « Unie dans la diversité » résume parfaitement le cadre applicable en matière de concurrence[1014]. La Commission européenne, dans sa communication « Pour un bon fonctionnement du marché intérieur de l'énergie » de 2012, a confirmé que toutes les entreprises, ainsi que les pays tiers, doivent, sur le marché, bénéficier d'une égalité de traitement et de conditions de concurrence équitables. Toute la réforme de l'industrie gazière dans l'UE est construite autour de l'idée d'introduire de la concurrence dans ce domaine, par l'insertion d'éléments de concurrence dans des secteurs différents de l'industrie. Il ne faut pas penser qu'avec l'arrivée de la concurrence, on paiera moins cher. Mais c'est une « bonne chose » susceptible de stimuler et de dynamiser l'économie[1015]. Dans cette section, seront analysées les règles générales du droit de la concurrence (§1) et la règle spécifique de ce droit dans des secteurs spécifiques : le transport, le stockage, la commercialisation (§2). Ces derniers sont particulièrement importants dans les relations russo-européennes.

§1 Les atteintes au droit de la concurrence

L'importance du droit de la concurrence dans le domaine gazier est cruciale[1016]. La Commission européenne[1017], en collaboration avec les autorités nationales, veille à l'application directe des règles européennes de la concurrence, définies dans les articles 101 à 109 du Traité sur le fonctionnement de l'Union européenne (TFUE)[1018]. Elle entend ainsi

---

[1014] Idot (Laurence), *Réforme, décentralisation et stratégies d'entreprises, in* Colloque, *Les entreprises face au nouveau droit des pratiques anticoncurrentielles : Le règlement n° 1/2003 modifie-t-il les stratégies contentieuses ?* Bruylant, 2006, p. 11.

[1015] Frachon (Olivier), Vakaloulis (Michel) (dir.), *Le droit à l'énergie*, Syllepse, 2002, p. 76.

[1016] En Allemagne, la législation de l'UE a beaucoup influencé la réglementation dans le secteur gazier. Par la suite une nouvelle loi sur l'approvisionnement de gaz et de l'électricité du 29 avril 1998 a été adoptée. Cependant jusqu'à l'adoption d'une loi relative à la concurrence en 1957 ce problème était ignoré, parce que la concurrence dans ce secteur de l'économie était reconnue nuisible du point de vue macroéconomique. Même les contrats de partage de marché, contenant des conditions sur le prix fixé, ne sont pas tombés sous le coup de la la législation relative à la concurrence. C'est seulement l'abus de position dominante qui a été condamné (Лахно (Петр Гордеевич), Зеккер (Франц Юнгер) (ред.), *Энергетическое право России и Германии : сравнительно-правовое исследование*, М., 2011, сс. 90 - 91.).

[1017] Au sein de la Commission, c'est la Direction générale (DG) de la concurrence qui assume principalement les pouvoirs d'exécution directe. Les compétences de la DG de la concurrence sont strictement limitées : elle ne peut intervenir que si elle a la preuve d'une violation des règles de la concurrence et ses décisions peuvent faire l'objet d'un recours devant la Cour de justice de l'Union européenne.

[1018] Le droit interne et le droit de l'Union européenne de la concurrence ne sont pas sur un pied d'égalité. Celui-là est dans la dépendance de celui-ci, comme un effet particulier du principe général de la primauté du droit de l'Union. Dépendance, d'abord, quant à son champ d'application :

améliorer le fonctionnement des marchés européens, en luttant contre trois types d'abus anticoncurrentiels : l'abus de position dominante, les ententes anticoncurrentielles, le contrôle des aides d'Etat. Tous les trois se passent sur le marché, dont la délimitation précise constitue le préalable nécessaire à toute investigation.

Toutefois, cette notion de marché n'est pas unitaire. Sa définition passe par une double recherche, l'une de dimension géographique et l'autre de dimension matérielle, par référence à certains produits[1019]. Le marché géographique peut être défini comme le territoire sur lequel les entreprises concernées interviennent dans l'offre d'échanges[1020]. Ordinairement, la Commission prend d'abord en considération les parts de marché, les prix et les différences entre les prix pour établir le territoire géographique du marché[1021]. Pourtant, en matière de gaz, les frontières géographiques du marché sont déterminées par les limites des réseaux régionaux (la région est déterminée par les capacités de la station de balancement) ou au coup par coup, individuellement (en Allemagne les frontières des réseaux des anciens fournisseurs régionaux sont celles des frontières elles-mêmes)[1022].

Ensuite, la Commission établit le marché matériel en définissant des produits et des services convenant aux consommateurs selon le prix, la qualité, la destination pour la réalisation de leurs demandes. Par exemple, le marché du gaz peut être théoriquement élargi par inclusion de marchés d'autres sources d'énergie (le charbon, le mazout)[1023]. Mais cette approche n'a jamais été réalisée ni au niveau national ni au niveau de l'UE puisque, selon les autorités, l'équipement nécessaire à la bonne marche des différentes sources d'énergie n'est pas assez répandu[1024]. Mais avec le progrès technologique la situation devrait bientôt changer.

---

le droit national ne peut régir seul que les situations qui échappent au ressort exclusif du droit de l'Union ; il ne peut s'appliquer aux concentrations entre entreprises qui atteignent la « dimension communautaire » au sens du règlement sur les concentrations, ni aux aides d'Etat qui affectent les échanges entre Etats membres. Dépendance, ensuite, quant à son contenu : le droit interne ne peut ni permettre ce que le droit de l'Union défend, ni autoriser ce qu'il prohibe (l'autorité nationale ne saurait, par exemple, condamner sur le fondement d'une prohibition spécifique du droit interne des faits caractérisant une entente que l'autorité de l'Union aurait exemptée comme contribuant au progrès économique). Dépendance, enfin, quant à son inspiration : le droit interne est lié par la politique économique commune, dont les règles de concurrence ne sont que l'un des moyens d'actions, qu'imposent aux Etats membres les traités (Decocq (André), Decocq (Georges), *Droit de la Concurrence : droit interne et droit de l'Union européenne*, 5 éd., L.G.D.J., 2012, pp. 19 - 20.).

[1019] Grynfogel (Catherine), *Droit communautaire*, 3 éd., L.G.D.J, 2008, p. 97.

[1020] Vogel (Louis), *Droit de la concurrence européen et français*, t. 1, JuriScience, 2012, p. 458.

[1021] Oinonen (Mika), *Does EU Merger Control Discriminate against Small Market Companies ?* Kluwer Law International, 2010, p. 267.

[1022] Лахно (Петр Гордеевич), Зеккер (Франц Юнгер) (ред.), *Энергетическое право России и Германии : сравнительно-правовое исследование*, 2011, c. 283.

[1023] *Ibid.*, c. 281.

[1024] *Ibid.*, c. 282.

A. Le contrôle de l'abus de position dominante

Aux termes de l'article 102 du TFUE, il est interdit aux compagnies d'exploiter de façon abusive leur position dominante sur un marché.

L'action pour abus de position dominante présuppose la détermination du marché. Lorsque le marché est identifié, la Commission définit la domination exercée sur ce dernier. Dès 1972, la Cour de justice a indiqué que la situation visée par le texte « concerne une position de puissance économique détenue par une entreprise, qui lui donne le pouvoir de faire obstacle au maintien d'une concurrence effective sur le marché en cause en lui fournissant la possibilité de comportements indépendants dans une mesure appréciable vis-à-vis de ses concurrents, de ses clients et finalement des consommateurs »[1025]. Ultérieurement, elle a été amenée à affiner son analyse en précisant que la position dominante « n'exclut pas l'existence d'une certaine concurrence, mais met la firme qui en bénéficie en mesure, sinon de décider, tout au moins d'influencer notablement les conditions dans lesquelles cette concurrence se développera et, en tout cas, de se comporter dans une large mesure sans devoir en tenir compte et sans pour autant que cette attitude lui porte préjudice »[1026]. Une entreprise détenant moins de 40 % de parts de marché peut difficilement établir une position dominante.

L'existence et le niveau des barrières à l'entrée[1027] sur le marché jouent également un rôle central dans l'appréciation de la position dominante. Le secteur du gaz naturel se caractérise par l'existence de barrières élevées à l'entrée, même si la situation évolue sur certains segments du marché. Les barrières sont d'abord d'ordre technique. Doivent être examinés le niveau d'interconnexion entre les différents réseaux, les capacités disponibles, le niveau de la consommation ou de la production nationale et les projets de développement de ces capacités. Les barrières sont encore financières : l'accès à certains marchés implique des investissements qui représentent, pour beaucoup, des coûts irrécupérables. La Commission tient également compte de l'état et de la structure du marché. Dans ce cadre, elle recherche le taux de croissance de ce marché, le niveau des prix ou encore le niveau de concentration. Du point de vue de la structure, la Commission s'attache, notamment, au nombre de concurrents, à leur taille respective et à leur capacité de représailles[1028].

[1025] CJCE, 21 février 1973 Europemballage Corporation et Continental Can Company Inc. contre Commission des Communautés européennes, aff. 6 - 72 // European Court Reports, 1973, p. 215.

[1026] CJCE, 13 février 1979 Hoffmann-La Roche & Co. AG contre Commission des Communautés européennes, aff. 85/76 // European Court Reports, 1979, p. 461.

[1027] Tout facteur qui rend plus difficile pour les candidats éventuels l'entrée probable sur un marché à long terme (Petit (Nikolas), *Droit européen de la concurrence*, Montchrestien, 2013, pp. 160 - 163.).

[1028] Lemaire (Christophe), *Energie et concurrence : Recherches sur les mutations juridiques induites par la libéralisation des secteurs de l'électricité et du gaz*, préface Laurence Idot, t. II, Presses Universitaires d'Aix-Marseille, 2003, p. 677.

Si aux Etats-Unis la position dominante est *per se* une infraction de droit concurrentiel[1029], dans l'UE c'est le critère de la rationalité qui est utilisé, parce qu'on a peur que la concurrence puisse affaiblir l'efficacité de l'économie européenne [1030]. Le monopole est le résultat normal de la compétition entre compagnies sur le marché. La « règle de raison » est un principe modérateur introduit à la fin des années 70 par l'arrêt Metro–Saba 26 /76 du 25 octobre 1977. Elle est directement inspirée de la *rule of reason* américaine. Le juge américain a en effet été conduit au fil des arrêts à tempérer le caractère absolu de l'article 1er du Sherman Act, qui ne prévoit pas de clause générale d'exception en déclarant licites toutes les restrictions de concurrences « raisonnables ».

Selon l'article 102 du TFUE, les pratiques abusives peuvent notamment consister dans le fait d'imposer de façon directe ou indirecte des prix d'achat ou de vente, ou d'autres conditions de transaction non équitables; de limiter la production, les débouchés ou le développement technique au préjudice des consommateurs; d'appliquer à l'égard de partenaires commerciaux des conditions inégales à des prestations équivalentes, en leur infligeant de ce fait un désavantage dans la concurrence; de subordonner la conclusion de contrats à l'acceptation, par les partenaires, de prestations supplémentaires qui, par leur nature ou selon les usages commerciaux, n'ont pas de lien avec l'objet de ces contrats, etc.

La Commission est assez active dans l'engagement de poursuites pour abus de position dominante. Elle engage des poursuites en cas de manipulation des prix, de réservation long-terme de capacités d'accès au réseau gazier susceptibles de restreindre la concurrence sur le marché aval, en cas de non prestation d'accès au réseau, etc.

[1029] La décision d'une Cour d'appel de 6 arrondissement U.S. v. Addiston Pipe and Steel Co 1898, confirmé par la décision de la Cour suprême dans l'affaire US vs Trenton Potteries Co 1927, l'article 1 du Sherman Anti-Trust Act du 2 juillet 1890.

[1030] Même aux Etats-Unis, comme exception, on utilise cette conception, par exemple, dans l'affaire US vs Standard Oil of New Jersey 1912.

Principales procédures introduites par la Commission en vertu des articles 101 et 102 du TFUE[1031]

Cas	Allégation	Résultat
CE c/ENI (COMP/39.315 du 4 octobre 2010)	Verrouillage vertical du marché italien par rétention de capacité, réduction de capacités, et sous-investissement stratégique sur le réseau international de gazoducs d'ENI. Application de la théorie des infrastructures essentielles.	Remèdes concurrentiels : cession par ENI de ses parts dans les gazoducs allemand (TENP), suisse (Transitgas) et autrichien (TAG) – ce dernier dans une structure *ad hoc* contrôlée par l'Etat italien, - cession des actifs incorporels et de l'équipement auxiliaire nécessaires à l'exploitation du réseau public de transport.
CE c/GDF SUEZ (COMP/39316 du 4 décembre 2009)	Verrouillage vertical du marché français du gaz (réservation long-terme de la capacité d'accès au réseau, sous investissement dans le développement de l'infrastructure).	Remèdes concurrentiels : réduction des capacités détenues par GDF SUEZ aux points d'entrée français (en dessous de 50% à partir de 2014), réduction des réservations long terme sur les capacités d'importations de gaz en France (en dessous de 50%).
CE c/E.ON (COMP/39.317 du 4 mai 2010)	Verrouillage vertical du marché allemand du gaz (réservation long-terme de la capacité d'accès au réseau susceptible de restreindre la concurrence sur le marché aval). Application de la théorie des infrastructures essentielles.	Remèdes concurrentiels : réduction des capacités détenues par E.ON aux points d'entrée (gaz release de 15% en 2015), et réduction de sa part globale de réservation de capacités d'entrée à moins de 50% en 2015, jusqu'en 2025.

[1031] Fait selon la table // Principales procédures intentées par la Commission en vertu des articles 101 et 102 TFUE // Grand (Emmanuel), Veyrenc (Thomas), *L'Europe de l'électricité et du gaz. Acteurs, marchés, régulations*, préface de Jean-Marie Chevalier, Economica, 2011, p. 189.

CE c/RWE (COMP/39402 du 18 mars 2009)	Verrouillage vertical du marché allemand du gaz (refus d'accès des tiers au réseau) et pratique du ciseau tarifaire. Application de la théorie essentielle.	Remèdes concurrentiels : cession patrimoniale du réseau de transport de gaz de RWE (Thyssengas) à une tierce partie en 2010 (à la banque australienne Macquairie).

Hormis les sanctions pour abus de position dominante (1, 5, 10 % des chiffres d'affaires) la Commission, en appliquant la réglementation antitrust, impose également aux entreprises divers engagements dans le but d'orienter les marchés. Par exemple, menacée de lourdes amendes pour comportement abusif sur le marché allemand de vente en gros d'électricité, E.ON a accepté de céder son réseau électrique à haute tension, ainsi qu'un portefeuille important et varié de capacité de production. De même, Distrigaz a présenté un arrangement complexe de mesures pour garantir la liquidité du marché en Belgique. Avec cet arrangement, Distrigaz a garanti qu'au moins 70 % de ses clients seraient soumis à la libre concurrence pour de nouveaux venus chaque année[1032].

Pour les compagnies russes, cette pratique de contrôle de l'abus de position dominante est exceptionnellement importante. Puisque, exemples à l'appui, on voit que même la réservation de capacités de transport pour des contrats à long terme peut constituer une infraction du droit anti monopole.

Des procédures pour atteintes au droit de la concurrence ont déjà été introduites contre Gazprom en vertu de l'article 102 du TFUE. Pour la première fois, des revendications contre Gazprom se sont élevées fin 2011 quand les bureaux de Gazprom Germania GmbH, E.ON RUHRgas и RWE, PGNiG et EuRoPol Gas SA (Pologne), Vemex OOO (République Tchèque), OMV et GWH Gashandel GmbH (Autriche), Overgas Inc. AD (Bulgarie), Panrusgas Co. (Hongrie), Latvijas Gaze JSC (Lettonie), Eesti Gaas AS (Estonie), et Lietuvos dujos AB (Lituanie) ont été fouillés. Selon la Commission, Gazprom verrouillait certains marchés, en rendant difficiles les livraisons libres dans certains pays de l'UE et empêchait les diversifications d'approvisionnement en gaz. Il lui était également reproché d'instaurer des prix injustes, en les liant au prix du pétrole[1033]. La plus grande menace pour Gazprom ne réside pas dans les amendes qu'il pourrait être condamné à payer mais dans le risque de lui imposer la révision des contrats à long terme

---

[1032] Andoura (Sami), Hancher (Leigh), Woude (Marc van der), *Vers une Communauté européenne de l'énergie : un projet politique*, Notre Europe, 2010, p. 35.

[1033] Rapport de la Commission au Parlement européen, au Conseil, au Comité économique et social européen et au Comité des régions, *[s]ur la politique de concurrence 2014,* du 4.6.2015, COM(2015) 247 final // http://ec.europa.eu/competition/publications/annual_report/2014/part1_fr.pdf (18.07.2016).

(durée, formule de prix, etc.). Même si, dans certains cas, effectivement, Gazprom jouit d'une position dominante, la pression politique sur l'entreprise ne doit pas être négligée. Il existe la probabilité que d'autres compagnies russes se retrouvent dans une position similaire. Pour au moins diminuer les risques politiques, on propose de fixer une règle de priorité de la sécurité énergétique sur la concurrence. D'ailleurs cette mesure ne semble pas contraire aux intérêts d'autres participants au marché.

B. Le contrôle des ententes anticoncurrentielles

1. Les ententes anticoncurrentielles exclusives de toute fusion

Le droit de la concurrence ne se réduit pas au contrôle de l'abus de position dominante : il s'attache également à réprimer les pratiques concertées[1034] des ententes anticoncurrentielles. Le Traité n'a pas vraiment défini l'entente anticoncurrentielle. Le texte dispose que sont interdits « tous les accords entre entreprises, toutes décisions d'association d'entreprises et toutes pratiques concertées, qui sont susceptibles d'affecter le commerce entre Etats membres et qui ont pour objet, ou pour effet, d'empêcher, de restreindre ou de fausser le jeu de la concurrence à l'intérieur du marché commun » (§ 1 art. 101 TFUE).

La « règle de raison » européenne permet de justifier certains comportements anticoncurrentiels, en appréciant exclusivement leurs effets dans le cadre du § 1 de l'article 101, sans que leurs auteurs n'aient pu solliciter l'exemption prévue par le § 3 du même article[1035].

Ainsi, sont interdits les accords et les pratiques concertées ayant pour objet ou pour effet d'empêcher, de restreindre ou de fausser le jeu de la

[1034] La notion de pratiques concertées permet de saisir les formes les plus souples de collusion, de dépasser les situations juridiques formelles et visibles pour essayer d'appréhender les situations économiques concrètes. Dans l'affaire des matières colorantes de 1972 (CJCE, 14 juillet 1972, Imperial Chemical Industries Ltd. contre Commission des Communautés européennes, aff. 48 - 69 // Recueil de jurisprudence 1972, p. 619.) la Cour de justice a remarqué que la pratique concertée est une forme de coopération entre les entreprises qui ne réunit pas les éléments d'accord mais résulte d'une coordination qui s'extériorise par le comportement des participants (Arcelin (Linda), *Droit de la concurrence* : les pratiques anticoncurrentielles en droit interne et communautaire, Presses Universitaires de Rennes, 2009, p. 79.). Donc cette notion n'exige aucun engagement de part et d'autre, ni même de plan commun. Les parties s'informent simplement de leurs intentions, échangent des renseignements relatifs à leur comportement sur le marché. L'information doit cependant être réciproque. Elle se fera le plus souvent lors de réunions (Arcelin (Linda), *Droit de la concurrence* : les pratiques anticoncurrentielles en droit interne et communautaire, Presses Universitaires de Rennes, 2009, p. 80). Les autorités enseignent qu'un parallélisme de comportements ne peut être considéré comme apportant la preuve d'une concentration que si la concentration en constitue la seule explication plausible (CJCE, 27 séptembre 1988, A. Ahlström Osakeyhtiö et autres contre Commission des Communautés européennes, aff. jointes 89, 104, 114, 116, 117 et 125 à 129/85 // Recueil de jurisprudence 1988, p. 5193.).

[1035] Vogel (Louis), *Droit européen des affaires*, 1 éd., Dalloz, 2012, p. 550.

concurrence à l'intérieur du marché intérieur et notamment ceux qui consistent à fixer de façon directe ou indirecte les prix d'achat ou de vente ; de limiter ou contrôler la production, les débouchés, de répartir les marchés ou les sources d'approvisionnement, etc. Par contre sont légitimes les ententes qui contribuent à améliorer la production ou la distribution des produits, ou à promouvoir le progrès technique ou économique.

Jusqu'à aujourd'hui il n'y a eu que quelques affaires sur la base de cet article.

La pratique de la Commission en matière d'ententes anticoncurrentielles

L'affaire	Remède
DONG-ELSAM-ENERGY E2, décision du 14 mars 2006, cas n M. 3868[1036].	Cession des infrastructures de stockage et possibilité offerte aux clients de mettre fin aux contrats long terme.
GDF-Suez, décision du 21 décembre 2005, cas n° M.3696.	Cession du réseau de transport du gaz belge Fluxys, du plus gros fournisseur de gaz belge Distrigaz (vendu à ENI) et du second producteur d'électricité belge SPE (vendu à EDF).
CE c/Distrigaz (COMP/B-1/37966 du 11 octobre 2007)	Plafonnement des parts de marché (30 %) sur les contrats long terme avant octobre 2007, plafonnement des durées des contrats long terme : maximum de 2 ans pour les revendeurs et de 5 ans pour les clients industriels

Plus récemment, est intervenue la décision de la Commission du 8 juillet 2009 dans l'affaire E.ON /GDF[1037] qui trouve son origine en 1975 dans la construction en commun du gazoduc MEGALE pour acheminer le gaz russe. Les deux opérateurs s'étaient entendus pour ne pas pénétrer sur le marché national l'un de l'autre, ce qui ne posait pas de problème majeur à l'époque du fait du monopole d'importation de gaz en France dont jouissait GDF. Ce dernier a été supprimé en 2000 à l'expiration du délai de transposition de la première directive sur le gaz. Malgré cela, les parties ont continué à

[1036] A voir plus : Schnichels (Dominik), Valli (Fabien), *Vertical and horizontal restraints in the European gas sector – lessons learnt from the DONG/DUC case*, 2003 // http://ec.europa.eu/competition/publications/cpn/2003_2_60.pdf (19.07.2016).

[1037] CE c/E.ON et GDF SUEZ COMP/39401n du 8.07.2009 // http://ec.europa.eu/competition/antitrust/cases/dec_docs/39401/39401_1536_1.pdf (16.08.2016).

appliquer les lettres d'accompagnement de 1975, ce qui a justifié l'intervention de la Commission sur la base de l'article 101 du TFUE[1038]. E.ON et GDF Suez ont été condamnés à 533 millions d'euros chacun pour entente collusive de partage des marchés.

2. *Les fusions*

Les associations d'entreprises sont aussi une forme d'entente. A cause des fusions des sociétés gazières en Europe, il existe un risque de création d'un oligopole gazier[1039].

Le règlement (CE) n° 139/2004 du Conseil du 20 janvier 2004, relatif au contrôle des concentrations entre entreprises[1040], a établi le régime général des concentrations dans l'Union. Une « concentration » est réputée réalisée lorsqu'un changement durable du contrôle résulte de: la fusion de deux ou plusieurs entreprises ou parties d'entreprises antérieurement indépendantes; l'acquisition directe ou indirecte, par une ou plusieurs personnes (détenant déjà le contrôle d'une entreprise au moins) ou par plusieurs entreprises qui en acquièrent le contrôle d'une ou de plusieurs autres entreprises[1041].

Si le règlement (CEE) n° 4064/89 sur les concentrations [1042] adopté en 1989 était axé sur le principe du « guichet unique », accordant à la Commission un contrôle exclusif sur toute fusion transfrontalière importante, de son côté, le nouveau règlement, tout en évitant que la même concentration soit notifiée à plusieurs autorités de concurrence dans l'Union européenne, reprend le « principe de subsidiarité », selon lequel l'autorité juridictionnelle la mieux placée pour examiner une concentration donnée est compétente.

La Commission contrôle les concentrations de « dimension européenne » et le règlement (CEE) n° 4064/89 sur les concentrations en fixe les critères[1043]. En pratique les prises de participation transfrontalières

---

1038 Blumann (Claude) (dir.), *Vers une politique européenne de l'énergie*, Bruylant, 2012, p. 54.

1039 Cependant, comme le rappellent J. Huby, F. Noihan et P. Sauvage, les marchés oligopolistiques peuvent être extrêmement concurrentiels mais il est également possible que les circonstances amènent les acteurs, sans nécessairement s'entendre de façon formelle, à coordonner leur comportement, voire à agir comme une unique entité (Chevalier (Jean-Marie), Rapin (David), *Les réformes des industries électrique et gazière en Europe*, préface de François Lamoureux, Institut de l'entreprise, 2004, p. 76.).

1040 Règlement (CE) n° 139/2004 du Conseil du 20 janvier 2004 relatif au contrôle des concentrations entre entreprises // Journal officiel, L 24, 29.1.2004, pp. 1–22.

1041 Les opérations de concentrations multiples, subordonnées l'une à l'autre ou étroitement liées, sont considérées constituer une seule concentration.

1042 Règlement (CEE) n° 4064/89 du Conseil, du 21 décembre 1989 relatif au contrôle des opérations de concentration entre entreprises // Journal officiel, L 395, 30.12.1989, pp. 1–12.

1043 Déjà avant la libéralisation, la Commission avait refusé à trois reprises d 'examiner des concentrations communautaires, ce qui est relativement rare en pratique. Ces décisions concernaient toutes les activités de distribution et de fourniture d'électricité et de gaz naturel en Allemagne. La Commission a considéré qu'il était opportun de renvoyer ces affaires au Bundeskartellamt dans la mesure où les problèmes de concurrence susceptibles de se poser

existent, mais demeurent marginales. D'habitude, la Commission ne s'oppose pas aux fusions mais le régime européen de contrôle des concentrations lui confère la possibilité de conditionner l'autorisation d'une opération de concentration à la souscription d'engagements par les parties concernées (ce sont des remèdes concurrentiels). Les actions engagées par la Commission ont eu un impact réel sur l'évolution des structures industrielles et ont abouti à desserrer l'écrasante domination des opérateurs ENI, ENGIE, E.ON et RWE sur l'approvisionnement de leurs marchés nationaux. Ce desserrement a été obtenu en exigeant des opérateurs concernés une réduction de leurs droits de réservation portant sur l'utilisation des capacités de transit aux frontières de leur marché national, une restriction des clauses d'exclusivité en amont ou en aval, voire la cession pure et simple de l'infrastructure de réseau au titre de remèdes structurels.

Par exemple, dans l'affaire EDF/ENBW[1044], la Commission a considéré que l'acquisition par EDF du contrôle sur ENBW a conduit à l'élimination de ce dernier en tant que concurrent potentiel qui aurait pu mettre à mal la position dominante d'EDF sur le marché français. Afin d'éviter une décision d'interdiction, EDF a accepté de vendre une partie de sa capacité française aux enchères. De même, E.ON était également prêt à offrir des engagements ambitieux quand il a acquis les installations de gros et de stockage de MOL en Hongrie[1045]. En 2006 la Commission ne s'est pas opposée à la fusion de GDF et de Suez mais l'a soumise à l'accomplissement de certaines conditions[1046]. Elle a utilisé cette approche pragmatique et novatrice dans plusieurs affaires (DONG[1047], Hidrocantàbrico)[1048], parfois en agissant de

concernaient des marchés régionaux distincts ne constituant pas une partie substantielle du marché commun. En second lieu, depuis l'ouverture des marchés de l'électricité et du gaz naturel à la concurrence, neuf renvois peuvent être recensés. D'une part, la Commission a décidé le renvoi total aux autorités belges de sept concentrations communautaires intervenues entre Electrabel et des intercommunales. Selon la Commission, ces opérations menaçaient de renforcer la position dominante d'Electrabel sur les marchés de la fourniture d'électricité et de gaz naturel aux clients éligibles qui sont de dimension nationale (Lemaire (Christophe), *Energie et concurrence : Recherches sur les mutations juridiques induites par la libéralisation des secteurs de l'électricité et du gaz*, préface Laurence Idot, t. II, Presses Universitaires d'Aix-Marseille, 2003, p. 641.).

[1044] Affaire COMP/M.1853 EDF/EnBW du 07.02.2001 // http://ec.europa.eu/competition/mergers/cases/decisions/m1853_en.pdf (19.08.2015).

[1045] Affaire COMP/M.3696 E.ON/MOL du 21.12.2005 // http://ec.europa.eu/competition/mergers/cases/decisions/m3696_20051221_20600_en.pdf (26.08.2015).

[1046] Hariharan (Srikanth), Ghaya (Kalyani), *Competition Law in the Energy Sector: The European Experience*, European Energy and Environemental Law Review, vol. 20, issue 5, 2011, p. 204.

[1047] Affaire COMP/M.3868 DONG/Elsam/Energi E2 du 14.03.2006 // http://ec.europa.eu/competition/mergers/cases/decisions/m3868_20060314_20600_en.pdf (27.08.2015).

[1048] Affaire COMP/M.2684 EnBW / EDP / CAJASTUR / HIDROCANTÁBRICO du 19.03.2002 // http://ec.europa.eu/competition/mergers/cases/decisions/m2684_en.pdf (27.08.2015).

concert avec les autorités nationales de la concurrence (Veba/VIag)[1049]. Cependant, lorsqu'aucun engagement n'était pas envisageable, la Commission n'a pas hésité à interdire la création de nouveaux géants de l'énergie (EDF/GDF/ENI)[1050].

Il est possible de prolonger cette analyse juridique du phénomène de recomposition en examinant les accords de coopération conclus par les opérateurs sur le marché. Le plus souvent ce sont de simples engagements contractuels. Il s'agit davantage d'examiner, sur la base des notifications reçues par la Commission et qui ont été rendues publiques, dans quelle mesure les opérateurs ont pu s'associer en créant des entreprises communes, qui n'ont pas été qualifiées de concentrations[1051]. La Commission a notamment reçu la notification d'un projet d'entreprise commun entre deux sociétés du secteur de l'énergie situées aux Pays-Bas et au Royaume-Uni. L'entreprise ainsi créée, dénommée Compass, avait initialement pour fonction d'assurer la fourniture de gaz naturel et de services associés aux grands consommateurs néerlandais. La Commission a refusé de qualifier Compass de joint-venture concentrative dans la mesure où elle ne pouvait être considérée comme autonome par rapport aux sociétés mères (décision du 15 octobre 1998, aff. n IV/M.1315, ENW/Eastern)[1052]. De même en 2002, elle a accepté l'établissement de joint-venture formée par Irish Synergen de ESB et Statoil[1053].

Quant aux fusions strictement nationales, sans la moindre dimension communautaire (c'est-à-dire lorsque la majeure partie du chiffre d'affaires des parties participant à la fusion est réalisée dans un seul et même État membre), elles ne tombent pas sous la compétence de la Commission. Ces concentrations purement nationales peuvent donc conduire à la constitution de champions nationaux que la Commission est contrainte de tolérer[1054].

Rares sont les Etats qui ont confié aux seuls tribunaux la décision ultime de l'approbation ou non d'une concentration (au Royaume-Uni, en Espagne et même en Allemagne un ministre possède un droit de veto). En Allemagne, le motif politique de l'interdiction des concentrations était évident dès le départ. Premièrement, en raison de la politique de

---

[1049] Affaire COMP/M.1383 Exxon/Mobil et Affaire COMP/M.1673 – VEBA/VIAG du 20.11.2003 // http://ec.europa.eu/competition/mergers/cases/decisions/m3294_en.pdf (28.08.2015).

[1050] Andoura (Sami), Hancher (Leigh), Woude (Marc van der), *Vers une Communauté européenne de l'énergie : un projet politique*, Notre Europe, 2010, p. 35.

[1051] Lemaire (Christophe), *Energie et concurrence : Recherches sur les mutations juridiques induites par la libéralisation des secteurs de l'électricité et du gaz*, préface Laurence Idot, t. II, Presses Universitaires d'Aix-Marseille, 2003, p. 644.

[1052] *Ibid.*, p. 646.

[1053] A voir de plus : Commission clears Irish Synergen venture between ESB and Statoil following strict commitments //
http://europa.eu/rapid/press-release_IP-02-792_en.htm?locale=en (19.08.2015).

[1054] Andoura (Sami), Hancher (Leigh), Woude (Marc van der), *Vers une Communauté européenne de l'énergie : un projet politique*, Notre Europe, 2010, p. 35.

« décartellisation » explicitement voulue par les Alliés pour le démantèlement des grands « Konzern » allemands de l'époque nazie. Et deuxièmement, surtout, du fait que la loi de 1957 contre les restrictions à la concurrence et l'amendement de 1973, qui y a introduit le contrôle des concentrations, sont des piliers de la démocratisation allemande et ont une valeur quasi-constitutionnelle. C'est le legs de la philosophie de l'« ordo-libéralisme » et de « l'économie sociale de marché », promue par Adenauer et Erhard[1055].

Au Royaume-Uni, il s'agit aussi d'une démarche politique. Le « Monopolies and Mergers Act » de 1965 était une réaction à une vague de fusions et d'acquisitions conduisant, au début des années 60, à la constitution d'un pouvoir économique qui a paru menacer l'équilibre politique. On signalera cependant l'évolution récente qui s'est traduite dans l'« Entreprise Act » du 7 novembre 2002 : la notion de « public interest » ne peut plus être invoquée par le Secrétaire d'Etat à l'Industrie que dans des circonstances exceptionnelles. Elle est mise en jeu sous forme d'un « droit de veto » sur décision d'un régulateur indépendant[1056].

En France, le contrôle des concentrations est venu tardivement. Le 2 juillet 1963, a été adoptée la loi interdisant les abus de position dominante et il a fallu attendre la loi du 19 juillet 1977 pour voir la France dotée de dispositions visant à contrôler les concentrations. Cette loi est intervenue dans un cadre spécifique, plutôt de circonstance : elle visait « à donner des gages » à une partie du parlement dans le cadre de la politique de libéralisation engagée par M. Barre et elle était entendue comme devant favoriser plutôt que limiter les regroupements industriels français[1057]. Entre les deux grands systèmes existant dans le monde, le modèle américain, suivi par les Allemands, reposant sur le principe de l'interdiction avec possibilité d'exemption[1058], et le modèle britannique, reposant sur le principe d'un bilan sans *a priori* au nom de l'intérêt général, le gouvernement français a choisi le second, parce qu'il était moins contraignant pour les entreprises en interdisant les concentrations qui présentent un bilan négatif pour

---

[1055] Cot (Jean-Pierre), Laurencie (Jean-Patrice de la), *Le contrôle français des concentrations*, 2 éd., L.G.D.J., 2003, p. 6.

[1056] *Ibid.*, p. 7.

[1057] *Ibid.*, p. 9.

[1058] Il n'est pas surprenant que, dans l'affaire E.ON/RUHRgas, l'opération a été interdite par l'Autorité nationale, mais le ministre allemand de l'économie est intervenu pour autoriser l'opération au motif que l'intérêt général, lié à l'accroissement de la compétitivité sur les marchés internationaux et à la sécurité de l'approvisionnement, l'emportait sur les restrictions de concurrence (Blumann (Claude) (dir.), *Vers une politique européenne de l'énergie*, Bruylant, 2012, p. 72). De même, en Espagne, l'offre publique de Gas Natural sur Endesa avait été interdite par le Tribunal de défense de la concurrence en janvier 2006, mais autorisée par le gouvernement espagnol (Blumann (Claude) (dir.), *Vers une politique européenne de l'énergie*, Bruylant, 2012, p. 73.)

l'économie[1059]. Ce n'est pas étonnant que les fusions en France[1060] ne soient pas habituellement interdites par l'autorité de la concurrence[1061], mais permises sous réserve de la mise en œuvre d'engagements[1062].

Pour les compagnies russes, l'acquisition d'entreprises européennes est la voie la plus simple pour entrer sur le marché gazier européen[1063]. Gazprom a déjà effectué plusieurs acquisitions ou créé des entreprises communes.

Joint-ventures, acquisitions et filiales de Gazprom à l'UE[1064]

Etat	Compagnie, secteur
Autriche	Gazprom a le droit de fournir le gaz par l'intermédiaire de sa filiale GWH et Centrex (25 % de Gazprom) GWH : JV avec OMV, la commercialisation du gaz sur le marché de gros et de fourniture
Allemagne	Wingas : JV avec Wintershall, transport et fourniture WIEH : JV avec Wintershall, fourniture, stockage WIEE : JV avec Wintershall, la commercialisation du gaz sur le marché de gros dans les pays de l'Europe centrale et du Sud
Finlande	Gasum : JV avec Fortum et E. ON, distribution North Transgas OY : JV avec Forum ; transport (gazoduc)
France	Gazprom Marketing and Trading France SAS, filiale de Gazprom fournit le gaz Fragas : JV avec GDF-SUEZ, distribution et fourniture
Hongrie	Acquisition de la part de E.ON Foldag Storage et E.ON Foldaz et de la part de MOL Panrusgaz : JV avec MOL, Founiture et distribution
Italie	Possibilité d'acquisition de 10 % de ENIpower avec droit direct de vendre le gaz dans le secteur de la production d'électricité

1059 Cot (Jean-Pierre), Laurencie (Jean-Patrice de la), *Le contrôle français des concentrations*, 2 éd., L.G.D.J., 2003, p. 10.

1060 En même temps, le niveau du seuil de contrôle adopté par le législateur en France est relativement bas (Glais (Michel), *Concentrations § Droit de la concurrence*, Economica, 2010, p. 7.).

1061 Cependant le ministre chargé de l'économie garde deux pouvoirs : dans les cinq jours de la notification par le Conseil de la concurrence de la décision rendue par l'autorité de concurrence, le ministre peut lui demander de procéder, s'agissant de la même opération, à un examen approfondi ; le ministre peut évoquer l'affaire et statuer sur l'opération en cause pour des motifs d'intérêt général autres que le maintien de la concurrence et, le cas échéant, compensant l'atteinte portée à cette dernière par l'opération (Sablière (Pierre), *Droit de l'énergie,* Dalloz, 2013, p. 426.).

1062 Sablière (Pierre), *Droit de l'énergie,* Dalloz, 2013, p. 420.

1063 Même si Gazprom a commencé à liquider quelques-uns de ses actifs (il a cédé Verbundnetz Gas), Novatek (entreprise russe) par contre il essaie de les racheter (Мордюшенко (Ольга), *« Газпром » начал выход из Германии* // http://www.kommersant.ru/doc/2703037 (16.08.2017).

1064 Tableau « Entreprises communes, acquisitions et filiales de Gazprom à l'UE (fin de 2009) » basé sur les données // http://hal.archives-ouvertes.fr/docs/00/57/81/36/PDF/CR38ENG_SB-CL_gas-market-dev_oct2010.pdf (16.08.2017).

Pologne	EuroPolGaz : JV avec PGNiG, Transportation (Yamal-Europe gazoduc à Pologne)
République Tchèque	Vemex : JV, Gazprom fait partie de Centrex Energy, fourniture
Roumanie	Winrom gas SA : JV WIEE-Distrigas (WIEE), fourniture
Royaume-Uni	Acquisition des parts du distributeur Pennine Natural Gas (PNG)
	Acquisition des parts du distributeur NGSS (Natural Gas Shipping Services)
	Gazprom Marketing and Trading, filiale de Gazprom, fourniture
Suisse	WIEE : JV avec Wintershall, fourniture
Estonie	Acquisition de 37.5 % de Eesti Gaas, transport
Lettonie	Acquisition de 34 % Latvijas Gaze, distribution
Lituanie	Acquisition de 30 % Stella Vitae, transport et distribution Acquisition de 37 % Lietuvos Dujos, transport

Cependant, les efforts de Gazprom pour le rachat de grandes compagnies n'ont pas eu de succès, puisque les gouvernements locaux ont craint de devenir dépendants de l'entreprise publique russe. En 2008 le parlement britannique a bloqué le rachat par Gazprom des parts de Centrica et, en 2010, la Commission a interdit un contrat d'acquisition de 50 % des actions du hub Baumgarten. Le seul grand succès a été l'échange d'actifs avec Wintershall en 2012, qui a eu comme résultat que l'entreprise russe a acquis quelques fournisseurs et des installations de stockage.

Ainsi, la Commission, les autorités nationales, interviennent contre des acquisitions (surtout dans des cas importants) de compagnies locales par des compagnies étrangères. Cependant, le mécanisme d'échange d'actifs, quand l'entreprise nationale reçoit des actifs dans le domaine de la production du gaz en Russie, semble attractif. C'est pourquoi on insiste sur ce modèle de développement des relations entre entreprises russes et européennes.

C. Les aides d'État

Toute aide d'État, ou autre intervention de l'État, ayant pour effet de fausser la concurrence est interdite (art. 107 TFUE). Ce principe vise à garantir que la concurrence entre les entreprises bénéficie de conditions équitables et contribue à protéger le marché intérieur et les intérêts des contribuables.

L'aide d'Etat elle-même n'est pas interdite. Certaines aides à caractère social octroyées aux consommateurs individuels, à condition qu'elles soient accordées sans discrimination liée à l'origine des produits ainsi que les aides destinées à remédier aux dommages causés par les calamités naturelles ou par d'autres événements extraordinaires sont compatibles avec le marché. De même, peuvent être considérées comme compatibles avec le marché intérieur les aides d'État au sauvetage et à la restructuration destinées aux secteurs et aux entreprises en difficulté.

En revanche, d'autres types d'aides sont particulièrement néfastes et sont condamnées par l'UE. Un premier exemple est fourni par les aides à la restructuration des opérateurs publics. Ces derniers n'étaient pas en difficulté mais certains Etats ont jugé nécessaire de prendre des mesures pour préparer l'opérateur historique à l'ouverture à la concurrence. En France, l'on pense naturellement à l'affaire EDF, qui vient de connaître un épisode important avec l'arrêt du Tribunal du 15 décembre 2009, qui a accueilli le recours contre la décision de la Commission du 16 décembre 2003, relative à des mesures d'aide en faveur d'EDF et du secteur des industries électriques et gazières. Le débat portait sur le non-paiement par EDF, en 1997, de l'impôt sur les sociétés dû sur certaines des provisions constituées, en franchise d'impôt, pour le renouvellement du réseau général. La mesure avait été qualifiée d'aide d'Etat et la somme devait être restituée. Autre exemple, en France l'Etat garantit la situation financière d'EDF, entreprise publique. Avec cette garantie, EDF peut plus facilement faire des crédits et aux taux les plus bas. Cette garantie constitue une entrave à la concurrence. Le gouvernement français l'a reconnu et y a mis fin en décembre 2004[1065].

La Commission a étendu l'application des règles du Traité relatives aux aides d'Etat. Elle est notamment intervenue à deux reprises, en Pologne et en Hongrie, contre des contrats d'achat d'électricité à long terme conclus entre des producteurs en place et des entreprises publiques de distribution, en raison du fait que les conditions des contrats d'achat revenaient à transférer des aides d'Etat aux producteurs[1066].

La fourniture de droits spéciaux exclusifs, ou d'un monopole, peut aussi constituer une aide d'Etat. Selon la disposition de l'article 106 [1067] du TFUE, les entreprises chargées de la gestion de services d'intérêt économique général ou présentant le caractère d'un monopole fiscal, les entreprises publiques et les entreprises auxquelles les Etats accordent des droits spéciaux ou exclusifs[1068], sont soumises aux règles de la concurrence. Les

---

[1065] Cameron (Peter) (dir.), *Legal Aspects of EU Energy Regulation. Implementing the New Directives on Electricity and Gas across Europe*, Oxford Univeristy Press, 2005, p. 54.

[1066] *Aides d'Etat : la Commission demande à la Hongrie de mettre fin aux contrats d'achat d'électricité à long terme et de récupérer les aides d'Etat octroyées aux producteurs d'électricité*, IP/08/850, Bruxelles, 4 juin 2008.

[1067] La découverte opportune de l'article 106 du TFUE dans les années 1980 permet l'examen systématique de la conformité au droit communautaire des systèmes exclusifs mis en place par les Etats membres.

[1068] *A priori*, il existe une proximité certaine entre les notions de droit exclusif et de monopole. Il arrive cependant qu'une distinction puisse être faite entre la situation économique de monopole et son expression juridique par l'exercice d'un ou plusieurs droits exclusifs contribuant à constituer

entreprises peuvent recevoir une aide d'Etat par un fonds de service universel alimenté par les contributions des opérateurs non soumis aux obligations de service universel[1069], en accomplissant des obligations pesant sur lui au titre du service universel. La directive de 2009 sur le gaz naturel autorise les Etats membres à mettre en place ces types d'obligations de service public. Selon cette directive, les obligations de service public peuvent porter « [s]ur la sécurité, y compris la sécurité d'approvisionnement, la régularité, la qualité et le prix de la fourniture, ainsi que la protection de l'environnement » (ces termes n'ont quasiment pas subi de modification depuis les premières directives de 1996 et de 1998). Le contenu du service a été renforcé dans le cadre de la directive de 2009, notamment en matière de définition des consommateurs vulnérables et d'encadrement du marché de détail. Ainsi, par exemple, tout récemment, la Commission européenne a autorisé la compensation en Espagne au profit de producteurs d'électricité, pour couvrir les coûts d'une obligation de service public[1070].

Mais cette possibilité de fourniture de droits exclusifs n'existe pas sans contrôle. Depuis le célèbre arrêt Altmark du 24 juillet 2003[1071], il est admis qu'une stricte compensation par un budget public des charges de service public ne constitue pas une aide d'Etat. Il faut pour cela que quatre conditions soient cumulativement remplies[1072].

La Cour de justice a considéré que les tarifs favorisant certains consommateurs de gaz pouvaient être qualifiés d'aides d'Etat lorsqu'ils sont établis par l'Etat ou l'entité qu'il influence[1073]. Dans son appréciation de la compatibilité des aides avec le traité, la Commission, avec l'appui de la Cour

---

une situation monopolistique. Il peut aussi exister des droits exclusifs n'engendrant pas nécessairement d'activité monopolistique, soit parce que ces droits ne s'étendent pas à l'ensemble d'un marché tel qu'il peut être défini économiquement, soit parce que, par exemple, il s'agit de droits exclusifs d'utilisation de certaines installations (réseaux), n'empêchant pas une concurrence de se développer à partir d'autres installations (Nicinski (Sophie), *Droit public des affaires*, 2 éd., Montchrestien, 2010, p. 125.).

[1069] Lachaume (Jean-François), Boiteau (Claudie), Pauliat (Hélène), Deffigier (Clautilde), *Droit des services publics,* Lexis Nexis, 2015, pp. 9 - 10.

[1070] Blumann (Claude) (dir.), *Vers une politique européenne de l'énergie*, Bruylant, 2012, p. 76.

[1071] CJCE, 24 juillet 2003, Altmark Trans GmbH et Regierungspräsidium Magdeburg contre Nahverkehrsgesellschaft Altmark GmbH, en présence de Oberbundesanwalt beim Bundesverwaltungsgericht, aff. C - 280/00 // Recueil de la jurisprudence, 2003, p. I-07747.

[1072] Dévolution précise de missions d'intérêt général, objectivité et transparence des paramètres de compensation ; limitation du financement à ce qui est nécessaire pour couvrir les coûts occasionnés par l'exécution des obligations de service public, compte tenu des recettes, et d'un bénéfice raisonnable ; sauf attribution par une procédure de marché public, l'entreprise de référence doit être capable d'assurer le service au moindre coût pour la collectivité, et la comparaison devant alors être effectuée avec une entreprise moyenne du secteur, bien gérée et correctement équipée (Gavalda (Christian), Parleani (Gilbert), *Droit des affaires de l'Union européenne*, 6 éd., Litec, 2010, p. 459.).

[1073] CJCE, 2 février 1988, aff. jointes 67, 68, 70/85, Kwekerij Gebroeders van der Kooy bv, Johannes Wilhemus van Vliet, Land-bouwshap et Royaume des Pays-Bas c/ Commission des communautés européennes // Rec., 1988, p. 219.

de justice, prend également en compte la concurrence entre les sources d'énergie et peut accepter de telles aides si elles ont pour effet de dissuader les opérateurs de convertir leurs installations au gaz à d'autres sources d'énergie au détriment des investissements en place. L'évaluation de la distorsion se fait au niveau de l'ensemble de la catégorie des bénéficiaires d'un tarif spécial, quelle que soit la participation effective d'entreprises individuelles aux échanges intracommunautaires[1074,1075].

Cependant, jusqu'à ce jour, certains monopoles existants sont présumés légaux. Un examen au cas par cas est donc seul à même de répondre à l'analyse du respect de toutes ces conditions[1076]. Par ce biais, la Commission dispose dès lors d'un moyen puissant de pression sur les entreprises verticalement intégrées.

La modernisation des services publics est aujourd'hui au cœur d'un débat. Les termes du débat sont, dès lors, clairement posés : il s'agit de savoir si les services publics doivent ou non, et dans quelle mesure, être soumis aux règles communautaires sur la concurrence. Mais avant tout, il faut poser la question de savoir si on a besoin de services universels au vu de la volonté de l'UE d'introduire la concurrence, au moins dans le secteur gazier. Si on veut créer un vrai marché, on devrait peut-être refuser les aides d'Etat sous n'importe quelle forme, surtout si les entreprises étrangères n'y ont pas accès.

Cependant, le défi lancé à l'Union européenne consiste à trouver le point d'équilibre entre les exigences de la concurrence et le maintien d'un réseau de services publics suffisants pour répondre à l'objectif de cohésion sociale et territoriale[1077].

Les Etats de l'UE apprécient différemment la part occupée par les services publics sur le marché[1078]. Les défenseurs des services publics ne ferment pas la porte à toute forme de concurrence : ils sont prêts à admettre que le service public n'exige pas nécessairement une gestion publique ou un monopole, de fait ou de droit ; ils ne sont, en revanche, pas disposés à transiger sur le droit de tous les usagers d'accéder au service. De leur côté, les partisans d'une large ouverture des SIEG à la concurrence ne contestent plus que l'existence d'un réseau de services largement accessible soit

---

1074 CJCE, 12 juillet 1990, aff. 169/84, Société CDF chimie azote et fertilisants SA et société chimique de la Grande Paroisse SA c/Commission des Communautés européennes // Rec., 1990-I, p. 3083

1075 Ayral (Michel), *Droit communautaire de l'Energie*, Joly éditions, 1997, p. 21.

1076 *Ibid.*

1077 Savy (Robert), *Les services publics : entre concurrence et cohésion*, in *Services publics, concurrence, régulation : le grand bouleversement*, Pulim, 2008, p. 14.

1078 Slot (Piet Jan), *Energy (Electricity ans Natural Gas)*, in *The Liberalization of State Monopolies in the European Union and Beyond*, Kluwer, 2000, p. 65.

nécessaire, à la fois à la cohésion, à la compétitivité et au consensus social[1079].

Pourtant, il est clair qu'on a jusqu'alors privilégié la concurrence plutôt que la cohésion sociale[1080]. L'introduction de la concurrence impose, pour le secteur gazier, une clarification des exigences du service public et un réexamen de ses modalités de mise en œuvre[1081]. Les SIEG ont besoin de règles sûres, et ce n'est pas encore le cas. La solution à ce problème est connue : il suffirait d'établir, sous forme d'une directive-cadre, une législation européenne sur les services publics.

Plusieurs projets de directives cadres ont été élaborés. Pourtant, jusqu'alors, il n'a pas été possible de surmonter la résistance de la Commission et du Parlement européen[1082].

On sait ce que devrait être le contenu de cette directive cadre. Elle aurait à définir les compétences respectives de l'Union, des Etats membres et des entités infranationales dans la création et la gestion des SIEG. Dans ce domaine, où les compétences sont le plus souvent partagées, il est important de définir et de sécuriser le champ ouvert à la subsidiarité.

La question délicate de la hiérarchie à établir entre les diverses normes communautaires et nationales et entre la directive-cadre et les nombreuses directives sectorielles ne saurait être laissée sans réponse.

La directive-cadre devrait rappeler les règles et principes communs à l'ensemble des SIEG[1083]. Entre eux, la transparence en matière de service public apparaît aujourd'hui indispensable[1084].

Il faut aussi déterminer l'autorité qui en sera chargée[1085]. Le choix de l'autorité responsable de la régulation relève du principe de subsidiarité, les règles communautaires laissant à l'Etat membre une marge d'appréciation. La tendance dominante est au refus de l'autorégulation par les opérateurs eux-mêmes, ce qui ne garantit ni le respect de la concurrence ni la satisfaction de l'intérêt général. Les pratiques nationales se partagent entre

---

[1079] Savy (Robert), *Les services publics : entre concurrence et cohésion*, in *Services publics, concurrence, régulation : le grand bouleversement*, Pulim, 2008, p. 26.

[1080] *Ibid.*, p. 25.

[1081] Henaff (Gael) (dir.), *Concurrence et services publics ; enjeux et perspectives*, PUR, 2002, p. 79.

[1082] Savy (Robert), *Les services publics : entre concurrence et cohésion*, in *Services publics, concurrence, régulation : le grand bouleversement*, Pulim, 2008, p. 27.

[1083] *Ibid.*, p. 27.

[1084] Henaff (Gael) (dir.), *Concurrence et services publics ; enjeux et perspectives*, PUR, 2002, p. 80.

[1085] Il aura trois tâches distinctes : permettre l'entrée dans activité donnée de nouveaux opérateurs ; éviter les distorsions de concurrence entre opérateurs ; garantir à tous les usagers un accès au service à des conditions abordables (Savy (Robert), *Les services publics : entre concurrence et cohésion*, in *Services publics, concurrence, régulation : le grand bouleversement*, Pulim, 2008, p. 28.).

une régulation de type administratif et le recours à un régulateur indépendant[1086].

A l'échelle de l'UE, l'essentiel des pouvoirs est concentré entre les mains de la Commission. Elle joue un rôle central dans l'élaboration des règles communautaires et en organise l'application. Elle sanctionne leur inobservation, et en évalue les résultats. Peut-être qu'au niveau communautaire faudrait-il avoir aussi un organe indépendant de la Commission, travaillant en coopération avec le Parlement européen[1087].

Pourtant, la Commission se montre pour l'heure réticente à faire usage de son monopole de proposition, estimant qu'un tel texte est inutile et que les directives sectorielles et la jurisprudence de la Cour de justice suffisent à déterminer le régime des SIEG. On voit bien les inconvénients qui découlent du choix d'une directive-cadre et, en particulier, la perte de souplesse qu'il engendre : il est plus facile et plus souple de faire évoluer une jurisprudence que de modifier un texte qui a été établi en tenant compte d'un équilibre subtil et donc fragile.

De plus, la nature même de la directive cadre entraîne un aléa supplémentaire : la transposition correcte dans 28 Etats relève plus de l'acte de foi que de la pensée rationnelle. Par ailleurs, en voulant rassurer les citoyens par l'élaboration d'un texte fixant le régime des SIEG, on peut tout aussi bien les inquiéter s'ils ont le sentiment que certains principes auxquels ils tiennent sont mal ou pas affirmés. Peut s'ajouter à cela, chez les mêmes ou chez d'autres, la crainte que les compétences des Etats ne soient pas ou mal respectées[1088].

Pourtant, une directive-cadre, par sa relative souplesse et sa généralité, parce qu'elle est en mesure de fixer clairement la règle de droit, est sans doute le moins mauvais moyen pour déterminer la notion et le régime du SIEG[1089].

Ainsi, même si les perspectives d'évolution du SIEG (recherche d'un point d'équilibre entre concurrence et cohésion sociale) ne sont pas claires, il est dans tous les cas souhaitable d'introduire des règles claires sur la transparence de l'activité des autorités responsables et des procédures de réalisation des SIEG.

[1086] *Ibid.*, p. 28.

[1087] *Ibid.*, p. 29.

[1088] Hervouet (François), *Clarifier le régime du service public : la nécessité d'une directive-cadre ?* , in *Services publics, concurrence, régulation : le grand bouleversement*, Pulim, 2008, pp. 139 - 140.

[1089] *Ibid.*, p. 140.

§2 Les atteintes au droit de la concurrence dans des secteurs gaziers particuliers

Dans le secteur gazier, au-delà des règles générales du droit de la concurrence, des normes et des garanties spécifiques sont applicables. Elles sont prévues pour les secteurs du transport, du stockage, de la fourniture et de la commercialisation, et doivent présenter un intérêt pour les investissements russes. Il est important que ces règles soient compatibles avec le l'Accord projeté entre la Russie, l'UE et ses pays membres.

A. Le secteur du transport

Comme indiqué plusieurs fois, l'organisation de ce secteur a une signification cruciale pour la sécurisation de la concurrence et le développement de toute l'industrie gazière européenne. Le droit de la concurrence à son tour contribue aussi au développement des garanties de droit d'accès au réseau de transport (1) et à l'élaboration des fondements des dérogations à ce droit (2).

1. Le droit d'accès au réseau du transport

Le transport du gaz, grâce à l'infrastructure nécessaire pour l'effectuer, constitue un monopole naturel[1090]. Pour une meilleure efficacité économique il faut éviter la duplication des installations[1091] et obliger le propriétaire de l'infrastructure à en octroyer l'accès à d'autres opérateurs. Malgré le fait que le refus d'accès ne soit pas indiqué directement dans le texte de l'article 102 du TFUE, il peut être qualifié d'abus de position dominante en vertu de la doctrine des facilités essentielles[1092]. Selon cette dernière, l'accès doit être accordé aux réseaux, lesquels sont indispensables pour l'entrée sur le marché puisque. Dans ce domaine, il n'existe pas d'autre alternative.[1093].

Cette conception trouve son origine dans le droit antitrust américain (la première application remonte au début du XXe siècle. (V. United States v. Terminal Railroad Association, 224 US 383 -1912). Pour que cette théorie s'applique, les conditions suivantes sont requises par la doctrine américaine: 1) l'existence d'une entreprise en situation de monopole qui contrôle l'installation essentielle, 2) le fait que cette entreprise ne donne pas accès aux installations à ses concurrents, 3) le fait que ces installations ne puissent

---

[1090] Frison-Roche (Marie-Anne), *Le droit, obstacle ou outil de la régulation des réseaux d'infrastructures essentielles*, in *Economie et droit de la régulation des infrastructures*, L.G.D.J., 2008, p. 42.

[1091] Stroffaes (Christian) (dir.), *Entre monopole et concurrence : la régulation de l'énergie en perspective historique*, P.A.U., 1994, p. 512.

[1092] Doherty (Barry), *Just what are Essential Facilities ?* , CML review, n° 38, 2001, pp. 97 - 436.

[1093] Roggenkamp (Martha), *Energy Law in Europe: National, EU and International Law and Institutions*, Oxford University Press, 2001, p. 222.

pas être doublées, 4) le fait que l'utilisation commune des installations soit possible[1094].

Cette théorie a été intégrée au début des années 1990 au droit communautaire (affaire Disma[1095] relative à un accord entre des compagnies pétrolières et la société gestionnaire de l'aéroport de Milan Malpensa portant sur l'installation et la mise en œuvre d'équipements pour le stockage et l'acheminement de carburéacteur) et a connu depuis lors des développements au niveau national[1096,1097]. Dans le secteur énergétique, en 2006, ENI a été condamné par l'Autorité italienne pour avoir refusé l'accès à un gazoduc à la Tunisie. En mars 2009 Gas Natural a été condamné par l'Autorité espagnole. De même, en 2010, l'autorité slovaque a condamné Eustream[1098].

L'exemple typique est celui de l'affaire RWE [1099]. En 2007, la Commission l'avait accusé de réservation de volumes importants de capacités de transport en vertu de contrats à long terme empêchant les autres concurrents d'accéder au réseau au motif de l'insuffisance des capacités. Sur ce point la Commission a relevé dans son avis qu'un refus d'accès constitue une infraction à l'article 102, si ce refus se réfère à la condition indispensable de l'activité sur le marché de la fourniture de gaz et, s'il n'a pas de raisons objectives, il peut aboutir à la distorsion de la concurrence. La Commission avait également accusé RWE d'avoir fixé des tarifs élevés de sorte qu'une part considérable des profits de ses concurrents avait été dépensée dans le transport ce qui avait rendu le marché de fourniture non attractif pour ces derniers. Or, en même temps, RWE avait fixé des tarifs préférentiels dans des contrats à long terme avec des entreprises du groupe RWE. La Commission a considéré que les agissements de RWE constituent une violation de l'article 102 du TFUE. L'enquête a forcé RWE à contracter des obligations proconcurrentielles en vendant l'infrastructure à un opérateur indépendant.

Cependant, la Commission ne peut pas intervenir dans chaque cas. La directive de 2009 avait pour but de créer les conditions dans lesquelles on n'aurait pas toujours besoin de s'adresser à la Commission ou à la Cour de

---

1094 Elhauge (Einer), Geradin (Damien), *Global Competition Law and Economics*, 2 ed., Hart Publishing, 2011, p. 446.

1095 Commission Européenne, *La commission ouvre le marché de l'acheminement et du stockage du carburéacteur auprès du nouvel aéroport de milan Malpensa,* IP/93/684, 30.07.1993 // http://europa.eu/rapid/press-release_IP-93-684_fr.htm (23.05.2015).

1096 La décision n° 96-D-51 du Conseil de la concurrence du 3 sept 1996 relative à des pratiques de la S.A.R.L. Héli-Inter Assistance // http://www.autoritedelaconcurrence.fr/pdf/avis/96d51.pdf (19.08.2015).

1097 Lemaire (Christophe), *Energie et concurrence : Recherches sur les mutations juridiques induites par la libéralisation des secteurs de l'électricité et du gaz*, préface Laurence Idot, t. II, Presses Universitaires d'Aix-Marseille, 2003, p. 449.

1098 Blumann (Claude) (dir.), *Vers une politique européenne de l'énergie*, Bruylant, 2012, p. 56.

1099 Case COMP/39.402 RWE Gas Foreclosure du 18.03.2009 // http://ec.europa.eu/competition/antitrust/cases/dec_docs/39402/39402_576_1.pdf (29.07.2015).

justice. Parmi les garanties prévues figure la dissociation verticale (unbundling). Des régulateurs sont appelés à délibérer et à examiner l'indépendance et l'autonomie des gestionnaires de réseaux de transport de gaz. Cette certification de l'ensemble des GRT européens est un prérequis nécessaire à l'intégration des marchés de l'énergie en Europe[1100].

Malgré les mesures adoptées et le contrôle anticoncurrentiel, la Commission reconnaît que demeure le problème de l'accès effectif à l'infrastructure de transport. Dans toute l'UE, le poids des opérateurs historiques est déterminant, surtout lorsque les pays sont eux-mêmes producteurs de gaz, sauf au Royaume-Uni[1101].

La résolution des problèmes dépend principalement de la volonté politique des Etats membres : là où il n'y a pas de volonté de réformer, les textes communautaires sont peu ou mal appliqués. Selon ce critère, on peut distinguer trois groupes de pays. Le premier groupe rassemble les pays dans lesquels la réforme a été radicale et a porté tant sur les méthodes d'encadrement public que sur les structures industrielles elles-mêmes. Au Royaume-Uni, les contingences politiques ont joué un rôle capital mais ne permettent pas, à elles seules, d'expliquer la profondeur des changements opérés. Ceux-ci n'auraient pas été possibles si les plus gros consommateurs n'avaient pas apporté leur contribution, laquelle a été à la fois une source et un relais de l'idéologie en vigueur dans les années 1980. Ceci est également vrai, dans une certaine mesure, de l'Italie, où la réforme a fait l'objet d'une appropriation de la part des consommateurs, et où la question du pouvoir de marché des opérateurs historiques a été traitée. Enfin, les pays scandinaves peuvent également être rangés dans cette catégorie. Le second groupe comprend les pays dans lesquels la réforme a été subie et, dans les faits, refusée. En France, les performances du monopole intégré n'avaient pas fait l'objet d'une véritable remise en cause de la part des consommateurs. Enfin, le troisième groupe est celui des pays se situant dans une position intermédiaire, au sein desquels les éléments d'une critique de l'organisation antérieure existaient, motivant un intérêt propre pour le changement, mais où certains traits caractéristiques de l'organisation antérieure ont pourtant été conservés. On y trouve l'Espagne, l'Allemagne[1102].

Quant aux intérêts des compagnies russes, il faut prendre en considération le fait que les règles d'unbundling affaibliraient les entreprises verticalement intégrées. D'un côté, elles seraient moins motivées pour

---

[1100] *Le 3ème Paquet Energie* // http://www.gasinfocus.com/focus/le-3eme-paquet-energie (19.08.2016).

[1101] Chevalier (Jean-Marie), Percebois (Jacques), *Gaz et électricité : un défi pour l'Europe et pour la France*. La documentation française, 2008, p. 73.

[1102] Grand (Emmanuel), Veyrenc (Thomas), *L'Europe de l'électricité et du gaz. Acteurs, marchés, régulations*, préface de Jean-Marie Chevalier, Economica, 2011, p. 138.

coopérer entre elles sur la base de contrats à long terme[1103]. D'un autre côté, l'accès effectif au réseau constituerait une condition importante de l'entrée des entreprises russes directement sur le marché. Ainsi, la prévisibilité dans ce domaine est nécessaire pour que les compagnies puissent avoir des stratégies claires.

Il faut aussi rendre compte du fait que l'imposition de l'accès régulé, l'application de la théorie des facilités essentielles et les règles d'unbundling sont des facteurs susceptibles de décourager les investissements dans le secteur du transport[1104], ce qui est l'un des plus grands problèmes de l'UE dans le secteur de l'énergie[1105]. En novembre 2015, Gazprom a proclamé sa volonté de céder ses actifs (10 %)[1106] dans la compagnie Interconnector UK Ltd, qui possède un gazoduc reliant le Royaume-Uni à la Belgique[1107]. La raison principale de cette décision résidait dans les règles d'unbundling introduites en Angleterre, selon lesquelles Gazprom pouvait garder sa participation seulement en refusant le droit de vote[1108].

De plus, selon les articles 107 et 108 du TFUE, l'aide d'Etat est interdite, sauf dans les cas de projets d'intérêt européen, important pour l'accroissement de l'efficacité énergétique, l'économie de l'énergie et la sécurité de l'approvisionnement énergétique. En octobre 2013, la Commission a adopté une première liste de 248 projets d'intérêt commun (« PIC ») de l'Union, qui doivent être réalisés d'urgence pour renforcer encore l'intégration du marché. Les trois quarts de ces projets devraient être achevés d'ici à 2020. Un gazoduc reconnu comme présentant un intérêt commun permet de bénéficier de procédures plus rapides et efficaces de délivrance des autorisations. Par ailleurs, un tel projet peut obtenir un concours financier de l'Union européenne dans le cadre du « mécanisme pour l'interconnexion en Europe ». Un montant de 5,85 milliards d'euros a été affecté aux infrastructures énergétiques[1109].

[1103] Hoorn (Van), *« Unbundling », « Reciprocity » and the European Internal Energy Market : WTO Consistency and Broader Application for Europe*, European Energy and Environemental Law Review, vol. 18, issue 1, 2009, p. 59.

[1104] Manin (Frédéric), *L'investissement en droit de la concurrence, les liaisons vertueuses ?* , in Colloque, *Le concept d'investissement : regards croisés des droits interne, international et communautaire*, Bruylant, 2011, p. 80.

[1105] Szydlo (Marek), *Regulatory Exemptions for New Gas Infrastructure. A Key Challenge for European Energy Policy*, European Energy and Environemental Law Review, vol. 20, issue 5, 2011, p. 254.

[1106] Gazprom l'a possedé depuis 1994, c'est un des ses anciens actifs en Europe.

[1107] Барсуков (Юрий), *« Газпром » уходит из трубы под Ла-Маншем* // http://kommersant.ru/doc/2860993 (12.12.2015).

[1108] Ainsi, tous les actionnaires initiaux de Interconnector : British Gas, BP, Statoil, Conoco, RUHRgas, à cause de la libéralisation, ont cédé leurs actifs.

[1109] Communication de la Commission au Parlement européen, au Conseil, au Comité économique et social européen et au Comité des régions « Vers l'achèvement du marché intérieur de l'énergie: état des lieux » du 13.10.2014 // http://www.europarl.fr/resource/static/files/Comprendre/com_com-2014-0634_fr.pdf (17.08.2015).

Dans le cas où des producteurs ne sont pas motivés pour construire des gazoducs (leur propre accès n'est pas garanti), le problème peut être résolu par l'établissement de fonds spéciaux (le Fonds européen pour les investissements stratégiques, FEIS), par l'amplification des délais de dérogation aux règles de la concurrence en cas de construction d'infrastructures ou par l'élévation des tarifs[1110]. En un mot : par des mesures anticoncurrentielles.

2. Les dérogations au droit d'accès

Conformément à la directive gazière de 2009, le manque de capacité, la nécessité d'exécuter les obligations de service public, l'existence de graves difficultés économiques et financières liées à des contrats « take-or-pay » et la construction de nouvelles infrastructures comme les interconnexions[1111], les stockages, les terminaux GNL, etc. peuvent justifier un refus d'accès au réseau.

Dans le premier cas, quand la capacité est atteinte, l'opérateur doit recourir à une répartition non discriminatoire des capacités disponibles. Cette répartition doit bien sûr être basée sur des critères objectifs, transparents et non discriminatoires. A cet égard, plusieurs méthodes sont envisageables. Toutefois, deux d'entre elles sont majoritairement utilisées. Il s'agit, d'une part, de la méthode du « premier arrivé, premier servi » (c'est le système actuellement appliqué, par exemple, par ENGIE en France) et, d'autre part, de la méthode de la mise aux enchères des capacités. Chacune de ces méthodes présente des avantages et des inconvénients.

Ainsi, pour la première, le risque est de voir l'opérateur historique favorisé par rapport aux nouveaux entrants[1112] en raison de sa connaissance du marché et la place qu'il occupe dans ce dernier.

S'agissant des enchères, il faut s'assurer que ce système ne procure pas à l'opérateur en charge des réseaux des profits excessifs et qu'il ne le dissuade pas de développer ses capacités. Il faut aussi éviter que ce système ne conduise à instaurer de nouvelles entraves, sous forme de péages, à l'entrée ou à la sortie des réseaux. Pour éviter que des capacités soient réservées, mais non utilisées, ce qui pourrait limiter voire même bloquer les échanges, il conviendrait de mettre en place un mécanisme en vertu duquel les

---

[1110] Commission européenne, *Fiche d'information sur l'Union de l'énergie* du 25.02.2015 // http://europa.eu/rapid/press-release_MEMO-15-4485_fr.htm (19.08.2015).

[1111] L'UE a solennellement affirmé, lors du sommet européen de Barcelone en 2002, le manque d'interconnexions transfrontalières (Communication de la Commission du 10 novembre 2010 « *Energie 2020 : stratégie pour une énergie compétitive, durable et sûre* », COM (2010) 639).

[1112] Chevalier (Jean-Marie), Percebois (Jacques), *Gaz et électricité : un défi pour l'Europe et pour la France*, La documentation française, 2008, p. 64.

capacités réservées, mais non utilisées, soient réattribuées (il s'agit du système de «use it or lose it», encore appelé système de péremption)[1113].

Pour assurer l'accès effectif, le fonctionnement effectif du marché secondaire des capacités de transport est indispensable. Dans ce but, on a créé des plateformes électroniques. Depuis le 1er janvier 2013, Prisma European Capacity Platform est devenu la nouvelle plateforme européenne de réservation de capacités de transport de gaz naturel. Les capacités d'interconnexion des réseaux de 28 GRT assurant le transport de 70 % du gaz européen sont mises aux enchères d'une façon transparente et uniforme[1114]. Prisma European Capacity Platform est basée sur l'expérience de trois plateformes existantes en Europe : Capsquare, Link4Hubs et TRAC-X.

Au départ, Prisma European Capacity Platform a été créée par les opérateurs des réseaux allemands, belges, danois, français, et néerlandais, rejoints ensuite par les opérateurs autrichiens et italiens. Cette plateforme relie entre eux les marchés du gaz naturel de 7 pays au cœur de l'Europe. La plateforme sera en mesure de gérer des capacités, d'offrir des mécanismes d'adjudication et de proposer différents systèmes de gestion de réseaux de transport. Elle a également une fonction sur le marché secondaire[1115].

Pour perfectionner le système, il est nécessaire que les entités en charge des réseaux publient, à intervalles de temps réguliers, la capacité totale de leurs réseaux, ainsi que la capacité restant disponible. La périodicité, le contenu et les modalités de ces publications doivent à présent être précisés au niveau communautaire[1116].

Le but de l'octroi d'une dérogation sur le fondement de « la construction des nouvelles infrastructures » est de stimuler les investissements dans le domaine de la construction de gazoducs. De plus, selon la décision rendue dans l'affaire « Commission contre Slovaquie » du 11 septembre 2011[1117], ce fondement peut être invoqué en dehors du mécanisme de dérogations prévu par la directive de 2009. Un investisseur suisse avait conclu en 1997 un contrat avec un opérateur d'un réseau électro énergétique de Slovaquie. Selon l'accord, il a accepté de financer la construction de l'interconnexion

---

[1113] Lemaire (Christophe), *Energie et concurrence : Recherches sur les mutations juridiques induites par la libéralisation des secteurs de l'électricité et du gaz*, préface Laurence Idot, t. I, Presses Universitaires d'Aix-Marseille, 2003, p. 484.

[1114] Communication de la Commission au Parlement européen, au Conseil, au Comité économique et social européen et au Comité des régions «Vers l'achèvement du marché intérieur de l'énergie: état des lieux» du 13.10.2014 // http://www.europarl.fr/resource/static/files/Comprendre/com_com-2014-0634_fr.pdf (17.08.2015).

[1115] Sablière (Pierre), *Droit de l'énergie*, Dalloz, 2013, p. 1660.

[1116] Lemaire (Christophe), *Energie et concurrence : Recherches sur les mutations juridiques induites par la libéralisation des secteurs de l'électricité et du gaz*, préface Laurence Idot, t. II, Presses Universitaires d'Aix-Marseille, 2003, p. 483.

[1117] Judgment of the Court (First Chamber) of 15 September 2011. European Commission v Slovak Republic, Case C-264/09 // Reports of Cases, 2011, I-08065.

entre la Pologne et la Slovaquie en contrepartie d'un droit d'accès prioritaire pendant 16 ans. La Commission a demandé la reconnaissance de cet accord anticoncurrentiel, mais la Cour de justice ne l'a pas suivie. CJUE a invoqué le traité bilatéral de 1990 entre les pays en cause, selon lequel le droit prioritaire est une sorte d'investissement. Ainsi la Cour a adopté une approche favorable aux investissements étrangers. Bien sûr cette décision a été rendue avant l'entrée en vigueur de la directive 2009, mais dans tous les cas la Cour de justice peut, à l'avenir, invoquer cette motivation.

La plus importante dérogation au droit d'accès pour les relations gazières entre la Russie et l'UE est celle qui concerne « l'existence de graves difficultés économiques et financières liées à des contrats « take-or-pay ». Cette dérogation permet de garantir l'accomplissement du service public et la sécurité de l'approvisionnement énergétique. Les exigences de la directive sont les plus lourdes. Le pouvoir d'appréciation du refus d'accès passe du niveau national au niveau communautaire, puisque c'est la Commission qui a *in fine* le pouvoir de décision.

Cette dérogation n'est pas applicable en pratique[1118]. Cela s'explique par la crainte de la Commission que des opérateurs abusent de cette possibilité en déclarant les réseaux de transport saturés en raison de clauses contractuelles anciennes. C'est pourquoi, selon la Commission, Gazprom doit renoncer à ses réservations de capacités et les obtenir de nouveau selon des procédures concurrentielles (des enchères). Ceci pose le problème de la sécurité de l'approvisionnement en gaz, parce que, dans ce cas, Gazprom n'aurait pas un accès garanti aux gazoducs. Pour obtenir le contrôle sur les gazoducs européens construits au temps de l'Union Soviétique, Gazprom a adopté une politique de rachat des entreprises qui contrôlent les principaux gazoducs. Ce contrôle permet de diminuer les risques de hausse des prix de transport de gaz et de refus des capacités de transport. Cependant la politique adoptée par Gazprom est de nature à accentuer sa position dominante sur le marché et soulève ainsi le problème de sa non-conformité au droit de la concurrence.

Malgré la position de la Commission, la dérogation relative à la priorité des réservations en vertu des contrats à long terme doit au moins attirer l'attention. Ainsi, le professeur Ketil Boe Moen souligne que cette dérogation ne constitue pas une discrimination, puisque la CJUE, à maintes reprises, a proclamé que la discrimination peut être objectivement justifiée [1119]. L'analyse de la pratique démontre que la sécurité de l'approvisionnement énergétique (d'intérêt public) peut constituer le fondement de la dérogation au droit de concurrence. Pourtant, en vertu de la

---

[1118] Селиверстов (Сергей Сергеевич), Гудков (Иван Владимирович), *Энергетическое право Европейского союза*, Аспект Пресс, 2014, с. 165.

[1119] Moen (Ketil Boe), *The Gas Directive: Third Party Transportation Rights – But to What Pipeline Volumes ?* // Journal of Energy & Natural Resources Law, 2003, vol. 21, n° 1, p. 71.

décision rendue dans l'affaire Vereniging voor Energie [1120], le droit prioritaire à l'accès au système de transport peut être octroyé s'il existe un mécanisme de dégagement des capacités non-utilisées.

Ainsi, cette dérogation pourrait être appliquée, mais il faut éviter les abus, par exemple, par l'application systématique et immédiate de la règle *use it or lose it* afin d'éviter les stratégies visant à empêcher des concurrents d'accéder au marché [1121].

De cette analyse, il en résulte que les dérogations à l'accès libre au réseau en vertu de contrats à long terme ne sont pas contraires à la législation de l'UE. Les mêmes règles de l'Accord projeté entre la Russie et l'UE ne demanderont même pas d'adaptation au niveau de l'UE. Reste seulement à élaborer un mécanisme efficace de réalisation des normes déjà existantes.

B. Le secteur du stockage

Les règles de la directive sur le gaz de 2009 organisant un accès aux tiers, ne s'appliquent pas à l'accès aux installations de stockage du gaz naturel. Ainsi, la question peut se poser de savoir si les règles générales du droit de la concurrence peuvent être appliquées pour garantir l'accès aux infrastructures non-visées par la réglementation. Considérer les installations de stockages comme relevant de la sphère concurrentielle serait susceptible de créer des barrières à l'entrée pour les nouveaux entrants, en raison du caractère fortement capitalistique des investissements considérés (typiquement plusieurs centaines de millions d'euros d'investissement et 5 à 10 ans de développement-construction). Cependant, ces infrastructures sont, en théorie, duplicables (pas d'effet réseau, c'est-à-dire que la fonction de coût n'est pas sous-additive) et n'appartiennent pas à la catégorie des monopoles naturels. Le niveau d'investissements requis et la durée de développement sont certes importants, mais les installations d'extraction de gaz naturel requièrent également des investissements considérables qui n'invalident pas pour autant leur appartenance au domaine concurrentiel.

L'absence de jurisprudence en matière d'installations de stockage de gaz naturel nous incite à déterminer si, au vu des critères communautaires, ces installations peuvent être qualifiées de facilités essentielles. Dans ce but, il est nécessaire de reprendre les critères dégagés par la Cour de justice dans l'affaire Bronner[1122], pour déterminer dans quelle mesure le refus d'accès à ces installations est susceptible de constituer un abus au sens de l'article 102

[1120] CJUE du 7 juin 2005 Vereniging voor Energie, Milieu en Water et autres contre Directeur van de Dienst uitvoering en toezicht energie. Affaire C - 17/03 // Recueil de la jurisprudence, 2005, I-04983.

[1121] Chevalier (Jean-Marie), Percebois (Jacques), *Gaz et électricité : un défi pour l'Europe et pour la France*, La documentation française. 2008, p. 75.

[1122] CJCE 26 novembre 1998, Oscar Bronner GmbH & Co. KG contre Mediaprint Zeitungs und Zeitschriftenverlag GmbH & Co. KG, Mediaprint Zeitungsvertriebsgesellschaft mbH & Co. KG et Mediaprint Anzeigengesellschaft mbH & Co. KG // Recueil de jurisprudence, 1998, p. I-07791.

du traité. La Cour a considéré que deux conditions devaient être réunies. Il faut, d'une part, que le refus d'accès soit de nature à éliminer toute concurrence sur un marché dérivé distinct et ne puisse être objectivement justifié et, d'autre part, que l'accès soit indispensable pour exercer l'activité sur le marché, en ce sens qu'il n'existe aucun substitut réel ou potentiel (§ 41)[1123].

Ainsi, il faudrait d'abord déterminer si l'accès aux installations de stockages est indispensable pour exercer des activités sur un marché dérivé distinct, qu'il conviendrait par ailleurs de définir. Il pourrait s'agir, par exemple, du marché de la fourniture de gaz aux clients éligibles ou d'un marché distinct de fourniture de services, de modulation ou de flexibilité des clients éligibles. Pour cela, la Cour de justice exige qu'aucun substitut réel ou potentiel n'existe. De même, peu importe que les alternatives qui s'offrent aux concurrents soient moins avantageuses, bien que moins efficaces. Ces derniers pourraient, par exemple, recourir à des prestations de modulation offertes par certains opérateurs, à des contrats avec des clients « interruptibles », ou encore effectuer des achats spot, s'ils sont juridiquement ou techniquement possibles. La Cour précise d'ailleurs qu'est inopérant l'argument selon lequel la création de nouvelles installations de stockage ne serait pas une alternative potentielle réaliste dans la mesure où elle n'est pas économiquement rentable en raison, par exemple, du faible niveau de fourniture de l'opérateur concerné[1124].

Au final, ce type d'infrastructure possède un statut hybride et variable selon les organisations institutionnelles. Leur appartenance à la catégorie des infrastructures essentielles dépend d'une analyse plus fine de l'ensemble des installations permettant de faire varier les injections et les soutirages de gaz naturel par gazoducs. A titre d'exemple, le régulateur britannique d'énergie (Ofgem) considérait en 2010 qu'il existait un marché national de l'approvisionnement flexible en gaz regroupant stockage, terminaux GNL, certains champs de production au débit « modulable » ainsi qu'une partie des interconnexions mélangeant ainsi infrastructures régulées et concurrentielles. Par ailleurs, l'octroi d'exemptions à l'accès aux nouvelles installations de stockage à des tiers apparaît plus fréquent, traduisant la prise en compte du caractère hybride de ces infrastructures et d'une certaine hétérogénéité des modes de régulation en vigueur[1125]. Cependant, jusqu'à maintenant, au

---

[1123] Lemaire (Christophe), *Energie et concurrence : Recherches sur les mutations juridiques induites par la libéralisation des secteurs de l'électricité et du gaz*, préface Laurence Idot, t. II, Presses Universitaires d'Aix-Marseille, 2003, p. 451.

[1124] Lemaire (Christophe), *Energie et concurrence : Recherches sur les mutations juridiques induites par la libéralisation des secteurs de l'électricité et du gaz*, préface Laurence Idot, t. II, Presses Universitaires d'Aix-Marseille, 2003, p. 452.

[1125] Grand (Emmanuel), Veyrenc (Thomas), *L'Europe de l'électricité et du gaz. Acteurs, marchés, régulations*, préface de Jean-Marie Chevalier, Economica, 2011, p. 404.

niveau européen, la théorie des installations essentielles n'a pas été appliquée directement pour les installations de stockage.

C. Le secteur de la commercialisation en gros

Grâce aux réformes relatives à l'introduction de la concurrence, on constate un progrès sur le marché de gros. Le nombre de pays qui approvisionnent l'Europe en gaz en quantités importantes est passé de 14 à 23 entre 2000 et 2010. Les effets sur la sécurité de l'approvisionnement ont pu être observés début février 2012, lorsqu'une demande exceptionnellement élevée de gaz et d'électricité due à un temps extrêmement froid a coïncidé avec des importations réduites de gaz[1126]. Cependant, si les prix de gros ont considérablement diminué dans le secteur de l'électricité, entre 35 % et 45 % au cours de la période comprise entre 2008 et 2015, en revanche ils sont restés stables pour le gaz[1127]. Avec la libéralisation de ce secteur, de nouveaux acteurs sont apparus : les bourses et les grossistes.

Parallèlement, l'offre de gaz en Europe s'inscrit toujours de manière traditionnelle dans le cadre de contrats d'importation à long terme qui ont pour objectif de garantir, sur la durée, la viabilité économique des investissements, tout en sécurisant les débouchés pour le gaz produit à un prix stable dans l'intérêt des deux parties[1128]. Cependant toutes les règles du droit de la concurrence sont parfaitement applicables au secteur de la commercialisation de gaz en gros[1129] ; ainsi il faut analyser l'adaptabilité de ce type de contrats au droit de la concurrence (1) et l'avenir des contrats à long terme aux yeux de la Commission (2).

1. L'adaptabilité des contrats à long terme aux règles du droit de la concurrence

Ces relations contractuelles à long terme, qui existaient avant la libéralisation, limitent aujourd'hui les possibilités de développement d'échanges à court terme et les opportunités d'entrée de nouveaux acteurs. L'insuffisance du gaz disponible, en dehors des contrats long terme, représente une entrave majeure à l'ouverture à la concurrence au niveau national puisque, dans de nombreux cas, un seul grossiste domine le marché

[1126] Communication de la Commission au Parlement européen, au Conseil, au Comité économique et social européen et au Comité des régions Pour un bon fonctionnement du marché intérieur de l'énergie /* COM/2012/0663 final //http://eur-lex.europa.eu/legal-content/FR/TXT/?uri=CELEX:52012DC0663 (20.08.2106).

[1127] Communication de la Commission au Parlement européen, au Conseil, au Comité économique et social européen et au Comité des régions « Pour un bon fonctionnement du marché intérieur de l'énergie » /* COM/2012/0663 final //http://eur-lex.europa.eu/legal-content/FR/TXT/?uri=CELEX:52012DC0663 (20.08.2106).

[1128] Reverdy (Thomas), *La construction politique du prix de l'énergie*, Sciences Po., 2014, p. 96.

[1129] Cameron (Peter) (dir.), *Legal Aspects of EU Energy Regulation. Implementing the New Directives on Electricity and Gas across Europe*, Oxford University Press, 2005, p. 51.

et commercialise la quasi-totalité du gaz. Par ailleurs, malgré les fluctuations conséquentes des cours du pétrole, ou des produits pétroliers, sur lesquels les prix du gaz sont indexés, les prix du gaz des contrats d'approvisionnement à long terme restent généralement inférieurs aux prix du gaz vendu sur les marchés spot en période d'hiver, ce qui fragilise la compétitivité des nouveaux opérateurs[1130].

Contrairement à l'électricité, il n'y a pas un enthousiasme massif des acteurs, en particulier des importateurs - fournisseurs, pour changer de modèle. Le modèle du marché spot reste minoritaire dans les transactions[1131]. Les régulateurs européens ne semblent pas non plus se précipiter pour casser ces contrats à long terme, qui paraissent préserver les clients européens d'une forte hausse des prix du gaz dans un contexte d'augmentation de la demande[1132].

Ainsi, on essaie d'adapter les contrats à long terme aux nouvelles conditions de la concurrence par voie de négociations et par application du droit de la concurrence.

Ces contrats empêchent les importateurs d'envisager le recours à d'autres fournisseurs de gaz, puisque les engagements portent sur un grand nombre d'années[1133]. En Allemagne, en vertu de la décision de l'autorité locale de la concurrence du 13 janvier 2006, confirmé par la décision de la Cour territoriale de Düsseldorf du 10 juin 2006, certains accords à long terme ont été reconnus comme étant anticoncurrentiels. De tels accords peuvent être conclus désormais pour une période de 4 ans, si le provisionnement constitue plus de 50%, et seulement pour deux ans si le provisionnement est supérieur à 80 %[1134]. Mais cette décision concerne seulement les accords à long terme conclus à l'intérieur du pays[1135].

En vertu de la décision de la Commission du 26 octobre 2004 à l'encontre de GDF, d'une part, et d'ENI et d'Enel d'autre part, la Commission a considéré que GDF et ENI avaient violé l'article 101, dans la mesure où le contrat de transit qu'elles avaient conclu en octobre 1997 contenait une clause de restriction territoriale empêchant ENI de revendre le gaz, objet du contrat de transit, et de cloisonner ainsi le marché européen du gaz[1136]. Ainsi la clause de destination qui interdisait aux importateurs

---

[1130] Lacarpentier (Armelle), *La libéralisation des marchés gaziers en Europe* // http://cinfo.ifp.fr/IFP/fr/evenement/panorama/IFP-Panorama06_07-LiberalisationMarcheGaz-VF.pdf (04.04.2015).
[1131] Reverdy (Thomas), *La construction politique du prix de l'énergie*, SciencesPo., 2014, p. 99.
[1132] *Ibid.*, p. 101.
[1133] Hansen (Jean-Pierre), Percebois (Jacques), *Energie : économie et politiques,* préface de Marcel Boiteux, De boeck, 2010, p. 258.
[1134] Roggenkamp (Martha), Ronne (Anita), Redgwell (Catherine), Guayo (Inigo del) (dir.), *Energy Law in Europe. National, EU, and international Regulation*, Oxford: University Press, p. 1318.
[1135] *Ibid.*, p. 1318.
[1136] Blumann (Claude) (dir.), *Vers une politique européenne de l'énergie*, Bruylant, 2012, p. 54.

signataires des contrats de revendre le gaz à tout autre pays que celui auquel il était destiné par contrat, a été remise en question.

En pratique, les producteurs de gaz, de plus en plus souvent, accèdent aux demandes de la Commission d'exclure de pareilles conditions des contrats. Ainsi, dans les accords conclus entre ENI, E.ON-RUHRgas et OMV avec Gazprom, Sonatrach et Statoil ne figure plus la clause « de destination ». Dorénavant ces contrats s'appellent contrats avec clause de « gaz release »[1137].

La Commission européenne a exigé le mécanisme de « gas release »[1138] comme contrepartie à l'admission de certaines fusions (E.ON-RUHRgas en Allemagne). Cette rétrocession de gaz a aussi parfois été imposée par certaines législations nationales (Angleterre[1139], Italie[1140], Espagne[1141]) ou par certaines commissions de régulation, pour introduire plus de concurrence au niveau du marché aval (France[1142], Danemark, Autriche[1143])[1144]. De même, sur le marché gazier italien, la SNAM a dû rétrocéder de 25 % (en 2002) à 39 % (en 2010) des volumes contractés à l'importation. Dans le secteur gazier espagnol, Enagas a dû céder, en 2004, 25 % des importations de gaz algérien. Enfin, en septembre 2004, dans le sud-est de la France, les entreprises Gaz de France et Total ont mis à disposition une partie des contrats d'approvisionnement à long terme dont le volume représentait 15 % des consommations de la zone géographique concernée. Cette mesure était destinée à réduire le coût d'approvisionnement des concurrents dans le sud-

---

1137 Lecarpentier (Armelle), *La libéralisation des marchés gaziers en Europe* // http://cinfo.ifp.fr/IFP/fr/evenement/panorama/IFP-Panorama06_07-LiberalisationMarcheGaz-VF.pdf (12.05.2015).

1138 Les directives concernant le marché du gaz, de 1998, de 2003 et de 2009 ne prévoyaient pas de procédures de « gas release ».

1139 Au Royaume-Uni, plus de 440 opérateurs ont participé au « gas release » de British Gas, entre 1992 et 1995.

1140 Vers le 31 décembre 2010, aucun opérateur ne pouvait injecter dans le réseau de grand transport des quantités supérieures à 61 %. Pour ce fait, ENI s'est engagé à vendre à la frontière du gaz provenant de son portefeuille d'approvisionnement (Commission de Régulation de l'énergie, *Les expériences de « gas release » en Europe* // http://www.cre.fr/...pour.../fiche-gas-release (24.08.2015).

1141 Le « gas release » entre 2001 et 2004 a porté sur 25 % d'un contrat d'approvisionnement en gaz algérien de GasNatural, acheminé par le gazoduc Mahger Europe.

1142 En vue de la Communication de la CRE du 22 novembre 2007 sur les programmes de mise à disposition du gaz (Gas release) mis en œuvre par GDF et Total dans les zones d'équilibrage Sud et Sud - ouest, GDF Suez a annoncé, au début de l'année 2012, que la quasi-totalité de ses contrats d'approvisionnement à long terme avaient été renégociés de telle sorte qu'ils sont désormais indexés à plus de 25 % sur le prix du marché en Europe contre 10 % en 2010.

1143 Le programme « gas release » a été mis en œuvre, suite à l'autorisation, par une Cour, de la création de la joint-venture EconGas entre OMV et cinq compagnies régionales de distribution.

1144 Sablière (Pierre), *Droit de l'énergie,* Dalloz, 2013, p. 1596.

est, dont le tarif de transit était particulièrement élevé pour acheminer le gaz des points d'entrée du nord de la France vers le sud-est[1145].

La différence entre les prix de gros reste significative : au Royaume Uni – 21,8 euro/Mwh, en Allemagne – 21, 81, en Espagne 31,72, en France - 31,79, en Italie – 23,15, en Lituanie - 35, 20[1146]. La Commission l'explique par l'influence négative des contrats à long terme[1147].

L'autorité de la concurrence de Lituanie a condamné Gazprom à 36 millions d'euros. Ce dernier, dans les années 2013–2015, avait vendu au Lietuvos energija du gaz à un prix plus élevé (plus de 100 euros) que celui auquel il le vendait en Allemagne ou en Pologne. En même temps Lietuvos energija avait pu s'approvisionner en Pologne, mais Gazprom n'avait pas accepté l'échange (swap) de gaz. Ainsi, en mai 2015, l'entreprise russe a dû en diminuer le prix de 20 %[1148] !

Le mécanisme de fixation des prix des contrats à long terme fait l'objet aujourd'hui d'une autre enquête anticoncurrentielle au sein de la Commission, qui n'est pas encore terminée.

Cependant entre 2007 et 2015, plusieurs contrats à long terme ont été en partie renégociés avec un succès inégal[1149] avec les fournisseurs traditionnels de l'Europe, en particulier dans les zones où existent d'autres possibilités d'approvisionnement. Ces renégociations ont contribué à réduire l'importance du lien, aujourd'hui dépassé, avec les prix du pétrole dans les contrats de l'approvisionnement de gaz[1150].

Les contrats à long terme demeurent donc un élément important de l'approvisionnement en gaz des États membres de l'UE. Ces contrats constituent un facteur de sécurité des approvisionnements pour l'importateur

---

[1145] Mirabel (François), *La Déréglementation des marchés de l'électricité et du gaz*, Presses de Mines, 2012, p. 61.

[1146] Andoura (Sami), Vinois (Jean-Arnold), *De la communauté européenne de l'énergie à l'Union de l'énergie*, Notre Europe, 2015, p. 49.

[1147] Sur le marché spot, il existe le risque que les prix peuvent soudainement être fixés très hauts. Une fois que vous arrêtez des sites industriels, ce n'est pas évident de les redémarrer, mêmes si les prix vont s'effondrer. Par exemple, cela s'est passé en Angleterre en 2003, après l'hiver dramatique (Reverdy (Thomas), *La construction politique du prix de l'énergie*, SciencesPo, 2014, p. 157.).

[1148] *Газпром отозвал иск к правительству Литвы* // fontanka.ru (18.08.2016).

[1149] Par exemple, selon l'accord entre ENI, la Commission et Gazprom, ce dernier a respecté ses obligations sur l'affaiblissement des clauses du contrat à court terme (*répertorié lors du sommet Russie - UE*) mais la promesse d'ENI d'élargir les capacités du gazoduc transalpin et d'en remettre à Gazprom une partie pour son entrée sur le marché italien, n'a pas été tenue. Le Directeur général de Tag a confirmé que le Directorat de la Concurrence a imposé la procédure de l'enchère pour l'élargissement des capacités qui n'a pas permis à Gazprom d'entrer sur le marché italien (Конопляник (Андрей), *Российский газ в континентальной Европе и СНГ: эволюция контрактных структур и механизмов ценообразования* // http://www.konoplyanik.ru/ru/publications/Nekrasov1.pdf (12.05.2015).

[1150] Communication de la Commission au Parlement européen, au Conseil, au Comité économique et social européen et au Comité des régions « Vers l'achèvement du marché intérieur de l'énergie: état des lieux » du 13.10.2014 // http://www.europarl.fr/resource/static/files/Comprendre/com_com-2014-0634_fr.pdf (17.08.2016).

et les consommateurs. Sans de tels contrats, certains gisements ne seraient pas mis en valeur. En même temps, on a pu créer des marchés spot tout en maintenant des contrats à long terme. Il suffit que le régulateur national impose à l'opérateur historique de revendre sur le marché une partie du gaz qu'il a négocié en application de ces contrats (gas release ou rétrocession du gaz)[1151].

En cas de désaccord de la Commission, on peut appliquer une approche plus restrictive par rapport aux contrats à long terme. On propose l'introduction dans la législation européenne de la conception « de contrats à long terme essentiels pour la sécurité énergétique ». La qualification de contrats à long terme en tant que tels peut être l'objet de négociations entre les parties.

2. La position de la Commission sur l'avenir des contrats à long terme

Malgré le processus tendant à adapter les contrats à long terme à la concurrence, la Commission considère ces contrats comme une limite à la concurrence et compte sur leur disparition. Pour la commission, ces contrats constituent les principales barrières à l'entrée de nouveaux opérateurs. De plus, ils empêchent le développement d'un marché spot du gaz naturel, ce qui explique le fait que le secteur de la commercialisation du gaz sur le marché de gros ne s'est pas réalisé.

La Commission cherche une solution qui pourrait répondre aux exigences du droit de la concurrence et de la sécurité de l'approvisionnement. Cette dernière est un empêchement clé à l'introduction totale de la concurrence dans cette branche de l'industrie. C'est pourquoi elle requiert une analyse plus attentive.

La crise de Suez en 1956-57 fut le premier fait incitant à prendre des mesures pour garantir la sécurité énergétique. Après la crise, le Conseil de l'UE avait adopté la directive 68/414/CEE faisant obligation aux États membres de maintenir un niveau minimum de stocks de pétrole brut et/ou de produits pétroliers correspondant à 65 jours de consommation[1152]. Une deuxième vague d'initiatives avait eu lieu en réaction aux chocs des prix du pétrole et à la crise d'approvisionnement provoqués par les troisième (1967) et quatrième conflits israélo-arabes (1973). En 1968, la Commission avait publié ses « premières lignes directrices pour une politique énergétique

[1151] Hansen (Jean-Pierre), Percebois (Jacques), *Energie : économie et politiques,* préface de Marcel Boiteux, De boeck, 2010, p. 258.

[1152] Directive n° 68/414/CEE du 20 Décembre 1968 du Conseil, modifiée par la Directive 98/93/CE du Conseil du 14 décembre 1998, faisant obligation aux États membres de la CEE de maintenir un niveau minimum de stocks de pétrole brut et/ou de produits pétroliers // Journal officiel CE, L 308, du 23/12/1968 et n° L 358 du 31 décembre 1998.

communautaire »[1153] promouvant une action commune pour assurer une plus grande sécurité d'approvisionnement (coopération en cas de défaut d'approvisionnement) ainsi que l'établissement d'un marché commun pour l'énergie. Plus tard, en 1972, le Conseil a adopté deux directives, l'une demandant aux États membres d'informer la Commission de leurs importations d'hydrocarbures[1154], l'autre concernant la communication à la Commission des projets d'investissement d'intérêt communautaire dans les secteurs du pétrole, du gaz naturel et de l'électricité[1155].

Ce n'est qu'en 1977 que la Communauté a développé son propre système d'urgence en adoptant deux décisions : l'une relative aux exportations de pétrole brut et de produits pétroliers d'un État membre vers un autre en cas de difficultés d'approvisionnement [1156] et l'autre fixant un objectif communautaire de réduction de la consommation d'énergie primaire en cas de difficultés d'approvisionnement en pétrole brut et en produits pétroliers[1157].

La sécurité d'approvisionnement figure dans le livre vert de la Commission du 29 novembre 2000 intitulé « [v]ers une stratégie européenne de sécurité d'approvisionnement »[1158] et a été intégrée dans la directive 2004/67/CE du Conseil du 26 avril 2004 concernant les mesures visant à garantir la sécurité de l'approvisionnement en gaz naturel[1159]. La directive a établi pour la première fois un cadre juridique à l'échelon communautaire visant à garantir la sécurité de l'approvisionnement en gaz et à contribuer au bon fonctionnement du marché intérieur du gaz en cas de rupture d'approvisionnement. Elle a institué un groupe de coordination pour le gaz, qui a été utile pour échanger des informations et définir des actions communes entre les Etats membres, la Commission, le secteur du gaz et les consommateurs. Le réseau européen des correspondants pour la sécurité

[1153] Communication de la CE au Conseil « Première orientation pour une politique énergétique commune » 18 décembre 1968. 16. COM (72) 1201 // http://aei.pitt.edu/33670/1/A204.pdf (19.08.2015).

[1154] Règlement (CEE) n° 1055/72 du 18 mai 1972 concernant l'obligation des États membres de communiquer à la Commission des importations d'hydrocarbures // Journal officiel, L 120, 25.5.1972, pp. 3–6

[1155] Règlement (CEE) n° 1056/72 du Conseil, du 18 mai 1972, concernant la communication à la Commission des projets d'investissement d'intérêt communautaire dans les secteurs du pétrole, du gaz naturel et de l'électricité // Journal officiel, L 120, 25.5.1972, p. 7.

[1156] Décision n ° 77/186/CEE relative aux exportations de pétrole brut et de produits pétroliers d'un Etat membre vers un autre en cas de difficultés d'approvisionnement // Journal officiel, L 158, 17.06.1997.

[1157] Décision n ° 77/706/CEE du Conseil fixant un objectif communautaire de réduction de la consommation d'énergie primaire en cas de difficultés d'approvisionnement en pétrole brut et produits pétroliers // Journal officiel, L 292, 16.11.1977, p. 9.

[1158] Livre vert de la Commission du 29 novembre 2000: « Vers une stratégie européenne de sécurité d'approvisionnement » COM (2000) 769 final.

[1159] Directive 2004/67/CE du Conseil du 26 avril 2004 concernant des mesures visant à garantir la sécurité de l'approvisionnement en gaz naturel // Journal officiel, L 127, 29.4.2004, pp. 92–96

énergétique, approuvé par le Conseil européen de décembre 2006, a permis d'améliorer la capacité de recueillir des informations et a fourni un système d'alerte précoce en cas de menaces potentielles pour la sécurité de l'approvisionnement énergétique.

L'étape suivante a été l'adoption du règlement n° 994/2010 du Parlement européen et du Conseil du 20 octobre 2010 concernant la sécurité de l'approvisionnement en gaz naturel et abrogeant la directive 2004/67/CE du Conseil[1160]. Ce règlement prévoit la responsabilité solidaire de l'UE, des Etats membres et des entreprises gazières, la mise en place d'un plan d'action préventif et d'un plan d'urgence, l'évaluation complète, sur la base d'éléments communs, des risques affectant la sécurité de l'approvisionnement en gaz dans ses Etats membres.

Les mesures adoptées jusqu'à 2015 étaient principalement concentrées sur les exigences de stockage. Elles ne prévoyaient pas de règles communes ou de mécanismes concernant l'utilisation de ces stocks. Aucun des instruments ne prévoyait une approche supranationale cohérente pour répondre aux questions stratégiques d'approvisionnement [1161]. La Communauté n'avait pas réussi à développer une approche unifiée face aux principaux fournisseurs extérieurs de ressources fossiles, tels que la Russie, l'Algérie et les États arabes.

En s'appuyant sur la stratégie européenne pour la sécurité énergétique adoptée en mai 2014[1162], le projet d'Union de l'énergie a été lancé par la Commission européenne le 25 février 2015 [1163].

L'Union de l'énergie prévoit notamment une clause de solidarité qui vise à réduire la dépendance à l'égard d'un fournisseur unique et l'aide des pays voisins, surtout en cas de rupture d'approvisionnement en énergie, ainsi qu'une transparence accrue lorsque des pays de l'UE concluent des accords commerciaux pour l'achat d'énergie ou de gaz en provenance de pays extérieurs à l'UE.

L'Union de l'énergie se propose d'agréger la demande, sur une base volontaire, en vue d'effectuer des commandes collectives de gaz au cours d'une crise et lorsque les États membres sont dépendants d'un fournisseur unique. Il est prévu que la Commission reçoive le droit d'influencer directement la conclusion des contrats commerciaux, y compris de Gazprom.

[1160] Règlement n° 994/2010 du Parlement européen et du Conseil du 20 octobre 2010 concernant les mesures visant à garantir la sécurité de l'approvisionnement en gaz naturel et abrogeant la directive 2004/67/CE du Conseil // Journal officiel, n° 295/1, 12.11.2010.

[1161] Andoura (Sami), Hancher (Leigh), Woude (Marc van der), *Vers une Communauté européenne de l'énergie : un projet politique*, Notre Europe, 2010, p. 8.

[1162] La Communication de la Commission du 28 mai 2014 intitulée « Stratégie européenne pour la sécurité énergétique » SWD(2014) 330 final.

[1163] Commission européenne, Communiqué de presse Union de l'énergie: un approvisionnement en énergie sûr, durable, compétitif et à des prix abordables pour tous les Européens, Bruxelles, 25 février 2015 // http://europa.eu/rapid/press-release_IP-15-4497_fr.htm (28.08.2015).

Une telle intervention avait déjà été mise en place lors du conflit entre la Russie et l'Ukraine. Ainsi, il est prévu que soient contrôlés non seulement les accords intergouvernementaux, mais aussi les contrats privés. Actuellement, il n'est pas clair si le contrôle sera effectué au stade des négociations (*ex ante*), ou s'il y aura une révision des contrats existants[1164].

De ce point de vue, il sera difficile à la Commission de négocier des contrats d'approvisionnement au nom de l'UE car ce sont des contrats de droit privé qui lient des sociétés commerciales en compétition. Bruxelles pourra, dans le cadre du dialogue UE - Russie, faire seulement pression pour obtenir le respect de certains principes, mais il est difficile pour la Commission d'aller plus loin.

D'un autre point de vue, à l'avenir, on pourrait envisager l'établissement d'un « Groupement d'achat européen de gaz »[1165], par des opérateurs privés et/ou des États membres, qui pourrait au final donner naissance à une Agence européenne d'approvisionnement du gaz[1166], inspirée par l'Agence d'approvisionnement d'Euratom[1167]. La réalisation d'un tel groupement d'achat pourrait s'appuyer sur la législation européenne existante. Un

---

[1164] Барсуков (Юрий), *Мы не хотим бороться с Россией* // http://www.kommersant.ru/doc/2713420 (28.08.2015).

[1165] Cette idée est plus amplement développée dans le rapport de proposition du « Groupe prospective gazière du Centre d'analyse stratégique » du gouvernement français, « La sécurité gazière de l'Europe : de la dépendance à l'interdépendance », Rapport supervisé par Christian Stoffaës, Centre d'analyse stratégique, Paris, novembre 2009.

[1166] Andoura (Sami), Hancher (Leigh), Woude (Marc van der), *Vers une Communauté européenne de l'énergie : un projet politique*, Notre Europe, 2010, p. XIII.

[1167] Cette Agence dispose d'un droit d'option sur les matériaux produits dans les territoires des États membres et du droit exclusif de conclure des contrats portant sur la fourniture de minerais, de matières brutes ou de matières fossiles spéciales en provenance de l'intérieur ou de l'extérieur de l'UE. Le droit d'option de l'Agence implique que chaque producteur de matières nucléaires dans la Communauté doit d'abord proposer sa production à l'Agence. Si l'Agence exerce son droit, elle en deviendra propriétaire – sauf dans le cas des matières fossiles spéciales, qui sont la propriété de la Communauté, conformément à l'article 86 du Traité Euratom. Les utilisateurs ayant besoin de produits possédés par l'Agence doivent régulièrement informer cette dernière de leurs exigences futures, des termes et des conditions générales souhaités pour l'approvisionnement en question. L'Agence a l'obligation de satisfaire à toutes les commandes. Si elle n'est pas en mesure de s'exécuter, elle fournira les utilisateurs au prorata. L'Agence stockera ou exportera les matières fossiles spéciales qui ne répondent pas aux besoins de la demande communautaire interne. En ce qui concerne les matières nucléaires ne provenant pas de l'UE, l'Agence accomplit une fonction similaire, en exerçant son droit exclusif de conclure des contrats d'approvisionnement avec les fournisseurs étrangers. La Commission peut accorder des dérogations à ce droit si l'Agence n'est pas en mesure de satisfaire à la commande dans un délai ou dans des conditions raisonnables. En dépit du rôle prépondérant que le Traité Euratom confère ainsi à l'Agence d'approvisionnement, les prix sont censés être déterminés par la loi de l'offre et de la demande. En outre, le Conseil peut décider d'imposer des prix fixes sur proposition de la Commission. Ces dispositions originales de la politique commune d'approvisionnement du Traité Euratom n'ont cependant été que partiellement utilisées car les forces du marché ont rapidement prouvé qu'elles étaient capables d'équilibrer l'offre et la demande, diminuant ainsi la nécessité d'une intervention centrale. (*Ibid.*, p. 11.).

règlement d'exemption par catégorie, adopté sur la base de § 3 de l'article 101 du TFUE, pourrait offrir aux sociétés participantes la sécurité antitrust nécessaire et permettre à la Commission d'imposer les conditions nécessaires pour s'assurer que la coopération « en amont » n'affectera pas la concurrence « en aval ». L'article 103 permet au Conseil d'adopter ce type de règlements ou de déléguer cette tâche à la Commission. Ces groupements auraient comme objectifs la négociation des contrats d'approvisionnement avec les fournisseurs extérieurs, la distribution du gaz fourni parmi les membres, la mise en place des consortiums d'investissement et l'exploitation des infrastructures de transport et de stockage au sein et en dehors de l'UE.

La Communication de la Commission indique que la transparence des contrats commerciaux d'approvisionnement en gaz doit être renforcée. La Commission présentera une proposition sur cette question dans le cadre de la révision du règlement sur la sécurité de l'approvisionnement en gaz. Cette mesure pose le problème de la garantie que l'information collectée ne sera pas publiquement accessible. Cependant, Maroš Šefčovič, vice-président de la Commission européenne, malgré la position de l'Allemagne, des Pays-Bas et de la Finlande, considère que la publication des informations relatives aux volumes, aux prix, et à la durée des contrats est possible[1168].

Actuellement, l'Union de l'énergie demeure toujours un projet. Ses principes essentiels ne sont pas bien formulés et doivent évoluer. Mais l'idée a été défendue par le président du Conseil européen D. Tusk, le Président de la France, Fr. Hollande et le président de la Commission européenne J.-C. Juncker. A. Merkel, la Chancelière de l'Allemagne fédérale, a soutenu l'idée mais a appelé à en préciser les détails. Les grossistes les plus importants, en revanche, ne sont pas intéressés par l'idée de la coordination des achats puisque, lors des négociations, ils obtiennent des réductions significatives[1169].

Cependant, il faut rendre compte que la création d'une Union de l'énergie peut amener à l'établissement d'un monopole an faveur de la Commission en matière d'import de gaz, risque auquel les producteurs peuvent répondre, en se regroupant. A. Miller, Directeur général de Gazprom, a accusé l'UE d'avoir la volonté de détruire les relations qui existent depuis 40 ans et qui sont basées sur des contrats long terme. Il a souligné que les fonctionnaires de l'UE essaient unilatéralement de faire peser tous les risques sur Gazprom, que ce soit en matière de demande, de prix, de transit ou de production, ce qu'il trouve injuste. Dans ces conditions, A. Miller considère que les entreprises russes doivent aussi chercher d'autres clients[1170].

1168 Барсуков (Юрий), *Газпотребсоюз* // http://www.kommersant.ru/doc/2692564 (12.08.2016).

1169 Барсуков (Юрий), Дудина (Галина), *Евросоюз кует энергетическое оружие* // http://www.kommersant.ru/doc/2462263 (12.08.2016).

1170 Барсуков (Юрий), *« Газпром » раскрыл европейские карты* // http://www.kommersant.ru/doc/2708682 (19.08.2016).

Malgré le souhait de la Commission et des autorités nationales, le rejet des contrats à long terme n'est pas encore réalisable. Selon l'étude de *Ecorys Nederland BV,* commandée par la Commission, les opérations de remplacement (spot et rachat des contrats à terme) couvrent moins de 10 % de tous les volumes traités sur le territoire de l'UE[1171]. Même si les contrats à long terme sont anticoncurrentiels, le problème principal ne réside pas en eux, mais dans l'absence des conditions de la concurrence. Seule l'apparition de nouvelles sources d'approvisionnement par voie de construction de nouveaux gazoducs, de terminaux GNL et d'installations de stockage, pourrait aboutir à mettre un terme à ce type de contrats[1172].

Actuellement, les entreprises gazières peuvent toujours conclure des contrats à long terme, à condition qu'ils ne portent pas atteinte aux objectifs de la directive et soient compatibles avec le Traité, y compris les règles de concurrence. Et, pour respecter cette législation, ces contrats comportent des mécanismes de renégociation. 50 ans d'application de ce type de contrats ont démontré leur souplesse. Certaines parties en ont renégocié, plusieurs fois, les termes de leurs contrats relatifs au prix, à la durée, à la clause « de destination », à celle du « take or pay ». Même s'il existe une volonté forte d'introduire des contrats à court terme, il est plus productif de diversifier, d'utiliser des modèles différents et de les mettre en concurrence. Il faut remarquer, qu'à la fin des années 80 aux Etats-Unis, 80 % des échanges avaient lieu sur le marché spot. Mais en 1992, ce dernier ne représentait plus qu'un gros tiers des transactions, les contrats à long terme ayant retrouvé leur importance. Ces contrats de nouvelle génération ont leur prix indexé, plus au moins directement, sur celui du marché spot, qui sert de référence neutre et transparente et évite de longues négociations[1173].

D. Le secteur de la fourniture

Le libre choix des fournisseurs par les consommateurs est la condition fondamentale de la réalisation des réformes européennes et de l'établissement du marché de gaz[1174]. Dans les deux tiers des États membres, les ménages et les petites entreprises ont désormais le choix entre plusieurs fournisseurs. Les outils de comparaison des prix aident les consommateurs à s'approvisionner au meilleur prix. Des taux élevés de changement de

---

[1171] Stagnaro (Carlo), Testa (Federico), *Europe Still Needs an Internal Market for Energy* // http://online.wsj.com/article/SB123561332363877969.html (19.08.2016).

[1172] Benhassine (Wassime), *Le processus de libéralisation des industries électriques et gazières européennes à travers les stratégies de fusion - acquisition et d'investissement des firmes, propositions pour une sécurité énergétique renforcée*, Thèse pour l'obtention du Doctorat, 2010, p. 42.

[1173] Darmois (Gilles), Favenec (Jean-Pierre), *Les marchés de l'énergie : l'énergie, à quel prix ?* , 2 éd., Technip, 2013, p. 86.

[1174] Cameron (Peter) (dir.), *Legal Aspects of EU Energy Regulation. Implementing the New Directives on Electricity and Gas across Europe*, Oxford Univeristy Press, 2005, p. 42.

fournisseur, liés à la compréhension par le consommateur des avantages d'un tel changement, ont été observés dans un certain nombre d'États membres, de la Suède à la République tchèque en passant par le Royaume-Uni, l'Irlande ou la Belgique. Pourtant, en France, ce pourcentage n'est pas très haut: au 3e trimestre 2012, 10,1 % des clients résidentiels et 21,8 % des clients non résidentiels étaient alimentés en gaz par des fournisseurs alternatifs[1175].

En même temps, le prix de vente moyen du gaz aux consommateurs industriels, comprenant les droits et les taxes, varie de 40,95 euro/Mwh en Europe de l'Ouest à 70,32 en Europe de l'Est[1176]. Ainsi, les consommateurs ne sont pas encore des acteurs à part entière du marché. Les taux de changement de fournisseurs d'énergie restent bas dans plusieurs pays, notamment lorsque le marché est très concentré ou/ et les prix sont réglementés.

Malgré une baisse générale des prix de gros de l'énergie, due à une meilleure insertion des énergies renouvelables et à une baisse du prix du charbon, les prix au détail du gaz ont continué d'augmenter, mais à un rythme moins élevé que celui des années précédentes[1177].

Donc, il existe toujours dans ce secteur, une situation d'oligopole[1178] (en mesurant la concentration au travers de la part de marché des trois acteurs principaux, on remarque que ceux-ci contrôlent plus de la moitié de la fourniture dans les quatre cinquièmes des États membres de l'Union Européenne[1179]). L'application du droit de la concurrence dans cette branche reste limitée.

1. Le prix de la fourniture de gaz

L'activité de fourniture est totalement ouverte à la concurrence depuis le 1er juillet 2007. Dès lors, des compagnies russes peuvent être présentes sur ce marché. Pourtant, jusqu'à maintenant, le secteur régulé (en vertu de la réalisation des services publics) coexiste avec le secteur dérégulé[1180]. Ainsi, en France, l'article L. 410 du Code de commerce autorise le gouvernement à

[1175] *Structuration des prix du gaz (France)* // http://www.connaissancedesÉnergies.org/fiche-pedagogique/structuration-des-prix-du-gaz-france (18.08.2015).

[1176] Andoura (Sami), Vinois (Jean-Arnold), *De la communauté européenne de l'énergie à l'Union de l'énergie*, Notre Europe, 2015, p. 49.

[1177] Citizens' Summary ACER - CEER Market Monitoring Report on EU Electricity and Gas Markets in 2013 // http://www.acer.europa.eu/Media/Citizens%20summaries/ACER-CS-02-14.pdf (18.08.2015).

[1178] Oligopole : situation de marché sur lequel la production est le fait d'un petit nombre de grandes entreprises offrant un bien homogène, face à un grand nombre d'acheteurs (Viallard (Virginie), *Le critère d'appréciation substantielle des concentrations*, Dalloz, 2007, p. 51.).

[1179] Grand (Emmanuel), Veyrenc (Thomas), *L'Europe de l'électricité et du gaz. Acteurs, marchés, régulations*, préface de Jean-Marie Chevalier, Economica, 2011, p. 207.

[1180] Salva (Jean-Serge), *L'achat public d'électricité et de gaz : portée, enjeux et modalités de la mise en concurrence,* Weka, 2008, p. 15.

fixer les prix « dans les secteurs, ou les zones, où la concurrence par les prix est limitée en raison, soit de situations de monopole ou de difficultés durables d'approvisionnement, soit de dispositions législatives ou réglementaires ». ENGIE propose deux types d'offres : les offres aux tarifs réglementés, dont les prix sont fixés par les pouvoirs publics, et les offres de marchés, dont les prix sont déterminés dans le cadre d'un contrat[1181]. L'ACER et le CEER soulignent dans leur rapport « [s]ur la surveillance des marchés » le 22 octobre 2014, qu'en 2013, 15 États membres sur 26 avaient des tarifs régulés (Chypre et Malte ne disposent pas de fourniture de gaz)[1182]. Cependant le choix par le consommateur de son fournisseur dépend dans une grande mesure du prix marchand proposé. Par conséquent, il sera important d'analyser la perspective de sauvegarde des prix régulés sur le marché de gaz (1), ainsi que le contrôle anticoncurrentiel des prix libres (2).

a. La perspective de sauvegarde des prix régulés

L'existence de prix régulés s'explique par le fait que la plupart des pays souhaitent que, même un client isolé situé dans une zone rurale, puisse accéder au gaz à un prix « raisonnable », voire au même prix qu'un consommateur urbain. Or un système purement concurrentiel exclurait le maintien de prix égaux et bas sur tout le territoire[1183].

La fixation du prix régulé est un problème délicat. Dans le cas où ce tarif est élevé par rapport aux prix du marché, l'adoption d'un dispositif tarifaire est supposée n'avoir que de faibles impacts sur l'ouverture des marchés et ne constitue une protection qu'en dernier recours, les consommateurs étant incités à opter pour une offre sur le marché libre plutôt que pour une fourniture à prix régulé. Si toutefois le tarif est compétitif par rapport aux prix de marché, l'incitation au « switching » (changement de fournisseur) disparaît, les consommateurs étant incités à opter pour l'offre régulée, et donc pour son fournisseur (ce qui empêche les nouveaux entrants).

La différence entre le prix du marché et le tarif régulé est financée, soit par apport direct de l'État (ce qui nécessite d'identifier et de notifier aux autorités communautaires un circuit de financement, par exemple en instituant un prélèvement permettant de rémunérer l'opérateur en charge de l'obligation), soit par la compression des marges des énergéticiens[1184].

[1181] Roux (Dominique le), *Le service public français en débat*, in *Accès à l'énergie en Europe. Les précaires invisibles*, Les Presses de Sciences Po, 2014, p. 238.

[1182] *Dans un rapport, les régulateurs européens de l'énergie font état des imperfections sur les marchés nationaux de l'énergie et de l'électricité* // http://www.europaforum.public.lu/fr/actualites/2014/10/acer-ceer-rapport-Énergie/index.html (19.08.2015).

[1183] Lapeyre (Michel) (dir.), *Les nouvelles régulations électriques*, Lavoisier, 2012, p. 31.

[1184] Grand (Emmanuel), Veyrenc (Thomas), *L'Europe de l'électricité et du gaz. Acteurs, marchés, régulations*, préface de Jean-Marie Chevalier, Economica, 2011, p. 377.

En France, l'État fixe les tarifs en tenant compte des variations des coûts de construction, d'entretien, et de renouvellement des installations, des coûts d'approvisionnement etc.[1185]. Si le régulateur ou le gestionnaire de réseau disposait de toutes les informations sur les coûts et pouvait les collecter gratuitement, l'organisation centralisée serait tout aussi optimale que le marché en situation de concurrence pure et parfaite[1186]. Or les autorités publiques, en pratique, ne sont pas dans cette situation : collecter une information a un coût important. Il est donc très difficile d'établir avec certitude si les prix reflètent à chaque fois et exactement les coûts variables.

Ainsi, le problème de la juste couverture des charges de service public existe et il faut trouver la méthode à employer pour calculer le coût net des obligations des services publics[1187]. Sans rattachement au prix du marché, ce n'est pas vraiment envisageable.

Selon la Commission, à l'heure actuelle, la réglementation des prix de nombreux États membres empêche les fournisseurs d'offrir des services attrayants et des plans tarifaires dynamiques sur mesure. Elle décourage les nouveaux arrivants qui pourraient concurrencer les opérateurs en place. Dans certains États membres, les prix sont fixés par l'État pour certains groupes de clients, ou pour l'ensemble d'entre eux, à des niveaux inférieurs aux prix du marché. Cette situation ne favorise évidemment pas le développement d'un marché concurrentiel et n'est pas durable sur le plan économique.

De plus, les prix réglementés, même s'ils permettent de couvrir les coûts d'exploitation, n'envoient pas les signaux de prix nécessaires pour garantir des investissements efficaces. Ils sont perçus par les investisseurs comme un signe d'ingérence politique, ce qui entrave les investissements.

Il faut aussi savoir que le contrat éligible (le contrat avec le tarif négocié) n'est pas soumis aux mêmes règles en termes d'approvisionnement car, avec le tarif réglementé, le client industriel se préoccupe très peu des aléas de la consommation. Les tarifs sont fondés principalement sur la quantité effectivement consommée, sans exigence de prévision et de suivi. Ce n'est pas le cas avec un contrat éligible. L'ouverture du marché à la concurrence entraîne des contraintes supplémentaires en termes de prévision et de suivi des consommations. Les fournisseurs doivent réserver des capacités de transport et sont responsables de l'équilibre entre ce qu'ils apportent et ce que les clients consomment. Les contraintes de l'équilibre du réseau sont reportées du gestionnaire du réseau vers les fournisseurs et la seule façon d'assurer cet équilibre pour le fournisseur est d'imposer à ses clients des règles strictes en termes de prévision et de suivi des consommations, ou bien

---

1185 Les tarifs sont fixés pour les différents groupes de consommateurs : tarif cuisson, caisson et eau chaude, chauffage, petite chaufferie, moyenne chaufferie, grande chaufferie.

1186 Autre problème : l'évolution des coûts d'approvisionnement.

1187 Lapeyre (Michel) (dir.), *Les nouvelles régulations électriques*, Lavoisier, 2012, p. 38.

de leur faire payer la prise en charge de la flexibilité dont ils ont besoin sous forme de pénalités.

En effet, pour convaincre les clients de passer aux offres éligibles (non réglementée), il faut leur démontrer qu'il y a une baisse de prix par rapport au tarif existant ; or cette baisse de prix peut être rapidement perdue avec les pénalités associées au nouveau contrat[1188].

Les clients industriels, qui avaient besoin de beaucoup de flexibilité dans les engagements de consommation sur l'année, le trimestre ou le mois, ont vite constaté que les offres proposées étaient assez réduites. Tous les fournisseurs n'ont pas les mêmes capacités à fournir cette flexibilité. Les fournisseurs historiques bénéficient d'un foisonnement de leur portefeuille de consommation qui facilite les contrats flexibles : plus un fournisseur a des clients qui ont une consommation aléatoire, moins cet aléa lui coûte, car les aléas des clients industriels se combinent les uns les autres et s'annulent en partie.

Cette capacité de foisonnement a positionné favorablement les fournisseurs historiques par rapport aux fournisseurs alternatifs. C'est pourquoi les clients qui sont passés à la concurrence ont souvent été ceux qui avaient les consommations les plus prévisibles. Pour ces clients, seuls le prix intervient dans l'arbitrage[1189].

Ainsi, dans un contexte de relative rareté du gaz due à la stabilité des approvisionnements en amont, la mise en place de la concurrence s'est plutôt traduite par une augmentation des prix des offres du marché à destination des clients industriels. On trouve des fournisseurs alternatifs qui sont bien implantés, sans pour autant qu'il y ait une baisse durable des prix. La concurrence n'a donc pas eu d'effets significatifs sur les marges[1190].

Cependant, la Commission continue d'insister pour que des calendriers de suppression des prix réglementés soient mis en place dans le cadre des réformes structurelles des États membres. Selon elle, les consommateurs faibles devraient être protégés de façon plus adéquate. L'aide financière aux consommateurs vulnérables peut s'inscrire dans le cadre de la politique sociale et l'aide aux améliorations de l'efficacité énergétique représente une forme d'assistance d'un bon rapport coût/efficacité. La Commission considère que les États membres doivent fournir une assistance ciblée aux consommateurs vulnérables pour faire face à leur situation de faiblesse économique et les aider à faire des choix éclairés sur des marchés de détail de plus en plus complexes[1191].

[1188] Reverdy (Thomas), *La construction politique du prix de l'énergie*, SciencesPo, 2014, p. 128.
[1189] *Ibid.*, p. 128.
[1190] *Ibid.*, p. 114.
[1191] Communication de la Commission au Parlement européen, au Conseil, au Comité économique et social européen et au Comité des régions « Pour un bon fonctionnement du marché intérieur de l'énergie » COM/2012/0663 final // http://eur-lex.europa.eu/legal-content/FR/TXT/?uri=CELEX:52012DC0663 (12.08.2015).

Pour les entreprises russes cette question est aussi d'actualité. Des compagnies accomplissant des services universels se trouvent dans une situation préférentielle, ce qui diminue les possibilités de les concurrencer. Ainsi, l'évolution vers la suppression des tarifs réglementés est une condition importante de la réalisation, dans la pratique, d'un accord sur le gaz entre la Russie, l'UE et ses pays membres.

b. Le contrôle anticoncurrentiel des prix libres

Sauf dans le cas de prestation fournie par des services publics, les compagnies sont libres d'établir les tarifs[1192]. En Allemagne, par exemple, il n'existe pas du tout de prix régulé. Mais l'État, le régulateur, peut imposer des règles sur la structure du prix. Dans un récent arrêt du 20 avril 2010 C-265/08 Federutility, Assogas, Libarna Gas spa, Collino Commercio spa, Sadori gaz spa, Egea Commerciale, E.ON Vendita srl, Sorgenia spa/Autorità per l'energia elettrica et il gas[1193], la Cour de justice de l'Union européenne a considéré comme légale « une réglementation nationale qui permet de déterminer le niveau du prix de fourniture de gaz naturel par la définition d'un « prix de référence » ». Cependant, elle a précisé qu'il faut respecter trois conditions : 1) que cette intervention poursuive bien un objectif d'intérêt économique général «consistant à maintenir le prix de fourniture du gaz naturel au consommateur final à un niveau raisonnable», 2) qu'elle ne porte « atteinte à la liberté de fixation des prix ... que dans la seule mesure nécessaire à la réalisation d'un tel objectif d'intérêt général et, par conséquent, durant une période nécessairement limitée dans le temps », et 3) qu'elle soit clairement « définie, transparente, non discriminatoire, contrôlable et garantisse aux entreprises de gaz de l'Union européenne un égal accès aux consommateurs ». La jurisprudence a ainsi explicitement reconnu qu'il appartenait aux États membres d'opérer une conciliation entre l'objectif de libéralisation et celui de protection du consommateur final, dans le cadre général posé par les traités européens. Le débat sur la possibilité pour un État membre d'encadrer la fixation des prix par un dispositif tarifaire et sur les modes d'organisation de celui-ci apparaît donc toujours susceptible

---

[1192] Traditionnellement, les fournisseurs historiques utilisent les indices pétroliers puisqu'ils se fournissent eux-mêmes avec des contrats indexés sur ces indices. Cependant, d'autres fournisseurs font référence au prix du marché. Ainsi, les premiers alimentent les clients en informations sur les marchés pour les convaincre que les prix sur les marchés spot existants ne sont pas représentatifs des portefeuilles d'approvisionnement des fournisseurs. Les banques partenaires, spécialisées en trading de commodités, défendent aussi l'indexation du gaz sur les produits pétroliers, qui leur permet d'offrir les mêmes services d'anticipation des prix et de couverture financière que ceux qu'ils offrent déjà aux acteurs du marché pétrolier (Reverdy (Thomas), *La construction politique du prix de l'énergie*, Sciences Po., 2014, p. 118.).

[1193] CJUE, 20 avril 2010, Federutility, Assogas, Libarna Gas spa, Collino Commercio spa, Sadori gas spa, Egea Commerciale, E.ON Vendita srl, Sorgenia spa/Autorità per l'energia elettrica e il gas, aff. C-265/08 // Journal officiel, C 236, 13.09.2008.

d'interprétations contradictoires, qui devront être tranchées par les tribunaux[1194].

La législation concurrentielle constitue une base juridique pour effectuer un contrôle des prix libres sur le marché de gaz. On peut recourir aux règles sur l'abus de position dominante[1195], sur les ententes des compagnies gazières et sur les aides d'État. Bien qu'aucune entente anticoncurrentielle sur les prix n'ait fait l'objet d'une condamnation à ce jour, les autorités de la concurrence ont déjà manifesté leur souci de s'assurer que les prix figurant dans les contrats de fourniture n'étaient pas à l'origine de distorsions de la concurrence. Ainsi, au niveau communautaire, la Commission a procédé à l'examen de clauses relatives au calcul du prix de vente de l'énergie contenues dans les contrats de fourniture à l'occasion de la notification des accords. Cependant, c'est plus généralement sur le fondement des dispositions relatives aux pratiques abusives et aux aides d'État que le contrôle s'opère[1196].

Selon l'article 102 du TFUE, les pratiques abusives peuvent notamment consister en « l'imposition de façon directe ou indirecte des prix d'achat ou de vente, ou en d'autres conditions en cas de transaction non équitable ». L'objectif est ici de lutter, notamment, contre les prix abusivement élevés. Un prix excessif peut être défini, selon la Cour, comme un prix « sans rapport raisonnable avec la valeur économique de la prestation fournie » (aff. 26/75 General Motors/Commission de 1975[1197], aff. 27/76 United Brands/Commission de 1976[1198], aff. 30/87 Bodson de 1987[1199]). A cette définition théorique s'oppose rapidement la réalité pratique. En effet, il n'est pas aisé de définir la notion de « rapport raisonnable ». La Cour de justice fournit toutefois différents indices permettant d'apprécier cette exagération. Une première étape consiste à procéder à une analyse des coûts de l'entreprise pour comparer le prix de vente du produit à son prix de revient et déterminer la marge bénéficiaire. Ensuite, il faut apprécier s'il existe une disproportion excessive entre le prix de vente et le coût de revient. En cas de

---

[1194] Grand (Emmanuel), Veyrenc (Thomas), *L'Europe de l'électricité et du gaz. Acteurs, marchés, régulations*, préface de Jean-Marie Chevalier, Economica, 2011, p. 373.

[1195] Le but du contrôle de l'abus de position dominante consiste à déterminer si le prix fixé par le fournisseur correspond aux prix existants dans des conditions concurrentielles ou, au moins, est proportionné.

[1196] Lemaire (Christophe), *Énergie et concurrence : Recherches sur les mutations juridiques induites par la libéralisation des secteurs de l'électricité et du gaz*, préface Laurence Idot, t. II, Presses Universitaires d'Aix-Marseille, 2003, p. 510.

[1197] CJCE, 13 novembre 1975 General Motors Continental NV contre Commission des Communautés européennes. Affaire 26-75 // European Court Reports, 1975, p.1367.

[1198] CJCE, 14 février 1978, United Brands Company en United Brands Continentaal BV tegen Commissie van de Europese Gemeenschappen. Chiquita-bananen, aff. 27/76 // European Court Reports, 1978, p. 207.

[1199] CJCE, 4 mai 1988, Corinne Bodson contre SA Pompes funèbres des régions libérées, aff. 30/87 // European Court Reports, 1988, p. 2479.

réponse positive, mais la Cour de justice ne précise pas ce qu'est une disproportion excessive, il convient de déterminer si le prix est équitable, soit au niveau absolu, soit par comparaison avec les produits concurrents (aff. 27/76 United Brands/Commission de 1977). Notons également qu'en l'espèce la Cour a déclaré, au point 266 de l'arrêt, qu'une différence de prix de 7 % n'est pas automatiquement considérée comme exagérée et est donc équitable). On constate donc que la mise en œuvre de cette catégorie d'abus est relativement délicate[1200].

Ce sont non seulement les prix excessifs que les autorités vont contrôler, mais surtout les prix anormalement bas. Or, via des subventions croisées, l'opérateur qui fait du dumping sur certains segments de marché peut se rattraper sur d'autres segments, ce que ne peut pas toujours faire son concurrent [1201]. La pratique de la subvention croisée consiste, pour l'entreprise, à imputer tout ou partie des coûts des activités qu'elle mène pour un produit, ou sur un marché géographique, aux activités qu'elle exerce pour un autre produit, ou sur un autre marché géographique[1202].

Donc le contrôle des prix anormalement bas (prix prédateurs) pratiqués par des opérateurs, en particulier par les opérateurs historiques, va s'opérer principalement sur le fondement de l'interdiction de l'abus de position dominante.

La Commission a pu définir cette pratique de prix prédateurs comme consistant « pour un producteur, à fixer ses prix à un niveau artificiellement bas, de manière à évincer ou à discipliner un concurrent »[1203]. La question s'est bien sûr posée de savoir si une telle pratique devait être sanctionnée, dans la mesure où le consommateur peut en tirer un certain profit, et où les réductions de prix ne sont pas automatiquement synonymes d'une stratégie d'exclusion. Toutefois, le caractère anticoncurrentiel de ces prix justifiait, tant pour les autorités communautaires que nationales, qu'ils soient sanctionnés. La difficulté est alors de déterminer à partir de quel moment un prix bas cesse d'être légitime pour devenir prédateur.

Les États peuvent aussi contribuer à l'établissement de prix anormalement bas sur le marché, ce qui est le reflet des aides d'État. Les autorités communautaires ont eu l'occasion de prendre position à différentes reprises sur des pratiques de prix préférentiels accordés dans le secteur de l'énergie à certains consommateurs. Ces affaires ont en commun d'être

---

[1200] Lemaire (Christophe), *Énergie et concurrence : Recherches sur les mutations juridiques induites par la libéralisation des secteurs de l'électricité et du gaz*, préface Laurence Idot, t. II, Presses Universitaires d'Aix-Marseille, 2003, p. 511.

[1201] Chevalier (Jean-Marie), Percebois (Jacques), *Gaz et électricité : un défi pour l'Europe et pour la France*, La documentation française, 2008, p. 63.

[1202] Lignes directrices concernant l'application des règles de concurrence de la Communauté au secteur des télécommunications (1991/C 233/02) // Journal officiel, C 233, 6.9.1991, pp. 2–26.

[1203] XVI Rapport, *[s]ur la politique de concurrence*, 1986, n° 334 // http://ec.europa.eu/competition/publications/annual_report/#rep_1980 (18.08.2015).

intervenues à une période où les marchés du gaz n'étaient pas encore ouverts à la concurrence.

Ainsi, dans une première affaire, la Commission a considéré que le tarif de gaz naturel appliqué aux Pays-Bas par Gasunie aux horticulteurs constituait une aide incompatible avec le marché commun au sens de l'article 107 du TFUE, dès lors qu'il « est à l'avantage de certaines entreprises ou de certaines productions qui sont en concurrence avec des entreprises ou des productions d'autres États membres, les produits concernés faisant l'objet d'échanges intracommunautaires, qu'il a été imposé par l'autorité publique et donne lieu à une compensation de l'État versée à la société distributrice ou à une moindre recette d'État »[1204]. Cette décision a été confirmée par la Cour de justice dans l'affaire [1205] Van der Kooy/Commission [1206]. Pour déterminer si la pratique de subventions croisées peut conduire à un contrôle communautaire sur le fondement des règles relatives aux aides d'État, certaines conditions doivent être réunies. Il doit s'agir d'une aide, d'origine étatique, qui fausse ou menace de fausser la concurrence et qui affecte le commerce entre États membres.

La question se pose encore de savoir s'il est possible de sanctionner des pratiques de prix faibles mises en œuvre par les opérateurs historiques, de nature à fausser la concurrence. Toute concurrence par les prix ne peut être considérée comme légitime. « Des remises tarifaires qui ne refléteraient pas une diminution des coûts, ou leur seraient supérieures, s'il était démontré qu'elles ont pour objet d'évincer un concurrent du marché, pourraient être qualifiées d'abus de position dominante même en l'absence de prix prédateur »[1207]. Le conseil reconnaît donc qu'il est possible de sanctionner des pratiques de prix faibles en dehors de la prédation. Pour cela, il faudrait que deux conditions soient réunies : l'existence de remises ne reflétant pas la réalité des coûts et la preuve que ces remises ont un objet d'éviction[1208].

La pratique des prix différenciés peut aussi susciter des difficultés. La notion de discrimination, largement présente dans les traités communautaires, s'apparente à l'idée de « distinction ». A cet égard, le droit de la concurrence impose de ne pas traiter de manière différente, de ne pas

---

[1204]Décision 85/215/CEE de la Commission du 13.02.1985 relative au tarif préférentiel du gaz naturel à l'égard des horticulteurs néerlandais // Journal officiel, L 94, 4.04.1985, p. 49.

[1205] CJCE, 2 février 1988, Kwekerij Gebroeders van der Kooy BV et autres contre Commission des Communautés européennes, aff. jointes 67, 68 et 70/85 // European Court Reports, 1988, p. 219.

[1206] Lemaire (Christophe), *Énergie et concurrence : Recherches sur les mutations juridiques induites par la libéralisation des secteurs de l'électricité et du gaz*, préface Laurence Idot, t. II, Presses Universitaires d'Aix-Marseille, 2003, p. 524.

[1207] Avis n° 98-A-24 du 16 déc. 1998 relatifs à une demande d'avis de l'Autorité de régulation des télécommunications concernant les offres sur mesure de France Télécom, BOCC du 14 oct. 1999, p. 559, spéc. p. 561.

[1208] Lemaire (Christophe), *Énergie et concurrence : Recherches sur les mutations juridiques induites par la libéralisation des secteurs de l'électricité et du gaz*, préface Laurence Idot, t. II, Presses Universitaires d'Aix-Marseille, 2003, p. 520.

distinguer, des partenaires qui se trouvent dans une situation équivalente. Il existe dès lors une règle générale de « parité » ou de « symétrie » qui est consubstantielle à la notion de discrimination.

Cette règle est reprise, en des termes communs, par les articles 101 et 102 du TFUE, quand ils disposent qu'il est interdit, soit dans le cadre d'une entente, soit pour une entreprise en position dominante, « d'appliquer à l'égard de partenaires commerciaux des conditions inégales à des prestations équivalentes, en leur infligeant de ce fait un désavantage dans la concurrence ». Quant à la notion de « conditions inégales », elle est liée à l'appréciation de l'équivalence des prestations. En effet, plus on sera strict sur la comparabilité des situations, plus il sera facile de montrer l'inégalité des conditions. Enfin, ces différences de traitement sont prohibées quand elles conduisent à un désavantage dans la concurrence. Il apparaît en fait que cette condition est remplie dès lors que l'existence de conditions inégales est établie[1209].

S'agissant des justifications, il n'est pas concevable d'en dresser une liste exhaustive. La Commission elle-même n'a jamais fixé de liste limitative en la matière. Cette variété est encore illustrée par la position de la Cour de justice dans certaines affaires (United brands/Commission 14 de 1978[1210]). Il existe deux groupes de justifications. Les premières sont des justifications endogènes à la relation contractuelle. Le premier élément permettant de justifier un traitement différencié est la variation des prix de revient. L'opérateur pourra ainsi modifier ses prix en fonction des charges qu'il supporte, étant entendu que le prix de revient peut être défini comme étant la somme des coûts de production et des coûts de commercialisation, comprenant l'ensemble des opérations relatives à la conclusion et à l'exécution des contrats de fourniture (p. 228 United Brands). Les secondes dépendent de l'importance des quantités vendues qui peuvent aussi constituer une justification objective d'une différenciation. Les consommateurs les plus importants peuvent donc profiter des meilleurs prix[1211]. De même, la durée des engagements contractuels autorise en principe le fournisseur à ajuster son offre, sans pour autant fermer le marché. Ce point est particulièrement important pour le secteur de l'énergie où les investissements au stade de la production sont souvent très lourds.

On constate également que les services rendus par les opérateurs, ainsi que les accords de coopération commerciale, sont autant d'éléments pris en

---

1209 *Ibid*, p. 528.

1210 CJCE, 14 février 1978, United Brands Company et United Brands Continentaal BV contre Commission des Communautés européennes. Bananes Chiquita, aff. 27/76 // Recueil de jurisprudence, 1978, p. 207.

1211 Décision de la Commission du 22 déc. 1987, aff. N IV/30.787 et 31.488, Eurofix-Bauco/Hilti, Journal officiel, n° L 65, 11.03.1988, p. 19, spéc. points 33 et 80 et la décision de la Commission du 14 mai 1997, aff. n IV/34.621, Irish Sugar plc, Journal officiel, n L 258, 22.09.1997, p.1, spéc. points. 128 et s.

considération pour justifier des traitements différents. Un prix particulier peut être consenti à un client qui assure certains services, allégeant ainsi les charges de son fournisseur. De même, la différenciation pourra être opérée par un fournisseur entre les clients, ou les prestations, pour lesquels il a dû engager des investissements particuliers, et les autres[1212].

La qualité du client autorise encore une certaine différenciation, en particulier en période de pénurie. Ainsi, il n'est pas interdit de mieux traiter un client habituel qu'un client occasionnel, en appliquant, en cas de raréfaction du produit, un taux de réduction différent à ses fournitures. Toutefois, la Commission et le TPI [1213] n'admettent pas de critères de sélection de clients prioritaires qui ne soient objectifs, non discriminatoires, objectivement justifiés, et n'ayant pas pour effet d'en évincer volontairement certains[1214].

Les règles relatives aux aides d'État n'ignorent pas non plus ces questions. Le fait pour une entreprise publique de pratiquer des prix différenciés pour une catégorie de consommateurs peut constituer une aide d'État prohibée. Cette prohibition disparaît toutefois quand le tarif préférentiel est justifié par des raisons commerciales et que son application repose sur une base non discriminatoire entre des consommateurs placés dans une situation comparable[1215].

2. Les quantités de gaz achetées

Les quantités de gaz vendues font également aujourd'hui l'objet de la discussion relative aux mesures anticoncurrentielles. Si un consommateur, en particulier s'il est parmi les plus importants du secteur, ou s'il est situé sur un marché émergent, s'engage à acheter auprès d'un fournisseur des quantités d'énergie susceptibles de couvrir l'ensemble de ses besoins, le marché se ferme inévitablement pour les autres fournisseurs potentiels. Pour protéger la capacité concurrentielle de ces opérateurs, les autorités de concurrence peuvent intervenir pour s'assurer que les contrats de fourniture ne produisent pas de tels effets. C'est bien dans ce but que la Commission est notamment intervenue sur le marché espagnol de la vente de gaz aux clients éligibles. En l'espèce, elle avait décidé d'ouvrir une enquête concernant un accord de fourniture à long terme de gaz, conclu entre la société espagnole Gas Natural et le producteur d'électricité espagnol Endesa. Le contexte dans lequel

---

[1212] Décision n° 90-D-22 du 26 juin 1990 relative à la situation de la concurrence dans le secteur des carburants pour l'aviation //
http://www.autoritedelaconcurrence.fr/pdf/avis/90d22.pdf (21.08.2015).

[1213] Arrêt du TPI du 1er avr. 1993, BPB Industries et British Gypsum/Commission. Affaire T-65/89 // Rec. 1993, p. II-389.

[1214] Lemaire (Christophe), *Énergie et concurrence : Recherches sur les mutations juridiques induites par la libéralisation des secteurs de l'électricité et du gaz,* préface Laurence Idot, t. II, Presses Universitaires d'Aix-Marseille, 2003, p. 528.

[1215] *Ibid.*

s'inscrivait la négociation de cet accord mérite d'être rappelé. D'abord, cette opération engageait la société dominante dans le secteur du gaz et la première entreprise du secteur de l'électricité en Espagne. Ensuite, il s'agissait de la première transaction de cette nature dans ce pays. Enfin, elle intervenait à l'aube de la libéralisation du marché européen du gaz naturel et sur le segment qui connaît la croissance la plus rapide sur le marché du gaz espagnol, à savoir celui de la production d'électricité. À l'issue de son enquête, la Commission a fait savoir aux entreprises concernées que cet accord de fourniture pouvait constituer une infraction à l'article 102 du Traité, car il avait pour effet de renforcer la position déjà dominante de Gas Natural sur le marché espagnol du gaz. L'une des difficultés soulevées par cet accord venait du fait qu'il concernait la totalité des besoins de Endesa en gaz naturel pour un avenir prévisible, et qu'il fermait ainsi le marché aux nouveaux concurrents potentiels pour la fourniture de gaz. Répondant à ces préoccupations, les parties ont proposé un aménagement de leur convention en réduisant notamment les volumes de gaz prévus afin de libérer une partie de la capacité d'achat de Endesa, le maintenant ainsi comme client sur le marché du gaz (la réduction proposée était relativement substantielle puisqu'elle représentait environ 25% des quantités couvertes initialement par le contrat de fourniture). Il apparaissait en effet indispensable, pour protéger la capacité concurrentielle des tiers, de ne pas fermer le marché et de s'assurer qu'une partie importante de la demande ne fût pas déjà satisfaite[1216].

Autrefois, il existait des clauses d'exclusivité d'achat. Dans l'affaire Hoffmann-La Roche[1217], la Cour de justice a proclamé qu'une entreprise se trouvant en position dominante ne peut pas lier des acheteurs par une obligation ou une promesse de se fournir pour la totalité de leurs besoins exclusivement auprès de ladite entreprise dans la mesure où pareille obligation ou promesse constitue une exploitation abusive de cette position, au sens de l'article 106 du TFUE, soit que l'obligation en question soit stipulée sans plus, soit qu'elle trouve sa contrepartie dans l'octroi de rabais. Dans le secteur de l'énergie, l'affaire Almelo illustre cette condamnation de la clause d'achat exclusif imposée par une entreprise en situation de position dominante.

Ainsi, les possibilités pour les compagnies de concurrencer par le prix ou les volumes de gaz vendus sont assez limitées sur le marché. Comme conséquence, les fournisseurs pratiquent de nombreuses formes de fidélisation de leurs clients. La principale stratégie consiste à associer différents services à l'offre de gaz, par exemple différentes possibilités de

---

1216 *Ibid.*, p. 541.

1217 CJCE, 13 février 1979, Hoffmann-La Roche & Co. AG contre Commission des Communautés européennes, aff. 85/76 // European Court Reports, 1979, p. 461.

paiement ou des contrats d'approvisionnement flexibles[1218]. Les perspectives qu'ouvrent les « réseaux intelligents » sont nombreuses et augurent du développement d'interfaces plus actives entre l'industrie gazière et les consommateurs. Les clients pourraient gérer plus finement leur courbe de consommation par la sélection dynamique d'usages spécifiques en fonction de leurs préférences et des prix en vigueur. A titre d'exemple, un client pourrait souscrire auprès de son fournisseur une offerte commerciale au terme de laquelle il réduirait une partie de sa consommation dans certaines circonstances (correspondant aux pics de prix sur le marché)[1219]. Cependant, l'espace possible pour le développement d'une concurrence par l'innovation au niveau du marché de la fourniture apparaît restreint et c'est uniquement sur la variable des prix de l'énergie que la libéralisation est donc jugée.

L'appréciation de l'importance de l'introduction de la concurrence se fait à partir de sa contribution au développement de l'industrie gazière, et des intérêts de la plupart des participants au marché, y compris les entreprises russes. Même si les marchés du gaz restent concentrés, des services traditionnellement monopolisés, comme la fourniture du gaz, peuvent tomber sous les règles générales de la concurrence[1220] et on n'aura plus besoin de prix régulés pour le gaz[1221]. Depuis 2007, le niveau de concentration est tombé en France alors qu'en République Tchèque, en Allemagne, en Italie, en Hongrie, au Portugal, en Slovaquie et dans d'autres États membres, il a augmenté ou est resté le même. Cependant, dans 12 pays, ce niveau de concentration est supérieur à 70 %[1222]. Dans ces conditions, la Commission continue à faire appliquer les règles relatives aux ententes et aux aides d'État dans le secteur de l'énergie afin que les obstacles à la concurrence, supprimés par la réglementation, ne soient pas réinstaurés par des participants de marché ou par des autorités publiques.

Les dirigeants de Gazprom ne cachent pas leurs intentions de fournir du gaz aux consommateurs finaux, ce qui apporterait à Gazprom deux fois plus d'argent pour le gaz vendu. Pour réaliser ce projet, il faut que la concurrence soit rétablie dans ce secteur en réprimant les aides d'État et les abus individuels et collectifs sur le marché.

Pourtant, dans le cas où Gazprom réaliserait ces projets, il encourt le risque de se trouver dans une situation privilégiée où il commencera à dominer le marché, car les autres fournisseurs de gaz de l'UE, même aussi grands qu'ENGIE ou E.ON, ne contrôlent pas la production de gaz. Dans ce

---

1218 Reverdy (Thomas), *La construction politique du prix de l'énergie*, SciencesPo., 2014, p. 112.

1219 Grand (Emmanuel), Veyrenc (Thomas), *L'Europe de l'électricité et du gaz. Acteurs, marchés, régulations*, préface de Jean-Marie Chevalier, Economica, 2011, p. 182.

1220 Marshall (Eileen), *Electricity and gas regulation in Great Britain : the end of an era*, in *Energy in a Competitive Market*, MPG, 2003, p. 15.

1221 *Ibid*, p. 4.

1222 Andoura (Sami), Vinois (Jean-Arnold), *De la communauté européenne de l'énergie à l'Union de l'énergie*, Notre Europe, 2015, p. 71.

cas, la concurrence aboutira à une situation d'oligopole et on aura besoin, encore une fois, d'appliquer les règles du droit de la concurrence.

Ainsi, la concurrence pure dans ce secteur correspond parfaitement aux intérêts des compagnies russes.

Quant au secteur du transport du gaz, le droit anti monopole empêche les entreprises russes de faire des acquisitions. Gazprom est aujourd'hui de plus en plus impliqué en Europe centrale et orientale, au travers d'une politique industrielle particulière d'acquisition d'actifs dans des sociétés de transport de pays importateurs. Gazprom ne se limite donc plus au seul rôle de fournisseur privilégié en matière d'hydrocarbures. Cette stratégie s'inscrit dans celle qui vise à renforcer sa position et ses parts de marché en Europe. Gazprom a déjà acquis une expérience dans ce domaine en Allemagne, en Italie, en Slovaquie. Il a déjà acheté une partie des actifs de Centrica et Scottish Power au Royaume-Uni en 2006. Il pourrait être intéressé par une prise de participations dans Distrigaz en Belgique et par le renforcement de sa présence en Allemagne par l'achat de distributeurs locaux. D'un autre côté, l'accès effectif au système de transport garanti par le droit anti monopole permet à des compagnies russes d'accéder au marché de la fourniture.

Ainsi, dans ce secteur, les deux solutions qui consistent en l'introduction des règles du droit de la concurrence (pour garantir l'accès au système de tous les participants au marché) ou l'application partielle du droit anti monopole (ce qui permet de sauvegarder des contrats à long terme), peuvent constituer des avantages pour des entreprises russes. Le plus important ici est l'établissement de règles claires, pour que les entreprises puissent élaborer leurs stratégies.

Cependant, dans le secteur de la commercialisation, l'application stricte des règles du droit anti monopole peut nuire aux intérêts, non seulement des compagnies russes (approvisionnant en gaz sur la base de contrats à long terme), mais aussi à la sécurité énergétique de l'UE. Ceci s'explique par le fait que l'offre de gaz est toujours très concentrée dans un petit nombre de pays producteurs en dehors de l'Europe et de plus en plus lointains. Il faut donc adapter les règles en conséquence, en conservant les contrats à long terme qui garantissent la stabilité des prix et de l'approvisionnement.

Ainsi, on peut en déduire que le processus de libéralisation n'est pas encore terminé et qu'il y a plusieurs problèmes à surmonter. Il reste toujours douteux qu'il soit possible de créer une véritable concurrence sur ce marché, par manque d'un grand nombre de sources de gaz. En même temps, les compagnies russes sont intéressées au développement du droit concurrentiel effectif, au moins dans les secteurs du transport et de la fourniture, mais non dans le secteur de la commercialisation.

Cependant, il faut analyser la nature des mesures qui garantissent l'instauration de la concurrence sur le marché gazier de l'UE. A notre avis, elles sont elles-mêmes des entraves à la concurrence. Selon la Commission, la concurrence est garantie par l'intervention de régulateurs dans les relations privées. De plus, la Commission juge nécessaire de renforcer la régulation du marché unique au niveau de l'UE en dotant l'Agence de coopération de régulateurs de l'énergie, de pouvoirs accrus et d'une plus grande indépendance. Cela est nécessaire pour lui permettre de superviser efficacement le développement du marché intérieur de l'énergie et les règles de marché correspondantes[1223]. Ainsi, la libéralisation n'a pas conduit à la disparition de la régulation, mais bien à une situation inverse, à l'émergence d'une «alter-régulation» [1224]. Les auteurs de la réforme ont essayé de neutraliser la situation d'oligopole sur le marché mal approvisionné et le résultat est qu'on est parvenu à un secteur dans une large mesure régulé. De plus en plus souvent on entend qu'il serait préférable de créer un opérateur de transport unique dans l'espace UE et l'on prévoit déjà la création de trois marchés énergétiques principaux sur le territoire de l'UE[1225].

Dans ces conditions, les compagnies russes ont avant tout besoin d'une réglementation claire. Il sera très important que les règles du futur Accord sur le gaz entre la Russie, l'UE et ses pays membres soient bien appliquées et que la Commission n'utilise pas le droit anti monopole pour éviter son application.

Dans l'UE, la réglementation actuelle est plus au moins adaptée aux exigences du futur Accord. Il est donc nécessaire de ne pas introduire de nouvelles normes qui viendraient modifier la donne.

Section II. Le droit des investissements européen

Selon les prévisions de la Commission, pour satisfaire la demande en ressources énergétiques, développer et renouveler les infrastructures énergétiques, plus de 1000 milliards d'euro seront nécessaires d'ici à 2020 [1226]. La Commission reconnaît qu'étant donné que le gros des investissements ne proviendra pas de fonds publics, il conviendra

---

[1223] Commission européenne, *Fiche d'information sur l'Union de l'énergie* du 25.02.2015 // http://europa.eu/rapid/press-release_MEMO-15-4485_fr.htm (21.08.2015).

[1224] Grand (Emmanuel), Veyrenc (Thomas), *L'Europe de l'électricité et du gaz. Acteurs, marchés, régulations*, préface de Jean-Marie Chevalier, Economica, 2011, p. 541.

[1225] Benhassine (Wassime), *Le processus de libéralisation des industries électriques et gazières européennes à travers les stratégies de fusion - acquisition et d'investissement des firmes - propositions pour une sécurité énergétique renforcée*, Thèse pour l'obtention du Doctorat, 2010, p. 11.

[1226] Communiqué de presse de la Commission européenne Union de l'énergie: un approvisionnement en énergie sûr, durable, compétitif et à des prix abordables pour tous les Européens Bruxelles, 25 février 2015 // http://europa.eu/rapid/press-release_IP-15-4497_fr.htm (21.08.2015).

d'améliorer davantage le climat des investissements[1227]. Les entreprises russes sont prêtes à investir pour entreprendre une activité commerciale sur le territoire de l'UE. Gazprom a déjà investi par le rachat d'actifs de compagnies européennes.

Cependant on a déjà constaté que la réglementation sectorielle de l'industrie gazière n'incite pas les investisseurs à l'élaboration de nouveaux projets. Leur réalisation est possible surtout si les investisseurs bénéficient d'exemptions de droit concurrentiel.

Le futur Accord entre la Russie, l'UE et ses pays membres contiendra plusieurs règles relatives aux investissements étrangers. Pour leur réalisation effective, en pratique, il faut que le droit européen soit en mesure d'accueillir des dispositions relatives à la notion d'investissements étrangers et aux garanties accordées auxdits investissements (§1) et à l'accès des investisseurs étrangers aux territoires de l'UE (§2).

§1 La notion et les garanties des investissements étrangers

En droit communautaire, les investissements se définissent par référence à la notion de « mouvements de capitaux ». Comme le Traité ne définit pas la notion de mouvements de capitaux, la Cour de justice a choisi de prendre pour référence le texte de l'annexe n° 1 de la directive 88/361 adoptée dans le contexte de l'ancien article 67 du TCE[1228]. Ce document contient une énumération des opérations qui doivent être considérées comme des mouvements de capitaux. Sont notamment désignés les investissements directs[1229], les investissements immobiliers, et les investissements dits « de portefeuille» [1230] [1231]. Ainsi, le législateur communautaire a su étendre suffisamment le champ d'application de la libre circulation des capitaux afin de comprendre les moyens d'investir les plus variables[1232], ce qui correspond

---

[1227] Communication de la Commission au Parlement européen, au Conseil, au Comité économique et social européen et au Comité des régions «Vers l'achèvement du marché intérieur de l'énergie: état des lieux» du 13.10.2014 // http://www.europarl.fr/resource/static/files/Comprendre/com_com-2014-0634_fr.pdf (17.08.2015).

[1228] Directive 88/361/CEE du Conseil, du 24 juin 1988, pour la mise en œuvre de l'article 67 du traité // Journal officiel, n° L 178, 08.07.1988, pp. 5 - 18.

[1229] 1. Création et extension de succursales ou d'entreprises nouvelles appartenant exclusivement au bailleur de fonds, et acquisition intégrale d'entreprises existantes ; 2. Participation à des entreprises nouvelles ou existantes en vue de créer ou maintenir des liens économiques durables ; 3. Prêts à long terme en vue de créer ou maintenir des liens économiques durables ; 4. Réinvestissement de bénéfices en vue de maintenir des liens économiques durables.

[1230] Ils se caractérisent par l'acquisition d'actions et d'obligations dans la seule intention de réaliser un placement financier sans chercher à influer sur la gestion de l'entreprise.

[1231] Azoulai (Loic), Hamida (Walid Ben), *La protection des investissements par le droit primaire – droit conventionnel des investissements et droit primaire communautaire : étude comparée des régimes et des approches*, in *Le droit européen et l'investissement,* L.G.D.J., 2009, p. 77.

[1232] Georgopoulos (Théodore), *L'investissement en droit communautaire : existe-il un droit communautaire à l'investissement ?*, in Colloque, *Le concept d'investissement : regards croisés des droits interne, international et communautaire*, Bruylant, 2011, p. 52.

parfaitement aux buts du futur Accord conclu entre la Russie, l'UE et ses pays membres.

Le régime des investissements est régi par l'article 63 du TFUE : toutes les restrictions aux mouvements de capitaux entre les États membres et entre les États membres et les pays tiers sont interdites. Par conséquent, le traitement national (communautaire) des investissements étrangers est proclamé comme étant la règle générale. Les entreprises russes peuvent jouir des mêmes droits que les compagnies européennes.

Le droit communautaire ne contient pas de normes spéciales sur les garanties des investissements étrangers[1233]. Les traités de droit international des investissements ajoutent à la règle du traitement national celle du traitement de la nation la plus favorisée et plusieurs autres garanties inconnues du régime communautaire : le traitement juste et équitable ; la protection et la pleine sécurité, l'umbrella clause, la liberté de transfert, l'interdictions des expropriations.

Pourtant, même à supposer que les règles prévues dans les traités d'investissement soient identiques à celles du droit communautaire, le fait que le contrôle des traités d'investissements relève de la compétence des tribunaux arbitraux et non pas de celle des juridictions de l'État hôte est un élément décisif pour distinguer les deux régimes [1234]. Mais le droit de l'UE n'interdit pas la possibilité de recourir à l'arbitrage commercial international[1235]. Par conséquent, des entreprises russes peuvent utiliser des mécanismes de trois ordres pour protéger leurs capitaux : national, communautaire et international. La dernière possibilité s'inscrit parfaitement dans le cadre du futur Accord entre la Russie, l'UE et ses pays membres. Ainsi, par rapport à la notion et aux garanties des investissements étrangers, il n'y aura pas besoin d'adapter complètement le droit de l'UE à l'Accord projeté.

§2 L'accès des investisseurs étrangers

A. Le droit de l'UE

Comme nous l'avons déjà observé, le Traité de Lisbonne interdit, dans son article 63, l'introduction de restrictions au mouvement de capitaux entre les États membres et les pays tiers à l'UE. De ce fait, l'UE ne peut pas intervenir pour limiter l'accès des investissements étrangers au marché. Pour

---

[1233] Azoulai (Loic), Hamida (Walid Ben), *La protection des investissements par le droit primaire – droit conventionnel des investissements et droit primaire communautaire : étude comparée des régimes et des approches*, in *Le droit européen et l'investissement,* L.G.D.J., 2009, p. 82.

[1234] *Ibid.*, p. 84.

[1235] Pourtant, le droit communautaire ne le fixe pas expressement (Coop (Graham), *Energy Charter Treaty and the European Union: is Conflict Inevitable ?* , Journal of Energy and Natural Ressources Law, vol., 27, n° 3, 2009, p. 410).

les investisseurs, il y a seulement une obligation d'informer la Commission des projets importants[1236]. Cependant, le TFUE prévoit des exceptions à ce régime des investissements étrangers. Premièrement, restent en vigueur les restrictions existant au 31 décembre 1993, en vertu du droit de l'Union, en ce qui concerne les mouvements de capitaux à destination ou en provenance de pays tiers, lorsqu'ils impliquent des investissements directs, y compris les investissements immobiliers, l'établissement, la prestation de services financiers ou l'admission de titres sur les marchés de capitaux (art. 64). Deuxièmement, le Conseil peut adopter des mesures de sauvegarde à l'égard de pays tiers, pour une période ne dépassant pas six mois dans des circonstances exceptionnelles, si des capitaux, en provenance ou à destination de pays tiers, causent ou menacent de causer des difficultés graves pour le fonctionnement de l'Union économique et monétaire (art. 66). Enfin, l'article 75 prévoit les implications sur le droit de l'UE des mesures d'embargo ou de boycott adoptées dans le cadre de la politique étrangère et de sécurité commune.

Or à ce jour, la Commission européenne n'a pas proposé l'élaboration d'une législation permettant de contrôler les investissements extracommunautaires dans certains secteurs. Cela reflète le point de vue dominant dit « Consensus de Washington », établi depuis 1980, qui a conduit une majorité des économistes et des organisations internationales à considérer qu'au regard des exigences de la croissance et de l'innovation, le libéralisme est préférable au protectionnisme, en tous domaines.

Entre-temps, un concept nouveau, prenant le contre–pied de la mondialisation, s'est développé plus récemment et s'intègre progressivement au débat politique. Il est appelé « patriotisme économique ». Il remet en cause l'ouverture non régulée des économies aux flux entrants de capitaux[1237].

De ce point de vue, l'expérience des États-Unis, première économie mondiale, peut être précieuse. Dans cet État, les autorités, les savants, ont toujours soutenu la position de A. Hamilton (premier ministre des finances) : « Les investissements étrangers, au lieu d'être considérés comme un rival, doivent être vus comme un auxiliaire des plus précieux »[1238] . Mais en 1975,

---

[1236] Règlement n ° 1056/72 et le règlement d'application de la Commission CE n° 739/96 du Conseil du 22 avril 1996 concernant la communication à la Commission des projets d'investissements d'intérêt communautaire dans les secteurs du pétrole, du gaz naturel et de l'électricité donnant le détail des informations à communiquer, ont étendu aux investissements pétroliers, gaziers et électriques les obligations de transparence (Ayral (Michel), *Droit communautaire de l'Énergie*, Joly éditions, 1997, p. 40).

[1237] Rapport d'information de la Commission des affaires européennes n° 1602, *Les investissements extracommunautaires et le contrôle des intérêts stratégiques européens*, Documents d'information, 2014, p. 5.

[1238] Cité par le Rapport d'information de la Commission des affaires européennes n° 1602, *Les investissements extracommunautaires et le contrôle des intérêts stratégiques européens*, Documents d'information, 2014, p. 17.

le président Ford a créé le Comité sur l'investissement étranger (Committee on Foreign Investment in the United States, CFIUS), agence intergouvernementale relevant du Trésor, dont le rôle est de compiler les informations, d'examiner les acquisitions étrangères, d'en évaluer les impacts possibles sur les intérêts nationaux et la sécurité nationale et de coordonner les politiques. Le CFIUS, dans un seul cas seulement, celui du China National Aero Tech – Manufacturing transaction a donné un avis négatif, et le président Bush a ordonné le désinvestissement.

Depuis 2001 (après les attentats terroristes), la question de l'accès des investissements étrangers au marché local se concentre autour de la sécurité nationale. Elle a fait l'objet de plusieurs lois qui s'éloignent de la tradition libérale et adoptent une vision plus protectionniste[1239].

L'affaire de la tentative d'achat d'Unocal par la China National Offshore Oil Company (CNOOC) est particulièrement emblématique du nouveau rapport américain aux investissements étrangers. Unocal, société pétrolière américaine, faisait l'objet d'une bataille pour son contrôle entre la China National Pffshore Oil Company, et la Chevron Corporation, compagnie américaine. A cause de l'intervention du Congrès, jugeant l'achat de l'entreprise américaine par CNOOC comme dangereux, la compagnie chinoise s'est retirée.

Après cette affaire, le domaine de la sécurité nationale a été étendu : il ne se limite désormais plus au domaine militaire mais inclut des champs économiques non précisés. Sécurité nationale semble, en l'espèce, davantage vouloir dire « important pour l'économie américaine »[1240].

En 2012, CFIUS, dans le rapport au Congrès, a confirmé l'interprétation extensive de la sécurité nationale. Le contrôle gouvernemental porte désormais aussi bien sur la proximité géographique de l'entreprise ciblée par rapport aux instances gouvernementales, que sur les activités annexes, notamment l'extraction, la production et l'acheminement. Ainsi, en quarante ans, la notion de sécurité nationale est devenue de plus en plus présente, renforçant le rôle de l'État américain dans le contrôle des investissements.

La deuxième économie de la planète, la Chine, a, par contre, évolué d'une politique restrictive à une politique permissive au début des années 1970, pour ensuite encourager globalement les investissements directs au milieu des années 1980. Cependant, plus récemment, à partir du milieu des années 1990, la Chine a privilégié les projets les plus importants en capital et en technologie avec la participation de partenaires nationaux[1241].

Les investissements directs étrangers sont soumis à un double filtre. Le premier permet aux autorités d'interdire tout investissement étranger dès lors qu'il est de nature à affecter la sécurité économique du pays, à impliquer un

---

[1239] *Ibid.*

[1240] *Ibid.*, p. 19.

[1241] *Ibid.*, p. 21.

secteur industriel majeur ou déboucher sur un transfert de marques traditionnelles chinoises à l'étranger. Le second consiste à vérifier si l'investissement ne vise pas un secteur qui est prohibé ou restreint, conformément à une liste établie en fonction des objectifs de la politique économique chinoise.

Le Ministère du commerce et la Commission nationale pour le développement et la réforme ont publié un décret intitulé « catalogue des investissements industriels étrangers »[1242], dont la dernière mise à jour date du 30 janvier 2012. Il prévoit des restrictions sectorielles et des seuils de détention de capital par les investisseurs étrangers et les regroupent en trois catégories : les activités encouragées (363), les activités restreintes (79) et les activités interdites (36). Les projets non visés dans le texte sont réputés autorisés[1243,1244]. Par conséquent, malgré la libéralisation des investissements étrangers et les préférences qui leurs sont accordés, des règles restrictives sur leur accès existent.

Ainsi, l'UE reste la seule grande puissance commerciale dépourvue de mécanisme de contrôle des investissements stratégiques, même si les fondements des restrictions sont prévus par le TFUE (art. 64, 66, 75, 347).

Cependant, la mise en œuvre d'un mécanisme européen de contrôle des investissements, similaire au CFIUS américain, est difficilement envisageable tant que la Commission européenne ne sera pas l'équivalent d'un gouvernement. Elle ne serait pas non plus légitime à intervenir car, aux termes des traités, la sécurité nationale, au sens de défense nationale et de sécurité publique, est de la compétence souveraine des États. En outre, les États membres de l'UE n'ont probablement pas une vision partagée d'une liste de secteurs stratégiques au niveau européen. En outre, une entreprise peut présenter un caractère stratégique pour un pays et pas pour un autre[1245].

Ainsi, l'application du principe de la réciprocité est aujourd'hui actuelle. Si la Russie, les États-Unis et d'autres pays protègent certains secteurs économiques, les pays de l'UE peuvent agir de même.

Ainsi, le 19 septembre 2007, la Commission européenne a proposé d'accepter la norme « [s]ur le principe de la réciprocité »[1246] dans les relations énergétiques, aux fins de restreindre l'accès des investissements étrangers (russes) sur le marché de l'UE. Ce principe se trouve dans la

---

1242 Pris en vertu du règlement du 11 février 2002 « Sur l'orientation des investissements étrangers ».

1243 *Ibid.*, p. 23.

1244 Voir de plus Weidong (Wang), *Legal framework for foreign investment in Chinese mineral industry,* Chian Law and Practice, November 2010 // http://www.chinalawandpractice.com/Article/2712675/Channel/7576/Legal-framework-for-foreign-investment-in-Chinese-mineral-industry.html (22.11.2016).

1245 *Ibid.*, p. 27.

1246 Euractiv, « *Gazprom Clause* » *Issues Russia Ultimatum for Energy Cooperation* // http://www.euractiv.com/energy/gazprom-clause-issues-russia-ult-news-218748 (22.08.2016).

directive 2009/73/EC concernant des règles communes pour le marché intérieur du gaz naturel et abrogeant la directive 2003/55/CE. Selon cet acte, si une compagnie d'un pays tiers veut acheter les parts d'un gestionnaire d'un réseau de transport sur le marché boursier, elle doit prouver au régulateur que son gouvernement a opéré le même type de politique vis-à-vis de demandes provenant des pays européens[1247]. Le but de cette clause de réciprocité est de conjurer la menace d'une vente massive des actifs énergétiques stratégiques de l'UE aux entreprises étrangères, comme le russe Gazprom. Cette règle, dans la littérature scientifique, a reçu le nom de « clause Gazprom »[1248].

La Commission souhaite donc habiliter les autorités de régulation à refuser la certification des GRT qui ne respectent pas ces règles de séparation des activités (*unbundling*). Afin d'assurer une application cohérente de la certification et le respect des obligations internationales de la Communauté, elle se réserve le droit d'examiner les décisions de certification prises par les autorités de régulation (art. 10,11 de la directive 2009).

On peut, en outre, s'interroger sur la conformité de cette clause au regard des règles de l'OMC[1249]. La clause de réciprocité a un caractère protecteur et, de plus, elle crée des obstacles à l'effectivité des services de transport. Elle conduit à l'instauration de barrières envers les investissements étrangers, prévues par l'article XVI : 2 du GATS. De plus, l'UE n'a pas prévu de dérogations par rapport à l'application de principe du traitement national dans le domaine de transport selon l'art. XVII du GATS (sauf les cas de la Hongrie et de la Lituanie). Ainsi, l'utilisation de cette clause ne sera pas légale du point de vue de l'accord du GATS[1250].

L'article 11 de la directive contrevient aussi aux dispositions du Traité sur la Charte de l'énergie et de l'Accord de partenariat et de coopération entre les Communautés européennes et leurs États membres et la Fédération de Russie de 1997. Même les projets les plus radicaux du protocole sur le transit du TCE ne contenaient pas de normes sur la séparation obligatoire (unbundling) de Gazprom en tant qu'entreprise verticalement intégrée[1251].

[1247] Euractiv, *La Commission soutient la « clause Gazprom »* // http://www.euractiv.fr/Énergie/la-commission-soutient-la-clause-news-236421 (22.08.2016).

[1248] Cabau (Emmanuel), *Unbundling of Transmission System Operators,* The Internal Energy Market, vol. 1: The Third Liberalisation Package, Leuven: Claeys & Casteels, 2010, pp. 118 - 120.

[1249] Rapport d'information déposé par la délégation de l'Assemblée nationale pour l'Union européenne, sur le troisième paquet de libéralisation du marché de l'énergie (E 3642, E 3643, E 3645 et E 3646), PLB Communication, 2008, p. 53.

[1250] Hoorn (Van), *« Unbundling », « Reciprocity» and the European Internal Energy Market : WTO Consistency and Broader Application for Europe*, European Energy and Environemental Law Review, vol. 18, issue 1, 2009, p. 69.

[1251] Конопляник (Андрей), *Борьба с мифами: О мнимых выгодах и угрозах договора к Энергетической хартии*, Политический журнал n° 21 (116), 2006 //

Conformément au TCE, les gouvernements eux-mêmes déterminent la structure du secteur énergétique. De plus, l'article 1.2 du Protocole sur le transit prévoit directement la possibilité de sauvegarder de telles entreprises, qui sont en même temps producteurs et opérateurs du transport.

La clause de réciprocité viole aussi des dispositions sur les investissements du TCE, de l'APC et de l'OMC, qui fixent un régime du traitement juste et équitable. De plus, le § 1 de l'article 10 du TCE interdit aux pays récepteurs d'adopter des mesures déraisonnables ou discriminatoires[1252].

Ainsi, en imposant des obligations aux États tiers, cette clause conduit à l'exportation (l'application ex territoriale) de la législation européenne hors de ses frontières[1253]. Pour que des entreprises russes investissent dans le secteur du transport dans l'UE, il faut que le législateur russe adopte des lois prévoyant l'unbundling.

Conformément à l'article 263 du TFUE, seuls les États-membres peuvent s'adresser à la Cour de justice de l'Union européenne qui contrôle la légalité des actes législatifs, des actes du Conseil, de la Commission, etc. Le 30 avril 2014, la Russie a donc déposé une plainte auprès de l'OMC[1254], indiquant que les normes du troisième paquet législatif violent les normes de l'OMC.

Dans ce contexte, les réflexions engagées au niveau de l'UE n'ont, à ce stade, pas pu aboutir[1255]. Selon Marie-Christine Jalabert, chef d'unité adjointe à la division Electricité et gaz de la direction générale Transports et Énergie de la Commission, de nombreux États membres ne sont pas encore partisans de cette approche (l'Allemagne et l'Autriche y sont opposées) et la position du Conseil n'est pas encore claire.

Selon l'avis du professeur Van Hoorn, cette clause ne peut servir que les intérêts à court terme de l'UE, à long terme elle crée des dangers[1256]. Compte tenu de sa contrariété possible au droit international des investissements, il

---

http://www.politjournal.ru/preview.php?action=Articles&dirid=36&tek=5823&issue=164 (21.08.2016).

1252 A voir : Селиванова (Юлия С.), *Регулирование энергии правилами Всемирной торговой оганизации и Договором к Энергетической хартии: возможности для России ?* Право ВТО, 2012, n° 2, c. 19.

1253 Hoorn (Van), *« Unbundling », « Reciprocity» and the European Internal Energy Market : WTO Consistency and Broader Application for Europe*, European Energy and Environemental Law Review, vol. 18, issue 1, 2009, p. 58.

1254 *Россия подала жалобу на « Третий энергопакет » ЕС в ВТО* // http://www.ictsd.org/bridges-news/мосты/news/россия-подала-жалобу-на-«третий-энергопакет»-ес-в-вто (18.08.2015).

1255 Rapport d'information de la Commission des affaires européennes n° 1602, *Les investissements extracommunautaires et le contrôle des intérêts stratégiques européens*, Documents d'information, 2014, p. 26.

1256 Hoorn (Van), *« Unbundling », « Reciprocity » and the European Internal Energy Market: WTO Consistency and Broader Application for Europe*, European Energy and Environemental Law Review, vol. 18, issue 1, 2009, p. 75.

est préférable de refuser son utilisation et d'atteindre les buts recherchés par un meilleur contrôle de l'abus de position dominante.

Il faudrait garantir la non applicabilité d'une telle « clause Gazprom » au niveau de l'Accord projeté entre la Russie, l'UE et ses pays membres. De plus, le problème de l'adaptabilité de la législation de l'UE ne se posera pas puisque, selon l'article 13 de la directive gazière, la clause de certification est applicable sans préjudice aux obligations internationales de la Communauté. Ainsi, un accord conclu avec un ou plusieurs pays tiers, auquel l'UE est partie, peut toutefois permettre une dérogation aux règles émanant des directives sur la réglementation de marché de gaz.

Si pour l'UE, quelles qu'en soient les raisons, cette approche n'était pas acceptable, il faudrait au moins prévoir l'établissement d'un mécanisme d'indemnisation pour le cas où Gazprom serait obligé de vendre ses actifs dans le secteur du transport au sein de l'UE.

B. Le droit des pays de l'UE

Malgré les termes de l'article 63 du TFUE sur la libre circulation des capitaux, les États-membres peuvent établir des mesures restrictives aux investissements étrangers. Ce sont les restrictions déjà mentionnées, existant depuis le 31 décembre 1993 (art. 64). De la même manière, des mesures restrictives peuvent être édictées si un État membre se trouve dans l'une des situations envisagées à l'article 347 du TFUE, à savoir l'état de guerre ou de troubles intérieurs graves. Enfin, l'article 65 permet aux États de prendre toutes les mesures indispensables pour faire échec aux infractions à leurs lois et règlements, notamment en matière fiscale ou en matière de contrôle prudentiel des établissements financiers. Il permet également de prévoir des procédures de déclaration des mouvements de capitaux à des fins d'information administrative ou statistique ou de prendre des mesures justifiées par des motifs liés à l'ordre public ou à la sécurité publique. Ces derniers termes sont la base du développement des systèmes de contrôle des investissements étrangers[1257], surtout dans le secteur énergétique[1258].

En France, par exemple, deux sortes d'obligations peuvent être imposées à l'investisseur : la déclaration et l'obtention d'une autorisation. La violation par les opérateurs de ces obligations entraîne des sanctions pénales, pécuniaires et civiles[1259].

[1257] Rapport d'information de la Commission des affaires européennes n°1602, *Les investissements extracommunautaires et le contrôle des intérêts stratégiques européens*, Documents d'information, 2014, p. 25.

[1258] Saamir (Elshihabi), *The Difficulty Behind Securing Sector - Specific Investment Establishment Rights: The Case of the Energy CharterTreaty*, The International Lawyer, 2001, p. 139.

[1259] Carreau (Dominique), Juillard (Patrick), *Droit international économique*, 5 éd., Dalloz, 2007, p. 423.

Les déclarations devront être effectuées auprès de la direction du Trésor ou auprès de la Banque de France, lorsqu'elles sont d'ordre purement statistique[1260]. Le 14 mai 2014, le gouvernement français a adopté le décret n° 2014-479 relatif aux investissements étrangers soumis à autorisation préalable[1261]. Ce décret étend le champ d'application de l'article R. 153-2 du Code monétaire et financier, lequel date du 31 décembre 2005, actualisé par décret du 7 mai 2012. Jusqu'ici, étaient concernés les jeux d'argent (sauf les casinos), la sécurité privée, les moyens de lutte contre le terrorisme, etc. Désormais, ont été ajoutés aux secteurs susvisés, les domaines de l'eau, de la santé, de l'énergie, des transports et des télécommunications [1262]. L'autorisation est demandée en cas de franchissement du seuil de 33,33 % de détention du capital ou des droits de vote d'une entreprise dont le siège social est établi en France. Tout investisseur a d'ailleurs la possibilité de saisir le ministre de l'Economie au moyen d'une demande écrite afin de lui demander si son investissement est soumis à une procédure d'autorisation[1263].

De plus, toute entreprise commercialisant, fournissant, transportant le gaz sur le territoire français doit faire l'objet d'une autorisation ministérielle. Son dossier doit permettre d'évaluer ses capacités techniques, économiques et financières, ainsi que son aptitude à se conformer à des obligations de service public[1264].

Au sein de l'Union européenne la France n'est pas la seule à s'être dotée d'une législation de protection de ses intérêts stratégiques. Le Royaume-Uni a ainsi mis en place un dispositif pragmatique. Il n'existe pas dans ce pays de législation sur les investissements directs étrangers, mais d'autres dispositifs permettent un contrôle par le biais de l'Entreprise Act de 2003. Cette loi a introduit une application spécifique du contrôle des concentrations aux secteurs affectant les intérêts publics, sans que ceux-ci ne soient listés.

En Allemagne, depuis la réforme de la loi sur le commerce extérieur intervenue en 2009, le Ministère de l'économie allemand peut vérifier et interdire, au regard de l'ordre public et de la sécurité, tous les investissements étrangers (hors UE) dans tous les secteurs de l'économie, dès lors qu'il s'agit d'une prise de participation de 25 %.

1260 Jacquet (Jean-Michel), Delebecque (Philippe), Corneloup (Sabine), *Droit du commerce international*, 1e éd., Dalloz, 2007, p. 532.

1261 Le décret n° 2014-479 du 14 mai 2014 relatif aux investissements étrangers soumis à autorisation préalable // Journal officiel, n° 112, 15.05.2014.

1262 *Contrôle des investissements étrangers : patriotisme économique vs libéralisme ? //* http://www.lettredesreseaux.com/P-781-455-A1-controle-des-investissements-etrangers-patriotisme-economique-vs-liberalisme.html (21.08.2016).

1263 Jacquet (Jean-Michel), Delebecque (Philippe), Corneloup (Sabine), *Droit du commerce international*, 1e éd., Dalloz, 2007, p. 534.

1264 Meihaud (Jean), *Guide juridique des énergies*, Technip, 2011, p. 112.

En Espagne, pour certains investissements, une autorisation administrative préalable est exigée. Il s'agit des investissements relatifs aux domaines sensibles pour lesquels l'investisseur doit obtenir le feu vert du Conseil des ministres, parmi lesquels figurent les secteurs de l'audiovisuel, du transport aérien, des jeux et loteries et des activités directement liées à la défense nationale[1265].

Dans ces conditions les entreprises russes ont besoin de garanties d'accès pour leurs investissements sur les marchés européens. En même temps, on ne peut pas refuser à l'UE et aux États-membres, de contrôler les investissements étrangers, surtout dans le secteur stratégique qu'est celui de l'énergie. Cependant, dans l'Accord projeté, on propose de changer la procédure d'accès, c'est-à-dire de la passer du niveau des États au niveau de l'UE et des États et d'accorder à chaque État concerné le droit de refuser l'autorisation. Les compagnies russes bénéficieront ainsi d'un traitement national au stade de l'accès au marché.

1265 Rapport d'information de la Commission des affaires européennes n° 1602, *Les investissements extracommunautaires et le contrôle des intérêts stratégiques européens*, Documents d'information, 2014, p. 16.

Conclusion du deuxième titre

A la différence de la législation russe, il y a plus de difficultés d'adaptation du droit de l'UE aux exigences du futur Accord conclu entre la Russie, l'UE et ses pays membres, surtout en ce qui concerne les problèmes liés au droit anti monopole européen. D'un côté, l'application cohérente des règles concurrentielles peut stimuler l'arrivée d'entreprises russes sur le marché européen de la fourniture : sécuriser leur accès aux gazoducs, les protéger contre les abus de position dominante (sous différentes formes), les ententes des opérateurs historiques, les aides d'État entreprises en vertu des services publics. D'un autre côté, une intervention sur le marché sur la base du droit de la concurrence peut avoir plusieurs conséquences négatives[1266], surtout pour les contrats à long terme, puisque leurs conditions sont de plus en plus souvent déclarées illégales et l'accès aux capacités de transport n'est pas garanti.

L'approche pro concurrentielle peut amener à la domination des producteurs sur le marché gazier. Ces derniers (Gazprom inclu) souhaitent aujourd'hui être présents à tous les niveaux de la chaîne gazière : transport, commercialisation du gaz sur le marché de gros, distribution et activités de fourniture au client final. C'est un moyen pour eux de mieux connaître la chaîne des coûts, donc de mieux négocier les contrats d'exportation avec leurs acheteurs, c'est aussi un moyen de récupérer une partie de la rente gazière qui existe au niveau des activités régulées (transport) et à celui du trading. Ainsi, Gazprom veut profiter de l'ouverture à la concurrence et approvisionner directement certains clients européens en France, au Royaume-Uni, en Italie et en République Tchèque. Gazprom a déjà obtenu une licence de commercialisation en France et approvisionne certains industriels. L'entreprise russe est également en pourparlers avec EDF pour des livraisons directes de gaz destinées à des centrales à gaz dont la construction est projetée en Allemagne[1267]. Cependant, il faut rendre compte du fait que, pour les consommateurs européens, ce n'est pas une mauvaise résolution car, en s'affranchissant des intermédiaires, les prix peuvent baisser.

Ainsi, dans les conditions actuelles, où les réformes de la législation européenne ne sont pas terminées, il sera plus raisonnable de conserver les

[1266] Dabbah (Maher M.), *International Comparative Competition Law*, Cambridge, 2010, p. 12.

[1267] Chevalier (Jean-Marie), Percebois (Jacques), *Gaz et électricité : un défi pour l'Europe et pour la France,* La documentation française, p. 80.

deux approches de la réglementation (la pro concurrentielle et celle du respect de la sécurité de l'approvisionnement énergétique) et de les laisser se concurrencer entre elles. De plus, cette démarche, dans une large mesure, correspond aux buts du futur Accord entre la Russie, l'UE et ses pays membres.

Quant à l'adaptabilité du droit des investissements de l'UE au futur Traité, les principaux problèmes sont liés à la question de l'accès des investissements au marché. La procédure, indiquée dans le premier titre de la deuxième partie de ce travail, peut sécuriser l'intérêt public des États et de l'UE, et créer des conditions stables et claires d'accès des investissements au marché européen des entreprises russes. Ce traitement pourra garantir la non application de « la clause Gazprom », l'export de la législation européenne.

Conclusion de la deuxième partie

Dans cette partie, on a proposé un modèle de relations dans le domaine gazier entre la Russie et l'UE, ayant pour but la création d'un marché unique du gaz. La première étape serait l'établissement d'un marché partiel basé sur l'idée de l'accès garanti des entreprises russes au secteur de la fourniture européenne, dans la limite de certains quotas (volumes fixés). Les entités des pays de l'UE recevraient l'accès à la production de gaz en Russie dans la limite des mêmes volumes (selon le principe de réciprocité). En même temps, les relations basées sur des contrats à long terme seraient conservées pour garantir la sécurité énergétique de l'UE et la stabilité économique de Gazprom.

La meilleure option d'encadrement juridique de ce modèle serait la conclusion d'un nouvel Accord de coopération et de partenariat entre la Russie, l'UE et ses pays membres, contenant un chapitre sur l'énergie (le gaz). Dans ce traité, l'accent sera mis sur les garanties des investissements, principalement la résolution des différends au moyen de l'arbitrage, et l'accès non discriminatoire des investissements étrangers au marché. En matière de concurrence, on prévoirait avant tout le recours à l'arbitrage en cas d'abus par les organes anti monopoles ou d'infraction aux règles du droit anti monopole par d'autres participants au marché. Les dérogations aux normes sur la concurrence seront importantes pour garantir la sécurité énergétique.

Ce modèle de réglementation juridique requerra son adaptation à la législation locale. Les règles internes russes sur la protection des investissements étrangers ont besoin de précision. Il est également préférable d'adapter le droit de la concurrence aux règles du futur Traité conclu entre la Russie, l'UE et ses pays membres, basé sur le principe de la concurrence. Avant tout, il est souhaitable de garantir l'accès aux gazoducs magistraux et à l'export du gaz de la Russie.

En revanche, l'adaptabilité du futur Traité aux normes européennes pose plus de problèmes. En premier lieu, par rapport au droit anti monopole européen qui, en l'état actuel, ne donne pas d'orientations claires au développement de l'industrie gazière.

La différence avec la législation russe, c'est qu'il est plus difficile d'adapter le droit de l'UE aux exigences du futur Accord conclu entre la Russie, l'UE et ses pays membres, surtout en ce qui concerne les problèmes qui touchent au droit anti monopole européen. D'un côté, l'application cohérente des règles concurrentielles peut stimuler l'arrivée d'entreprises russes sur le marché européen de la fourniture : sécuriser leur accès aux gazoducs, les protéger contre les abus de position dominante (sous différentes formes), des ententes des opérateurs historiques et des aides d'État entreprises en vertu des services publics. D'un autre côté, l'intervention sur le marché sur la base du droit de la concurrence peut avoir plusieurs conséquences négatives[1268], surtout pour les contrats à long terme, puisque leurs conditions, de plus en plus souvent, sont jugées illégales et l'accès aux capacités de transport n'est pas garanti.

Le droit des investissements étrangers, communautaire ou national, pose aussi des problèmes, surtout en ce qui a trait à l'accès des investissements au marché. Les règles de l'Accord projeté, prévoyant une procédure d'accès des investissements au niveau de l'UE - Russie, peuvent sécuriser l'intérêt public et établir des conditions claires d'accès aux investissements sur le marché européen pour les entreprises russes.

Bien sûr, on peut douter de la faisabilité de l'Accord projeté et de l'introduction d'amendements dans la législation locale. En particulier, le gouvernement russe est très préoccupé par la souveraineté de l'Etat sur les ressources naturelles et le contrôle de l'industrie gazière. En conséquence, il sera difficile pour les fonctionnaires russes d'accepter la possibilité de recourir à l'arbitrage international dans le domaine des investissements étrangers. En même temps, pour l'UE qui démontre l'importance du droit de la concurrence, il sera difficile d'accepter des dérogations par rapport à des contrats à long terme.

Dans tous les cas, les deux parties ont des intérêts réciproques. La Russie cherche à attirer des investissements et à accéder au marché de l'UE, laquelle est préoccupée par la sécurité énergétique, incluant l'accès à la production de gaz en Russie.

Ainsi, la coopération et le compromis sont les seules voies à suivre. L'interaction plus ample et la confiance peuvent être atteintes par l'ouverture mutuelle et graduelle des marchés. Dans le contexte politique actuel, une telle coopération ne semble pas réaliste, mais la tendance fondamentale vers l'établissement d'un marché commun de l'énergie est inévitable, ce qui a été confirmé par la Russie et l'UE plusieurs fois. Il reste donc seulement à patienter et à espérer de meilleures conditions politiques.

[1268] Dabbah (Maher M.), *International Comparative Competition Law*, Cambridge, 2010, p. 12.

Conclusion générale

Le modèle proposé dans ce travail constitue l'une des possibilités de la coopération entre la Russie et les pays de l'UE (ou l'UE). Cette recherche a démontré qu'on peut faire une conclusion plus globale sur l'élaboration d'une réglementation sur l'énergie (le gaz) entre ces parties.

Premièrement, l'énergie (le gaz) n'est pas un produit comme les autres, mais elle reste un produit. L'énergie est en quelque sorte le « sang de la société »[1269]. Selon le professeur Claude Blumann « l'Union ne doit pas tomber dans l'angélisme consistant à penser que l'énergie est un produit comme les autres et que le commerce suffit à régler tous les problèmes internationaux»[1270]. C'est un produit de base[1271] qui doit être traité dans une manière différente[1272], et sa réglementation juridique doit respecter cette spécialité.

Le document international le plus complet, en ce qui concerne les accords de produits de base, est la Charte de la Havane instituant une organisation internationale du commerce du 24 mars 1948[1273]. L'article 55 du texte confirme que les États membres reconnaissent que les conditions de production, d'échange et de consommation de certains produits de base sont telles que le commerce international de ces produits peut être sujet à des difficultés spéciales, telles que la tendance à un déséquilibre persistant entre la production et la consommation, l'accumulation de stocks pesant sur le marché et les fluctuations prononcées des prix. Ces difficultés particulières peuvent causer de graves préjudices aux intérêts des producteurs et des consommateurs, et se propager de façon à compromettre la politique générale d'expansion économique. Les États membres reconnaissent que ces

---

[1269] Rebelle (Bruno), *Libérons les énergies ! Pour une transition énergétique ambitieuse*, Lignes repères, 2014, p. 10.

[1270] Blumann (Claude) (dir.), *Vers une politique européenne de l'énergie*, Bruylant, 2012, p. 20.

[1271] L'expression « produit de base » s'entend de tout produit de l'agriculture, des forêts ou des pêches, et de tout minéral, que ce produit soit sous sa forme naturelle ou qu'il ait subi la transformation qu'exige communément la vente en quantités importantes sur le marché international (l'article 56 de la Charte de Havane du 21 novembre 1947 au 24 mars 1948 instituant une organisation internationale du commerce).

[1272] Austvik (Ole Gunnar), *EU Natural Gas Market Liberalization and Long-term Security ofsupply and Demand*, in *Political Economy of Energy in Europe*, Berliner, 2009, p. 112.

[1273] Charte de la Havanne du 21 novembre 1947 au 24 mars 1948 Instituant une organisation internationale du commerce // https://www.wto.org/french/docs_f/legal_f/havana_f.pdf (24.09.2017).

difficultés peuvent, le cas échéant, exiger un traitement spécial du commerce international de ces produits par le moyen d'accords intergouvernementaux.

Ce texte n'a jamais été ratifié, mais le Conseil économique et social de l'ONU, dans sa Résolution 30.IV, a recommandé aux États membres de l'ONU d'adopter les principes figurant au chapitre VI, concernant précisément les accords intergouvernementaux sur les produits de base. En admettant que ces règles fassent partie du droit positif - à titre de principes généraux ou de coutume[1274].

C'est la raison pour laquelle les produits de base sont expressément sortis du système général GATT/ OMC (art. XX h), à l'exception des produits d'agriculture récemment réintégrés dans le système OMC[1275].

Deuxièmement, la réglementation des produits énergétiques (gaz inclus) doit être basée avant tout sur la balance entre la concurrence et l'intérêt général[1276], non seulement au niveau des relations internationales, mais aussi au niveau national.

Le législateur européen donne priorité à la concurrence qui est un puissant instrument d'incitation à l'initiative, à l'effort. La concurrence est bénéfique quand elle introduit des produits, des nouveautés outils, élargit les marchés, abaisse les coûts de production, remplace les producteurs les moins efficaces, etc [1277]. L'ouverture du marché propose un choix réel aux consommateurs. Elle limite la nécessité de recourir à l'intervention publique et empêche les interventions publiques inappropriées [1278], par exemple, l'ouverture à la concurrence des services de télécommunication européens a constitué un événement majeur dans les années quatre-vingt-dix[1279].

Cependant, le choix des instruments de sauvegarde de la concurrence est extrêmement important. Dans l'UE, pour le garantir, on a choisi l'intervention des législateurs et des régulateurs nationaux et supranationaux. Ils sécurisent l'accomplissement de l'unbundling et l'octroi de l'accès régulé au système de transport ; ainsi, la concurrence s'impose. Ces mesures elles-

---

1274 Bollecker-Stern (Brigitte), *L'OPEP et la crise de l'énergie,* in Colloque de la Société Française pour le Droit International de 1975, *La crise de l'énergie et le droit international*, Pedone, 1976, p. 78.

1275 Carreau (Dominique), Julliard (Patrick), *Droit international économique*, 5 éd., Dalloz, 2013, p. 289.

1276 Lemaire (Christophe), *Énergie et concurrence : Recherches sur les mutations juridiques induites par la libéralisation des secteurs de l'électricité et du gaz*, préface Laurence Idot, t. II, Presses Universitaires d'Aix-Marseille, 2003, p. 707.

1277 Henri (Claude), *Concurrence et services publics dans l'Union européenne*, PUF, 1997, pp. 182 - 183.

1278 Communication de la Commission au Parlement européen, au Conseil, au Comité économique et social européen et au Comité des régions Pour un bon fonctionnement du marché intérieur de l'énergie COM/2012/0663 / http://eur-lex.europa.eu/legal-content/FR/TXT/?uri=CELEX:52012DC0663 (12.09.2015).

1279 Henaff (Gael) (dir.), *Concurrence et services publics ; enjeux et perspectives*, PUR, 2002, p. 27.

mêmes constituent une barrière au développement de la concurrence et, pour le moins, les entreprises les plus efficaces perdent la motivation de développer leur présence sur le marché. Reste que l'effet de ce type de limitation de la liberté entrepreneuriale en faveur de la multiplication des participants au marché n'est pas clair.

Ici, il est utile de rappeler l'exemple de la crise Californienne de l'électricité[1280] en janvier 2001. Le marché était déjà ouvert à la concurrence en 1984. Le régulateur a imposé aux distributeurs[1281] verticalement intégrés de revendre 50 % de leurs actifs de production, essentiellement des centrales de pointe et semi-base, qui sont particulièrement stratégiques sur les marchés de l'électricité. L'objectif était de développer une vraie concurrence en amont de la chaîne, avec la présence d'un nombre important de producteurs indépendants qui approvisionnaient le marché de gros. Ensuite, le régulateur a interdit aux distributeurs historiques de signer des contrats d'approvisionnement de long terme avec les producteurs. L'objectif était d'inciter ces distributeurs à s'approvisionner directement sur le marché de gros et d'éviter ainsi qu'ils ne le « contournent » en contractant directement avec les producteurs de gros volumes d'électricité pour leurs approvisionnements. Enfin, ils étaient privés du droit de se couvrir sur les marchés financiers. Sur un plan théorique, ces mesures étaient favorables à la réalisation d'un marché sur lequel se rencontrent les offreurs et les demandeurs, et sur lequel le niveau du prix d'équilibre reflétait l'état de l'offre et de la demande[1282].

En parallèle à ces profondes réformes structurelles, le régulateur décidait de maintenir la réglementation sur les prix de vente des distributeurs, selon une logique de plafond des prix (à 60 $/MWh). Cette politique s'inscrivait dans la lignée des missions de service universel qui incombaient aux distributeurs et qui prévalaient sur les marchés de l'électricité aux États-Unis : l'électricité est un bien essentiel qui doit être fourni à l'ensemble de la population à un prix abordable.

Entre 1990 et 2001, l'État californien a connu une très forte augmentation de la demande d'électricité. Dans le même temps, les investissements dans les capacités de production ont été très largement insuffisants[1283]. Compte tenu d'une forte demande et d'une certaine pénurie de capacités de production et de transport, sur le marché spot de l'électricité le prix « s'installait » autour de 300 $/MWh, atteignant même 7000 $/MWh sur un créneau horaire. Ainsi, les distributeurs d'électricité étaient obligés d'acheter leur électricité sur le marché organisé à un prix d'environ 300 $/MWh. Dans

[1280] C'est une crise en matière d'électricité, mais les principes de la réglementation de ce marché sont presque les mêmes que pour le marché du gaz.
[1281] Aux Etats-Unis, les distributeurs accomplissent aussi des fonctions de fournisseurs.
[1282] Mirabel (François), *La Déréglementation des marchés de l'électricité et du gaz*, Presses de Mines, 2012, p. 11.
[1283] *Ibid.*, p. 12.

le même temps, ils vendaient cette électricité à un prix plafonné à 60 $/MWh.

Cette situation avait conduit, durant la crise, à l'organisation de coupures tournantes et de rationnement de la demande par l'État américain le plus riche. Les distributeurs se sont retrouvés en situation de grande difficulté financière, ce qui a obligé l'État californien à des mesures d'aide pour éviter la faillite des distributeurs. Pour limiter l'ampleur de la crise, l'État de Californie a emprunté près de 10 milliards de dollars pour acheter de l'électricité aux États voisins. Même l'État fédéral est intervenu en obligeant les producteurs d'électricité des États voisins à revendre à la Californie leur surplus d'électricité. On peut noter le coût exorbitant de la défaillance du système, puisque le coût des pannes électriques subies en janvier 2001 a été estimé à 42 milliards de dollars, soit 3,4 % du PIB de l'État de Californie en 2001.

La crise californienne (qui n'est pas exceptionnelle : l'année 2003 a été marquée par des pannes électriques spectaculaires en Amérique du Nord, en Suisse et en Italie[1284]) illustre parfaitement les risques d'une organisation concurrentielle des marchés. Elle met surtout en évidence le rôle crucial des autorités de réglementation qui doivent prendre en compte les spécificités de l'électricité et du gaz dans la structuration des marchés[1285]. Mais cette mesure elle-même est un danger pour la concurrence. Dans ces cas, on a réussi à combattre la situation d'oligopole mais, par contre, on a introduit une régulation étatique du marché. Il faut donc éviter de pareilles conséquences en Europe.

L'expérience montre que la politique de la dérégulation n'accroît pas la stabilité du système[1286]. Les bienfaits de la libéralisation ne sont pas non plus évidents [1287]: la baisse des prix n'est pas obligatoirement le résultat des

---

[1284] Chevalier (Jean-Marie), Rapin (David), *Les réformes des industries électrique et gazière en Europe*, préface de François Lamoureux, Institut de l'entreprise, 2004, p. 7.

[1285] Mirabel (François), *La Déréglementation des marchés de l'électricité et du gaz*, Presses de Mines, 2012, p. 14.

[1286] Сапир (Жак), *Опасности энергобезопасности* // http://www.kommersant.ru/doc.html?docId=732641(04.04.2017).

[1287] Même aux États–Unis, dans 31 États, c'est toujours l'opérateur historique qui vend le gaz. 54 % des consommateurs domestiques américains peuvent choisir leur fournisseur de gaz, mais seulement 15 % utilisent ce choix. 60 % des clients ayant un fournisseur autre que l'opérateur historique se trouvent dans deux Éats, Ohio et la Géorgie. En Géorgie, tous les consommateurs urbains doivent choisir un fournisseur différent de l'opérateur historique, Atlanta Gas Light, qui n'est pas autorisé à vendre du gaz (Darmois (Gilles), Favenec (Jean-Pierre), *Les marchés de l'énergie : l'énergie, à quel prix ?* , 2 éd., Technip, 2013, p. 107.). Le marché énergétique reste divisé en trois zones distinctes même dans une structure fédérale (Rapport d'information déposé par la délégation de l'Assemblée nationale pour l'Union européenne, *Sur le troisième paquet de libéralisation du marché de l'énergie* (E 3642, E3643, E3645 et E3646), PLB Communication, 2008, p. 11.).

réformes, l'intervention étatique ne diminue pas[1288] et les investissements sont mis en cause. Les nouveaux participants ont été très peu nombreux sur les marchés et, de plus, un nouvel oligopole des champions de l'Europe de l'Ouest est apparu[1289]. Il faut aussi tenir compte de l'importance des coûts des transactions, associés à l'introduction de la concurrence : coûts d'accès à l'information et à la recherche de cocontractants, d'apprentissage des méthodes de coordination, des coûts de mise en place et d'entretien des institutions de libéralisation (fonction de régulation et de surveillance, mise en place d'un corpus juridique) et des coûts liés à la multiplication des fonctions d'interface et à la mobilisation fréquente de nouveaux acteurs en soutien au processus productif (cabinets de conseil, lobbyistes, économistes, etc.)[1290]. Et le plus important, c'est que ce type d'ouverture à la concurrence met en cause la sécurité de l'approvisionnement[1291].

On n'a peut-être pas encore assez d'expérience pour tirer des conclusions définitives en annonçant, par exemple, l'inefficacité du droit anti monopole[1292], ou encore qu'il n'est pas possible de l'appliquer dans le domaine de l'énergie[1293]. Néanmoins, on peut essayer de renforcer le rôle du gestionnaire du réseau de transport et il est également indispensable d'engager la préparation d'une nouvelle directive qui porterait, tant sur la sécurité d'approvisionnement que sur la sûreté de fonctionnement du système gazier européen. On peut peut-être trouver des mécanismes à mettre en place pour inciter les compagnies à investir suffisamment dans ces équipements, mais, ces mesures seront encore des instruments d'intervention étatique sur le marché.

Il faut donc être prudent en choisissant les outils de la libéralisation pour ne pas créer finalement, sous l'appellation de concurrence, un oligopole régulé (établi en vertu de la loi). En revanche, il est possible de penser que la concurrence peut se sécuriser elle–même par l'application des lois naturelles du marché.

1288 Cameron (Peter) (dir.), *Legal Aspects of EU Energy Regulation. Implementing the New Directives on Electricity and Gas across Europe*, Oxford Univeristy Press, 2005, p. 36.

1289 Bafoil (François), *La libéralisation du secteur de l'énergie. Privatisations des entreprises et consensus sociaux,* in *Accès à l'énergie en Europe. Les précaires invisibles*, Les Presses de Sciences Po, 2014, p. 54.

1290 Grand (Emmanuel), Veyrenc (Thomas), *L'Europe de l'électricité et du gaz. Acteurs, marchés, régulations*, préface de Jean-Marie Chevalier, Economica, 2011, p. 123.

1291 Johnson (Debra), *Trans-european energy networks. Europe's gas and electricity into the 21 century* , Financial times energy publishing, 1996, p. 47.

1292 Pourtant, il existe des pays où il n'y a pas de droit anti monople et où le niveau de la compétition est assez haut (Dabbah (Maher M.), I*nternational Comparative Competition Law*, Cambridge, 2010, p. 11.).

1293Les nombreuses demandes ont amené le Congrès et les États à prendre des mesures immédiates pour abolir la législation sur la dérégulation de l'énergie et remettre sur pied le système de production et de distribution énergétique intégrée et régulée, introduite par Roosevelt // *Californie : La crise de l'électricité* // http://www.solidariteetprogres.org/spip/article.php3?id_article=1362 (04.04.2016).

Il ne faut pas non plus être inquiété par l'idée du monopole *de facto*, puisqu'il est normal que le participant le plus efficace sur le marché s'y retrouve finalement seul. Cependant, la concurrence n'est pas un état mais un processus[1294], c'est pourquoi de nouveaux participants, avec de nouvelles idées, viendront et prendront leur part de marché de manière naturelle. Dans ce contexte, le plus important est de ne pas établir de barrières à l'entrée sur le marché provenant de la réglementation étatique ou supranationale. En d'autres termes, le monopole à long terme peut être garanti uniquement par l'État. Des tentatives économiques d'élimination de concurrents représentent elles-mêmes le processus concurrentiel. Il faut néanmoins tenir compte du fait qu'une telle approche (libérale) est bien sûr réalisable, mais dans des conditions idéales, c'est-à-dire qu'il y ait au moins égalité des participants et disponibilité de l'information, etc.

En Russie on a favorisé la sécurité nationale. Le droit international, indirectement, reconnaît aux individus un droit d'accès à l'énergie. En particulier, le § 1 de l'article 11 du Pacte international relatif aux droits économiques, sociaux et culturels[1295] est ainsi formulé: « [l]es États parties au présent Pacte reconnaissent le droit à toute personne d'accéder à un niveau de vie suffisant pour elle-même et sa famille, y compris la nourriture, les vêtements et un logement suffisants, ainsi qu'à une amélioration constante de ses conditions d'existence». Le Comité des droits économiques sociaux et culturels a précisé le contenu de ce droit au logement : il inclut l'éclairage adéquat, la ventilation, l'infrastructure de base ... à un prix raisonnable »[1296], ce qui n'est pas possible sans accès à l'électricité, et donc à l'énergie. Ce n'est pas pour rien que, dans ce domaine, le concept « services universels de protection des personnes vulnérables » est applicable[1297].

En Russie la sécurité énergétique est garantie par le fait que le marché est contrôlé par une seule entreprise publique. Cependant l'intervention étatique dans cette industrie a eu comme résultat la stagnation de l'industrie et l'absence d'investissements, etc. Le pays, même en disposant des plus grandes réserves de gaz au monde, ne peut pas en augmenter l'extraction. Plusieurs compagnies pétrolières russes disposent de considérables réserves de gaz, mais ne les exploitent pas parce qu'elles n'ont pas d'accès garanti à un système de transport et à un marché extérieur plus profitable. Les entrepreneurs étrangers craignent d'investir dans l'industrie gazière russe de la Fédération de Russie parce qu'elle est trop protectrice ; par exemple, la garantie du règlement des différends par une institution indépendante n'est pas sécurisée.

[1294] Кирцнер (Израэл), *Конкуренция и предпринимательство*, 2010, с. 95.

[1295] Pacte international relatif aux droits économiques, sociaux et culturels du 16 décembre 1966 // http://www.ohchr.org/FR/ProfessionalInterest/Pages/CESCR.aspx (23.09.2016).

[1296] Doumbé-Billé (Stéphane) (dir.), *Défis énergétiques et droit international,* Larcier, 2011, p. 345.

[1297] Fondation nationale Entreprise et Performance, *La Régulation des réseaux industriels. Quelles évolutions et perspectives, en France et en Europe ?* La documentation Française, 2011, p. 77.

Une autre conséquence négative de la domination de Gazprom sur le marché gazier russe est que, dans le cas d'un monopole comme celui de Gazprom, il est difficile pour ce dernier de s'adapter à la concurrence au niveau international[1298].

En tenant compte de ces problèmes, l'instauration de la concurrence et de l'application du droit anti monopole face à des participants étatiques est essentielle pour le développement de l'industrie gazière. Cette application peut réellement jouer un rôle, au moins sur une base temporelle.

En même temps, il ne faut pas penser qu'une valeur (la concurrence ou la sécurité énergétique) exclut l'autre. La concurrence est une garantie de développement de l'industrie, ce qui finalement contribue aussi à la sécurité énergétique. La recherche d'un équilibre doit être trouvée par rapport au contexte actuel. Dans l'UE, par exemple, ce dernier est composé d'un petit nombre de sources de gaz naturel, de tarifs régulés, de hausses de la consommation d'énergie[1299].

De même, en ce qui concerne le futur Traité sur la coopération énergétique (le gaz) entre la Russie et les pays de l'UE, puisque son exécution affectera la législation interne, il faut que la balance des intérêts, proposée dans le traité, soit acceptable pour le législateur national. Actuellement, on peut constater que c'est l'UE qui a le plus besoin de garanties en matière de sécurité énergétique : elle figure explicitement parmi les objectifs de la politique énergétique de l'UE dans l'article 194 TFUE[1300]. L'industrie gazière russe, par contre, a besoin de la concurrence [1301]. L'établissement du marché unique du gaz, dans l'espace UE -Russie, sera la meilleure option pour atteindre ces objectifs. Ainsi, il est indispensable d'accroître l'interaction des compagnies russes et européennes par la participation réciproque des parties sur les marchés sous des formes différentes, en conservant les relations existantes basées sur des contrats à long terme[1302]. De cette manière, les consommateurs européens recevront davantage de sources de gaz : 1) de Gazprom en vertu des contrats à long terme, 2) de Gazprom et d'autres compagnies russes participant au marché européen, 3) des compagnies européennes produisant du gaz en Russie. Par contre, la Russie bénéficiera d'investissements dans la production du gaz et

[1298] Крупорницкая, (Ирина Анатольевна), *Совершенствование управления внешней торговлей предприятий газовой промышленности* / Автореферат диссертации на соискание ученой степени кандидата экономических наук, 2005, с. 6.

[1299] Castel (Viviane du), *La sécurité des approvisionnements énergétiques : enjeux et défis pour l'Union européenne,* L'Harmattan, 2014, p. 218.

[1300] Déjà en 2000 la Commission publie un premier livre vert intitulé Vers une stratégie européenne de sécurité d'approvisionnement (29.11.2000 COM (2000)769).

[1301] Travin (Dmitry), Marganiya (Otar), *Ressource Course. Rethinking the Soviet Experience*, in *Resource Curse ans Post-soviet Eurasia. Oil, Gas and Oil Modernization*, Lexington, 2010, p. 23.

[1302] Au moins jusqu'au moment où toute l'infrastructure sera construite (Duc (Michel le), *Services publics de réseau et Europe. Les exemples de l'Allemagne, de l'Espagne, de l'Italie et du Royaume-Uni*, La documentation française, 1995, p. 11.).

des recettes de ces activités. Il n'est pas surprenant que Gazprom (malgré sa stratégie proclamée en juillet 2015 de sa sortie des actifs européens), et BASF (Wintershall) ont conclu finalement[1303] un contrat d'échange d'actifs : la participation de 25 % dans deux gisements russes contre 100 % de Wingas, Wieh, Wiee (compagnies fournisseurs dans l'Europe centrale), et 50 % de part de Winz (compagnie productrice de gaz dans la mer du Nord).

[1303] Des négociations ont été commencées en 2012, et suspendues en 2014 à l'initiative des Allemands.

Bibliographie

I. Ouvrages, manuels et traités

Accioly (Hildebrando), Silva (Geraldo Eulalio), Casella (Paulo Borba), *Manual de direito international publico*, 22 éd., Saraiva, 2016.

Arcelin (Linda), *Droit de la concurrence : les pratiques anticoncurrentielles en droit interne et communautaire*, Presses Universitaires de Rennes, 2009.

Berramdane (Abdelkhaleq), Rossetto (Jean), *Droit de l'Union européenne : institutions et ordre juridique*, 2 éd., L.G.D.J., 2013.

Lachaume (Jean-François), Boiteau (Claudie), Pauliat (Hélène), Deffigier (Clautilde), *Droit des services publics,* 2 éd., LegisNexis, 2015.

Bret-Rouzaut (Nadine), Favenec (Jean-Pierre), *Recherche et production du pétrole et du gaz : réserves, coûts, contrats*, Technip, 2011.

Carreau (Dominique), Juillard (Patrick), *Droit international*, 5 éd., Dalloz, 2013.

Chevalier (Jean-Marie), Geoffron (Patrice), (dir.), *Les nouveaux défis de l'énergie*, préface de Claude Mandil, 2 éd., Economica, 2011.

Chevalier (Jean-Marie), Rapin (David), *Les réformes des industries électrique et gazière en Europe*, préface de François Lamoureux, Institut de l'entreprise, 2004.

Colson (Jean-Philippe), Idoux (Pascal), *Droit publique économique*, 5 éd., L.G.D.J., 2013.

Daillier (Patick), Pradelle (Geouffre de la), Gherari (Habib) (dir.), *Droit de l'économie internationale*, Pedone, 2004.

Marais (Bertrand du), *Droit public de la régulation économique,* préface de Renaud Denoix de Saint-Marc, Dalloz, 2004.

Fenet (Alain) (dir), *Droit des relations extérieures de l'Union européenne*, Litec, 2006.

Gavalda (Christian), Parleani (Gilbert), *Droit des affaires de l'Union européenne*, 6 éd., Litec, 2010.

Geslin (Albane), *La mise en application provisoire des traités*, Pedone, 2005.

Grynfogel (Catherine), *Droit communautaire*, 3 éd., L.G.D.J., 2008.

Hansen (Jean-Pierre), Percebois (Jacques), *Energie : économie et politiques,* préface de Marcel Boiteux, De boeck, 2010.

Haquani (Zalmai), Saunier (Philippe), Majza (Béatrice), *Droit international économique*, Ellipses, 2006.

Jacquet (Jean-Michel), Delebecque (Philippe), Corneloup (Sabine), *Droit du commerce international*, 3 éd., Dalloz, 2014.
Lucas de Leysac (Claude), (Gilbert) Parleani, *Droit du marché*, Presses Universitaire de France, 1 éd., 2002.
Mainguy (Daniel), Respaud (Jean-Louis), Depincé (Malo), *Droit de la concurrence*, LexisNexis, 2015.
Mescheriakoff (Alain-Serge), *Droit public économique*, 2 éd., PUF, 1996.
Nicinski (Sophie), *Droit public des affaires*, 4 éd., L.G.D.J., 2014.
Petit (Nikolas), *Droit européen de la concurrence*, Montchrestien, 2013.
Sablière (Pierre), *Droit de l'énergie*, Dalloz, 2013.
Shaw (Malcolm N.), *International law*, 6 ed., Cambridge University Press, 2008.
Taton (Xavier) (coord.), *Droit de l'énergie, droit de l'environnement et droit de l'urbanisme*, Bruyant, 2012.
Vogel (Louis), *Droit européen des affaires*, 1 éd., Dalloz, 2012.
Vogel (Louis), *Droit de la concurrence européen et françai*s, t. 1, JuriScience, 2012.
Бекяшев (Камиль Абдулович) (отв. ред), *Международное публичное право*, 5 изд., Проспект, 2010.
Вельяминов (Георгий Михайлович), *Международное экономическое право и процесс*, Волтерс Клувер, 2004.
Вершинин (Александр Павлович), *Энергетическое право*, Изд. дом СПбГУ, 2007.
Богуславский (Марк Моисеевич), *Международное частное право*, Юристъ, 2005.
Вицтум (Граф Вольфганг), *Международное право*, Инфотропик Медиа, 2011.
Вылегжанин (Александр Николаевич) (отв. ред.), *Международное право*, Юрайт-Издат, 2009.
Дмитриева (Елена Викторовна), *Горное право*, КузГТУ, 2012.
Егоров (Петр Васильевич), Мухортова (Евгения Владимировна), *Горное право : учебное пособие*, КузГТУ, 2004.
Иссад (Моханд), *Международное частное право*, пер. с фр. А.Л. Афанасьевой, Прогресс, 1989.
Ларочкина (Ирина Андреевна), Салиева (Роза Наильевна) (отв. ред.), *Горное право*, ПравоТЭК, 2010.
Лахно (Петр Гордеевич), Зеккер (Франц Юнгер) (ред.), *Энергетическое право России и Германии : сравнительно-правовое исследование*, Юрист, 2011.
Лукашук (Игорь Иванович), *Современное право международных договоров*, т. 1., Wolters Kluwer, 2004.
Лукашук (Игорь Иванович), *Современное право международных договоров*, т. 2., Wolters Kluwer, 2006.

Марченко (Михаил Николаевич), Дерябина (Елена Михайловна), *Право Европейского союза : вопросы истории и теории*, Проспект, 2010.

Матузов (Николай), Малько (Александр), *Теория государства и права*, Юристъ, 2004.

Нагорная (Валентина Николаевна), *Экономика энергетики*, ДВГТУ, 2007.

Певзнер (Марк Еремеевич), *Горное право*, Издательство МГГУ, 2001.

Перельман (Яков), *Занимательная физика*, т. 2, Наука, 1979.

Перчик (Александр Ильич), *Горное право*, 2 изд., Филология три, 2002.

Перчик (Александр Ильич), *Горное право*, Макс Пресс, 2008.

Свиридов (Леонид Игнатьевич), Малиновский (Евгений Геннадьевич), *Горное право : учебное пособие*, ГУЦМиЗ, 2005.

Раапе (Лео), *Международное частное право*, пер. с нем, Изд-во Иностранной литературы, 1960.

Селиверстов (Сергей Сергеевич), Гудков (Иван Владимирович), *Энергетическое право Европейского союза*, Аспект Пресс, 2014.

Скурко (Елена Вячеславовна), *ВТО : введение в правовую систему*, Финансы и статистика, 2003.

Струкгов (Владимир Георгиевич), *Курс горного права*, т. 17, кн. 4, Горное дело, 2012.

Толстых (Владислав Леонидович), *Курс международного права*, Волтерс Клувер, 2009.

II. Ouvrages spécialisés, thèses, essais et monographies

Andoura (Sami), Hancher (Leigh), Woude (Marc van der), *Vers une Communauté européenne de l'énergie : un projet politique*, Notre Europe, 2010.

Andoura (Sami), Vinois (Jean-Arnold), *De la communauté européenne de l'énergie à l'Union de l'énergie*, Notre Europe, 2015.

Angelier (Jean-Pierre), *Le gaz naturel*, Economica, 1994.

Atias (Christian), *Philosophie du droit*, Puff., 2004.

Ayral (Michel), *Droit communautaire de l'Energie*, Joly éditions, 1997.

Bauby (Pierre), *Le service public*, Flammarion, 1997.

Beltran (Alain), Williot (Jean-Pierre), *Les routes du gaz ; histoire du transport de gaz naturel*, préface de Gunther Oettinger, Cherche midi, 2012.

Benhassine (Wassime), *Le processus de libéralisation des industries électriques et gazières européennes à travers les stratégies du fusion-acquisition et d'investissement des firmes- propositions pour une sécurité énergétique renforcée*, Thèse pour l'obtention du Doctorat, 2010.

Benlolo-Carabot (Myriam), Candas (Ulas), Cujo (Eglantine) (dir.), *Union européenne et droit international*, Pedone, 2012.

Blumann (Claude) (dir.), *Vers une politique européenne de l'énergie*, Bruyant, 2012.

Boburka (Tatyana), *Les relations entre la Russie et l'Union européenne après l'élargissement*, Mémoire, Paris II, 2005.

Bodin (Muriel), Ropers (Jean), *Gaz de schiste : vrai ou fausse opportunité ?* Le muscadier, 2014.

Bonomo (Stéphane), *Les traités bilatéraux relatifs aux investissements : entre protection des investissements étrangères et sauvegarde de la souveraineté des états*, Presses Universitaires d'Aix-Marseille, 2012.

Boussena (Sadek), Pauwels (Jean-Pierre), Locatelli (Catherine), Swaertenbroekx (Carine), *Le défi pétrolier : questions actuelles du pétrole et du gaz*, Vuilbert, 2006.

Bouvier (Yves) (dir.), *Les défis énergétiques du XXI siècle : transition, concurrence et efficacité au prisme des sciences humaines*, P.I.E. Peter Lang, 2012.

Braconnier (Stéphane), *Droit des services publics*, PUF, 2003.

Bret-Rouzaut (Nadine), Favenec (Jean-Pierre), *Recherche et production du pétrole et du gaz : réserves, coûts, contrats*, 2 éd., Technip, 2011.

Cameron (Peter) (dir.), *Legal Aspects of EU Energy Regulation. Implementing the New Directives on Electricity and Gas across Europe*, Oxford Univeristy Press, 2005.

Cherot (Jean-Yves), *Les aides d'état dans les communautés européennes*, Economica, 1998.

Chevalier (Jean-Marie), Cruciani (Michel), Geoffron (Patrice), *Transition énergétique : les vrais choix*, Odile Jacob, 2013.

Chevalier (Jean-Marie), *Les grandes batailles de l'énergie*, Gallimard, 2004.

Chevalier (Jean-Marie), Derdevet (Michel), Geoffron (Patrice), *L'avenir énergétique cartes sur table*, Gallimard, 2012.

Chevalier (Jean-Marie), Geoffron (Patrice) (dir.), *Les nouveaux défis de l'énergie*, préface de Claude Mandil, 2 éd., Economica, 2011.

Cot (Jean-Pierre), Laurencie (Jean-Patrice de la), *Le contrôle français des concentrations*, 2 éd., L.G.D.J., 2003.

Crawford (James), *Les articles de la C.D.I. sur la responsabilité de l'État*, Pedone, 2003.

Criqui (Patrick), Kouznetzoff (Nina), *Energie 1995 : après les chocs*, préface de P. Desprairies, Economica, 1987.

Cuisinier (Daniel), *Deux révolutions indispensables*, L'Harmattan, 2005.

Dabbah (Maher M.), *International Comparative Competition Law*, Cambridge, 2010.

Daintith (Terence), Hancher (Leigh), *Energy Strategy in Europe : The Legal Framework*, Walter de Gruyter, 1986.

Darmois (Gilles), Favenec (Jean-Pierre), *Les marchés de l'énergie : l'énergie, à quel prix ?* 2 éd., Technip, 2013.

Dasseleer (Pol-Henry), *Gazprom : l'idéalisme européen à l'épreuve du réalisme russe*, L'Harmattan, 2009.

Decaux (Emmanuel), *La réciprocité en droit international*, préface de Paul Reuter, Librairie générale de CNUCED droit et de jurisprudence, 1980.
Decocq (André), Decocq (Georges), *Droit de la Concurrence : droit interne et droit de l'Union européenne*, 5 éd., L.G.D.J., 2012.
Dixon (Sarah), *Organisational Transformation in the Russian Oil Industry*, Edward Elgar, 2008.
Doumbé-Billé (Stéphane) (dir), *Défis énergétiques et droit international*, Larcier, 2011.
Castel (Viviane du), *La sécurité des approvisionnements énergétiques : enjeux et défis pour l'Union européenne*, L'Harmattan, 2014.
Castel (Viviane du), *Le gaz, enjeu géoéconomique du XXI siècle*, l'Harmattan, 2010.
Epulgas (Pierre), *Le service public*, 3 éd., Dalloz, 2012.
Estival (Jean-Pierre), *Le marché mondial des ressources. La guerre fait rage*, L'Harmattan, 2009.
Frachon (Olivier), Vakaloulis (Michel) (dir.), *Le droit à l'énergie*, Syllepse, 2002.
Elhauge (Einer), Geradin (Damien), *Global Competition Law and Economics*, 2 ed., Hart Publishing, 2011.
Giraud (André), Boy de la Tour (Xavier), *Géopolitique du pétrole et du gaz*, Technip, 1987.
Glais (Michel), *Concentrations § Droit de la concurrence*, Economica, 2010.
Grand (Emmanuel), Veyrenc (Thomas), *L'Europe de l'électricité et du gaz. Acteurs, marchés, régulations*, préface de Jean-Marie Chevalier, Economica, 2011.
Guglielmi (Gilles), Koibi (Geneviève), *Droit de service public*, 3 éd., Montchrestien, 2011.
Guglielmo (Raymond), *La gaz naturel dans le monde*, 2 éd., PUF, 1972.
Guillemoles (Alain), Lazareva (Alla), *Gazprom le nouvel empire*, Les petits matins, 2008.
Hanghighi (Sanam Salem), *Energy Security : The External Legal Relations of the European Union with Major Oil- and Gas-Supplying Countries*, Hart Publishing, 2007.
Henaff (Gael) (dir.), *Concurrence et services publics ; enjeux et perspectives*, PUR, 2002.
Henry (Claude), *Concurrence et services publics dans l'Union européenne*, PUF, 1997.
Isidoro (Cécile), *L'ouverture du marché de l'électricité à la concurrence communautaire*, préface Pierre Delvolvé, L.G.D.J., 2006.
Jafalian (Annie), *La Russie, puissance énergétique : de l'arme politique aux logiques de marché*, Bruyant, L.G.D.J., 2010.
Jennar (Raoul-Marc), *La menace sur les peuples d'Europe*, Cap Bear Editions, 2014.

Jian (Cheng), *Relations between Russia and Europe from the Perspective of Energy Strategy*, Hamburger Beiträge zur Friedensforschung und Sicherheitspolitik, 2008.
Kessedjian (Catherine), (dir.), *Le droit européen et l'arbitrage d'investissement*, L.G.D.J., 2011.
Lankarani (Leila), *L'affaire du gazoduc euro-sibérien*, EDIN, 1987.
Lapeyre (Michel) (dir.), *Les nouvelles régulations électriques*, Lavoisier, 2012.
Lardy (Pierre), *La force obligatoire du droit international en droit interne*, Librairie générale de droit et de jurisprudence, 1966
Laviec (Jean-Pierre), *Protection et promotion des investissements*, préface par Michel Virally, PUF, 1985.
Duc (Michel le), *Service publics de réseau et Europe. Les exemples de l'Allemagne, de l'Espagne, de l'Italie et du Royaume-Uni*, La documentation française, 1995.
Lemaire (Christophe), *Energie et concurrence : Recherches sur les mutations juridiques induites par la libéralisation des secteurs de l'électricité et du gaz*, préface Laurence Idot, t. II, Presses Universitaires d'Aix-Marseille, 2003.
Leroy (Jean-Marc) (dir.), *Les stockages souterrains de Gaz de France : depuis 50 ans au coeur du développement du gaz naturel*, préface de Jean-Marc Cirelli, IMP-Blanchard, 2006.
Locatelli (Catherine), *Energie et transition : les nouveaux acteurs industriels*, Harmattan, 1998.
Maestroni (Myriam), *Comprendre le nouveau monde de l'Energie : économie d'énergie et efficacité énergétique : le monde de l'énergie 2.0,* Maxima, 2013.
Manciaux (Sébastien), *Investissements étrangers et arbitrage entre Etats et ressortissants d'autres Etats,* Litec, 2004.
Maresceau (Marc), *Bilateral agreements concluded by the European community*, Martinus Nijhoff Publishers, 2006.
Mathis (Paul), *Les énergies : comprendre les enjeux*, Quae, 2011.
Mcharg (Aileen), Barton (Barry)., Bradbrook (Adrian), Godden (Lee) (dir.), *Property and the Law in Energy and Natural Resources*, Oxford University Press, 2010.
Meihaud (Jean), *Guide juridique des énergies*, Technip, 2011.
Milov (Vladimir), Allevione (Jessica), *Le dialogue énergétique l'Union européenne - Russie : concurrence contre monopoles*, Politique étrangère, 2007.
Mirabel (François), *La déréglementation des marchés de l'électricité et du gaz*, Presses de Mines, 2012.
Nanteuil (Arnaud de), *L'expropriation indirecte en droit international de l'investissement,* préface Charles Leben, Pedone, 2014.
Neframi (Elefheria) (dir.), *Objectifs et compétences dans l'Union européennes*, Bruylant, 2013.

Nies (Susanne), *Gaz et pétrole ; perspectives pour les infrastructures*, IFRI, 2008.

Nies (Susanne), Schulke (Christian), *Oil and Gas to Europe. An Overview of Existing and Planning Infrastructures*, Ifri, 2011.

Oinonen (Mika), *Does EU Merger Control Discriminate against Small Market Companies ?* , Kluwer Law International, 2010.

Olsen (Terry), Casia (Paul), *Le droit international, le droit européen et la hiérarchie des normes*, PUF, 2006.

Ougartchinska (Roumiana), *Guerre du gaz,* Rocher, 2008.

Ouvry (Valérie), *Evolution du marché gazier européen à long terme : organisation et prix*, Thèse, Ecole nationale supérieure du pétrole et des moteurs, Technip, 1998.

Paniouchkine (Valery), Zygar (Mikhail), *Gazprom l'arme de la Russie*, Actes Sud, 2008.

Paquier (Serge), Williot (Jean-Pierre) (dir.), *L'industrie du gaz en Europe aux XIX et XX siècle : L'innovation entre marchés privés et collectivités publiques*, P.I.E.-Peter Lang, 2005.

Pierre (Serge), *Libéralisation des marchés de l'énergie*, L'Hartmattan, 2007.

Porcher (Thomas), Farah (Frederic), *TAFTA : l'accord du plus fort*, Max Milo, 2014.

Porcher (Thomas), *Le mirage du gaz de schiste*, Max Milo, 2013.

Preiswerk (Roy), *La Protection des investissements privés dans les traités bilatéraux*, Edition Polygraphique, 1963.

Rebelle (Bruno), *Libérons les énergies ! Pour une transition énergétique ambitieuse*, Lignes repères, 2014.

Reverdy (Thomas), *La construction politique du prix de l'énergie*, SciencesPo, 2014.

Reyne (Maurice), *Les énergies : comparaisons techniques et socio-économiques*, Lavoisier, 2009.

Rodrigue (Léa), *Les aspects juridiques de la régulation européenne des réseaux,* préface de Martine Lombard, Bruylant, 2012.

Roelandt (Marc), *La condition juridique des pipelines dans le droit de la mer*, PUF, 1990.

Roggenkamp (Martha), *Energy Law in Europe : National, EU and International Law and Institutions*, Oxford University Press, 2001.

Roggenkamp (Martha), Ronne (Anita), Redgwell (Catherine), Guayo (Inigo del) (dir.), *Energy Law in Europe. National, EU and International Law and Institutions*, Oxford Press, 2001.

Rojey (Alexandre) (dir.), *Le gaz naturel : de la production aux marchés*, préface de Georges Bouchard, Technip, 2013.

Rojey (Alexandre), Durand (Bernard), Jaffret (Claude), Jullian (Sophie), Valais (Michel), *Le gaz naturel : production, traitement, transport*, Technip, 1994.

Salva (Jean-Serge), *L'achat public d'électricité et de gaz : portée, enjeux et modalités de la mise en concurrence*, Weka, 2008.

Sapy (Georges), *La transition énergétique*, L'Harmattan, 2013.
Schokkaert (Jan), Heckscher (Yvon), *International Investment Protection : Comparative Law Analysis of Bilateral and Multilateral Interstate Conventions, Doctrinal Textes and Arbitral Jurisprudence concerning Foreign Investments*, Bruyant, 2009.
Schulke (Christian), *The EU's Major Electricity and Gas Utilisties since Market Liberalization*, Ifri, 2010.
Seraglini (Christophe), *Lois de police et justice arbitrale internationale*, Thèse pour le doctorat, Dalloz, 2001.
Seraglini (Christophe), Ortscheidt (Jérome), *Droit de l'arbitrage interne et international*, Montchrestien, 2013.
Shan (Wenhua), *The Legal Protection of Foreign Investment*, Hart Publishing, 2012.
Siddayao (Corazon M.), Percebois (Jacques R.) (dir), *Investissements énergétiques et environnement,* Economica, 1993.
Smits (Robert-Jan), *The Siberian Gas Pipeline Dispute : U.S. Policy and European Interests*, Mémoire, Institut Universitaire de Hautes Etudes Internationales, 1985.
Stern (Jonathan P.), *The Future of Russian Gas and Gazprom*, Oxford, 2005.
Stoffaes (Christian) (dir.), *Entre monopole et concurrence : la régulation de l'énergie en perspective historique,* P.A.U., 1994.
Terzian (Pierre), *Le gaz naturel. Perspectives pour 2010-2020 (disponibilités, contraintes et dépendances)*, Economica, 1998.
The Regulation of the International Energy Trade. Fuels and Electricity, FIESP, 2013.
Valette (Jean-Paul), *Droit public économique*, Hachette, 2002.
Vasseur (Léon-V.), *Pétrole et gaz naturel dans le monde*, Armand Colin, 1958.
Viallard (Virginie), *Le critère d'appréciation substantielle des concentrations*, Dalloz, 2007.
Vincent (Philippe), *Institutions économiques internationales*, Larcier, 2013.
Williot (Jean-Pierre), *Naissance d'un service public : le gaz à Paris*, Edition Rive Droite, 1999.
Антипова (Ольга Михайловна), *Правовое регулирование инвестиционной деятельности (анализ теоретических и практических проблем)*, Волтерс Клувер, 2007.
Арментано (Доминик), *Антитраст против конкуренции*, Ирисэн, 2008.
Артемов (Николай Михайлович), *Валютные ограничения*, 2001.
Асосков (Антон Владимирович), *Правовые формы участия юридических лиц в международном коммерческом обороте*, Статут, 2003.
Багандов (Абдулла Исаевич), *Конституционно-правовые основы организации и деятельности органов государственного антимонопольного регулирования*, Автореферат диссертации, 2003.

Беляева (Ольга Александровна), *Правовые проблемы аукционов и конкурсов*, Юриспруденция, 2011 // http://base.consultant.ru/cons/cgi/online.cgi?req=doc;base=CMB;n=16885 (21.07.2016).

Вылегжанин (Александр Николаевич) (отв. ред.), *Международно-правовые основы недропользования*, Норма, 2007.

Дегтярев (Константин Олегович), *Правовое регулирование либерализации рынков газа и электроэнергии в Европейском Союзе,* Автореферат диссертации, 2012.

Дмитренко (Людмила Александровна), *Государственное регулирование деятельности естественных монополий (на примере газовой промышленности),* Автореферат диссертации на соискание ученой степени кандидата экономических наук, 2004.

Добрынкин (Михаил Юрьевич), *Сотрудничество Германии с Россией в газовой сфере в условиях формирования единого газового рынка Европы*, Автореферат диссертации на соискание ученой степени кандидата экономических наук, 2008.

Драничников (Павел Сергеевич), *Совершенствование механизма стратегического управления газовой отраслью региона (на материалах предприятий газового хозяйства Алтайского края),* Автореферат диссертации на соискание ученой степени кандидата экономических наук, 2015.

Дудиков (Михаил Владимирович), *Предоставление права пользования недрами : законотворчество и механизмы реализации*, Полтэкс, 2001.

Землячева (Екатерина Анатольевна), *Государственно-правовое регулирование инвестиционной деятельности в топливно-энергетическом комплексе Российской Федерации,* Автороферат диссертации, 2008.

Кирцнер (Израэл), *Конкуренция и предпринимательство*, Слциум, 2010.

Клюкин (Борис Дмитриевич) (ред.), *Горное законодательство*, Композитор, 2005.

Клюкин (Борис Дмитриевич), *Горные отношения в странах Западной Европы и Америки, Городец,* 2000.

Княгинин (Владимир), Щедровичкий (Петр), *Промышленная политика России : кто оплатит издержки глобализации*, Европа, 2005.

Конопляник (Андрей Александрович), *Россия и Энергетическая хартия*, РГУ нефти и газа им. И.М.Губкина, 2010.

Крупорницкая (Ирина Анатольевна), *Совершенствование управления внешней торговлей предприятий газовой промышленности*, Автореферат диссертации на соискание ученой степени кандидата экономических наук, 2005.

Курбанов (Рашад Афатович), *Правовое регулирование иностранных инвестиций в нефтяной и газовой промышленности*, Проспект, 2010.

Курбанов (Рашад Афатович), *Правовое регулирование иностранных инвестиций в нефте-газовую отрасль,* Автореферат дисертации, 2005.

Лисица (Валерий Николаевич), *Правовое регулирование инвестиционных отношений : теория, законодательство и практика применения*, Автореферат докторской диссертации по юридическим наукам, 2010.

Оралов (Сергей Всеволодович), *Организационно-экономическое регулирование развития рынка газа*, Автореферат диссертации на соискание ученой степени кандидата экономических наук, 2004.

Пашковская (Ирина), *Энерегтическая политика Европейского союза в отношении России*, Аналитические доклады, Институт международных исследований МГИМО (У) МИД России, Выпуск 5, 2011.

Перчик (Александр Ильич), *Трубопроводное право*, Нефть и газ, 2002.

Салиева (Роза Наильевна), Нигматулина (Лилия М.), *Специфика недр и ресурсов как объектов права собственности*, 2001.

Силинский (Виталий Анастасиевич), *Гражданско-правовое регулирование газо-и нефтеснабжения в Российской Федерации*, Автореферат диссертации на соискание ученой степени кандидата юридических наук, 2004.

Сиутин (Денис Александрович), *Институциональные аспекты развития газовой отрасли России*, Автореферат диссертации на соискание ученой степени кандидата экономических наук, 2005.

Теренкин (Михаил Иванович), *Развитие независимых производителей газа при внедрении новых технологий производства новых технологий жидких топлив*, Автореферат диссертации на соискание ученой степени кандидата экономических наук, 2015.

Фархутдинов (Инсур Забирович), *Международное инвестиционное право : теория и практика применения*, Волтерс Клувер, 2005.

Шавкатович (Мажитов Фарух), *Мировая практика контрактных отношений в газовой отрасли : опыт для Узбекистана*, Автореферат диссертации на соискание ученой степени кандидата экономических наук, 2009.

Шмелева (Дина Наильевна), *Правовой режим сооружений обустройства месторождений нефти и газа*, Автореферат диссертации на соискание ученой степени кандидата юридических наук, 2004.

Яковлев (Василий Никитович), *Горное право современной России : учебное пособие*, Норма, 2012.

III. Articles, notes, études et chroniques

Agence internationale de l'energie, *Gaz naturel : perspectives jusqu'à l'an 2000*, OCDE/AIE, 1983.

Agence internationale de l'energie, *Perspectives du gaz naturel*, OCDE/AIE, 1986.

Agostino (Justin), Jones (Oliver), *Energy Charter Treaty : a step towards Consistency in International Investment Arbitration* ? , Journal of Energy and National Ressources Law, vol. 25, n° 3, 2007, p. 239 et s.

Aides d'Etat : la Commission demande à la Hongrie de mettre fin aux contrats d'achat d'électricité à long terme et de récupérer les aides d'Etat octroyées aux producteurs d'électricité, IP/08/850, Bruxelles, 4 juin 2008.

Alexandrov (Stanimir), *« The Baby Boom » of Treaty-based Arbitrations and Jurisdiction of ICSID Tribunals Shareholders as « investors» and Jurisdiction Ratione temporis* », The Law and Practice of International Courts and Tribunals, 2005, vol. 4, pp. 19-59.

Austvik (Ole Gunnar), *EU Natural Gas Market Liberalization and Long-term Security-of-supply and Demand*, in *Political Economy of Energy in Europe*, Berliner, 2009, pp. 85-119.

Azoulai (Loic), Hamida (Walid Ben), *La protection des investissements par le droit primaire – droit conventionnel des investissements et droit primaire communautaire : étude comparée des régimes et des approches*, in *Le droit européen et l'investissement*, L.G.D.J., 2009, pp. 69-89.

Bafoil (François), *La libéralisation du secteur de l'énergie. Privatisations des entreprises et consensus sociaux,* in *Accès à l'énergie en Europe. Les précaires invisibles*, Les Presses de Sciences Po, 2014, pp. 33-58.

Ball (Aaron), Galhardo (Paula), *In Search of Brazil's Better Self : The Proposed Pre-Salt Regulatory Framework,* Currents International Trade, 2009.

Bamberger (Nowell David Beckett), *In The Wake of Sakhalin II : How Non-governmental Administration of Natural Ressources Could Strengthen Russia's Energy Sector*, Pacific Rim Law and Policy Journal Association, 2007.

BBC, *Gazprom reçoit la monopole pour l'export de gaz* // http://news.bbc.co.uk/hi/russian/business/newsid_5086000/5086972.stm (01.04.2017).

BBC, *Italie recevra un accès a l'extraction du pétrole russe* // http://news.bbc.co.uk/hi/russian/russia/newsid_5100000/5100198.stm (10.04.2017).

Belyi (Andrei), Nappert (Sophie), *Modernizing the energy charter process? The energy charter conference road map and the Russian draft convention on energy security* // http://www.hse.ru/data/2011/03/22/1211145801/ogel (2011) - article009.pdf (22.08.2015).

Belyi (Andrei), Nappert (Sophie), Pogoretskyy (Vitaliy), *Modernizing the Energy Charter Process ? The Energy Charter Conference Road Map and the Russian Draft Convention on Energy Security*, Oil, Gas and Energy Law Intelligence, march, 2011, p. 15 et s.

Belyi (Andrei V.), Klaus (Ulrich G.), *Russia's Gas Exports and Transit Dispute Resolution under the ECT: Missed Opportunities for Gazprom or False Hopes in Europe*, Journal of Energy and Natural Ressources Law, vol. 25, n° 3, 2007, pp. 205-224.

Bezat (Jean-Michel), *Gaz : le russe Gazprom écarte les Occidentaux du projet Schtokman*, Le Monde, 11.10.2006

Bianchi (Andrea), *On Power and Illusion : The concept of Transparency in International Law*, Cambridge University Press, 2013, pp. 1 -20.

Blumental (David), Chua (Tju Liang), Au (Ashleigh), *Upstream Oil and Gas in China* // http://www.velaw.com/uploadedFiles/VEsite/Resources/20-Vol3SecVCh3UpstreamOilandGas.pdf (29.07.2016)

Blyschak (Paul M.), *Yukos vs. Russia : Shell Companies and Treaty Shopping in International Energy Disputes*, Richmond Journal of Global Law and Business, vol. 10, 2011, p. 209 et s.

Bollecker-Stern (Brigitte), *L'OPEP et la crise de l'énergie*, in Colloque de la Société Française pour le Droit International de 1975, *La crise de l'énergie et le droit international*, Pedone, 1976, p. 39 et s.

BP, *British Petroleum Energy Outlook 2030 //* http://www.bp.com/content/dam/bp/pdf/energy-economics/energy-outlook-2015/bp-energy-outlook-booklet_2013.pdf (13.12.2015).

Buschle (Dirk), *The Effect of the EC – Russia Partnership Agreement in Community Law: Lessons learned from the soccer world,* OGEL, vol. 7, 2009.

Cabau (Emmanuel), *Unbundling of Transmission System Operators*, The Internal Energy Market, vol. 1 : The Third Liberalisation Package, Leuven : Claeys & Casteels, 2010, pp. 87-182.

Caprasse (Olivier), *L'application du droit européen de la concurrence par l'arbitre*, in Colloque du 4 novembre 2011, *Arbitrage et droit de l'Union européenne*, Legis Nexis, 2012, pp. 63- 83.

Chaeva (Natalia), *Le traitement juste et équitable, Investissements internationaux et arbitrage*, Cahiers de l'arbitrage, 01.11.2011, n° 4.

Chaltiel (Florence), *Les apports du traité de Lisbonne au service public,* AJDA, 2008, n° 29/2008, pp. 1575-1579.

Champion (Marc), Reppert-Bismark (Juliane), *Politics & Economics: EU Trade Chief Poses WTO Rules in EnergySector,* Wall Street Journal, June 23, 2006, note 4.

Charpentier (Jean), *De la non-discrimination dans les investissements*, Annuaire français de droit international, vol. 9, n° 9, 1963.

Chevalier (Jean-Marie), *L'industrie gazière en France et en Europe*, in *Concurrence et service public*, l'Harmattan, 2003, pp. 307-322.

Chevalier (Jean-Marie), Percebois (Jacques), *Gaz et électricité : un défi pour l'Europe et pour la France*, La Documentation française, 2008.

CNUCED, World Investment report, *FDI From Developing and Transition Economies : Implications for Developement*, Nations Unies, New York – Genève, 2006, p. 81 et s.

Codes de l'OCDE de la libération des mouvements de capitaux et des opérations invisibles courantes. Guide de référence 2007 // http://www.oecd.org/fr/investissement/politiques-investissement/38073320.pdf (15.02.2017).

Colliard (Calude-Albert), *Vers de nouveaux principes de droit international ?* , in Colloque de la Société Française pour le Droit International de 1975, *La crise de l'énergie et le droit international*, Pedone, 1976.

Commission de regulation de l'energie, *Le Rapport d'activité en juin 2006* // http://www.cre.fr/imgAdmin/1152782274652.pdf (04.04.2016) .

Commission europeenne, *La commission ouvre le marché de l'acheminement et du stockage du carburéacteur auprès du nouvel aéroport de milan Malpensa*, IP/93/684, 30/07/1993 // http://europa.eu/rapid/press-release_IP-93-684_fr.htm (23.05.2014).

Commission particuliere du debat public, *La lettre du débat public sur le projet de canalisation de gaz ERIDAN*, Odyance, n° 2, 2009.

Contrôle des investissements étrangers : patriotisme économique vs libéralisme ? // http://www.lettredesreseaux.com/P-781-455-A1-controle-des-investissements-etrangers-patriotisme-economique-vs-liberalisme.html (21.08.2016).

Coop (Graham), *Energy Charter Treaty and the European Union: is Conflict Inevitable ?* , Journal of Energy and Natural Ressources Law, vol., 27, n° 3, 2009, p. 408 et s.

Cremona (Marise), *EU External Relations : Unity and Conferral powers*, in *The Question of Competence in the European Union*, Oxford, 2014, p. 65-86.

Cunningham (Richard P. Jr.), *Corporate Governance and Foreign Investment Nightmares in Russia: A Case Study of Unified Energy Systems*, Virginia Journal of International Law, vol. 42, 2001–2002.

Defilla (Steivan), *Energy Trade under the ECT and Accession to the WTO*, Journal of Energy & Natural Resources Law, vol. 21, n° 4, 2003, p. 430 et s.

Delaume (Georges), *The Proper Law of State Contracts Revisited,* ICSID Review - Foreign Investment Law Journal, 2012, vol. 12, pp. 1 – 96.

Desta (Melaku Geboye), *OPEC and the WTO : Petroleum as a Fuel for Cooperation in International Relations* (2004) // http://www.mees.com/postedarticles/oped/a47n 10d0 l.htm (22.08.2015).

Desta (Melaku Geboye), *OPEC, the WTO, Regionalism and Unilateralism*, Journal of World Trade, vol. 37, 2003.

Direction des industries et services, *L'industrie du gaz dans l'ex-RDA : les perspectives du gaz naturel,* Centre Français du Commerce Extérieur, 1992.
Direction des relations economiques exterieure, *La dérégulation du marché italien du gaz naturel*, Centre Français du Commerce Extérieur, 1997.
Doherty (Barry), *Just what are Essential Facilities ?* , CML review, n° 38, 2001, pp. 397 - 436.
Dony (Marianne), Les accords mixtes, in Commentaire Jacques Megret, *Le droit de la CE et de l'Union européenne. Relations extérieures*, sous la direction de Jean-Victor Luis et Marianne Dony, deuxième édition, Bruxelles : Editions de l'Université de Bruxelles, 2005.
Ehraman (Monika), *Competition is a Sin: an Evaluation of the Formation and Effects of a Natural Gas OPEC*, Energy Law Journal, vol. 27:175, 2006.
Eliasson (Nils), *10 years of Energy Charter Treaty Arbitration* // http://www.sccinstitute.com/filearchive/4/40960/Nils_Eliasson_Report.pdf (12.02.2017).
Elshihabi (Saamir), *The Difficulty Behind Securing Sector-Specific Investment Establishes Rights : The Case of the Energy Charter Treaty*, The International Lawyer, vol. 35, n° 1, 2001, pp. 137-158.
Energy charter secretariat, *Putting a Price on Energy : International Pricing Mechanism for Oil and Gas*, 2007 // http://www.encharter.org/index.php?id=218 (12.02.2017).
EU - Russia energy dialogue, *The First Ten Years : 2000-2010* // http://ec.europa.eu/energy/sites/ener/files/documents/2011_eu-russia_energy_relations.pdf (17.12.2017).
EurActiv, « *Gazprom Clause* » *Issues Russia Ultimatum for Energy Cooperation* // http://www.euractiv.com/energy/gazprom-clause-issues-russia-ult-news-218748 (22.08.2016).
EurActiv, *Accord possible à l'automne entre l'UE et la Russie sur la charte de l'énergie* // http://www.euractiv.com/fr/energie/accord-possible-automne-ue-russie-charte-energie/article-156256 (10.04.16).
EurActiv, *Le dialogue énergétique entre l'UE et la Russie* // http://www.euractiv.com/fr/energie/dialogue-energetique-ue-russie/article-151073 (01.05.2016).
Europa, *Commission clears Irish Synergen venture between ESB and Statoil following strict commitments* // http://europa.eu/rapid/press-release_IP-02-792_en.htm?locale=en (19.08.2015)
Europa, *Charte européenne de l'énergie* // http://europa.eu/scadplus/leg/fr/lvb/l27028.htm (10.04.14)
Eurostat, *Production et importations d'énergie // case with Norwegian gas producers* // http://ec.europa.eu/competition/publications/cpn/2003_2_60.pdf (12.06.2016).

Fernandez (Rafael), Palazuelos (Enrique), *A political economy approach to the European Union gas model : continuities and changes*, Journal of Common Market Studies, v. 52, n° 3, May 2014, pp. 495-511.

Ferraro (Marcelo Colomer), Coordination Mechanismes in the Natural Gas Transportion Segment: a Neo-Institutional Contribution // http://www.anpec.org.br/encontro/2012/inscricao/files_I/i8-aa1d595466c06a6af68610a73958c2fe.doc (22.06.2016).

Fondation nationale entreprise et perfomance, *La Régulation des réseaux industriels. Quelles évolutions et perspectives, en France et en Europe ?* , La documentation Française, 2011.

Frison-Roche (Marie-Anne), *Arbitrage et droit de la régulation*, in *Les risques de régulation*, vol. 3, sous la direction de Marie-Anne Frison-Roche, Presses de science po et Dalloz, 2005, pp. 223-240.

Frison-Roche (Marie-Anne), *Le droit, obstacle ou outil de la régulation des réseaux d'infrastructure essentielles*, in *Economie et droit de la régulation des infrastructures*, L.G.D.J., 2008, pp. 37-52.

Frison-Roche (Marie-Anne), *Le pouvoir du régulateur de régler les différends. Entre office de régulation et office juridictionnel civil*, in *Les risques de régulation*, vol. 3, sous la direction de Marie-Anne Frison-Roche, Presses de science po et Dalloz, 2005, pp. 269-287.

Gaillard (Emmanuel), *Observations sous la décision du comité ad hoc dans l'affaire Vivendi*, J.D.I., 2003.

Gara (Nourredine), *Les nouveaux instruments du consentement à l'arbitrage CIRDI*, in Colloque du 3 et 4 mars 2006, *Ou va le droit de l'investissement ?* , Pedone, 2007, pp. 45-53.

Georgopoulos (Théodore), *L'investissement en droit communautaire : existe-il un droit communautaire à l'investissement ?* , in Coloque, *Le concept d'investissement : regards croisés des droits interne, international et communautaire*, Bruylant, 2011, pp. 49-59.

Gotz (Roland), *European Energy Foreign Policy and the Relationship with Russie*, in *The External Energy Policy of the European Union*, Ifri, 2008, pp. 43-76.

Grammatico (Laetitia), *Les moyens juridiques du développement énergétique dans le respect de l'environnement en droit français*, t. 1, Presses Universitaires d'Aix-Marseille, 2003, p. 19 et s.

Griogoriadis (Theocharis N.), *State Responsibility and Antitrust in the Energy Charter Treaty : Socialization vs. Liberalization in Bilaterial Investment Relations*, Texas International Law Journal, vol. 44:45, 2008-2009, pp. 45-64.

Guénaire (Michel), *L'expérience du règlement des différends devant la Commission de régulation de l'énergie*, in *Les risques de régulation*, vol. 3, sous la direction de Marie-Anne Frison-Roche, Presses de science po et Dalloz, 2005, pp. 191-196.

Hamida (Walid Ben), *La clause relative au respect des engagements dans les traits d'investissement*, in *Le contentieux arbitral transnational relative l'investissement*, L.G.D.J., 2006, pp. 53-107.

Hamida (Walid Ben), *La notion d'investissement : quand le CIRDI contamine la CNUDCI*, Cahiers de l'arbitrage, 01.11.2011, n° 4 // http://0-www.lextenso.fr.sso.scd.univ-tours.fr/weblextenso/article/afficher?id=CAPJA2011-4-006&origin=recherche;28&d=3644490956555 (27.06.2016).

Hariharan (Srikanth), Ghaya (Kalyani), *Competition Law in the Energy Sector: The European Experience*, European Energy and Environmental Law Review, vol. 20, issue 5, 2011, p. 197 et s.

Hervouet (François), *Clarifier le régime du service public : la nécessité d'une directive-cadre ?* , in *Services publics, concurrence, régulation : le grand bouleversement*, Pulim, 2008, pp. 131-140.

Hoorn (Van), *« Unbundling », « Reciprocity» and the European Internal Energy Market : WTO Consistency and Broader Application for Europe*, European Energy and Environmental Law Review, vol. 18, issue 1, 2009, p. 51 et s.

Idot (Laurence), *Réforme, décentralisation et stratégies d'entreprises*, in Colloque, *Les entreprises face au nouveau droit des pratiques anticoncurrentielles : Le règlement №1/2003 modifie-t-il les stratégies contentieuses ?* », Bruyant, 2006, pp. 5-28.

IFP, *L'industrie gazière à l'horizon 2020* // www.ifpenergiesnouvelles.fr (12.04.2014).

IFP, *Réserves, production et consommation* // http://www.ifpenergiesnouvelles.fr (12.04.2014).

Johnston (Angus), Marel (Eva van Der), *Ad Lucem? Interpreting the New EU Energy Provision, and in particular the Meaning of Article 194 (2) TFUE*, European Energy and Environmental Law Review, vol. 22, issue 5, 2013, p.181 et s.

Kahn (Philippe), *Le prix du gaz naturel dans les contrats internationaux depuis 1973*, in Colloque de la Société Française pour le Droit International de 1975, *La crise de l'énergie et le droit international*, Pedone, 1976.

Kessedjian (Catherine), *L'arbitrage comme mode de règlement des différends est il remis en cause par le droit européen ?* , in *Le droit européen et l'investissement*, L.G.D.J., 2009, pp. 107-123.

Kirsey (Valeriya), *Droit des contre-mesures et droit des investissements*, Cahiers de l'arbitrage, Paris Journal of Arbitration, n° 2, 2010.

Konoplyanik (Andrey), *Common Russia - EU Energy Space: The New EU-Russia Partnership agreement, Acquis Communautaire and the Energy Charter*, Journal of Energy and Natural Ressources Law, vol. 27, n° 2, 2009.

Konoplyanik (Andrey), *Evolution of Gas Pricing in Continental Europe : Modernization of Indexation Formulas versus Gas to Gas Competition*, International Energy Law and Policy Research Paper Series Working Research Paper Series, n° 2010/01, University of Dundee, 2010.

Konoplyanik (Andrey), *Russian Gas to Europe : from Long-term Contracts, on-Border Trade and Destination Clauses to... ?* , Journal of Energy and Natural Ressources Law, vol. 23, n° 3, 2005, pp. 282-307.

Konoplyanik (Andrey), *Russian-Ukrainian Gas Dispute : Prices, Pricing and ECT*, Russian / CIS Energy and Mining Law Journal, vol. IV, 2006.

Konoplyanik (Andrey), *The Energy Charter Treaty: A Russian Perspective*, in *The Energy Charter Treaty. An East-West Gateway for Investment and Trade*, Editor Thomas W. Walde, Kluwer Law International, 1996.

Konoplyanik (Andrey), Walde (Thomas), *Energy Charter Treaty and its Role in International Energy*, Journal of Energy and Natural Ressources Law, vol. 24, n° 4, p. 532 et s.

Koulen (Mark), *Dispositions de l'OMC concernant l'investissement*, in *Un accord multilatéral sur l'investissement : d'un forum de négociation à l'autre*, Pedone, 1999, pp. 101-110.

L'Accord de partenariat et de coopération : un cadre défini mais obsolète // http://www.ladocumentationfrancaise.fr/dossiers/europe-russie/accord-partenariat-cooperation.shtml (01.05.16).

La Russie : un fournisseur de gaz naturel incontournable // http://www.gasinfocus.com (12.04.2016).

Laffont (Pascal), *An Energy Charter Protocol on Transit,* International Energy Law & Tax Review, n° 239, 2003.

Lalumière (Catherine), *Un accord multilatéral sur l'investissement : d'un forum de négociation à l'autre ?* , in *Un accord multilatéral sur l'investissement : d'un forum de négociation à l'autre ?* , Pedone, 1999, pp. 97-100.

Le compte rendu du projet « Sakhaline-1 » // http://www.sakhalin-1.com/project/prjoverview.asp (24.06.2014)

Le compte rendu du projet « Sakhaline-2 » // http://www.sakhalinenergy.ru/ru/ (24.06.2014)

Le Rapport d'Etat, *Sur l'état et l'exploitation des ressources minéraux-primaires dans la Fédération de la Russie en 2012* // http://www.mnr.gov.ru/regulatory/list.php?part=1564 (22.05.2015).

Leal-Arcas (Rafael), Filis (Andrew), *The Energy Community and the Energy Charter Treaty : Special Legal Regimes, their Systemic Relationship to the EU, and their Dispute Settelement Arrangements,* OGEL, vol. 12, 2014.

Lecarpentier (Armelle), *La libéralisation des marchés gaziers en Europe* // URL: http://cinfo.ifp.fr/IFP/fr/evenement/panorama/IFP-Panorama06_07-LiberalisationMarcheGaz-VF.pdf (12.05.2016).

Lejeune (Quentin), *L'application des accords internationaux dans l'Union européenne : entre défiance et confiance à l'égard du droit international* // http://www.lepetitjuriste.fr/wp-content/uploads/2014/04/IHEI-L_application-des-accords-internationaux-dans-l_Union-europe´enne-9677695_1.pdf?aa0226 (02.05.2016).

Lesnikova (Olga), *L'Allemagne est contre l'alliance énergétique avec la Russie* // http://news.bbc.co.uk/hi/russian/russia/newsid_6046000/6046584.stm (10.04.16).

Liesen (Rainer), *Transit Under The 1994 Energy Charter Treaty*, Journal of Energy and Natural Ressources Law, vol. 17, n° 1, 1999, pp. 56-73.

Lindroos (Maarit), Schnichels (Dominik), Svane (Lars Peter), *Liberalization of European Gas Markets - Commission settles GFU* // http://epp.eurostat.ec.europa.eu/statistics_explained/index.php/Energy_production_and_imports/fr (12.04.2014).

Locatelli (Catherine), *Energy Sector and Policy of the Russian Federation,* in *Energy Policy of the Russian Federation,* vol. I, Synergy programme CEE-DGXVII, 1996.

Locatelli (Catherine), *Les évolutions de la stratégie d'exportation gazière de la Russie à l'Europe contre l'Asie ?* // http://webu2.upmf-grenoble.fr/iepe/textes/Cahier38.pdf (10.04.15).

Locatelli (Catherine), *Transition économique et « résilience organisationnelle » : les enseignements de l'industrie du gaz en Russie* // http://webu2.upmf-grenoble.fr/iepe/textes/cahier11.pdf (01.04.2015).

Lopez-Ibor Mayor (Vicente), *Energy : Political and Legal Aspects*, in Actes de Symposium international UNESCO « *Energie et Société. Quelle légitimité pour les systèmes énergétiques du XXIe siècle* ? », Publisud, 1995, pp. 383-399.

Loquin (Eric), Manciaux (Sébastien), *Les propositions de l'Union européenne en matière d'arbitrage d'investissements*, in Colloque du 4 novembre 2011, *Arbitrage et droit de l'Union européenne*, Legis Nexis, 2012, pp. 155-175.

Macbride (William L.), Hupp (Dana L.), Chunhe (Zhang), *National Regulation of the Hydrocarbons Industry: China*, Hydrocarbons: Economics, Policies and Legislation, vol. IV, 2005.

Maican (Ovidiu-Horia), *Some Legal Aspects of Energy Security in the Relations between EU and Russia,* Romanian Journal of European Affairs, 34, 2009, p. 46 et s..

Manin (Frédéric), *L'investissement en droit de la concurrence, les liaisons vertueuses ?* , in Coloque, *Le concept d'investissement : regards croisés des droits interne, international et communautaire*, Bruylant, 2011, pp. 79-87.

Manin (Philippe), *Les réactions des Etats victimes de la crise de l'énergie*, in Colloque de la Société Française pour le Droit International de 1975, *La crise de l'énergie et le droit international,* Pedone, 1976, p. 136 et s.

Mapin (Julie A.), *Transparency in International Investment Law : The Good, the Bad and the Munky*, Cambridge University Press, 2013, pp. 142-171.

Marcinkeviciute (Emilijia), *Energy Charter Treaty Transit Protocol : European Gas Market Liberalization and its effect on the European-Russian Gas Trade*, Texas Journal of Oil, Gas and Energy Law, pp. 110-129.

Marshall (Eileen), *Elecricity and gas regulation in Great Britain : the end of en era*, in *Energy in a Competitive Market*, MPG, 2003, pp. 1-16.

Mernier (Andre), Speech « Russia and the EU: New Approches in 2007 », Berlin, 19—20 February 2007 // http://www.encharter.org/index.php?id=59&id_article=1&L=0 (12.02.2014).

Mieux connaître les hydrocarbures gazeux // http://www.lesahel.org/index.php/component/k2/item/1842-mieux-connaitre-les-hydrocarbures-gazeux (12.04.2014).

Ministere du developpement economique de la Fédération de Russie, *L'exposé d'État sur l'état et l'utilisation des ressources minéraux en matières premières de la Fédération de Russie en 2009*, 2010, p. 5 et s. // http://www.mnr.gov.ru/regulatory/detail.php?ID=128810 (20.06.2016).

Mistelis (Loucas A.), Baltag (Crina M.), *Denial of Benefits and Article 17 of the Energy Charter Treat*, Penn State Law Review, vol. 113:4, 2009, pp. 1302-1322.

Modalités juridiques et fiscales des investissements français en Fédération de Russie, Petites affiches, 25/08/2010, n° 169, p. 6 et s.

Niebruegge (Alex M.), *Provision Application of the Energy Charter Treaty : The Yukos Arbitration and the Future Place of Provisional Application in International Law*, Chicago Journal of International Law, 355, 2007-2008, p. 358 et s .

Nouvel (Yves), *Les entités paraétatiques dans la jurisprudence du CIRDI*, in *Le contentieux arbitral transnational relative l'investissement*, L.G.D.J., 2006, p. 25-53.

OCDE, *L' « expropriation indirecte » et le « droit de règlementer » dans le droit international de l'investissement*, Éditions OCDE, 2004 http://dx.doi.org/10.1787/871821182042 (16.02.2016).

OCDE, *La norme du traitement juste et équitable dans le droit international des investissements*, Éditions OCDE // http://dx.doi.org/10.1787/616018623408 (12.01.2015).

OCDE, *Investment Policy Review of the Russian Federation: Russia's Energy Investment Policy* // http://www.oecd.org/dataoecd/45/52/40311537.pdf (14.06.2015).

Papadimitriou (Dimitris), *Negotiating when other are watching : explaining the outcome of the association negotiations between the European community and the countries of Central and Eastern Europe*, in *Understanding the European's Union's External relations*, ed. by Michel Knodt and Sebastian Princen, Routledge, 2003, p. 107 et s.

Percebois (Jacques), Mandil (Claude), *Energie 2050* // http://www.strategie.gouv.fr/system/files/rapport-energies_0.pdf (12.04.2015).

Pierce (Richard), *Natural Gas : a Long Bridge to a Promissing Destination*, Utah Environmental Law Review, vol. 32, n° 2, 2012, pp. 245- 252.

Poulain (Bruno), *Traité sur la Charte de l'énergie. Premières applications par les tribunaux arbitraux*, Les Cahiers de l'Arbitrage, vol. III, Juillet, 2006, pp. 132-138.

Poutine (Vladimir), *Europe has nothing to fear from Russia*, Financial Times, 21 November 2006.

Poutine (Vladimir), *Vive le dialogue Europe-Russie !* // http://www.lemonde.fr/cgi-bin/ACHATS/acheter.cgi?offre=ARCHIVES&type_item=ART_ARCH_30J&objet_id=982123 (01.05.14).

Ranci (Pippo), Ascari (Sergio), Beccarello (Massimo), *Organisation et réglementation des services du gaz en Italie*, in *Concurrence et service public*, l'Harmattan, 2003, pp. 323 – 338.

Rapport de la Commission au Parlement européen, au Conseil, au Comité économique et social européen et au Comité des régions du 4.6.2015 COM(2015) 247 final, *[s]ur la politique de concurrence 2014* // http://ec.europa.eu/competition/publications/annual_report/2014/part1_fr.pdf (18.07.2015).

Rapport d'information de la Commission des affaires européennes n° 1602, *Les investissements extracommunautaires et le contrôle des intérêts stratégique européens*, Documents d'information, 2014.

Rapport d'information de la Commission des affaires européennes n° 1602, *Les investissements extracommunautaires et le contrôle des intérêts stratégique européens*, Documents d'information, 2014.

Rapport d'information déposé par la délégation de l'Assemblée nationale pour l'Union européenne, *[s]ur le troisième paquet de libéralisation du marché de l'énergie* (E 3642, E 3643, E 3645 et E 3646), PLB Communication, 2008.

Rapport de Jean-Michel Delisle de mars 2013, *Réciprocité et commerce international. Comment restaurer des conditions de concurrence loyale ?*, Chambre de commerce et l'industrie de Paris, 2012.

Rapport de la Commission de régulation de l'énergie, *Le fonctionnement des marchés de détail français de l'électricité et du gaz naturel*, 2011-2012, janvier 2013.

Rapport du groupe de travail présidé par Christian Stoffaes, *La sécurité gazière de l'Europe : de la dépendance à l'interdépendance*, La documentation française, 2010.
Rapport du groupe de travail présidé par Christian Stoffaes, *La sécurité gazière de l'Europe : de la dépendance à l'interdépendance*, La documentation française, 2010.
Recueil des interventions des participant de séminaire, *Sécurité d'approvisionnement énergétique,* sous la présidence de Christian Pierret, 2000.

Reed (Lucy), Martinez (Lucy), *The Energy Charter Treaty : an Overview*, ILSA Journal of International & Comparative Law, vol. 14:2, 2008, pp. 410-411.

Roessler (Frieder), *GATT and Access to Supplies,* World Trade Law, 1975, p. 30 et s.

Roux (Dominique le), *Le service public français en débat,* in *Accès à l'énergie en Europe. Les précaires invisibles*, Les Presses de Sciences Po, 2014, p. 238 et s.

Rubins (Noah), *Les innovations arbitrales dans les récents accords américains de libre-échange : deux pas en avant, un pas en arrière*, La Revue de Droit des Affaires Internationales / International Business Law Journal, n° 8, 2003.

Rubins (Noah), *The Notion of « Investment » in International Investment Arbitration*, in *Arbitration Foreign Investment Disputes*, Kluwer law, 2004, pp. 283-324.

Russie et énergie au cœur des discussions // http://www.touteleurope.fr/index.php?&id=63&cmd=FICHE&uid=654&cHash=d8ffd971d4 (23.04.15).

Saamir (Elshihabi), *The Difficulty Behind Securing Sector-Specific Investment Establishment Rights : The Case of the Energy CharterTreaty*, The International Lawyer, 2001.

Sakmar (Susan L.), *Bringing Energy Trade into the WTO: the Historical Context, Current Status, and Potential Implications for the Middle East Region*, International & Comparative Law Review, vol. 18:1, 2008.

Savy (Robert), *Les services publics : entre la concurrence et cohésion*, in *Services publics, concurrence, régulation : le grand bouleversement*, Pulim, 2008, p. 13 et s.

Schnichels (Dominik), Valli (Fabien), *Vertical and horizontal restraints in the European gas sector – lessons learnt from the DONG/DUC case*, 2003 // http://ec.europa.eu/competition/publications/cpn/2003_2_60.pdf (19.07.2015).

Secretariat de la Charte de l'energie, *Des tarifs sur le transit du gaz dans certains pays participants du TCE*, janvier 2006 // www.encharter.org (12.12.2015).

Selivanova (Yulia), *Règles de l'OMC et politiques énergétiques durables //* http://www.ictsd.org/africodev/edition/synthese/06-12-15/lignedefond2.htm (10.04.2016).
Shan (Wenhua), Zhang (Sheng), *The Treaty of Lisbon : Half Way toward a Common Investment Policy //* http://ejil.oxfordjournals.org/content/21/4/1049.full (15.05.2016).
Shih (Wen-Chen), *Energy Security, GATT/WTO and Regional Agreements*, National Resources Journal, vol. 49, 2009.
Sinkondo (Marcel), *Un élixir de sagesse pour une vieille canaille : la notion d'investissement saisie par le droit international*, in Coloque, *Le concept d'investissement : regards croisés des droits interne, international et communautaire*, Bruylant, 2011, pp. 1-29.
Slim (Hadi), *Arbitrage et lois de police*, La Revue Libanaise de l'Arbitrage, 2011, n° 57, pp. 21-27.
Slim (Hadi), *Les rôles respectifs du droit international et des droits nationaux dans l'appréciation de la responsabilité des Etats dans l'arbitrage relatif aux investissements internationaux*, in Actes du Colloque du Mans 15 décembre 2011, *L'arbitrage détaché des lois étatiques,* L'Epitoge, 2012, p. 63 et s.
Slot (Piet Jan), *Energy (Electricity ans Natural Gas)*, in *The Liberalization of State Monopolies in the European Union and Beyond*, Kluwer, 2000.
Smirnov (Vladimir), *Le point de vue Russe sur le veto polonais aux négociations Europe/Russie //* http://contreinfo.info/article.php3?id_article=270 (10.04.16).
Snoussi (Mounir), *Cohérence de la jurisprudence du CIRDI*, Colloque du 3 et 4 mars 2006, *Ou va le droit de l'investissement ?* , Pedone, 2007, pp. 259-283.
Stagnaro (Carlo), Testa (Federico), *Europe Still Needs an Internal Market for Energy //* http://online.wsj.com/article/SB123561332363877969.html (19.08.2016).
Stern (Jonathan P.), *The Russian-Ukrainian gas crisis of January 2006*, Oxford Institute for energy Studies, January, 2006.
Szydlo (Marek), *Regulatory Exemptions for New Gas Infrastructure. A Key Challenge for European Energy Policy*, European Energy and Environemental Law Review, vol. 20, issue 5, 2011, p. 254 et s.
Therien (Jean-Philippe), *La CNUCED et la dynamique des rapports Nord-Sud*, Etudes internationales, vol. 21, n° 2, 1990.
Thibault (Dominique), *Le géant gazier russe Gazprom : un empire étatique tentaculaire //* http://www.ambitions-sud.net/n45/n45fr-gaz.htm (04.04.2014).
Traversa (Edoardo), Vintras (Barbara), *La prévention de la double imposition des revenus dans les conventions bilatérales : enjeux, modalités et limites*, in *Fiscalité internationale en Belgique,* sous l'édition de Isabelle Richelle, Edoardo Traversa, 2013

Travin (Dmitry), Marganiya (Otar), *Ressource Course. Rethinking the Soviet Experience*, in *Resource Curse ans Post-soviet Eurasia. Oil, Gas and Oil Modernization*, Lexington, 2010, pp. 23–48.

UNCTAD, *Series on issue in international investment agreements, taking of property*, UN, 2000.

Une politique extérieure au service des intérêts de l'Europe en matière énergétique, S 160/06 // http://www.consilium.europa.eu/ueDocs/cms_Data/docs/pressdata/FR/reports/90083.pdf (01.05.15).

Union Europeenne action exterieure, *Dernier rapport d'avancement: 2014* // http://eeas.europa.eu/russia/docs/eu_russia_progress_report_2014_fr.pdf (23.09.2016).

Union européenne osera-t-elle conclure une alliance énergétique avec la Russie // http://www.mondialisation.ca/index.php?context=viewArticle&code=RIA20060701&articleId=2710 (10.04.1§).

Vially (Roland), *Les hydrates de méthane constituent-ils une ressource exploitable ?* // http://www.pourlascience.fr/ewb_pages/a/article-les-hydrates-de-methane-constituent-ils-une-ressource-exploitable-25971.php (13.04.2016).

Vis-Dunbar (Damon), *Le Traité de Lisbonne : conséquences pour les Accords internationaux d'investissement de l'Europe*, 19.11.2009 // http://www.ictsd.org/bridges-news/eclairage-sur-les-négociations/news/le-traité-de-lisbonne-conséquences-pour-les-accords (13.06.2016).

Waern (Karl Petter), *Transit Provisions of the Energy Charter Treaty and the Energy Charter Protocol on Transit*, Journal of Energy and Natural ressources Law, vol. 20, n° 2, 2002, pp. 172-191.

Walde (Thomas), Hober (Kaj) *The First Energy Charter Treaty Award*, in *Le contentieux arbitral transnational relative l'investissement*, L.G.D.J., 2006, pp. 307-331.

Walde (Thomas), *Negotiating for Dispute Settlement in Transnational Mineral Contracts: Current Practice, Trends, and an Evaluation from the Host Country's Perspective*, Journal of International Law and Policy, vol. 7:33, 1977-1978.

Walde (Thomas), *Investment Arbitration under the Energy Charter Treaty: An Oveview of Selected Key Issues on Recent Litigation Experience*, in *Artbitratin Foreign Investment Disputes*, Kluwer law, 2004, pp. 193-235.

Walde (Thomas), *Revision of Transnational Investment Agreements : Contractual Flexibility,* Natural Ressources Developement, Lawyer of the Americas, n° 268, 1978, p. 175 et s.

Walsh (Dominic), *BP Feels the Chill as Siberian Court Rejects Gasfield Plea*, The Times, 29/05/2007.

Waltrip (Jason M.), *The Russian Oil and Gas Industry after Yukos: Outlook for Foreign Investment*, Transnational Law and Contemporary Problems, vol. 17, 2008.

Williot (Jean-Pierre), *L'industrie du gaz aux XIXe et XXe siècle,* in Actes de Symposium international UNESCO, *Energie et Société. Quelle légitimité pour les systèmes énergétiques du XXIe siècle ?* , Publisud, 1995, pp. 177-197.

Zamarlik (Henri), *Aspects scientifiques de l'énergie*, in Actes de Colloque nationale, *Energie et décentralisation*, Economica, 1984, pp. 25-45.

Архипченко (Александр Юрьевич), Грищенко (Анатолий Иванович), *О проблемах развития конкурентного рынка электрической энергии,* Энергетическое право, n° 2, 2004.

Астанин (Виктор Викторович), *Проблема корупции в сфере недропользования*, Нефть. Газ. Право, n° 1, 2007, сс. 21–26.

Барсуков (Юрий), « *Газпром* » *уходит из трубы под Ла-Маншем* // http://kommersant.ru/doc/2860993 (12.12.2015).

Барсуков (Юрий), *«Газпром» раскрыл европейские карты* // http://www.kommersant.ru/doc/2708682 (19.08.2016).

Барсуков (Юрий), *Газ без нас* // http://www.kommersant.ru/doc/2692564 (12.08.2015).

Барсуков (Юрий), *Газпотребсоюз* // http://www.kommersant.ru/doc/2692564 (12.08.2016).

Барсуков (Юрий), Дудина (Галина), *Евросоюз кует энергетическое оружие* // http://www.kommersant.ru/doc/2462263 (18.12.2016).

Барсуков (Юрий), *Мы не хотим бороться с Россией* // http://www.kommersant.ru/doc/2713420 (28.08.2015).

Барсуков (Юрий), *Торги оказались неуместны* // http://www.kommersant.ru/doc/2805218 (11.11.2015).

Василевская (Дарья Владимировна), *Кодификация законодательства о недрах : проблемы и перспективы*, Закон, n° 3, 2008.

Веремеева (Мария Владимировна), *Система платежей при пользовании недрами. История развития и современность*, in *Горное законодательство : сборник статей,* 2005.

Волков (Александр Константинович), *Правовое регулирование транспортировки природного газа по магистральным трубопроводам в Европейском Союзе и Российской Федерации*, in *Сравнительно-правовой анализ в исследованиях правовых институтов и явлений в отраслевом, страноведческом и временном аспектах*, Труды лаборатории сравнительно-правовых исследований, Часть 1, отв. ред. : Татьяна Анатольевна Алексеева, Андрей Витальевич Ильин, Издательство Политехнического университета, 2011.

Габуев (Александр), *Недоговоренности на высшем уровне* // http://www.kommersant.ru/doc/1165444 (14.05.2015).

Газпром против запрета государственного регулирования цен на газ // http://www.krasnoyarsk.biz/news/2005/03/23/gaz/ (01.12.2015).

Генералов (Сергей), *Управление отношениями на пользование недрами,* Нефть, Газ и Право, n° 6, 2002.

Гликман (Ольга Владимировна), *Международное договоры России, регулирующие сотрудничество в нефтегазовом секторе*, Газовый бизнес, октябрь, 2012, с. 4 и др. // http://gb2012.ru/wp-content/uploads/2012/10/Гликман-О.В.-Международные-договоры-России.pdf (13.09.2016).

Гудков (Иван Владимирович), Лахно (Петр Гордеевич), *Правовое регулирование международных энергетических отношений: состояние и перспективы развития* // http://www.justicemaker.ru/view-article.php?id=16&art=2433 (23.09.2016).

Гудков (Иван Владимирович), *Тарифное регулирование услуг по транспортировке газа : российский и европейский опыт*, Московский журнал международного права. Специальный выпуск. Международные отношения, 2006.

Гудков (Иван Владимирович), *Третий энергетический пакет Европейского союза*, Нефть, газ и право, n° 3, 2010, с. 62 и др.

Дубик (Николай Николаевич), *Законность введения единого канала экспорта газа*, Газ и нефть, энергетика, законодательство, 2007, сс. 153–157.

Жукова (Инна Сергеевна), О *международном энергетическом праве как отрасли международного права*, Вестник ОГУ №2 (108), февраль, 2010, с. 52 и др.

Занина (Анна), Мельников (Кирилл), *Иностранный суд российскому не указ* // http://www.kommersant.ru/doc/2535171 (11.07.2016).

Занковский (Сергей Сергеевич), *Энергетическая безопасность России : правовые вопросы*, Энергетическое право, n° 2, 2006.

Зыгарь (Михаил), Гриб (Наталия), *Сильный картель* // http://www.kommersant.ru/doc.html?docId=750962&IssueId=36229 (10.04.2016).

Интервью с Генеральным директором « Росгеологии » Романом Пановым. *Разведка всегда связана с большими риска* // http://www.kommersant.ru/doc/2453956 (27.07.2015).

Интервью с Максимом Леонидовичем Коробовым, *Вице-предидентом Комитета энергетики, транспорта и телекоммуникаций Государственной думы* // http://www.ngv.ru/article.aspx?articleID=23233 (01.04.2015).

Клюкин (Борис Дмитриевич), *Договорные формы недропользования, применяемые в странах западной Европы и Америке*, in *Горное законодательство : сборник статей*, 2005, с. 164 и др.

Клюкин (Борис Дмитриевич), *О развитии договорной основы права пользования недрами*, in *Горное право : обзорный курс лекций*, 2005.

Конопляник (Андрей Александрович), *Борьба с мифами: О мнимых выгодах и угрозах договора к Энергетической хартии*, Политический журнал, n° 21 (116), 2006 // http://www.politjournal.ru/preview.php?action=Articles&dirid=36&tek=5823&issue=164 (21.08.2016).

Конопляник (Андрей Александрович), *Международные организации в области энергетики как механизм решения правовых проблем производственных компаний*, Нефтегаз, Энергетика и Законодательство, 2002—2003, сс. 161—162.

Конопляник (Андрей Александрович), *Российский газ в континентальной Европе и СНГ : эволюция контрактных структур и механизмов ценообразования* // http://www.konoplyanik.ru/ru/publications/Nekrasov1.pdf (12.05.2015).

Конопляник (Андрей Александрович), *Российский газ для Европы*, Нефть, Газ и Право, n° 3, 2005, с. 34 и др.

Корогод (Сергей Олегович), Энтин (Лев Матвеевич), *Регулирование естественных монополий и предоставление социальных услуг*, in *Право Европейского Союза,* под ред. Льва Матвеевича Энтина, 2 изд., Норма, 2005, с. 909 и др.

Кузнецов (Константин Борисович), *Порядок ценообразования при поставке газа*, Российский юридический журнал, n° 1, 2011.

Курбанов (Рашад Афатович), *К вопросу о разрешении споров при реализации соглашений о разделе продукции,* Российский судья, n° 9, 2005 // http://www.center-bereg.ru/i1851.html (13.02.2015).

Курский (А.Н.), *Законодательство о недрах*, Нефть, Газ и Право, n° 6, 2002.

Кюне (Гюнтер), *Основы германского горного права (газ, нефть, уголь)*, Энергетика и право, выпуск 2, 2009, сс. 116–128.

Ледовских (Анатолий Алексеевич), *Прозрачность аукционов на право пользования недрами,* Нефть. Газ. Право, n° 6, 2006, сс. 9–13.

Мардушенко (Ольга), *Япония вышла на нетрадиционный путь* // http://www.kommersant.ru/doc/2144629 (12.12.2017).

Мардюшенко (Ольга), « *Газпром* » *выйдет на свой триллион* // http://www.kommersant.ru/doc/2709146 (17.06.2017).

Мельников (Кирилл), *Барсуков (Юрий), Золотое отсечение* // http://www.kommersant.ru/doc/2702527 (12.07.2015).

Мельников (Кирилл), *Барсуков (Юрий), Сахалин звонит дважды* // http://www.kommersant.ru/doc/2744634 (28.05.2015).

Мельников (Кирилл), *У « Роснефти » сдают недра* // http://www.kommersant.ru/doc/2714671 (23.07.2015).

Митрова (Татьяна Алексеевна), *Анализ либерализации зарубежных рынков природного газа //* http://gasforum.ru/zarubezhnyj-opyt/45 (20.07.2017).

Мордюшенко (Ольга), *« Газпром » начал выход из Германии //* http://www.kommersant.ru/doc/2703037 (16.08.2017).

Нетреба (Петр), *40 запрещенных отраслей. Проект ограничения иностранных инвестиций готов к погребению //* http://www.theworldpress.com/presse/pressemonde/presserussie/kommer.htm (01.04.2015).

Никитин (Артем), *Газ нерусский //* http://www.kommersant.ru/doc/2437580 (12.04.2014).

ОАО « Газпром », *Годовой отчет 2014 //* http://www.gazprom.ru/investors/reports/2014/ (21.07.2015).

Правительство РФ, *22 мая россисйкое Правительство предложило энергетическую стратегию до 2020 г. //* http://www.ngv.ru/article.aspx?articleID=22534 (01.11.2015).

Редькин (Игорь Владимирович), *Правовое регулирование энергетики в России в условиях глобализации //* www.hse.ru/data/685/777/1235/Редькин%20ИВ%20глобализа.doc (28.06.2015).

Россия подала жалобу на « Третий энергопакет » ЕС в ВТО // http://www.ictsd.org/bridges-news/мосты/news/россия-подала-жалобу-на-«третий-энергопакет»-ес-в-вто (18.08.2015).

Салий (Людмила Михайловна), *Разграничение полномочий органов государственной власти по регулированию цен на услуги субъектов естественных монополий*, Финансовое право, n° 1, 2014.

Сапир (Жак), Энергобезопасность как всеобщее благо, Россия в глобальной политике, n° 6, 2006 // http://www.globalaffairs.ru/number/n_7780 (29.0672017).

Сапир (Жак), *Опасности энергобезопасности //* http://www.kommersant.ru/doc.html?docId=732641(04.04.2017).

Сапожков (Олег), Мануйлова (Анастасия), *Сам себе конкурент //* http://www.kommersant.ru/doc/2768788 (23.07.2015).

Селиванова (Юлия С.), *Регулирование энергии правилами Всемирной торговой оганизации и Договором к Энергетической хартии : возможности для России ?* , Право ВТО, n° 2, 2012, сс. 16-23.

Селивестров (Сергей Сергеевич), *Проект Конвенции по обеспечению международной энергетической безопасности – новый энергетический порядок ? //* http://www.justicemaker.ru/view-article.php?id=11&art=2860 (15.06.2015).

Сидоров (Иван Николаевич), *Юридические аспекты привлечения иностранных инвестиций в пользование недрами в Российской Федерации*, in *Правовые аспекты БРИКС*, под ред. Татьяны

Анатольевны Алексеевой, Пьеранджело Каталано, Изд-во Политехн. университета, 2011.

Скуратовская (Маргарита Михайловна), *Особенности юридического регулирования иностранных ивестиций в России* // http://chickion.ru/swq/2-skuratovskaja-2.html (29.08.2016).

Толстых (Наталия Иосифовна), *Роль международных договоров Российской Федерации при регулировании отношений недропользования*, in *Гоное законодательство : сборник статей*, 2005.

Фархутдинов (Инсур Забирович), *Доступ и защита инвестиций в иностранном праве* // http://www.lawmix.ru/comm/1786/ (22.07.2016).

Фархутдинов (Инсур Забирович), *Международное инвестиционное право : вчера, сегодня, завтра*, in *Международное публичное и частное право : проблемы и перспективы*, 2007.

ФАС, *Общий обзор практики контроля за осуществлением иностранных инвестиций в хозяйственные общества, имеющие стратегическое значение для обеспечения обороны страны и безопасности государства с 2008 года по настоящее время* // http://fas.gov.ru/about/list-of-reports/list-of-reports_30024.html (14.05.2015).

Фейгин (Владимир Исаакович), Медведева (Елена Анатольевна), « *Дьявол в деталях* » *европейской либерализации : вокруг аукциона по TAG*, Экономический обзор Института энергетики и финансов, n° 5, 2006.

Фомичева (Анастасия), Кузнецова (Екатерина), *Твердотопливная позиция* // http://www.kommersant.ru/doc/2687084 (26.06.2016).

Хвостунова (Ольга), « *Роснефть* » *против* « *Газпрома* » // http://imrussia.org/ru/economy/543-rosneft-vs-gazprom (12.07.2015).

Шарифуллина (Айгуль Фаитовна), *Правовое регулирование доступа к газотранспортным сетям*, Актуальные проблемы российского права, n° 1, 2014.

Юхно (Александр Сергеевич), « *Зонтичные* » *оговорки в практике международных арбитражных трибуналов: последние тенденции* // http://www.juristlib.ru/book_6987.html (12.06.2016).

Яковлева (Анна Андреевна), *Воспрепятствование доступу на рынок поставки газа в свете правоприменительной практики антимонопольных органов России и Европейского союза* // http://www.center-bereg.ru/o284.html (30.07.2016).

IV. Sites web consultés

htp://www.technologycentre.org/
http://afrec-energy.org/Fr/
http://curia.europa.eu/
http://ec.europa.eu/dgs/competition/
http://europa.eu/
http://www.autoritedelaconcurrence.fr/
http://www.cre.fr/
http://www.economie.gouv.fr/dgccrf
http://www.energystrategy.ru/
http://www.engie.com/en/
http://www.eurogas.org/
http://www.europarl.europa.eu/
http://www.ferc.gov/
http://www.fief.ru/
http://www.gazprom.ru/
http://www.gazprom.ru/
http://www.iea.org/
http://www.ief.org/
http://www.mid.ru/
http://www.ogp.org.uk/
http://www.sccinstitute.com/
http://www.transparency.org/country#RUS/
http://www.worldenergyoutlook.org/
https://ec.europa.eu/energy/en/events/madrid-forum/
https://www.legifrance.gouv.fr/
https://www.ofgem.gov.uk/
https://www.oxfordenergy.org/

Table des matières

Première partie
Contexte juridique des relations gazières existantes entre la Russie, l'UE et les pays membres de l'UE

Deuxieme partie
Perspectives d'evolution de la reglementation juridique des relations gazieres entre la Russie, l'UE et ses pays membres

Questions juridiques aux éditions L'Harmattan

Dernières parutions

EXISTE-T-IL ENCORE UN SEUL « NON BIS IN IDEM » AUJOURD'HUI ?
Sous la direction de Delphine Brach-Thiel
«Nul ne doit pouvoir être jugé et condamné deux fois à raison des mêmes faits.» Si le principe est simple, c'est précisément son interprétation par de très nombreuses juridictions - pas toujours à l'unisson - qui pose question et explique le retour de ces interrogations sur le devant de la scène aujourd'hui. L'analyse ici présentée se veut riche et féconde de la rencontre entre universitaires belges et français, entre praticiens et chercheurs, entre européanistes, internationalistes ou pénalistes.
(Coll. Comité international des pénalistes francophones, 23.50 euros, 230 p.)
ISBN : 978-2-343-11828-4, ISBN EBOOK : 978-2-14-004143-3

ESSAI SUR LA NOTION D'EXÉCUTION CONTRACTUELLE
Alvarez Isabelle
L'exécution contractuelle constitue la cause impulsive de l'établissement du contrat qui, paradoxalement, est un mécanisme trop familier pour être bien connu. Adopter une méthode d'analyse alternative permet d'esquisser une définition de cette notion juridique. Est ici proposée une approche dynamique des échanges contractualisés, orientés vers la réalisation satisfactoire de l'opération économique, démontrant que cette phase exécutoire recèle un panel étendu de perspectives. (Étude à jour de l'ordonnance n° 2016-131 du 10 février 2016 portant réforme du droit des contrats, du régime général et de la preuve des obligations).
(Coll. Logiques Juridiques, 45.00 euros, 486 p.)
ISBN : 978-2-343-12604-3, ISBN EBOOK : 978-2-14-004271-3

LES ACCORDS COLLECTIFS DE GROUPE
Théodoropoulos Alexandra - Préface de Gérard Vachet
De simple expérimentation issue de la pratique, la négociation collective de groupe est devenue un véritable niveau de négociation collective reconnue par le législateur. L'accord de groupe est désormais consacré comme une norme créatrice de droits et d'obligations entre employeurs et salariés du groupe, mais sa place dans la hiérarchie des normes n'a pas été précisée. Cette situation génère de nombreuses interrogations quant à sa portée et à ses limites.
(Coll. Logiques Juridiques, 44.00 euros, 440 p.)
ISBN : 978-2-343-12269-4, ISBN EBOOK : 978-2-14-004330-7

LA SIMPLIFICATION DU DROIT DES SOCIÉTÉS À L'AUNE DU CAS HONGKONGAIS
L'exemple des SARL et SAS
Tortellier Nathalie - Préface de Mme le professeur Catherine Barreau
Cette étude comparative puise dans les règles et mécanismes de la société fermée à risque limité hongkongaise des techniques pouvant fortement contribuer à l'assouplissement et à

la simplification du droit des sociétés. L'analyse décortique la vie des SARL et SAS et propose l'application de la méthodologie pragmatique du droit hongkongais par thèmes dans un souci d'adaptabilité du droit français. Il ressort de cette analyse comparative 80 recommandations inspirées de la société hongkongaise pour développer une société outil au service de l'entreprise, une société adaptée et adaptable aux acteurs économiques contemporains.
(Coll. Logiques Juridiques, 49.00 euros, 638 p.)
ISBN : 978-2-343-11885-7, ISBN EBOOK : 978-2-14-004220-1

LE DROIT DE L'INFORMATIQUE
4e édition (2017)
Bismuth Yves
À travers l'étude des grands thèmes du droit de l'informatique (protection des logiciels et des données, contrats informatiques, protection des libertés, gestion du risque informatique), cet ouvrage permet au lecteur d'établir lui-même un diagnostic juridique des problèmes rencontrés à l'occasion de la mise en place d'un système informatique. Il est complété par des extraits de code, une bibliographie, un index et un lexique, et est à jour des dernières lois et décrets intervenus en la matière.
(38.00 euros, 436 p.)
ISBN : 978-2-343-11527-6, ISBN EBOOK : 978-2-14-004177-8

MÉTHODE ET ASPECTS FORMELS DE LA RECHERCHE
Petit manuel à l'usage des juristes (2e édition)
Marain Gaëtan
L'ouvrage propose un apprentissage de la recherche et de son formalisme qui doit permettre aux étudiants confrontés à la rédaction d'une thèse ou d'un mémoire en droit d'aborder ce travail avec sérénité. L'auteur donne ainsi une méthode pour définir le sujet, échafauder un plan et trouver la documentation utile. Est également abordée, entre autres, la question du référencement des sources et de la citation d'auteur. Des recommandations propres à l'organisation de la soutenance et à son bon déroulement sont prodiguées. Voici un guide à même d'éclairer les premiers pas du jeune chercheur en droit.
(15.50 euros, 138 p.)
ISBN : 978-2-343-12682-1, ISBN EBOOK : 978-2-14-004300-0

LA PROCÉDURE DE LIBÉRATION CONDITIONNELLE COMME OUTIL DE GESTION DU RISQUE
Ben Gadi Amélie - Préface de Joana Falxa
La procédure d'octroi de la libération conditionnelle des longues peines témoigne d'une sévérité accrue à leur égard. En imposant une évaluation de dangerosité, le législateur a souhaité «verrouiller» la procédure. Cependant, la notion de dangerosité est très complexe à définir et ne fait l'objet d'aucune définition légale. Elle introduit la notion de gestion du risque, ouvrant le chemin vers une justice de précaution. La présente étude éclaire la problématique de la réinsertion des longues peines.
(Coll. Bibliothèques de droit, 15.00 euros, 132 p.)
ISBN : 978-2-343-11550-4, ISBN EBOOK : 978-2-14-004296-6

LETTRE À TOUS CEUX QUI PERSISTENT À VOULOIR FAIRE LEUR DROIT
Charles Thierry
Le droit court derrière la «révolution numérique». Les algorithmes nous espionnent et restreignent les libertés publiques, ils calculent les indemnités au service des compagnies d'assurances. La diminution lente et continue des services chargés de veiller à l'application du droit affaiblit et parfois anéantit l'efficacité de ces lois. L'échec de la loi Hadopi est significatif à cet égard. Le mal est en fait bien plus profond et ne date pas d'hier. Nous vivons une époque de démolition des codes établis. Si le droit est partout, en définitive il n'est nulle part...
(20.50 euros, 204 p.)
ISBN : 978-2-343-12343-1, ISBN EBOOK : 978-2-14-004306-2

FÊTE ET DROIT PUBLIC
Sous la direction d'Adrien Azarete, Elie Guerrero et Thomas Moretto
S'inscrivant dans une approche globale et élargi à tout le droit public, le présent ouvrage, issu du colloque « Fête du Droit Public », a pour objet l'étude de l'application du droit public dans la fête par les différents acteurs de cette branche du droit. De l'autorisation de la fête à sa responsabilité, en passant par son organisation, son coût et sa sécurité, le droit public est présent partout, de par l'évidente présence et implication de la puissance publique et des collectivités territoriales.
(Coll. Bibliothèques de droit, 20.00 euros, 192 p.)
ISBN : 978-2-343-11018-9, ISBN EBOOK : 978-2-14-003946-1

LA DÉMOCRATIE EN DROIT INTERNATIONAL
Étude critique sur le statut juridique de la démocratie en droit international et la légitimité de l'imposer par la force
Alshiabani Abuhamoud
En droit international, la démocratie était jusqu'à très récemment absente. Malgré les appels lancés au début du 20e siècle, celui-ci a toujours considéré la démocratie comme une idéologie dans laquelle il ne doit pas s'impliquer. Après la fin de la Guerre froide et la victoire de la démocratie libérale, la démocratie s'est renforcée au plan international. Elle a exercé une pression considérable sur le droit international pour qu'il s'adapte aux nouvelles exigences des réalités politiques. Cet ouvrage traite de ce sujet et montre le contexte dans lequel se sont développés la démocratie et le concept d'ingérence démocratique.
(Coll. Logiques Juridiques, 39.00 euros, 408 p.)
ISBN : 978-2-343-10818-6, ISBN EBOOK : 978-2-14-003833-4

LES PRINCIPES GÉNÉRAUX DANS LA JURISPRUDENCE DE L'ORGANE DE RÈGLEMENT DES DIFFÉRENDS DE L'OMC
Aydi Ghozzi Mariem - Préface de Slim Laghmani
Représentant la justice marchande, le Système de règlement des différends de l'organisation Mondiale du Commerce (OMC) est censé rendre une meilleure justice. Bien qu'il ne constitue pas une véritable juridiction, il chemine sur les traces du juge international dans la détermination et la régulation du sens du droit de cette organisation, les principes généraux devraient en constituer des instruments de moralisation et de développement. Cependant, la méthode par laquelle l'organe de règlement des différends appréhende lesdits principes mérite une attention particulière.
(Coll. Droit aujourd'hui, 37.50 euros, 368 p.)
ISBN : 978-2-343-12079-9, ISBN EBOOK : 978-2-14-004047-4

LA RESPONSABILITÉ DES ENTREPRISES MULTINATIONALES POUR LES VIOLATIONS DES DROITS DE L'HOMME EN AFRIQUE
Opportunités et défis
Belporo Christelle
La question de la responsabilité des entreprises multinationales pour les violations des droits de l'homme est d'une actualité brûlante. Alors qu'à travers le monde les scandales se multiplient, sur le continent africain, des voix s'élèvent pour dénoncer les nombreuses violations des droits internationalement protégés. Cet ouvrage évalue les réponses offertes par le droit pour l'encadrement de la responsabilité juridique des entreprises multinationales à l'aune des instruments internationaux et africains.
(Coll. Études africaines, 20.50 euros, 200 p.)
ISBN : 978-2-343-11365-4, ISBN EBOOK : 978-2-14-004005-4

CONCEPTS ET PRATIQUES PROFESSIONNELLES EN DOUANES
Origines, procédures, régimes et valeur
Bouga Boukari Dan
Ce livre explique d'abord les concepts, c'est-à-dire le vocabulaire douanier de façon à ne saisir que l'essentiel. Il expose ensuite les exigences des pratiques douanières pour tous les scénarios du

commerce international. Il procède enfin à des illustrations pour une meilleure compréhension des droits et obligations des opérateurs en douane.
(Harmattan Côte-d'Ivoire, 20.00 euros, 184 p.)
ISBN : 978-2-343-11805-5, ISBN EBOOK : 978-2-14-004075-7

LE DROIT POSTMODERNE
Une introduction
Barraud Boris
Au XIXe siècle le droit a changé d'ère passant du droit moderne au droit postmoderne. Sa principale caractéristique résiderait dans le développement d'une forme de concurrence juridique entre puissances publiques et puissances privées. La révolution copernicienne de la pensée juridique serait ainsi la rupture du lien consubstantiel entre droit et État que la modernité avait noué. La société civile serait désormais au cœur du jeu juridique. Ce livre propose quelques pistes et une grille de lecture afin de comprendre le nouveau droit que la globalisation modèle.
(Coll. Droit aujourd'hui, 32.00 euros, 320 p.)
ISBN : 978-2-343-12077-5, ISBN EBOOK : 978-2-14-003633-0

LE CONSEIL DE L'EUROPE ET LES COLLECTIVITÉS TERRITORIALES
Contribution à l'étude de l'autonomie locale
Kalimeri Vasiliki
Le Conseil de l'Europe est la première organisation internationale à avoir intégré l'acteur infra-étatique dans son action. La Charte européenne de l'autonomie locale et le Cadre de référence pour la démocratie régionale ont cristallisé la conception de la notion d'autonomie locale en Europe, élargie désormais à deux niveaux : le local et le régional. Au niveau extérieur, le traité de Maastricht intègre également les collectivités locales dans la reformulation du fonctionnement de l'Europe.
(Coll. Logiques Juridiques, 49.00 euros, 664 p.)
ISBN : 978-2-343-12019-5, ISBN EBOOK : 978-2-14-003697-2

GUIDE PRATIQUE DU CAPITAL INVESTISSEMENT ET DES AIDES PUBLIQUES
Créer, développer, transmettre son entreprise
Battini Pierre - Préface d'Olivier Millet
Cet ouvrage entend démystifier le capital investissement et répondre concrètement aux questions que se posent les entrepreneurs, leur donner les clés pour être efficaces, gagner du temps et avoir plus de chances de réussir leur projet. Beaucoup d'exemples et de cas concrets sont exposés. Ce livre traite la question des fonds d'investissements et des aides publiques sous différents angles : finance et outils financiers, juridique et montage des opérations, valorisations et accompagnement.
(30.00 euros, 292 p.)
ISBN : 978-2-343-12074-4, ISBN EBOOK : 978-2-14-003636-1

ET COMMENT VONT LES ENFANTS ?
Réflexions d'un notaire sur l'évolution de la parentalité des années 60 à nos jours
Dauptain Pierre
PMA, GPA, adoption, statut du beau-parent, familles homoparentales, ces sujets sont au cœur des débats contemporains et témoignent de l'évolution de la parentalité sur les cinquante dernières années. Avec un regard impartial, l'auteur inscrit sa réflexion dans les mouvements de la société tout entière. Fidèle à la méthode qui a fait le succès de son premier essai, il nous parle de droit en termes simples pour exposer les changements que la famille a connus en cinq décennies.
(Éditions Pepper/Harmattan, 22.50 euros, 218 p.)
ISBN : 978-2-343-12076-8, ISBN EBOOK : 978-2-14-003757-3

L'HARMATTAN ITALIA
Via Degli Artisti 15; 10124 Torino
harmattan.italia@gmail.com

L'HARMATTAN HONGRIE
Könyvesbolt ; Kossuth L. u. 14-16
1053 Budapest

L'HARMATTAN KINSHASA
185, avenue Nyangwe
Commune de Lingwala
Kinshasa, R.D. Congo
(00243) 998697603 ou (00243) 999229662

L'HARMATTAN CONGO
67, av. E. P. Lumumba
Bât. – Congo Pharmacie (Bib. Nat.)
BP2874 Brazzaville
harmattan.congo@yahoo.fr

L'HARMATTAN GUINÉE
Almamya Rue KA 028, en face
du restaurant Le Cèdre
OKB agency BP 3470 Conakry
(00224) 657 20 85 08 / 664 28 91 96
harmattanguinee@yahoo.fr

L'HARMATTAN MALI
Rue 73, Porte 536, Niamakoro,
Cité Unicef, Bamako
Tél. 00 (223) 20205724 / +(223) 76378082
poudiougopaul@yahoo.fr
pp.harmattan@gmail.com

L'HARMATTAN CAMEROUN
TSINGA/FECAFOOT
BP 11486 Yaoundé
699198028/675441949
harmattancam@yahoo.com

L'HARMATTAN CÔTE D'IVOIRE
Résidence Karl / cité des arts
Abidjan-Cocody 03 BP 1588 Abidjan 03
(00225) 05 77 87 31
etien_nda@yahoo.fr

L'HARMATTAN BURKINA
Penou Achille Some
Ouagadougou
(+226) 70 26 88 27

L'HARMATTAN SÉNÉGAL
10 VDN en face Mermoz, après le pont de Fann
BP 45034 Dakar Fann
33 825 98 58 / 33 860 9858
senharmattan@gmail.com / senlibraire@gmail.com
www.harmattansenegal.com

www.ingramcontent.com/pod-product-compliance
Lightning Source LLC
LaVergne TN
LVHW021139061026
849535LV00002B/298